भारत-चीन सीमा मुद्दे

विवाद निपटान की तलाश

भारत-चीन सीमा मुद्दे

विवाद निपटान की तलाश

रनजीतसिंह कल्हा

प्रभात प्रकाशन

भारतीय वैश्विक परिषद्
www.icwa.in

प्रकाशक • **प्रभात प्रकाशन प्रा. लि.**
4/19 आसफ अली रोड,
नई दिल्ली–110002

संस्करण • 2025
मूल्य • आठ सौ रुपए
मुद्रक • आर–टेक ऑफसेट प्रिंटर्स, दिल्ली

BHARAT-CHINA SEEMA MUDDE
by Shri Ranjit Singh Kalha ₹ 800.00
(Hindi translation of INDIA-CHINA BOUNDARY ISSUES)
Published by Prabhat Prakashan Pvt. Ltd., 4/19 Asaf Ali Road, New Delhi-2
e-mail: prabhatbooks@gmail.com ISBN 978-93-94534-48-3

मुझे अथक सहयोग प्रदान करने के लिए यह पुस्तक
मेरी पत्नी बबली और हमारे पौत्र/पौत्री
फतेह, प्रह्लाद और अलिसिया
को समर्पित है

आमुख

यह एक संयोग ही था अथवा शायद नियति की ऐसी इच्छा थी कि मुझे भारतीय विदेश सेवा में कार्यभार ग्रहण करने पर चीनी भाषा का अध्ययन करने के लिए नामित किया गया। इसके उपरांत, चीन में रहते और कार्य करते हुए मैंने चीनी मामलों के साथ अपना दीर्घ संबंध स्थापित किया, जो एक दशक से भी अधिक समय तक चला। यहाँ भी मैंने व्यक्ति के रूप में चीनियों, उनकी प्रकृति, अभिवृत्ति, उनकी सोच, जीवन-शैली तथा उनके चरित्र की मजबूतियों और कमजोरियों के बारे में अपनी राय बना ली थी। मैंने उनके शासन के तरीके, चीनी साम्यवादी दल (सी.सी.पी.) का अध्ययन किया तथा उन कारकों को समझा, जो उनकी निर्णय लेने की प्रक्रिया में शामिल थे।

विदेश कार्यालय के अधिकारियों के अलावा, आम चीनियों को मुझे एक व्यक्ति के रूप में मान्यता देने में काफी मशक्कत करनी पड़ी। बीजिंग में मेरे प्रवास के दौरान, दो घटनाएँ आज भी मेरी स्मृति में ताजा बनी हुई हैं, जिन्होंने मेरी इस सोच की पुष्टि की। 1972 में मेरी चीन में तैनाती होने पर बीजिंग की यात्रा करने के लिए विदेशियों के लिए केवल एक ही मार्ग उपलब्ध था, जो हांगकांग से रेलगाड़ी से चीन की सीमा तक जाता था और लोओन में सीमा को पैदल पार करने के उपरांत चीनी रेलगाड़ी से कैंटन (गुआनजो) जाना होता था। चीनी सीमा पर सभी यात्रियों को नाश्ता दिया जाता था और इसी दौरान सीमा-शुल्क तथा आप्रवासन संबंधी औपचारिकताएँ पूर्ण की जाती थीं। नाश्ते के लिए मैंने अंडे, टोस्ट, बेकन और चाय का अनुरोध किया। बेकन के अलावा, जो कुछ मैंने माँगा था, वह मुझे दे दिया गया। किसी ने मुझे यह नहीं बताया कि मुझे बेकन क्यों नहीं दिया गया। अंततः मेरे आधिकारिक चीनी गाइड ने धीरे से कहा कि मुझे बेकन इसलिए नहीं दिया, क्योंकि मैं मुस्लिम हूँ। मैंने उनकी गलतफहमी दूर करने के लिए उन्हें अपना पासपोर्ट दिखाया। मैंने उन्हें बताया कि मैं एक सिख हूँ और सिख निश्चित तौर पर मुसलमान नहीं होते हैं। किसी ने भी मेरी बात पर विश्वास नहीं किया। यह स्पष्ट था कि वहाँ के प्राधिकारी ने निर्णय ले लिया था कि मैं एक मुस्लिम हूँ तथा उनका निर्णय ही अंतिम था। मेरे द्वारा बार-बार स्पष्टीकरण दिए जाने के बाद भी मेरे लिए बेकन उपलब्ध नहीं कराया गया।

बीजिंग में एक अन्य अवसर पर, जब मैं अपनी कार में आई किसी मामूली गड़बड़ी को ठीक कर रहा था, स्थानीय लोग उत्सुकता के साथ मुझे देखने के लिए मेरे चारों ओर एकत्र हो गए। उन्हें यह मालूम नहीं था कि मुझे चीनी भाषा आती है। उनके बीच हुआ वार्तालाप काफी मजेदार था।

एक वृद्ध का मानना था कि मैं अरब हूँ। उन्होंने मेरी पगड़ी की ओर इशारा करते हुए पूरे विश्वास से कहा कि केवल अरब ही सिर पर ऐसी पगड़ी पहनते हैं। अधिकांश लोगों ने उनसे सहमति व्यक्त की। दूसरे ने कहा कि मैं अफगान अथवा तुर्क हूँ, क्योंकि मैं ऊँचे कद का और छह फुट से अधिक लंबा था और मेरे चेहरे पर दाढ़ी भी थी।

एक अन्य व्यक्ति ने, जिसने मुझे अंततः पहचान लिया था कहा कि शायद मैं एक भारतीय हूँ। लगभग सभी ने उससे असहमति जताई, क्योंकि उनका मानना था कि भारतीय इतने लंबे न होकर छोटे कदवाले होते हैं, जब मैंने अपनी कार की मरम्मत कर ली, तो मैंने सोचा कि मैं ही उन्हें सही बात बता दूँ, जब मैंने उनसे चीनी भाषा में बात की और यह बताया कि मैं एक भारतीय हूँ, तो चारों ओर से विस्मय के स्वर उठने लगे। वे सभी तेजी के साथ वहाँ से अदृश्य हो गए, क्योंकि उन दिनों माओ के चीन में सांस्कृतिक क्रांति के चरम पर किसी विदेशी और वह भी किसी भारतीय के साथ दिखाई देना अत्यंत अनुपयुक्त माना जाता था। मेरा निष्कर्ष यह था कि चीन में अधिकांश व्यक्ति बाहरी विश्व के बारे में बहुत ही कम जानते थे तथा उनका ज्ञान केवल वहीं तक सीमित था, जो उन्हें उनके नेतृत्व द्वारा बताया जाता था। अतः वे उन सभी बातों पर विश्वास करते थे, जो उनके नेताओं द्वारा कही जाती थी। यह स्पष्ट था कि चीन एक अत्यंत अलग-थलग पड़ा देश था, जिसमें अधिकांश लोग बाहरी विश्व के साथ किसी भी प्रकार के संपर्क से वंचित थे।

इस पुस्तक को लिखते हुए मैंने जान-बूझकर 1947 के बाद से प्रारंभ करने का विकल्प चुना, क्योंकि स्वतंत्रता प्राप्ति के उपरांत ही यह वस्तुतः कहा जा सकता है कि चीन के साथ वार्तालाप केवल भारत के महत्त्वपूर्ण और रणनीतिक हितों को ध्यान में रखते हुए संचालित किए गए हैं। इससे पूर्व ब्रिटिश शासन ने सदैव केवल अपने हितों को ही सर्वोपरि रखा तथा भारतीय नीति अनिवार्यतः ब्रिटिश साम्राज्यिक हितों के अधीन थी। दूसरे, स्वतंत्रता से पूर्व की अवधि बेहतर रूप से प्रलेखित थी और उसका उत्कृष्ट विद्वानों और लेखकों द्वारा वर्णन किया गया था, अतः पुनः ऐसा करना केवल पुनरावृत्ति ही होती। फिर भी हम इतिहास तथा अतीत के संबंधों से अनजान नहीं रह सकते हैं।

इसमें कोई संदेह नहीं है कि भारत-चीन सीमा प्रश्न का विषय ऊँची हिमालय पर्वत शृंखलाओं पर भारत और चीन के बीच हुई प्रथम झड़पों के बाद से गहन संवीक्षा के अधीन रहा है। अनेक विद्वानों ने इस विषय का विस्तृत और अत्यंत व्यापक लेखा-जोखा प्रस्तुत किया है। अनिवार्यतः अधिकांश ने व्यापक अभिलेखीय सामग्री पर निर्भरता व्यक्त की है, जो यूनाइटेड किंगडम में उपलब्ध है अर्थात् लंदन स्थित भारतीय कार्यालय के ग्रंथालय में और सार्वजनिक अभिलेख कार्यालय में। जानकारी तथा ऐतिहासिक अभिलेखों के लिए महत्त्वपूर्ण विद्वानों के निजी पत्राचार और अन्य कागजातों को भी देखा गया है। बहुत ही कम लोगों को चीनी अभिलेखों तक पहुँच प्राप्त है, हालाँकि हाल ही में कुछ अभिलेख गैर-वर्गीकृत किए गए हैं। सुविख्यात चीनी व्यक्तियों की जीवनियाँ भी आज उपलब्ध हैं। यहाँ तक कि आज के चीन में भी अधिकांश लेखन कार्य की, चाहे वह शासकीय हो अथवा अन्यथा, प्रकाशन से पूर्व अनिवार्य रूप से शासकीय पुनरीक्षा की जाती है। चीन में शासन की प्रकृति की संरचना और गोपनीयता को ध्यान में रखते हुए इसे भली-भाँति समझा जाएगा। कुछ विद्वान् उन अभिलेखों तक पहुँच बनाने में सफल रहे, जो भारतीय राष्ट्रीय अभिलेखागार में और नेहरू स्मारक ग्रंथालय में उपलब्ध थे, परंतु ये अधिकांशतः स्वतंत्रता-पूर्व

अवधि से संबंधित थे। कुछ हालिया प्रकाशनों में महत्त्वपूर्ण तथ्यात्मक आँकड़े निहित हैं, परंतु उनमें नीतिगत मुद्दों के विश्लेषण का अभाव है।

अत: अधिकांश अध्ययन आवश्यक रूप से एकतरफा ही रहे हैं, जो विद्वानों के राजनीतिक झुकाव और उस समयावधि पर निर्भर है, जब उन्हें लिखा गया था। कुछ विद्वानों ने अपने पूर्व-निर्धारित दृष्टिकोणों के अनुरूप ही तथ्यों का वर्णन किया है अथवा दूसरे विद्वानों के तथ्यों को पूर्णत: नजरअंदाज कर दिया है, हालाँकि अतीत के तथ्यों से प्राप्त लाभों में दोष निकालना समीचीन नहीं होगा, फिर भी अधिकांश ऐतिहासिक आँकड़ों की संवीक्षा उनके लिखे जाने की अवधि को ध्यान में रखे बिना की गई है। वर्तमान की जानकारी की आलोचना करना एक आसान बात है। प्राय: हमारे पास कोई औपचारिक निष्कर्ष और लिखित दस्तावेज नहीं होते, परंतु प्रधान नायकों की कार्रवाइयाँ तथा विद्यमान परिस्थितियाँ भली-भाँति समझ ली जाती हैं। कभी-कभी समझ की प्रतिबद्धता लिखित शब्दों में नहीं की जाती, परंतु वे सुविख्यात राजनीतिक बाध्यताओं के कारण मौखिक बनी रहती हैं। स्वतंत्र भारत का संचालन उस समय एक निश्चित तरीके से किया गया था तथा यथार्थवाद की माँग है कि हम उन ही पत्तों से खेल सकते हैं जो हमारे पास हों। ऐसी स्थिति के बारे में सोचकर पछताने का कोई औचित्य नहीं है, जो अब विद्यमान नहीं है और न ही अतीत की घटनाओं का पुन: सृजन करने का कोई फायदा है।

सबसे प्राचीन दर्ज घटना सन् 1222 ईस्वी की है, जब सीमा विवाद को हल करने के लिए वार्तालाप किए गए थे, जिसमें दो साम्राज्यों की सीमाओं को चिह्नांकित करने के लिए अंग्रेज और स्कॉट प्रतिनिधियोंवाले एक आयोग का गठन किया गया था। इसका एक रुचिकर तथ्य यह है कि कार्य करने के लिए तैयार होते ही यह आयोग भंग हो गया। इसके अलावा, ब्रिटिश और स्कॉट वार्ताकारों को भारी निंदा के साथ हटा दिया गया और वे कारावास से बाल-बाल बचे। सीमा वार्ताओं का कार्य कभी भी आसान नहीं रहा है।

मैं न तो इतिहासकार हूँ और न ही विद्वान्। मैं एक राजनयिक हूँ जिसने तथ्यों और उन कारकों को सामने लाने का पूरा प्रयास किया है, जिन्होंने नीति को प्रभावित किया था। इस कार्य को पूरी निष्ठा से किया गया है तथा स्पष्टता की दृष्टि से उसे उतना ही सरल रखा गया है, जितना उस समय समझा जा सकता था। मैंने नीतियों और घटनाओं का निर्वचन करने के लिए अतीत के लाभों का प्रयोग करने का भी पूरी तरह परिहार किया है। हो सकता है कि ऐसा करना उचित न हो। मैंने यह भी प्रयास किया है कि मैं आत्मपरक दृष्टिकोण न अपनाऊँ अथवा भावनाओं में न बहूँ तथा मैंने विशेष रूप से व्यक्तित्वों के मामले में अपना कोई निर्णय नहीं दिया है। मैंने वार्ताओं के दौरान प्रमुख विश्व शक्तियों के प्रभाव को भी प्रलेखीकृत किया है। हो सकता है कि पाठक मेरे सभी निष्कर्षों के साथ सहमत न हों। तथ्यों में कतिपय त्रुटियाँ भी हो सकती हैं तथा कभी-कभी ऐतिहासिक संदर्भ और राजनीतिक प्रक्रिया का त्रुटिपूर्ण पठन भी हो सकता है। जबकि मैं इस पुस्तक की सफलता के लिए पूर्ण श्रेय हासिल करने में प्रसन्नता महसूस करूँगा, वहीं मैं तथ्यों में त्रुटियों तथा किसी स्पष्ट कमी के लिए भी समान रूप से स्वयं उत्तरदायी रहूँगा। मैं अपनी सीमाओं के बारे में पर्याप्त सतर्क हूँ।

अनेक सीमा वार्ताओं के दौरान मेरे चीनी परामर्शकों ने एक बात पर बल दिया जिसे संभवत: कृत्रिम गंभीरता के साथ प्राय: दोहराया जाता है, 'केवल तथ्यों से ही हम सत्य को निर्धारित कर

सकते हैं।' हालाँकि सिद्धांत के ऐसे सामान्य कथन कभी विवाद का कारण नहीं हो सकते हैं, फिर भी यह प्रश्न बना रहता है कि हम किन तथ्यों की बात कर रहे हैं? जिस प्रकार नेहरू ने भारत-चीन सीमा वार्ताओं के संदर्भ में टिप्पणी की थी कि 'तथ्यों के संबंध में हमारे बीच आधारभूत विभेद हैं।'

इस मुद्दे पर कौन सा पक्ष सही है अर्थात् किस पक्ष का मामला अधिक मजबूत है, मैं यह प्रश्न पाठकों के विवेक तथा उनके निर्णय पर छोड़ता हूँ। अनेक वर्षों तक भारत के मामले का पक्ष लेने के उपरांत मेरी व्यक्तिगत राय स्वाभाविक ही है।

अपने इस अध्ययन को संभव बनाने के लिए मैं विश्व मामलों की भारतीय परिषद् (आई. सी.डब्ल्यू.ए.) के महानिदेशक के प्रति आभार व्यक्त करता हूँ, जिन्होंने इस कार्य को पूरा करने के लिए मुझे पर्याप्त सहयोग और प्रोत्साहन प्रदान किया। मैं रक्षा अध्ययन और विश्लेषण संस्थान (आई.डी.एस.ए.) के महानिदेशक को भी धन्यवाद करना चाहता हूँ, जिन्होंने भारत-चीन सीमा क्षेत्रों के मानचित्र तैयार करने में मेरी सहायता की।

—रनजीतसिंह कल्हा

मानचित्रों की सूची

अनुक्रम

अनुबंध

1

सरहदें, सीमाएँ, सीमावर्ती क्षेत्र और साम्राज्यिक विरासतें

सीमावर्ती क्षेत्र वस्तुत : तलवार की धार के समान हैं जिन पर राष्ट्रों के युद्ध और शांति के आधुनिक मुद्दे, जीवन और मृत्यु के प्रश्न सदैव ही निहित रहते हैं।

—**लॉर्ड कर्जन**, *रोमानेस व्याख्यान, 1907*

समकालीन वैश्विक राज्य प्रणाली इस अवधारणा पर आधारित है कि राष्ट्र राज्य ऐसी प्रादेशिक सत्ताएँ हैं, जो ऐसी सीमाएँ निर्धारित करती हैं, जिन्हें शांति, सुरक्षा और स्थायित्व सुनिश्चित करने के आधार पर अंतरराष्ट्रीय रूप से स्वीकार किया जाता है, विधिक तौर पर निष्पादित किया जाता है तथा भौतिक रूप से भूमि पर रेखांकित किया जाता है। सीमा का उद्देश्य त्रुटिहीन शर्तों पर उस भू-भाग की सीमा को चिह्नांकित करना है जिस तक कोई राज्य अपनी संप्रभु शक्ति का प्रयोग कर सकता है। बिना सीमा के राज्य अत्यंत असंभाव्य होता है तथा केवल एक परिभाषित सीमा के भीतर ही कोई राज्य पूरी तरह से संप्रभुता प्राप्त करते हुए अस्तित्व में रह सकता है। अत: किसी भी राज्य को क्षेत्र की दृष्टि से परिभाषित किया जाता है तथा राज्य की संप्रभुता राष्ट्रीय भू-भाग की समग्रता के भीतर निवास करती है।[1] अत: राष्ट्र राज्यों के बीच किसी भी वार्ता का मुख्य उद्देश्य सुरक्षित सीमाएँ स्थापित करना है ताकि शांति, स्थायित्व और निश्चयात्मकता प्राप्त की जा सके तथा लोगों के मध्य पर्याप्त सद्भावना निरंतर विद्यमान रहे जिससे कि अनधिकृत विस्तार और अनधिकार प्रवेश का निवारण किया जा सके। सीमा निर्माण की प्रक्रिया जटिल और पेचीदा है तथा इसमें अनेक मुद्दे निहित होते हैं। इन मुद्दों में शामिल हैं—रणनीतिक राज्य हित, जो विधिक, राजनीतिक और आर्थिक होते हैं तथा साथ ही इनमे नृजातीय एकरूपता और भौगोलिक अनवरतता को भी सुनिश्चित किया जाता है। भावनात्मक कारक भी एक महत्त्वपूर्ण भूमिका निभाते हैं।

अत: वार्ताएँ प्रारंभ करने से पूर्व यह अनिवार्य होता है कि दोनों राज्य-पक्षकारों की ओर से होनेवाली वार्ताओं में प्रयोग में लाई जानेवाली शब्दावली के सटीक अर्थों के संबंध में सामान्य समझ विकसित कर ली जाए। यह अनिश्चित विज्ञान नहीं है, क्योंकि अनेक वर्षों से ऐसे कतिपय शब्द-प्रयोगों को विकसित कर लिया गया है, जिन्हें सार्वभौमिक रूप से स्वीकार किया गया है और पर्याप्त मान्यता प्रदान की गई है। लेकिन, यह भी पूर्णत: संभव है कि विभिन्न देशों की राष्ट्रीय

भाषाओं में शब्दों के समान समुच्चय का प्रयोग विभिन्न अवधारणाओं का वर्णन करने के लिए किया जाता है। उदाहरण के लिए, जबकि अंग्रेजी भाषा में 'सरहदें' (फ्रंटियर) और 'सीमा' (बाउंड्री) शब्दों के लिए अलग-अलग अवधारणाएँ हैं। फ्रेंच भाषा सामान्यत: सीमा और सरहद, दोनों ही का वर्णन करने के लिए केवल एक शब्द 'फ्रंटिएर' का प्रयोग करती है। इसी प्रकार, जर्मन भाषा में केवल एक शब्द 'ग्रेंज है। चीनी शब्द 'बिएंजी' [边界] 'सीमा' के लिए सामान्य रूप से प्रयोग में लाया जाता है तथा 'सरहद' के लिए चीनी शब्द 'बियानजियांग' [边疆] है। चीनी भाषा में 'सीमा' के लिए एक और शब्द है और वह 'बियानकुआंग [边框] है। चीनी शब्द 'जियांग' जिसका कभी-कभी 'सरहद' के रूप में अनुवाद किया जाता है, तथा यह 'अधिराज्य' शब्द के अर्थ में सबसे अधिक निकट है। अत: यह स्पष्ट है कि ऐतिहासिक परंपरा प्रत्येक देश तथा विभिन्न क्षेत्रों में भिन्न-भिन्न है। इसके परिणामस्वरूप, सामान्य शब्दावली का अंगीकरण अथवा प्रयोग में लाई जानेवाली शब्दावली की सामान्य समझ किसी स्पष्ट विभेद, गलत धारणा अथवा समझ का निवारण करने के लिए पूर्णत: अनिवार्य है। ऐसी किसी भी समझ के अभाव में वार्ताएँ शायद ही किसी उद्देश्य की प्राप्ति कर पाएँगी।

अपनी परिभाषा के अनुरूप कोई भी सीमा-रेखा भली-भाँति अंकित की जानी चाहिए, जिसमें सटीक निर्देशांक हों और उन्हें सुविख्यात भौगोलिक विशेषताओं द्वारा दर्शाया गया हो। एक प्रभावी दस्तावेज बनाने के लिए इसे न केवल मानचित्र में समुचित रूप से रेखांकित करना चाहिए, बल्कि इसे जमीन पर दृश्यमान और प्रभावी तरीके से चिह्नांकित किया जाना चाहिए। मुख्य रूप से सीमा रेखाएँ तीन विभिन्न वर्णनों की होती है। 'प्राकृतिक' सीमाएँ, जो सुविख्यात भौगोलिक विशेषताओं से बनी होती है; 'गणितीय' अथवा 'खगोलीय' सीमाएँ, जो अक्षांश और देशांतर-रेखाओं से बनती हैं तथा दो स्पष्ट बिंदुओं को जोड़ती है अथवा 'ऐतिहासिक' सीमाएँ, जो प्रयोग, प्रथाओं द्वारा समय के साथ अथवा दूसरे देशों पर विजय के कारण विकसित हो जाती हैं। ऐतिहासिक सीमाओं के मामले में उत्पन्न होनेवाली समस्या यह है कि वार्ताएँ कितने प्राचीन समय के संदर्भ से प्रारंभ की जानी चाहिए, क्योंकि सीमाएँ स्थिर नहीं होती हैं और ये समय के साथ-साथ बदलती भी रहती हैं। यह स्वाभाविक ही है कि कोई भी राज्य पक्षकार निश्चित तौर पर प्राचीनतम समय में ही जाना चाहेगा, क्योंकि यह उसकी वर्तमान वार्तालाप स्थिति के लिए बेहतर होता है। जैसा कि पिछले वार्ता प्रयासों द्वारा परिलक्षित होता है, किसी पारस्परिक दृष्टि से सहमत संतोषजनक तारीख निर्धारित कर पाना कठिन होता है और कभी-कभी तो यह भी स्वयं विवाद का मुद्दा बन जाता है।

भौगोलिक विशेषताओं का भली-भाँति अनुपालन करनेवाली 'प्राकृतिक' सीमाओं के मामले में, सामान्यत: ध्यान में रखी जानेवाली सर्वाधिक आम विशेषताएँ हैं—नदियाँ, झीलें, पर्वत अथवा पर्वत-शृंखलाएँ, जिन्हें प्राय: विख्यात चोटियों द्वारा पहचाना जाता है तथा जिनकी पहचान करना आसान होता है। नदियों के मामले में, सामान्यत: स्वीकार्य अंतरराष्ट्रीय कार्याभ्यास भू-मध्य रेखा का अनुपालन करना है जिसे 'थालवेग सिद्धांत' कहा जाता है, जब तक कि किसी करार अथवा संधि द्वारा इसके प्रतिकूल कुछ अन्य निर्धारित न किया गया हो [थालवेग एक जर्मन शब्द है, जो किसी नदी के मुख्य नौवहन योग्य अथवा प्रधान धारा के मध्य को निर्दिष्ट करता है]। नदी सीमाओं के साथ मुख्य समस्या यह है कि नदियाँ प्राय: अपना मार्ग बदलती रहती हैं, जिससे दोनों राज्यों

के मध्य विवाद उत्पन्न हो जाता है। यह वहाँ भी स्वीकार्य अंतरराष्ट्रीय व्यवस्था है, जहाँ कोई पर्वत-श्रृंखला सीमा का अंकन करती है, जिसमें जल-विभाजक अथवा जल द्वारा विभाजन सामान्य मार्गदर्शक सिद्धांत होता है। पूर्व में, चीन ने नेर्चिन्स्क संधि के रूप में जल-विभाजन के सिद्धांत को सामान्यतः स्वीकार कर लिया था [27 अगस्त, 1689] ब्रिटेन और चीन के बीच तिब्बत और सिक्किम से संबंधित 1890 का कन्वेंशन तथा वियतनाम (तोन्किन) से संबंधित चीन और फ्रांस के बीच 26 जून, 1889 का कन्वेंशन इन सीमाओं को दर्शाता है। वर्तमान समय में, चीन ने चीन और नेपाल (1961) तथा चीन और बर्मा (4 जनवरी, 1961) के बीच हस्ताक्षरित और अनुसमर्थित संधियों में जलविभाजन सिद्धांत का अनुपालन किया है।

कोई सीमा रेखा अनिवार्यतः न केवल एक ऐसी राजनीतिक रेखा होती है, जो दो राष्ट्रों को विभाजित करती है, बल्कि यह ऐसी रेखा भी होती है, जो दो सभ्यताओं, दो विशिष्ट भौगोलिक प्रणालियों और कभी-कभी दो धार्मिक समूहों को भी विभाजित करती है। एक सीमा रेखा से विभाजित दो राज्य एक-दूसरे के विरोधी हो सकते हैं अथवा नहीं भी हो सकते हैं और यह एक मुख्यतः एक राजनीतिक प्रश्न है। कोई सीमा रेखा भावनात्मक और मनोवैज्ञानिक विभाजन होती है। भारत को विभाजित करनेवाली रैडक्लिफ रेखा ऐसी सीमा रेखा है जिसने ब्रिटिश भारत को धर्म के आधार पर दो देशों में विभाजित कर दिया। मुख्य रूप से इसने धरातल पर किसी सुविख्यात अथवा अंकित भौगोलिक विशेषता का पालन नहीं किया। इसने ब्रिटिश भारत के पश्चिम में और पूर्व में दो ऐसे लोगों को विभाजित कर दिया, जो समान भाषा बोलते थे। नृजातीय और सांस्कृतिक दृष्टि से समान थे, परंतु जिनकी धार्मिक आस्थाएँ पृथक् थीं। ऐसे क्षेत्रों में, जहाँ विभिन्न धर्मों के लोग शताब्दियों से साथ रहा करते हैं, वहाँ सीमा रेखा खींच पाना एक अत्यंत कठिन कवायद बन जाती है, क्योंकि बड़ी संख्या में अल्पसंख्यक लोग प्रायः रेखा की गलत ओर चले जाते हैं। 1947 में भारत के विभाजन के दौरान जान-माल को पहुँची भारी क्षति इस बात को प्रमाणित करती है।

दूसरी ओर कोई सीमावर्ती क्षेत्र एक अस्पष्ट और अनिश्चित शब्द है।[2] सीमावर्ती क्षेत्र के सामान्यतः दो अवधारणात्मक अर्थ होते हैं। पहली अवधारणा का अर्थ है राजनीतिक सीमावर्ती क्षेत्र, जो दो राज्यों को विभाजित करता है तथा यह आवश्यक नहीं है कि यह उनमें से किसी राज्य के अधीन हो। चूँकि सीमावर्ती अंचल में गहराई और व्यापकता दोनों होती है, यह समझ पाना आसान नहीं होता है कि दोनों संप्रभु राज्यों के बीच विभाजन रेखा वस्तुतः कहाँ स्थित है। कभी-कभी आंतरिक सीमावर्ती क्षेत्र को दर्शाने के लिए वहाँ तक किलेबंदी की जाती है, जहाँ तक किसी राज्य का पूर्ण नियंत्रण होता है जिससे मध्यवर्ती क्षेत्र को 'एक स्वतंत्र अंचल' के रूप में छोड़ दिया जाता है। सीमावर्ती क्षेत्र की दूसरी अवधारणा किसी एक देश के मध्य 'उपनिवेशों' के संदर्भ में है, जो उस समय विद्यमान थे, जब महाद्वीप अमेरिका अपनी पश्चिम की ओर यात्रा पर अग्रसर था। इस प्रकार यह पश्चातवर्ती अवधारणा नियंत्रण से बाहर कब्जा न की गई अथवा मुक्त भूमि के विपरीत कब्जा की गई और नियंत्रित भूमि के बीच भेद को प्रदर्शित करती है। यह सुझाती है कि यह राजनीतिक 'सीमावर्ती क्षेत्र' निपटान की प्रक्रिया के आगे बढ़ने के साथ-साथ आगे भी बढ़ाया जा सकता है और इस प्रकार, अपनी विशिष्ट प्रकृति के द्वारा इसे स्थायी नहीं माना जा सकता है।

सीमावर्ती क्षेत्र राज्य की शक्ति के आधार पर अंत:वर्ती अथवा बाह्यवर्ती हो सकते हैं।[3] अत: तार्किक दृष्टि से सीमावर्ती क्षेत्र कभी भी स्थिर नहीं होते हैं। वे राज्य की शक्ति में उतार-चढ़ाव होने पर समय के साथ बदलते रहते हैं। इस प्रकार वे व्यापक रूप से देशों के बीच राजनीतिक और सैन्य संतुलन को प्रदर्शित करते हैं। प्रत्येक सीमावर्ती क्षेत्र विशिष्ट होता है और इस प्रकार उनका सामान्यीकरण संदेहास्पद वैधता का बन जाता है। सीमावर्ती क्षेत्र किसी भी विदेश नीति में महत्त्वपूर्ण स्थान पाते हैं, क्योंकि उनमें संप्रभु राज्य की सुरक्षा शामिल होती है तथा वे अनिवार्यत: लगभग प्रत्येक विदेश कार्यालय की चिंता का मुख्य कारण होते हैं। यह कहा जाता है कि प्रत्येक पाँच में से चार राजनीतिक संधियों/कन्वेंशनों में केवल सीमावर्ती क्षेत्रों के विषय में ही बात होती है।[4]

अनेक देशों ने विनिर्दिष्ट सीमा रेखाओं के स्थान पर 'सीमावर्ती अंचलों' की अवधारणा का प्रयोग करने का पक्ष लिया है। ऐसी अवधारणा को अंगीकृत करते हुए वे विशिष्ट सीमा रेखाओं पर बातचीत करने और उसकी निगरानी करने की आवश्यकता से विमुक्त हो जाते हैं जिसमें उन्हें पर्याप्त वित्तीय व्यय तथा सैन्य बोझ का सामना करना पड़ता है। सीमा रेखा के विपरीत सीमावर्ती क्षेत्र व्यापक भू-भाग को शामिल करता है जिसके कारण उसे पर्याप्त गहनता और व्यापकता प्राप्त होती है जिसकी रक्षा करने की आवश्यकता नहीं होती, क्योंकि वह एक ऐसे खुले भू-भाग को दर्शाता है जिस पर कोई भी राज्य कब्जा करने को इच्छुक नहीं होता है, लेकिन किसी सीमा रेखा की भाँति सीमावर्ती अंचल भी दो संप्रभुताओं को अलग करता है। अकसर यह अवधारणा अपनाई जाती है, क्योंकि कुछ राज्यों के पास न तो प्रशासनिक अभिरुचि होती है और न ही ऐसी किसी सीमा की निगरानी करने की क्षमता होती है। अत: वे एक अस्पष्ट अवधारणा के पक्ष में किसी निश्चयात्मक रेखा को त्यागने को तरजीह देते हैं।

'सीमा' तथा 'सीमावर्ती भूमि' शब्दों को सामान्यत: समानार्थी समझा जाता है। उन्हें वस्तुत: अनिश्चित व्यापकतावाले अंचल समझा जाता है, जो किसी राज्य के सबसे बाहरी भागों का निर्माण करते हैं जिनके एक ओर राष्ट्रीय सीमा होती है। यह देखना असामान्य बात नहीं है कि 'सरहद', 'सीमावर्ती क्षेत्र' और 'सीमा' शब्दों का प्रयोग प्राय: अंतरपरिवर्तनीय रूप से तथा अल्प सुविधा के साथ किया जाता है। फिर भी सभी का अपना विशिष्ट अर्थ है तथा वे परस्पर परिवर्तनीय नहीं हैं। सीमा के बारे में किसी भी वार्तालाप में ये परिभाषाएँ स्पष्ट रूप से समझी जानी चाहिए, इन पर पारस्परिक रूप से सहमति होनी चाहिए तथा दोनों राज्य पक्षकारों द्वारा इनका अनुपालन किया जाना चाहिए।

सीमाओं का निर्माण, एक प्रकार से दो राज्य पक्षकारों के बीच उस समय विद्यमान शक्ति के संतुलन को भी प्रतिबिंबित करता है। प्राय: सीमाओं का दावा राजनीतिक और आर्थिक आकांक्षाओं के आधार पर अथवा औचित्य पर किया जाता है तथा यह अनिवार्यत: अनेक विवादों और कलह का कारण बनता है। सैन्य रूप से तथा आर्थिक दृष्टि से सुदृढ़ राष्ट्र की 'तर्कसम्मत' होने की संभावना नहीं होती है, जब वह सीमा संरेखण के बारे में वार्ता कर रहा होता है और वह अनिवार्यत: अपनी बात मनवा लेता है। यही कारण है कि कोई कमजोर देश इस आशा के साथ समय की प्रतीक्षा करता है कि कभी तो उसके लिए एक अधिक उचित स्थिति उत्पन्न होगी। इसीलिए चीनी प्राधिकारियों ने उन्नीसवें दशक में और बीसवें दशक के प्रारंभ में सीमा

के प्रश्न पर टालमटोल का सहारा लिया, जब उसका सामना अधिक बलशाली और चुनौतीपूर्ण साम्राज्यिक शक्ति ब्रिटेन से हुआ। कमजोर राष्ट्र छल-कपट के स्थान पर केवल तब हस्ताक्षर करने पर विश्वास करते हैं, जब वे समझते हैं कि यह भविष्य में जाकर और भी खराब सौदा बन जाएगा। कभी-कभी राज्य सुदृढ़ राष्ट्र अथवा राष्ट्रों के समूह के सैन्य और आर्थिक शक्ति के गहन दबाव के कारण टूट भी जाते हैं। प्राय: ऐसे राज्य तब अपनी प्रतिबद्धताओं से बचने का अवसर तलाशते हैं। अत: वार्ता करने का निर्णय अथवा किसी निर्णय पर पहुँचने का निर्णय राज्य पक्षकारों के समग्र राष्ट्रीय हितों पर आधारित होता है तथा एक इसके सीमा निर्माण के तकनीकी पहलुओं से कोई लेना-देना नहीं होता है।

जब एक बार सीमा के निपटारे के व्यापक संदर्भों के बारे में दो राज्य पक्षकारों के बीच विस्तृत सामान्य राजनीतिक सहमति हो जाती है, तब उसके बाद तीन विशिष्ट चरणों का पालन किया जाना होता है। पहला चरण 'आबंटन' है, दूसरा 'परिसीमन' है तथा तीसरा और अंतिम चरण 'चिह्नांकन' है। आबंटन का अर्थ है किसी विशेष सीमा संरेखण का निर्णय लेने के लिए प्रारंभिक राजनीतिक सहमति, चाहे वह मौखिक हो अथवा दोनों राज्य पक्षकारों के मध्य लिखित समझ/करार के माध्यम से हो। इस प्रकार से सहमति बनने के उपरांत उनके सीमा संरेखण को स्पष्टत: किसी मानचित्र पर अंकित किया जाता है, जमीन पर नहीं, जिसे परिसीमन कहा जाता है। अंतिम चरण में, जब किसी मानचित्र पर पंक्तियाँ खींच ली जाती हैं, तो स्पष्ट भूमि संकेतकों अथवा स्तंभों का प्रयोग करते हुए बाद में इसे जमीन पर स्पष्ट रूप से अंकित कर दिया जाता है, तब इसे चिह्नांकन कहा जाता है। सर हेनरी मैकमोहन ने भी शिमला सम्मेलन में इसी सिद्धांत का पालन किया था, जब 1914 में भारत-तिब्बत सीमा के बारे में बातचीत चल रही थी। अनेक वर्ष बाद, सर हेनरी मैकमोहन ने परिसीमन और चिह्नांकन के बीच अंतर इस प्रकार स्पष्ट किया—

> *जो परिसीमन मैंने किया है, उसमें किसी संधि अथवा अन्यथा द्वारा सीमा रेखा का निर्धारण तथा लिखित, मौखिक रूप में उसकी परिभाषा शामिल है; चिह्नांकन में जमीन पर वास्तविक रूप से सीमा-रेखा खींचना तथा सीमा स्तंभों अथवा अन्य भौतिक साधनों से उसे स्पष्टत: अंकित करना शामिल होगा।*[5]

सीमा चिह्नांकन की अवधारणा का उद्‌गम हाल में हुआ है तथा यह एशिया की तुलना में यूरोप में अधिक प्रचलन में है।[6] एशिया में ऐसी कोई अवधारणा नहीं थी तथा अभी हाल ही में उन निश्चित सीमाओं की अवधारणा का उद्‌गम होना प्रारंभ हुआ है, जहाँ तक कोई राज्य अपने भू-भाग को प्रशासित करता है, जिसने एशिया में स्थिति की वास्तविकताओं के साथ सामंजस्य स्थापित करना आरंभ किया है।[7] यूरोप में भी दो राज्यों के बीच सत्रहवीं शताब्दी में निष्पादित की गई अधिकांश संधियों में चिह्नांकन के लिए कोई विशिष्ट उपबंध नहीं है। अठारहवीं शताब्दी के मध्य से ही यह प्रक्रिया प्रारंभ हुई कि यूरोप में संधि के पाठों में 'आयुक्तों' का संदर्भ शामिल किया जाने लगा। इन 'आयुक्तों' को जमीन पर सीमा के चिह्नांकन का कार्य सौंपा गया था। संप्रभुता की यूरोपीय अवधारणा में यह धारणा शामिल थी कि राष्ट्र राज्यों के पास 'परिबद्ध' समुदाय होने चाहिए। अत: सीमाओं पर बातचीत करते हुए प्रत्येक राज्य के विस्तार को परिभाषित करने के लिए यह आवश्यक बन गया। अत: लॉर्ड कर्जन ने अपने 1907 के रोमानेस व्याख्यान में यह सही दावा किया था

कि "किसी एशियाई देश में यह कहना सही होगा कि चिह्नांकन कभी नहीं किया गया है—सिवाय यूरोपीय दबाव के अंतर्गत और यूरोपीय एजेंटों के हस्तक्षेप द्वारा उत्पन्न स्थितियों के।" अत: यह कहना सत्य ही होगा कि किसी राष्ट्र राज्य की सुपरिभाषित और चिह्नांकित सीमाएँ स्थापित करना अनिवार्यत: पाश्चात्य अवधारणा में शामिल है।

अतीत में चीनी अपनी सीमाओं को परिभाषित करने के प्रति केवल तभी सचेत हुए, जब उन्होंने पश्चिम साम्राज्यवादी ताकतों के हाथों उनके प्रदेशों पर हमलों का सामना किया। ऐसा अवसर पहली बार तब आया, जब रूसी सेनाएँ चीनी साम्राज्य के द्वार तक पहुँच गई थीं और चीनी पश्चिमी अवधारणा के अनुरूप अपनी सीमाओं को परिभाषित करने तथा 1689 में नेर्चिंस्क की संधि पर हस्ताक्षर करने पर विवश हुए थे। उस समय तक परिभाषित सीमाओं की अवधारणा का साम्राज्यवादी चीन में महत्त्व अल्प रहा था।

आंतरिक एशियाई सीमावर्ती क्षेत्रों ने चीनी राज्य के लिए सदैव ही गंभीर सुरक्षा चुनौतियाँ उत्पन्न की हैं। चीन की 'महान् दीवार' का निर्माण सुरक्षा हासिल करने तथा तथाकथित 'बर्बर आक्रांताओं' को अपनी सीमा से बाहर रखने के लिए किया गया था। एक भावना में इसे सीमा अंकित करने के लिए चीन के प्रथम प्रयास के रूप में माना जा सकता है। अतीत में चीनियों ने अपनी सीमाओं के आसपास अधीन राज्यों की श्रृंखला का निर्माण करने का प्रयास किया था ताकि आक्रमणकारियों से चीन की मुख्य भूमि को सुरक्षित किया जा सके। वहाँ एक आंतरिक क्षेत्र था, जो प्रमुख चीनी राज्य की सुरक्षा किया करता था तथा एक बाह्य क्षेत्र था जिस पर अधीन राज्य स्थापित थे। प्राय: चीन प्राधिकारी प्रशासन करने, व्यापार पर कर लगाने तथा चीनी भू-भाग में रहनेवाले अपने लोगों को अनुशासित बनाने के लिए उनके साम्राज्य की सीमाओं पर स्थित गैर-हान सत्ताओं को विशेष अधिकार प्रदान करने के लिए इच्छुक थे। 1835 का सिना-कोकंड समझौता इसका एक उदाहरण है तथा इसके अंतर्गत कोकंड प्राधिकारियों के पास विदेशी व्यापारियों पर 'कांसुलर' अधिकारिता का प्राधिकार भी था।

अत:, जहाँ तक बाह्य सीमावर्ती क्षेत्र का संबंध है, इसने केवल चीनी साम्राज्य द्वारा प्रयोग में लाए गए प्रभाव की सीमाओं को ही दर्शाया है तथा यह सभी मामलों में चीनी कब्जे अथवा संप्रभुता पर लागू नहीं होता। कंफ्यूशियन परंपरा के अनुसार, उनमें से कोई भी सीमावर्ती क्षेत्र सही तरीके से परिभाषित नहीं था। कंफ्यूशियन परंपरा ने अवधारित किया कि एक आदर्श विश्व ऐसा होना चाहिए, जिसमें राज्यों के बीच कोई सीमा न हो। इस परंपरा के अनुरूप, चीन ने स्वयं को एक राष्ट्र-राज्य के रूप में अथवा एक साम्राज्य के रूप में नहीं समझा, बल्कि उसने स्वयं को सभ्यता का केंद्र माना। अत: 'सुसंस्कृत विश्व' का प्रतिनिधित्व करनेवाले चीनी राज्य के पास 'बर्बर आक्रांताओं' के ऊपर नैतिक प्राधिकार था तथा अपने इस नैतिक प्राधिकार को हासिल करने के लिए आगे आक्रमण करने की अनुमति थी। इस संदर्भ में चीनी राज्य ने संप्रभु समानता के आधार पर अंतरराष्ट्रीय संबंधों को संचालित करने की अवधारणा को अस्वीकार कर दिया। अत:, जब तक यह सहायक संबंध सुदृढ़ बना रहा, चीनी उनकी बाह्य सरहदों की सीमाओं अथवा परिभाषाओं के बारे में अधिक ध्यान नहीं देते थे। इससे उन्हें चीन के बदलते सीमावर्ती क्षेत्रों की राजनीतिक सत्यता के बारे में जानने में मदद भी मिली। चीन राज्य एक सजातीय राज्य है जिसके 94 प्रतिशत लोग हान चीनी हैं। अत: तुलनात्मक

रूप से हान चीन क्षेत्रों की गैर-हान अथवा अल्पसंख्यक क्षेत्रों से चिह्नांकित करना अथवा पहचान करना आसान है। यह भी उल्लेखनीय है कि चीनी राज्य में गैर-हान क्षेत्रों का समावेश एक प्रकार से चीनी साम्राज्य की महत्त्वाकांक्षी, परंतु असफल नीति है।

अन्य एशियाई राज्यों की भाँति तिब्बतियों के लिए भी प्रादेशिक सीमाओं का चिह्नांकन एक नवीन अनुभव रहा है। तिब्बती प्रणाली में यह धारणा थी कि सीमाएँ स्थानीय रूप से निर्धारित और स्वीकृत की जाती हैं तथा यह कि सीमाएँ यह नहीं दर्शातीं कि वे संप्रभुता के साथ सहयोजित हैं। दो भिन्न राजनीतिक सत्ताओं के बीच अतिव्यापी क्षेत्र थे और इस प्रकार ऐसी स्थिति के बाह्य अनुसमर्थन की कोई आवश्यकता नहीं थी। तिब्बतियों के लिए, जो बात मायने रखती थी, वह यह नहीं थी कि मानचित्र पर रेखाएँ कहाँ खींचनी हैं अथवा खींचनी भी हैं या नहीं, बल्कि यह महत्त्वपूर्ण था कि संबंधित लोगों की राज्यनिष्ठा का विस्तार अथवा भावनाओं की प्रणाली का निर्माण किससे किया जा सकता है। प्रायः समय बीतने के साथ यह राज्यनिष्ठा परिवर्तित हो गई तथा राजनीतिक नियंत्रण भी रूपांतरित हुआ।[8] तिब्बतियों के लिए, जो चरवाहा प्रकृति के थे, जो बात अधिक मायने रखती थी, वह घास के मैदानों की संख्या, देवदार वनों की मात्रा तथा उन क्षेत्रों तक उनकी पहुँच बनाने की क्षमता थी, चाहे उसके लिए कोई भी संप्रभुता अपेक्षित हो। इस प्रकार उनके लिए सीमा रेखाओं का अर्थ सीमित था।

उपनिवेशोत्तर अवधि में नए उभरनेवाले राष्ट्रों द्वारा सामना की जानेवाली प्रमुख समस्याओं में एक यह तथ्य भी था कि अधिकांश सीमाएँ तत्कालीन महाशक्तियों द्वारा उनके अपने रणनीतिक, राजनीतिक, आर्थिक और वाणिज्यिक हितों को ध्यान में रखते हुए खींची गई थी। जैसी लॉर्ड सैलिस्बरी ने 1890 में टिप्पणी की थी, "हम मानचित्रों पर रेखाएँ खींचने में व्यस्त हैं...हम एक-दूसरे को पर्वत, नदियाँ और झीलें दे रहे हैं, लेकिन हम ऐसी छोटी बाधाओं से भी घिरे हैं कि हमें यह पता ही नहीं है कि वे पर्वत, नदियाँ और झीलें हैं कहाँ।" प्रायः सजातीय समुदाय बिखर जाते हैं और अलग-अलग हो जाते हैं तथा उनकी संवेदनाओं अथवा आकांक्षाओं पर इन रेखाओं को खींचते समय कभी भी ध्यान नहीं दिया गया। एक क्षेत्र में किए गए समझौते प्रायः किसी अन्य क्षेत्र में लाभ की स्थिति बन जाते हैं। प्रायः जटिल वार्ताएँ यूरोप की चांसलरी में हजारों मील दूर संचालित की जाती हैं। 1907 में एंग्लो-रूसी कन्वेंशन एक ऐसा ही प्रमुख उदाहरण है। अतः, जब विदा लेने का समय आता है, उपनिवेशी शक्ति अनिवार्य रूप से उत्तराधिकारी राज्य के समक्ष अनेक समस्याएँ उत्पन्न कर देती है। अतः ऐसी सीमाओं पर वार्तालाप उपनिवेशी शक्तियों द्वारा उनके अपने हितों के लिए किए जाते हैं, चाहे उनके संबंध में नए स्वतंत्र हुए उत्तराधिकारी राज्य द्वारा कितना भी बचाव क्यों न किया जाए अथवा चाहे प्राचीन सीमाओं के स्थान पर पूर्णतः नई सीमाओं पर ही वार्तालाप क्यों न किया जाना हो। क्या नई सीमाएँ केवल नृजातीयता, भाषा, संस्कृति अथवा आर्थिक कारकों पर ही आधारित होनी चाहिए। अथवा वे इन सभी का संयोजन होनी चाहिए? पूर्व की व्यवस्थाओं को भी पूर्णतः नकारा नहीं जाना चाहिए। नए स्वतंत्र हुए राज्यों ने पाया कि गंभीरता के साथ अथवा व्यापक राजनीतिक जोखिमों के बिना इनमें से कोई भी मार्ग नहीं अपनाया जा सकता है। इस नाजुक स्थिति को किस प्रकार संचालित किया जाए, यह नए उभरते हुए स्वतंत्र राज्यों में अधिकांश राजनीतिक विद्वानों के लिए विचार का सर्वाधिक महत्त्वपूर्ण विषय बन गया है।

अत: गहन चिंतन करने के उपरांत अधिकांश नए स्वतंत्र हुए राज्यों ने यह निर्णय लिया कि एक अधिक सुरक्षित उपाय होगा कि उपनिवेशी शक्तियों द्वारा वार्तालाप से प्राप्त की गई सीमाओं को उनके अनुसार ही बने रहने की अनुमति दे दी जाए। किसी सीमा संरेखण को पुन: प्रारंभ करने से अनिवार्यत: अधिक परेशानियाँ उत्पन्न हो जाएँगी तथा नए सीमा संरेखण पर किसी नतीजे पर पहुँचना उससे भी कहीं अधिक कठिन होगा। नए स्वतंत्र हुए कुछ ही राज्यों को विश्वास था कि उनके पास ऐसे नाजुक मुद्दों को हल करने के लिए आवश्यक कौशल विद्यमान है। अत: अनिवार्यत: (जैसा था) 'यथाधृत' का सिद्धांत अपनाया गया, जो अंतरराष्ट्रीय विधिशास्त्र में प्रतिपादित किया गया है। यह सिद्धांत वर्णित करता है कि, जब कोई राज्य स्वतंत्र हो जाता है, वह स्वत: ही उपनिवेशी सीमाओं को धारण कर लेता है तथा उसके स्वतंत्र होने के उपरांत उसके राज्य की सीमा पर कब्जा करने अथवा उसका उल्लंघन करने का कोई भी प्रयास अप्रभावी माना जाएगा तथा उसके कोई विधिक परिणाम नहीं होंगे। इस सिद्धांत को अंतरराष्ट्रीय न्यायालय [आई.सी.जे.] में बुर्किना–फासो बनाम माली (1986) मामले में विधिक दृष्टि से मान्यता दी गई थी। ऊपर उल्लेख किए गए कारणों के फलस्वरूप ही, 21 जुलाई 1961 को अफ्रीकी एकता संगठन (ओ.ए.यू.) ने काहिरा में यह घोषणा की थी कि "सभी सदस्य राज्य उनके द्वारा राष्ट्रीय स्वतंत्रता प्राप्त करने पर तत्समय विद्यमान सीमाओं का सम्मान करने की शपथ लेते हैं।"

प्राय: महाशक्तियाँ अपनी शक्ति का प्रदर्शन किसी तय की गई सीमा रेखा से परे करना पसंद करती हैं। ऐसा प्रारंभिक अवस्था में 'हित के क्षेत्र' की अवधारणा को विकसित करते हुए किया जाता है। इसके बाद इन्हें 'प्रभाव के क्षेत्र' में विकसित किया जाता है और फिर इन्हें 'संरक्षित राज्य' अथवा 'तटस्थ क्षेत्र' (न्यूट्रल जोन) अथवा 'अंत:स्थ राज्य' (बफर स्टेट) कहा जाता है। अंत:स्थ राज्य अनिवार्यत: अंतरराष्ट्रीय राजनीति का सृजन है तथा उन्हें दो प्रमुख प्रतिरोधी शक्तियों के बीच वैमनस्य की संभावना का निवारण करने के लिए तैयार किया जाता है। किसी अंत:स्थ राज्य को 'अंत:स्थ' की भाँति उपकरण के रूप में परिभाषित किया जाता है, क्योंकि अंत:स्थ दो भारी वस्तुओं के बीच बल के प्रभाव को समाप्त करने अथवा कम करने के लिए एक यांत्रिक विधि है, जिस प्रकार से राजनीति अंत:स्थ राजनीतिक टकराव की हिंसा को नियंत्रित करती है, हालाँकि ऐसे अंत:स्थ ने अत्यंत कम अवसरों पर ही उनके टकराव का निवारण किया है।[9] शक्तिशाली देश, जो 'तटस्थ अंचलों', 'प्रभाव के क्षेत्रों' अथवा 'अंत:स्थ राज्यों' को संपोषित करते हैं, अपनी वास्तविक जिम्मेदारियों का समुचित रूप से उस समय अनुपालन नहीं करते, जब वे ऐसी सत्ताओं का निर्णय करते हैं; सिवाय प्रतिस्पर्धी राज्य को ऐसे किसी क्षेत्र में कोई राजनीतिक अथवा आर्थिक लाभ से वंचित रखने के लिए। दूसरी ओर साम्राज्यिक शक्तियाँ इस बात की इच्छुक होती हैं कि उनके बीच विद्यमान उपनिवेशी सीमा विवाद स्थानीय ही बना रहे, यूरोप को अंतरित न हो पाए तथा वे अंतरराष्ट्रीय आयाम ग्रहण न करें। उन्हें डर होता है कि उपनिवेशी विवाद यूरोप में साम्राज्यिक सरकारों के मध्य कटुता और तनाव का कारण बन जाएगा।[10] ब्रिटिश भी इच्छुक थे कि प्रमुख शक्तियों के बीच विद्यमान ऐसे उपनिवेशी सीमा विवाद स्थानीय ही बने रहें तथा उन्हें अंतरित न किया जाए जिससे यूरोप में उनके संबंध प्रभावित न हों और आवश्यकता से अधिक महत्त्व अर्जित न कर लें।

भारत में शासन करने के दौरान ब्रिटिश शासक इन अवधारणाओं को अपनाने अथवा इनका

अनुपालन करने के प्रति निपुण थे। ब्रिटिशों ने सदैव ही अपने भारतीय कब्जेवाली रणनीतिक अथवा राजनीतिक सीमा को उनके वास्तविक प्रशासनिक कब्जे की सीमाओं से काफी आगे रखा। इसी कारण से ब्रिटिश भारत के 19वीं शताब्दी के कुछ मानचित्रों में केवल ब्रिटिश प्रशासनिक नियंत्रण की सीमाओं को ही दर्शाया गया है, परंतु इस प्रकार दर्शाई गई रेखाएँ राष्ट्रीय स्तर की थी, अंतरराष्ट्रीय स्तर की नहीं। ऐसी रेखाओं से परे के भू-भागों पर किसी अन्य पड़ोसी राज्य के भाग के रूप में विचार नहीं किया गया था। कभी-कभी समान रंग का प्रयोग यह दर्शाने के लिए किया गया था कि यह ब्रिटिश कब्जे में है, परंतु प्राय: ऐसे कब्जे की बाह्य सीमाओं को अस्पष्ट ही छोड़ दिया गया था। संभवत: अंग्रेजों ने उस समय जान-बूझकर यह निर्णय लिया था कि वे ऐसी स्थिति में उनके कब्जे की बाह्य सीमाओं को स्पष्टत: अंकित नहीं करेंगे ताकि ऐसी रेखाओं को बाद में ब्रिटिश साम्राज्य के हितों का निर्धारण करते समय उपयुक्त रूप से परिवर्तित करने की आवश्यकता हो। राजनीतिक दृष्टि से ऐसी नीति एक कुशल नीति थी, क्योंकि इसने ब्रिटिश को बाद में अपनी सुविधा के अनुसार सीमाओं में परिवर्तन करने का आवश्यक रणनीतिक लाभ प्रदान किया था। उन्होंने सीमाओं को स्पष्ट रूप से चिह्नांकित करने का कोई विशेष कारण नहीं पाया, जब तक कि उनके समक्ष कोई बड़ा सुरक्षा संकट नहीं उत्पन्न होता। अफगानिस्तान को ब्रिटिश भारत से अलग करनेवाली डूरंड रेखा ऐसा ही एक उदाहरण है तथा यह जल्दबाजी में लिया गया निर्णय था, जब मध्य एशिया में रूसी विस्तार से उन्हें एक बड़ा खतरा सामने दिखाई पड़ा। ब्रिटिश ने हमेशा से ही विवादों से तब निपटने की नीति अपनाई थी, जब वे उत्पन्न होते थे। सैन्य और आर्थिक दृष्टि से उत्कृष्ट साम्राज्यिक शक्ति होने के नाते वे आश्वस्त थे कि किसी भी संकट की स्थिति में उनके पास अंतत: उससे निपटने का मार्ग उपलब्ध होगा।

हिमालय एक सटीक अवरोधक है, जो दक्षिण एशिया तथा महाद्वीपीय मध्य और पूर्व एशिया के बीच एक आदर्श अंत:वर्ती है। जब तक हिमालय अपने स्थान पर अडिग था, सभ्यताओं अथवा साम्राज्यों अथवा राजनीतिक महत्त्वाकांक्षाओं के बीच कोई टकराव उत्पन्न नहीं हुआ। उन्नीसवीं शताब्दी में अंग्रेजों द्वारा उच्च हिमालय पर प्रारंभ किए गए अभियानों का एक मुख्य उद्देश्य यह निर्धारित करना था कि क्या कोई मार्ग वहाँ विद्यमान है, जहाँ से उन ऊँचे पर्वतों पर पहिएदार वाहन और तोपें ले जाई जा सकती हैं।[11], जब व्यापक अन्वेषणों और संवीक्षाओं द्वारा इस भय को समाप्त कर दिया गया, तब भारत के पूर्वोत्तर सीमावर्ती क्षेत्र को मृत समझा गया और ब्रिटिश संतुष्ट और निष्क्रिय हो गए।[12], जब 1950 में चीनी उच्च तिब्बती पठार पर कब्जा करने पहुँचे, तब तक वहाँ पूर्ण शांति थी और विवादों अथवा घटनाओं का कोई अता-पता नहीं था, जिसका मुख्य कारण था कि ल्हासा में तिब्बती प्राधिकारी शांतिप्रिय थे तथा उन्होंने हिमालय पर्वत-शृंखला के दक्षिण की ओर कोई महत्त्वाकांक्षा नहीं दर्शाई थी।

फिर भी ब्रिटिशों ने, जो उनके भारतीय कब्जे की सुरक्षा को लेकर सदैव सतर्क थे, कोई खतरा मोल नहीं लिया तथा नेपाल, भूटान और सिक्किम के हिमालयी राज्यों को अपनी 'संरक्षा' में ले लिया। आंतरिक स्वायत्तता के व्यापक उपाय प्रदान करते हुए ब्रिटिश सत्ता ने सदैव यह सुनिश्चित किया कि इन राज्यों के विदेश संबंध दृढ़तापूर्वक उनके हाथ में बने रहें तथा वहाँ किसी भी विदेशी शक्ति को कभी भी अपने पाँव जमाने की अनुमति न मिल पाए और यह सुनिश्चित करने के लिए

ब्रिटिश हित सदैव ही बेहतर रूप से संरक्षित किए गए थे तथा इन राज्यों में एक रेजीडेंट कमिश्नर अनिवार्य रूप से तैनात किया गया था। तिब्बत के मामले में, ब्रिटिश शासन ने चीनी अधिराज्य की अवधारणा की मौखिक प्रशंसा करते हुए संधि द्वारा सुनिश्चित किया कि कोई अन्य 'विदेशी' प्रभाव तिब्बत में प्रवेश नहीं करेगा। इसके अलावा, ब्रिटिश पर्याप्त रूप से जागरूक थे कि कमजोर चीन ब्रिटिश हितों अथवा ब्रिटिश-प्रशासित भारत को कोई चुनौती नहीं दे पाएगा। ब्रिटिश भारत के उत्तर-पश्चिमी सीमावर्ती क्षेत्र में अधिक रुचि दर्शाते थे। ऐसा वे मुख्य रूप से रूस के उनके भारत में साम्राज्य की ओर बढ़ाए गए विस्तारवादी कदमों को रोकने के लिए करते थे जिसे वह अपने लिए मुख्य चुनौती के रूप में देखते थे। ब्रिटिश रणनीतिक आकलन यह था कि रूस चीन की सुरक्षा के लिए प्रमुख चुनौती है। यही कारण था कि पूर्वी सीमावर्ती क्षेत्र की उपेक्षा की गई तथा उसकी प्रायः 'भुला दी गई सरहद' के रूप में व्याख्या की गई। अतः ब्रिटिश के लिए तिब्बत पर चीनी 'अधिराज्य' के विवाद को अनुरक्षित करना अधिक सुविधाजनक था जबकि उसके भारतीय साम्राज्य पर रूस की नजर को उसने एक बड़ी चुनौती के रूप में परिकल्पित किया था। ब्रिटेन ने गंभीरतापूर्वक यह कल्पना कभी नहीं की थी कि एक दिन रूसी नहीं, बल्कि नई स्फूर्ति से नवीकृत हुआ चीन हिमालय में भारतीय हितों के लिए बड़ी चुनौती बनकर उभरेगा।

ब्रिटिश उनके भारतीय साम्राज्य में तिब्बत को शामिल करने के इच्छुक कभी नहीं रहे। ऐसी नीति के क्रियान्वित होने पर वे उससे पड़नेवाले भारी वित्तीय बोझ को सहने के लिए अनिच्छुक थे। इसके साथ-साथ, उन्होंने तिब्बती 'स्वतंत्रता' के लिए उठाए गए कदमों को भी कभी प्रोत्साहित नहीं किया। वे इस बात से संतुष्ट थे कि एक अस्पष्ट चीनी अधिराज्य के होने पर वे हर हाल में तिब्बती राज्य पर शासन जमाए रखने में सफल रहेंगे। इसके अलावा ब्रिटिश शासक चीन के साथ अपने आकर्षक व्यापार और वाणिज्यिक संबंधों को संकट में डालने के लिए भी तैयार नहीं थे। 1907 के एंग्लो-रूसी कन्वेंशन के माध्यम से तिब्बत से रूसी प्रभाव को बाहर रखने के प्रमुख ब्रिटिश रणनीतिक उद्देश्य में सफलता प्राप्त होने पर ब्रिटिश शासक संतुष्ट थे कि वे अपने अनुसार स्थितियों को ढाल सकते हैं। स्वतंत्रता हासिल करने पर भारत ने न केवल संधि को, बल्कि हिमालयी राज्यों के संबंध में ब्रिटिश के अन्य दायित्वों को उत्तराधिकार में हासिल कर लिया, और साथ ही तिब्बत से संबंधित अधिकार भी ग्रहण कर लिए। यह अनिवार्यतः 1947 में भारतीय स्वतंत्रता की पूर्व संध्या पर भारत के उत्तरी सीमावर्ती क्षेत्रों में इसके द्वारा हासिल किए गए अधिकारों की स्थिति थी।

अतः अपने प्रस्थान के समय ब्रिटिश शासकों ने न केवल भारत के उत्तरी सीमावर्ती क्षेत्र के प्रश्न को पूर्णतः अनसुलझा छोड़ दिया, बल्कि वह पूर्णतः निगरानी विहीन भी था। भारत से ब्रिटेन के प्रस्थान की पूर्व संध्या पर भारत के उत्तरी सीमावर्ती क्षेत्र के 150 किलोमीटर के भीतर कोई पुलिस जाँच-चौकी अथवा कोई अन्य प्रशासनिक इकाई विद्यमान नहीं थी। वस्तुतः पूरी उत्तरी सीमा पर कुल मिलाकर केवल 5 पुलिस जाँच-चौकियाँ स्थापित थीं। इनमें से 3 नेफा में, 2 हिमाचल प्रदेश में थे और पश्चिमी क्षेत्र में तो एक भी जाँच-चौकी नहीं थी।

जैसा कि 1879 में भारत के तत्कालीन गवर्नर जनरल ने लिखा था—सीमावर्ती क्षेत्र की अवधारणा 'झगड़ा' शब्द की समानार्थी है।[13] उनकी यह भविष्यवाणी अक्षरशः सही सिद्ध हुई, जब

चीन और भारत दोनों के नए स्वतंत्र हुए राज्यों ने हिमालय पर अपनी नजर दौड़ाई और परस्पर संघर्ष किया तथा वे उस भूमि के अंतिम किलोमीटर तक का भू-भाग लेने के लिए प्रतिबद्ध थे, जो वे समझते थे कि वह उनकी है।

संदर्भ :

1. ओपेनहेम, ए ट्रीटाइज ऑन इंटरनेशनल लॉ लंदन : लांगमैंन्स, ग्रीन एंड कं. (1905), पृष्ठ 451-52।
2. सर थॉमस होल्डिच, 'पॉलीटिकल बाउंड्रीज', स्कॉटिश ज्योग्राफिकल मैगजीन, खंड 32 अंक 11 (1916), पृष्ठ 501।
3. ओवेन लैटीमोर, इनर एशियन फ्रंटियर ऑफ चाइना (द्वितीय संस्करण, न्यूयॉर्क : अमेरिकन ज्योग्राफिकल सोसाइटी, 1951)।
4. लॉर्ड कर्जन, फ्रटियर्स 'रोमोनेज लेक्चर' (ऑक्सफोर्ड : क्लारेडन प्रेस, 1907) इसे भी देखें एलास्टेयर लैंब, एशियन फ्रंटियर्स : स्टडीज इन ए कंटीनुइंग प्रॉब्लम (लंदन : पॉल मॉल, 1968)।
5. सर हेनरी मैकमोहन, जर्नल ऑफ दि रॉयल सोसाइटी ऑफ आर्ट्स, खंड 84 (1935), पृष्ठ 2।
6. सर ओलाफ कैरो, 'ज्योग्राफी एंड एथिक्स ऑफ इंडियाज नॉर्दन, फ्रंटियर्स, 'दि ज्योग्राफिकल जर्नल, खंड 126, संख्या 3 (सितंबर 1960), पृष्ठ 298-306।
7. मॉरिस रोसाबी, चाइना एंड इनर एशिया (लंदन : थेम्स एंड हडसन, 1976), पृष्ठ 20।
8. कैरोल मैकग्रेनाहन, एम्पायर एंड दि स्टेट्स ऑफ तिब्बत : ब्रिटिश, चाइनीज एंड तिब्बतन नेगोसिएशंस 1913-14, एलेक्स मैकके में, संपा दि हिस्ट्री ऑफ तिब्बत, खंड 3 : दि मॉडर्न पीरियड 1895-1959 (लंदन : रूटलेज कर्जन, 2003), पृष्ठ 268।
9. सर एल्फ्रेड लॉयल, दि राइज ऑफ ब्रिटिश डोमीनियंस इन इंडिया (लंदन : जॉन मरे, 1893), अध्याय 18, पृष्ठ 340।
10. ब्रिटिश एंड फॉरेन स्टेट पेपर्स, 1894-95, पृष्ठ 292, 379।
11. सर फ्रांसिस यंगहस्बैंड, दि हार्ट ऑफ दि कॉन्टिनेंट (लंदन : जॉन मरे, 1896), स्क्रिबर, न्यूयॉर्क द्वारा पुनः मुद्रित।
12. सर चार्ल्स बैल 'नॉर्थ-ईस्ट-फ्रंटियर ऑफ इंडिया, जर्नल ऑफ दि रॉयल सेंट्रल एशियन सोसाइटी, खंड 17, अंक 2 (1930), पृष्ठ 221-225।
13. दि टाइटन पेपर्स, संख्या एल.वाई.पी./518/4, पृष्ठ 1013।

□

2

अंतरराष्ट्रीय परिदृश्य : द्वितीय विश्वयुद्ध के उपरांत–क्या तिब्बत स्वतंत्र राज्य था?

द्वितीय विश्वयुद्ध के बाद की दो घटनाओं के, विशेष रूप से एशिया में, परिस्थितियों पर व्यापक प्रभाव हुए, क्योंकि ये भारत–चीन संबंधों से संबंधित थे। इनमें से पहला चीन जनवादी गणराज्य का अभ्युदय था। 1 अक्तूबर, 1949 को चीनी नेता माओ त्से–तुंग तियानानमेन [अलौकिक शांति का द्वार] की प्राचीर पर खड़े हुए तथा उन्होंने एक अत्यंत भावनात्मक भाषण के दौरान यह घोषणा की कि 'चीनी लोग अब अपने पैरों पर खड़े हो गए हैं।' माओ का भाषण समूचे एशिया में गुंजायमान हुआ। नेहरू ने इस ऐतिहासिक क्षण के महत्त्व को समझा। 18 मई, 1954 को मुख्यमंत्रियों को लिखते हुए नेहरू ने इसे 'द्वितीय विश्वयुद्ध के बाद इतिहास में महानतम घटना' बताया।[1] माओ के भाषण ने नए चीन के उदय तथा समस्त पूर्व चीनी भू–भागों को एक सुदृढ़ नेतृत्व के अधीन पुनर्गठित करने के लिए एक नई आक्रामक नीति की शुरुआत का संकेत दिया। तिब्बत भी कोई अपवाद नहीं था। अत: एक 'स्वायत्त' अथवा 'अर्ध–स्वतंत्र' राज्य के रूप में उसके दिन अब स्पष्टत: पूरे हो गए थे। अनिवार्यत: नया स्वतंत्र हुआ भारत भी इसकी उत्तरी सीमाओं के पार इन अशुभ घटनाक्रमों से अत्यंत प्रभावित हुआ। तिब्बत पर चीन द्वारा कब्जा करने के दृढ़ निश्चय के चलते भारत ने हालिया इतिहास में पहली बार इसके उत्तरी सीमावर्ती क्षेत्रों में एक अधिक मजबूत, आक्रामक और पुनर्गठित चीन का सामना किया। हिमालय का उत्कृष्ट अवरोध, जो भारतीय उप महाद्वीप को मध्य और पूर्वी एशिया से अलग करता है, अब वैमनस्य का क्षेत्र बन गया था। तिब्बत ने शताब्दियों से, जो मध्यवर्ती क्षेत्र प्रदान किया था, वह अनिवार्यत: ओझल हो रहा था। भारत ने अपने उत्तरी सीमावर्ती क्षेत्र में एक ऐसी नई वास्तविकता का सामना किया, जैसा उसने पहले कभी नहीं किया था।

दूसरी भारी उथल–पुथल पैदा करने वाली घटना भारत की स्वतंत्रता और उसका विभाजन थी। ब्रिटिश भारत के विभाजन के फलस्वरूप भारत और पाकिस्तान नामक दो उत्तराधिकारी राज्यों का सृजन हुआ। इसने प्रभावशाली रूप से दक्षिण एशियाई शक्ति संतुलन को भीतर की ओर झुका दिया तथा इसके विपरीत बना दिया। इस प्रकार, किसी भी संभावित आक्रमणकर्ता के लिए यह आसान शिकार बन गया। भारत से साम्राज्यिक ब्रिटेन की वापसी का अर्थ था एशिया में शक्ति का केंद्र हिमालय के दक्षिण से उसके उत्तर में परिवर्तित हो गया था। यहाँ तक कि नेहरू ने भी स्वीकार किया कि चीनी क्रांति, जिसने साम्यवाद को सत्ता में ला दिया था, ने शक्ति के संतुलन को प्रभावित

किया है तथा 'शक्ति का केंद्र रूपांतरित हो गया है'...जिससे भारत प्रत्यक्षत: प्रभावित हुआ है।[2] स्वतंत्र भारत भी साम्राज्यवादी ब्रिटेन की पहुँच और शक्ति पर अधिक निर्भर नहीं रह सकता था तथा उसे राजनीतिक सत्ता के नए समीकरणों के जोखिमों का सामना करने के लिए अकेला छोड़ दिया गया, जो उस दौरान अस्तित्व में आ गए थे। इसके अलावा, भारत को पाकिस्तान के प्रतिरोध का भी सामना करना था। इस प्रकार भारत ने उत्तर तथा पश्चिम दोनों ही ओर से संभावित वैमनस्यता का सामना किया।

यह कहा जाता है कि साम्राज्यिक ब्रिटेन की शक्ति मुख्यत: ब्रिटिश नौसेना की शक्ति भारतीय सेना की असंदिग्ध शूरता तथा भारत में ब्रिटिश सिविल सेवकों की अत्यंत उत्कृष्ट प्रशासनिक विदग्धता पर निर्भर करती थी। जबकि ब्रिटिश, अपनी स्वयं की आर्थिक और सैन्य ताकतों के अलावा, एकीकृत भारतीय सेना की शक्ति पर निर्भर करते थे, नई भारत सरकार के पास पुरानी भारतीय सेना का केवल 3/5 भाग ही छोड़ा गया। स्थितियों को और भी विषम बनाने के लिए नवस्वतंत्र भारत और पाकिस्तान शीघ्र ही कश्मीर के मुद्दे पर सशस्त्र विवाद में उलझ गए। हाल में स्वतंत्र भारत सरकार के पास उपलब्ध सेना का अधिकांश भाग पाकिस्तान के विरुद्ध तैनात कर दिया गया, उसमें से कुछ को आंतरिक समेकन और सुरक्षा के लिए लगाया गया तथा उत्तर और पूर्वोत्तर से उत्पन्न होनेवाली चुनौतियों का सामना करने के लिए अत्यंत कम सेना शेष रह गई। साम्राज्यवादी ब्रिटिश शासन की वापसी के फलस्वरूप दक्षिण एशिया की नई राजनीतिक और सैन्य वास्तविकताएँ चीन के नए शासकों की तीक्ष्ण राजनीतिक नजरों से नहीं चूकी।

आधुनिक समय में समस्त चीनी सरकारें, चाहे वे किसी भी मत की क्यों न हों, सफलतापूर्वक इस धारणा को हठपूर्वक कायम रखे हुए है कि तिब्बत हमेशा से चीन का ही भाग है। ऐसा हमेशा से नहीं था। चीन ने पहली बार ल्हासा पर 1720 में कब्जा किया था, परंतु दलाई लामा की स्थानीय सरकार को विस्थापित नहीं किया। अगले 200 वर्षों तक, चीनी प्राधिकारी निष्क्रिय बने रहे तथा अनेक अवसरों पर वे परिदृश्य में विद्यमान भी नहीं थे। 1792 में तिब्बत के आमंत्रण पर चीनी सेना ने उन्हें नेपाली आक्रमण को विफल करने में सहायता प्रदान की। 1876 का एंग्लो-चीन कन्वेंशन पहला अंतरराष्ट्रीय दस्तावेज था, जिसमें तिब्बत को शामिल किया गया था। मांचू जनरल चाओ एर्फांग ने ल्हासा पर 1908-1910 में कब्जा किया, जो तिब्बतियों की इच्छा के विरुद्ध ल्हासा पर कब्जा करनेवाली पहली चीनी सेना थी, तथापि मांचू साम्राज्य के पतन के उपरांत ल्हासा में चीनी सेनानायक को आत्मसमर्पण करने के लिए विवश किया गया तथा 1912 में समस्त चीनी सैनिक अंतत: चीन वापस लौट गए जिनमें अधिकांशत: भारत के रास्ते लौटे थे।

इस समय के बाद से तिब्बतियों ने वास्तविक स्वाधीनता का उपभोग किया। एक स्वतंत्र राज्य के रूप में तिब्बत के अस्तित्व को तब पुन: प्रवर्तित किया गया, जब चीन समान हैसियत में ब्रिटेन और तिब्बत के साथ 1914 में शिमला समझौते में भागीदारी करने पर सहमत हुआ, जिसमें से प्रत्येक राज्य पूर्ण शक्तियों का प्रयोग कर रहा था। तिब्बतियों ने यह दावा भी किया कि नेपाल की भाँति, चीन के प्रति उनकी समस्त बाध्यताएँ मांचू साम्राज्य के पतन के साथ ही समाप्त हो गई थीं, जिसके प्रति उनकी बाध्यताएँ, उनके विद्यमान रहने पर, सम्राट के व्यक्तियों के प्रति निहित रहतीं, न कि चीनी राज्य के प्रति। यह संबंध एक आम व्यक्ति तथा धर्मगुरु के संबंध की भाँति था और

यदि धर्मगुरु सहायता प्राप्त करता है, तो इसका यह अर्थ नहीं है कि धर्मगुरु उन आम आदमियों का अधीनस्थ हो जाएगा। तिब्बतियों ने प्राय: दावा किया कि ऐसी कोई संधि या दस्तावेज नहीं है, जो यह दर्शाता है कि तिब्बत चीन का कभी अधीनस्थ रहा है।[3] जैसी कि दलाई लामा द्वारा टिप्पणी की गई है, "कोई भी समझदार व्यक्ति एक क्षण के लिए यह कल्पना नहीं करेगा कि तिब्बती चीनी है।" अत: यह महत्त्वपूर्ण है कि तिब्बत में 1950 में चीनी आक्रमण से पूर्व कोई भी चीनी नहीं बोलता था, चीन द्वारा कभी भी कोई कर संग्रहीत नहीं किया गया। कुछ हान चीनी तिब्बत में रहते थे, लेकिन उस समय कोई चीनी सैनिक वहाँ नहीं था। ल्हासा और चीन के बीच कोई सीधा संपर्क नहीं था। अधिकांश संप्रेषण भारत के माध्यम से ही गुजरते थे। यहाँ तक कि प्रधानमंत्री चोऊ ने नेहरू के समक्ष स्वीकार किया था कि "तिब्बत चीन से भिन्न है तथा इसे चीन का प्रांत नहीं माना जा सकता है, परंतु इस बात पर बल दिया गया कि तिब्बत चीनी राज्य का सदैव ही एक स्वायत्त क्षेत्र रहा है।[4]

साम्राज्यिक चीनी राज्य के पतन के साथ ही, सुन यात सेन (क्रांति के जनक) ने एक मजबूत चीनी राज्य की स्थापना का आह्वान किया, जो जापानियों को मंचूरिया से, रूसियों को मंगोलिया से तथा ब्रिटिश को तिब्बत से निकाल फेंके। जनवादी राष्ट्रपति युआन शिकाई तो और आगे बढ़ गए तथा उन्होंने 21 अप्रैल, 1912 को एक आदेश जारी किया, जिसमें तिब्बत को अन्य सभी चीनी प्रांतों के ही समान चीन का 'प्रांत' घोषित किया गया था। अनेक अवसरों पर चीन में केंद्र सरकार कमजोर थी तथा तिब्बत उसके नियंत्रण से बाहर था, चीन ने इस धारणा को कभी नहीं छोड़ा कि तिब्बत चीन का ही भाग है। चाहे चीन एक 'संप्रभु' शक्ति रहा हो या नहीं, उसने स्पष्टत: यही घोषित किया है कि तिब्बत बड़े चीनी परिवार का सदैव से ही भाग है। इस समूची अवधि में चीन ने बाहरी शक्तियों द्वारा तिब्बत को 'स्वायत्त' होने से अधिक कुछ अन्य के रूप में मान्यता प्रदान करने के समस्त प्रयासों का प्रतिरोध किया। कुल मिलाकर, चीन केवल यह सिद्ध करने का इच्छुक था कि तिब्बत चीन का 'स्वायत्त प्रांत' है, और कुछ नहीं।

चियांग काईशेक [जियांग जिएशी] की के.एम.टी. सरकार भी इस मामले में चीन के अन्य शासकों के समान ही हठी थी कि तिब्बत चीन का ही भाग है, वस्तुत: इसने तो यह कहा कि तिब्बत एक चीनी प्रांत है। ब्रिटिश दूतावास, वाशिंगटन ने एक टिप्पणी में यू.एस. स्टेट डिपार्टमेंट को सूचित किया कि विदेश सचिव सर एंटनी एडेन तथा के.एम.टी. के चीनी विदेश मंत्री टीवी सूंग के बीच तिब्बत पर 15 मार्च, 1943 को एक बैठक हुई, जिसमें टीवी सूंग ने इस बात पर बल दिया कि 'एडेन निस्संदेह ही इस तथ्य से अवगत होंगे कि चीन की सरकार ने सदैव ही तिब्बत को अपने गणराज्य का भाग माना है।'[5] चियांग काईशेक ने अपनी 'चायनाज डेस्टनी' नामक पुस्तक में यह दावा किया है कि 'चीन को तिब्बत पर अपनी राष्ट्रीय संप्रभुता पुन: हासिल करने की योजनाएँ बनानी चाहिए।'

अत: इस बात में कोई आश्चर्य नहीं है कि चीनी राज्य विस्तार में तिब्बत को शामिल करने का मुद्दा चीन के लिए सदैव ही एक प्रतिष्ठा का विषय था। इसके अलावा, चीनी क्रमिक दलाई लामाओं द्वारा मंगोलों और आंतरिक एशिया में निवास करनेवाले अन्य लोगों पर डाले गए व्यापक प्रभाव से भी परिचित थे तथा इस बात ने तिब्बत के राजनीतिक महत्त्व में वृद्धि की है। चीनियों के लिए, तिब्बत भू-भाग का स्वामित्व ग्रहण करना महत्त्वपूर्ण था, जो पश्चिमी यूरोप के क्षेत्रफल के

लगभग 25 प्रतिशत के बराबर है और यह एक रणनीतिक आवश्यकता थी, क्योंकि तिब्बत के बिना 'नए' चीन की बाह्य एकता कभी भी हासिल नहीं की जा सकती थी। चीनियों ने तिब्बत को बाह्य शक्तियों के विरुद्ध एक सुदृढ़ ओट के रूप में माना था, जो चीनी राज्य को अस्थिर बनाने के लिए हिमालय के दक्षिण से अपने आक्रमणों को बढ़ाने के लिए तिब्बत का प्रयोग करना चाहती थीं। चीन में गैर–हान अल्पसंख्यकों की जनसंख्या केवल 100 मिलियन है, परंतु महत्त्वपूर्ण रूप से वे लगभग आधे भू–भाग पर कब्जा जमाए हैं। दूसरे शब्दों में, हालाँकि हान चीनियों ने चीन की कुल जनसंख्या में लगभग 94 प्रतिशत का योगदान दिया है, फिर भी वे आधे से भी कम भू–भाग पर काबिज हैं। अतः इस बात में कोई आश्चर्य नहीं था कि चीन ने सदैव ही यह दावा किया तथा इस बात पर दृढ़तापूर्वक बल दिया है कि तिब्बत चीन का ही भाग है।

इस बात को महसूस करते हुए कि द्वितीय विश्वयुद्ध की समाप्ति पर ब्रिटेन शीघ्र ही भारत को छोड़ देगा और स्वतंत्र भारत की नई सरकार को शक्तियाँ सौंप देगा, चीन की के.एम.टी. सरकार ने स्थिति को भाँपने का निर्णय लिया। इसने ब्रिटिश शासन द्वारा औपचारिक रूप से सत्ता सौंपे जाने से पूर्व ही मैकमोहन रेखा के दक्षिण में भारतीय अधिकारियों के क्रियाकलापों के विरुद्ध विरोध जताया। उन्हें धैर्यपूर्वक बताया गया कि यह क्षेत्र भारत की सीमाओं के भीतर है। इससे संतुष्ट न होते हुए, के.टी.एम. प्राधिकारियों ने भारत सरकार के साथ एक अन्य युक्ति अपनाई। इस बार 1948 में, के.एम.टी. चीनियों ने सुझाव दिया कि 1908 के तिब्बती व्यापार विनियमों को अब संशोधित करने का समय हो गया है। यह सुझाव इस बात की जाँच करने के लिए था कि क्या भारत अभी भी 1914 के शिमला कन्वेंशन का पालन करता है, क्योंकि उस कन्वेंशन के अनुच्छेद 7(ख) ने 1908 के विनियमों को रद्द कर दिया था तथा उन्हें ब्रिटिश और तिब्बती प्रतिनिधियों के बीच सहमत हुए विनियमों द्वारा प्रतिस्थापित कर दिया गया था। चीनी की के.एम.टी. सरकार को भारत द्वारा सूचित किया गया कि वह तिब्बत के साथ केवल 1914 के शिमला कन्वेंशन की वैधता को ही मान्यता देता है और यह कि इस कन्वेंशन द्वारा 1893 और 1908 के विनियमों का अधिक्रमण कर दिया गया था।

चीनी साम्यवादी भी इस मामले में पीछे नहीं थे। वर्ष 1922 में, जब चीन साम्यवादी दल (सी. सी.पी.) ने अपनी दूसरी राष्ट्रीय कांग्रेस का आयोजन किया, सी.सी.पी. के घोषणा–पत्र में इसके प्रधान उद्देश्यों में 'मंगोलिया, तिब्बत और सिनकियांग की स्वाधीनता द्वारा वास्तविक गणराज्य की प्राप्ति' को भी सूचीबद्ध किया गया।[6] दूसरी ओर माओ त्से–तुंग ने जुलाई 1936 को एक ऐसे चीनी 'परिसंघ' की बात कही, जिसमें बाह्य मंगोलिया, तिब्बत और सिनकियांग स्वायत्तशासी संघटक भाग होंगे।[7] बाद में 1949 में माओ ने अपने दृष्टिकोण में बदलाव कर दिया और यह कहा कि 'हालाँकि तिब्बत की जनसंख्या कम है, इसकी अंतरराष्ट्रीय स्थिति अत्यंत महत्त्वपूर्ण है तथा हमें इस पर अवश्य ही कब्जा करना चाहिए'।[8]

इस दौरान साम्यवादी चीन की नई सरकार ने शक्ति अर्जित करने पर 'चीनी परिसंघ' की अवधारणा का व्यापक प्रचार किया तथा एक सुदृढ़ केंद्रीय सरकार की अवधारणा की पुनः हिमायत की। इस स्थिति के लिए दो आधारभूत कारण थे। नई सरकार समस्त विदेशी प्रभावों को तथा विदेशियों के हाथों पूर्व में चीन के अपमानों की स्मृतियों को समाप्त करना चाहती थी। राष्ट्रीय

प्रतिष्ठा को पुन:स्थापित करने के प्रमुख प्रयासों में समग्र क्षेत्र पर पूर्ण संप्रभुता बहाल करना शामिल था जिसे विगत में 'चीनी' भाग समझा जाता था। अत: व्यापक चीनी परिवार में तिब्बत को वापस लाना गहन राष्ट्रवादिता तथा अत्यंत सांकेतिक महत्त्व का विषय बन गया। दूसरे चीनी नेतृत्व इस बात के प्रति सतर्क था कि तिब्बत का धर्मतंत्र स्वाधीनता की माँग कर रहा था तथा ब्रिटेन एवं भारत से पर्याप्त प्रभावित था। चीन के लिए इस बात की संभावना निरंतर बनी हुई थी कि उससे वैमनस्य रखनेवाले देश तिब्बत के मामले में अपनी नकारात्मक भूमिका का निर्वहन करते रहेंगे, जहाँ से वे सिनकियांग (जिनजियांग) छिंगहाई और युन्नान के चीनी प्रांतों को चुनौती प्रस्तुत कर सकते हैं, जो उनके लिए एक स्पष्टत: अस्वीकार्य जोखिम होता। चीनी अपनी दक्षिण-पश्चिमी सीमाओं पर स्थायित्व बनाए रखना चाहते थे, क्योंकि उनका मानना था कि चीन में साम्यवादियों की विजय तथा कोरिया में युद्ध छिड़ जाने के फलस्वरूप वे अमेरिका द्वारा सैन्य घेराबंदी तथा आर्थिक प्रतिबंधों का सामना कर रहे थे।

माओ की विचारधारा को प्रतिबिंबित करते हुए, इस बात में कोई आश्चर्य नहीं हुआ, जब नई चीनी सरकार ने दृढ़तापूर्वक यह घोषणा की कि वह तिब्बत में किसी हस्तक्षेप को बरदाश्त नहीं करेगी। उसने कड़े शब्दों में भारत को कहा कि—

> *तिब्बत चीनी भू-भाग का अभिन्न अंग है। तिब्बत की समस्या पूर्णत: चीन की घरेलू समस्या है। चीनी जनवादी लिबरेशन आर्मी को तिब्बत में प्रवेश करना चाहिए, तिब्बती लोगों को आजाद करना चाहिए और चीन के सीमावर्ती क्षेत्रों की रक्षा करनी चाहिए।*

असहाय तिब्बतियों के लिए यह एक भयावह अनुभव था। तिब्बत विश्व का सबसे ऊँचा देश है जिसकी औसत ऊँचाई 10-15,000 फीट है। एशिया की सबसे ऊँची पर्वत-शृंखलाओं के बीचोबीच स्थित अधिकांश तिब्बत शुष्क तथा निर्जन प्रदेश है। इसका अधिकांश भाग उजाड़ और बंजर पठार है; बर्फीली बंजर भूमि का दुर्गम भू-भाग है तथा इसके लोग साहसी नस्लवाले हैं। ग्यारहवीं शताब्दी में भारत से बौद्ध धर्म के वहाँ आने से पूर्व, तिब्बती धर्म की दृष्टि से जीववादी थे, प्रकृति से जंगली थे तथा सैन्य आक्रमणों में माहिर थे। बौद्ध धर्म ने इन समस्त प्रवृत्तियों को बदल दिया, क्योंकि यह किसी भी जीव के प्रति हिंसा न करने का संदेश देता है। बुद्ध के सच्चे अनुयायी बनते हुए तिब्बती सौम्य स्वभाव के हो गए। उसके योद्धा समाप्त हो गए और उसके बाद तिब्बत ने कभी भी किसी को नहीं धमकाया। जैसा दलाई लामा ने कहा है, 'हम पढ़ने और प्रार्थना करने के अलावा और कुछ नहीं जानते हैं।'

तिब्बती अपने देश को 'पो' तथा चीन को 'रग्या-नाग' कहते थे। ऊँचे हिमालय में निवास करते हुए, जहाँ मीलों तक फैली बर्फीली, निर्जन भूमि है। तिब्बतियों ने विदेशियों के साथ संपर्क स्थापित करने की आवश्यकता कभी भी महसूस नहीं की, क्योंकि उनका मानना था कि तिब्बत एक विशेष भूमि है जिसका रक्षा बुद्ध द्वारा की जाती है। इसके नेताओं ने तिब्बत की महानता को उसकी धार्मिक संस्थाओं में देखा तथा यह धारणा बनाई कि उन्हें ऐसा कुछ नहीं करना चाहिए, जो उन्हें दूषित करे।[12] यहाँ तक कि 1950 में, जब चीनी सेना तिब्बत की ओर बढ़ रही थी, वहाँ यह भावना व्याप्त थी कि तिब्बत 'ईश्वर' की भूमि है, अत: चिंता करने की आवश्यकता नहीं है। उसकी सरकार का उद्देश्य अपने धर्म का संरक्षक बनना था तथा उसके लिए अपने धर्म की आवश्यकताएँ और हित सर्वोच्च प्राथमिकतावाले थे।

तिब्बती शासक वर्ग ने अन्य देशों के साथ राजनयिक संबंध स्थापित करने की आवश्यकता कभी महसूस नहीं की और न ही उन्होंने सेना रखने की जरूरत समझी। तिब्बत मुख्य रूप से दो बड़े देशों—भारत और चीन से घिरा है, हालाँकि तिब्बत की नृजातीय सीमाएँ अनिवार्यत: कभी भी इसकी राजनीतिक सीमाओं के अनुरूप नहीं रहीं, फिर भी विगत में इसने भारत और चीन के बीच एक अत्यंत उपयोगी मध्यवर्ती क्षेत्र के रूप में कार्य किया है। तिब्बत की सुदूरवर्ती और पृथकवादी स्थिति ही इसकी ताकत थी। कभी-कभी तो ब्रिटिश शासकों द्वारा भेजे गए राजनयिक पत्रों को बिना खोले ही लौटा दिया जाता था। तिब्बत में वास्तविक रूप से वहाँ कोई सड़क, समाचार-पत्र, कारखाने, रेडियो, हवाई-पट्टियाँ अथवा कारें नहीं थीं। यह संभवत: एकमात्र ऐसा देश था, जहाँ पहिया ही नहीं था। बुद्ध की भूमि में, आधुनिक राज्य की ये सभी सुख-सुविधाएँ प्रतिबंधित थीं। दलाई लामा ने भी यह उल्लेख किया है, "हम नहीं जानते थे कि हमें अपनी आजादी के लिए बाहरवालों से स्वीकृति हासिल करनी थी।" न ही उन्होंने कभी स्वयं को तत्कालीन राजनीतिक व्यवस्था में शामिल करने की आवश्यकता महसूस की। तिब्बत एक अद्भुत, सौम्य सभ्यता थी जिसका सिद्धांत किसी को कोई नुकसान पहुँचाना नहीं था। तिब्बत केवल यही चाहता था कि उसे अकेला छोड़ दिया जाए। फिर भी, तिब्बत द्वारा अपनी अंतरराष्ट्रीय छवि का निर्माण कर पाने में असमर्थता का दोष तिब्बत के शीर्षस्थ नेताओं पर लगता रहा है। उन्होंने लीग ऑफ नेशंस में शामिल होने का कोई व्यावहारिक प्रयास नहीं किया, केवल अंतरराष्ट्रीय संगठनों जैसे वैश्विक डाक संघ में शामिल होने के लिए यदा-कदा कुछ हल्के प्रयास किए गए। फिर भी तिब्बत की अपनी सेना थी, अपनी मुद्रा थी और 1923 तक इसका अपना झंडा भी था। तिब्बत सरकार अपने पासपोर्ट भी जारी कर रही थी।

हालाँकि क्रमिक चीनी शासनों ने हठपूर्वक यह धारणा कायम की कि तिब्बत सदैव ही चीन का भाग रहा है, जबकि अन्य महाशक्तियाँ कभी भी इस बात के प्रति आश्वस्त नहीं रहीं। पूर्व में, जब रूसी और ब्रिटिश साम्राज्यों ने एशिया के मध्य तक अपना विस्तार कर लिया था, तो यह स्पष्ट था कि कभी-न-कभी उनके हितों का टकराव होगा। रूस की एशिया में पहुँच—1865 में ताशकंद, 1868 में समरकंद, 1869 में बोखारा, 1873 में खीवा, 1876 में खोकंड, 1881 में तुर्कमेनिस्तान, 1885 में पेंजदेह और 1895 में पामीर, के फलस्वरूप भारत में ब्रिटिश प्रशासन के मध्य बेचैनी बढ़ गई। तिब्बत में रूस की संभावित रुचि के बारे में फैलनेवाली प्रत्येक अफवाह पर आधा-अधूरा विश्वास किया गया और स्थिति पर घबराहट के साथ नजर रखी गई। घबराहट इतनी थी कि 1902 में फैली गुप्त रूस-तिब्बत 'समझौते' की खबरों को सच माना गया, हालाँकि वे सत्य नहीं थीं।

चूँकि रूसियों ने मध्य एशिया में भारत की ओर अपने साम्राज्य का विस्तार कर लिया था, रूसी भी ब्रिटिश शासकों की संवेदनशीलता के प्रति पूरी तरह से सतर्क थे। कभी-कभी उन्होंने तिब्बत में हस्तक्षेप भी किया, लेकिन केवल ब्रिटिश शासन में घबराहट फैलाने के लिए, क्योंकि उन्हें आशा थी कि इससे उन्हें किसी अन्य स्थान पर लाभ होगा। रूसी इस बात को भी जानते थे कि ब्रिटिश शासक ही ईरान-अफगानिस्तान क्षेत्र में उनकी संभावनाओं को गंभीर क्षति पहुँचा सकते हैं—विशेष रूप से एक छोटे, परंतु भीषण रूस-जापान युद्ध में जापान के हाथों निर्णायक हार के उपरांत उत्पन्न हुई स्थिति में। बोअर युद्ध (1899-1902) में किसी हद तक हार झेलने के उपरांत ब्रिटेश ने स्वयं को यूरोप में अपने विश्वसनीय मित्रों से अलग-थलग होता पाया। नए

प्रशासन के अंतर्गत, ब्रिटेन ने अब जर्मन साम्राज्य की बढ़ती हुई ताकत का सामना करने के लिए यूरोप में मित्र-राष्ट्रों की गंभीरता से तलाश आरंभ कर दी। फ्रांस के साथ रूस भी उसके लिए एक स्वाभाविक विकल्प था। जैसे-जैसे यूरोप में रूस और ब्रिटेन के बीच सहयोग बढ़ता गया, यह बात स्पष्ट होती गई कि दोनों ही देश मध्य एशिया में अपनी प्रतिस्पर्धी चिंताओं का समाधान करने के लिए कार्य करेंगे। 1907 का एंग्लो-रूसी कन्वेंशन दोनों देशों द्वारा एशिया में उनके संबंधित हितों पर कोई सहमति बनाने के लिए बार-बार किए जा रहे प्रयासों का चरमोत्कर्ष था। यह स्वाभाविक था कि तिब्बत को ऐसी किसी 'व्यवस्था' से बाहर नहीं रखा जा सकता था तथा उसे निश्चित तौर पर अकेला नहीं छोड़ा जा सकता था।

1907 के एंग्लो-रूसी कन्वेंशन के अंतर्गत किसी अंतरराष्ट्रीय दस्तावेज में तिब्बत के संदर्भ में पहली बार 'अधिराज्य' (सुजेरेंटी) की अवधारणा को शामिल किया गया था [पी.आर.सी. राज्य परिषद्]। चीनियों का मानना था कि दो यूरोपीय शक्तियों, ब्रिटेन और रूस ने एक साथ मिलकर चीन की स्थिति को जोखिम में डालने के लिए तिब्बत पर चीनी संप्रभुता को बदलते हुए उसे चीनी अधिराज्य का दर्जा देते हुए षड्यंत्र किया है। 1907 के कन्वेंशन में ब्रिटेन और रूस ने वास्तव में ही तिब्बत को चीनी अधिराज्य की अवधारणाओं को सृजित करते हुए अपनी परस्पर वैमनस्य और संदेह की स्थिति को समाप्त करने का प्रयास किया था, परंतु ब्रिटिशों के लिए यह सुरक्षा और वाणिज्यिक अनिवार्यता थी, हालाँकि कुछ समय पूर्व 27 अप्रैल, 1906 को ब्रिटेन और चीन के बीच हस्ताक्षरित पेकिंग मैत्री करार में तिब्बत की स्थिति को परिभाषित करने के लिए किसी भी शब्द का प्रयोग नहीं किया गया था, फिर भी ब्रिटेन ने चीन को रियायत देने के तौर पर उस पर हस्ताक्षर कर दिए थे कि 1904 के ल्हासा कन्वेंशन का जिक्र होने पर उसे एक 'विदेशी शक्ति' के रूप में नहीं माना जाएगा। न ही ल्हासा कन्वेंशन ने तिब्बत को एक स्वतंत्र राष्ट्र के रूप में घोषित किया था। अत:, जब उस समय की महाशक्तियाँ स्थिति के बारे में विचार-विमर्श कर रही थीं, किसी ने भी तिब्बत की स्थिति के बारे में उससे परामर्श नहीं किया।

इस मुद्दे पर पर्याप्त बहस हुई है कि 'अधिराज्य' शब्द का वास्तविक अर्थ क्या है? यह मुख्यत: एक पश्चिमी अवधारणा है जिसका प्रयोग यूरोपीय संदर्भ में राज्यों के बीच संबंधों को परिभाषित करने के लिए किया जाता है। अंतरराष्ट्रीय विधिक शब्दावली और संदर्भ में एल ओपेनहेम अधिराज्य को इस प्रकार परिभाषित करते हैं—

> *अधिराज्य किसी भी मायने में संप्रभुता नहीं है। यह एक प्रकार से अंतरराष्ट्रीय संरक्षण है, चूँकि अधीनस्थ राज्य का अंतरराष्ट्रीय स्तर पर पूर्णत: अथवा मुख्यत: प्रतिनिधित्व 'अधिराज्य' द्वारा किया जाता है... यह तथ्य कि अधिराज्य और अधीनस्थ के बीच संबंध सदैव विशेष मामले में ही निर्भर करते हैं, अधीनस्थ राज्य की अंतरराष्ट्रीय स्थिति के संबंध में सामान्य नियम निर्धारित करने की संभावना को समाप्त करता है।*[13]

यहाँ तक कि अमेरिका में विधि विशेषज्ञ दो शब्दों 'अधिराज्य' और 'संप्रभुता' को समानार्थी नहीं मानते हैं, हालाँकि उनके बीच चिह्नांकन की सटीक रेखा खींच पाना कठिन समझा जाता है। सामान्य तौर पर 'अधिराज्य' का आशय है 'संप्रभुता' की तुलना में कम चीनी प्राधिकार और अधिक तिब्बती स्वायत्तता। अमेरिकी इस बहस में पड़ने के कभी इच्छुक नहीं रहे, अत: उन्होंने तिब्बत पर चीनी 'विधिक' प्राधिकार को निर्दिष्ट करते हुए एक अधिक स्वीकार्य शब्द का प्रयोग किया।[14]

एशिया में भी यह समझा जाता था कि 'अधिराज्य' शब्द, जो तिब्बत और चीन दोनों के लिए लागू होता था, अस्पष्ट है। विशेष रूप से मध्य एशियाई संदर्भ में, इसे एक नई परिभाषा और पूर्णत: एक नई अवधारणा के रूप में माना गया। विगत में भी कुछ एशियाई राज्यों ने ऐसे शब्दों में अपने पारस्परिक संबंधों को परिभाषित किया था। तिब्बतियों के लिए, सही अवधारणा 'चो-योन' [धर्मगुरु-संरक्षक] संबंध की थी, जो दलाई लामा और मांचू सम्राटों के बीच विद्यमान था। जैसा कि तत्कालीन दलाई लामा ने अपने एक पत्र में लंदन स्थित ब्रिटिश सम्राट को स्मरण कराया था, "कृपया ध्यान दें कि तिब्बत चीन से धर्मगुरु और उसके शिष्य के रिश्ते की भाँति ही संबंधित है (आई.ओ.आर. 1913)। यह व्यक्ति का व्यक्ति के साथ संबंध था, राज्य का राज्य के साथ नहीं। ब्रिटिशों के परिदृश्य में आने से पूर्व ऐसे संबंध विद्यमान थे।

चीनियों के लिए भी अधिराज्य की यह अवधारणा नवीन थी। चीनी व्यवस्था में, 'ईश्वर के पुत्र' के रूप में सम्राट था, जिसके पास 'मध्य साम्राज्य' पर असीमित प्राधिकार थे, जिसमें समस्त 'सभ्य विश्व' अथवा चीनी राज्य शामिल था। अन्य केवल बर्बर आक्रांता अथवा विदेशी थे। अत: वहाँ समानता का काई प्रश्न ही नहीं था। मध्य चीनी साम्राज्य ने किसी भी ऐसे राज्य को मान्यता नहीं दी जिसे 'समान' माना जा सकता था, क्योंकि वे या तो अधीनस्थ, दास अथवा अनुषंगी राज्य थे। उन सभी राज्यों को हीन माना जाता था, जो साम्राज्य के दासों के रूप में 'ईश्वर के पुत्र' के प्रति कृतज्ञता व्यक्त करते थे। चीन में तत्कालीन ब्रिटिश राजदूत सर अर्नेस्ट स्टोव ने 1904 में हुए एक रुचिपूर्ण वार्तालाप के दौरान युवराज चिंग से पूछा कि 'अधिराज्य' की अवधारणा को चीन में कैसे समझा जाता है? युवराज ने कहा कि चीन में इसका वर्णन करने के लिए कोई उचित शब्द नहीं है, परंतु अधिराज्य शब्द का अर्थ शनगुओ अथवा ऊपरी राष्ट्र है।[15]

दूसरे शब्दों में, चीन की स्थिति एकदम स्पष्ट थी। चाहे किसी भी शब्द में परिभाषित किया जाए, चीनी मत यह था कि तिब्बत उसका अधीनस्थ है तथा चीन का भाग है। सोवियत रूस में तत्कालीन अमेरिकी राजदूत हैरीमैन ने मास्को से राष्ट्रपति ट्रूमैन को एक रोचक बातचीत की सूचना दी, जब के.एम.टी. नेता टी.वी. सूंग ने स्टालिन से भेंट की, तो उन्होंने उन्हें बताया कि चीन में कोई भी सरकार टिकी नहीं रह सकती है, यदि उसने मंगोलिया और तिब्बत को मुक्त कर दिया। सूंग ने जोर देकर कहा कि चीनी 'अधिराज्य' का 'दावा' चीनी मनोविज्ञान में गहराई से पैठ बना चुका है।

अत: चीनी अधिराज्य/तिब्बती स्वायत्तता के संदर्भ में तिब्बत और चीन के बीच संबंध को परिभाषित करना एक चालाक ब्रिटिश रणनीतिक कदम था, जिसमें चीन अथवा अन्य पश्चिमी शक्तियों को नाराज नहीं किया गया था। ब्रिटिशों के लिए 'अधिराज्य' की अवधारणा ने राजनीतिक गतिरोध को समाप्त करने के लिए एक व्यावहारिक समाधान पेश किया। ब्रिटेन तिब्बत जैसे विशाल भू-भाग का अधिग्रहण करने तथा उसे प्रशासित करने का उत्तरदायित्व लेने के लिए तैयार नहीं था। ब्रिटेन 'स्वतंत्र' तिब्बत को मान्यता देने अथवा तिब्बत को ब्रिटिश संरक्षित राज्य घोषित करने के लिए इच्छुक नहीं था। तिब्बत मुद्दे पर ब्रिटिश नीति भारतीय कार्यालय द्वारा भेजे गए दिनांक 11 जुलाई, 1912 के ज्ञापन में परिलक्षित होती है, जिसमें स्पष्ट रूप से कहा गया है कि—

(क) महामहिम की सरकार (एच.एम.जी.) ने तिब्बत में चीन के अधिराज्य अधिकार को औपचारिक रूप से मान्यता प्रदान कर दी है, लेकिन उस पर चीनी संप्रभुता को कभी भी मान्यता नहीं दी है तथा वह इस बात को मान्यता देने के लिए तैयार नहीं है।

(ख) एच.एम.जी. तिब्बत के आंतरिक प्रशासन में सक्रिय रूप से हस्तक्षेप करने के चीन के अधिकार को स्वीकार नहीं करती है।[16]

ब्रिटिश शासक जानते थे कि उत्तर-पश्चिम सीमावर्ती क्षेत्र की तर्ज पर भारत के पूर्वोत्तर सीमावर्ती क्षेत्र पर घेराबंदी करना तथा रक्षक सेना तैनात करना वित्तीय रूप से अत्यंत खर्चीला है। जैसी सर चार्ल्स बेल ने टिप्पणी की थी, "पहले ही दिन से हमारे पक्ष की ओर से इस बात पर बल दिया जा रहा था कि तिब्बत के सुदूरवर्ती और कठिन भाग को संरक्षण प्रदान करने की जिम्मेदारी हमारे ऊपर अत्यंत भारी वित्तीय बोझ डालेगी।''[17] इसके अतिरिक्त इसका यह अर्थ होगा कि ब्रिटेन को लगभग 3200 किलोमीटर के अतिरिक्त सीमावर्ती क्षेत्र की निगरानी करनी होगी, जिसमें लगभग 800,000 वर्ग किलोमीटर का अतिरिक्त क्षेत्र भी शामिल है। ब्रिटिश स्थापना में कोई भी, यहाँ तक कि सर्वाधिक दक्ष साम्राज्यवादी भी, ऐसे किसी कार्य के लिए तैयार नहीं थे। इसके साथ-साथ तिब्बत को अलग-थलग भी नहीं छोड़ा जा सकता था जिससे कि कोई अन्य शक्ति उसका शोषण कर सके, क्योंकि यह रणनीतिक रूप से ब्रिटेन के भारतीय साम्राज्य के ठीक उत्तर में स्थित है। ब्रिटिश नीति तिब्बत को राजनीतिक दृष्टि से सुदृढ़ और स्फूर्त बनाने की थी। स्वतंत्र तिब्बत के लिए हथियार उठाना कभी भी ब्रिटिशों का मत नहीं रहा था।

दूसरी ओर ब्रिटिश रणनीतिज्ञ यह जानते थे कि उन्नीसवीं शताब्दी का चीन एक कमजोर, अप्रभावी और संघर्षशील देश था, जो आंतरिक असंतोष झेल रहा था और तिब्बत पर ब्रिटिश दावे और महत्त्वाकांक्षा को चुनौती देने की किसी भी स्थिति में नहीं था, हालाँकि 1907 के एंग्लो-रूस कन्वेंशन के अधीन रूस और ब्रिटेन, दोनों ही तिब्बत पर सहमत हुए। ब्रिटेन साम्राज्यिक रूस के प्रति अत्यंत संदिग्ध रुख अपनाना जारी रखे हुए था। तिब्बत में अधिराज्य शक्ति के रूप में चीन की अवधारणा को प्रोत्साहित करते हुए, ब्रिटेन को बिना किसी अतिरिक्त वित्तीय लागत को वहन करते हुए अपने दोनों उद्देश्यों को प्राप्त करने की आशा थी। इस प्रकार से रूस को तिब्बत से बाहर रखा जाता और चीन भी मामूली प्रभाव छोड़ने के अलावा कोई दावा करने में अत्यंत कमजोर था, तब ब्रिटेन तिब्बत में प्रधान शक्ति बनने की अपनी इच्छा को मूर्त रूप दे सकता था। उस समय तिब्बत के प्रति ब्रिटिश नीति यह सुनिश्चित करने के लिए तैयार की गई थी कि तिब्बत मध्य एशिया में परिकल्पित रूसी महत्त्वाकांक्षाओं के प्रति एक मध्यवर्ती राज्य बनेगा। इस तथ्य पर कोई विचार नहीं किया गया कि ब्रिटेन को उसके भारतीय साम्राज्य और चीनी महत्त्वाकांक्षाओं के बीच एक मध्यवर्ती (बफर) राज्य [हुआन जोंग गुओ] के रूप में तिब्बत की आवश्यकता होगी। अतः इस समूची पूर्व अवधि के दौरान ब्रिटेन तिब्बत पर चीनी 'अधिराज्य' की स्थापना का प्रमुख प्रचारक था। जैसा कि कर्जन ने कहा है, "हम एक संवैधानिक धड़े के रूप में तिब्बत पर चीन के तथाकथित अधिराज्य का सम्मान करते हैं, जो ऐसी राजनीतिक दिखावट है जिसे दोनों पक्षों के लिए उनकी सुविधानुसार केवल अनुरक्षित किया गया है।" ब्रिटेन ने यह पाया कि यह सूत्र प्रभावी अथवा वास्तविक तिब्बती स्वतंत्रता से संबंधित है, जिसमें चीन अधिराज्य के लिए सैद्धांतिक प्रतिबद्धता भी शामिल है, जिसे राजनीतिक और आर्थिक दोनों ही 'रूप से सुविधाजनक' पाया गया।

तिब्बत के बारे में ब्रिटिश भारत की सरकार का दृष्टिकोण, जो भी रहा हो, उसे स्वतंत्र रूप से संचालन की अनुमति कभी नहीं दी गई। ब्रिटिश नीति को निर्धारित करने के लिए चार प्रधान

कार्यालय थे, वे थे—लंदन में स्थित भारत कार्यालय और विदेश कार्यालय, भारत में वायसराय तथा चीन में ब्रिटिश राजदूत। प्रायः इन चार कार्यालयों के बीच संबंध तथा नीति संचालन सुव्यवस्थित नहीं होता था। नया तिब्बत चीन अधिराज्य के अधीन रहेगा अथवा क्या उसे चीन से स्वयं को स्वतंत्र घोषित करने की अनुमति और प्रोत्साहन दिया जाना चाहिए, सदैव ही ऐसे प्रश्न बने रहे जिन पर निर्णय लंदन में लिया जाना था, हालाँकि भारतीय हितों को व्हाइटहॉल की तुलना में बलपूर्वक परे रख दिया जाता था, फिर भी समग्र ब्रिटिश साम्राज्यिक हित अनिवार्य रूप से सदा ही विद्यमान थे। जैसा कि तत्कालीन भारतीय सेक्रेटरी ऑफ स्टेट ने वायसराय लॉर्ड कर्जन को दृढ़तापूर्वक स्मरण कराया था—

भारतीय सीमावर्ती क्षेत्र नीति को अब विशिष्ट भारतीय दृष्टिकोण से नहीं देखा जाता है और यह कि ऐसे मामलों में उठाए जानेवाले कदमों को केवल महामहिम सम्राट की सरकार द्वारा ही निर्धारित किया जाना चाहिए। यह अनिवार्य है कि यह बात उन लोगों द्वारा ध्यान में रखी जाए कि, जो स्वयं को भारत के विदेशी मामलों के संचालन के लिए उत्तरदायी समझते हैं तथा यह कि उन्हें उन अनुदेशों का अनुपालन करने की आवश्यकता है, जो उन्हें महामहिम सम्राट की सरकार से प्राप्त होते हैं, जो उनके समक्ष समग्र रूप से ब्रिटिश साम्राज्य के हितों के लिए अधिक महत्त्वपूर्ण हैं।[19]

जहाँ तक भारत के सीमावर्ती क्षेत्र पर निर्णय लेने का संबंध है, भारत में कार्य करनेवाले ब्रिटिश अधिकारियों को सम्यक् रूप से यह स्मरण कराया गया कि 'भारत के सीमावर्ती क्षेत्र पर कहीं अन्य स्थानों पर साम्राज्यिक अनिवार्यताओं का संदर्भ लिए बिना निर्णय नहीं लिया जाना चाहिए।[20]

ब्रिटिश अवधारणा में तिब्बत पर चीन के अधिराज्य का अर्थ तिब्बत पर चीन का संपूर्ण नियंत्रण नहीं है। इसका यह अर्थ भी नहीं है कि तिब्बत चीन का एक प्रांत था, न ही इसका यह अर्थ है कि तिब्बत पूर्ण आंतरिक स्वायत्तता का प्रयोग करने के अलावा चीन से अलग देशों के साथ संबंध स्थापित नहीं कर सकता है। तिब्बती नीति पर चीन के पूर्ण नियंत्रण अथवा प्रभाव को अनुमति देने का यह अर्थ होगा कि चीन को वीटो दे दिया गया है। यह कुछ ऐसा मुद्दा था जिस पर ब्रिटिश हार मानने के लिए तैयार नहीं थे। पूर्ण तिब्बती स्वायत्तता तथा चीन को तिब्बत पर अधिराज्य का दावा करने की अनुमति देने के बीच संबंध ब्रिटिश मस्तिष्क पर दृढ़ता के साथ स्थापित था। दोनों अवधारणाओं ने सदैव ही एक-दूसरे को तनाव दिया था।

अतः, जब विश्व स्तर पर ब्रिटिश साम्राज्य के हितों ने इस बात की माँग उठाई, तो ब्रिटेन ने 1907 के एंग्लो-रूस कन्वेंशन पर हस्ताक्षर करते हुए रूस के साथ मित्रता कर ली। इस कन्वेंशन के अंतर्गत, ब्रिटेन ने रूस को तिब्बत पर लगभग वीटो प्रदान कर दिया, जब दोनों ने सहमति व्यक्त की कि चीनी सरकार की मध्यस्थता के अलावा तिब्बत के साथ कोई वार्तालाप नहीं किया जाएगा तथा यह भी सहमति हुई कि कोई भी देश तिब्बत में निवासी प्रतिनिधि नहीं भेजेगा। तिब्बत में घटनाओं पर ब्रिटेन की चिंता बनी रही, विशेष रूप से 11 अप्रैल, 1913 को तिब्बत-मंगोलियाई संधि के निष्पादित किए जाने पर, जो उगरा में हस्ताक्षरित की गई थी। ब्रिटेन ने इसमें रूसी हाथ होने का संदेह व्यक्त किया और इस बात से आश्वस्त नहीं हुआ कि उत्तर एशिया में विस्तार के लिए रूसी अभियान समाप्त हो गया है।

एशिया में आगे और विस्तार करने की परिकल्पित रूसी महत्त्वाकांक्षा का जवाब देने के लिए, ब्रिटेन ने अपने भारतीय साम्राज्य की सुरक्षा के लिए और भारत के साथ तिब्बत के सीमावर्ती क्षेत्रों को परिसीमित करने के लिए तिब्बत में अपनी स्थिति सुदृढ़ करने के प्रयास के लिए, तथापि तिब्बत के बारे में चीन की विधिक स्थिति का प्रश्न अनसुलझा ही रहा। इस समय, ब्रिटिश इस बात से आश्वस्त थे कि उसके भारतीय साम्राज्य को चुनौती देनेवाली एकमात्र महाशक्ति रूस ही थी,[21] हालाँकि चीनी महत्त्वाकांक्षाओं पर ब्रिटिश की शंकाएँ बनी रहीं। ये ही प्रमुख कारण थे कि क्यों ब्रिटेन ने 1914 में शिमला सम्मेलन में चीन और तिब्बत के साथ समझौता करने का प्रयास किया।

ब्रिटिश राजनय के संदर्भ में, शिमला कन्वेंशन एक बड़ी सफलता थी। वे चीन को मनाने में सफल रहे कि समान स्तर पर ब्रिटेन, चीन और तिब्बत की भागीदारी होगी, जिसमें सभी अपनी पूर्ण शक्ति का प्रयोग करेंगे। उन्होंने भारत और तिब्बत के बीच सीमा सहमति भी स्थापित की (मैकमोहन रेखा), भारत के पूर्वोत्तर क्षेत्रों के निकट चीन के प्रभाव को समाप्त किया और तिब्बत पर चीनी 'अधिराज्य' को मान्यता देते हुए चीन के अपमान को बचाने के लिए तिब्बतियों को मनाने में भी सफल रहे। हालाँकि शिमला कन्वेंशन पर चीनी दूत इवान-वेन द्वारा आद्याक्षरित किया गया था, किंतु चीन की सरकार ने इसकी संपुष्टि नहीं की थी। चीन सरकार द्वारा इसकी संपुष्टि न किए जाने का भारत-तिब्बत सीमा से कुछ लेना-देना नहीं था। शिमला कन्वेंशन का अनुसमर्थन करने के लिए चीनी सरकार की मुख्य आपत्ति तिब्बत और चीन के बीच प्रस्तावित की गई सीमा थी। यह विचारणीय बिंदु था, परंतु यदि शिमला कन्वेंशन की समाप्ति के बाद प्रथम युद्ध इतनी जल्द प्रारंभ न हुआ होता, तो ब्रिटिश राजनयिकता कन्वेंशन का अनुसमर्थन करने के लिए चीनी सरकार पर दबाव डाल देती। किसी भी स्थिति में, सीमा संरेखण पर तिब्बतियों और चीनियों के बीच मतभेद उतने गहन नहीं थे कि वे ब्रिटिश कूटनीति को प्रभाव डालने से रोक सकते थे। प्रथम विश्वयुद्ध की समाप्ति के पश्चात् स्थिति बिल्कुल ही बदल गई, क्योंकि ब्रिटेन अब मानवशक्ति और आर्थिक शक्ति की अत्यधिक हानि के कारण अत्यंत कमजोर हो गया था। अब पश्चिम में प्रमुख महाशक्ति के रूप में ताज ब्रिटेन से खिसककर अमेरिका के पास आ गया था तथा अमेरिका चीनी राज्य को और कमजोर बनाने का इच्छुक नहीं था। चीनी इन दूरगामी घटनाक्रमों के बारे में अनजान नहीं थे तथा उन्होंने तदनुसार अपनी नीतियों को समायोजित किया।

फिर भी युद्ध की अवधि के दौरान ब्रिटिश नीति दृढ़तापूर्वक स्थापित रही। चीन के अधिराज्य को अल्प मान्यता देते हुए उन्होंने तिब्बत के साथ संबंध स्थापित करने की स्वतंत्रता महसूस की, क्योंकि वे समझते थे कि ऐसा करना उनके श्रेष्ठ हित में है। यह सहज और व्यावहारिक कदम था, परंतु साथ ही एक अवसरवादी नीति भी थी। इस प्रकार ब्रिटिशों को आशा थी कि वे तिब्बत में अपने लक्ष्य के बारे में संशकित अन्य पश्चिमी ताकतों को अप्रसन्न नहीं करेंगे। लेकिन, ब्रिटिश सरकार ने शिमला कन्वेंशन का अनुसमर्थन करने के लिए चीन को मनाने के कुछ प्रयास किए। 21 अगस्त, 1921 को नए विदेश सचिव तथा भारत के पूर्व वायसराय कर्जन ने चीनी मंत्री को इस प्रकार धमकी दी—

> *1914 की त्रिपक्षीय वार्ताओं से उत्पन्न होनेवाली तिब्बती सरकार के प्रति एच.एम.जी. की प्रतिबद्धताओं को ध्यान में रखते हुए, तथा इस तथ्य को भी ध्यान में रखते हुए कि चीनी सरकार ने सीमा संबंधी खंड के अपवाद के साथ 1914 के मसौदा कन्वेंशन को*

स्वीकार किया था, जिसमें चीनी अधिराज्य के अधीन तिब्बत की स्वायत्तता का उपबंध किया गया है और औपचारिक रूप से अपने 1919 के प्रस्ताव के संबंध में अपनी अभिवृत्ति की औपचारिक रूप से पुनः पुष्टि की है, एच.एम.जी. निकट भविष्य में वार्ताओं के प्रारंभ करने में विफल रहने पर चीन के अधिराज्य के अंतर्गत एक स्वायत्त राज्य के रूप में तिब्बत की स्थिति को उनके द्वारा मान्यता देने को अब अधिक समय तक रोके रखने तथा भविष्य में इस आधार पर तिब्बत के साथ बातचीत करने के आशय रखने को औचित्यसम्मत नहीं मानते हैं।[22]

यह केवल ब्रिटिश सरकार द्वारा एक तुक्का फेंका गया था, क्योंकि वे इस मुद्दे पर जोर-जबरदस्ती करने की स्थिति में नहीं थे। चीन ने इस मामले पर टाल-मटोल की, आनेवाले वाशिंगटन सम्मेलन (1922) के संबंध में व्यस्त रहने का बहाना बनाया तथा ब्रिटेन के प्रस्ताव को लंबित रहने दिया। इस तथ्य से अवगत रहते हुए कि इसकी बातचीत करने की स्थिति कमजोर है, क्योंकि उसकी शक्ति उसके उत्तरदायित्वों की तुलना में कम थी, ब्रिटेन ने मुद्दे पर अधिक जोर नहीं दिया। ब्रिटेन के लिए अपने हित ही ऊपर थे तथा भारत के हितों की तुलना में कहीं अधिक महत्त्वपूर्ण थे और इस कारण उसके प्रयास एक प्रकार से थमे रहे। इस तथ्य को तिब्बत में पर्याप्त मात्रा में हथियार आपूर्ति करने से ब्रिटेन द्वारा बार-बार इनकार किए जाने में भी देखा जा सकता है, हालाँकि वह शिमला वार्ता के दौरान तिब्बतियों को किए गए वायदों के अधीन ऐसा करने के दायित्व से बँधा था। फिर भी प्रथम विश्वयुद्ध के उपरांत ब्रिटिश शासकों ने यह महसूस किया कि भविष्य में उन्हें भारत को स्वशासन प्रदान करना ही होगा और इसे ध्यान में रखते हुए तिब्बत की स्थिति पर स्पष्टता दर्शाने के लिए चीन पर दबाव डालने का ब्रिटिशों का उत्साह काफी हद तक कम हो गया। ब्रिटिश अधिकारियों द्वारा प्रारंभ में दिखाया गया उत्साह काफी हद तक कम हो गया तथा जैसे-जैसे स्वाधीनता के आंदोलन ने जोर पकड़ा और चूँकि उनके समक्ष सुरक्षा संबंधी कोई चुनौती निकट भविष्य में दिखाई नहीं दे रही थी, तिब्बत से संबंधित मामले को ठंडे बस्ते में डाल दिया गया।

लेकिन, कुछ समर्पित ब्रिटिश अधिकारियों ने मैकमोहन रेखा को स्वीकार्य बनाने का प्रयास जारी रखा। 1935 में हुई छिटपुट घटनाओं से सतर्क रहते हुए, जब ल्हासा सरकार ने ब्रिटिश वनस्पति विज्ञानी ई. किंगडम वार्ड के ल्हासा सरकार की अनुमति के बिना तिब्बत में तवांग के माध्यम से यात्रा करने के अधिकार पर प्रश्न चिह्न लगाया था, ओलाफ कैरोए (उप सचिव, विदेश विभाग) ने मामले के महत्त्व को पहचान लिया था। उन्हें उस समय अत्यंत आश्चर्य हुआ, जब उन्होंने पाया कि असम सरकार तथा सिक्किम में राजनीतिक अधिकारी, दोनों ही सीमावर्ती क्षेत्र की स्थिति के बारे में अनभिज्ञ हैं तथा उन्होंने लंदन में भारतीय कार्यालय में इसकी शिकायत की।[23] कैरोए ने असम सरकार के मुख्य सचिव डावसन से प्रश्न किया कि किस आधार पर असम सरकार ने 'रेखा' तक राजनीतिक नियंत्रण विस्तारित कर लिया है, जिसे तिब्बती सरकार द्वारा भारत और तिब्बत के बीच गैर-परिसीमित सीमा क्षेत्र के रूप में स्वीकार किया गया है। इसके परिणामस्वरूप, भारत सरकार ने स्पष्ट रूप से यह सूचित किया कि 'एच.एम.जी. अब सहमत हैं कि तिब्बत के साथ 1914 के कन्वेंशन तथा अन्य संबंधित करारों को प्रकाशित किया जाना चाहिए और अन्य संबंधित करारों को प्रकाशित किया जाना चाहिए और तत्समय विद्यमान सीमा को भारतीय सर्वेक्षण

द्वारा प्रशिक्षित मानचित्रों में दर्शाया जाना चाहिए।[24], परंतु ब्रिटिश सरकार ने 1937 में भी पुनः इस बात पर बल दिया कि "एच.एम.जी. यह नहीं करना चाहती कि वह तिब्बत पर चीनी अधिराज्य को नामंजूर करे अथवा ऐसा करने के किसी भी प्रयास में तिब्बती सरकार को सहयोग दे।"[25]

वस्तुतः चीनी ब्रिटिश निर्णयों को चुनौती देने की स्थिति में नहीं थे। 1943 में, द्वितीय विश्वयुद्ध के चरम के दौरान, जब अमेरिका ने तिब्बत पर उसकी स्थिति के बारे में ब्रिटेन से पूछा तो ब्रिटिश अपनी घोषित नीति के अनुरूप अत्यंत स्पष्ट थे। वाशिंगटन में ब्रिटिश दूतावास के एक अधिकारी ने भारत के वायसराय लॉड लिंग्लिथगो को उद्धृत करते हुए ब्रिटिश नीति का इस प्रकार वर्णन किया—

> *1913 के निष्फल कन्वेंशन के बाद से, भारत सरकार की अभिवृत्ति यह रही है कि उसने चीन और तिब्बत के बीच करार किए जाने की इच्छा व्यक्त की है तथा वह तिब्बत की सरकार को औपचारिक चीन अधिराज्य स्वीकार करने की सलाह देने की इच्छुक है, हालाँकि ऐसी स्वीकृति किसी भी मायने में तिब्बत को चीन का प्रांत नहीं बनाएगी। भारत सरकार ने सदैव यह मत रखा है कि तिब्बत एक पृथक् देश है, वह स्थानीय स्वायत्तता का पूर्ण प्रयोग करता है तथा अन्य शक्तियों के साथ राजनयिक प्रतिनिधियों का आदान-प्रदान करने में समर्थ है। चीन और तिब्बत के बीच संबंध ऐसे नहीं हैं, जिन्हें चीन द्वारा एकपक्षीय रूप से निर्णीत किया जा सके, परंतु ऐसे हैं जिस पर तिब्बत वार्तालाप करने का हकदार है और जिस पर वह आवश्यक होने पर ऊपर दर्शाए गए कदमों के साथ-साथ ब्रिटिश सरकार के राजनयिक सहयोग पर भी भरोसा कर सकता है।*[26]

इसी भावना में, ब्रिटिश विदेश सचिव सर एंथनी ईडन ने भी 5 अगस्त, 1943 को एक ज्ञापन में चीनी विदेश मंत्री को सूचित किया कि—

> *एच.एम.जी. तिब्बत पर चीनी अधिराज्य को मान्यता देने को तैयार है, परंतु केवल इसी समझ के साथ कि तिब्बत को स्वायत्त माना जाएगा। न तो ब्रिटिश सरकार और न ही भारत सरकार की तिब्बत में कोई प्रादेशिक महत्त्वाकांक्षा है, परंतु वे एक ऐसे क्षेत्र में शांतिपूर्ण परिस्थितियाँ अनुरक्षित करने में रुचि लेते हैं, जो भारत के पूर्वोत्तर सीमावर्ती क्षेत्र के साथ लगा हुआ है।*[27]

भारत में अपने उपनिवेशों की सुरक्षा में स्वाभाविक हित होने के बावजूद, ब्रिटिशों का एक अन्य प्रधान उद्देश्य यह सुनिश्चित करना था कि चीन में उसके व्यापारिक और वाणिज्यिक हित प्रभावित न होने पाएँ। ऐसी नीति को सुचारु रूप से क्रियान्वित करने के लिए ब्रिटिशों ने चीन के टूटने में किसी भी हित का दावा न करने में तत्परता दर्शाई, जैसा कि चीन में ब्रिटिश राजदूत सर जॉन जॉर्डन ने अपनी नई सरकार को स्मरण कराया था कि "ब्रिटेन का समूचे चीन में व्यापक व्यापार उस कड़ी चीन-विरोधी नीति के फलस्वरूप गतिरोध में आ जाएगा' जिस पर ब्रिटिश सरकार विचार कर रही है।"[28] ब्रिटिश तिब्बत क्षेत्र में अपने रणनीतिक हितों को संतुलित करने की आवश्यकता के बारे में पूरी तरह जागरूक थे, जिसमें उनका चीन में होनेवाला अनुमानित व्यावसायिक लाभ भी शामिल था, अतः वे बिना वजह चीनी संवेदनाओं को झकझोरने के इच्छुक

नहीं थे। ब्रिटेन के प्रयास भी मुख्य रूप से चीन की प्रादेशिक एकता सुनिश्चित करने के लिए समर्पित थे, क्योंकि यदि ब्रिटेन तिब्बत को चीन से अलग करने की कार्रवाई करता, तो अन्य महाशक्तियों को चीन के अन्य भू-भागों को भी इसी प्रकार अलग करने से कौन बचाता? अतः यह ब्रिटेन में सुविचारित मत था कि चीन का विभाजन ब्रिटिश व्यापार के लिए घातक था। 1898 में, हाउस ऑफ कॉमंस ने यह घोषणा करते हुए एक संकल्प पारित किया कि 'ब्रिटिश वाणिज्य और प्रभाव के लिए यह बात पर्याप्त महत्त्वपूर्ण है कि चीनी भू-भाग की स्वतंत्रता को अनुरक्षित किया जाए।'[29] ऐसा करते हुए, ब्रिटेन तिब्बत को चीन से 'अलग' कैसे कर सकता था तथा उसे पूरी तरह ब्रिटिश भारतीय राजनीतिक परिदृश्य में कैसे ला सकता था अथवा उसकी स्वतंत्रता को कैसे प्रोत्साहित कर सकता था?

ब्रिटेन ने ईस्ट इंडिया कंपनी के माध्यम से चीन के साथ अपना प्रारंभिक वाणिज्यिक संपर्क बनाया था। 1692 में, उसे ताईवान में एक व्यापारिक पोस्ट स्थापित करने की अनुमति दी गई थी। जल्द ही ईस्ट इंडिया कंपनी चीनी मुख्य भू-भाग के साथ नियमित और प्रत्यक्ष व्यापार में शामिल हो गई और इसे कैंटन, एकॉय और छुसान के दौरे करने की अनुमति मिल गई, तथापि विदेशी व्यापारी कड़े प्रतिबंधों के अधीन थे और ऐसे प्रतिबंधों से छूट प्राप्त करने के लिए ब्रिटेन ने 1792 में शाही दूत के रूप में लॉर्ड मैक्रेट्ने को इंपीरियल कोर्ट, पेकिंग भेजा। 1793 में, मैक्रेट्ने को अंततः सम्राट के साथ भेंट करने की अनुमति दी गई तथा विदेशी व्यापार पर प्रतिबंध उठाने का उनका अनुरोध सरसरी तौर पर खारिज कर दिया गया। लॉड एमहेर्स्ट के अंतर्गत एक अन्य अभियान भी इसी प्रकार असफल रहा। फिर भी दोनों देशों के बीच व्यापार और भी फला-फूला।

इस प्रकार उन्नीसवीं शताब्दी के अंत में, ब्रिटेन ने चीन के लगभग 80 प्रतिशत विदेश व्यापार पर नियंत्रण कर लिया था, जिसमें से लगभग 50 प्रतिशत व्यापार ब्रिटिश पोतों पर लाया-ले जाया जाता था, तथापि बीसवीं शताब्दी के प्रारंभ तक ब्रिटेन अटलांटिक विश्व के साथ बड़ा व्यापार घाटा झेल रहा था तथा इस राजवित्तीय घाटे की पूर्ति केवल इस अधिशेष से की जा सकती थी जिसे ब्रिटेन ने चीन और भारत के साथ अपने व्यापार से सृजित किया था। ब्रिटिश चाय के बड़े उपभोक्ता थे जिसका आयात बड़े पैमाने पर चीन से किया जाता था तथा ब्रिटिश राजकोष ब्रिटेन में आयातित चीनी चाय पर शुल्क लगाते हुए पर्याप्त लाभ अर्जित करता था। 1660 में चीन से मात्र 2 पाउंड चीनी के आयात से प्रारंभ होकर यह व्यापार इतना अधिक बढ़ गया कि 1780 तक ब्रिटेन 15 मिलियन पाउंड चाय का आयात करने लगा, जो 1830 तक बढ़कर 30 मिलियन पाउंड हो गया।

इसी दौरान अपने तमाम बड़े प्रयासों के बाद भी ब्रिटेन चीन से होने वाले चाय के व्यापक आयातों का भुगतान करने के लिए चीन को पर्याप्त मात्रा में माल नहीं बेच पाया। चीनियों ने जोर दिया कि इस बकाए की पूर्ति केवल सिल्वर डॉलर में ही की जाए। इस स्वाभाविक कमी को पूरा करने के लिए ब्रिटेन ने भारत में उगाई जानेवाली अफीम को चीनियों को बेचने का विचार बनाया ताकि चीन से चाय के उसके आयातों के भुगतान को संतुलित किया जा सके। अफीम भारत में उगाई जाती थी तथा ब्रिटिश ने 1757 में प्लासी में हुई क्लाइव की निर्णायक लड़ाई के फलस्वरूप बंगाल की अफीम पर एकाधिकार हासिल कर लिया था। 1773 तक ब्रिटिश ने अफीम की बिक्री पर एकाधिकार हासिल कर लिया और 1797 तक इसके उत्पादन पर पूर्ण एकाधिकार प्राप्त कर लिया।

ऐसे एकाधिकार के फलस्वरूप ब्रिटिश भारत के कुल राजस्व का लगभग 14 प्रतिशत भाग अर्जित किया और यह भारतीय राजवित्तीय प्रणाली का एक अनिवार्य और स्थायी अवयव बन गया।[30]

जैसी अपेक्षा की जाती थी, ब्रिटिश अफीम के आयात के लिए चीन को विवश करने के लिए सैन्य बल का प्रयोग करने के इच्छुक नहीं थे [अफीम युद्ध]। इस अवधि के दौरान, चीन, भारत और ब्रिटेन की अर्थव्यवस्थाएँ एक व्यापारिक त्रिकोण में एक साथ जुड़ी हुई थीं तथा जो 1860 के दशक तक विश्व अर्थव्यवस्था के सर्वाधिक महत्त्वपूर्ण अवयवों में से एक था और इसने विश्व व्यापार में एक उल्लेखनीय भूमिका निभाना जारी रखा। तीनों देशों के बीच व्यापार के प्रभाव में भारत के लिए ब्रिटिश विनिर्माताओं द्वारा सामग्रियों का निर्यात, भारत से चीन को अफीम का निर्यात तथा ब्रिटेन द्वारा चीनी चाय, रेशम और सोना–चाँदी का निर्यात शामिल था।[31] इस प्रकार ब्रिटेन, चीन और भारत के बीच व्यापार लगभग संतुलित था। उन्नीसवीं शताब्दी में चीन के चाय व्यापार का स्थान लेने के लिए असम से भारतीय चाय पर्याप्त मात्रा में ब्रिटेन पहुँचने लगी। ब्रिटिश स्पष्टतः असीमित चीनी बाजार की संभावनाओं से अवगत थे तथा वे ऐसी कोई राजनीतिक पहल करने के इच्छुक नहीं थे, जो इस आकर्षक व्यापार को प्रभावित करती हो।

ब्रिटिश ऋण का ही मुख्य रूप से प्रयोग चीन में रेलवे और अन्य अवसंरचना परियोजनाओं के निर्माण को वित्तपोषित करने के लिए किया गया था। ब्रिटेन ने चीन को ऋण उपलब्ध कराया तथा छिंग साम्राज्य के पतन के पश्चात् सन यात्सेन के राष्ट्रवादियों के स्थान पर युआन शिकेई को सहयोग प्रदान किया जिसका मुख्य कारण उसे उस राजस्व लाभ को जारी रखने के लिए समर्थ बनाना था, जो पूर्व में हस्ताक्षरित संधियों के अंतर्गत उन्हें प्राप्त हुए थे। 1920 में, ब्रिटेन, अमेरिका, फ्रांस और जापान के बीच एक बैंककारी संधि पर वार्तालाप किया गया तथा उस पर हस्ताक्षर किए गए जिसका मुख्य उद्देश्य चीन के राजनीतिक ऋणों का पर्यवेक्षण और निगरानी करना था। ये व्यवस्थाएँ स्पष्टतः एकपक्षीय थीं। चीन के प्रमुख पत्तनों विशेष रूप से शंघाई, हांगकांग और कैंटन के समीप स्थापित किए गए एंक्लेवों से अधिकांश ब्रिटिश व्यापारियों और वित्त प्रदाताओं ने अपने प्रचालन प्रारंभ कर दिए। इससे वे अधिकांश व्यापार को नियंत्रित करने तथा चीन के आंतरिक भागों में स्थित संभावित बाजारों तक पहुँच बनाने में समर्थ हुए। अतिरिक्त–क्षेत्रीयता से ब्रिटिश व्यापारी चीनी राजकोष प्रशासनिक और न्यायिक प्रणाली से बाहर कार्य करने में समर्थ हुए। 1922 के वाशिंगटन सम्मेलन, जिसे अमेरिका की पहल पर आयोजित किया गया था और जिसने चीन में संप्रभु अधिकारों की वापसी का मार्ग प्रशस्त किया था, को भी ब्रिटेन द्वारा अधिरोपित अनेक शर्तों के अधीन ला दिया गया था।

द्वितीय विश्वयुद्ध की समाप्ति से ठीक पहले, ब्रिटिश सरकार के विचारों में हल्का परिवर्तन आता प्रतीत हुआ। संभवतः वे इस बात से अवगत थे कि उन्हें शीघ्र ही भारत छोड़ना पड़ेगा, ब्रिटिश अब तिब्बत के साथ अपने संबंधों को जारी रखने में अधिक रुचि नहीं ले रहे थे। अब उन्होंने स्वयं को तिब्बत के मामलों से अलग करने के लिए उपयुक्त समय और अवसर प्राप्त करने की योजना बनाना आरंभ कर दिया था। यह बात समझी जा सकती है कि ब्रिटेन ने यह महसूस किया कि अब इसमें अग्रणी भूमिका नई भारतीय सरकार द्वारा निभाई जानी चाहिए। लंदन में विदेश कार्यालय ने अपनी उल्लेखनीय रूप से दूरदर्शी टिप्पणी में यह कहा—

चीन यदि युद्ध से पूर्व नहीं, तो युद्ध के पश्चात् तिब्बत को अपने में मिला ही लेगा तथा हम इसे रोकने के लिए कुछ नहीं कर सकते हैं। यदि भारत अपनी स्वतंत्रता हासिल कर लेता है, तो हम आगे तिब्बत की सहायता करने में असमर्थ रहेंगे, अत: इस समय तिब्बत को चीन के विरुद्ध भड़काना अच्छा नहीं होगा ''हमारी यह इच्छा है कि हम तिब्बत के भू-भाग को उतने समय तक स्वतंत्र बनाए रखने की अपनी इच्छा का पालन करें, जब तक हम भारत के विदेशी मामलों के लिए उत्तरदायी हैं ''आधुनिक युद्ध के आगमन ने मध्यवर्ती राज्य की नीति को अप्रासंगिक बना दिया है ''तिब्बत पर चीनी अधिराज्य इतिहास में अत्यंत प्राचीन है तथा यदि तिब्बती आज इसे स्वीकार करने से इनकार भी करते हैं, तो वे संभवत: ऐसा आसानी के साथ कर सकते हैं '' ।[32]

अत: इस बात में कोई आश्चर्य नहीं हुआ कि जब ब्रिटेन ने अंतत: भारत से विदा ली तो उसने तिब्बत के प्रति अपनी रुचि पूरी तरह छोड़ ही दी थी। लंदन में अमेरिकी दूतावास ने 26 अगस्त, 1947 को वाशिंगटन में राज्य विभाग को एक तार के माध्यम से ब्रिटेन की ओर से तिब्बत के प्रति अभिवृत्ति और नीति में आए ऐसे परिवर्तन तथा उसके प्रति रुचि में आई कमी की पुष्टि की। लंदन में अमेरिकी दूतावास ने वाशिंगटन को यह सूचित किया—

चूँकि ब्रिटिश शासन भारत से वापस चला गया है, अत: यू.के. को तिब्बत के भविष्य के बारे में कोई विशेष रुचि नहीं रह गई है ।[33]

इसी समय से ब्रिटेन के चीन में वाणिज्यिक और राजनीतिक हित महत्त्वपूर्ण बन गए जिन पर ब्रिटिश नीति तैयार की गई थी। अत: इस बात में कोई आश्चर्य नहीं था कि 1948 में ब्रिटेन ने ब्रिटेन की यात्रा करनेवाले तिब्बती शिष्टमंडल को तिब्बती पासपोर्ट पर वीजा देने से इनकार कर दिया था। दो वर्ष बाद यू.एन. में ब्रिटिश राजदूत ने ब्रिटिश सरकार को परामर्श दिया कि "हम, जो करना चाहते हैं, वह यह है कि एक ऐसी स्थिति का सृजन किया जाए, जो साम्यवादियों के तिब्बत में आक्रमण के बारे में कुछ करने के लिए हमें बाध्य न करे।"[34] बाद में संयुक्त राष्ट्र में बोलते हुए ब्रिटिश राजदूत ने अपने साथियों को यह सूचित करते हुए तिब्बत के मुद्दे को धुँधला बना दिया कि 'प्रगाढ़' संबंधों के पचास वर्षों बाद एच.एम.जी. ने महसूस किया है कि तिब्बत की स्थिति स्पष्ट नहीं है और सुझाव दिया कि तिब्बत की अपील को लंबित रखा जाए। बाद में 1961 में ब्रिटिश ने विकर्स-आर्मस्ट्रांग पावरवाले चार इंजनवाले परिवहन विमानों की चीन को बिक्री की, जो सीधे चीन से तिब्बत तक उड़ान भर सकते थे, इस प्रकार चीन को तिब्बत में उसके शासन को सुदृढ़ बनाने में समर्थ बनाया गया और अंतत: 25 अक्तूबर, 2008 को ब्रिटेन ने अपने वाणिज्यिक हितों को ध्यान में रखते हुए अपनी सौ वर्ष पुरानी नीति को पूर्णत: त्याग दिया। नई ब्रिटिश नीति इस प्रकार थी—

हमारी अपनी बात समझाने की योग्यता कभी-कभी तिब्बत की स्थिति पर 20वीं शताब्दी के प्रारंभ में यूके द्वारा स्थापित स्थिति द्वारा धुँधली हो जाती है, जो उस समय की भू-राजनीति पर आधारित थी। तिब्बत में चीन की 'विशेष स्थिति' की हमारी मान्यता अधिराज्य की प्राचीन अवधारणा से विकसित हुई थी। कुछ ने इसका प्रयोग हमारे द्वारा हासिल किए जानेवाले लक्ष्यों पर संदेह उत्पन्न करने तथा यह दावा करने के लिए किया कि हम चीनी

संप्रभुता को उसके स्वयं के भू-भाग के एक विशाल भाग पर ही मानने से इनकार कर रहे हैं। हमने यह बात चीन सरकार को तथा सार्वजनिक रूप से स्पष्ट कर दी है कि हम तिब्बती स्वतंत्रता को समर्थन नहीं देते हैं। अन्य ईयू सदस्य देशों और अमेरिका की ही भाँति हम तिब्बत को चीन जनवादी गणराज्य के भाग के रूप में मानते हैं।[35]

अतः इस वक्तव्य के बाद तिब्बत की स्थिति के बारे में समस्त ब्रिटिश अस्पष्टताओं की समाप्ति हो गई, जो निश्चित तौर पर उनके वाणिज्यिक हितों की वजह से किया गया था।

परंतु तिब्बत की स्थिति पर वह नीति क्या थी जिसका सोवियत रूस अनुपालन कर रहा था? क्या साम्राज्यिक रूप द्वारा अनुपालन की जानेवाली नीति में मास्को में लेनिन द्वारा सत्ता ग्रहण करने के बाद परिवर्तन आया था? साम्राज्यिक रूस ने 1907 में ब्रिटेन के साथ किए गए करार में तिब्बत पर चीनी अधिराज्य को मान्यता प्रदान की थी। साम्राज्यिक रूस ने मैकमोहन रेखा के साथ भारत-तिब्बत सीमा को निर्धारित करनेवाले ब्रिटेन और तिब्बत के बीच हुए द्विपक्षीय करार तथा 1914 के शिमला कन्वेंशन पर कभी भी आपत्ति व्यक्त नहीं की।

द्वितीय विश्वयुद्ध की समाप्ति पर माओ ने 1949 में मास्को का अपना दौरा निर्धारित किया। (दिसंबर 49/जनवरी 50) ताकि वे स्टालिन की 70वीं वर्षगाँठ के कार्यक्रम में भाग ले सकें। माओ ने स्टालिन को अपना हस्ताक्षर किया गया फोटोग्राफ भेंट किया, जिसमें यह भी लिखा गया था— 'हमारे नेता कामरेड स्टालिन को माओ त्से-तुंग की ओर से ऐसी चापलूसी से अति प्रसन्न होते हुए सोवियत नेताओं ने जोर देकर कहा कि तिब्बत चीन का भाग है।' मास्को में 22 जनवरी, 1950 को माओ और स्टालिन के बीच हुई बैठक में तिब्बत पर दृष्टिकोण के आदान-प्रदान पर सोवियत रूस का मत निम्नलिखित से स्पष्टतः प्रदर्शित होता है—

माओ त्से-तुंग : *मैं यह बात बताना चाहता हूँ कि, जो एअर रेजीमेंट आपने चीन भेजी थी, वह अत्यंत लाभप्रद रही। उन्होंने 10,000 लोगों को इधर से उधर जाने में सहयोग किया। मैं इस मदद के लिए आपको हार्दिक धन्यवाद करता हूँ कामरेड स्टालिन और आपसे अनुरोध करता हूँ कि आप उसे कुछ और समय तक रहने दें ताकि यह लियु बोचेंग टुकड़ियों को परिवहन सहायता प्रदान कर सके [पी.एल.ए. सेकेंड फील्ड आर्मी के सी.सी.पी. सी.सी. सदस्य और कमांडर], जो तिब्बत पर हमले की तैयारी कर रहे हैं।*

स्टालिन : *यह अच्छी बात है कि आप हमले की तैयारी कर रहे हैं। तिब्बत को वश में रखने की आवश्यकता है, जहाँ तक एअर रेजीमेंट का संबंध है, हम इसके बारे में सेना कार्मिकों से बात करेंगे तथा आपको अपना जवाब देंगे।*

स्टालिन ने तिब्बत तथा अन्य सीमावर्ती क्षेत्रों को हान चीनियों के साथ बाँटने का परामर्श भी दिया था। दो वर्ष बाद 3 सितंबर, 1952 को, जब प्रधानमंत्री चोऊ एनलई ने तिब्बतियों को वश में करने के लिए सोवियत सहायता माँगी तो स्टालिन ने एक बार फिर जोर देकर कहा कि—

तिब्बत चीन का भाग है। तिब्बत में चीनी सैन्य टुकड़ियाँ तैनात की जानी चाहिए।

इस प्रकार, जब नवंबर 1950 में तिब्बत की अपील संयुक्त राष्ट्र के समक्ष आई तो सोवियत

संघ ने घोषित नीति के अनुरूप स्पष्ट रूप से यह धारणा व्यक्त की कि "तिब्बत चीन का एक अभिन्न अंग है तथा इसके मामलों का प्रशासन चीनी सरकार की विशेष जिम्मेदारी है।" न केवल सोवियत रूस ने चीन को पूरी तरह से सहयोग दिया, बल्कि एक कदम आगे भी बढ़ गया, जब प्रावदा ने 30 मई, 1951 को ब्रिटेन पर तिब्बत से भूटान और सिक्किम, दोनों ही को गैर-विधिपूर्वक दूर ले जाने का आरोप लगाया। दूसरे शब्दों में प्रावदा, जो निःसंदेह रूप से क्रेमलिन के दृष्टिकोण को प्रतिबिंबित कर रहा था, ने स्वतंत्र भारत के सिक्किम और भूटान के साथ संबंधों को मान्यता प्रदान नहीं की।[38] मास्को ने तिब्बत और चीन के बीच 23 मई, 1951 को हुए सत्रह-सूत्रीय करार का स्वागत किया। *प्रावदा* ने 29 मई, 1951 को माओ और चाओ के बयानों को प्रमुखता दी। मास्को ने ल्हासा में हवाई-पट्टी के निर्माण में सहायता की तथा सोवियत पायलटों ने ल्हासा में कुछ उड़ानों का परीक्षण भी किया।[39]

अन्य प्रमुख शक्ति अमेरिका था जिसका तिब्बत और चीन के घटनाक्रमों के ऊपर प्रभाव था। बीसवीं शताब्दी के प्रारंभ से, अमेरिका ने निरंतर यही धारणा व्यक्त की कि चीन के 'प्रादेशिक और प्रशासनिक एकीकरण का संरक्षण करना' उनके हित में है। तदनुसार, अमेरिका ने इसी नीति के बारे में प्रमुख यूरोपीय शक्तियों को सूचित किया।[40] कुछ समय बाद सचिव हे ने एक बार फिर 13 जनवरी, 1905 को एक सर्कुलर टेलीग्राम में विदेश स्थित अमेरिकी राजदूत को वही बात दोहराई। उन्होंने स्पष्ट किया—

अमेरिका चीन की अखंडता को बनाए रखने की अपनी व्यापक नीति के बारे में अपनी स्थिति को बार-बार दोहराता है।

अमेरिका की स्थिति से चीनी अधिकारी इतने प्रसन्न थे कि 5 जुलाई, 1905 को चीन के तत्कालीन सम्राट ने अमेरिका के राष्ट्रपति के प्रति अपना आभार इस प्रकार व्यक्त किया—

चीन का सबसे बड़ा दायित्व (अमेरिका के प्रति) यह था कि उसने विश्व के लिए यह उद्घोषणा की थी कि चीन की प्रादेशिक एकता को अनुरक्षित किया जाना चाहिए।

पेकिंग में अमेरिकी मंत्री (कमिश्नर) डब्ल्यू.डब्ल्यू. रॉक हिल ने 1908 को आगे बढ़ते हुए यह वक्तव्य दिया कि "लामा (दलाई लामा) एक अधीनस्थ युवराज थे" और यह कि उन्हें "उनके संप्रभु के आदेशों का सम्मान करना चाहिए" और यह भी कि "चीन के साथ घनिष्ठ और मैत्रीपूर्ण संबंध तिब्बत के लिए अत्यंत आवश्यक हैं।"[41] उनके दृष्टिकोण के व्यापक मापदंड इस अवधि के दौरान अमेरिकी नीति का भाग बने रहे। इस सोच और नीति के अनुरूप अमेरिका ने निरंतर यह दृष्टिकोण बनाए रखा कि तिब्बत चीनी 'अधिराज्य' के अधीन था। 1943 में, अमेरिकी राज्य विभाग ने वाशिंगटन में ब्रिटिश दूतावास को अपने दृष्टिकोण की पुनः पुष्टि की। उसने कहा कि—

एशिया में तिब्बत की स्थिति के संबंध में ब्रिटिश सरकार ने उसकी ऐतिहासिक अभिवृत्ति का लेखा-जोखा प्रस्तुत करते हुए अत्यंत प्रशंसनीय कार्य किया है। अपनी ओर से अमेरिका की सरकार ने इस तथ्य को ध्यान में रखा है कि चीनी सरकार ने एक लंबे समय से तिब्बत पर अधिराज्य की माँग की है तथा चीनी संविधान तिब्बत को चीन गणराज्य के भू-भाग का निर्माण करनेवाले क्षेत्रों के मध्य सूचीबद्ध करता है। इस सरकार ने किसी भी समय इनमें से किसी भी दावे पर प्रश्न नहीं उठाए हैं। अमेरिका की सरकार यह विश्वास नहीं करती

है कि तिब्बत की स्थिति पर इस समय एक विस्तृत चर्चा प्रारंभ करने से किसी लाभप्रद उद्देश्य की प्राप्ति होगी।"[43]

अमेरिका भी चीनी प्राधिकारियों के प्रति कोई अनावश्यक कार्रवाई करने का इच्छुक नहीं था और वह यह सुझाव भी नहीं देना चाहता था कि तिब्बत चीन का भाग नहीं था अथवा चीन से स्वतंत्र था। राष्ट्रपति रूजवेल्ट को उसके सेक्रेटरी ऑफ स्टेट हल द्वारा दलाई लामा को पत्र लिखते समय सतर्क रहने का 'परामर्श' दिया गया था ताकि चीनी भावनाओं को ठेस न पहुँचे। राष्ट्रपति को एक ज्ञापन लिखते हुए सेक्रेटरी हल ने बल प्रदान किया कि—

दलाई लामा को पत्र तिब्बत के एक धार्मिक नेता की उनकी स्थिति में ही संबोधित किया जाना चाहिए, न कि तिब्बत के धर्मनिरपेक्ष नेता की उनकी हैसियत से, जिससे चीनी सरकार को कोई भी संभव ठेस न पहुँचे, जो तिब्बत को चीन गणराज्य के भू-भाग में शामिल करता है।[43]

अमेरिकी प्राधिकारियों द्वारा भेजे गए पत्र सदैव ही तिब्बती विदेश 'ब्यूरो' को संबोधित किए जाते थे तथा उन्हें कभी भी तिब्बती 'विदेश कार्यालय' को संबोधित नहीं किया गया। अमेरिकी असिस्टेंट सेक्रेटरी ऑफ स्टेट बेर्ले ने रणनीतिक सेवा कार्यालय (दोनोवन) के निदेशक को भेजी एक टिप्पणी में अमेरिका के दृष्टिकोण की पुष्टि की, जब उन्होंने स्पष्टत: उल्लेख किया कि—

"तिब्बत, जैसा कि आप जानते हैं, चीन द्वारा चीन के नियंत्रण में माना जाता है तथा अमेरिकी सरकार ने उस चीनी दृष्टिकोण के उल्लंघन अथवा गैर-अनुपालन के लिए कभी भी कोई कार्रवाई नहीं की है।[44]

इसी प्रकार ब्रिटिशों ने भी अमेरिका की राय का निरंतर स्मरण कराया।[45] अमेरिका के दृष्टिकोण से यह अनिवार्य था कि चीन की प्रादेशिक एकता अनुरक्षित की जाए। उस समय अमेरिका के लिए चीन एक महत्त्वपूर्ण तथा एशिया में जापानियों के विस्तार को रोकने के लिए एक आवश्यक रणनीतिक हथियार था। अत: अमेरिका ने जापानियों को चेतावनी दी कि 'अमेरिका किसी विदेशी शक्ति (जापान) द्वारा चीन के राजनीतिक, सैन्य अथवा आर्थिक आधिपत्य पर कब्जा किए जाने के प्रयास को नजरअंदाज नहीं कर सकता है।[46] यह अमेरिकी नीति का केंद्र बना रहा कि वह ऐसी एक दुर्जेय शक्ति का अभ्युदय देखने के लिए तैयार नहीं था, जो पूर्वी एशियाई रणनीतिक परिदृश्य पर आधिपत्य स्थापित कर सकती थी। फिर भी अमेरिका एक 'सुदृढ़, शांतिपूर्ण, एकीकृत और लोकतांत्रिक' चीन के लिए प्रतिबद्ध रहा, हालाँकि अमेरिका की चीन के आंतरिक मामलों में हस्तक्षेप करने की अत्यंत कम इच्छा थी, क्योंकि वह महसूस करता था कि 'आंतरिक मामलों का प्रबंध करना संप्रभु राष्ट्रों के लोगों का उत्तरदायित्व है', फिर भी उसने दृढ़तापूर्वक चीनी की के.एम.टी. सरकार से आग्रह किया कि वह 'शांतिपूर्ण वार्तालापों द्वारा उनके [के.एम.टी. और साम्यवादी] आंतरिक मतभेदों को नजरअंदाज करने का कोई अवसर न जाने दे, अमेरिका चीनियों को यह सूचित करते हुए इस स्थिति को राजनीतिक सहयोग प्रदान करने के लिए भी तैयार था कि वे (अमेरिकी) ब्रिटिश और सोवियत सरकारों का सहयोग प्राप्त करने के लिए तैयार हैं। यहाँ तक कि 1945 में अमेरिका ने यह संकेत दिया कि वह चीन में 'किसी अन्य नेतृत्व' के साथ कार्य करने के लिए तैयार

है, बशर्ते कि वह पूर्वी एशिया में शांति और स्थायित्व हासिल करने के लिए योगदान करे। दूसरी ओर, अमेरिका यह देखने के लिए वित्तीय और सैन्य, दोनों सहयोग प्रदान करने का इच्छुक था कि एक 'एकीकृत' चीन सरकार का अभ्युदय हो। यही कारण था कि वह साम्यवादियों तथा के.एम.टी. सरकार के बीच एक बैठक का आयोजन करना चाहता था।

एशिया में अपने व्यापक हितों के प्रति सतर्क रहते हुए, जिसमें चीन ने एक महत्त्वपूर्ण भूमिका निभाई थी, अमेरिका तिब्बती अधिराज्य की रेखा को एक निश्चित बिंदु से पीछे और निश्चित तौर पर स्वतंत्रता की ओर धकेलने के लिए तैयार नहीं था। कुल मिलाकर अमेरिका तकनीकी प्रयोजनों के लिए स्थिति का उपयोग करने तथा घटनाक्रमों का प्रयोग अपने हितों को आगे बढ़ाने के लिए करने का इच्छुक था। तीन घटनाक्रमों ने इस नीति की सत्यता उजागर कर दी : 1950 में तिब्बत पर किया गया चीनी आक्रमण, तिब्बत में 1959 का विद्रोह तथा 1972 में चीन के साथ संबंधों का सामान्यीकरण।

चीन में के.एम.टी. बलों की पराजय के उपरांत, साम्यवादियों ने तेजी के साथ देश पर अपना कब्जा मजबूत बनाने के लिए कार्य करना आरंभ कर दिया। यह एक पूर्व निश्चित निष्कर्ष था कि अगला कदम तिब्बत ही होगा। अपनी नीति के अनुरूप, प्रधानमंत्री चोऊ ने 14 नवंबर, 1949 को सोवियत राजदूत रोशचिन को सूचित किया कि 'सिछुआन और जिंगजियांग को आजाद कराने के बाद हम तिब्बत पर हमला करेंगे।'[48] अमेरिकी चीन में घटनेवाले घटनाक्रम की प्रकृति से अत्यंत चिंतित हुए। के.एम.टी. शासन के पतन तथा साम्यवादियों के उदय ने अमेरिकी नीति पर दूरदर्शी प्रभाव छोड़े। यदि सामान्य रूप से चीन तथा विशेष रूप से तिब्बत के प्रति उसकी अभिवृत्ति में परिवर्तन का समय था, तो यही समय था, जबकि नई साम्यवादी सरकार के प्रति अमेरिकी अभिरुचि और कड़ी हो गई थी, फिर भी वह तिब्बत के प्रति अपनी स्थिति पर पुनर्विचार करने को तैयार नहीं था, हालाँकि चीनी सैन्य टुकड़ियाँ तिब्बत पर कब्जा करने के लिए आगे बढ़ गई थीं। राष्ट्रीय सुरक्षा परिषद् की 25 अगस्त, 1950 की एक अत्यंत गोपनीय रिपोर्ट ने सिफारिश की कि चीनी सैन्य टुकड़ियों द्वारा तिब्बत पर हमला किए जाने की स्थिति में अमेरिका को राजनीतिक कार्रवाई करनी चाहिए, परंतु उससे सैन्य कार्रवाई करने की अपेक्षा नहीं की जा सकती थी।[49]

अमेरिका अत्यंत चिंतित था कि चीन की मुख्य भूमि से तिब्बत को अलग करने का कोई प्रयास किया जाता है, तो उसे अन्यत्र भी काफी हानिकारक प्रभाव होंगे। सोवियत संघ ने अभी मंचूरिया से सैन्य टुकड़ियाँ पूरी तरह से नहीं हटाई थीं तथा अमेरिका चिंतित था कि सोवियत संघ भी मंचूरिया को चीन से अलग करने के लिए उत्सुक होगा ठीक वैसे ही जैसे जापानियों ने पूर्व में किया था। स्मरण किया जाए कि सोवियत संघ ने चीन से बाहरी मंगोलिया को सफलतापूर्वक अलग कर दिया था तथा अपने नियंत्रणाधीन मंगोलियाई जनवादी गणराज्य की स्थापना की थी और वह चीन की के.एम.टी. तथा कम्युनिस्ट दोनों ही सरकारों से इस कार्रवाई की स्वीकृति प्राप्त करने में सफल रहा। जबकि अमेरिका ने चीन से नए साम्यवादी शासन का कड़ा विरोध किया और यहाँ तक कि इसके अस्तित्व को मान्यता प्रदान करने से इनकार कर दिया, फिर भी चीन की प्रादेशिक एकता के अनुरक्षण को समर्थन देने का मुद्दा अमेरिकी नीतिगत रणनीतियों को तैयार करने में प्राथमिकता के साथ बना रहा। अतः अमेरिका ने दो स्तरों पर कार्य किया। रणनीतिक दृष्टि से वह चीन की प्रादेशिक अखंडता का उल्लंघन करने के लिए कुछ नहीं किया, जबकि चातुर्यपूर्ण कौशल की दृष्टि

से यह नई साम्यवादी सरकार को परेशान करने के अवसर नहीं गँवाता था। राज्य विभाग (सुदूरवर्ती पूर्व विभाग) के आंतरिक परिचालन के लिए दिनांक 12 अप्रैल, 1949 को जारी किए गए ज्ञापन ने अमेरिकी नीति का स्पष्टता के साथ वर्णन किया है। इसके अनुसार—

हमने पहले ही तिब्बत पर चीन की विधिक संप्रभुता अथवा राज्य को अपनी मान्यता के बारे में चीनी [के.एम.टी.] को नवीकृत आश्वासन दे दिया है¨ विभाग ने चीनी दूतावास [के.एम.टी.] को सूचित किया है कि इस सरकार की ऐसी रीति से कार्रवाई करने की कोई मंशा नहीं है जिससे तिब्बत पर चीन की विधिक संप्रभुता पर प्रश्न-चिह्न लग सके¨ तिब्बत को मान्यता देने के निर्णय पर विचार करने में केवल तिब्बत पर हमारी नीति ही शामिल नहीं है। हमारी चीन के प्रति नीति का आधारभूत सिद्धांत चीन की प्रादेशिक अखंडता का सम्मान करना है¨ एक व्यावहारिक मामले के तौर पर, तिब्बत का सैद्धांतिक और रणनीतिक, दोनों ही प्रकार से महत्त्व अत्यंत सीमित है¨ जब तक तिब्बत में खनिज नहीं पाए जाते हैं, सेना (अमेरिकी) तिब्बत को रणनीतिक महत्त्व का नहीं मानेगी[50]।

और इस आकलन की पुष्टि करने के लिए भारत में तत्कालीन अमेरिकी राजदूत हेंडरसन ने 12 अप्रैल, 1949 को राज्य विभाग को सूचित किया—

तिब्बत में वर्तमान अमेरिकी आर्थिक रुचि अधिक महत्त्व की नहीं है। तिब्बत के खजिन संसाधनों के बारे में कोई सूचना उपलब्ध नहीं है। यदि वे पाए भी जाते हैं¨ तो उन्हें हासिल करना लगभग असंभव होगा¨ जिसका कारण रूढ़िवादी, अंधविश्वासों से भरे तिब्बती लोग हैं।[51]

फिर भी चीन की नई साम्यवादी सरकार को अपमानित करने के लाभों को छोड़ा नहीं गया। कोरिया में चीनी सैन्य टुकड़ियों के हस्तक्षेप से भी अमेरिका भिज्ञ था। अमेरिका की मंशा तिब्बत को सहायता प्रदान करने की नहीं थी, बल्कि चीनियों को चुनौती देने के लिए यह केवल एक शीतयुद्ध की युक्ति थी।[52] वस्तुतः तिब्बत की परेशानियाँ उनके लिए गौण महत्त्व की थीं। अमेरिकी साम्यवाद से संघर्ष कर रहे थे, चीन से नहीं तथा वे मुख्यतः तिब्बत को गंभीर अथवा प्रतिबद्ध सहायता प्रदान करने के स्थान पर साम्यवाद के विस्तार को रोकने के प्रति अधिक चिंतित थे। इस प्रकार, व्यावहारिक दृष्टि से, अमेरिकियों ने तिब्बत के मुद्दे पर चीन के साथ किसी भी सैन्य विरोध को रोकने के लिए हरसंभव कदम उठाए।

दूसरी ओर अमेरिका ने दलाई लामा को तिब्बत छोड़ने और विदेश में शरण लेने के लिए फुसलाने का प्रयास किया। उसे आशा थी कि तिब्बत के बाहर दलाई लामा की उपस्थिति का प्रयोग चीन प्राधिकारियों को शर्मिंदा करने के लिए एक राजनीतिक अभियान प्रारंभ करने के लिए करेगा, परंतु यहाँ भी अमेरिका ने एक शर्त लगाई। वह दलाई लामा की सहायता केवल तभी कर सकता था यदि वह माओ के चीन के साथ उनके द्वारा किए गए सत्रह सूत्रीय करार की भर्त्सना करते और अपनी घोषित नीति के अनुसार अमेरिका तिब्बत के लिए अधिराज्य रेखांकित करने से अधिक कुछ भी करने की प्रतिबद्धता नहीं कर सकता था। जैसा कि भारत में अमेरिकी राजदूत हेंडरसन ने स्पष्ट किया था—

यदि तिब्बत सरकार करार (17-सूत्रीय करार) को स्वीकार करने से इनकार किए जाने की घोषणा करती है, तो हम समझते हैं कि अमेरिका को तीखे वक्तव्य जारी करने के लिए तैयार रहना

चाहिए जिनमें तिब्बत को दबाव के अंतर्गत स्वायत्तता के अपने दीर्घकाल से स्थापित अधिकारों को त्यागने पर विवश करने वाले बीजिंग के कूट-प्रबंधों की भर्त्सना की गई हो। निःसंदेह ऐसे वक्तव्य इस प्रकार से दिए जाने चाहिए जिससे तिब्बत पर चीन की संप्रभुता पर प्रश्न न लगता हो और चीनियों आहत अनुभव न करे।[53]

इसके अलावा, अमेरिका के सेक्रेटरी ऑफ स्टेट ने दिल्ली में अमेरिकी राजदूत को निर्देश दिया कि—

तथापि इस समझ में यह बात तो स्पष्ट है कि अमेरिका एक स्वायत्तशासी गैर-साम्यवादी देश के प्रमुख के रूप में दलाई लामा की यथाशीघ्र तिब्बत वापसी का समर्थन करता है।[54]

राय बना ली गई थी। अमेरिका चीनी संवेदनाओं को आहत करने का इच्छुक नहीं था और उसने तिब्बत के विरुद्ध साम्यवादी 'आक्रमण' के बावजूद तिब्बत की स्वाधीनता का समर्थन नहीं किया। चीन के भाग के रूप में एक स्वायत्तशासी तिब्बत के लिए ही अमेरिका प्रस्ताव अथवा समर्थन करने का इच्छुक था।

अमेरिकी प्राधिकारयों ने भी उन स्थानों की तलाश प्रारंभ कर दी थी, जहाँ दलाई लामा तिब्बत से बाहर शरण लेने का निर्णय लेने के उपरांत सुविधाजनक रूप से बस सकते थे। प्रधान रूप से बौद्ध देश होने के नाते श्रीलंका और थाईलैंड को उचित देश माना गया। अमेरिका ने यह संकेत भी दिया था कि वह ऐसी किसी कार्रवाई के केवल एक भाग का ही वित्तपोषण करेगा। इस बात की संभावना कि दलाई लामा अमेरिका के प्रस्ताव को स्वीकार न करने का निर्णय लेंगे, अमेरिका की इस समझ पर आधारित था कि भारत की सहायता के बिना ऐसी कोई कार्रवाई सफल नहीं हो सकती थी तथा माओ द्वारा प्रस्तावित शर्तें काफी बेहतर थीं, जब 1959 में तिब्बत में विद्रोह हुआ तो दलाई लामा ल्हासा से निकल गए तथा भारत में शरण ली, तब अमेरिका उन गिने-चुने देशों में से एक था, जिन्होंने तिब्बत की स्थिति का समर्थन किया था, परंतु केवल मानवीय आधार पर। अमेरिका ने संयुक्त राष्ट्र को की गई अपील में तिब्बतियों को राजनीतिक मुद्दों के स्थान पर मानवीय पहलुओं पर ध्यान केंद्रित करने के लिए कहा। अमेरिका इस मुद्दे को नहीं उठाना चाहता था कि क्या तिब्बत एक स्वतंत्र देश है अथवा चीनी अधिराज्य के अधीन, क्योंकि वह चीन से विरोध को आगे नहीं बढ़ाना चाहता था। राजनीतिक दृष्टि से चतुर अमेरिका नई साम्यवादी शक्ति तथा तत्कालीन गठबंधन सोवियत रूस और चीन के बीच एक बड़े विवाद की शुरुआत होने के बारे में जानता था तथा वह किसी भी हालत में उन्हें किसी भी महत्त्वपूर्ण मुद्दे पर एक साथ नहीं आने देना चाहता था। अतः अमेरिका के सेक्रेटरी ऑफ स्टेट, हेर्टेट ने दिल्ली में अमेरिकी राजदूत को तार भेजा कि वह दलाई लामा को सूचित करे कि अमेरिका का दृष्टिकोण यह है—

इस विषय पर संयुक्त राष्ट्र के अन्य सदस्यों के साथ परामर्श करने से हमारे उस दृष्टिकोण की पुष्टि हुई है, जिससे आपको पहले भी सूचित किया गया था कि तिब्बत की सुनवाई के लिए व्यापक समर्थन प्राप्त किया जा सकता है, यदि संप्रभुता से संबंधित मामलों के अलावा इसमें मानवाधिकार के दमन के पहलुओं पर बल दिया जाता है।

इस समय, साम्यवादी चीन के साथ अमेरिकी संबंध भी काफी तनावपूर्ण थे, विशेष रूप से

ताईवान में स्थित के.एम.टी. सरकार द्वारा अपतटीय द्वीपसमूहों (जिनमन और मात्सू) पर विवाद को लेकर। अमेरिका भी चीन को अपमानित करने का यह अवसर गँवाना नहीं चाहता था। जबकि अमेरिका तिब्बत की स्वतंत्रता पर अधिक चर्चा न करने की अपनी मुख्य अवधारणा पर दृढ़ता से जमा रहा, अमेरिका तिब्बत के स्व-निर्धारण को सहयोग प्रदान करने के लिए अनिच्छुक भी नहीं था। अमेरिकी सेक्रेटरी ऑफ स्टेट हर्टेट के दलाई लामा को भेजे गए 20 फरवरी, 1960 के पत्र में ही अमेरिका इस विषय पर सर्वाधिक आगे बढ़ा, क्योंकि हेर्टर ने उल्लेख किया था कि तिब्बत चीन के अधिराज्य के अधीन एक स्वायत्तशासी देश है (टिप्पणी : तिब्बत के लिए 'देश' शब्द का प्रयोग किया गया था)।

हेर्टर द्वारा दलाई लामा को भेजे गए पत्र [20 फरवरी, 1960] के अनुसार—जैसा आप जानते हैं, जबकि तिब्बत को चीन के अधिराज्य के अंतर्गत एक स्वायत्तशासी देश के रूप में मानना अमेरिका की ऐतिहासिक स्थिति रही है, अमेरिकी लोग भी स्व-निर्धारण के सिद्धांत के प्रति पारंपरिक रूप से प्रतिबद्ध हैं। अमेरिका की सरकार का यह मानना है कि यह सिद्धांत तिब्बत के लोगों के लिए भी लागू किया जाना चाहिए और यह कि उन्हें अपनी राजनीतिक नियति का निर्धारण करने के लिए अधिकार दिया जाना चाहिए।[56] (प्रासंगिक पैरा)

स्व-निर्धारण की अवधारणा इस पत्र में स्पष्ट है, परंतु यह अमेरिका की नीति कभी नहीं रही और इस पत्र को लिखे जाने के तत्काल बाद अमेरिका चीन की प्रादेशिक अखंडता का सम्मान करने की अपनी प्राचीन नीति पर लौट आया। इसी अवधि के दौरान अमेरिका तिब्बत के भीतर गुप्त सी.आई.ए. प्रायोजित अभियान संचालित करवाते हुए तिब्बत में चीनी शासन को अस्थिर करने का यथासंभव प्रयास कर रहा था। यहाँ भी उनका उद्देश्य तिब्बत को स्वतंत्रता हासिल कराना नहीं था, बल्कि अमेरिका की नीति के उद्देश्यों के अनुसरण में एक स्वायत्तशासी तिब्बत का सृजन करना था जैसा पूर्व में दस्तावेज एनएससी 5913/1 में वर्णित किया गया था, जब विशेष रूप से चीन और सोवियत रूस के बीच उसूरी नदी पर 1969 में हुई झड़पों के बाद इन दोनों के बीच संबंध खराब हुए, तो अमेरिका ने चीन के साथ अपने संबंध को सामान्य बनाने के लिए अवसर को भाँप लिया। राज्य विभाग ने 14 अप्रैल, 1970 को दिल्ली में अमेरिकी राजदूत को सूचित किया कि—

> *दलाई लामा और भारत सरकार, दोनों ही पिछले कुछ वर्षों से इस बात से अवगत प्रतीत होते हैं कि साम्यवादी चीन के साथ संबंध अनिवार्य रूप से तिब्बत के मामले पर हमारे दृष्टिकोण का एक अवयव रहा है··· हम आशा करते हैं कि अमेरिकी सरकार इस बात को अवश्य ही महत्त्व देगी।*[57]

अमेरिका की नीति में चिंतन की यह प्रवृत्ति, जो अब अत्यंत स्पष्ट हो चुकी थी, राष्ट्रपति निक्सन की 1972 में चीन की यात्रा के साथ चरमोत्कर्ष पर पहुँच गई थी। इस दौरे का यह परिणाम था कि अमेरिका ने तिब्बत के मामले को हमेशा के लिए दबाकर रख दिया। अमेरिकी नीति अब अपनी परिचित अवधारणा पर वापस लौट गई है। तिब्बत के भीतर सी.आई.ए. के गुप्त अभियानों को त्याग दिया गया, दलाई लामा के साथ अधिकारी संपर्क समाप्त होते हुए प्रतीत हुए तथा अब अमेरिका ने के.एम.टी. सरकार के स्थान पर चीन जनवादी गणराज्य को वैध सरकार के रूप में मान्यता दे दी है। अमेरिका यह नहीं चाहता कि तिब्बत का मुद्दा उसके चीन के साथ संबंधों में

बाधक बने। 1975 तक राष्ट्रपति फोर्ड सशंकित देंग शियाओ पिंग को यह आश्वासन देने में सफल रहे कि, जहाँ तक तिब्बत का संबंध है, हम (अमेरिकी) सरकार की ओर से किसी भी कार्रवाई का विरोध करते हैं तथा उसका समर्थन नहीं करते हैं। अत:, जब उनसे तिब्बत की स्थिति के बारे में पूछा गया, तो राज्य विभाग के प्रवक्ता द्वारा 8 अक्तूबर, 1987 को यह स्पष्ट किया गया—

हमने तिब्बत को चीन से अलग एक संप्रभु राज्य के रूप में कभी भी मान्यता नहीं दी है। हमने पहली बार 1978 में यह वक्तव्य दिया था कि हम तिब्बत को चीन का भाग मानते हैं, लेकिन हमारे पूर्व के सूत्रीकरण हमारे वक्तव्य से असंगत नहीं थे और हमने चीन के दावे को कभी चुनौती नहीं दी है। कोई तीसरा देश तिब्बत को चीन के स्वतंत्र राज्य के रूप में मान्यता नहीं देता है।

जैसा हम देख सकते हैं और जैसा अमेरिकी राज्य विभाग द्वारा अत्यंत स्पष्ट रूप से कहा गया है, 'कोई तीसरा राज्य' यह मान्यता देने के लिए तैयार नहीं था कि तिब्बत एक स्वतंत्र राज्य है। वे प्रमुख शक्तियाँ, जो तिब्बत की स्वतंत्रता को संवर्धित करने में निर्णायक भूमिका निभा सकती थीं, जैसे ब्रिटेन, भारत, अमेरिका और सोवियत रूस सभी चीन के साथ बेहतर संबंध स्थापित करने में रुचि लेती थीं। लगभग सभी देश चीन के साथ मैत्रीपूर्ण संबंध विकसित करने के लिए तिब्बत के बारे में उनकी, जो कुछ भी रुचि थी, उसे त्याग देने के लिए तैयार थे। स्पष्टत: तिब्बतियों के लिए अमेरिकी सहायता कतिपय नैतिक सिद्धांतों अथवा सहानुभूति के कारण नहीं थी, परंतु साम्यवाद के साथ इसकी विश्वव्यापी कटुता के कारण ऐसा था। अब यह समाप्त हो गया, तो उसके साथ ही तिब्बत के मामलों के प्रति अमेरिका की चिंता भी समाप्त हो गई।

नेहरू ने तिब्बत से दलाई लामा के पलायन के तत्काल उपरांत 1959 में मसूरी में उनसे भेंट की। उन्होंने उन्हें महाशक्तियों के जटिल कार्यकरण और उनकी बाध्यताओं तथा नीतियों के बारे में बताया। नेहरू ने दलाई लामा को सूचित किया—

अमेरिका में, तिब्बत के लिए कोई वास्तविक सहानुभूति नहीं है। चियांग काईशेक कोई सहानुभूति नहीं रखते हैं। वे सभी तिब्बत का शोषण करना चाहते हैं।

अपने राजनीतिक विरोधियों के हाथों तिब्बत को 'खो' देने के कारण नेहरू अत्यंत दु:खी थे, क्या 1950 में उनका दृष्टिकोण सही था? ऐसा ही प्रतीत होता है। नेहरू पर्याप्त दूरदर्शी थे तथा उन्होंने स्थिति का आकलन अत्यंत सटीकता के साथ किया था, जब उन्होंने 18 नवंबर, 1950 में एक टिप्पणी लिखी थी। उनके अनुसार—

यह स्मरण रखना चाहिए कि न तो यू.के. और न ही अमेरिका तथा वस्तुत: न ही अन्य कोई शक्तिशाली देश तिब्बत के विषय में अथवा उसके भविष्य के बारे में विशेष रुचि लेता है। वे जिस नीति में रुचि रखते हैं, वह यह है कि चीन को कैसे परेशान किया जाए?

1958 में उन्होंने संसद में एक वक्तव्य देते हुए 1950 के अपने वक्तव्य का हवाला देते हुए कहा कि 'किसी भी समय किसी भी देश ने, उसकी (तिब्बत की) स्वतंत्रता पर विचार नहीं किया।'[58]

अनेक वर्षों बाद, दलाई लामा ने भी अंतरराष्ट्रीय नीतियों तथा उस खेल की भावना को

पहचाना, जो महाशक्तियाँ खेल रही थीं और इस बात पर दु:ख व्यक्त किया कि अमेरिका केवल एक 'प्यादे' की भाँति साम्यवाद के विरुद्ध उसके संघर्ष में तिब्बत का प्रयोग कर रहा था। उन्होंने यह भी कहा कि तिब्बत के लिए अमेरिकी सहायता का मुख्य उद्देश्य तिब्बतियों के स्थान पर अमेरिकी हितों को प्रवर्तित करने पर अधिक आधारित था। अत: उन्होंने अपनी पुस्तक 'फ्रीडम इन एक्जाइल' में यह निष्कर्ष दिया है—

> *स्पष्टत: अमेरिकी यह महसूस करते थे कि तिब्बती स्वाधीनता सेनानियों के लिए सीमित सहायता उपलब्ध कराना इस कारण से उचित नहीं था कि वे तिब्बती स्वतंत्रता की चिंता करते थे, बल्कि सभी साम्यवादी सरकारों को अस्थिर बनाने में उनके विश्वव्यापी प्रयासों के भाग के रूप में।*

हालाँकि यह बात स्पष्ट थी कि मान्यता प्रदान करना राज्य के दरजे के लिए मानदंड नहीं था, किसी भी बड़ी महाशक्ति ने स्वतंत्र तिब्बत की स्वतंत्रता की इच्छा व्यक्त नहीं की और न ही इसको सहयोग दिया। कोई भी चीन को नाराज नहीं करना चाहता था, आधुनिक चीन की उभरती हुई शक्ति को तो बिल्कुल नहीं। तिब्बत ने प्रथम और द्वितीय युद्ध के बीच के वर्षों में वास्तविक स्वतंत्रता का दर्जा हासिल कर लिया था, परंतु दुर्भाग्यवश वह इसे विधिक स्वतंत्रता में परिवर्तित करने में विफल रहा। इसका दोष, यदि कुछ था मुख्य रूप से युद्ध के बीच के वर्षों में तिब्बती सरकार द्वारा अपनाई गई अदूरदर्शी नीतियों तथा तिब्बती अभिजन वर्ग के स्वार्थों को दिया जा सकता है, जिन्होंने उस नीति में कोई भी परिवर्तन करने पर विचार करने से इनकार कर दिया था, जो पूर्ण स्वतंत्रता के तिब्बत के दावे को अधिकांश देशों द्वारा मान्यता दिलाने में सहायक हो सकती थी।

संदर्भ :

1. जवाहरलाल नेहरू, दि सेलेक्टेड वर्क्स ऑफ जवाहरलाल नेहरू (एस.डब्ल्यू.जे.एन.), (नई दिल्ली : जे.एल.एन. स्मारक निधि), खंड 25, पृष्ठ 429।
2. ब्रिटिश फॉरन ऑफिस दूरभाष संख्या 371-84457, श्रीनगर में नेहरू द्वारा भारतीय सेना के अधिकारियों को संबोधन के उद्धरण।
3. सर चार्ल्स बेल, तिब्बत पास्ट एंड प्रेजेंट (लंदन : क्लेरेडंन प्रेस, 1927), पृष्ठ 111।
4. मुख्यमंत्री को पत्र, 1947-64, खंड V (1958-64), पृष्ठ 228-29।
5. एफ.आर.यू.एस. 1948 (चीन), पृष्ठ 626, ब्रिटिश दूतावास, वाशिंगटन ऐड मेमोइरे संख्या 89324/1594 दिनांक 19 अप्रैल, 1943, अमेरिकी राज्य विभाग को।
6. सी. बेंडट बी. श्वार्ट्ज, जे.के. फेयर बैंक, ए डॉक्युमेंटरी हिस्ट्री ऑफ चाइनीज कम्युनिज्म (कैंब्रिज, मैसाचुसेट्स हार्वर्ड यूनिवर्सिटी प्रेस, 1952), पृष्ठ 64।
7. एडगर स्नो, रेड स्टार ओवर चाइना (न्यूयॉर्क : रैंडम हाउस, 1938, पृष्ठ 444।
8. एम. टेलर फ्रेवेल, स्ट्रांग बार्डर्स सीक्यूर नेशन : को-ऑपरेशन एंड कंफ्लिक्ट्स इन चाइनाज हिस्टोरिकल डिस्प्यूट (प्रिंसटन : प्रिंसटन यूनिवर्सिटी प्रेस, 2008), पृष्ठ 72, यह भी देखें—नी फुहान, हुआंग के. दि पीसफुल लिबरेशन ऑफ तिब्बत/हेल्पिंग जिएफांग जिजांग (लासा : जिजांग रेन्मिन चुबैंशे, 1995), पृष्ठ 47।
9. चीन जनवादी गणराज्य के विदेश मंत्री की भारत सरकार को की गई मौखिक टिप्पणी, दिनांक 10 नवंबर, 1950।

10. पी. मेहरा तिब्बत (दिल्ली : ऑक्सफोर्ड यूनिवर्सिटी प्रेस, 2011), पृष्ठ 244।
11. यंगहसबैंड कलेक्शन, एम.एस.एस. ई.यू.आर./एफ.-197/105, 44। (ताशी लामा का बोग्ले को वक्तव्य)।
12. मेल्विन गोल्ड स्टेन, हिस्ट्री ऑफ मॉडर्न तिब्बत 1913-1951 : दि डिमाइस ऑफ लेमेस्ट स्टेट (यूनिवर्सिटी ऑफ कैलिफोर्निया प्रेस, 1989), पृष्ठ 2।
13. वैन वाल्ट वैन प्राग, दि स्टेट्स ऑफ तिब्बत (बोल्डर कोलोराडो : वेस्टब्यू, 1987), पृष्ठ 107।
14. एफ.आर.यू.एस. 1949, खंड IX, पृष्ठ 1065. यू.एस. डिपार्टमेंट ऑफ स्टेट (ब्यूरो ऑफ फॉर इस्टर्न अफेयर्स, ज्ञापन संख्या 693.0031 तिब्बत/1-841 दिनांक 12 अप्रैल, 1949 सुश्री रूथ बेकन की ओर से चीन ऑफ डिवीजन चीनी मामले को)।
15. स्टो द्वारा लेंसडाउन को ज्ञापन संख्या एफ.ओ. 535/5, संलग्नक 4, संख्या 95, दिनांक 17 नवंबर, 1904 (सर अर्नेस्ट स्टो और प्रिंस चियांग के बीच बातचीत)।
16. इंडिया ऑफिस रिकॉड्र्स (आईओआर) : एल./पी. एंड एस./10/265, 1912।
17. सर चार्ल्स बेल, तिब्बत पास्ट एंड प्रेजेंट (लंदन : चार्ल्सडन प्रेस, 1927), पृष्ठ 247।
18. प्रीमेन एडी, तिब्बत ऑन दि इंपीरियल चेसबोर्ड : दि मेकिंग ऑफ ब्रिटिश पॉलिसी टुवड्र्स ल्हासा 1899-1925 (नई दिल्ली : एकेडेमिक पब्लिशर्स, 1984), पृष्ठ 91. (एन./पी.एस./7/151 संख्या 182, कर्जन द्वारा हैमिल्टन को)।
19. तदेव, पृष्ठ 130।
20. भारत के राज्य सचिव, ब्रोड्रिक का दिनांक 4 अगस्त, 1905 का लॉर्ड संपथिल, कार्यवाहक वायसराय को लिखा पत्र।
21. हार्डिंग पेपर्स, मेमो बाई लॉर्ड हार्डिंग वायसराय ऑफ इंडिया, दिनांक 1 फरवरी, 1911।
22. वैन वाल्ट वैन प्राग, दि स्टेट्स ऑफ तिब्बत (बोल्डर, कोलोराडो : वेस्ट व्यू प्रेस, 1987), पृष्ठ 64।
23. सर ओलाफ कैरो, उप सचिव, विदेश विभाग, भारत सरकार ज्ञापन संख्या पीजैड 2785/36, दिनांक 9 अप्रैल, 1936, वाल्टन, भारत कार्यालय, लंदन को प्रेषित।
24. एच.एम.जी., ज्ञापन संख्या एफ 493-X दिनांक 17 अगस्त, 1937।
25. लोक अभिलेख कार्यालय (लंदन : भारत कार्यालय से विदेश कार्यालय, एफ.ओ. 371/20964 दिनांक 21 जून, 1937)।
26. एफ.आर.यू.एस. 1943 (चीन) पृष्ठ 626, ब्रिटिश दूतावास, वाशिंगटन ऐडे मेमोरे यू.एस. डिपार्टमेंट ऑफ स्टेट को, संख्या 803.24/1594 दिनांक 19 अप्रैल, 1943।
27. वैन वाल्ट वैन प्राग. ओपी. सी.आई.टी., पृष्ठ 75।
28. लोक अभिलेख कार्यालय (पी.आर.ओ.), जॉर्डन पेपर्स (जॉर्डन द्वारा लांगले को, 13 नवंबर, 1913)।
29. प्रोसीडिंग्स हाउस ऑफ लॉर्ड्स 1840, परिशिष्ट I।
30. माइकल ग्रीसबर्ग, ब्रिटिश ट्रेड एंड दि ओपनिंग ऑफ चाइना (कैंब्रिज यूनिवर्सिटी 1951)।
31. ग्रेगरी ब्लू, 'ओपियम फॉर चाइना' तिमोथी ब्रूक में, बॉब ताडाशी वाका बायाशी (संपाद.) दि ओपियम रिजीम्स : ऑफ कैलिफोर्निया प्रेस, 2000, पृष्ठ 31।
32. ब्रिटिश विदेश कार्यालय (एफ.सी.ओ.), एफ.ओ. 371/35755 दिनांक 7 मई, 1943।
33. एफ.आर.यू.एस. 1940, खंड IX, पृष्ठ 1065. अमेरिकी दूतावास लंदन से दूरभाष : 1814 दिनांक 26 अगस्त, 1947 अमेरिकी राज्य विभाग, वाशिंगटन को।
34. त्सेरिंग साक्या, दि ड्रैगन इन दि लैंड ऑफ स्नोज (लंदन : पिम्लिको, 1995), पृष्ठ 55।
35. विदेश सचिव डेविड मिलिबंद का वक्तव्य, 25 अक्तूबर, 2008।
36. शीतयुद्ध अंतरराष्ट्रीय इतिहास परियोजना (सी.डब्ल्यू.आई.एच.पी.) 1995-96, माओ के सोवियत संघ के दौरे पर, 1949-50।
37. तदेव।

38. एफ.आर.यू.एस. 1951 (चीन एवं कोरिया, भाग-II), पृष्ठ 1683। सेक्रेटरी ऑफ स्टेट से यू.एस. राजदूत, दिल्ली, अत्यंत गोपनीय दूरभाष 2 जून, 1951।
39. एलेक्जेंडर आई एंद्रेयेव, सोवियत रशिया एंड तिब्बत (ब्रिल का तिब्बती अध्यन पुस्तकालय, खंड IV, 2003), पृष्ठ 390।
40. एफ.आर.यू.एस. 1901, चीन में स्थिति (1901), पृष्ठ 12. अमेरिकी सेक्रेटरी ऑफ स्टेट्स से यूरोपीय शक्ति को पत्र दिनांक 3 जुलाई, 1990।
41. लोक अभिलेख कार्यालय (पी.आर.ओ.) फाइल संख्या एफ.ओ. 535, खंड XII, यू.एस. कमिश्नर से चीन, रॉकहित से राष्ट्रपति रूजवेल्ट को पत्र दिनांक 8 नवंबर, 1908। यह भी देखिए—जॉनथन मिर्स्की 'तिब्बत : दि सी.आई.एज. कैंसल्ड वार' (चीन फाइल/एशिया सोसाइटी, 9 अप्रैल, 2013)।
42. एफ.आर.यू.एस. चीन (1943), पृष्ठ 630, डिपार्टमेंट ऑफ स्टेट ज्ञापन संख्या 893.24/1594 दिनांक 15 मई, 19143, ब्रिटिश दूतावास, वाशिंगटन को।
43. एफ.आर.यू.एस. 1942 (चीन), पृष्ठ 625.।
44. एफ.आर.यू.एस. 1943 (चीन), पृष्ठ 629, असिस्टेंट सेक्रेटरी ऑफ स्टेट, बेर्ले को स्ट्रेटेजिक सर्विसेज कार्यालय के निदेशक (क्रोनोवान) को ज्ञापन।
45. एफ.आर.यू.एस. 1943 (चीन), पृष्ठ 630।
46. यू.एस. डिपार्टमेंट ऑफ स्टेट फाइल संख्या 793.94/570।
47. एफ.आर.यू.एस. 1945, खंड VII, पृष्ठ 770, राष्ट्रपति ट्रूमैन द्वारा जनरल मार्शल को ज्ञापन।
48. सी.डब्ल्यू.आई.एच.पी./डायरी ऑफ एनवी रोशिन, अत्यंत गुप्त, प्रति संख्या 4, 1 दिसंबर, 1949/चोऊ एनलाई के साथ वार्तालाप।
49. एफ.आर.यू.एस. 1950, खंड I, पृष्ठ 388, राष्ट्रीय सुरक्षा नीति, विदेश आर्थिक नीति (राष्ट्रीय सुरक्षा परिषद् की अत्यंत गुप्त रिपोर्ट, दिनांक 25 अगस्त, 1950)।
50. एफ.आर.यू.एस. 1949, खंड IX, पृष्ठ 1065. सुदूरवर्ती मामलों के कार्यालय की सुश्री रूथ बेकन द्वारा चीफ ऑफ डिवीजन ऑफ चाइनीज अफेयर्स (स्पराउस) के ज्ञापन, 12 अप्रैल, 1949।
51. एफ.आर.यू.एस. 1949, खंड IX, पृष्ठ 1071, भारत के अमेरिकी राजदूत, हेंडरेसन द्वारा डिपार्टमेंट ऑफ स्टेट्स वाशिंगटन को, दूरभाष संख्या 302, दिनांक 12 अप्रैल, 1919।
52. जॉन क्नॉस, ऑफर्स ऑफ दि कोल्ड वार : अमेरिकी एंड तिब्बत स्ट्रगल फॉर सर्वाइवल (न्यूयॉर्क : पब्लिक अफेयर्स, 1995)।
53. एफ.आर.यू.एस. 1951, खंड VII, पृष्ठ 1696, अमेरिकी राजदूत, दिल्ली ऑफ सेक्रेटरी ऑफ स्टेट्स वाशिंगटन को।
54. एफ.आर.यू.एस. 1951, खंड VII, पृष्ठ 1748, अमेरिकी सेक्रेटरी ऑफ स्टेट द्वारा अमेरिकी राजदूत, दिल्ली को दूरभाष संख्या 107 दिनांक 12 जुलाई, 1951 (यूएस अभिलेखागार : 79300/7-1251)
55. एफ.आर.यू.एस. 1958-60 (चीन), खंड XIV, पृष्ठ 790, सेक्रेटरी ऑफ स्टेट हेर्टेट द्वारा भारत में अमेरिकी राजदूत को।
56. डिपार्टमेंट ऑफ स्टेट, सेंट्रल फाइलें : 793बी. 00/2-2060। डिपार्टमेंट ऑफ स्टेट में मुद्रित पत्र का पाठ, 21 मार्च, 1960, पृष्ठ 443-444।
57. डिपार्टमेंट ऑफ स्टेट्स द्वारा अमेरिकी राजदूत दिल्ली को तार संख्या 54905, दिनांक 14 अप्रैल, 1970।
58. नेहरू फॉरन अफेयर्स रिकॉर्ड में, अगस्त 1958, पृष्ठ 145।

□

3

स्वतंत्र भारत की दुविधा : तिब्बत के बारे में क्या नीति होनी चाहिए?

'तिब्बत' शब्द का पहले-पहल उल्लेख अरब इस्ताकरी के कार्य में मिलता है (लगभग 590 ई.), जहाँ इसे 'तिब्बत' के रूप में लिखा है।

—**रॉकहिल्स एथनोलॉजी ऑफ तिब्बत,** *पृष्ठ 665*

'हमारी आकांक्षा हमेशा से ही चीन के साथ मित्रता बनाए रखने तथा उनके साथ यथासंभव सहयोग करने की रही है और रहेगी। यही हमारा मार्गदर्शी सिद्धांत होगा।'—**नेहरू**

—**मुख्यमंत्रियों को पत्र,** *खंड 11, पृष्ठ 265*

1 जनवरी, 1950 को भारत द्वारा चीन जनवादी गणराज्य के लिए अपनी मान्यता घोषित करने के लगभग चौबीस घंटे बाद, चीन की नई सरकार ने घोषणा की कि तिब्बत की 'आजादी' पीपल्स लिबरेशन आर्मी (पी.एल.ए.) के प्रमुख लक्ष्यों में से एक होगी। इसके अलावा, 24 जनवरी, 1950 को मास्को से माओ द्वारा भेजे गए अनुदेशों पर कार्य करनेवाली चीनी साम्यवादी दल की केंद्रीय समिति (सी.सी.पी. सीसी) ने पीपल्स लिबरेशन आर्मी (पी.एल.ए.) 18वीं आर्मी को निर्देश दिया कि तिब्बत की ओर कूच किया जाए। माओ 16 दिसंबर, 1949 से 17 फरवरी, 1950 तक मास्को के आधिकारिक दौरे पर थे। तिब्बत की ओर कूच करने के माओ के आदेश को 18वीं आर्मी के जवानों द्वारा गंभीरता से नहीं लिया गया तथा उनमें अनेक मतभेद उत्पन्न हो गए। अनेक ने सोचा कि वे उस सुदूरवर्ती और निर्जन भूमि (तिब्बत) से कभी वापस लौट नहीं पाएँगे। व्यवस्था बनाए रखने के लिए वरिष्ठ पी.एल.ए. कमांडरों को असाधारण प्रयास करने पड़े।

तदनुसार 7 अक्तूबर, 1950 को पर्याप्त तैयारियों तथा एक उपयुक्त समय का आकलन करने के बाद पी.एल.ए. की 52वीं और 53वीं डिवीजनों के 40,000 सैनिकों ने तीन स्थानों पर चीन-तिब्बत सीमा को पार किया तथा वे चीन के साथ लगी तिब्बत की छोटी सैनिक टुकड़ियों को आसानी से पराजित कर दिया। इसके अलावा 7 अक्तूबर, 1950 को चीन ने घिर गए उत्तर कोरिया को सैन्य सहायता देने की घोषणा कर दी। इस प्रकार 7 अक्तूबर, 1950 चीनी पी.एल.ए. के लिए एक अत्यंत महत्त्वपूर्ण दिवस बन गया। 19 अक्तूबर, 1950 को, पी.एल.ए. ने ल्हासा के पूर्व में

लगभग 480 किलोमीटर की दूरी पर चामडो [चेंगडू] के सीमावर्ती नगर पर कब्जा कर लिया तथा चामडो के गवर्नर न्गाबो-गावांग जिग्मे ने चीनियों के आगे आत्मसमर्पण कर दिया। लगभग 8000 तिब्बती रक्षकों में से लगभग 5738 को निर्दयता के साथ मार दिया गया। चीन को केवल लगभग 180 सैनिकों का नुकसान हुआ।[2] तिब्बतियों के पास हथियारों और नेतृत्व का भारी अभाव था तथा उन्हें युद्ध में निपुण पी.एल.ए. टुकड़ियों द्वारा आसानी के साथ पराजित कर दिया गया। जिन सैनिकों ने आत्मसमर्पण कर दिया था अथवा, जो घायल थे, उनके साथ अत्यंत उदार व्यवहार किया गया, भोजन कराया गया और अपने घरों को लौटने के लिए मुक्त कर दिया गया। माओ द्वारा इस संबंध में विशेष निर्देश दिए गए थे, क्योंकि उसका मानना था कि इससे नए चीन की एक अत्यंत सकारात्मक छवि उभरकर सामने आएगी। इसके साथ ही, वह पी.एल.ए. की एक नई 'स्वच्छ' छवि भी स्थापित करना चाहता था। माओ की नीति शांतिपूर्ण साधनों द्वारा तिब्बत को 'स्वाधीन' कराना थी तथा बल के प्रयोग को उसकी व्यापक रणनीति में अनुपूरक उपाय के रूप में रखा गया था। नया चीन अपने प्राधिकार का विस्तार एशिया के प्रत्येक भाग पर करने के लिए प्रतिबद्ध था, जहाँ उसने अतीत में अपने प्राधिकार का प्रयोग किया था, भले ही उसके ऐसे दावे कितने भी धुँधले क्यों न थे।

भारत की दुविधा अत्यंत विषम थी। ऐसी स्थिति में भारत को क्या करना चाहिए, क्योंकि चीनी सैन्य टुकड़ियाँ बहुत जल्द उसके द्वार पर भी पहुँचनेवाली थीं? 27 अक्तूबर, 1949 को लंदन में भारतीय उच्चायुक्त कृष्ण मेनन ने नेहरू के निर्देश पर सलाह के लिए ब्रिटिश सरकार से संपर्क किया। एक माह उपरांत, पर्याप्त विचार-विमर्श के बाद ब्रिटिश सरकार ने आठ-सूत्रीय ज्ञापन के साथ अपनी प्रतिक्रिया व्यक्त की, जिसमें से बिंदु (ii) और (v) सर्वाधिक महत्त्वपूर्ण थे। ये थे : (बिंदु ii) कि 'भारत को सैन्य सहायता के अभाव में...वही करना चाहिए, जो वह कर सकता है। तथा (बिंदु v) तिब्बती स्वतंत्रता को मान्यता प्रदान करने से इनकार किया जाए'[3] इसी प्रकार, ब्रिटेन ने निम्नलिखित बिंदुओं पर बल प्रदान करते हुए अमेरिका को भी 'सलाह' दी। ये सलाहें थीं (क) कि ब्रिटेन 'सदैव' तिब्बत पर चीन की संप्रभुता को मान्यता देने के लिए तैयार है (टिप्पणी : 'संप्रभुत्ता' शब्द का प्रयोग किया गया 'अधिराज्य' का नहीं), परंतु उसमें यह विचार शामिल है कि तिब्बत स्वायत्त हो तथा (ख) कि तिब्बत की दुर्गमता इसे चीन के विरुद्ध कुछ भी करने के लिए अव्यावहारिक बना देती है। तिब्बत को एक लंबे समय से सामान्य प्रतिरोध करने के अलावा कुछ और करने के लिए असमर्थ माना गया है[4] ब्रिटिशों की सलाह भारत में अमेरिकी राजदूत हेंडरसन द्वारा जनवरी 1949 में राज्य विभाग को भेजे गए वक्तव्य के विपरीत थी, जिसमें उन्होंने वकालत की थी कि अमेरिका को चीन में के.एम.टी. के पतन के उपरांत तिब्बत को एक स्वतंत्र राज्य के रूप में मान्यता देने के लिए तैयार रहना चाहिए।[5]

इस प्रकार, जबकि ब्रिटिश सरकार की सलाह स्पष्ट थी, भारत में अधिकांश रणनीति चिंतकों ने यह राय व्यक्त की कि तिब्बत भारत की सुरक्षा के लिए एक अनिवार्य 'मध्यवर्ती' राज्य है। उनका मानना था कि चीनी टुकड़ियों द्वारा तिब्बत पर कब्जा जमा लेने से एक नई और अनिष्ट-सूचक चुनौती उत्पन्न हो गई है। तिब्बत ने स्वयं भारत के उत्तरी सीमावर्ती क्षेत्र में कोई सुरक्षा चुनौती प्रस्तुत नहीं की है। अतीत में यह चीनी परंपरा रही है कि वे तिब्बतियों के माध्यम से कार्य करें और तिब्बतियों के प्रभाव पर अपना दावा जताएँ। नई चीनी सरकार ने ठीक वैसा ही करने का प्रयास

किया है, परंतु वह यह स्वीकार करने के लिए तैयार नहीं है कि चीन का एक क्षेत्र होने के अलावा भी तिब्बत का एक अपना 'विशिष्ट व्यक्तित्व' है। यह संभव है कि माओ ने यह महसूस किया हो कि 'छिन गए' चीनी भू-भागों की प्राप्ति करना वहाँ काफी आसान होगा, जहाँ प्रतिरोध दुर्बल होने की संभावना है। चूँकि चीनियों ने ताईवान अथवा मंगोलिया की तुलना में पहले तिब्बत का चयन किया, इससे इस मत की पुष्टि होती है। ताईवान अथवा मंगोलिया को स्वतंत्र कराने के लिए चीनियों को दो महाशक्तियों क्रमशः अमेरिका और सोवियत रूस के साथ उलझना पड़ता। तिब्बत इसके लिए अत्यंत 'आसान' लक्ष्य था, क्योंकि तिब्बत के बारे में नेहरू के विचार संभवतः माओ को पहले से ही ज्ञात थे, जैसा कि इस तथ्य से प्रदर्शित होता है, जब 23 अगस्त, 1950 को माओ ने तिब्बत के विरुद्ध अभियान संचालित करने के लिए उत्तरदायी दक्षिण-पश्चिम ब्यूरो को सूचित किया था कि 'भारत ने यह स्वीकार करते हुए एक घोषणा की है कि तिब्बत चीन का भाग था।' इसके अलावा, राजदूत पाणिक्कर ने खुले तौर पर दावा किया था कि तिब्बत में 'विशेष राजनीतिक हित', जो भारत द्वारा ब्रिटेन से विरासत में प्राप्त किए गए थे, अब बनाए नहीं रखे जा सकते हैं तथा यह कि नेहरू ने सामान्य तौर पर इस दृष्टिकोण से सहमति जताई थी।[6]

फिर भी तिब्बत के विरुद्ध चीनी सैन्य कार्रवाई का समाचार भारत के लिए पर्याप्त चिंताजनक था। इसके बावजूद, कहना न होगा कि भारत की ओर से चीनी प्राधिकारियों से जताया गया विरोध भी पर्याप्त कौतूहलपूर्ण थे, हालाँकि भारत द्वारा भेजी गई विरोध टिप्पणी (21 अक्तूबर, 1950) में शांतिपूर्वक निपटान की अपील की गई थी, न तो इसमें तिब्बत के अधिकारों का कोई संदर्भ था, न ही इसमें तिब्बत को शामिल करने के चीन के अधिकार पर प्रश्न उठाया गया था और न ही यह उल्लेख था कि इसने (आक्रमण ने) भारत की स्थिति को किसी प्रकार से प्रभावित किया है। इस विरोध टिप्पणी में, जो कहा गया था, वह यह आग्रह करना था कि वर्तमान समय में उठाया गया 'असतर्क कदम, चाहे वह उसके अपने क्षेत्र के भीतर आनेवाले मामले में उठाया गया हो' संयुक्त राष्ट्र में चीन द्वारा सीट हासिल करने के चीन के अवसरों को प्रभावित करेगा। इसके अलावा टिप्पणी में सलाह दी गई थी कि चीन को सैन्य कार्रवाई संचालित करने के स्थान पर किसी अन्य 'स्थायी' पद्धति का पालन करना चाहिए था। इसके बाद 28 अक्तूबर, 1950 की एक अन्य टिप्पणी भेजी गई जिसकी भाषा पूर्व की तुलना में कुछ अधिक सख्त थी और इसमें चीनी सैन्य कार्रवाई पर 'खेद' व्यक्त किया गया था तथा यह महसूस किया गया था कि 'चीनी सैन्य टुकड़ियों द्वारा तिब्बत पर किया गया आक्रमण खेदजनक था तथा इसे चीन अथवा शांति के हित में नहीं कहा जा सकता है।

इससे पूर्व 26 अगस्त, 1950 को राजदूत पाणिक्कर ने चीनी सरकार को भेजी गई एक टिप्पणी में 'चीनी' संप्रभुता की संरचना के भीतर एक स्वायत्त राज्य के रूप में तिब्बत की भारतीय नीति को परिभाषित किया। इस टिप्पणी में शब्दों का इतने खराब ढंग से प्रयोग किया गया था कि इसने सामान्य शब्द 'अधिराज्य' के स्थान पर तिब्बत पर चीनी 'संप्रभुता' को तरजीह दी थी। काफी टालमटोल के बाद, जिसके बारे में यह भी आरोप लगाया गया कि ऐसा जान-बूझकर किया गया था, पाणिक्कर ने बाद में 1 नवंबर, 1950 को दो माह के पश्चात् एक अन्य टिप्पणी में अपनी 'चूक' को सुधारने का प्रयास किया।[7] ब्रिटिश दृष्टिकोण यह था कि क्या पाणिक्कर ने त्रुटि की थी अथवा

ऐसा चीन को प्रसन्न करने को जान-बूझकर किया गया था, इसका परिणाम यह था कि भारत अब तिब्बत पर चीनी संप्रभुता को मान्यता देने के प्रति प्रतिबद्ध था तथा अब अपनी बात से चाहकर भी पीछे हटना उसके लिए अत्यंत कठिन था।

हालाँकि नेहरू ने चीन को ऐसे अभ्यावेदन देने के लिए, जो 'कमजोर और त्रुटिपूर्ण' थे, पाणिक्कर से पूछताछ की परंतु उन्होंने पाणिक्कर के विरुद्ध कोई प्रशासनिक कार्रवाई नहीं की जिससे उनकी नीति की अत्यंत गलत छवि प्रतिबिंबित हुई। कार्रवाई करने के अभाव ने इस सिद्धांत को पुष्ट किया कि पाणिक्कर की कार्रवाई नेहरू की सोच के अनुरूप थी। नेहरू और पाणिक्कर के इस कदम के विषय में यह तथ्य स्पष्ट रूप से स्थिति वर्णित करता है कि 1914 में शिमला सम्मेलन में चीनी प्रतिनिधि इवान छन ने तिब्बत पर चीन 'अधिराज्य' को मान्यता देने से अधिक किसी अन्य कार्रवाई की माँग नहीं की (देखिए अनुबंध 1)।

चीनियों ने इन छल-कपट की कार्रवाइयों के विषय में क्या राय बनाई होगी ? उन्होंने जान-बूझकर भारत सरकार द्वारा किए गए सुधारों को 'बाहरी' प्रभाव से प्रेरित बताया क्योंकि वे अच्छी तरह से जानते थे कि ऐसा दावा नेहरू को और भी क्रोधित करेगा तथा इसके फलस्वरूप वे अपने विचारों की स्वतंत्रता को दर्शाने के लिए चीनी स्थिति के प्रति और भी उन्मुख होंगे! लेकिन 30 अक्तूबर, 1950 की एक टिप्पणी में चीन ने भारत के विरोध को सिरे से नकार दिया और सख्ती से भारत को अपने काम-से-काम रखने की चेतावनी दी, क्योंकि तिब्बत उनकी एक 'घरेलू समस्या' थी तथा उसके संबंध में किसी बाहरी हस्तक्षेप को बरदाश्त नहीं किया जाएगा। यही भर्त्सना 16 नवंबर, 1950 की चीनी टिप्पणी में दोहराई गई थी।

धीरे-धीरे, परंतु निश्चित तौर पर अब तिब्बत पर पूर्ण कब्जे तथा उसे अधीन बनाने के लिए माहौल तैयार हो चुका था। चूँकि सेना को किसी गंभीर विरोध की आशा नहीं थी, चीनी सैन्य टुकड़ियाँ आसानी से आगे बढ़ती रहीं, वे तिब्बत की राजधानी ल्हासा तक पहुँच गई और उन्होंने उस पर कब्जा कर लिया। उनका कोई गंभीर विरोध नहीं किया गया और चामडो पर कब्जा कर लेने के उपरांत, माओ ने चीनी पी.एल.ए. को रुकने का निर्देश दिया और कहा कि आगे न बढ़ें। इस झिझक के पीछे सामान्यत: दो कारण बताए जाते हैं। पहला उत्तर कोरिया द्वारा कोरिया में 25 जून, 1950 को प्रारंभ किए गए युद्ध ने उत्तर कोरिया के ही प्रतिकूल जाना प्रारंभ कर दिया था। यू.एन. (अमेरिकी) सैन्य टुकड़ियों को पूसान के निकट एक छोटी परिधि तक पीछे धकेलने के उपरांत उत्तरी कोरियाई उस समय भौचक रह गए, जब अमेरिका की समुद्र के रास्ते से आनेवाली सैन्य सहायता इंचान पर उतरी। 29 सितंबर, 1950 तक अमेरिकी टुकड़ियों ने सिओल पुन: हासिल कर लिया था तथा उन्हें राष्ट्रपति ट्रूमैन से संकेत मिल गया था कि वे 38 पैरेलल को पार कर उत्तर कोरिया में प्रवेश करें। चीनी नेतृत्व अब बड़े असमंजस और चिंता में घिर गया था कि अमेरिकी सैन्य टुकड़ियाँ यालू नदी को पार करते ही, जो उत्तर कोरिया और चीन को अलग करती है, उनके सम्मुख खड़ी हो जाएँगी। अमेरिकियों को चीन सीमा पर न पहुँचने देने के लिए चीनी नेतृत्व ने एक बड़ा निर्णय लिया। उन्होंने अमेरिकियों का सामना करने का फैसला लिया तथा 7 अक्तूबर, 1950 को बड़ी संख्या में चीनी सैन्य टुकड़ियों ने उत्तरी कोरिया की रक्षा करने के लिए यालू नदी को पार किया और साथ-साथ चमाडो (तिब्बत) पर अपने हमले को भी जारी रखा। चीनियों का अनुमान था कि वे अमेरिकियों

के साथ एक भयंकर युद्ध करेंगे तथा इसके अंतिम परिणाम का अनुमान नहीं लगाया जा सकता था। रणनीतिक रूप से दो मोर्चों पर एक साथ लड़ना उचित नहीं था, क्योंकि उनके अधिकांश संसाधन अमेरिका की दुर्जेय शक्ति के विरुद्ध कोरिया में युद्ध करने के लिए अपेक्षित थे, परंतु इसके साथ ही, चीनी सतर्कतापूर्वक अपने पश्च भू-भाग को सुरक्षित करना चाहते थे और तिब्बत के रास्ते किसी विदेशी हस्तक्षेप को अनुमति देने के पक्ष में नहीं थे।

दूसरे, चीनी भारत की प्रतिक्रिया के बारे में अभी भी पूरी तरह आश्वस्त नहीं थे, हालाँकि उन्होंने काफी चतुराई से यह आकलन लगा लिया था कि नेहरू तिब्बत में सेना का हस्तक्षेप करने के इच्छुक नहीं हैं, फिर भी वे अपने इस आकलन में पूरी तरह से सुनिश्चित होना चाहते थे। यह झिझक उन्हें संभवत: मास्को से प्राप्त होनेवाले 'परामर्श' के कारण भी उत्पन्न हुई थी। ब्रिटिश का मानना था कि चीन ने एक नाजुक समय में और इतनी जल्दबाजी के साथ तिब्बत में हस्तक्षेप करने का निर्णय ले लिया है, क्योंकि उन्हें मास्को से रिपोर्टें प्राप्त हो रही थीं कि नेहरू भी तिब्बत में हस्तक्षेप करने की तैयारी कर रहे हैं। सोवियत प्रेस भी यही विषय उठा रहे थे और यह आरोप लगा रहे थे कि पश्चिमी शक्तियाँ 'तिब्बत को चीन से अलग करने तथा उसे एक 'उपनिवेश के तौर पर स्थापित करने' के लिए 'योजना तैयार' कर रही हैं। उदाहरण के लिए 'न्यू टाइम्स'[8] ने एक रिपोर्ट प्रकाशित की कि—

भारत के तिब्बत के समीपवर्ती भू-भागों पर अत्यंत तेजी के साथ नई सड़कों और हवाई-अड्डे का निर्माण किया जा रहा था। बड़ी संख्या में अमेरिकी हथियार और युद्ध सामग्री तिब्बत की सीमा पर दार्जिलिंग रेलवे स्टेशन के बरास्ता कलकत्ता भेजी जा रही थी, जहाँ से उन्हें सड़क द्वारा ल्हासा ले जाया जाना था। दो वर्ष पूर्व तिब्बत की पूर्वी सीमा के साथ-साथ रेडियो ट्रांसमीटरों की एक श्रृंखला स्थापित की गई थी।

निश्चय ही चीनी सोवियत प्रेस में आनेवाली ऐसी रिपोर्टों पर पर्याप्त ध्यान दिया करते थे, क्योंकि उस समय मास्को उनका घनिष्ठ मित्र था तथा उन्हें बाहरी दुनिया के बारे में सूचित किया करता था। एक वरिष्ठ ब्रिटिश विदेश अधिकारी सर एस्लेर डेनिंग विदेश कार्यालय की आंतरिक टिप्पणी में भी यही बात प्रतिबिंबित होती है—

जहाँ तक तिब्बत का संबंध है, यह संभव है कि चीनी कदम इस डर के कारण उठाया गया हो कि यदि वे कार्रवाई नहीं करेंगे, तो भारत कर देगा। रूस ऐसी धारणाओं को प्रेरित करेगा।

ब्रिटिश विदेश कार्यालय के इसी वरिष्ठ अधिकारी सर एस्लेड डेनिंग ने थाईलैंड में अमेरिकी राजदूत को कुछ दिन पूर्व बैंकॉक में कहा था कि ऐसे नाजुक समय में तिब्बत में हस्तक्षेप करने का चीनी निर्णय इस तथ्य से प्रेरित था—

कि सोवियत चीनी साम्यवादी नेताओं को उकसाने में काफी हद तक सफल रहे थे कि भारत, ग्रेट ब्रिटेन के बहलाने पर तिब्बत पर नीति तैयार कर रहा है और इसके फलस्वरूप, भारतीयों के मनसूबों को पहले ही ध्वस्त करने के कदम के रूप में चीनी साम्यवादियों द्वारा वर्तमान आक्रमण संचालित किया गया।[10]

यह तथ्य कि ब्रिटिशों का यह विश्वास था कि तिब्बत में हस्तक्षेप करने का चीनी निर्णय रूसियों से पर्याप्त रूप से प्रभावित था, की कुछ हद तक नेहरू द्वारा पुष्टि की गई थी, जब उन्होंने 25 अक्तूबर, 1950 को पाणिक्कर को तार द्वारा सूचित किया कि उनका मानना है कि चीनी नीति सोवियत संघ से अलग हो सकती है, परंतु यह 'स्पष्ट रूप से एकतरफा है और मास्को से आनेवाली खबरों द्वारा विकृत है'[11] इस विचार की पुष्टि करते हुए, नेहरू ने 1 नवंबर, 1950 को मुख्यमंत्रियों को लिखा कि 'यह स्पष्ट प्रतीत होता है कि सुदूरवर्ती पूर्व में युद्ध की स्थिति पैदा होने तथा मंचूरियन कस्बों पर लगातार होनेवाली बमबारी के कारण चीन सरकार यह विश्वास करती है कि उन्हें उनके शत्रुओं द्वारा युद्ध की धमकी दी जा रही है।

इसके अलावा 29 अक्तूबर, 1950 को श्रीनगर में 'रायटर. के संवाददाता के साथ एक साक्षात्कार में नेहरू ने इस मुद्दे पर प्रकाश डाला तथा चीन की कार्रवाई को सोवियत प्रभाव से प्रेरित बताया। नेहरू ने सोवियत प्रेस की रिपोर्टों का स्मरण किया जिनमें तिब्बत को एक साम्यवादी-विरोधी परिधि में लाने के लिए एंग्लो-अमेरिकी षड्यंत्र का आरोप लगाया गया था। इससे पूर्व, पाणिक्कर ने नेहरू को सूचित किया कि 'जिन्हुआ' में प्रकाशित सभी विदेशी समाचार मूलतः तास (सोवियत प्रेस एजेंसी) से थे। नेहरू का मानना था कि सोवियत संघ की सलाह यह है कि एंग्लो-अमेरिकी क्षेत्र पर कब्जा करने के लिए षड्यंत्र रच रहे हैं।[12] नेहरू ने यह कहा था—

> *वर्तमान चीनी नीति का संभवतः आंशिक श्रेय इस तथ्य को दिया जा सकता है कि हालाँकि पेकिंग की नीति मास्को द्वारा पूरी तरह संचालित भले ही न हो, परंतु अधिकांश जानकारी सोवियत स्रोतों के माध्यम से ही आती थी, जिस पर यह नीति आधारित थी।*

चीनियों को, जो अत्यंत व्यस्त थे, क्योंकि वे कोरिया में लड़ रहे थे, पूरी तरह से आश्वस्त होने की आवश्यकता थी कि भारत तिब्बत में हस्तक्षेप नहीं करेगा, न तो स्वयं अथवा न ही किसी पश्चिमी शक्ति के साथ मिलकर। हरेक संभावना, चाहे वह कितनी छोटी क्यों न हो, पर अत्यंत गंभीरता के साथ विचार किया जा रहा था। यहाँ तक कि राजदूत पाणिक्कर ने इस पहलू का उल्लेख किया है, जब उन्होंने नेहरू को तार भेजा कि प्रीमियर चोऊ उनके साथ 22 अगस्त, 1950 को हुई बैठक में 'इन रिपोर्टों के बारे में अत्यंत चिंतित प्रतीत हुए कि नेपाल की सेना इकाइयाँ तिब्बत की सहायता के लिए गई हैं और वे अपेक्षा करते हैं कि भारत उन्हें ऐसे किसी अभियान में शामिल होने से रोके'। यह स्मरण किया जाए कि रेडियो मास्को ने बार-बार नेपाल को 'एंग्लो-अमेरिकी उपग्रह' की संज्ञा दी थी। इस रिपोर्ट का बाद में नेहरू द्वारा व्यक्तिगत रूप से खंडन किया गया था।

7 नवंबर, 1950 को तिब्बत ने अपनी समस्या के निवारण के लिए संयुक्त राष्ट्र के साथ मामला उठाया। चीन को संदेह था कि तिब्बत की संयुक्त राष्ट्र को की गई अपील, जिसे बहुत ही उत्कृष्ट तरीके से तैयार किया गया था, संभवतः ल्हासा में भारतीय प्रतिनिधि ह्यू रिचर्डसन के प्रेरित करने पर भेजी गई है और उनके द्वारा ही तैयार की गई है।[14] जैसा भारत द्वारा ब्रिटिश सरकार को बताया गया था, वास्तव में तिब्बत की अपील रिचर्डसन द्वारा तैयार नहीं की गई थी, बल्कि उसे एक अन्य भारतीय अधिकारी सुमल सिन्हा द्वारा बनाया गया था।[15] चीन की चतुराई तथा चामडो पर कब्जे के बाद उनकी सैन्य टुकड़ियों को आगे बढ़ने से रोकने की उनकी सतर्क

राजनीतिक दूरदर्शिता ने अब उन्हें बेहतर राजनीतिक लाभ प्रदान करने प्रारंभ कर दिए थे। इस मामले में न तो संयुक्त राष्ट्र ने ही कोई कार्रवाई प्रारंभ की जिसे मुख्य रूप से ब्रिटेन और भारत द्वारा मार्गदर्शित किया गया था, बल्कि एक छोटे से देश एल. सल्वाडोर को छोड़कर कोई भी देश पराजित और विवश तिब्बतियों की मदद के लिए आगे नहीं आया। संयुक्त राष्ट्र में भारतीय स्थायी प्रतिनिधि (पी.आर.) सर बेनेगल राव ने नेहरू को सूचित किया कि संयुक्त राष्ट्र सुरक्षा परिषद् का कोई भी सदस्य तिब्बत के मामले को उठाने में रुचि नहीं ले रहा था।[16] यह स्पष्ट है कि राव इस धारणा से जुड़े थे कि तिब्बत के बारे में संयुक्त राष्ट्र में चीन की आलोचना न करते हुए वे व्यक्तिगत रूप से चीन और पश्चिमी शक्तियों के बीच मध्यस्थता करने में एक सहायक भूमिका निभा सकते हैं।

फिर भी, तिब्बत की शिकायत के बारे में अनुपालन की जानेवाली नीति पर नेहरू के विचारों के अनुरूप, दिल्ली से संयुक्त राष्ट्र के भारतीय स्थायी प्रतिनिधि को निम्नलिखित निर्देश प्रेषित किए गए—

(क) भारत एल-सल्वाडोर के संकल्प को नहीं मानता है तथा स्थायी प्रतिनिधि उसका समर्थन नहीं करेंगे।

(ख) तिब्बत की अपील के समय पर ध्यानपूर्वक विचार किए जाने की आवश्यकता है। कोरिया स्वाभाविक रूप से पहली वरीयता था···ऐसा कुछ भी नहीं किया जाना चाहिए जिसके द्वारा इस महत्त्वपूर्ण अवस्था में चीन के साथ संबंधों के प्रतिकूल होने की संभावना हो···अतः तिब्बत की अपील पर कोई कार्रवाई नहीं की जानी चाहिए।

संयुक्त राष्ट्र में भारतीय स्थायी प्रतिनिधि को नई दिल्ली से प्राप्त अनुदेशों से यह स्पष्ट था कि भारत-चीन मैत्री तथा कोरियाई प्रायःद्वीप और विश्व स्तर पर भूमिका निर्वहन करने के बदले तिब्बत का 'बलिदान' देने का नीतिगत निर्णय ले लिया गया था। अतः इस बात में कोई आश्चर्य नहीं था कि संयुक्त राष्ट्र में भारतीय स्थायी प्रतिनिधि सर बेनेगल राव ने पश्चिमी शक्तियों को 'परामर्श' दिया कि यदि कोई वाद-विवाद होता है, तो भारत को विवश होकर चीनी कार्रवाई की आलोचना करनी होगी। उन्होंने यह पूछा, "तब वह (भारत) कोरिया में मध्यस्थ की भूमिका कैसे निभा पाएगा?" ब्रिटिश, जिन्होंने नेहरू को पूर्व में तिब्बत के प्रति अपनाई जानेवाली नीति के बारे में परामर्श दिया था तथा, जो तिब्बत पर नेहरू की विचारधारा के बारे में पहले से जानते थे, ने सर बेनेगल राव के प्रश्न के महत्त्व को समझ लिया, जब अमेरिकी विदेश विभाग ने यह प्रश्न उठाया कि क्या तिब्बत के मुद्दे पर संयुक्त राष्ट्र में आगे कार्रवाई की जानी चाहिए, तो उन्हें लंदन में उनके राजदूत द्वारा परामर्श दिया गया कि ब्रिटेन का दृष्टिकोण यह है कि तिब्बत की समस्या 'व्यापक मुद्दों की तुलना में कम महत्त्व की है तथा उन्हें इस समय नहीं उठाया जाना चाहिए। पुनर्विचार के उपरांत अमेरिका ने ब्रिटिश और भारत सरकार के दृष्टिकोण पर विचार किया और उसके पश्चात् इसी आकलन को सहमति प्रदान कर दी।[18] इसके अलावा सर ग्लैडविन जेब ने यह राय दी कि 'जो हम करना चाहते हैं, वह एक ऐसी स्थिति उत्पन्न करना है, जो हमें व्यवहार रूप में तिब्बत पर साम्यवादी आक्रमण के बारे में कुछ करने का दायित्व नहीं देती है' तथा यह कि 'कोई भी देश चीनी आक्रमण के बारे में भले ही जो भी राय बना ले, वास्तविकता यह है कि कोई भी तिब्बत को प्रभावशाली सहायता

नहीं दे पाया'।[19] 'लंदन में विदेश कार्यालय ने भी निराशा के साथ दिल्ली में ब्रिटिश उच्चायुक्त को यह पुष्टि की' न तो हम और हमारा मानना है कि न ही भारत अथवा कोई अन्य अर्थात् अमेरिका सशस्त्र कार्रवाई करने के लिए तैयार है। यही उचित होगा कि इस मामले को समाप्त कर दिया जाए।'[20] इस प्रकार तीन देशों अर्थात् भारत, ब्रिटेन और अमेरिका, जो तिब्बत को सहायता प्रदान कर सकते थे, में से किसी ने भी अपने-अपने कारणों से तिब्बत की करुणामयी अपील पर कोई प्रतिक्रिया करने से इनकार कर दिया।

24 नवंबर, 1950 को अमेरिकी महासभा ने उस समय तिब्बत की अपील पर विचार किए जाने को अनिश्चित काल के लिए स्थगित कर दिया, जब भारतीय प्रतिनिधि ने यह कहा कि "भारत इस बारे में पूरी तरह से निश्चित है कि तिब्बत का मुद्दा शांतिपूर्ण तरीके से सुलझाया जा सकता है[21] और यह कि ऐसा कोई निपटान उस स्वायत्तता को सुरक्षित करेगा, जो तिब्बत ने अनेक दशकों से हासिल की थी जिसके साथ-साथ उसके चीन के साथ ऐतिहासिक संबंध भी बने रहेंगे और तिब्बत की स्थिति 'विधिक अस्पष्टता' में लिपटी हुई है! ब्रिटेन ने भारत की इस स्थिति का समर्थन किया।[22] यह स्पष्ट था कि चीन की मित्रता प्राप्त करने के लिए भारत के निर्णय ने उन दायित्वों को बौना बना दिया था, जो उसने तिब्बत के संबंध में ब्रिटेन से विरासत से प्राप्त किए थे तथा इसके द्वारा नेहरू को आशा थी कि भारत एशियाई अखंडता और भारत-चीन मित्रता में संवृद्धि कर सकेगा।

संयुक्त राष्ट्र को प्रेषित दो अन्य तिब्बती अपीलों को, जिनमें से अंतिम अपील 11 दिसंबर, 1950 को भेजी गई थी, भी बेचैनी-मिश्रित मौन के साथ दबा दिया गया। भारत की स्थिति के और भी सख्त होने का साक्ष्य तब प्राप्त हुआ, जब विदेश मंत्रालय के महासचिव (सेक्रेटरी जनरल) वाजपेयी ने 18 दिसंबर, 1950 को भारत में अमेरिकी राजदूत को यह कहा कि भारत 'कोरिया में युद्ध विराम हासिल करने के अपने प्रयासों' के कारण संयुक्त राष्ट्र में भेजी गई दो तिब्बती अपीलों पर 'कार्रवाई को विलंबित करने का इच्छुक है और यह कि चीन की कोई भी आलोचना 'युद्ध विराम स्थापित करने की दिशा में चीन पर प्रभाव डालने की भारत की योग्यता को प्रतिकूल रूप से प्रभावित करेगी।'[23] अत: भारत और ब्रिटेन दोनों ही ने अपने-अपने कारणों से यह दृष्टिकोण अपनाया कि तिब्बत के मामले में संयुक्त राष्ट्र में कोई भी कार्रवाई उस हद तक सीमित रहनी चाहिए, जो चीन के प्रति उनकी नीति के सामान्य खाके में समाहित हो सके, जब अमेरिकी राजदूत हेंडरसन ने विदेश मंत्रालय के महासचिव वाजपेयी के साथ तिब्बत का मुद्दा उठाया, तो वाजपेयी ने उन्हें बताया कि 'भारत सरकार विश्व शांति बनाए रखने की समस्या में इतनी उलझी हुई है कि वह तिब्बत पर अधिक विचार नहीं कर रही है; वस्तुत: उन्होंने यह स्मरण नहीं किया कि तिब्बत का उल्लेख हाल के, राष्ट्रमंडल सम्मेलन (जनवरी 1951) में भी किया गया था।[24] ऐसी अभिवृत्ति के फलस्वरूप दोनों तिब्बती अपीलों को प्रारंभ में ही हुई विफलता के कारण ठंडे बस्ते में डाल दिया गया और अनेक वर्ष बाद 1959 में संयुक्त राष्ट्र महासभा ने अंतत: चीन की स्पष्ट हठधर्मिता के फलस्वरूप तिब्बत का मामला उठाया। उसके बाद तिब्बत का मुद्दा केवल तीन बार संयुक्त राष्ट्र महासभा में उठा—1959 में (संकल्प/1353), 1961 में (संकल्प/1723) और 1965 में (संकल्प/2079), जब चीन की भूमिका की आलोचना करते हुए संकल्प पारित किए गए। चीन

जनवादी गणतंत्र द्वारा 1972 में संयुक्त राष्ट्र में चीन की सीट लिए जाने के पश्चात्, तिब्बत को संयुक्त राष्ट्र से बाहर रखा गया है। भारत ने केवल 1965 के संकल्प का ही समर्थन किया—संभवत: निजी हित के कारण अथवा संभवत: अपनी भीरुता के कारण!

इस संभावना के साथ कि संयुक्त राष्ट्र की कार्रवाई निष्फल हो जाएगी तथा कोरिया में स्थिति सामान्य होते ही चीनी पी.एल.ए. ने ल्हासा की ओर आगे बढ़ना आरंभ कर दिया। वांग छीमेई के नेतृत्व में चीनी सैन्य टुकड़ियों ने 7 सितंबर, 1951 को ल्हासा में प्रवेश किया, तथापि चीनी सेना के कमांडर जनरल चांग भारत के रास्ते चीन पहुँच गए। चीनी तिब्बत पर अपने शासन को मजबूत बनाने के लिए धीरे-धीरे बढ़ते गए।

जिस दिन 7 नवंबर, 1950 को तिब्बत ने संयुक्त राष्ट्र को अपील की थी, भारत के उपप्रधानमंत्री सरदार पटेल ने नेहरू को एक पत्र लिखा (यह कहा जाता है कि इसकी प्रेरणा विदेश मंत्रालय के महासचिव वाजपेयी द्वारा दी गई थी और उनके द्वारा ही यह तैयार किया गया था), जिसमें उन्होंने तिब्बत में चीनी कार्रवाई की कड़ी आलोचना की तथा भारत के सामने आनेवाले खतरों को रेखांकित किया। नेहरू को संभवत: उस पत्र के वास्तविक लेखक के बारे में जानकारी थी, परंतु उन्होंने पटेल को उसका लिखित में सीधे उत्तर नहीं दिया, बल्कि 18 नवंबर, 1950 को विदेश सचिव को भेजी गई टिप्पणी में आधारभूत भारतीय नीति को रेखांकित किया, जिसमें पटेल की आलोचना का आंशिक उत्तर दिया गया था। पटेल की मृत्यु 15 दिसंबर, 1950 को हो गई और इस प्रकार नेहरू की सोच का विरोध करने की संभावनाएँ भी समाप्त हो गईं, लेकिन इस अवस्था में नेहरू की सोच तथा उनकी नीति के आधार को समझना महत्त्वपूर्ण है। क्या भारत सेना द्वारा हस्तक्षेप करते हुए तिब्बत की सहायता कर सकता था? क्या तिब्बत को दो उभरते हुए राष्ट्रवादी राज्यों के बीच एक अनिवार्य मध्यवर्ती राज्य बनाए रख सकना संभव था?

स्वतंत्रता के कुछ ही माह पूर्व अंतरिम भारत सरकार के विदेश विभाग, जिसमें नेहरू ने विदेश का कार्यभार सँभाला हुआ था, तिब्बत के प्रति भारत की नीति निम्नलिखित शर्तों पर निर्धारित की।

> *अत: अक्षम तिब्बत को व्यापक सहयोग प्रदान करते हुए चीन जैसी अत्यंत महत्त्वपूर्ण शक्ति के साथ संबंधों को संकट में डालना एक आकर्षक नीति नहीं होगी·· जबकि भारत सरकार को तिब्बत की स्वायत्तता को मान्यता प्रदान करने में प्रसन्नता होगी तथा वह वहाँ स्वायतत्ता देखना चाहती है, वह इसे प्रोत्साहित करने से भी अधिक के लिए तैयार है लेकिन निश्चित तौर से ऐसी कोई पहल नहीं करेगी, जो इस मुद्दे पर चीन के साथ भारत का विवाद उत्पन्न करता हो।*[26]

जबकि यह स्पष्ट हो गया था कि चीन में गृहयुद्ध में साम्यवादी विजयी होंगे, यह और भी स्पष्ट हो गया था कि भारत के उत्तरी सीमावर्ती क्षेत्र में संभवत: एक नई और खतरनाक स्थिति विकसित होगी। यह धारण बनी हुई थी कि जैसे ही साम्यवादी समस्त मुख्य चीनी भू-भाग को पुन: एकीकृत कर देंगे, उनका ध्यान तिब्बत की ओर चला जाएगा। नेहरू के अलावा इस स्थिति का सटीक पूर्वानुमान लगाने में कोई दक्ष नहीं था। वित्तमंत्री को भेजे 10 सितंबर, 1949 के पत्र में नेहरू ने पूर्वानुमान जताया कि—

हालिया घटनाक्रम यह दर्शाते हैं कि चीनी साम्यवादियों द्वारा अभी या फिर किसी अन्य अवसर पर तिब्बत पर आक्रमण करने की संभावना है। यह आक्रमण जल्द तो नहीं होगा, परंतु एक वर्ष के भीतर हो जाएगा।

स्थिति के बारे में जानते हुए तथा तिब्बत पर कब्जा करने के चीनी कदम का पूर्वानुमान लगाते हुए नेहरू ने चीन और तिब्बत के संबंध में अनुपालन की जानेवाली नीति के तीन मुख्य सिद्धांत तैयार किए। ये थे—(1) भारत की संरक्षा और सुरक्षा निश्चित करना; (2) तिब्बत पर चीनी अधिराज्य/संप्रभुता को स्वीकार करना और (3) एशियाई अखंडता की अभिव्यक्ति के रूप में चीन के साथ मित्रता बढ़ाना। नेहरू का यह मानना था कि चीन के साथ मैत्रीपूर्ण संबंध स्थापित हो जाने पर सीमा और अन्य मुद्दों को हल करने के लिए एक सही परिवेश का निर्माण होगा। नेहरू एक यथार्थवादी थे तथा वे भारत की कमजोर सैन्य शक्ति के बारे में भी जानते थे, यही कारण था कि उन्हें चीन द्वारा तिब्बत पर कब्जे के मुद्दे पर मौन धारण करना पड़ा।[27] नेहरू ने 18 नवंबर, 1950 की अपनी टिप्पणी में यह स्वीकार किया है कि 'न तो भारत और न ही किसी बाह्य शक्ति के पास तिब्बत पर चीनी अधिग्रहण को रोकने की शक्ति थी।'[28]

इससे पूर्व नेहरू ने सार्वजनिक तौर पर भारत की कमजोर सैन्य स्थिति की पुष्टि तब की थी, जब उन्होंने 29 अक्तूबर, 1950 को श्रीनगर में 'रॉयटर' के संवाददाता को बताया था कि 'भारत के पास तिब्बत के लिए सशस्त्र सहायता भेजने के लिए न तो संसाधन हैं और न ही कोई इच्छा है और यह कि 150 वर्ष पूर्व भारतीय सेना ने तिब्बत पर आक्रमण किया था तथा उसके एक भाग पर कब्जा जमा लिया था जिसे उस समय की और आज तक की उस दुर्गम भू-भाग में हासिल की गई सर्वाधिक उल्लेखनीय उपलब्धि कहा जाता है, परंतु इसका कुल मिलाकर परिणाम यह था कि विजय के पश्चात् सर्दियों में भारतीय सेना वहाँ की भीषण सर्दी में जमकर काल का ग्रास बन गई।' क्या नेहरू यह सोच रहे थे कि यही नियति चीनी पी.एल.ए. की भी प्रतीक्षा कर रही थी? कुछ भी हो, यथार्थवाद ने भी यही कहा है कि चीन के साथ मैत्रीपूर्ण संबंध स्थापित करते हुए आर्थिक विकास को ही प्रथम प्राथमिकता दिया जाना अधिक महत्त्वपूर्ण है। यह भी अनिवार्य है कि इस महत्त्वपूर्ण कार्य को चुपके से निष्पादित किया जाए तथा साथ-ही-साथ तिब्बत के साथ लगी सीमा को भी मजबूत बनाया जाए।

इस समय नेहरू चीन के प्रति अगाध स्नेह रखते थे। नेहरू का मानना था कि बीजिंग में नए साम्यवादी शासन की स्थापना 'क्रांति की एक शताब्दी प्राचीन प्रक्रिया का चर्मोत्कर्ष है तथा एशिया के राजनीतिक पुनर्जागरण की अभिव्यक्ति है'[29] तथा यह 'अनुमोदन करने अथवा नहीं करने' का एक प्रश्न नहीं है, बल्कि 'इतिहास की एक प्रमुख घटना है, जिसे समझने और उससे निबटने की आवश्यकता है।'[30] नेहरू यह महसूस करते थे कि एशिया की राजनीति भारत और चीन के संबंधों पर निर्भर होगी[31], क्योंकि चीन एक ऐसी महाशक्ति बननेवाला था, जो संगठित और सुदृढ़ दोनों ही होगा। नेहरू का विचार था कि नए चीन का उदय साम्यवाद के स्थान पर राष्ट्रवाद की विजय है तथा राष्ट्रवाद ने चीनी नीतियों को रूप प्रदान करने में एक अधिक व्यापक और मजबूत भूमिका निभाई है। अत: उपनिवेशवाद के बाद व्यवस्था के निर्माण में चीन भारत का स्वाभाविक मित्र और सहयोगी था तथा यह कि नई अंतरराष्ट्रीय व्यवस्था में एक सुदृढ़ प्रभाव के रूप में एशिया का उद्भव

इस विचार का समुचित निष्कर्ष था। चीन की भूमिका के इस दृष्टिकोण ने नेहरू को इस तथ्य पर विचार करने में असमर्थ बना दिया था कि चीन के पास अपनी प्राथमिकताओं का एक बिल्कुल भिन्न पुलिंदा होगा।[32] नेहरू ने इस बात पर विश्वास नहीं किया कि चीन के लिए पहली प्राथमिकता अपनी अनेक घरेलू समस्याओं का निराकरण करना होगी। उन्होंने ऐसी किसी संभावना (भारत को चुनौती देनेवाली) को अत्यंत असंभव बताया।

दूसरी ओर इस अवस्था पर भारत के नेता के रूप में नेहरू के बारे में चीनी दृष्टिकोण संभवत: स्पष्टवादी था, हालाँकि यह सदैव ही ऐसा नहीं था।[33] चीनियों का यह मानना था कि वे पश्चिमी देशों के साथ इतने उलझे हुए थे कि उन्हें अपने आप में एक स्वतंत्र नेता नहीं कहा जा सकता है। चीनी नेतृत्व, जिसका बाहरी विश्व से अत्यंत कम अथवा शून्य संबंध था, स्पष्टत: असमंजस में बना हुआ था और प्रश्न करता था कि नेहरू जैसा व्यक्ति अपने प्राचीन दमनकारियों के प्रति मित्रवत् अथवा आभारी कैसे हो सकता है? और कुछ नहीं अपितु राष्ट्रीय स्वाभिमान का तुच्छ अभाव परिलक्षित होता है।[34] चीनियों को इस बारे में अधिक ज्ञान नहीं था कि भारत जैसे लोकतांत्रिक देश का कामकाज कैसे संचालित होता है। चीनी सदैव ही नेहरू को एक बुर्जआ राष्ट्रवादी नेता मानते थे तथा उनके द्वारा वामपंथी नीतियों का पालन करने के बाद भी वे उन्हें एक समाजवादी के रूप में नहीं देखते थे। शीजिए चीशी ने कहा था (वर्ल्ड अफेयर्स 19 अगस्त, 1949) कि नेहरू 'साम्राज्यवाद के अंध-अनुयायी' हैं। कुछ दिन बाद ही इसी पत्रिका ने (16 सितंबर, 1949) नेहरू का अनादर करते हुए कहा—

> *नेहरू उन साम्राज्यवादियों के दम पर चलते हैं जिनके वे पिछलग्गू हैं तथा वस्तुत: स्वयं को एशियाई लोगों का नेता मानते हैं··· एक शरारती तत्त्व की भाँति राष्ट्रीय स्वाधीनता के आंदोलन के प्रति एक विद्रोही के रूप में··· साम्राज्यवाद के निष्ठावादी दास के रूप में नेहरू ने साम्राज्यवादियों द्वारा चियांग काईशेक का विकल्प तैयार कर लिया है।*

साम्यवादी चीन की राजनीतिक शब्दावली में इससे अधिक अपमान और कुछ नहीं हो सकता और 1949 में नेहरू की अमेरिका के पहले राजकीय दौरे के कुछ दिन बाद, शीजिए चीशी (28 अक्तूबर, 1949) ने 'अमेरिकी साम्राज्यवाद ने अपने नए दास को कब्जे में रखा है', नामक अपनी एक टीका-टिप्पणी में नेहरू के विषय में काफी बुरा-भला कहा। नेहरू को एक राष्ट्रवादी के रूप में छद्मवेशी कहा गया तथा यह कि 'ट्रूमैन का हालिया बुलावे का सर्वाधिक महत्त्वपूर्ण उद्देश्य चियांग काईशेक के स्थान पर एक नए दास को अपने वश में रखना था।' संभवत: चीनी मीडिया वही बता रहा था, जो सोवियत मीडिया कह रहा था। 12 अक्तूबर, 1949 को 'सोवियत न्यू टाइम्स' ने नेहरू की आलोचना करते हुए एक कटु लेख प्रकाशित किया तथा यह प्रश्न किया कि 'क्या नेहरू चियांग काईशेक के उत्तराधिकारी हैं', अत्यंत अशोभनीय तरीके से चीन की नई साम्यवादी सरकार को मान्यता देने के लिए अमेरिका को राजी करने के नेहरू के प्रयासों को चीन द्वारा 'मात्र अपनी स्थिति को ऊँचा बनाने के लिए किए गए प्रयास' के रूप में खारिज कर दिया गया।

चीन ने कभी भी यह नहीं सोचा था कि नेहरू की अक्तूबर 1949 में की गई अमेरिका की यात्रा एक राजनीतिक विपदा सिद्ध होगी। प्रत्येक कदम पर नेहरू का आसानी से अपमान किया गया। उनके अहं को इससे भारी चोट पहुँची। ट्रूमैन के साथ उनकी पहली बैठक में ही नेहरू अत्यंत

नाराज हुए, क्योंकि ट्रूमैन और उपराष्ट्रपति बार्क्ले ने उनकी उपस्थिति में काफी समय तक बोर्बोन व्हिस्की के लाभों पर चर्चा की।[35] नेहरू प्रतिबद्ध थे कि भारत पश्चिमी शक्तियों के साथ गठबंधन नहीं करेगा तथा वे उनसे प्राप्त होनेवाली अत्यंत आवश्यक आर्थिक सहायता को छोड़ने के लिए भी तैयार थे। उन्होंने इस बात पर बल दिया कि उपनिवेशवाद, न कि साम्यवाद, विश्व शांति के लिए सबसे बड़ा खतरा है तथा सोवियत 'खतरे' की प्रकृति पर ट्रूमैन से असहमति जताई।

फिर भी नेहरू के बारे में चीन का संशय बना रहा। 21 दिसंबर, 1948 को जिनजियांग (सिनकियांग) में भारतीय कॉन्सुलेट जनरल की स्थापना की गई। एक वर्ष से भी कम अंतराल में चीनियों द्वारा इसे अपमानजनक तरीके से बंद कर दिया गया जिसके कारण वहाँ से 700 से भी अधिक शरणार्थियों को निर्वासित किया गया और वे भारत आए। लेकिन, जैसा कि 'पीपल्स डेली' ने 13 सितंबर, 1949 को लिखा था, चीन की मुख्य शिकायत यह रही कि नेहरू तिब्बत को चीन से अलग करने की 'रणनीति' निरंतर बनाते रहे और वे चीन की विभिन्न राष्ट्रीयताओं के बीच 'दरार' पैदा करते रहे। इस तथ्य ने केवल चीनी संदेह की पुष्टि ही की कि नेहरू ने भारत की स्वतंत्रता के पश्चात् लगभग तीन वर्षों तक ह्यू रिचर्डसन (ब्रिटिश प्रतिनिधि) को तिब्बत में स्वतंत्र भारत के पहले प्रतिनिधि के रूप में कार्य करने की अनुमति दी थी। जैसी कि रिचर्डसन ने स्वयं टिप्पणी की है, 'सत्ता का अंतरण लगभग अत्यंत सूक्ष्म ही था' तथा 'स्वाभाविक परिवर्तन केवल ध्वज का ही हुआ था।' संभवतः हमेशा से ही चिंतित रहने वाले चीन का भी यही विचार था।

तथापि चीनियों द्वारा ऐसे अपमानजनक संदर्भों के बावजूद यह पूर्व से ही लगभग स्पष्ट था कि नेहरू तिब्बत में सेना का हस्तक्षेप करने के लिए तैयार नहीं थे। उनका इरादा साफ था कि सैन्य सहायता के तौर पर वस्तुतः ऐसा कुछ नहीं था, जो भारत तिब्बत से चीनियों को हटाने के लिए कर सकता था। चीनी सैन्य टुकड़ियों द्वारा तिब्बत पर आक्रमण किए जाने से पूर्व नेहरू ने अनेक अवसरों पर इसे स्पष्ट किया था। उनके द्वारा दिए गए अनेक सार्वजनिक व्याख्यानों में नेहरू ने एक स्थापित तथ्य के रूप में तिब्बत पर चीनी अधिराज्य के विषय में खुलकर बोलना प्रारंभ कर दिया था। 17 दिसंबर, 1949 को विदेश कार्य संबंधी स्थायी समिति में नेहरू ने यह स्पष्ट किया कि 'कोई भी यह नहीं जानता कि तिब्बत में क्या होगा? यदि चीनी तिब्बत में प्रवेश करना चाहते हैं तो मौसम के अलावा संभवतः उन्हें रोकनेवाला कोई नहीं है।' 8 सितंबर, 1950 को वित्तमंत्री शकाब्पा ने नेतृत्व में आए तिब्बती शिष्टमंडल के समक्ष बोलते हुए 8 सितंबर, 1950 को नेहरू ने स्तब्ध रह गए तिब्बतियों के समक्ष यह स्पष्ट रूप से कह दिया कि 'हम आक्रमण की किसी घटना में कोई सहायता प्रदान नहीं कर सकते हैं। न ही कोई अन्य देश ऐसा कर सकता है'। इसके अलावा 6 दिसंबर, 1950 को, जब पहली बार तिब्बत के मुद्दे को वाद-विवाद के लिए उठाया गया था, तो संसद में नेहरू ने पुष्टि की कि हम तिब्बत पर चीन के अधिराज्य से इनकार नहीं कर सकते हैं अथवा उसे चुनौती नहीं दे सकते हैं तथा यह कि भारत ने यह बात स्पष्ट की है कि हमारी कोई राजनीतिक अथवा प्रादेशिक महत्त्वाकांक्षाएँ नहीं हैं, तथा 'तिब्बत के साथ हमारे संबंध सांस्कृतिक और वाणिज्यिक हैं।' नेहरू के विचारों को प्रतिबिंबित करते हुए पाणिक्कर ने बीजिंग में ब्रिटिश सी.डी.ए. को बताया कि 'चीनी सरकार द्वारा तिब्बत की स्वाधीनता को भारत सरकार द्वारा अत्यंत गंभीर घटनाक्रम के रूप में नहीं माना जा रहा है।[38] यदि ब्रिटिश इस आकलन को चीन को प्रदान

नहीं भी करते, तो भी चीनी नई दिल्ली से उठनेवाले इन स्पष्ट संकेतों को भाँप ही जाते कि तिब्बत पर किए जानेवाले उनके आक्रमण का विरोध नहीं किया जाएगा।

यहाँ तक कि चीन की नई साम्यवादी सरकार को मान्यता प्रदान करने के प्रश्न पर नेहरू ने ब्रिटिश सरकार के साथ व्यापक विचार-विमर्श किया था। 27 अक्तूबर, 1949 को सर एस्लेर डेनिंग ने ब्रिटिश मंत्रिमंडल को एक टिप्पणी प्रस्तुत की, जिसमें निष्कर्ष था कि चीन की नई साम्यवादी सरकार को मान्यता दिए जाने को अंतरराष्ट्रीय विधि के सिद्धांतों और प्रक्रियाओं के प्रतिकूल नहीं माना जा सकता है।' 23 अक्तूबर, 1949 को ब्रिटिश मंत्रिमंडल ने अन्य राष्ट्रमंडल देशों के साथ परामर्श किए जाने की शर्त पर टिप्पणी को अनुमोदित कर दिया। एक औपचारिक टिप्पणी और उसके साथ ब्रिटिश सरकार की राय पर विस्तृत स्पष्टीकरण नेहरू के पास प्रस्तुत किया गया। ब्रिटेन ने मान्यता के बदले चीनियों से किसी भी चीज की माँग नहीं की थी। ब्रिटेन ने इस निष्कर्ष का वर्णन इस प्रकार किया था, 'मान्यता प्रदान न करने की हानियाँ चीन द्वारा अंतरराष्ट्रीय दायित्वों का सम्मान करने के लिए उसके आश्वासन से प्राप्त होनेवाले किसी भी लाभ की तुलना में बहुत अधिक और व्यापक हैं।' ब्रिटेन के हित स्वतंत्र भारत के हितों से काफी भिन्न थे, परंतु नेहरू ने इस बात को नजरअंदाज किया। संभवतः नेहरू की व्यक्तिगत राय ब्रिटिश मत के समान ही थी। अंततः 18 दिसंबर, 1949 को एटली ने नेहरू को यह सूचित किया कि ब्रिटिश 2 जनवरी, 1950 को चीन की नई सरकार को मान्यता देंगे। बाद में इसे ऑस्ट्रेलिया और न्यूजीलैंड की सरकारों के अनुरोध पर 6 जनवरी, 1950 तक स्थगित कर दिया गया। 19 दिसंबर, 1949 को नेहरू ने एटली को उत्तर दिया कि भारत भी ऐसा ही करेगा, परंतु नई चीनी सरकार को 30 दिसंबर, 1949 को मान्यता देगा। ब्रिटिश सरकार की ओर से इस पर कोई प्रतिकूल प्रतिक्रिया व्यक्त नहीं की गई। पाँच दिन बाद 4 जनवरी, 1950 को पाकिस्तान ने भी नई चीनी सरकार को मान्यता दे दी।

हालाँकि नेहरू ब्रिटिश दृष्टिकोण से सहमत थे, फिर भी चीन के नए साम्यवादी शासन को मान्यता देने के प्रश्न पर भारत में मंत्रिमंडल के भीतर तीखे विभेद थे, लेकिन ऐसे विभेदों के बावजूद नेहरू की बात मान ली गई। भारत ने कुछ दिन बाद 30 दिसंबर, 1949 को चीन जनवादी गणतंत्र को आधिकारिक रूप से मान्यता प्रदान कर दी, जैसा कि पहले नेहरू द्वारा एटली को सूचित किया गया था।

अमेरिका ने ब्रिटेन के इस मत को स्वीकार नहीं किया कि नए शासन को मान्यता देने की एवज में नई चीनी सरकार से कोई माँग नहीं की जानी चाहिए। अमेरिका का मानना था कि और वे सही थे कि कम-से-कम [बल दिया गया] नई चीनी सरकार को यह घोषणा करनी चाहिए कि वह चीन के पूर्व अंतरराष्ट्रीय दायित्वों का सम्मान करेगी। अमेरिका को उचित ही संदेह था (जो सही था) कि नेहरू ने ब्रिटिश सलाह के परिणामस्वरूप नई बीजिंग सरकार को मान्यता प्रदान करने में जल्दबाजी की है। नई दिल्ली से एक व्यक्तिगत टिप्पणी लिखते हुए अमेरिकी राजदूत हेंडरसन ने राज्य विभाग को सूचित किया—

सरदार पटेल ने पिछली बसंत में मुझे यह बताया था कि नेहरू साम्यवादी चीन को मान्यता देने में इतनी जल्दबाजी नहीं करेंगे, जब तक कि उन्हें चीन में कार्यकाल पूरा कर रहे ब्रिटिश

राजदूत तथा दिल्ली आनेवाले अन्य ब्रिटिशों द्वारा आश्वस्त नहीं कर दिया जाता है कि चीन को मान्यता दी जानी चाहिए और यह कि यूके द्वारा चीन को मान्यता दिए जाने की संभावना है। अतः पटेल के अनुसार नेहरू ने यह पक्ष लिया था कि चूँकि ब्रिटिश नेतृत्व के अंतर्गत संपूर्ण पश्चिमी विश्व अंततः साम्यवादी चीन को मान्यता प्रदान कर देगा, भारत को इस बारे में पहल करनी चाहिए। वस्तुतः सरदार पटेल के अनुसार ब्रिटेन ने नेहरू को कहा था कि उन्हें उच्च अमेरिकी अधिकारियों से यह औपचारिक आश्वासन प्राप्त हुआ है कि जैसे ही परिस्थितियाँ उपयुक्त होंगी, अमेरिका की सरकार साम्यवादी चीन को मान्यता प्रदान कर देगी।[39]

इससे पूर्व नवंबर 1949 में नेहरू ने अमेरिका को उन कारणों को स्पष्ट करने का भी प्रयास किया था कि क्यों भारत चीन की नई सरकार को मान्यता प्रदान करने के लिए उत्सुक है। नेहरू का दृष्टिकोण था कि मान्यता प्रदान करने का अर्थ नई चीनी सरकार की नीतियों का अनुमोदन करना नहीं है, बल्कि राजनीतिक और ऐतिहासिक तथ्य को मान्यता देना है तथा इसमें विलंब करना चीन में 'गलत प्रवृत्तियों' को प्रोत्साहित करेगा। ये 'गलत प्रवृत्तियाँ' क्या हैं, इनके बारे में कोई वर्णन नहीं किया गया।[40]

इस विषय पर ब्रिटेन के विचार के अनुरूप नेहरू ने नई शासन व्यवस्था को भारत द्वारा मान्यता देने के बदले चीन से कोई माँग नहीं की। यहाँ तक कि दिल्ली में अमेरिका के राजदूत हेंडरसन, जो भारत सरकार के गलियारों के भीतर चल रहे विचार-विमर्श से भी परिचित थे, भी ऐसी उदारता से खिन्न और आश्चर्यचकित थे। उन्होंने 30 दिसंबर, 1949 को अमेरिकी सेक्रेटरी ऑफ स्टेट को पत्र में लिखा—

इससे यह स्पष्ट प्रतीत होता है कि भारत संबंध स्थापित करने की पूर्वापेक्षा के रूप में तिब्बत की स्वायत्तता का सम्मान करने और तिब्बत से संबंधित चीन तथा स्वतंत्रता पूर्व की भारत सरकार के बीच हुई संधियों को मान्यता देने के लिए चीनी साम्यवादियों से अनुरोध नहीं कर रहा है। दूतावास को इस बारे में संदेह है कि भारत सरकार तिब्बती स्वायत्तता को पुनः मान्यता प्रदान करने के लिए चीनी साम्यवादियों पर दबाव डालेगी·· क्योंकि चीन में भारतीय राजदूत इस बात की अनुमति नहीं देंगे कि तिब्बत के भविष्य का प्रश्न उन सौहार्दपूर्ण संबंधों को बाधित करे, जो वे समझते हैं कि भारत सरकार और चीनी साम्यवादियों के बीच बने हुए हैं।[41]

लेकिन नेहरू को चीन के नए शासन को शीघ्र मान्यता प्रदान करने के माध्यम से सद्भावना बटोरने की जितनी उम्मीद थी, चीन के नए सख्त नेता ऐसी आदर्शवादी भावनाओं का इतनी जल्दी आभार व्यक्त करने के पक्ष में नहीं थे। चीनी इस बात से अवगत थे कि नेहरू ने नए शासन को मान्यता देने के अपने निर्णय को ब्रिटिश के साथ तालमेल बैठाते हुए लिया है, इससे वे और भी संशय में घिर गए कि क्या भारत की विदेश नीति के निर्णय वास्तव में स्वतंत्र रूप से लिये जाते हैं अथवा उन पर ब्रिटिश प्रभाव पड़ना अभी जारी बना हुआ है। अतः उन्होंने इस बात पर बल दिया कि मान्यता प्रदान करना एक बात है जबकि राजनयिक संबंध स्थापित करना बिल्कुल अलग बात

है। चीनियों ने भारत से कहा कि वे राजनयिक संबंधों की स्थापना पर चर्चा करने के लिए एक 'वार्तालाप दल' भेजें। 1 जनवरी, 1950 को माओ ने चीन की स्थिति के बारे में सोवियत राजदूत रोंचिन को यह सूचित किया—

यदि वे चीन जनवादी गणतंत्र के साथ राजनयिक संबंधों में सुधार लाने के अपने लक्ष्यों के प्रति निष्ठावान है, तो उन्हें चियांग जेशी (चियांग काईशेक) के साथ बिना किसी शर्त के सभी संबंध पूरी तरह समाप्त करने होंगे, इस बारे में एक राजकीय घोषणा करते हुए इस शासन को किसी भी प्रकार की सहायता और मदद से इनकार करना होगा। इन शर्तों के अधीन भारत सरकार वार्ता के लिए अपने प्रतिनिधि बीजिंग भेज सकती है।

नेहरू इस माँग से खिन्न हो गए, परंतु फिर भी वे इस मामले में चुप्पी साधे रहे। यह पहली बार नहीं था कि चीनियों ने नेहरू को इस प्रकार प्रताड़ित किया था और निश्चित तौर पर यह अंतिम अवसर भी नहीं था। आगे बढ़ने का अर्थ था, चीन की शर्तों को स्वीकार करना और पीछे हटने का अर्थ था चीन की मंशा को समझने में विफल रहने पर उनके लिए अपमानजनक स्थिति। नेहरू चीन को समझने के संदर्भ में स्वयं पर गर्व करते थे और इस प्रकार वे स्वयं को गलत सिद्ध नहीं करना चाहते थे। अतः उनके पास आगे बढ़ने के अलावा कोई चारा नहीं था।

नानकिंग में पूर्व भारतीय मिशन के एक अधिकारी ए.के. सेन को 'प्रारंभिक और प्रक्रियात्मक 'चर्चा करने क लिए बीजिंग जाने को कहा गया। चीनियों ने सेन को केवल 'वार्ताकार दल' के नेता के रूप में ही मान्यता दी, किसी राजनयिक मिशन के सी.डी.ए. के रूप में नहीं। सेन को राजनयिक मान्यता प्रदान करने से पूर्व चीनी प्राधिकारियों ने सेन से संयुक्त राष्ट्र में भारत के मतदान पैटर्न का वर्णन करने के लिए कहा और दूसरे यह जानना चाहा कि भारत में स्थित के.एम.टी. संपत्तियों के बारे में भारत क्या कार्रवाई करने की मंशा रखता है। इस अवसर पर नेहरू का पक्ष और उत्तर प्रभावशाली था। किसी को भी यह प्रश्न करने का अधिकार नहीं है कि वह भारत के मतदान के बारे में प्रश्न करे और भारत अपने मतदान का वर्णन करने का आशय नहीं रखता है। नेहरू का सौभाग्य था कि चीनियों ने अपने पक्ष में विद्यमान त्रुटि को भाँप लिया और तत्काल ही अपनी बातों को पलट दिया। वे तिब्बत तथा कोरिया में नेहरू से सहायता चाहते थे। 15 मार्च, 1950 को उप विदेश मंत्री चांग हान्फू ने राजनयिक संबंधों की स्थापना को स्वीकार कर लिया तथा एक सप्ताह के भीतर के.एम. पाणिक्कर की जनवादी गणराज्य में भारत के प्रथम राजदूत के रूप में नियुक्ति को मंजूरी दे दी।

जब अक्तूबर 1950 में चीनी सैन्य टुकड़ियों ने पहली बार तिब्बत में प्रवेश किया था, उस समय हालाँकि नेहरू ने इस बात के पर्याप्त संकेत दिए थे कि भारत तिब्बत में चीनी कब्जे का विरोध करने के लिए सैन्य हस्तक्षेप नहीं करेगा, यह प्रश्न ही संदिग्ध हो जाता है कि क्या वहाँ सैन्य कार्रवाई का विकल्प था अथवा नहीं? यह ऐसा निर्णय नहीं था जिसे नेहरू ने अपने सेना प्रमुखों के परामर्श के बिना ले लिया था अथवा इसे हल्के में ले लिया गया था। इस निर्णय के पीछे दो कारण थे। नेहरू जानते थे कि चीनी पी.एल.ए. के.एम.टी. सेना से हथियाए गए आधुनिकतम अमेरिकी हथियारों से पूर्णतः लैस है और यह कि भारतीय सेना पी.एल.ए. का सामना करने के लिए अभी तैयार नहीं है। हाल ही में देश के विभाजन और उसके दो टुकड़े होने के नाटकीय दिनों से गुजरने के बाद, भारतीय सेना कश्मीर में बड़ी संख्या में तैनात थी तथा उसके आंतरिक सुरक्षा कर्तव्य

भी थे। तिब्बत में कार्रवाई करने के लिए उसके पास अतिरिक्त टुकड़ियाँ उपलब्ध नहीं थीं। एक बैठक में तत्कालीन सेना प्रमुख जनरल करिअप्पा ने बल दिया कि ज्यादा-से-ज्यादा वे केवल एक बटालियन उपलब्ध करा सकते हैं और वह भी केवल यातुंग तक ही तैनात रहेगी तथा उससे आगे वह हद-से-हद ग्यांत्से तक ही जा पाएगी। सेना प्रमुख ने यह चेतावनी भी दी कि भारतीय सैन्य टुकड़ियाँ तिब्बत में कार्रवाई संचालित करने के लिए पर्याप्त रूप से अभ्यस्त भी नहीं हैं।[43] जनरल करिअप्पा की सैन्य सलाह उचित थी। दूसरी ओर भारत की सुरक्षा के बारे में नेहरू की संकल्पना इस धारणा पर आधारित थी कि कोई भी देश इस विचार को बरदाश्त नहीं कर सकता है कि कोई अन्य उसकी नियंत्रणकारी स्थिति को अपने पास ले ले, जैसा कि इग्लैंड द्वारा भारत में एक लंबे समय तक किया गया था। यदि कोई शक्ति ऐसा कोई प्रयास करने का दुष्प्रयास करती है, तो अन्य सभी देशों को 'आक्रमणकारी' को कुचलने के लिए साथ मिलकर खड़ा हो जाना चाहिए। इस प्रकार, किसी 'आक्रमणकारी' द्वारा सामना की जानेवाली पारस्परिक प्रतिद्वंद्विता ही स्वयं भारत पर किसी हमले के विरुद्ध निश्चित गारंटी बन गई थी।[44] लेकिन नेहरू ने स्वाभाविक तौर पर इस तथ्य को कमतर आँका कि आधुनिक प्रौद्योगिकी, संचार प्रणाली का त्वरित विकास तथा एक प्रतिबद्ध चीनी सेना (पी.एल.ए.) एक सीमित समय में क्या हासिल कर सकते हैं।

नेहरू के मस्तिष्क में चल रहा एक अन्य विचार वह सलाह थी, जो उन्होंने ब्रिटिश सरकार से प्राप्त की थी कि भारत सरकार को ऐसा कोई कदम नहीं उठाना चाहिए जिसे चीनी सरकार की खुली अवज्ञा समझा जाए, जैसे एक स्वतंत्र तिब्बत को मान्यता अथवा ल्हासा में सैन्य टुकड़ियाँ भेजना, लेकिन उनका मानना था कि भारत को यह जाहिर नहीं होने देना चाहिए कि वह तिब्बत पर चीनी साम्यवादियों के आक्रमण का विरोध करने का आशय नहीं रखता है, नेहरू ने इस सलाह का पूर्णतः पालन किया था, लेकिन बीजिंग में उनके राजदूत ने निश्चित तौर पर यह खुलेआम प्रचार कर दिया था कि भारत चीन का विरोध करने की कोई मंशा नहीं रखता है।[45]

दिल्ली में अमेरिका के राजदूत भी अपने विदेश विभाग को चेतावनी दे रहे थे कि भले ही भारत की विदेश नीति कुछ भी क्यों न हो, (भारत को) निकट भविष्य में अमेरिका की ओर से हथियारों की बड़ी खेप प्राप्त होने की कोई आशा नहीं करनी चाहिए। यह दृष्टिकोण संभवतः नेहरू भी जानते थे।[46] लंदन में अमेरिकी दूतावास भी इसी बारे में अपने राज्य विभाग को सूचित कर रहा था। इसने सूचित किया कि लंदन में विदेश कार्यालय भारतीयों को यह सलाह दे रहा है कि 'ब्रिटेन भारत द्वारा तिब्बत को अपनी स्वायत्तता बनाए रखने के लिए की जानेवाली किसी भी कार्रवाई को समर्थन देने के लिए तैयार है, परंतु वह भारत द्वारा किए जानेवाले प्रत्यक्ष सैन्य हस्तक्षेप को प्रोत्साहित नहीं करेगा'।[47] दिल्ली में ब्रिटिश उच्चायुक्त सर आर्चिबाल्ड न्ये द्वारा दी गई सलाह भी इसी प्रकार थी। सर आर्चिबाल्ड न्ये का मानना था कि तिब्बत की ओर से किया जानेवाला कोई भी प्रतिरोध संभवतः सफल नहीं होगा।[48] निस्संदेह यह एक उपयुक्त सैन्य सलाह थी, जैसा कि एक ब्रिटिश विदेश कार्यालय के ज्ञापन में स्पष्ट किया गया है—

भौगोलिक बाधाएँ तिब्बत के लिए बड़े पैमाने पर सैन्य सामग्री की आपूर्ति को कठिन बनाती हैं। सेना प्रमुख की यह राय है कि तिब्बत उसे आपूर्ति की जानेवाली किसी भी सामग्री का प्रभावी प्रयोग करने में असमर्थ रहेगा (जिसमें उसकी ढुलाई के लिए खच्चरों

का अभाव भी शामिल है)। इससे स्पष्ट होता है कि तिब्बतियों को सहायता में वृद्धि करने के लिए भारतीयों पर दबाव डालना औचित्यपूर्ण नहीं होगा।[49]

नेहरू पर्याप्त संतुष्ट हुए, जब उन्हें यही सलाह कनाडा के प्रधानमंत्री लेस्टर पीयरसन से प्राप्त हुई, जिनके साथ उनके घनिष्ठ संबंध थे। 30 जनवरी, 1950 को नेहरू से मिलने पर पीयरसन ने उन्हें बतया कि "भारत को कोई कार्रवाई नहीं करनी चाहिए, क्योंकि वह देश (तिब्बत) इतना दुर्गम है कि साम्यवादी उस क्षेत्र में आगे बढ़े या नहीं, यह बात अधिक व्यावहारिक महत्त्व नहीं रखती है।"[50] नेहरू भी स्वयं तिब्बत-भारत सीमा की कठोर और अनिश्चित प्रकृति से पूरी तरह भिज्ञ थे। तिब्बत में सैन्य हस्तक्षेप के लिए केवल एक ही मार्ग उपलब्ध था और वह मार्ग यातुंग और ग्यांत्से से होकर गुजरता था। सैन्य दृष्टि से यह अत्यंत खतरनाक परियोजना होती जिसकी सफलता में काफी समस्याएँ आईं। दोनों प्रमुख पश्चिमी शक्तियाँ, ब्रिटेन और अमेरिका को उस स्थिति में भारत की सैन्य और आर्थिक सहायता करनी होती, यदि भारत सैन्य कार्रवाई के विकल्प को अपनाने का निर्णय लेता; परंतु दोनों ही ऐसा करने के बिल्कुल इच्छुक नहीं थे और वस्तुतः वे ऐसे किसी विकल्प का प्रयोग करने से भारत को हतोत्साहित भी कर रहे थे। अतः हस्तक्षेप न करने की नीति का पालन करने में नेहरू का निर्णय उचित था। भारत ऐसा अकेले कर भी नहीं सकता था। ब्रिटेन ने भी यह कहा कि—

भारत ने तिब्बत के लिए हमारी अपेक्षाओं की तुलना में काफी किया है, यहाँ तक कि ऐसा कार्य चीन के साथ उसके अपने संबंधों को खतरे में डालते हुए किया गया।

क्या ब्रिटिश सलाह स्वार्थी थी अथवा 'चीन मार्किट' में इसके वाणिज्यिक हितों के कारण दी गई थी, यह विचारणीय मुद्दा है। ब्रिटिश को हांगकांग की सुरक्षा संबंधी चिंताओं को भी ध्यान में रखने की आवश्यकता थी।

अतः इस बात में कोई आश्चर्य नहीं हुआ, जब सिक्किम में प्रथम भारतीय राजनीतिक अधिकारी हरीश्वर दयाल ने अगस्त 1949 में ल्हासा का दौरा किया तथा तिब्बतियों ने उनसे हथियार और गोला-बारूद के लिए औपचारिक अनुरोध किया। तिब्बतियों को सलाह दी गई कि भारत सरकार का प्राथमिक कार्य केवल उनकी सैन्य टुकड़ियों को प्रशिक्षण देना है। तथापि इससे पहले जून 1949 में भारत हथियार और गोला-बारूद की एक सीमित मात्रा की आपूर्ति करने के लिए सहमत हुआ था।[52] फिर भी, जब चीनी आक्रमण के विरुद्ध सहायता प्राप्त करने के लिए तिब्बत ने एक शिष्टमंडल भारत भेजा था, तो उन्हें भारत सरकार द्वारा 'शांतिपूर्ण' वार्ताओं द्वारा नई चीनी साम्यवादी सरकार के साथ किसी समझौते पर पहुँचने का परामर्श दिया गया था जैसा कि तत्कालीन विदेश सचिव ने अमेरिकी राजदूत को सूचित किया था कि "भारत सरकार ने निश्चित तौर पर तिब्बत के बारे में कोई कार्रवाई न करने का निर्णय लिया है...जिससे चीन जनवादी सरकार के साथ उसके प्रभाव को कम करने की संभावना होती हो।"[53]

नेहरू का यह मानना कि चीन समस्या उत्पन्न करनेवाला पड़ोसी देश होगा, समझ में आता है, परंतु ऐसा प्रतीत होता है कि वे चीन के उद्देश्यों के प्रति अत्यंत एकपक्षीय दृष्टिकोण तथा उनमें नासमझ भरोसा रखते थे। उनकी इस धारणा पर विचार कीजिए कि तिब्बत पर चीनी कब्जे से भारत के लिए 'कोई सैन्य चुनौती' उत्पन्न नहीं होगी—

चीन के साथ संबध रखते हुए तिब्बत की अंतत: स्थिति, जो भी हुई है, मैं समझता हूँ कि तिब्बत में आए किसी भी संभव परिवर्तन से भारत के लिए सैन्य खतरा उत्पन्न होने की कोई संभावना नहीं है। भौगोलिक दृष्टि से ऐसा होना अत्यंत कठिन है तथा व्यावहारिक दृष्टि से यह एक मूर्खतापूर्ण अभियान होगा। यदि भारत पर प्रभाव डाला जाता है अथवा उस पर दबाव डाले जाने का प्रयास किया जाता है, तो तिब्बत उसके लिए उचित मार्ग नहीं है। मैं नहीं समझता हूँ कि वर्तमान समय में रक्षा मंत्रालय अथवा उसकी किसी इकाई को भारत-तिब्बत सीमावर्ती क्षेत्र पर किसी संभव सैन्य आक्रमण पर विचार करने की आवश्यकता नहीं है। ऐसी कोई भी संभावना धुँधली है और यह कभी साकार नहीं होगी।[54]

और एक बार पुन:

सैन्य कार्रवाई की दृष्टि से (तिब्बत पर चीन के कब्जे के) कोई महत्त्वपूर्ण परिणाम सामने नहीं आए हैं तथा इसमें भारत के लिए कोई विशेष खतरा निहित नहीं है। तिब्बत एक अत्यंत कठिन भू-भाग है जिसकी औसत तुंगता 12,000 फीट है और साथ ही महान् हिमालय का अवरोध भी है। किसी भी स्वस्थ शरीरवाले व्यक्ति का भारत तक पहुँचना अत्यंत कठिन है।

यदि हम सही-सही कहें, तो यह नेहरू का अकेले का आकलन नहीं था। भारत में ब्रिटिश उच्चायुक्त सर आर्चिबाल्ड न्ये का भी यह मत था। राष्ट्रमंडल संबंधों के सेक्रेटरी ऑफ स्टेट नोएल बेकर को पत्र लिखते हुए न्ये (पूर्व ब्रिटिश सेना जनरल) ने यह विचार व्यक्त किया कि 'अत: भारत को निकट भविष्य में चीन की ओर से प्रत्यक्षत: कोई गंभीर संकट महसूस करने की आवश्यकता नहीं है।'[55] नेहरू का भी विचार था कि चीनी व्यावहारिक लोग हैं और संवेदनाओं में नहीं बहते हैं। उन्होंने कनाडा के तत्कालीन उच्चायुक्त एस्कॉट रीड को बताया कि 'चीन द्वारा भारत पर आक्रमण औचित्यपूर्ण नहीं होगा। इसके अलावा भारत न केवल हिमालय के अवरोधक से सुरक्षित है, बल्कि यह तथ्य भी उसकी सुरक्षा करता है कि भारत और चीन की सीमा के बीच पहुँचने के लिए चीन को समस्त तिब्बत भू-भाग पार करना होगा, जो विश्व का सर्वाधिक दुर्गम देश है।[56] भारतीय नेतृत्व आश्वस्त था कि ऊबड़-खाबड़, दुर्गम और अनेक मील तक फैला तिब्बत का उच्च टुंड्रा क्षेत्र किसी भी सैन्य चुनौती से भारत की सुरक्षा सुनिश्चित करेगा।

भारत में अनेक अधिकारी नेहरू द्वारा वर्णित दृष्टिकोण के पक्ष में थे, क्योंकि उनका मानना था कि उनके जैसे सुदृढ़ व्यक्तित्व को चुनौती नहीं दी जा सकती है और गृहमंत्री पटेल के 1950 में निधन के पश्चात् मंत्रिमंडल में ऐसा कोई नेता नहीं रहा, जो देश में नेहरू के प्रभावशाली व्यक्तित्व के आसपास भी हो। किसी भी विपरीत दृष्टिकोण को जैसे तिब्बत पर चीनी कब्जे का हिमालय की दक्षिण ढाल वाले समस्त क्षेत्रों पर प्रभाव पड़ेगा, सरसरी तौर पर खारिज कर दिया जाता था।[57] उसके बाद किसी भी अधिकारी की इस मुद्दे को उठाने की हिम्मत नहीं हुई। नेहरू ने 26 दिसंबर, 1957 को विदेश सचिव को लिखी टिप्पणी में ऐसे दृष्टिकोणों को 'विश्व में कार्य कर रही शक्तियों के संदर्भ में जड़ तथा गुजरे जमाने का बताया।', जब अमेरिकी असिस्टेंट सेक्रेटरी ऑफ स्टेट मैकगी ने नैसर्गिक चीनी आक्रमण शैली का मुद्दा उठाया और नेहरू को सीमाओं पर भारत की सुरक्षा के लिए खतरे के बारे में स्मरण कराया, तो नेहरू ने यह कहकर उनकी बात को काट दिया कि चीन के हाथ 'एक दशक के लिए भर गए हैं।' मैकगी इससे निराश हुए तथा उन्होंने खिन्न होकर

टिप्पणी की "मुझे संदेह है कि नेहरू के प्रधानमंत्री बने रहने तक हम कभी भारत के साथ सुदृढ़ संबंध बना पाएँगे।"[58]

नेहरू संभवत: उस समय-विशेष पर अपने आकलन में सही थे कि तिब्बत में चीनी कब्जे से भारत को सैन्य आक्रमण का कोई खतरा नहीं है, परंतु ऐसा प्रतीत होता है कि उनके द्वारा एक बड़ी गलती तब की गई थी, जब उनका यह आकलन एक 'मंत्र' के स्तर तक उठ गया, जिसमें यह स्थिति हमेशा के लिए ही सत्य मान ली गई थी। जैसे-जैसे समय बीता, चीनियों ने न केवल तिब्बत पर अपनी पकड़ को मजबूत बनाया, बल्कि तिब्बत में एक विशाल संचार नेटवर्क का निर्माण करनेवाले कार्यक्रम को भी पूरे उत्साह से आगे बढ़ाया। एक अल्प समय में वे सीमा पर एक बड़ी मात्रा में संसाधन तैनात करने में सफल रहे जितने भारत ने कभी भी नहीं किए थे और इस प्रकार नेहरू के इस सिद्धांत को गलत सिद्ध कर दिया कि तिब्बत पर चीनी कब्जा भारत के लिए कोई सैन्य चुनौती उत्पन्न नहीं करेगा। भारत की त्रुटि इस तथ्य में रही कि नेहरू के आकलन को समय बीतने के साथ-साथ पुन:आकलित अथवा संशोधित नहीं किया गया जबकि खतरा अधिक स्पष्ट दिखाई दे रहा था। भारत में किसी भी अधिकारी में नेहरू के सिद्धांत को चुनौती देने का साहस नहीं था। यह पूर्णत: प्रणाली की विफलता थी। इस समय चीन में भारतीय राजदूत पाणिक्कर यह सूचित कर रहे थे कि इस बात में कोई संदेह नहीं है कि तिब्बत का मुद्दा उठने के बावजूद चीन भारत के साथ स्वस्थ संबंध स्थापित करने के लिए विशेष रूप से उत्सुक है।[59]

चीन और तिब्बत के बीच 23 मई, 1951 को हस्ताक्षरित सत्रह-सूत्रीय करार ने तिब्बत के लिए वास्तविक स्वायत्तता की समस्त आशाएँ समाप्त कर दीं। इसने तिब्बत की आक्रमण-पूर्व वास्तविक स्वतंत्रता समाप्त होने की ओर भी संकेत किया। तिब्बत में अनेक लोगों, विशेष रूप से मठवासियों ने करार का समर्थन किया। करार में तिब्बत के शासक वर्ग के विशेषाधिकारों, उनकी धार्मिक स्वतंत्रता का संरक्षण किया गया था तथा जब तक आंतरिक स्वायतत्ता की गारंटी दी गई थी, उन पर इस बात का कोई बड़ा फर्क नहीं पड़ रहा था कि तिब्बत को चीन का भाग माना जाता अथवा नहीं।[60] यह 821 ई. के बाद से तिब्बत और चीन के बीच पहला लिखित करार था, जिसमें तिब्बतियों ने चीन की संप्रभुता को स्वीकार किया था। 'अधिराज्य' की अवधारणा को चीन-तिब्बत संदर्भ में अंतत: ताक पर रख दिया गया।[61] ब्रिटिश आकलन यह था—

> *यह स्पष्टत: चीन द्वारा तिब्बत के पूर्ण विलय के लिए मार्ग तैयार करता है तथा चीन साम्यवादी प्रांत में इसका अंतत: विलय हो गया है। इसमें कोई संदेह नहीं है कि ये शर्तें बलपूर्वक तिब्बत पर थोपी गई हैं।*[62]

यह उल्लेखनीय है कि ऐसा केवल तिब्बत के साथ ही हुआ था कि चीन ने 'पुनर्समाविष्टीकरण' (रि-इनकॉर्पोरेशन) की प्रक्रिया को तैयार करने के लिए आधिकारिक करार निष्पादित किया था जिससे युक्तिपूर्वक यह मान्यता दी गई कि तिब्बत शेष चीन से अलग है। यदि तिब्बत हमेशा से ही चीन का भाग था, जैसा कि चीनी प्राधिकारियों द्वारा दावा किया गया था, तो एक औपचारिक 'करार' करने की क्या आवश्यकता थी? संयोगवश, चीन-तिब्बत करार का अनुच्छेद 2 यह वर्णन करता है कि 'तिब्बत के लोग अपनी मातृभूमि के बड़े परिवार में लौट जाएँगे।' यह चीनियों द्वारा अप्रत्यक्ष स्वीकारोक्ति, यदि कोई है, की गई थी कि तिब्बत केंद्रीय प्राधिकारी के नियंत्रण से मुक्त हो गया है तथा वहाँ के लोग स्वतंत्र हैं, क्योंकि वे अब केवल 'लौट रहे' हैं।

सत्रह–सूत्रीय करार में चीन ने इस बात का भी संकेत दिया था कि भारत के लिए क्या नीति बनाई गई है। पहला बिंदु वर्णित करता है कि तिब्बती लोगों को 'तिब्बत से साम्राज्यवादी आक्रामक ताकतों को बाहर निकालने' के लिए एकजुट हो जाना चाहिए। यदि ब्रिटेन ने काफी समय पूर्व भारत को छोड़ दिया था, तो वे किसका उल्लेख कर रहे थे? फिर तो उनके मस्तिष्क में केवल नया स्वतंत्र हुआ भारत ही था। दूसरा बिंदु इससे कहीं अधिक स्पष्ट है। 'तिब्बत की स्थानीय सरकार को पी.एल.ए. को प्रवेश करने और राष्ट्रीय सुरक्षा को मजबूत बनाने के लिए सक्रिय रूप से सहायता प्रदान करनी चाहिए'। किससे विरुद्ध सुरक्षा प्राप्त करने के लिए? इसमें कोई संदेह नहीं है कि चीन के मस्तिष्क में भारत ही था। भारत को संकेत दिए गए थे, लेकिन भारत सरकार उन संकेतों पर ध्यान देने अथवा उनका सही अर्थ निकाल पाने में असमर्थ रही।

दूसरी ओर यह करार भारतीय नीति निर्माताओं के लिए पर्याप्त राहत लेकर आया। भारतीय नीति निर्माताओं ने यह सोचा कि तिब्बत का मुद्दा अब आसानी से अलग रखा जा सकता है। नेहरू तिब्बत से उस समय खिन्न हो गए थे, जब एक अत्यंत समझ न आनेवाला कदम उठाते हुए तिब्बत ने भारत की नई स्वाधीन सरकार को 16 अक्तूबर, 1947 को एक टिप्पणी प्रेषित की, जिसमें भारत के विशाल भागों, जिनमें दार्जिलिंग, सिक्किम और भूटान भी शामिल थे, पर तिब्बत के दावों को मान्यता प्रदान करने की माँग की गई थी। यह खिन्नता संभवत: नेहरू के मन में बनी रही, क्योंकि 25 अक्तूबर, 1953 को महासचिव (विदेश मंत्रालय) को भेजी गई एक टिप्पणी में नेहरू ने स्पष्ट रूप से यह कहा कि 'हम तिब्बत में सामंतवादी तत्त्वों का समर्थन नहीं कर सकते हैं।', परंतु नेहरू के व्यक्तित्व में मानववाद भी स्पष्ट हुआ, जब उन्होंने यह निष्कर्ष दिया कि तिब्बत ने यह करार 'बिना किसी प्रसन्नता के और परिस्थितियों की बाध्यता के अंतर्गत' स्वीकार किया था।[63] तथापि साउथ ब्लॉक में अधिकारी वर्ग के मध्य आम धारणा यह थी कि यह एक 'बेहतर छुटकारा' था। उन दिनों एक अन्य लोकप्रिय मत यह था कि 'चीनियों को किसी भी परिस्थिति में दु:खी नहीं होना चाहिए। असहाय तिब्बत के लिए केवल नाममात्र की ही सहानुभूति थी और दिल्ली के प्रभावशाली गलियारों में चीनियों द्वारा प्रारंभ की गई इस 'आधुनिकीकरण' की प्रक्रिया का सामान्य तौर पर स्वागत किया जा रहा था।

फिर भी, इससे भी अधिक जटिल मुद्दों का अभी सामना किया जाना था। सर गिरिजाशंकर वाजपेयी, महासचिव (विदेश मंत्रालय) ने अमेरिकी राजदूत को सूचित किया कि इस समय भारत सरकार विश्व शांति अनुरक्षित करने की समस्याओं में इतनी उलझी हुई है कि वह तिब्बत पर बहुत कम ध्यान दे रही है।''[64] हालाँकि यह बात 1951 के प्रारंभ में अमेरिकी राजदूत को कही गई थी, यह भारत में विदेश कार्यालय की विचारधारा का केंद्र बनना जारी रही। इससे पूर्व वाजपेयी ने यह राय दी कि सैन्य दृष्टि से तिब्बत 'एक ऐसी अत्यंत निराशाजनक स्थिति में था कि किसी भी विदेशी शक्ति की उसे उतनी सहायता देने की संभावना नहीं थी, जो उसे चीनी साम्यवादी आक्रमण को रोकने में समर्थ बना पाती।[65] किसी भी स्थिति में भारतीय नीति निर्माता इस अवस्था में भारत के विरुद्ध किसी संभव चीनी सैन्य आक्रमण के बारे में बिल्कुल चिंतित नहीं थे और उन्होंने तिब्बत में चीनी सेना द्वारा कब्जा किए जाने के प्रति स्वयं को रोके रखा। दूसरी ओर कुछ समझदार प्रेक्षकों ने यह महसूस किया कि 'संबंधों को सामान्य बनाने की इस अनावश्यक, अधीर और उतावलीपूर्ण जल्दबाजी के

हमें पर्याप्त भावी परिणाम भुगतने होंगे।''[66] इस दृष्टिकोण की बड़े पैमाने पर अनदेखी की गई।

भारत के लिए चीनी सैन्य खतरे के बारे में भारत की आधिकारिक नीति वैसी ही बनी रहना जारी रही, जैसा विदेश मंत्रालय के महासचिव पिल्लई द्वारा वर्णित किया गया था कि 'हम मूर्ख अथवा पूर्णत: नेत्रहीन हो सकते हैं, परंतु, जहाँ हम खतरा नहीं देखते हैं, वहाँ ऐसा करने का स्वाँग नहीं कर सकते हैं, वो भी सिर्फ इस वजह से कि हमें इसके लिए तथाकथित बुद्धिमान लोगों द्वारा परामर्श दिया जा रहा है।'[67] संभवत: इस धारणा का आधार इस दृष्टिकोण पर आधारित था कि चीनी तिब्बत को संतुष्ट करने में, 'नियंत्रण' के लिए आवश्यक अवसंरचना का निर्माण करने में अत्यंत व्यस्त होंगे और इस प्रकार इसके विपरीत कोई भी मत अव्यावहारिक और अयथार्थवादी दोनों ही होगा। नेहरू की इस धारणा के प्रति पर्याप्त बल दिया गया कि चीनी 'अत्यंत तर्कशील' लोग हैं, अत: उनकी वर्तमान परिस्थितियों में समस्या उत्पन्न करने की संभावना नहीं है।

नेहरू का भोलापन पूर्णत: दिखाई पड़ रहा था, जब उन्होंने यह राय दी थी कि चीन द्वारा कब्जा किया गया तिब्बत भारत के लिए कोई सैन्य चुनौती प्रस्तुत नहीं करता है, साथ ही उनका यथार्थवाद भी स्पष्टत: प्रदर्शित हो रहा था, जब उन्होंने ऐसी किसी भी परिस्थिति के लिए तैयार रहने के लिए सक्रिय कदम उठाने आरंभ कर दिए थे। नेहरू जानते थे कि तिब्बत में, जो कुछ हुआ है, उसके हिमालय की दक्षिण ढलाईवाले सभी क्षेत्रों पर प्रभाव पड़ेंगे। उन्होंने हिमालयी राज्यों को भारतीय परिधि में लाने के महत्त्व को भी पहचाना। पूर्वोत्तर सीमा-क्षेत्र की सुरक्षा अनिवार्य थी। अत: नेहरू ने नेपाल (31 जुलाई, 1950), सिक्किम (15 दिसंबर, 1950) और भूटान (8 अगस्त, 1949) के रणनीतिक दृष्टि से महत्त्वपूर्ण उप-हिमालयी देशों के साथ रक्षा व्यवस्था सुदृढ़ बनाने के लिए अत्यंत तेजी से कार्य किया। चीन ने इन कदमों पर सतर्कतापूर्वक नजर रखी। 'पीपल्स डेली' के 13 सितंबर, 1949 के एक लेख के अलावा, जिसमें यह कहते हुए भूटान के प्रति नेहरू की नीति की आलोचना की गई थी कि नेहरू की सरकार को 'भूटान को अपना संरक्षित राज्य घोषित करने का कोई विधिक अधिकार नहीं है', चीन की ओर से और अधिक कोई प्रतिक्रिया नहीं आई। चीनी तिब्बत पर कब्जा जमाने के लिए प्रतिबद्ध थे और अपना पूरा ध्यान उस पर केंद्रित किया हुआ था। वे तिब्बत को संतुष्ट करते हुए भारत के साथ अपने बेहतर संबंधों की तात्कालिक आवश्यकता से भी सचेत थे।

नेहरू नेफा के महत्त्व के बारे में भी अत्यंत सतर्क थे। इस क्षेत्र में तीन भाग शामिल थे। पश्चिमी भाग में तवांग और सुबनसिरी क्षेत्र शामिल थे, जहाँ मोन्पास, अकास, दफ्लास और अपा जनजातियाँ निवास करती थीं। 1919 में इस क्षेत्र को बालीपाडा सीमावर्ती भू-भाग कहा गया। केंद्रीय और पूर्वी भागों में दिहांग और लोहित क्षेत्र शामिल थे तथा वहाँ अबोर और मिस्हमी जनजातियाँ रहती थीं। 1919 में उन्हें साथ मिला दिया गया तथा वह सदिया सीमावर्ती क्षेत्र हो गया। ध्यान दिया जाए, इस क्षेत्र में रहनेवाली सभी जनजातियाँ मूलत: गैर-तिब्बती हैं। भारत की स्थिति को मजबूत बनाने के लिए प्रशासनिक इकाइयों को पूर्वी क्षेत्र में मैकमोहन रेखा तक स्थापित किया गया। बालीपाडा सीमावर्ती क्षेत्र तथा सदिया सीमावर्ती क्षेत्र को एक साथ मिलाया गया और एक नई प्रशासनिक इकाई स्थापित की गई, जिसे पूर्वोत्तर सीमावर्ती एजेंसी (नेफा) कहा गया। इस क्षेत्र को असम सरकार के प्रशासनिक नियंत्रण से हटाते हुए केंद्र सरकार के सीधे नियंत्रण के अंतर्गत ला

दिया गया। 20 नवंबर, 1950 को नेहरू ने संसद में घोषणा की कि मैकमोहन रेखा हमारी सीमा है, चाहे वह 'मानचित्र में हो या मानचित्र में नहीं हो' तथा 'हम उसी सीमा को मानते हैं तथा हम किसी को भी उस सीमा का उल्लंघन नहीं करने देंगे।' भारत के संविधान की छठी अनुसूची में नेफा के प्रशासन के लिए विस्तृत उपबंध निर्धारित किए गए, जो 26 जनवरी, 1950 को लागू हुए। 1956 में एजेंसी को सहयोग प्रदान करने के लिए भारतीय सीमावर्ती प्रशासनिक सेवा (आई.एफ.ए.एस.) का गठन किया गया। पूर्वोत्तर क्षेत्र के महत्त्व को पहचानते हुए यह स्मरण करने की आवश्यकता कि तिब्बत के अंतिम धार्मिक अधिकारियों को 12 फरवरी, 1951 को तवांग से निकाल दिया गया था, जब मेजर आर (बॉब) खाटिंग प्रशासन पर कब्जा जमाने के लिए यहाँ आया था। बाद में नेहरू को यह स्पष्ट करना पड़ा कि वह (तवांग) मैकमोहन रेखा के हमारी ओर था, परंतु उसे हमारे द्वारा कब्जे में नहीं लिया गया और तब तक यह व्यावहारिक रूप से तिब्बत के नियंत्रण में था।'[68]

तवांग से तिब्बतियों को हटाने पर चीन द्वारा भारत का कोई विरोध नहीं किया गया। न ही चीनियों ने मैकमोहन रेखा के बारे में और न ही भारत के संविधान में भारतीय भू-भाग के रूप में नेफा को शामिल किए जाने के बारे में कोई विरोध जताया! यह प्रश्न इस मामले का केंद्र-बिंदु है कि तवांग पर तिब्बतियों का किस प्रकार का नियंत्रण विद्यमान था। चीनियों ने स्वयं बार-बार इस बात पर बल प्रदान किया है कि धर्मगुरुओं के प्राधिकार तथा राजनीतिक नियंत्रण के बीच अंतर है। जैसा कि चीनी प्रतिनिधि इवान छन ने स्वयं 7 मार्च, 1914 को शिमला सम्मेलन में प्रतिनिधियों को सूचित किया था—

जिसे आध्यात्मिक प्रभाव कहा जाता है, उसे सांसारिक प्राधिकार कही जानेवाली व्यवस्था के साथ भ्रमित नहीं किया जाना चाहिए। जिस क्षेत्र के भीतर उनके (दलाई लामा) आध्यात्मिक प्रभाव का विस्तार किया गया है, उसका किसी भी परिस्थिति में उनके सांसारिक प्राधिकार के परिमाण में दावा नहीं किया जा सकता है·· तिब्बतियों को, जो कुछ दिया गया, वह सामान्य अर्थ में राजस्व नहीं है·· अपितु यह कर की तुलना में दान है।

और 13 जून, 1914 को चीन के विदेश मंत्री सुन पाओची ने इसका और भी स्पष्ट वर्णन किया—

तिब्बती सोचते कि उनका लामाओं द्वारा बसावट के सभी स्थानों पर अधिकार है, परंतु ऐसा नहीं है। लामाओं के पास धार्मिक प्राधिकार हो सकते हैं, परंतु इसका अनिवार्यतः यह अर्थ नहीं है कि ये स्थान तिब्बत से संबंधित हैं।[69]

अतः तवांग पर तिब्बत का दावा अनिवार्यतः धर्मगुरुओं वाला था, राजनीतिक नहीं। अनेक वर्ष बाद 27 अक्तूबर, 1962 को चीनी प्राधिकारियों ने स्वयं 'पीपल्स डेली' के माध्यम से स्वीकार किया था कि तवांग पर कब्जा करने की भारतीय कार्रवाई को बिना चुनौती दिए अनुमति दे दी गई, क्योंकि 'नए चीन के पास भारत-चीन सीमा' पर ध्यान देने का समय ही नहीं था। यह कुछ नहीं, बल्कि एक पूर्णतः बाद में सोचा गया विचार था। मामले में सच्चाई यह थी कि चीनी जानते थे कि तवांग मैकमोहन रेखा के दक्षिण में है, अतः वह भारत के भू-भाग पर है और इसी कारण उसका कोई प्रतिरोध नहीं किया गया।

नेहरू ने यह महसूस कर लिया था कि पूर्वी क्षेत्र भारत के उत्तरी सीमावर्ती क्षेत्रों पर एक सर्वाधिक महत्त्वपूर्ण क्षेत्र है तथा उसे सुरक्षित रखना सैन्य दृष्टि से अनिवार्य है। अत: उन्होंने संपूर्ण भारत-चीन सीमा, विशेष रूप से पूर्वी क्षेत्र को तिब्बत पर चीन का कब्जा होने के बाद सुरक्षित रखने के लिए किए जानेवाले उपायों पर परामर्श देने के लिए हिम्मत सिंहजी समिति का गठन किया। मार्च 1952 में नेहरू ने भारतीय आसूचना एजेंसियों को तिब्बत/चीन पर सूचनाएँ एकत्र करना प्रारंभ करने के लिए भारतीय खुफिया एजेंसियों को भी प्राधिकृत किया। प्रशासनिक और पुलिसकार्मिकों की सीमावर्ती क्षेत्र पर आवाजाही में अनेक परेशानियाँ आ रही थीं। पूर्वी क्षेत्र में मैकमोहन रेखा पर्वत-शृंखलाओं में 14,000 से 16,000 फीट की ऊँचाई तक जाती थी और ब्रह्मपुत्र घाटी के क्षेत्र में पहुँचना एक दुर्गम कार्य था। यहाँ न केवल ऊँचे और घने जंगलों से होकर गुजरना होता था, बल्कि यह क्षेत्र मानसून के मौसम में भारी वर्षा (200 इंच औसत) से प्रभावित होता था, जिससे सड़क निर्माण और संचालन अत्यंत कठिन हो जाता था। पश्चिमी क्षेत्र में लद्दाख और उसके बाद का क्षेत्र अल्पाइन मरुस्थल है, जिसका तापमान शून्य से 20^0 से नीचे तक गिर जाता है और वहाँ जीवन अत्यंत कष्टकर होता है।

इस धारणा कि तिब्बत पर चीन का कब्जा भारत के लिए कोई सैन्य चुनौती प्रस्तुत नहीं करता है, का भारत में सशस्त्र बलों पर अनाशयित प्रतिकूल प्रभाव पड़ा। 1 नवंबर, 1950 को नेहरू ने संसद में घोषणा की कि उन्होंने रक्षा मंत्रालय को सेना की संख्या में और रक्षा व्यय में भी कमी करने का निर्देश दिया है। भारत का रक्षा व्यय बढ़कर जी.एन.पी. का 1 प्रतिशत हो गया था। नेहरू का यह मानना था कि भारत को 'एक विशाल परंतु निम्न गुणवत्ता वाले शस्त्रों से युक्त पैदल सेना के स्थान पर पर्याप्त मशीनीकृत और तुलनात्मक रूप से छोटी सेना की आवश्यकता है। इसलिए 1951 में, जब चीनी तिब्बत पर कब्जा करने के लिए आगे बढ़ रहे थे, तो लगभग 50,000 भारतीय सेना के कार्मिकों में कटौती की जाने की प्रक्रिया चल रही थी। 1947 के विभाजन की पूर्व संध्या को भारतीय सेना की संख्या 500,000 कार्मिक थी। विभाजन के बाद यह घटकर 280,000 हो गई और 1951 में, 50,000 और कार्मिकों की कटौती करने पर विचार किया गया! सशस्त्र सेनाओं पर व्यय को भी 165 करोड़ रुपए (1951-52) से घटाकर 160 करोड़ रुपए (1952-53) कर दिया गया। पूँजीगत व्यय पर 35 करोड़ रुपए की निश्चित सीमा लगा दी गई। यहाँ तक कि यू.के. और अमेरिका के पास उपलब्ध चीनी पैदल सेना के रणकौशल की नियमावली, जिसकी सेना को आवश्यकता थी, नेहरू के आदेशों पर मँगवाने से इनकार कर दी गई थी कि कहीं ऐसा न हो कि यह चीनियों को सतर्क कर दे![71] इसी प्रकार नेहरू ने इस दलील पर ल्हासा में कॉन्सुलेट में एक आसूचना अधिकारी को तैनात करने के प्रस्ताव को भी अस्वीकृत कर दिया था कि यह चीन का ध्यान आकर्षित करेगा और कालांतर में अपमानजनक सिद्ध होगा। 10 मई, 1959 को विदेश सचिव को लिखते हुए नेहरू ने यह भावना व्यक्त की कि 'वर्तमान परिस्थितियों के अंतर्गत यह संदेहजनक है कि क्या तिब्बत में कोई वास्तविक खुफिया कार्य किया जा सकता है।'

ऐसा बाद में ही हुआ कि सशस्त्र सेनाओं ने एक बार पुन: सशक्त होना शुरू कर दिया, जब यह महसूस होना आरंभ हुआ कि तिब्बत में चीन की उपस्थिति सौम्य नहीं है। ऐसा धीरे-धीरे किया गया। सेना की संख्या 280,000 से बढ़ाकर 550,000 कर दी गई तथा वायुसेना में भी संख्या 3

स्क्वाड्रंस से बढ़ाकर 20 स्क्वाड्रंस कर दी गई।[71] इस मामले में समय रहते उचित कार्रवाई करने की आवश्यकता थी, क्योंकि चीनी न केवल तेजी के साथ तिब्बत पर अपने कब्जे को मजबूत बना रहा था, बल्कि भारत की सीमा के समीप अपनी सैन्य टुकड़ियों की तैनाती में भी वृद्धि कर रहा था। भारत की सीमा के निकट अत्यंत तेजी के साथ अवसंरचना विकसित की जा रही थी, जिनमें सड़कों का निर्माण उल्लेखनीय था। इसकी तुलना में भारत के प्रयास लालफीताशाही, खराब योजना तथा उतने ही खराब और अनियमित निष्पादन के कारण बाधित हो रहे थे। सीमावर्ती क्षेत्रों में सड़क के निर्माण में भारतीय प्रयास चीन के मुकाबले कहीं पीछे रह गए। इसका परिणाम था कि दोनों की क्षमता में भारी अंतर पैदा हो गया और यहीं भारत का पलड़ा चीन की तुलना में कमजोर हो गया।

अब तक भारत की नीति यह रही थी कि तिब्बत में चीनी सेनाओं के प्रवेश को रोकने के लिए सैन्य प्रतिरोध न किया जाए। अब नीति में एक हल्का परिवर्तन आ गया था। हस्तक्षेप न करने की इस स्थिति के स्थान पर अब नीति तिब्बत में चीनियों की सहायता करने की हो गई थी, ताकि उनकी सद्भावना और मैत्री हासिल की जा सके। अत: स्थिति का एक अत्यंत ही खराब विश्लेषण करते हुए भारत तिब्बत में पी.एल.ए. सैन्य टुकड़ियों को भोजन की व्यवस्था करने में सहायक बन गया था और इसके फलस्वरूप उसने तिब्बत में अपने कब्जे को मजबूत बनाने में चीनियों की मदद में सक्रियता बरती थी। जब चीनी सेना ने तिब्बत पर कब्जा कर लिया, तो चीनी नेतृत्व ने महसूस किया कि उनके लिए भोजन की व्यवस्था करना एक प्रमुख समस्या होगी, क्योंकि तिब्बत से चीन की मुख्य भूमि के बीच पर्याप्त दूरी थी। इसके अलावा तिब्बत सैन्य टुकड़ियों के अकस्मात् इतनी बड़ी संख्या मात्रा में आ जाने के कारण पर्याप्त खाद्यान्न उपलब्ध करा पाने में असमर्थ था। शांतिपूर्ण मुक्ति की आधारभूत राजनीतिक रणनीति के चलते बलपूर्वक खाद्यान्न हासिल करना संभव नहीं था, अत: चीन के पास भारत से खाद्यान्न आयातित करने अथवा सैन्य टुकड़ियों की संख्या को उतना सीमित करने, जितना वह तिब्बत में ले जा सकता था, के अलावा कोई अन्य विकल्प नहीं रह गया। चीन द्वारा अनुपालन की जा रही दीर्घकालिक नीति एक सुरक्षित मोटर सड़क प्रणाली का निर्माण करना था, जो तिब्बत को चीन की मुख्य भूमि से जोड़ सके, परंतु तब तक, यदि भोजन की व्यवस्था न होती, तो तिब्बत में स्थित चीनी सैन्य टुकड़ियाँ भूख से मर जाती। यह एक गंभीर हकीकत थी। 1951 में ल्हासा स्थित भारतीय मिशन ने भारत सरकार को सूचित किया कि बड़ी संख्या में चीनी सैन्य टुकड़ियों के आ जाने से स्थानीय अर्थव्यवस्था डाँवाँडोल हो गई है तथा वहाँ भारी महँगाई हो गई है, जिससे आवश्यक वस्तुएँ जैसे मक्खन, मांस और जलाने की लकड़ी की भारी कमी हो गई है।

अप्रैल 1952 में पाणिक्कर ने बीजिंग से खबर भेजी कि चोऊ एनलाई ने एक बैठक में उन्हें सूचित किया है कि 'अनेक वर्षों' से तिब्बत अपनी 'दैनिक आवश्यकताओं' के लिए भारत पर निर्भर रहा है। चोऊ ने अनुरोध किया कि कलकत्ता से होते हुए तिब्बत के लिए खाद्यान्न की ढुलाई के लिए परिवहन सुविधाएँ उपलब्ध कराई जाएँ। चीनी तिब्बत में भुखमरी के कगार पर थे, क्योंकि वहाँ हाल में आई चीनी सैन्य टुकड़ियों के खाने के लिए अनाज उपलब्ध नहीं था। चीनी सैनिकों में इतना अनुशासन था कि वे अपने भोजन को गरम करने के लिए ल्हासा के निकट के पेड़ों को नहीं काटते थे और खाना ठंडा ही खाना पसंद करते थे।[73] तिब्बत में पी.एल.ए. एक अत्यंत अनुशासित और प्रेरित सैन्य बल था। यहाँ तक कि तिब्बतियों ने भी इस बात को स्वीकार किया है।

जब पाणिक्कर ने चोऊ के अनुरोध के बारे में नेहरू को सूचित किया, तो नेहरू ने तत्काल ही चोऊ के अनुरोध के प्रभावों को पहचान लिया। नेहरू ने 12 अप्रैल, 1952 को पाणिक्कर को तार से संदेश भेजा कि यह माना जाता है कि 'ये आपूर्तियाँ तिब्बत में चीनी सेना के लिए आशयित थीं···जिसकी उन्हें अत्यधिक आवश्यकता थी।' इसके तत्काल पश्चात् परिणामों को पुनः भाँपते हुए नेहरू एक बार फिर द्रवित होते प्रतीत हुए तथा उन्होंने भोले और चीन से मोहित पाणिक्कर के परामर्श को मान लिया। 24 मई, 1952 को नेहरू ने पाणिक्कर को सूचित किया कि 'हम 1952 की समाप्ति तक 500 टन/प्रतिमाह की दर से खाद्यान्नों के लिए प्रेषण सुविधाएँ प्रदान करने के लिए सहमत हैं।' बाद में एक बार पुनः पाणिक्कर के कहने पर नेहरू ने इस मात्रा को बढ़ाकर 3500 टन/प्रतिमाह करने की सहमति दे दी।[74] यह अनुमान लगाया गया है कि लगभग एक हजार खच्चर अनेक माह तक गंगटोक और यातुंग (तिब्बत) के बीच निरंतर चक्कर लगाया करते थे।[75] बाद में 14 नवंबर, 1959 को नेहरू को भेजी गई टिप्पणी में विदेश सचिव ने उक्त अनुमान की पुष्टि की, परंतु यह स्पष्ट रूप से कहा कि चावल भारत से नहीं आया था। यह चीनी चावल था जिसकी अनुमति भारत ने चीन को भारत (कोलकाता) के माध्यम से तिब्बत ले जाने के लिए दी थी।[76]

चीनियों ने इन खाद्यान्न आवाजाहियों के राजनीतिक परिणामों को पहचान लिया था। इसने न केवल तिब्बती खाद्यान्नों पर चीनी निर्भरता को पर्याप्त मात्रा में कम किया, बल्कि इससे अधिक महत्त्वपूर्ण, तिब्बतियों को यह दर्शाया कि यदि वे यह सोचते हैं कि उनके पास चीनियों के साथ सहयोग करने के अलावा अन्य विकल्प भी हैं, तो वे विकल्प समाप्त हो गए हैं। भारतीय नेतृत्व ने यह कभी महसूस नहीं किया कि तिब्बत में चीनी सैनिकों के लिए खाद्यान्न की आपूर्तियों को सीमित करने का यह अर्थ भी होगा कि चीनी केवल एक सीमित संख्या में सैन्य टुकड़ियों की तैनाती करेंगे जिससे भारतीय सुरक्षा को भी कम खतरा होगा। यह यथार्थवादी राजनीति का भाग हो सकता था कि तिब्बत के बचाव के लिए सैनिक सहायता न दी जाए, परंतु तिब्बत पर अपने नियंत्रण को मजबूत बनाने के लिए चीनी सेना को सक्रिय सहायता प्रदान करना एक और ही बात थी। इस कार्रवाई से दिया गया संदेश तिब्बत द्वारा नजरअंदाज नहीं किया गया। तिब्बत की नजरों में भारत अब एक सहायक नहीं रहा था, बल्कि वह तिब्बत पर कब्जा जमाने के लिए चीन का सहयोगी बन गया था।

इसी प्रकार एक अन्य अत्यंत अकर्मण्यतापूर्ण कार्रवाई में, पाणिक्कर ने नेहरू को तार द्वारा 15 जून, 1952 को सूचित किया कि चोऊ एनलाई का मानना है कि 'भारत की पूर्व में की गई असमान संधियों से उत्पन्न विशेष अधिकारों का दावा करने की कोई मंशा नहीं है तथा वह···एक तात्कालिक व्यावहारिक कदम के रूप में ल्हासा में स्थित भारतीय मिशन को एक समुचित कॉन्सुलेट जनरल के रूप में परिवर्तित करने के लिए तैयार है।' चोऊ का यह सुझाव पाणिक्कर को दिया गया था, क्योंकि चीनी भारत द्वारा ब्रिटिश से ग्रहण किए गए अतिरिक्त क्षेत्रीय अधिकारों के अंतिम अवशेषों को भी समाप्त करना चाहते थे। चोऊ को इस तथ्य के बावजूद भारतीय राजदूतों के चिंता करने की कोई आवश्यकता नहीं थी, क्योंकि भारत ही एकमात्र विदेशी शक्ति था (नेपाल के अलावा) जिसने राजनयिक मिशन की स्थापना की थी तथा उसने पहले से ही यह स्पष्ट घोषणा की थी कि ल्हासा में भारतीय मिशन एक संदिग्ध वैधतावाला कार्यालय' है।[77] इन सभी बातों की इस तथ्य के बावजूद

हिमायत की जा रही थी कि तिब्बत-सिक्किम सीमा पर चीनी सैन्य टुकड़ियों के व्यवहार से भारत अत्यंत खिन्न था। चीन ने ल्हासा में भारतीय मिशन के लिए भारतीय राजनयिक बैगों को खोले बगैर आगे जाने देने से इनकार कर दिया। चीन को राजी करने के लिए पर्याप्त राजनयिक प्रयास करने पड़े और तब जाकर वे बैग बिना खोले आगे भेजे जा सके।

नेहरू अपने मंत्रिमंडल से परामर्श नहीं कर सके थे, क्योंकि घटनाक्रम यह रहा कि उन्होंने 16 जून, 1952 को तार द्वारा तत्काल ही यह उत्तर दे दिया था कि 'जहाँ तक ल्हासा में हमारे मिशन को कॉन्सुलेट जनरल में परिवर्तित करने का संबंध है, हमें कोई आपत्ति नहीं है।' विदेश मंत्रालय द्वारा 16 सितंबर, 1952 को एक आधिकारिक घोषणा की गई कि ल्हासा में भारतीय मिशन 'समाप्त' कर दिया जाएगा और उसके स्थान पर 'कॉन्सुलेट जनरल' बीजिंग में भारतीय राजदूत को रिपोर्ट करेगा', तभी वह चीन द्वारा अधिकृत होगा। यह नेहरू द्वारा एक अन्य मैत्रीपूर्ण प्रदर्शन था जिसका आशय इस बात पर बल प्रदान करना था कि भारत की तिब्बत में कोई राजनीतिक रुचि नहीं है।[78] फिर भी नेहरू ने एक बार फिर पाणिक्कर को सतर्क किया—

लेकिन हम यह चाहते हैं कि आप इस बात पर विचार करें कि इन छोटी-छोटी व्यवस्थाओं को बनाए रखना किस हद तक वांछनीय है। हम स्वाभाविक तौर पर एक सामान्य और व्यापक समझौते को तरजीह देते हैं, जिसमें सीमावर्ती क्षेत्र भी शामल हों।

ऐसे व्यापक परिवर्तन के गंभीर प्रभावों पर कोई विचार नहीं किया गया। यह एक नाम में सामान्य सा परिवर्तन नहीं था। कॉन्सुलेट जनरल में परिवर्तन ने यह दर्शाया कि इसी समय से भारत यह स्वीकार करता है कि एक देश के रूप में तिब्बत अब विद्यमान नहीं है, बल्कि वह केवल चीन का प्रांत है और यह कि चीन उस पूर्ण संप्रभुता का उपयोग करता है। यह इस तथ्य का व्यावहारिक आयाम था कि तिब्बत अब स्वतंत्र नहीं रहा था।[79] अधिराज्य के बारे में समस्त पुराने सूत्रीकरणों, त्रिपक्षीय शिमला कन्वेंशन तथा तिब्बत के उन सभी अन्य अधिकारों को भुला दिया गया था, जो भारत ने ब्रिटिश शासन से प्राप्त किए थे। इसके अलावा, इस आधारभूत तथ्य को भी भुला और त्याग दिया गया था कि अब तक भारत ने सीधे तिब्बत के साथ और कम-से-कम एक पक्षकार के रूप में वार्तालाप किए हैं। मैकमोहन रेखा ऐसे ही एक करार का परिणाम थी, परंतु जो बात सबसे अधिक दुःखद थी, वह यह भी कि तिब्बत-भारत सीमा के भारतीय संरेखण को मान्यता प्रदान करने के लिए इन व्यापक और व्यावहारिक रूप से एकपक्षीय रियायतों को भारत-तिब्बत सीमा के साथ जोड़ने के कोई प्रयास नहीं किए गए थे, जो अब वस्तुतः भारत-चीन सीमा बन गई थी।

नेहरू इस परिवर्तन के महत्त्व से अवगत थे तथा उन्होंने सीमावर्ती क्षेत्र के बारे में एक नवीन चीनी पुष्टि की आवश्यकता सहित इन सभी मामलों को एक साथ जोड़ने की आवश्यकता के बारे में उल्लेख किया। पूर्व में नेहरू ने पाणिक्कर को निर्देश दिए थे कि वे इन सभी मुद्दों को एक साथ चीन के साथ उठाएँ, परंतु पाणिक्कर ने नेहरू के निर्देशों की अनदेखी की तथा चोऊ के साथ अपनी आगामी बैठक में केवल सांस्कृतिक और व्यापार के मामलों को ही उठाया। पाणिक्कर का मानना यह था कि यदि भारत सीमा का मुद्दा उठाएगा, तो चीनी या तो शिमला कन्वेंशन (अर्थात् मैकमोहन रेखा) को स्वीकार करने के लिए विवश होंगे अथवा वे ऐसी स्वीकार्यता से इनकार करेंगे और बातचीत की पेशकश करेंगे। इस बात की संभावना कम थी कि चीन पहला विकल्प स्वीकार

कर लेगा और उन्होंने यह सोचा कि दूसरा विकल्प भारत के लिए लाभप्रद नहीं होगा, लेकिन यदि चीनियों ने स्वयं सीमा का मुद्दा उठाया होता, तो भारत उस मुद्दे को पुनः खोलने के लिए इनकार कर सकता था तथा यह पक्ष रख सकता था कि मैकमोहन रेखा के दक्षिण का भू-भाग हमारा है, अतः चर्चा के लिए कोई मुद्दा है ही नहीं।

पाणिक्कर ने संभवतः गलत निष्कर्ष निकाला था कि चोऊ एनलाई की चुप्पी भारत-तिब्बत सीमा (अब भारत-चीन सीमा) के संरेखण के प्रति चीनी सहमति को दिखाती है जैसा कि भारतीय मानचित्रों में प्रदर्शित किया गया था। पाणिक्कर ने 17 जून, 1952 को नेहरू को तार से माध्यम से सूचित किया कि—

> *चोऊ एनलाई की सीमावर्ती क्षेत्र के विषय पर चुप्पी तथा उनके साथ वार्तालापों में सिक्किम अथवा भूटान का मुद्दा प्रत्यक्षतः न उठाए जाने से भारतीय स्थिति की, यदि स्वीकृति नहीं, तो मौन सहमति प्रदर्शित होती ही है। उन्होंने यह भी कहा कि भारत को अपनी इस स्थिति पर दृढ़ रहना चाहिए कि सीमावर्ती क्षेत्रों को परिभाषित कर दिया गया है तथा अब उसमें वार्ता करने के लिए कुछ नहीं बचा है।*[80]

हालाँकि नेहरू द्वारा पाणिक्कर को दिए गए निर्देशों से यह प्रदर्शित होता है कि चीनियों के बारे में उनकी आशंका तथा इन मुद्दों पर उनकी समझ एक बार फिर बिल्कुल सही थी। विदेश मंत्रालय के पूर्व महासचिव वाजपेयी द्वारा सलाह लिये जाने के बावजूद, जिन्होंने 21 नवंबर, 1951 को नेहरू को एक सामान्य निपटारे के भाग के रूप में सीमा को मान्यता प्रदान करने का परामर्श दिया था, नेहरू ने अपने और भारत के दुर्भाग्य के रूप में उनकी सलाह नहीं मानी तथा पाणिक्कर की सोच को स्वीकार कर लिया।[81] इसके अलावा, नेहरू ने 6 सितंबर, 1952 को विदेश सचिव को संबोधित एक टिप्पणी में पाणिक्कर की सोच के प्रति अपनी सहमति की पुष्टि की, जिसमें उन्होंने लिखा—

> *पुनर्विचार करने पर मैं श्री पाणिक्कर की सलाह को स्वीकार करता हूँ कि हमें सीमावर्ती क्षेत्र के बारे में और कोई विशिष्ट उल्लेख नहीं करना चाहिए।*

संभवतः दो कारकों ने नेहरू को प्रभावित किया। पाणिक्कर ने 28 सितंबर, 1951 को पूर्व में नेहरू को तार भेजा था कि चोऊ ने उनसे कहा कि भारत और चीन के बीच इस मामले में भू-भाग का कोई विवाद अथवा कोई अस्पष्टता विचार नहीं है तथा तिब्बत के सीमावर्ती क्षेत्र का स्थिरीकरण किए जाने का प्रश्न भारत, नेपाल और चीन के साझे हितों का विषय है।[82] यह पहली बार था, जब चोऊ ने सीमा का मुद्दा उठाया था और वह भी नेहरू द्वारा 20 नवंबर, 1950 को संसद को स्पष्ट रूप से कहे जाने के बाद कि 'पूर्व की ओर भूटान के साथ लगा सीमावर्ती क्षेत्र मैकमोहन रेखा द्वारा स्पष्टतः परिभाषित किया गया था और यह 1914 के शिमला कन्वेंशन द्वारा निर्धारित किया गया था तथा यह कि 'लद्दाख से नेपाल तक का सीमावर्ती क्षेत्र मुख्य रूप से दीर्घकालिक उपयोग और प्रथाओं द्वारा परिभाषित किया गया है...और हमारे मानचित्र दिखाते हैं कि मैकमोहन रेखा हमारी सीमा है...और हम किसी को भी उस सीमा से आगे आने की अनुमति नहीं देंगे। चोऊ नेहरू के इन सार्वजनिक दावों की अनदेखी नहीं कर सकते थे और इस प्रकार उन्हें भारत की स्थिति के बारे में भली-भाँति पता था। यह भी देखा जाना चाहिए कि चोऊ की टिप्पणियों में तिब्बत-भूटान, तिब्बत-

रिक्किग अथवा पी.ओ.के. तिब्बत सीमा का कोई संदर्भ निहित नहीं था। चोऊ ने यह संकेत दिया कि भारत इन सभी क्षेत्रों पर भी वार्ता करने के लिए सक्षम है। चीन की मंशाओं को न समझ पाना सामान्य विफलता का विषय था तथा यह वस्तुतः घातक भी था। बाद में, जब भारत के साथ संबंध खराब हुए, तो चीन ने अपनी स्थिति को बदल दिया तथा भारत के साथ इन क्षेत्रों पर चर्चा करने से इनकार कर दिया।

इसके अलावा, माओ ने 26 सितंबर, 1952 को भारतीय राजदूत राघवन को बताया कि 'भारत को चीन से डरने की आवश्यकता नहीं है तथा चीन को उसके दक्षिण-पश्चिमी सीमावर्ती क्षेत्र को लेकर कोई भय नहीं है, अतः नेहरू की इस सोच की पुष्टि हुई कि भारत को चीन से किसी भी आक्रमण की अपेक्षा नहीं करनी चाहिए और यह कि सीमा कोई तात्कालिक मुद्दा नहीं था। इन सूत्रीकरणों में अंतर्विष्ट किसी भी बात ने सीमा की स्पष्ट मान्यता का सुझाव नहीं दिया, परंतु नेहरू ने इस बात को अन्यथा लिया। अतः नेहरू ने 30 अगस्त, 1953 को एक निर्देश जारी किया कि सीमा मुद्दे को 'इस समय' उठाए जाने की आवश्यकता नहीं है।

इस प्रकार सीमा का मुद्दा उठाया नहीं गया और न ही इसे तिब्बत में भारत के अधिकारों के निपटान में शामिल किया गया जिसे 'एक बार में एक' की तर्ज पर नतमस्तक होते हुए चीन के लाभ के लिए एकपक्षीय रूप से छोड़ दिया गया था। यह निर्णय भी एक भयंकर भूल थी। इसने यह दर्शाया कि पाणिक्कर ने चीन का दिमाग पढ़ने में कितनी बड़ी गलती की थी, परंतु नेहरू को भी समस्त दोषों से मुक्त नहीं किया जा सकता है। यदि नेहरू इन सभी मुद्दों पर विचार करना चाहते और इन्हें एक ही बार में हल करना चाहते, जैसा कि पाणिक्कर को उनके द्वारा भेजे गए अनेक निर्देश दर्शाते हैं, तब यह बात अस्पष्ट है तथा यह दोष उनके ऊपर जाता है कि उन्होंने पाणिक्कर की टिप्पणियों पर बार-बार मौन सहमति क्यों प्रदान की? नेहरू का पाणिक्कर के साथ व्यवहार दृढ़ होना चाहिए था तथा उन्हें यह निर्देश दिए जाने चाहिए थे कि उनके निर्देशों का पूरी तरह अनुपालन किया जाए।

दिल्ली में स्थित विदेशी राजनयिकों ने एक अधिक स्पष्ट रुख दर्शाया है कि पाणिक्कर ने लगातार और जान-बूझकर चीन के बारे में नेहरू को गुमराह किया।''[83] उनका मानना है कि प्रधानमंत्री कृष्ण मेनन के प्रति मोहित थे तथा पाणिक्कर के प्रशंसक थे।[84], जहाँ तक बीजिंग से पाणिक्कर की रिपोर्टों का तथा वहाँ विद्यमान स्थिति के बारे उनकी समझ का संबंध है, आम भावना यह थी कि वे चीनियों को संदेह का लाभ प्रदान करने को तैयार थे तथा वे चीनियों द्वारा उठाए गए और उनके द्वारा स्वयं उठाए गए बिंदुओं के बीच प्रायः भेद नहीं कर पाते थे। ऐसे व्यक्ति के लिए, जिसने स्वतंत्रता प्राप्ति के केवल एक वर्ष पूर्व यह दावा करते हुए एक अंतरराष्ट्रीय प्रकाशन में लेख लिखा था कि तिब्बत और सिनकियांग, दोनों ने बाहरी वृत्त का निर्माण भारत की 'वास्तविक सुरक्षा' के लिए किया है,[82] वही अब तिब्बत पर चीनी 'संप्रभुता' की हिमायत कर रहा है, यह दृष्टांत आस्था में परिवर्तन तथा एक पूर्णतः नए रूप को प्रदर्शित करता है। इसने स्पष्टतः यह दर्शाया कि पाणिक्कर केवल वही बात प्रस्तुत करने में रुचि रखते थे, जो उनके विचार में नेहरू सुनना चाहते थे। वे एकदम अवसरवादी तथा पूरे चापलूस थे, जो अपने निजी हितों की पूर्ति में भी तल्लीन थे और स्वयं के नेहरू के साथ संबंध भी बनाए रखना चाहते थे। यदि ऐसा कहें कि उनके दृष्टिकोण मौसम

के साथ बदलते थे, तो यह कहना भी सही होगा। नेहरू ने पाणिक्कर के चरित्र में इस घातक त्रुटि को पहचान लिया था और तत्कालीन अमेरिकी राजदूत चेस्टर बाउल्स के समक्ष कड़े शब्दों में उन्हें 'अनैतिक अवसरवादी' के रूप में अपमानित भी किया था[86], परंतु यह अत्यंत विस्मयकारी है कि उन्होंने उनके साथ कार्य करना भी जारी रखा जिससे इस धारणा की पुष्टि होती है कि पाणिक्कर ने केवल नेहरू के विचारों को ही प्रतिबिंबित किया। पाणिक्कर वस्तुत: चीन गणराज्य के लिए स्वतंत्र भारत के प्रथम राजदूत के रूप में नियुक्त किए जाने का एक खराब विकल्प थे।

कृष्ण मेनन एक अन्य व्यक्ति थे जिनकी नेहरू के साथ गहन बौद्धिक घनिष्ठता थी।[87] वे मंत्रिमंडल में नेहरू के सहयोगियों के मध्य एकमात्र ऐसे व्यक्ति थे जिनसे नेहरू विचार-विमर्श करते थे। प्राय: मंत्रिमंडल के सदस्यों को न तो जानकारी होती थी, न ही भारत से बाहर के किसी मुद्दे में रुचि होती थी। नेहरू और मेनन दोनों एक-दूसरे के साथ सहज थे।[88] नेहरू का मानना था कि वे ऐसे सहयोगी थे, जो उनके 'नवाचारों', विचारधाराओं तथा नीतियों की किसी अन्य की तुलना में बेहतर रूप से व्याख्या कर सकते हैं।[89] नेहरू ने मेनन की चतुराई, उनकी कुशाग्र बुद्धि तथा प्रभावी वाक-कौशल का लाभ उठाया था। नेहरू ने यह टिप्पणी की थी कि वे शायद ही कभी इतने उत्कृष्ट बुद्धिमत्तावाले और मेधावी किसी अन्य व्यक्ति से मिले होंगे।'[90] कृष्ण मेनन भी उसी राजनीतिक और सामाजिक भाषा और मुहावरों का प्रयोग करते थे, जिनका प्रयोग नेहरू द्वारा किया जाता था, हालाँकि मेनन की बातें मार्क्सवादी प्रभाव से युक्त थीं।[91] दिल्ली में तैनात अधिकांश राजनयिकों का यह मानना था कि मेनन प्रधानमंत्री के नाम पर ही बोलते हैं, अब चाहे वे इस आकलन में सही थे या गलत।[92] कुछ का मानना था कि वे 'नेहरू परिवार के ही सदस्य हैं (इतना घनिष्ठ कोई अन्य मंत्री नहीं था और न रहा)'''वस्तुत: नेहरू मेनन के प्रति इतना अगाध प्रेम रखते थे कि वे कहा करते थे कि वे मेनन में एक ऐसा पुत्र देखते हैं, जिसकी वे कभी कल्पना किया करते थे।[93] बाद में अमेरिकी राजदूत गैलब्रेथ ने राष्ट्रपति कैनेडी को लिखा था कि "एक विचित्र प्रकार से वह (मेनन) 'हिन्दू' डलेस है, जो अपने आसपास के लोगों को स्वयं से अलग करता है।"[94] यह सच बात है कि क्रमिक अमेरिकी प्रशासनों ने उनके सामान्यत: पश्चिम विरोधी पक्ष, उनके कटाक्षों और कड़वी जबान को नापसंद किया। 1955 में मेनन के साथ हुई बैठक के बाद आइजनहावर ने उन्हें 'एक संकट और असभ्य व्यक्ति' की संज्ञा दी।[95] यह बात भी सच है कि मेनन समान रूप से अमेरिकियों के बारे में बहुत अच्छा नहीं सोचते थे। उन्होंने भारत में ब्रिटिश उच्चायुक्त से कहा था कि वे उन्हें (अमेरिकियों को) 'नौसिखिए और अपरिष्कृत, आवेशपूर्ण और अनुभवहीन' मानते हैं तथा वे भारत के साथ 'एक असहनीय तरीके से व्यवहार' करते हैं।[96] मेनन एकमात्र ऐसे अधिकारी नहीं थे, जो अमेरिकियों के बारे में ऐसा सोचते थे। यहाँ तक कि सामान्यत: अमेरिकियों का पक्ष लेनेवाले विदेश मंत्रालय के महासचिव सर गिरिजा वाजपेयी भी अमेरिकियों को 'अक्खड़' की संज्ञा दिया करते थे।[97] मेनन नेहरू की विभिन्न पुस्तकों के प्रकाशन के लिए अमेरिका में उनके साहित्यिक एजेंट भी थे।

इस दौरान चीन के साथ मित्रता को प्रोत्साहित करने की नीति के अनुरूप तथा चीन के अंतिम उद्देश्यों को समझने में गलती करने के एक अन्य दृष्टांत के रूप में भारत ने चीन की थोरियम नाइट्रेट के निर्यात की अनुमति दी। थोरियम नाइट्रेट एक परमाणु ऊर्जा स्रोत सामग्री है जिसका प्रयोग

मुख्य रूप से अनुसंधान तथा अंततः परमाणु ईंधन के उत्पादन के लिए किया जाता है। भारत के पास विश्व के कुल भंडार का 25 प्रतिशत भाग है। इससे पूर्व इस रणनीतिक खनिज के महत्त्व को पहचानते हुए ब्रिटिश सरकार ने स्वतंत्रता से ठीक पूर्व त्रावणकोर के तत्कालीन शासक के साथ इस रणनीतिक परिसंपत्ति को भारत की स्वतंत्रता के उपरांत प्राप्त करने के लिए एक गुप्त वार्ता संचालित की, हालाँकि उसकी योजनाएँ सफल नहीं हुई, परंतु इस परिसंपत्ति का महत्त्व कम नहीं हुआ।

17 जुलाई, 1953 को अमेरिका ने यह देखा कि पोलैंड के मालवाहक पोत ने भारतीय रेयर अर्थ्स लिमिटेड द्वारा निर्यातित 40,500 रुपए मूल्य के दो टन थोरियम नाइट्रेट का लदान करा लिया है तथा वह चीन के ताकू बार की ओर जानेवाला था।[99] अमेरिका ने इसका कड़ा विरोध किया, क्योंकि यह 1951 के पारस्परिक सहायता नियंत्रण अधिनियम (युद्ध अधिनियम) का उल्लंघन था और इससे भारत को मिलनेवाली अमेरिकी सहायता पूर्णतः बाधित होती, जब अमेरिकी राजदूत एलेन ने 28 जुलाई, 1953 को नेहरू से भेंट की, तो नेहरू अत्यंत क्रोधित हुए। उन्होंने घोषणा की—

> *भारत किसके साथ और कौन सी वस्तुओं का व्यापार कर सकता है, इसकी अमेरिकी कानूनों को अनुमति देकर अपनी राष्ट्रीय संप्रभुता को न तो ताक पर रखता है और न ही कभी रखेगा।[100] नेहरू ने इस बात पर जोर देकर कहा कि भारत 'राजनीतिक शर्तों' के साथ आई सहायता को कभी भी स्वीकार नहीं करेगा।*

जबकि उनका इस प्रकार क्रोधित होना राष्ट्रभक्ति का संकेत प्रतीत होता था, यहाँ मुख्य बात को पूर्णतः नजरअंदाज कर दिया गया। क्या भारत समस्त अमेरिकी सहायताओं को समाप्त करने की कीमत पर परमाणु हथियार विकसित करने के लिए चीन की सहायता करना चाहता था? यह अच्छी बात रही कि इस मुद्दे में दोनों पक्षों ने बेहतर समझ दर्शाई तथा एक समझौता कर लिया गया, जिसमें अमेरिका आगे से भारत द्वारा उत्पादित किए जानेवाले समस्त थोरियम नाइट्रेट को पारस्परिक रूप से सहमत दर पर आयात करेगा तथा इसके बदले में भारत आगे से ऐसी मदों को चीन को निर्यात नहीं करेगा। इस घटनाक्रम का आकलन करने में, यह प्रतीत होता है कि भारत में राजनीतिक नेतृत्व उत्तर से उत्पन्न होनेवाली चुनौतियों और इस तथ्य से कि किसी अवस्था पर उसे अमेरिका की सहायता की भी आवश्यकता होगी, के प्रति स्पष्टतः अनजान बना रहा।

अमेरिकी सेक्रेटरी ऑफ स्टेट्स डलेस ने 20-22 मई, 1953 तक दिल्ली की यात्रा की। दिल्ली में अपने दौरे के दौरान नेहरू ने डलेस को बताया कि—

> *भारत का चीन के साथ दो हजार मील लंबा सीमावर्ती क्षेत्र है तथा उसने चीन के साथ अपने संबंधों के प्रति भी गहरी चिंता दर्शाई है। भारत ने घोषणा की है कि हिमालय इसका सीमावर्ती क्षेत्र है तथा यह कि वह दक्षिण की ओर आक्रमण को बरदाश्त नहीं करेगा। रूस की भाँति चीन भी विस्तारकारी चरण से गुजर रहा है और यह कि ऐसा पूर्णतः साम्यवादी शासन के कारण नहीं था।[101]*

शासन प्रणाली की प्रकृति के कारण नेहरू ने यह घोषणा की थी कि चीन आगामी 10-15 वर्ष में रूस से अलग हो जाएगा (उनका आकलन कितना सही था!)

लेकिन सेक्रेटरी ऑफ स्टेट्स डलेस का विश्व का परिदृश्य एकदम भिन्न था। डलेस ने यह

महसूस किया कि साम्यवादी एकजुट हैं और मॉस्को से नियंत्रित होते हैं तथा आवश्यकता यह थी कि साम्यवादियों का प्रतिरोध करने के लिए सैन्य संधि की जाए, ठीक वैसे ही जैसा उन्होंने यूरोप में किया था। हालाँकि डलेस ने 'निष्पक्षवाद' को अनैतिक और अदूरदर्शी अवधारणा की संज्ञा दी, उन्होंने नेहरू को वचन दिया था कि 'अमेरिका की वर्तमान में ऐसी कोई योजना नहीं है जिसके तहत वे पाकिस्तान के साथ सैन्य संबंध स्थापित करें। डलेस ने सूचित किया कि नेहरू संतुष्ट हैं। डलेस यह जानते थे कि ऐसी सक्रिय योजनाएँ थीं जिनके तहत पाकिस्तान को सैन्य सहायता प्रदान करनी थी, जिनकी अनुशंसा उन्होंने नेहरू के साथ वार्ता के लिए दिल्ली के उनके दौरे से तीन माह पूर्व 16 फरवरी, 1953 को व्हाइट हाउस में एक ज्ञापन में की थी। अत: डलेस नेहरू को गुमराह कर रहे थे।[102] डलेस की प्रतिबद्धता उनकी वर्तमान आवश्यकता, रुचि अथवा सुविधा की पूर्ति के लिए कुछ भी कर गुजरने की थी तथा वह अत्यंत चतुर भी थे।[103] तमाम चुप्पियों के बावजूद डलेस का नेहरू के बारे में वास्तविक दृष्टिकोण यह था कि 'वे एक अत्यंत अव्यावहारिक राजनीतिज्ञ थे।[104] यह विद्वेष पारस्परिक प्रतीत होता था, क्योंकि अक्तूबर 1954 में नेहरू की चीन की यात्रा के दौरान उन्होंने माओ से कहा था कि डलेस 'खुद को सच्चा समझनेवाले, नैतिकतावादी और बिना समझवाले थे और यह कि वे आशा करते थे कि हर व्यक्ति उनकी राय से सहमत होगा।'[105]

तथापि, जब डलेस पाकिस्तान पहुँचे, तो तत्कालीन पाकिस्तानी सेना प्रमुख जनरल अयूब खान ने डलेस को कहा कि—

अमेरिका को उन देशों को खुलेआम सहायता देने से डरना नहीं चाहिए, जिन्होंने अमेरिका के साथ सहयोग करने की इच्छा और आशा व्यक्त की है। उन्होंने इस बात को दोहराया कि पाकिस्तान के पास मानवशक्ति तथा वहाँ उपलब्ध ठिकानों के रूप में पर्याप्त क्षमता उपलब्ध है और उनके देश की वर्तमान सरकार अमेरिका के साथ सहयोग करने के लिए पर्याप्त उत्सुक है।

डलेस पाकिस्तान द्वारा की गई चापलूसी से काफी प्रसन्न हुए। पाकिस्तान में अमेरिकी दूतावास ने डलेस को प्रभावित किया कि अयूब पाकिस्तान में सबसे मजबूत व्यक्ति हैं तथा ऐसे व्यक्ति हैं जिनसे बात की जा सकती है। डलेस ने यह महसूस किया कि पाकिस्तान एक विशाल मुस्लिम देशों में से एक है तथा मुस्लिम विश्व में एक उच्च स्थान रखता है। उन लोगों की सुदृढ़ आध्यात्मिक आस्था और साहसी भावना उन्हें साम्यवाद के विरुद्ध एक विश्वसनीय बचाव प्रदान करती है (डलेस का रेडियो संबोधन, 1 जून, 1953)। यह अत्यंत कमजोर आकलन था, क्योंकि पाकिस्तान भारत के विरुद्ध एक बाहरी सहायता की तलाश कर रहा था। यह सोचना कि पाकिस्तानी सेना सोवियत संघ के विरुद्ध खड़ी भी हो पाएगी, एक कल्पना मात्र ही थी। पाकिस्तानियों ने यह महसूस किया कि इस प्रकार वे अमेरिका को भारत के विरुद्ध उनके संघर्ष में सैन्य, राजनीतिक और आर्थिक सहायता प्राप्त करने के लिए राजी कर लेंगे।

अमेरिका ऐसे लुभावने प्रभावों से अधिक दिन तक बचा नहीं रहा और, जब अयूब ने सितंबर 1953 में अमेरिका का दौरा किया, तब पारस्परिक रक्षा सहायता करार के लिए गंभीर वार्ताएँ प्रारंभ हो गईं। डलेस ने अयूब को आश्वस्त किया कि वह 'भारत की मनोवृत्ति पर ध्यान दिए बिना'

पाकिस्तान को सेना को सहायता प्रदान करने के लिए पूरी तरह से तैयार है। इस बात में कम ही संदेह था कि अमेरिका की सोच उस समय पूर्व ब्रिटिश अधिकारी सर ओलफ कैरो (भारत में पूर्व ब्रिटिश विदेश सचिव) द्वारा दी गई पर्याप्त दलीलों द्वारा इस नीतिगत विकल्प का उपयोग करने की थी। राज्य विभाग के अधिकारियों को यह विचार करने के लिए प्रोत्साहित किया गया कि पाकिस्तान एक मुस्लिम देश के रूप में मध्य-पूर्व तथा इसकी व्यापक तेल संपत्ति की रक्षा में सहायता करने के लिए एक स्वाभाविक रूप से विचारणीय देश है। पश्चिमी ताकतों को उत्तर-पश्चिम पाकिस्तान में एक ठिकाना चाहिए था, जहाँ से सोवियत रूस को सैन्य दृष्टि से धमकाया जा सके। यह अनुमान लगाया गया कि 77 प्रतिशत सोवियत शहर उत्तर-पश्चिम पाकिस्तान में स्थित विमानों द्वारा किए गए हवाई हमलों से प्रभावित होंगे।[107] कैरो का सिद्धांत, जिस पर यह रणनीति आधारित थी, का वर्णन उसकी पुस्तक 'दि वैल्स ऑफ पावर' में किया गया, जिसे वाशिंगटन के भीतर अग्रणी नीति-निर्माताओं द्वारा बड़ी संख्या में पढ़ा गया तथा इसका परिचालन उनके मध्य किया गया। अत: पाकिस्तान के साथ सैन्य व्यवस्था का करार करने के लिए अमेरिका द्वारा लिया गया निर्णय दक्षिण एशिया से संबंधित स्थितियों से नहीं उत्पन्न हुआ था, बल्कि मध्य-पूर्व से संबंधित पश्चिमी रणनीतिक अपेक्षाओं से उपजा था। इस घटनाक्रम में, अमेरिका ने गुप्त रूप से पेशावर में इलेक्ट्रॉनिक उपकरण स्थापित किए थे, जो सोवियत मिसाइलों की क्षमता पर नजर रख सकते थे तथा वहाँ से यूटू उड़ानों को संचालित करने में भी समर्थ थे।

अत्यंत समझदारी से पाकिस्तान के अधिकारियों ने कराची में स्थित 'न्यूयॉर्क टाइम्स' के जेम्स कैलेहन को अमेरिका और पाकिस्तान के बीच होनेवाली 'सैन्य संधि' की रिपोर्टें लीक कर दीं।[108] पाकिस्तानी तंत्र ने उचित ही निष्कर्ष निकाला था कि यह अमेरिका को कोई निर्णय लेने के लिए प्रोत्साहित करने का श्रेष्ठ तरीका था। तत्कालीन उपराष्ट्रपति निक्सन ने भी पाकिस्तान का पक्ष लिया तथा दावा किया कि 'यदि राष्ट्रपति अब अपनी बात वापस ले लेते हैं (भारत की आपत्ति पर) तो अमेरिका पर अधिकांश अरब-एशियाई देशों को तटस्थ ब्लॉक की ओर खो देने का खतरा मँडराएगा।

अमेरिका इस बात से अनभिज्ञ नहीं था कि उनकी इस कार्रवाई पर भारत की ओर से अत्यंत प्रतिकूल प्रतिक्रिया व्यक्त की जाएगी, परंतु वह इससे निपटने में अपनी सक्षमता के बारे में पर्याप्त संतुष्ट थे। संभवत: स्थिति को भाँपने के लिए ही प्रेस में रिपोर्टों को लीक करने की योजना बनाई गई थी। यहाँ तक कि ब्रिटिश विदेश सचिव सर एंथनी ईडन ने बरमुडा में 07 दिसंबर, 1953 को डलेस के साथ एक बैठक में डलेस को आगे कार्रवाई न करने का परामर्श दिया, परंतु उस पर ध्यान नहीं दिया गया। ईडन का मानना था कि 'यदि वे हमारे साथ नहीं हैं, तो हमें उन्हें अपने विरुद्ध नहीं करना चाहिए।[109] ब्रिटेन का दृष्टिकोण यह था कि 'अमेरिका का प्रस्ताव भारत और पाकिस्तान के बीच संबंधों को सुधारने की तात्कालिक संभावनाओं को समाप्त कर देगा।' 1949 में, जब पाकिस्तान ने ब्रिटेन के साथ रक्षा करार हस्ताक्षरित करने का प्रस्ताव किया, तो ब्रिटेन ने इस बात पर बल दिया कि भारत से प्राप्त राजनीतिक सहयोग पाकिस्तान के साथ रक्षा समझौते के लाभों की तुलना में कहीं अधिक महत्त्वपूर्ण है, हालाँकि भारत में अमेरिकी राजदूत ने बाद में नवंबर 1953 में (पिल्लई, महासचिव, विदेश मंत्रालय की अमेरिकी राजदूत के साथ चर्चा, 16 नवंबर, 1953) पाकिस्तान के

साथ सैन्य संधि की किसी भी मंशा से इनकार किया था, परंतु नेहरू इससे आश्वस्त नहीं हुए। उन्होंने 14 फरवरी, 1954 को कृष्ण मेनन को लिखा कि अमेरिका-पाकिस्तान के बीच गंभीर वार्ताएँ हो रही हैं। अमेरिका-पाक करार अंततः 19 मई, 1954 को हस्ताक्षरित हुआ तथा एनएससी दस्तावेज संख्या 5409 की तर्ज पर इसे अमेरिका द्वारा साम्यवाद के विरुद्ध 'क्षेत्र की सुरक्षा' सुदृढ़ करने के रूप में देखा गया। पाकिस्तान को 'दक्षिण एशिया का एक प्रभावशाली राज्य' बनाने की अमेरिका की कोई मंशा नहीं थी।

नेहरू अमेरिका और पाकिस्तान के बीच घट रहे घटनाक्रमों से अवगत थे। 15 नवंबर, 1953 को मुख्यमंत्रियों को लिखे एक पत्र में नेहरू ने लिखा—'पिछले कुछ महीनों से विभिन्न तरीकों से एक पृष्ठभूमि तैयार की जा रही है और हम इसका अंतिम रूप भी शीघ्र देखेंगे।' नेहरू ने 'यू.एस. न्यूज एंड वर्ल्ड रिपोर्ट' को उद्धृत किया जिसने यह देखा था कि पाकिस्तान 'किसी प्रार्थना के सुफल जैसा है, क्योंकि यह मध्य-पूर्व में साम्यवाद से लड़ने के लिए एक विशाल सेना की आपूर्ति करेगा।' नेहरू का मानना था कि अमेरिका द्वारा भारत-पाक विवाद की जटिल परिस्थितियों में पाकिस्तान को सैन्य सहायता प्रदान करना' तटस्थता का स्पष्ट उल्लंघन करना' था।[110] इसके बाद से, जहाँ तक भारत और पाकिस्तान के बीच विवादों का संबंध है, अमेरिका को तटस्थ देश नहीं माना गया। नेहरू का मानना था कि जो बाहरी हस्तक्षेप हमें परेशान कर रहा है, वह चीन नहीं अमेरिका है' (महासचिव को भेजी गई टिप्पणी 25 अक्तूबर, 1953)। अमेरिकी निर्णय ने उप-महाद्वीप में भारत की अहमियत को प्रत्यक्षतः चुनौती दी। नेहरू सहित भारत का कोई भी शासक इस चुनौती को अनदेखा नहीं कर सकता था।[112] अमेरिका ने दक्षिण एशिया में शीतयुद्ध ला दिया तथा नेहरू के दक्षिण एशिया को महाशक्तियों की प्रतिद्वंद्विता से दूर रखने के स्वप्न अमेरिका-पाकिस्तान सैन्य सहायता करार पर हस्ताक्षर होने के साथ ही समाप्त हो गए। बाद में, नेहरू ने अक्तूबर 1954 में चीन की अपनी यात्रा के दौरान चोऊ को अमेरिका-पाकिस्तान सैन्य सहायता करार से उत्पन्न हुई परिस्थितियों के बारे में बताया था। नेहरू ने कहा—

जब पाकिस्तान ने अमेरिकी सैन्य सहायता की माँग की थी, हमारी वार्ताएँ मध्य में थीं और हम एक प्रारंभिक सहमति तक भी पहुँच चुके थे। पाकिस्तान द्वारा सैन्य सहायता प्राप्त करने के उपरांत, मैंने उन्हें बताया कि अब स्थिति में बुनियादी परिवर्तन आ गया है, अब हमें विचार करने का एक नया आधार आवश्यक होगा। उन्होंने इनकार किया कि परिस्थिति में कोई भी परिवर्तन आया है। अतः हमारी वार्ताएँ अब समाप्त हो चुकी हैं। उन्हें तोड़ने का कारण अमेरिकी सैन्य सहायता है तथा इसका कोई आंतरिक तर्काधार नहीं है।[113]

भीतर से नेहरू अमेरिका द्वारा दक्षिण एशिया में हस्तक्षेप किए जाने से रोष से भरे हुए थे। उन्होंने व्यक्तिगत रूप से भी अमेरिकी अभिवृत्ति पर रोष और खिन्नता प्रकट की थी, क्योंकि इसने केवल उनके पूर्व आकलन की ही पुष्टि की थी, जो उन्होंने अपनी बहन (श्रीमती पंडित, 10 मई, 1950) को लिखे पत्र में अभिव्यक्त किया था।

मैं यह कहूँगा कि अमेरिकी या तो नौसिखिए हैं अथवा उनके पास आसूचना का अभाव है। वे उसी मार्ग से गुजरते हैं, चाहे उनके सामने नेहरू, ईरान के शाह अथवा लियाकत अली (पाकिस्तान के प्रधानमंत्री) होते हैं।

नेहरू के अहं को चोट पहुँची थी। नेहरू ने पाकिस्तान को अमेरिकी सहायता को 'शत्रुतापूर्ण कार्रवाई' की संज्ञा दी थी तथा इसे दक्षिण एशिया में शीतयुद्ध की अवांछनीय शुरुआत कहा था। अमेरिका के लिए मध्य-पूर्व की सुरक्षा के लिए पाकिस्तान को लाने का महत्त्व नेहरू के साथ 'मैत्रीपूर्ण संबंध' बनाए रखने की तुलना में अधिक महत्त्वपूर्ण था।[115] अनेक वर्षों बाद, अमेरिका ने यह महसूस किया कि पाकिस्तान को हथियार देने का उसका निर्णय एक 'अत्यंत महत्त्वपूर्ण रणनीतिक भूल' थी।[116] आइजनहावर ने दु:ख व्यक्त किया कि पाकिस्तान के लिए सेना की प्रतिबद्धता संभवत: अत्यंत घटिया योजना थी और हमारे द्वारा लिया गया भद्दा निर्णय था। यह एक भयंकर त्रुटि थी।[117]

नेहरू बदलती हुई परिस्थितियों के प्रति सचेत थे और अब उन्होंने चीनी विकल्पों पर गंभीरता से विचार करना आरंभ कर दिया था। नेहरू ने महसूस किया कि भारत के लिए यह महत्त्वपूर्ण था कि उसे एक ही समय दो प्रतिद्वंद्वियों और आक्रामक पड़ोसी देशों से नहीं उलझना चाहिए। भारत की सेना की कमजोरी को देखते हुए वह उस स्थिति में अपनी सुरक्षा को बनाए रखने की स्थिति में नहीं था, यदि उसे एक ही समय पर दो वैमनस्यपूर्ण शक्तियों का सामना करना होता।[118] दोनों शक्तियों अर्थात् पाकिस्तान और चीन में से पाकिस्तान कटु विरोधी था और नेहरू का मानना था कि पाकिस्तानियों को कभी भी संतुष्ट नहीं किया जा सकता है और अब तो बिल्कुल नहीं, जब उन्होंने अमेरिका के साथ सैन्य संबंध स्थापित कर लिये थे। नेहरू के मन में पाकिस्तानी नेतृत्व की अत्यंत खराब छवि थी। कड़ी आलोचना करते हुए उन्होंने चोऊ को बताया कि 'ये वही लोग हैं, जो इंग्लैंड की ओर थे और जिन्होंने स्वाधीनता का विरोध किया था। ये केवल धर्म पर निर्भर रहते हैं और इनका कोई राजनीति या आर्थिक आधार नहीं है।'[119]

पाकिस्तान ने दावा किया कि सेन्टो और सीटो की उसकी सदस्यता भारत के साथ इसके विवादों में पश्चिमी सैन्य और राजनीतिक सहायता के लिए प्रतिकार के तौर पर है। इस स्थिति पर अमेरिका का मत यह था कि 'भारत चीन के प्रति सैन्य दृष्टिकोण अपनाने के विरुद्ध है, क्योंकि इसकी यह मंशा है कि, जब तक यह पाकिस्तान के साथ सैन्य कार्रवाइयों में उलझा हुआ है, इसके पक्ष में एक मजबूत पड़ोसी देश होना चाहिए।'[120] नेहरू का विचार यह था कि 'हमारा प्रमुख संभव शत्रु पाकिस्तान है···यदि हम उसके साथ-साथ चीनी आक्रमण के बारे में सोचें और उसकी तैयारियाँ करें, तो हम पाकिस्तान की ओर से अत्यंत कमजोर पड़ जाएँगे।[121] अब नेहरू ने अत्यंत दूरगामी महत्त्व का निर्णय लिया। यह निर्णय पाकिस्तानी सेना से विरोध जारी रखने से संबंधित था, परंतु साथ ही राजनयिक रूप से चीन के साथ बातचीत करना और चीन की मित्रता हासिल करने के प्रयासों को जारी रखने का भी निर्णय लिया गया था, क्योंकि उनका मानना था कि पाकिस्तान एक 'अमेरिकी उपनिवेश' बन गया है।[122]

अत: इस नीति को जारी रखने के लिए नेहरू का मानना था कि तिब्बत के संबंध में चीन के साथ एक पूर्ण सहमति तक पहुँचना भी महत्त्वपूर्ण था। नेहरू के मन में, जो कुछ झिझक विद्यमान थी, वह अब समाप्त हो चुकी थी। 18 जून, 1954 को विदेश सचिव को भेजी गई टिप्पणी में उन्होंने अपना यह तर्काधार दिया—

चीन द्वारा तिब्बत को छोड़ने अथवा तिब्बत से उसे बाहर निकाले जाने की कोई उम्मीद

नहीं है, जब तक कि चीन को युद्ध में हराया न जाए। इनमें से किसी भी बात की कोई गुंजाइश नहीं है। अत: तिब्बत की सीमाओं से परे''जोखिम भरी नीतियों का कोई अर्थ नहीं है।

और किसी भी स्थिति में, जबकि चीन का तिब्बत पर पूर्ण नियंत्रण था, ऐसी अत्यंत कम संभावना थी कि भारत में कोई भी सरकार अन्यथा कदम उठा पाती। भारत के पास सीमित विकल्प थे, परंतु वे पूर्णत: महत्त्वहीन नहीं थे। नेहरू इस बात से सचेत थे कि चीन के साथ ऐसी लंबी सीमा की रक्षा करना एक अत्यंत महँगी और वित्तीय दृष्टि से देश को कमजोर बनानेवाली कवायद होगी, परंतु वे उन संभावित खतरों से भी अनजान नहीं थे, जो भविष्य में सिर उठानेवाले थे (नेहरू की राजदूत चेस्टर बोल्स के साथ बातचीत)। नेहरू का मानना था कि चीन के साथ मित्रता और स्थायी संबंध दक्षिण एशिया में शक्ति के रणनीतिक संतुलन का निराकरण करने का श्रेष्ठ तरीका है।[123] बाद में 1956 में नेहरू ने इसका वर्णन आइजनहावर को किया कि इस दृष्टिकोण ने रक्षा व्यय को कम करने में सहायता प्रदान की है, क्योंकि इसने विवादों के अवसरों को न्यूनतम किया है। नेहरू ने आगे यह भी स्पष्ट किया कि यदि वे इस नीति का अनुपालन नहीं करते तो वे लोगों के जीवन-स्तर को ऊपर उठाने के अपने प्राथमिक उत्तरदायित्व में असफल रहते जिसका अन्यथा अर्थ होता 'देश का आंतरिक पतन', जिससे साम्यवाद का उदय होता। चीन के साथ किसी सहमति पर पहुँचकर नेहरू को यह आशा थी कि दो प्रमुख वैमनस्यपूर्ण स्थितियों को बचाया जा सकेगा। इसके अलावा इतनी व्यापक सीमा की निगरानी की चौकसी करने का भारी व्यय भी बच सकेगा। सभी नेहरू के इस विचार से सहमत नहीं थे जैसा कि सर आर्चिबाल्ड न्ये (पूर्व जनरल) का मानना था कि नेहरू 'ऐसे आत्म-छल को मान चुके हैं कि तिब्बत पर उनके दावे के बावजूद, चीन के कोई आक्रामक मंसूबे नहीं हैं।[124]

इस समय चीनी भी इच्छुक नहीं थे, क्योंकि अभी तक तिब्बत अव्यवस्थित था और वे भारत के साथ अपने मतभेदों को भी सीमित करने के इच्छुक थे। उन्हें कोई आशंका नहीं थी कि भारत उन्हें हानि पहुँचाएगा।[125] रणनीतिक दृष्टि से चीन को भी मित्रों की आवश्यकता थी, क्योंकि वह सैन्य घेराबंदी झेल रहा था तथा पूर्वी समुद्री-तटीय सीमा-व्यापार पर अमेरिका द्वारा लगाए गए आर्थिक प्रतिबंधों का सामना कर रहा था। चीनी कम-से-कम इस समय तो एक और मोर्चा नहीं खोलना चाहते थे। तिब्बत को संतुष्ट करने के लिए यह महत्त्वपूर्ण था कि भारत का सहयोग लिया जाए। चूँकि भारत अमेरिका से संबद्ध नहीं था और चूँकि वह गुटनिरपेक्षता की हिमायत करता था, चीनियों का मानना था कि भारत के बारे में एक मित्र के रूप में 'विचार किया जा सकता है।'[126] इस नई नीति को माओ द्वारा पुन: दोहराया भी गया था, जब 26 जनवरी, 1951 को बीजिंग में भारतीय दूतावास में आयोजित गणतंत्र दिवस समारोह में उन्होंने भारतीय राजूदत को कहा था कि 'यह एक महान् दिन है; भारतीय लोग अच्छे लोग हैं।' भारतीय राजदूत ने दिल्ली रिपोर्ट भेजी कि माओ ने नेहरू के बारे में अच्छी बातें कहीं तथा नेहरू को चीन में जल्द देखने की इच्छा व्यक्त की।[127] यह मैत्री एशिया में अमेरिका का विरोध करने के लिए चीनी रणनीति का एक महत्त्वपूर्ण भाग बन गई।[128] फिर भी, चीनी भारत की सैन्य कमजोरी से भली-भाँति परिचित थे।

अत: इस समय भारत और चीन, दोनों ने ही अपने-अपने रणनीतिक कारणों से समझौता कर

लेने की आवश्यकता महसूस की। नेहरू ने चीन के साथ संबंधों को सामान्य बनाने तथा तिब्बत पर जानकारी प्राप्त करते हुए उसके साथ मित्रता करने के लिए निर्णायक कदम उठाए। 2 अगस्त, 1952 को चीनी सरकार को एक टिप्पणी भेजी गई, जिसमें सभी लंबित मुद्दों पर चर्चा करने तथा 'कतिपय प्रक्रियाओं को संशोधित, यहाँ तक कि इनमें से कुछ को समाप्त भी करने, यदि उन्हें चीन की गरिमा को प्रभावित करनेवाला माना जा रहा था, के लिए प्रस्ताव किया गया था।' नेहरू ने एक और पहल की जिसमें चीन के साथ उन मुद्दों पर चर्चा करने की पेशकश की गई थी, जो अभी भी अनसुलझे रह गए थे। पत्र में नेहरू ने कहा, 'सरकार महसूस करती है कि यह दोनों देशों (भारत और चीन) के लिए लाभप्रद होगा कि वे सभी शेष रह गई समस्याओं पर साथ मिलकर कार्य करें। प्रत्येक समस्या पर टुकड़ों में विचार करने से उसका संतोषजनक समाधान नहीं निकल पाएगा, परंतु अंततः इसका ठीक उल्टा किया गया।'

अपने पक्ष में नेहरू चीन को यह संकेत देते प्रतीत हुए कि वे तिब्बत में भारत के हितों को त्यागने के लिए तैयार हैं, जब उन्होंने चोऊ को सूचित किया था कि 'हमने इस स्थिति को पहचान लिया है तथा हम स्वयं को इसके अनुसार ढालने के लिए पूर्णतः तैयार हैं। चोऊ ने 15 अक्तूबर, 1953 को पूरे उत्साह के साथ इसका उत्तर दिया। वे वार्ताएँ प्रारंभ करने के लिए सहमत हो गए, परंतु उन्होंने इस बात पर जोर दिया कि उनका आयोजन बीजिंग में होगा तथा सुझाव दिया कि उन्हें उसी वर्ष दिसंबर में प्रारंभ किया जाए। बीजिंग में वार्तालापों के आयोजन पर जोर दिया जाना चीन की सार्वजनिक तौर पर यह दर्शाने की चाल थी कि 'हवा का रुख किस ओर है', क्योंकि तिब्बत पर 1914 की शिमला वार्ताएँ भारत में आयोजित की गई थीं। इस बार की बातचीत में कोई तिब्बती नहीं था और इस बार उनका आयोजन चीन में किया जाना था। अतः 31 दिसंबर, 1953 को वास्तविक चर्चा प्रारंभ होने से पूर्व ही, नेहरू ने पर्याप्त संकेत दे दिए थे कि भारत तिब्बत में ब्रिटेन से प्राप्त किए गए अपने सभी अधिकारों को अभ्यर्पित कर देगा। असहाय तिब्बतियों का पत्राचार में नाम तक नहीं आया तथा नेहरू उन्हें सूचित किए बिना ही उन्हें पूर्णतः त्यागने के लिए प्रतिबद्ध दिखाई दिए।

नेहरू इस बात से चिंतित थे कि चीन के साथ भारत की सीमाओं पर स्थिति संतोषजनक नहीं थी। फिर भी, एक अबोधगम्य से कदम के रूप में नेहरू ने 3 दिसंबर, 1953 को विदेश मंत्रालय महासचिव के माध्यम से भारतीय वार्ताकारों को एक निर्देश जारी किया, जिसमें एक बार पुनः यह दोहराया गया था कि—

> *हमें इस (सीमा के) मुद्दे को नहीं उठाना चाहिए। यदि चीन उठाता है, तो हम आश्चर्य व्यक्त करेंगे तथा यह कहेंगे कि यह एक सुलझाया जा चुका मुद्दा है। हमारा शिष्टमंडल इस पर चर्चा नहीं कर सकता है। यह प्रतीत होता है कि नेहरू ने यह मान लिया था कि उस नीति से हटने का कोई कारण नहीं था कि सीमा का सरेखण अब एक सुलझाया गया तथ्य है, सिवाए कुछ छोटे-छोटे भू-भागों के और उसे चीन के साथ उठाए जाने की आवश्यकता नहीं थी।*

नेहरू दिसंबर 1953 में चीन के साथ आरंभ हुई वार्ताओं की धीमी गति से खिन्न थे। उन्होंने 16 अप्रैल, 1954 को चीन में राजदूत राघवन को तार भेजा कि—

डलेस द्वारा आरंभ की गई नई नीति के कारण एक अत्यंत गंभीर स्थिति उत्पन्न हो गई है। हम इससे बहुत चिंतित हैं·· यदि तिब्बत पर भारत-चीन करार पर हस्ताक्षर हो जाते हैं तथा उसकी जल्द घोषणा कर दी जाती है, तो उसके पर्याप्त सकारात्मक प्रभाव होंगे·· मेरा आपको सुझाव है कि आप इन सभी तथ्यों को चीनी सरकार के ध्यान में लाएँ।[124]

कहना न होगा कि चीन के साथ वार्ताओं की यह युक्ति विचित्र और समझी न जा सकनेवाली थी तथा खराब ढंग से सोची गई थी। सर्वप्रथम तिब्बत में भारत की स्थिति वार्ताओं के प्रारंभ में ही खारिज की जा चुकी थी तथा चीनी अधिकारियों को इसका आधिकारिक रूप से संकेत दे दिया गया था। दूसरे यह तथ्य सुस्थापित था कि यदि समय आपके अनुकूल नहीं है, तो चीनियों से कभी वार्तालाप न करें। वे आपकी स्थिति को भाँप लेंगे और उससे अधिकतम लाभ उठा लेंगे। साथ ही कभी भी कोई मुद्दा खुला न रखें, क्योंकि चीनी उससे और भी लाभ उठाएँगे तथा और रियायतें प्राप्त कर लेंगे। दुर्भाग्यवश ठीक ऐसा ही हुआ। यह सरलता के साथ देखा जा सकता था कि भारत की अभिवृत्ति के फलस्वरूप अत्यंत सहजता के साथ तिब्बत का सर्वनाश हो गया।

चीन भारत द्वारा सामना की जा रही कठिन स्थिति के बारे में पूरी तरह जानकार था, क्योंकि साम्यवाद को 'बढ़ने' से रोकने के लिए अमेरिका ने पाकिस्तान को हथियार देने का निर्णय लिया था। चीनी यह भी जानते थे कि पाकिस्तान की उनका विरोध करने की कोई मंशा नहीं है और यह कि हाल ही में अर्जित किए गए अत्याधुनिक अमेरिकी हथियारों जैसे पैटन टैंकों का उपयोग केवल मैदानों में और भारत के विरुद्ध ही किया जा सकता है। पाकिस्तान के प्रधानमंत्री सुहरावरदी ने चीन के दौरे पर उन्हें पहले ही आश्वस्त कर दिया था कि स्थिति ऐसी ही है। चीनियों ने उचित निष्कर्ष निकाला कि भारत-पाक विवाद इतना व्यापक है कि उसका कभी समाधान किया ही नहीं जा सकता है। अत: भारत द्वारा चीन तथा तिब्बत पर चीनी नियंत्रण के संबंध में की जानेवाली वार्ताओं के लिए उपलब्ध अवसर को वस्तुत: अमेरिका-पाकिस्तान पारस्परिक रक्षा करार द्वारा काफी हद तक संकुचित कर दिया गया था। नेहरू पश्चिम और उत्तर दोनों ओर से रणनीतिक दबाव के संकट से गुजर रहे थे।

चीन के लिए 1954 में भारत और चीन के तिब्बत क्षेत्र के बीच व्यापार और पारस्परिक मार्गों के प्रयोग पर किया गया भारत-चीन करार एक उल्लेखनीय उपलब्धि थी। इसके फलस्वरूप तिब्बत की स्वतंत्रता की समाप्ति के दस्तावेज पर भारत द्वारा प्रतिहस्ताक्षर किए गए थे।[130] यह एशियाई इतिहास में भारत द्वारा दी गई रियायतों में सबसे बड़ी रियायत थी। नेहरू के लिए यह करार कम-से-कम एक सीमावर्ती क्षेत्र को सुरक्षित करने तथा एक ही अवसर पर उत्तर और पश्चिम दोनों ओर से एक साथ परेशानी झेलने से बचने का प्रयास था। नेहरू एक ही समय पर चीन और पाकिस्तान दोनों के साथ होनेवाली परेशानी को टालना चाहते थे। 'शांतिपूर्ण सह-अस्तित्व के पाँच सिद्धांत' प्रतिपादित करते हुए नेहरू को आशा थी कि चीन को नियंत्रण में रखा जा सकेगा ताकि, जब भी कभी सीमा मुद्दा उठाया जाए, तो उसे इस मुद्दे का हल करने के लिए 'शांतिपूर्ण पद्धतियाँ' अपनाने के लिए एक औपचारिक दस्तावेज में प्रतिबद्ध कराया जा सके। नेहरू के लिए यह एक अन्य महत्त्वपूर्ण मुद्दा था, क्योंकि उन्होंने महसूस किया था कि चूँकि चीन जनवादी गणराज्य अभी संयुक्त राष्ट्र का सदस्य नहीं बना था और उसकी संयुक्त राष्ट्र चार्टर के

अनुसार विवादों का 'शांतिपूर्ण' हल करने की कोई प्रतिबद्धता नहीं थी। वर्तमान चीनी लेखकों ने नेहरू को कोई श्रेय नहीं दिया है, बल्कि इस बात से इनकार किया है कि नेहरू 'शांतिपूर्ण सह-अस्तित्व के पाँच सिद्धांतों' के जनक थे तथा इसका संपूर्ण श्रेय प्रधानमंत्री चोऊ को दिया गया है।[131] और चीनियों ने इस बात पर भी बल दिया है कि उन्होंने भारतीय वार्ताकारों को स्पष्ट रूप से कह दिया था कि सीमा समस्याओं जैसे मुद्दे, जो अभी परिपक्व नहीं हुए हैं, लंबित रखे जा सकते हैं, परंतु क्या भारत ने वार्ताएँ प्रारंभ होने से पूर्व ही लगभग सभी मुद्दों पर आत्मसमर्पण कर दिया था? क्या नेहरू मृगमरीचिका के पीछे दौड़ रहे थे? न केवल तिब्बत को 'चीन का क्षेत्र' के रूप में मान्यता दे दी गई थी, बल्कि तिब्बत में भारत के सभी अधिकार, जो विगत वर्षों में अत्यंत कठिनाई के साथ अर्जित किए गए थे, एकपक्षीय रूप से एक ही झटके में त्याग दिए गए। उस दस्तावेज (शिमला कन्वेंशन) को निर्दिष्ट किए बिना, जिसके अंतर्गत भारत इन अधिकारों का प्रयोग कर रहा था, नए 1954 के करार में भारत द्वारा अर्जित किए गए सभी विशेष अधिकारों और प्राधिकारों को अभ्यर्पित कर देना एक राजनीतिक भूल थी, क्योंकि इसके साथ ही चीनियों को मैकमोहन रेखा को स्वीकार करने के लिए विवश करने का अवसर भी चला गया। अतः प्रत्यक्ष रूप से इसके बदले में चीन से कोई मूर्त माँग नहीं की गई। निस्संदेह ही इससे चीनी वार्ताकार भी आश्चर्य में आ गए होंगे। यह भी विशेषकर दुर्भाग्यपूर्ण रहा कि व्यापार केंद्रों पर सैन्य टुकड़ियों को तैनात करने के अधिकार को भी त्याग दिया गया, जबकि यहाँ भारतीय सैन्य टुकड़ियाँ तिब्बत के मौसम में स्वयं को ढालने तथा तिब्बती परिस्थितियों का अनुभव हासिल कर सकती थीं, परंतु नेहरू के लिए तिब्बत में भारतीय सैन्य टुकड़ियां 'ब्रिटिश साम्राज्यवाद का प्रतीक थीं' और उन्हें टुकड़ियों को वापस बुलाने में कोई हिचक नहीं हुई।

करार के अनुच्छेद 1(2) के अंतर्गत भारत को गार्टोक (पश्चिम तिब्बत) में व्यापार एजेंसी स्थापित करने की अनुमति दी गई थी, परंतु चीनी यह महसूस कर रहे थे कि पश्चिम तिब्बत में भारतीय उपस्थिति संभवतः अक्साई चिन में चल रहीं चीनी सड़क निर्माण गतिविधियों का पता लगा लेगी और उन्होंने एक अथवा अन्य बहाने से भारत को वहाँ कार्य करने की कभी अनुमति नहीं दी। एकमात्र सम्मान की बात यह थी कि मध्य क्षेत्र में छह दर्रों को ऐसे स्थलों के रूप में निर्दिष्ट किया गया था, जहाँ से व्यापारी और तीर्थयात्री गुजर सकते थे। यह दिलचस्प है कि चीनियों ने उन्हें 'सीमावर्ती दर्रों' के रूप में निर्दिष्ट करने से इनकार कर दिया और वे स्पष्टतः लद्दाख में डेमचोक को ऐसा दर्रा घोषित करने से इनकार करते रहे जिसके माध्यम से व्यापार संचालित किया जा सके। इसके स्थान पर 1954 के करार में निम्नलिखित अस्पष्ट सूत्र दिया गया था : 'सिंधु नदी घाटी के साथ-साथ ताशीगोंग की ओर जाने वाले पहले से चले आ रहे मार्ग का प्रयोग किया जाता रहेगा।' चीन द्वारा औपचारिक रूप से इसके लिए, जो कारण दिया गया वह यह था कि डेमचोक (लद्दाख), कश्मीर में है तथा वे किसी भारत-पाकिस्तान विवाद में 'शामिल' नहीं होना चाहते थे। इस बात को भी असहाय भारतीय वार्ताकारों द्वारा सहन कर लिया गया।

एक अन्य अस्पष्ट कार्रवाई में भारतीय वार्ताकारों ने ब्रिटिश से तिब्बत में भारत द्वारा विरासत में प्राप्त किए गए समस्त डाक नेटवर्क, टेलीग्राफ प्रणाली, सार्वजनिक टेलीफोन सेवाओं और उपकरणों तथा विश्राम गृहों को मात्र 3,16,828 रुपए की अल्प राशि में बेच दिया था (तिब्बत में

भारतीय संचार सुविधाओं को चीन को सौंपने पर संयुक्त वक्तव्य, 1 अप्रैल, 1955)। चीनी संभवत: भारतीय वार्ताकारों की नौसिखिया अथवा बेतुकी उदारता से आश्चर्यचकित हुए होंगे और उन्हें इस राशि का भुगतान तत्काल ही 31 मार्च, 1955 को कर दिया।

चीन के साथ 1954 के करार को हस्ताक्षर किए जाने का अर्थ था चीन द्वारा तिब्बत के आक्रमण के उपरांत समस्त घटनाक्रम का पूर्णत: विधिवत रूप से स्वीकार किया जाना तथा तिब्बत में भारतीय राजनीतिक प्रभाव की पूर्ण समाप्ति। पहली बार भारत ने किसी औपचारिक दस्तावेज में तिब्बत को चीन का अभिन्न हिस्सा स्वीकार किया था। अंतरराष्ट्रीय विधिक शब्दों में, इसने इस तथ्य का संकेत दिया कि उस एकमात्र देश, जिसके तिब्बत के साथ विशेष संबंध थे, ने अब इन संबंधों को त्यागने में सहमति व्यक्त कर दी है तथा ऐसा कदम दलाई लामा और यहाँ तक कि तिब्बत की सरकार को कोई संदर्भ भेजे अथवा उसके साथ परामर्श किए बिना उठाया है।[134] तिब्बतियों के लिए यह कहा जा सकता था कि एक स्वतंत्र राज्य बनने और कम-से-कम एक स्वायत्त राज्य रहने की तिब्बत की आकांक्षाओं पर अंतत: तुषारापात हो गया था।

25 अक्तूबर, 1953 को नेहरू ने विदेश मंत्रालय के महासचिव को स्पष्ट किया कि हम तिब्बत में सामंतवाद का समर्थन नहीं कर सकते हैं। असहाय तिब्बती सरकार के लिए कभी भी अधिक सहानुभूति नहीं रखी गई। नेहरू के विश्वासपात्र कृष्ण मेनन ने बाद में माइकल ब्रेचर को बल देते हुए कहा कि आज, जो कुछ भी स्थिति है, हमें प्रतिक्रियावादी धर्मतांत्रिक लामा शासन के प्रति भी कोई सहानुभूति नहीं है। तिब्बत में अधिकारों का कोई भी प्रश्न उनके (नेहरू के) मस्तिष्क में नहीं है।[135] नेहरू ने अब उन ऐतिहासिक अधिकारों और विशेषाधिकारों का 'ब्रिटिश साम्राज्य के कलंक' के रूप में वर्णन किया जिनका उपयोग तिब्बत में भारत द्वारा किया जा रहा था।[136] नेहरू तिब्बत में दलाई लामा के नेतृत्ववाले शासन से भी घृणा करते थे, क्योंकि उसके कारण 'सामंतवाद' की रक्षा की जाती थी और उन्होंने स्वयं टिप्पणी की थी कि 'हम सामंतवाद के रक्षकों के रूप में खड़े नहीं हो सकते हैं!' यह एक विशुद्ध और सरल सुविधावाद था, क्योंकि यदि ऐसा नहीं होता, तो नेहरू ने इन सभी अधिकारों को तभी छोड़ दिया होता, जब भारत ने 1947 में आजादी हासिल की थी? इसके विपरीत, भारत ने 1947 को एक टिप्पणी में तिब्बती सरकार को इस बात की पुष्टि कर दी थी कि 'भारत सरकार यह आश्वासन मिलने पर प्रसन्नता का अनुभव करेगी कि तिब्बत सरकार की यह इच्छा है कि वह विद्यमान आधार पर संबंधों को जारी रखना चाहती है। तिब्बत सरकार ने वस्तुत: ऐसा आश्वासन दिया था।[137] बाद में दलाई लामा ने यह संकेत दिया था कि मैकमोहन रेखा ऐसे ब्रिटिश 'साम्राज्यवादी' अधिकारों का उत्पाद है, जो 1914 के शिमला कन्वेंशन के अंतर्गत सुदृढ़ हुए थे। नेहरू ने दलाई लामा के इस दावे पर रोष व्यक्त किया था।

परंतु नेहरू को कोई खेद नहीं था। वस्तुत: वे 1954 के करार पर हस्ताक्षर करके प्रसन्न थे। उन्होंने गर्व से घोषणा की, 'हमने पिछले छह वर्षों में विदेशी मामलों के क्षेत्र में तिब्बत पर इस करार पर हस्ताक्षर करने के अलावा कोई और बेहतर कार्य नहीं किया है। मुझे इसके बारे में जरा भी संदेह नहीं है। यह करार न केवल हमारे देश के लिए अच्छा है, बल्कि संपूर्ण एशिया तथा शेष विश्व के लिए भी बेहतर है।'[138] 15 मई, 1954 को प्रसन्न नेहरू ने लोकसभा को बताया कि 'शांति के इस क्षेत्र का पूरे एशिया और वस्तुत: समस्त विश्व में विस्तार होगा।' 29 जून, 1954 को

जी.एल. मेहता को लिखते हुए नेहरू ने यह भी कहा कि 'हमने केवल वही छोड़ा है, जो वास्तव में हम धारण नहीं कर सकते थे तथा, जो वस्तुत: अब चला गया है। एक भारतीय अधिकारी (आर. के. नेहरू) ने ब्रिटिश उप उच्चायुक्त को बताया कि चीन के तिब्बत क्षेत्र का संदर्भ 'यथार्थवाद को रियायत' प्रदान करना था।[139]

नेहरू न केवल आश्वस्त थे कि उन्होंने एक सही फैसला किया है, बल्कि, जब तिब्बत में भारतीय अधिकारों के बारे में प्रश्न किया गया, तो नेहरू ने दृढ़तापूर्वक उत्तर दिया कि यदि हमने स्वैच्छिक रूप से अपनी सेनाओं को वापस नहीं लिया होता तो हमें बल से ऐसा करने के लिए विवश किया जाता। इस बात में कोई संदेह नहीं है।[140] नेहरू ने यह भी कहा कि इसे 'सम्मानपूर्वक' देना बेहतर था, जब संशयवादियों ने एक मध्यवर्ती राज्य के रूप में तिब्बत की हानि पर दु:ख व्यक्त किया, तो नेहरू ने अत्यंत व्यंग्यपूर्ण शैली में उन्हीं पर ताना मारते हुए उल्टा प्रश्न किया 'मध्यवर्ती राज्य किनके बीच में?' नेहरू ने मुख्यमंत्रियों को भी लिखा था कि उनके करार के दो महत्त्वपूर्ण पहलू थे कि (1) अप्रत्यक्ष रूप से हमारे लंबे सीमावर्ती क्षेत्र के प्रश्न का समाधान हो जाए, तथा (2) गैर-आक्रमण और गैर-हस्तक्षेप की प्रवृत्ति के सिद्धांतों को निर्धारित किया जाए।[141] यह पूर्णत: अमान्य आकलन बाद के वर्षों में नेहरू को परेशान करनेवाला था।

1954 के करार का बचाव करने में नेहरू द्वारा दर्शाया गया असामान्य उत्साह संभवत: उनकी इस धारणा पर आधारित था कि चीनी भारतीय मानचित्रों पर दर्शाए गए सीमा संरेखण पर मौन सहमति दे रहे थे। इस धारणा को मजबूती तब मिली, जब चीन ने 1954 के करार पर हस्ताक्षर की जानेवाली चर्चाओं के दौरान किसी भी समय सीमा का मुद्दा नहीं उठाया और साथ ही वह मध्य क्षेत्र में छह दर्रों का उल्लेख करने पर भी सहमत हो गया था। उल्लेख किए गए छह दर्रे थे : शिपकी ला, माना, नीति, कुंग्री बिंग्री, दर्मा और लिपु लेख। एक धारणा के साथ प्रारंभ होकर यह आत्म-भ्रम का कृत्य बन गया था और एक ऐसे तथ्य में परिवर्तित हो गया कि चीनी सरकार का न केवल भारतीय सीमा संरेखण के साथ कोई विवाद नहीं था, बल्कि वस्तुत: भारत द्वारा दर्शाई गई पारंपरिक प्रथागत रेखा को भी मान्यता दे दी गई थी! विदेश कार्यालय के एक वरिष्ठ अधिकारी ने कौटिल्य के छद्म नाम से लिखते हुए 1954 के करार का बचाव किया तथा यह उल्लेख किया कि हमारे प्रधानमंत्री ने एक से अधिक बार संसद में और बाहर यह घोषणा की है कि हम अपने वर्तमान सीमावर्ती क्षेत्रों के साथ खड़े हुए हैं तथा हमारे पास यह मानने का कोई कारण नहीं है कि सीमावर्ती क्षेत्र का कोई विवाद विद्यमान है। अभी तक ऐसा कोई भी मुद्दा सामने नहीं आया है।[144] यह अत्यंत आत्म-भ्रम में संचालित की गई कार्रवाई थी।

फिर भी भारत की संसद ने 3 जून, 1954 को करार अनुमोदित कर दिया। प्रेस में भी इस बारे में काफी चर्चा थी। 'अमृत बाजार' पत्रिका ने 7 जून, 1954 को यह विचार व्यक्त किया कि करार ने मैकमोहन रेखा को चीन का मौन अनुमोदन प्रदान किया था। 5 मई, 1954 के 'इंडियन एक्सप्रेस' ने भी यह विचार प्रस्तुत किया कि मैकमोहन रेखा के इस ओर कतिपय भू-भागों पर चीनी दावा स्थापित करनेवाले तथाकथित मानचित्र शरारती बाह्य व्यक्तियों की दुर्भावनापूर्ण कल्पना के उत्पाद थे। 'दि टाइम्स ऑफ इंडिया' ने 1 मई, 1954 को यह तर्क दिया कि चीन के साथ करार 'विद्यमान रेखा की वैधता की स्वीकृति' थी। अनेक अग्रणी हस्तियों द्वारा अनेक भाषण दिए

गए, प्रतिष्ठित संवाददाताओं द्वारा इस विषय पर अनेक लेख लिखे गए कि 'हजार वर्ष तक' दो महान् एशियाई मित्रों और पड़ोसी देशों के बीच निर्बाधित शांति और भाईचारा रहा है। सुखबोध की भावना सर्वत्र थी। कृष्ण मेनन ने संयुक्त राष्ट्र महासभा के नौवें सत्र में विस्तारपूर्वक बोला तथा 1954 के करार के परिणामों की 'एशियाई विश्व में शांति के महान् योगदानकर्ता' के रूप में व्याख्या की। नेहरू इस बात से आश्वस्त थे कि मतभेदों के बावजूद भारत और चीन का साथ आ जाना 'एशिया के लिए और संभवत: संपूर्ण विश्व के लिए' भी एक बड़ी घटना थी। 15 मई, 1954 को लोकसभा में बोलते हुए नेहरू ने यह विचार व्यक्त किया कि इस करार द्वारा हम एशिया के कतिपय क्षेत्रों में एक बड़ी मात्रा तक शांति सुनिश्चित करेंगे। चीनियों ने, जो सदैव ही यथार्थवादी रहे हैं, ऐसा कोई दावा नहीं किया था। तिब्बत पर करार उस शांति को नहीं खरीद सका जिसके बारे में नेहरू ने सोचा था कि उन्होंने इसके बारे में बातचीत कर ली है। यह नैतिक अनिवार्यताओं में अत्यधिक भरोसा रखने और शक्ति की वास्तविकता की खराब समझ का मामला था। पहले की तुलना में कहीं अधिक, भारत की सुरक्षा को दो सीमावर्ती क्षेत्रों से खतरा बढ़ गया था, परंतु सीमा के प्रश्न अनसुलझे बने रहे।

तिब्बत पर चीन की स्थिति को विधिक और वास्तविक रूप से भारत द्वारा मान्यता प्रदान किए जाने के एक बड़े रणनीतिक लक्ष्य की प्राप्ति करने के उपरांत, अब सीमा पर टकराव के लिए परिदृश्य तैयार किया जा रहा था, क्योंकि 1954 के करार की चीनियों द्वारा पुष्टि नहीं की गई थी कि वे भारतीय मानचित्रों पर दर्शाए गए संरेखण से सहमत हैं अथवा मौन सहमति दे रहे हैं, जब राजदूत राघवन ने वार्तालापों की समाप्ति पर पैंतरा बदला और यह कहा कि 'आइए, इस करार के माध्यम से हमारे सभी मतभेदों का निपटान होने की खुशी में साथ ड्रिंक लें', तो सदैव सतर्क चोऊ ने उल्लेखनीय उत्तर दिया, 'उन सभी मुद्दों के निपटान के लिए, जो निपटान के लिए परिपक्व हो चुके हैं'।[143] भावी संकेत नजर आ रहे थे। भारतीय नीति-निर्माताओं को तभी सतर्क हो जाना चाहिए था, परंतु दुर्भाग्यवश चोऊ की टिप्पणियों को पूर्णत: नजरअंदाज कर दिया गया।

चीन की समझौता न करने की अभिवृत्ति का एक अन्य साक्ष्य भी जल्द ही उपलब्ध हो गया। भारत सरकार द्वारा बार-बार अनुरोध किए जाने के बावजूद चीनी सरकार ने शंघाई नगर पालिका निगम द्वारा छँटाई किए गए भारतीय नागरिकों को वेतन की प्रतिपूर्ति करने में हस्तक्षेप करने से इनकार कर दिया। न ही वह जिनजियांग (सिनकियांग) में भारतीय राष्ट्रिकों के दावों का निपटान करने के लिए तैयार हुई, जब उनकी सपंत्तियों को स्थानीय प्राधिकारियों द्वारा जब्त कर लिया गया था। चीनी अभिवृत्ति में यह विरोधाभास वस्तुत: स्पष्ट था, जब यह देखा गया कि भारत सरकार ने एक छोटी सी राशि के लिए तिब्बत में अपने सभी अधिकार छोड़ दिए थे।

चीन के साथ मित्रता प्रदर्शित करने के नेहरू के अनेक सघन प्रयासों के बावजूद चीनियों ने खुले तौर पर यह कभी नहीं स्वीकार किया कि कश्मीर भारत का हिस्सा था। दिल्ली में 1954 में हुई एक बैठक के दौरान, जब नेहरू ने चोऊ को पाकिस्तान का एक विस्तृत और स्पष्ट लेखा-जोखा प्रस्तुत किया था अर्थात् उसका उद्भव उसकी नीतियाँ और उसके विशेष रूप से साम्यवाद के विरुद्ध अमेरिका द्वारा प्रायोजित सुरक्षा समझौते, परंतु चोऊ ने मौन धारण किए रखा। उन्होंने पाकिस्तान के विरुद्ध कभी भी कुछ नहीं कहा। सतर्क नेहरू को तभी यह बात समझ जानी चाहिए

थी। यदि वह समझ गए थे तो यह प्रतीत होता है कि उन्होंने उसकी अनदेखी की। अक्तूबर 1954 में चीन में नेहरू के दौरे के दौरान, चोऊ ने नेहरू के सामने एक प्रस्ताव रखा, जब उन्होंने यह सुझाव दिया कि नेहरू कश्मीर पर पाकिस्तान के प्रधानमंत्री के साथ वार्तालाप करने पर विचार करें। नेहरू ने सरसरी तौर पर इससे इनकार कर दिया।[144]

इससे पूर्व 7 अक्तूबर, 1954 को चोऊ ने चीन का दौरा करनेवाले पाकिस्तानी महिला शिष्टमंडल को बताया था कि 'चीन शांतिपूर्ण रवैया रखता है तथा कश्मीर मुद्दे पर तटस्थ है'।[145] चोऊ द्वारा यह आश्वासन नेहरू की चीन की यात्रा के मात्र कुछ दिन पूर्व ही दिया गया था। यहाँ तक कि, जब अमेरिका-पाकिस्तान पारस्परिक सहायता करार 1954 में हस्ताक्षरित किया गया था, पाकिस्तान के प्रति चीन की अभिवृत्ति में हल्का सा भी परिवर्तन नहीं हुआ, हालाँकि चोऊ ने 16 मार्च, 1656 को भारतीय राजदूत को मौखिक रूप से कहा था कि 'कश्मीर के लोग भारत में शामिल होने की इच्छा को पहले से ही अभिव्यक्त कर चुके हैं'।'[146] लेकिन चीन ने इससे पूर्णत: इनकार कर दिया। उस वर्ष बाद में 25 दिसंबर, 1956 को चोऊ ने कराची में एक प्रेस कॉन्फ्रेंस में यह खुलासा किया कि उन्होंने वस्तुत: कश्मीर के बारे में नेहरू से बात की थी, परंतु अपनी वार्ताओं के निष्कर्ष को बताने से इनकार कर दिया। इसके उपरांत, जब कभी चोऊ से कश्मीर के बारे में पूछा गया, उन्होंने सदैव ही कोई सीधा उत्तर देने में टालमटोल की। उन्होंने यह जताया कि चीन ने मुद्दे का 'अध्ययन नहीं किया' है, जब उनसे एक सीधा प्रश्न पूछा गया ('अमृत बाजार' संवाददाता) तो चोऊ ने कहा—

> *हमें आशा है कि कश्मीर प्रश्न का हल सौम्यतापूर्ण निकल जाएगा, क्योंकि भारत और पाकिस्तान एक ही देश के दो भाग हैं। इनके लोग समान नस्ल के हैं। उनके बीच ऐसा कोई विवाद नहीं हो सकता, जिसे हल नहीं किया जा सकता है।*

तथापि चोऊ ने 5 फरवरी, 1957 को कोलंबो में आयोजित एक प्रेस कॉन्फ्रेंस में एक अत्यंत रुचिकर टिप्पणी की कि चीन ने 'सदैव' ही यह मत रखा है कि कश्मीर का मुद्दा संयुक्त राष्ट्र को नहीं सौंपा जाना चाहिए, क्योंकि इससे साम्राज्यवादियों को 'उनके अपने हितों के लिए मुद्दों का शोषण करने' का अवसर मिल जाएगा।[149] इस प्रकार भारत के साथ अपने बेहतर संबंधों की समूची अवधि के दौरान चीन की स्थिति संदिग्ध बनी रही जिस तथ्य को पाकिस्तान ने नजरअंदाज नहीं किया। बाद में चीन ने, जब भारत के साथ उसके संबंध कटुतापूर्ण बन गए, तो रूखेपन से भारतीय वार्ताकारों को एक भी ऐसा आधिकारिक दस्तावेज दिखाने को कहा, जिसमें उसके द्वारा यह कहा गया हो कि कश्मीर भारत का भाग है। उद्धरण नहीं मिल पाया।

लेकिन इस समय चोऊ एनलाई पर नेहरू पूरी आस्था रखते थे। उन्होंने सोचा था कि चोऊ एक विवेकशील व्यक्ति हैं तथा उनके साथ वार्ताएँ करना आसान था और इससे नेहरू को चीन के साथ एक गहरी और अटूट मित्रता करने के लिए अपनी धारणा की पुष्टि करने में मदद मिली। कृष्ण मेनन ने इस दृष्टिकोण की पुन: पुष्टि की, जब उन्होंने 21 जनवरी, 1954 को नेहरू को तार भेजा था कि चोऊ एक उत्कृष्ट व्यक्ति हैं तथा मेरा मानना है कि वे एक महान् और कुशल व्यक्ति भी हैं···वे अत्यंत चतुर और स्थिति को भाँपने में माहिर हैं, वे पूर्णत: चीनी हैं, परंतु आधुनिक भी हैं। 'हिंदी-चीनी भाई-भाई' का नारा न केवल नेहरू के इर्द-गिर्द शासक वर्ग में आम हो गया था, बल्कि

भारत में अधिकांश लोग, जिनमें प्रेस के कुछ सदस्य भी थे, इसी चिंतन पर विश्वास भी करते थे। दिल्ली में तैनात एक विदेशी राजदूत ने यह टिप्पणी की कि नेहरू डलेस (अमेरिकी सेक्रेटरी ऑफ स्टेट) की तुलना में चोऊ पर अधिक विश्वास रखते थे।[150] संभवत: डलेस द्वारा उनके विश्वास को बार-बार ठेस पहुँचाए जाने को ध्यान में रखते हुए ऐसा आकलन तैयार करने के लिए नेहरू को क्षमा किया जा सकता है, लेकिन अपने आप में ही सही, नेहरू के संदेह कायम रहे। सार्वजनिक तौर पर चीनियों पर उनके गहन विश्वास, जिसे उन्होंने अत्यंत वाक् निपुणता और स्पष्टता के साथ अभिव्यक्त किया गया था, तथा चीन के प्रत्यक्ष उद्देश्यों के बारे में उनके निजी संदेहों ने मिलकर नेहरू को इतना नौसिखिया और डगमग बना दिया था, लेकिन फिर भी नेहरू ने शीघ्र ही चालाक और स्थिति पर पैनी नजर रखनेवाले चोऊ से एक कड़ा सबक सीखा।

संदर्भ :

1. गोल्डस्टेन, ए हिस्ट्री ऑफ मॉडर्न तिब्बत : दि डिमाइस ऑफ ए लामेस्ट स्टेट 1931-51 (बर्कले : यूनिवर्सिटी ऑफ कैलिफोर्निया प्रेस), पृष्ठ 31। यह भी देखें जी योक्वान, बाई जू : जेफेंग ऑफ तिब्बत (बीजिंग : जोंगो वुजी, 1993)।
2. त्सेरिंग साक्या, ड्रैगन इन दि लैंड ऑफ स्नोज : ए हिस्ट्री ऑफ मॉडर्न तिब्बत सिम 1947 (न्यूयॉर्क : कोलंबिया यूनिवर्सिटी प्रेस, 1999), पृष्ठ 45, यह भी देखें—झांग गोहुआज एकाउंट इन सर्वे ऑफ चाइना मेनलैंड प्रेस (एस.सी.एम.पी.) संख्या 2854, 6 नवंबर, 1962, पृष्ठ 6।
3. राष्ट्रीय अभिलेखागार (यूके) ब्रिटिश विदेश कार्यालय फाइल संख्या 371-76314 कोड 94, संख्या 1016. यह भी देखें—त्सेरिंग साक्या, ओ.पी.-सी.आई.टी., पृष्ठ 25।
4. एफ.आर.यू.एस. 1950, खंड VI, पृष्ठ 365, लंदन में अमेरिकी राजदूत डगलस द्वारा सेक्रेटरी ऑफ स्टेट को, तार संख्या 3480 दिनांक 20 जून, 1950।
5. एफ.आर.यू.एस. (1950), खंड VI, पृष्ठ 613।
6. पाणिक्कर, इन टू चाइनाज : मेमोरीज ऑफ ए डिप्लोमैट (लंदन : एलेब्ड एंड अनविन 1956), पृष्ठ 102।
7. जॉन लाल, अक्साई चिन और भारत-चीन विवाद (दिल्ली : एलाइड पब्लिशर्स प्रा.लि. 1989), पृष्ठ 233।
8. सोवियत समाचार-पत्र दि न्यू टाइम्स संख्या 49 (1950), पृष्ठ 21।
9. ज्ञान संख्या एफ. 2-1.22 दिनांक 15 दिसंबर, 1950, सर ई. डेनिंग द्वारा सर डब्ल्यू स्ट्रांग को।
10. एफ.आर.यू.एस. 1950, खंड VI (पूर्वी एशिया और प्रशांत), पृष्ठ 185, सर ई. डेनिंग तथा थाईलैंड में अमेरिकी राजदूत स्ट्रैंटन के बीच वार्तालाप ज्ञापन।
11. सेलेक्टेड वर्क्स ऑफ जवाहरलाल नेहरू (एस.डब्ल्यू.जे.एन.)—शृंखला II, खंड 15(2), पृष्ठ 444, नेहरू द्वारा पाणिक्कर को 25 अक्तूबर, 1050 का तार।
12. अमिया एवं बीजी राव, सिक्स थाउजेंड डेज : नेहरू, प्राइम मिनिस्टर (दिल्ली : स्टर्लिंग पब्लिशर्स 1947), पृष्ठ 98-99।
13. पायोनियर, 31 अक्तूबर, 1950।
14. जियांग सिए, लि हुई, ए हिस्ट्री ऑफ दि काउंटर अटैक वार इन सेल्फ डिफेंस एलांग दि सीनो—इंडियन बॉर्डर (एच.सी.ए.डब्ल्यू.एस.डी.एस.आई.बी.) (बीजिंग : मिलिट्री साइंस पब्लिकेशन। अध्याय 2, खंड 1 (मूल चीन में))।
15. गोल्ड स्टेन, ओ.पी.-सी.आई.टी., पृष्ठ 708, एफ.सी.ओ. फा. संख्या एफ.ओ. 371/84454।

16. एफ.आर.यू.सी. 1950, खंड VI (चीन), पृष्ठ 570। अमेरिकी राजदूत हेंडरसन द्वारा सेक्रेटरी ऑफ स्टेट्स को (20 नवंबर, 1950)।
17. गोल्डस्टेन, ओ.पी.-सी.आई.टी., पृष्ठ 729। वाजपेयी विदेश मंत्री महासचिव द्वारा ब्रिटिश उच्चायुक्त के लिए निर्देश पढ़े गए, जिन्होंने त्सेरिंग साक्या, ओ.पी.-सी.आई.टी., पृष्ठ 59 भी देखें; एस.डब्ल्यू. जे.एन.-द्वितीय श्रृंखला, खंड 15(2) भी देखें।
18. एफ.आर.यू.सी. 1951, खंड VII पृष्ठ 1528, अमेरिकी दूतावास, लंदन द्वारा सेक्रेटरी ऑफ स्टेट्स, वाशिंगटन को, तार संख्या 38.3 दिनांक 9 जनवरी, 1951।
19. गोल्डस्टेन, ओ.पी.-सी.आई.टी.; पृष्ठ 718. सर ग्लैडविन जेब द्वारा विदेश कार्यालय, लंदन को एफ.सी.ओ. फाइल संख्या 371-84454 में भेजा गया दिनांक 14 नवंबर, 1950 का तार।
20. एफ.सी.ओ. यू.के. उच्चायुक्त दिल्ली को तार संख्या 2538 दिनांक 10 नवंबर, 1950, एफ.सी.ओ. फाइल संख्या 371/84454।
21. गोल्डस्टेन, ओ.पी.-सी.आई.टी.; पृष्ठ 734, आर.एच. स्कॉट, एफ.सी.ओ. द्वारा कार्यवृत्त संख्या 371/84454 दिनांक 28 नवंबर, 1950।
22. गोल्डस्टेन, ओ.पी.-सी.आई.टी.; पृष्ठ 718।
23. एफ.आर.यू.सी. 1950, खंड VI, पृष्ठ 603, अमेरिकी राजदूत, दिल्ली द्वारा सेक्रेटरी ऑफ स्टेट्स, वाशिंगटन को, पत्र संख्या 793बी-00/12-1850 दिनांक 18 दिसंबर, 1950।
24. एफ.आर.यू.सी. 1951, खंड VII पृष्ठ 159।
25. सरदार पटेल पत्राचार 1945-50। दुर्गादास द्वारा संपादित (अहमदाबाद : नवजीवन प्रकाशन हाउस, 1974) खंड X, पृष्ठ 335। नेहरू का 18 नवंबर, 1950 का उत्तर पृष्ठ 341 पर है।
26. ट्रांसफर ऑफ पावर 1942-47 : दि माउंटबेटन वायरॉयल्टी, भारत कार्यालय अभिलेख, पृष्ठ 156, अत्यंत गुप्त पत्र संख्या एफ.7-एन.ई.एफ./46 दिनांक 8 अप्रैल, 1947 (फ्राइट टू होपकिंसन)।
27. सी.एस. झा, फ्रॉम बेल्ग्रेड टू ताशकंद : ग्लिम्पसिस ऑफ इंडियाज फॉरेन पॉलिसी (दिल्ली : संगम बुक्स, 1983), पृष्ठ 44।
28. एस.डब्ल्यू.जे.एन.—द्वितीय श्रृंखला, खंड 15 (2), दिनांक 18 नवंबर, 1950 की टिप्पणी, पृष्ठ 342-47।
29. माइकल ब्रेचर, नेहरू : एक पॉलीटिकल बायोग्राफी (बोस्टन : बीकन प्रेस, 1962), पृष्ठ 590।
30. नेहरू द्वारा संसद में दिया गया भाषण 17 मार्च, 1950।
31. नेहरू का बी. शिव राव, सांसद को पत्र दिनांक 23 जून, 1953।
32. जुदिथ ब्राउन, नेहरू : एक पॉलीटिकल लाइफ (दिल्ली : ऑक्सफोर्ड यूनिवर्सिटी प्रेस, 2003), पृष्ठ 317।
33. नेहरू, ए. बंच ऑफ ओल्ड लैटर्स (बंबई : एशिया पब्लिशिंग हाउस, 1958), पृष्ठ 385-86, माओ का नेहरू को पत्र दिनांक 24 मई, 1939।
34. जॉन रॉबिंसन, 'दि चाइनीज पॉइंट ऑफ व्यू, जर्नल ऑफ इंटरनेशनल अफेयर्स' (40) अप्रैल, 232-244।
35. मैकगी, ऑन दि फ्रंटलाइन इन दि कोल्ड वार (वेस्टपोर्ट कनेक्टिकट : त्रीगेट पब्लिशर्स, 1997), 232-244।
36. एफ.आर.यू.एस. 1949 खंड VI, पृष्ठ 1750-52, नेहरू और ट्रूमैन के बीच वार्ता ज्ञापन।
37. रिचर्डसन तिब्बत एंड इट्स हिस्ट्री (लंदन : ऑक्सफोर्ड यूनिवर्सिटी प्रेस, 1962, पृष्ठ 173)।
38. ब्रिटिश सी.डी.ए. बीजिंग द्वारा एफ.ओ., लंदन को पत्र संख्या एफ.टी. 1068/3 दिनांक 23 मार्च, 1950।
39. एफ.आर.यू.एस. 1950 (ईस्ट एशिया एवं प्रशांत), खंड VI, पृष्ठ 613 हेंडरसन द्वारा एलियट वेल को, तार संख्या 795-00/12-3050 दिनांक 30 दिसंबर, 1950।

40. दि ट्रूमैन लाइब्रेरी/जॉर्ज एम. एल्से पत्र।
41. एफ.आर.यू.एस. 1949 (चीन-भाग II) खंड IX, पृष्ठ 1097, हेंडरसन द्वारा सेक्रेटरी ऑफ स्टेट को तार संख्या 893.00/12-3049 दिनांक 30 दिसंबर, 1949।
42. एडविन मार्टिन डिवाइडेड कांसुल : एग्लो-अमेरिकन रिस्पॉन्स टू दि विक्ट्री ऑफ दि कम्युनिस्ट्स इन चाइना (यूनिवर्सिटी प्रेस ऑफ केंटकी, 1986), पृष्ठ 119। दि ट्रूमैन लाइब्रेरी : जॉर्ज एल्से पेपर्स भी देखें।
43. बी.एन. मलिक, माई यीउर्स विद नेहरू : दि चाइनीज बिट्रेयल (दिल्ली : एलाइड पब्लिशर्स प्रा.लि 1971), पृष्ठ 80।
44. रोबी बारेट, दि ग्रेटर मिडल—ईस्ट एंड दि कोल्ड वार : यू.एस. पॉलिसी अंडर आइजनहावर एंड कैनेडी (आई.बी. टौरम एंड कं. लि 2001), पृष्ठ 279।
45. एफ.आर.यू.एस. 1949, खंड IX, पृष्ठ 1086. भारत में अमेरिकी राजदूत हेंडरसन सेक्रेटरी ऑफ स्टेट को, तार संख्या 893.000/12-149 तिब्बत दिनांक 1 दिसंबर, 1949।
46. एफ.आर.यू.एस. 1950, खंड V, पृष्ठ 1445।
47. एफ.आर.यू.एस. 1949, खंड IX, पृष्ठ 1091, अमेरिकी दूतावास, लंदन डिपार्टमेंट ऑफ स्टेट को, तार संख्या 4903 दिनांक 12 दिसंबर, 1949।
48. गोल्डस्टेन, ओ.पी.-सी.आई.टी., पृष्ठ 136 आर.एम. बेल्चेर द्वारा डी.डी. कैनेडी को ज्ञापन संख्या 793बी.00/6-255 दिनांक 18 जून, 1949।
49. विदेश कार्यालय, लंदन, सर ई. डेनिंग को आंतरिक ज्ञान दिनांक 2 अगस्त, 1950।
50. जॉन क्नॉस, ऑफर्स ऑफ दि कोल्डवार : अमेरिका एंड दि तिब्बतन स्ट्रगल फॉर सर्वाइवल (न्यूयॉर्क पब्लिक अफेयर्स, 1999) पृष्ठ 53।
51. ब्रिटिश विदेश कार्यालय आंतरिक ज्ञापन दिनांक 23 अक्तूबर, 1950। आर. स्कॉट सर स्टेर्नडेल—बेनेट को।
52. गोल्डस्टेन, ओ.पी.-सी.आई.टी., पृष्ठ 620, राष्ट्रीय अभिलेखागार, क्यू, फाइल संख्या 371/84465, कोड एफ.टी. फाइल 1192।
53. गोल्डस्टेन, ओ.पी.-सी.आई.टी., पृष्ठ 756, एफ.सी.ओ. फाइल संख्या 371/93002, जिसमें अमेरिकी दूतावास के अधिकारियों के साथ बैठक के बारे में ब्रिटिश अधिकारियों द्वारा भेजी गई टिप्पणियाँ निहित हैं।
54. नेहरू विदेश मंत्रालय के सचिव को, टिप्पणी दिनांक 9 जुलाई, 1959।
55. ब्रिटिश उच्चायुक्त, दिल्ली सेकेटरी ऑफ स्टेट फॉर कॉमनवेल्थ रिलेशंस, फिलिप नोएल-बेकर को, संख्या एफ 943/1015/10 दिनांक 15 जनवरी, 1949।
56. एस्कॉट रीड, एन्वॉय टू नेहरू (दिल्ली एवं टोरंटो : ऑक्सफोर्ड यूनिवर्सिटी प्रेस, 1981), पृष्ठ 55।
57. अपा पंत, मंडला : एन एवेनिंग (दिल्ली एवं कलकत्ता : ओरिएंट लागमैंस, 1978)।
58. मैकगी पेपर्स, दि ट्रूमैन लाइब्रेरी, नेहरू और मैकगी के बीच 14 मार्च, 1951 को हुई वार्ता का ज्ञापन।
59. पाणिक्कर का नेहरू को तार दिनांक 6 जनवरी, 1950 तथा विदेश सचिव मेनन को दिनांक 20 फरवरी, 1950।
60. त्सेरिंग साक्या, ओ.पी.-सी.आई.टी., पृष्ठ 90।
61. रिचर्डसन, ओ.पी.-सी.आई.टी., पृष्ठ 189।
62. ब्रिटिश विदेश कार्यालय, पी. स्कॉट द्वारा आंतरिक ज्ञापन संख्या एफ.टी./10310/29 दिनांक 31 मई, 1951।
63. मुख्यमंत्रियों को पत्र दिनांक 25 मार्च, 1959 (खंड 5, 1958-1964) पृष्ठ 228।
64. एफ.आर.यू.एस. 1951, खंड VII, पृष्ठ 1529, अमेरिकी राजदूत हेंडरसन सेक्रेटरी ऑफ स्टेट्स को, 25 जनवरी, 1951 का तार।

65. एफ.आर.यू.एस. 1950, खंड VI, पृष्ठ 1603, अमेरिकी राजदूत हेंडरसन सेक्रेटरी ऑफ स्टेट्स को, 18 दिसंबर, 1950 का तार।
66. अपा पंत, ओ.पी.-सी.आई.टी., पृष्ठ 116।
67. एन.आर. पिल्लई, 'मिडल ग्राउंड बिटवीन अमेरिका एंड रशिया : एन इंडिया व्यू, फॉरेन अफेयर्स, जनवरी 1954।
68. एस.डब्ल्यू.जे.एन.—एस.एस., खंड 15 (पार्ट-2), पृष्ठ 348।
69. श्वेत पत्र III, पृष्ठ 93।
70. वी.एन. मलिक, ओ.पी.-सी.आई.टी., पृष्ठ 179-80।
71. लोर्ने जे. कैविच, इंडियाज क्वेस्ट फॉर सिक्यूरिटी (बर्कले : यूनिवर्सिटी ऑफ कैलिफोर्निया प्रेस, 1967) पृष्ठ 95।
72. एस.एस. खेड़ा, इंडिया डिफेंस प्रॉब्लम्स (बॉम्बे : ओरिएंट लांग मैंस, 1968)।
73. यांग विजांग, डांगडई झोन्गुओ (बीजिंग : कोंग्शु बियांजी बु, 1991), पृष्ठ 202-209।
74. एस.डब्ल्यू.जे.एन.-एस.एस., खंड 18, पृष्ठ 471।
75. जॉन लाल, ओ.पी.-सी.आई.टी., पृष्ठ 236।
76. एस. दत्त द्वारा नेहरू को टिप्पणी दि एस. दत्त पेपर्स, जवाहरलाल नेहरू स्मारक पुस्तकालय (जे.एन.एम.एल.)।
77. पाणिक्कर, ओ.पी.-सी.आई.टी., पृष्ठ 175।
78. एस. दत्त, ओ.पी.-सी.आई.टी., पृष्ठ 87।
79. रिचर्डसन, ओ.पी.-सी.आई.टी., पृष्ठ 196।
80. एस.डब्ल्यू.जे.एन.-एस.एस., खंड 18, तार संख्या 212 दिनांक 17 जून, 1952।
81. एस.डब्ल्यू.जे.एन.-एस.एस., खंड 18 दिनांक 18 जून, 1956 का तार, नेहरू द्वारा पाणिक्कर को।
82. एस.डब्ल्यू.जे.एन.-एस.एस., खंड 16(2), पृष्ठ 643, तार संख्या 327 दिनांक 28 सितंबर, 1951 पाणिक्कर द्वारा नेहरू को।
83. एस्कॉट रीड, ओ.पी.-सी.आई.टी., पृष्ठ 34।
84. तदेव, पृष्ठ 95।
85. पाणिक्कर, दि डिफेंस ऑफ इंडिया एंड इंडो-ब्रिटिश, ऑब्लिगेशंस, इंटरनेशनल अफेयर्स, खंड 2 (जनवरी, 1946), पृष्ठ 85-96।
86. एफ.आर.यू.एस. 1951, खंड VI (भाग-2) पृष्ठ 2188, अमेरिकी राजदूत चेस्टर बाउल्स नेहरू के साथ हुई वार्ता पर स्टेट डिपार्टमेंट को रिपोर्ट करते हुए।
87. एस. गोपाल, नेहरू (हार्वर्ड यूनिवर्सिटी प्रेस, 1984), पृ 275।
88. बी.के. नेहरू, नाइस गायज फिनिश सेकंड (इंडिया : विकिंग, 1997), पृष्ठ 278।
89. वी.एम. कॉल दि अनटोल्ड स्टोरी (दिल्ली : एलाइड पब्लिशर्स प्रा.लि. 1967), पृष्ठ 209।
90. नेहरू के सी.डी. देशमुख को टिप्पणी, दिनांक 26 जनवरी, 1952।
91. क्रोकर, नेहरू : ए कंटेम्परटीज एस्टिमेट (न्यूयॉर्क, रैंडम हाउस, 1960) पृष्ठ 156।
92. सर पॉल गोर-बूथ, विद ग्रेट टुथ एंड रिस्पेक्ट (लंदन : कांस्टेबल, 1934), पृष्ठ 295।
93. मैकगार, दि कोल्ड वार इन साउथ एशिया; ब्रिटेन, दि यू.एस. एंड इंडियन सब कॉन्टिनेंट 1945-65 (कैंब्रिज यूनिवर्सिटी प्रेस, 2013), पृष्ठ 162, सर पॉल गोर-बुश सैविले गार्नर को, 15 दिसंबर, 1962, डी.ओ. 196/209।
94. एफ.आर.यू.एस. 1961-62 खंड XIX, दस्तावेज, संख्या 164, यू.एस. राजदूत गालब्रेथ कैनेडी को, दिनांक 6 अगस्त, 1962।
95. ड्वाइट डी. एसेनहोवर, दि आइजनहावर डायरीज (न्यूयॉर्क : डब्ल्यू.डब्ल्यू. नोर्टन एंड कं. 1981), पृष्ठ 300।

96. जिंस बोकेरात, इंडिया इन दि मिरर ऑफ फॉरेन डिप्लोमेटिक आर्काइव्स (दिल्ली : मनोहर, 2004), पृष्ठ 108, ब्रिटिश उच्चायुक्त, दिल्ली सी.आर.ओ. लंदन को, संख्या एफ.वाई. 1192/102, दिसंबर, 1953।
97. तदेव, पृष्ठ 108, संख्या एफ. 16460/6/65 दिनांक 13 नवंबर, 1948।
98. बी.एम कॉल, ओ.पी. सी.आई.टी., पृष्ठ 209।
99. एफ.आर.यू.एस. 1952-54, खंड IX (पार्ट-2), अफ्रीका एंड साउथ एशिया, पृष्ठ 1720।
100. एफ.आर.यू.एस. 1952-54, खंड IX, पृष्ठ 1071, अमेरिकी राजदूत सेकेटरी ऑफ स्टेट को, तार संख्या 493. 919/7-2853।
101. एफ.आर.यू.एस. 1952-54, खंड IX, पृष्ठ 119-21, अफ्रीका एंड साउथ एशिया।
102. डेनिस कक्स, इंडिया एंड दि यूनाइटेड स्टेट्स : एस्ट्रेंग्ड डेमोक्रेसीज 1941-91 (वाशिंगटन: नेशनल डिफेंस यूनिवर्सिटी प्रेस, 1992), पृष्ठ 107।
103. गैलब्रेथ, ए लाइफ ऑफ अवर टाइम्स (न्यूयॉर्क : रेंडम हाउस, 1982), पृष्ठ 403।
104. डेनिस कक्स, ओ.पी.-सी.आई.टी., पृष्ठ 106।
105. शीत युद्ध इतिहास, खंड 11 अंक 2/2011, शीतयुद्ध सहयोग : चीनी विदेश मंत्रालय की फाइलें, एफ.एम.पी.आर.सी. फाइल संख्या 204-00007-15(1) मेमकॉन : माओ-नेहरू द्वितीय वार्ता, 2 अक्तूबर, 1954।
106. एफ.आर.यू.एस. 1952-54, खंड IX (भाग-I), पृष्ठ 131-34, ज्ञापन डलेस—अयूब वार्ता।
107. रिचर्ड एल्ड्रिच, माइकल कोलेमैन, ब्रिटेन एंड दि स्ट्रेटेजिक एयर ऑफेंसिव अगेस्ट दि सोवियत यूनियन : दि क्वेश्चन ऑफ एयर बेसेस इन साउथ एशिया 1945-49 (हिस्ट्री संख्या 242, खंड 74, 1989), पृष्ठ 400-26।
108. दि न्यूयॉर्क टाइम्स (एन.वाई.टी.), 5 नवंबर, 1953।
109. सर एंथनी इंडन, दि फुल सर्किल (लंदन : हॉटन मिफिन, 1960), पृष्ठ 9।
110. डब्ल्यू बांड्र्स, इंडिया, पाकिस्तान एंड दि ग्रेट पावर्स (न्यूयॉर्क : प्रीगेट, 1972), पृष्ठ 100-102।
111. नेहरू लोकसभा में बोलते हुए, 22 फरवरी, 1954।
112. रॉबर्ट मैकमोहन, दि कोल वार इन दि पेरीफेरी (न्यूयॉर्क : कोलंबिया यूनिवर्सिटी प्रेस, 1994), पृष्ठ 339।
113. चीन विदेश मंत्रालय फाइल संख्या 204-00007-15(1)। मेम्कोन : चोऊ-नेहरू द्वितीय वार्ता, अक्तूबर, 1954।
114. रॉबर्ट मैकमोहन, ओ.पी.-सी.आई.टी., पृष्ठ 190।
115. जना शिमट, 'पाकिस्तान टू गेट आर्म्स', न्यूयॉर्क टाइम्स, 15 फरवरी, 1954।
116. रॉबर्ट मैकमोहन, ओ.पी.-सी.आई.टी.।
117. तदेव, पृष्ठ 207।
118. स्टीफन कोहेन, इंडिया : एमर्जिंग पावर (वाशिंगटन : ब्रूकिंग्स इंस्टिट्यूट, 2001), पृष्ठ 39-40।
119. चीन विदेश मंत्रालय फाइल संख्या 2004-00007-15(1), मेम्कॉन चोऊ-नेहरू द्वितीय वार्ता, अक्तूबर, 1954।
120. एफ.आर.यू.एस. 1951, खंड VI, पृष्ठ 2017, सी.आई.ए. ज्ञान 1951।
121. सरदार पटेल पत्राचार, खंड X, पृष्ठ 334 (नवजीवन पब्लिशिंग हाउस, 1974)।
122. एफ.एम.पी.आर.सी. फाइल संख्या 2004-00007-15(1), मेम्कॉन चोऊ-नेहरू द्वितीय वार्ता, अक्तूबर 1954।
123. लिन जुइचेंग, सिनो-इंडियन बॉर्डर डिस्प्यूट एंड सिनो-इंडियन रिलेशंस (लौहाम, मैरी लैंड: यूनिवर्सिटी प्रेस ऑफ अमेरिका, 1994)।
124. ब्रिटिश हाई कमिश्नर, दिल्ली सी.आर.ओ. लंदन को 12 मई, 1951 का अति गोपनीय पत्र

125. सेलेक्टेड वर्क्स ऑफ माओ त्से-तुंग (एस.डब्ल्यू.एम. जैड) : ऑन डिप्लोमेसी, पृष्ठ 134।
126. तदेव, पृष्ठ 126-135।
127. एस. दत्त, ओ.पी.-सी.आई.टी., पृष्ठ 83।
128. लियु जुईचेंग, ओ.पी.-सी.आई.टी.।
129. एस.डब्ल्यू.जे.एन.-एस.एस., खंड 25, पृष्ठ 467।
130. रिचर्डसन, ओ.पी.-सी.आई.टी., पृष्ठ 197।
131. एच.सी.ए. डब्ल्यू.एस.डी.एस.आई.बी., अध्याय 2, खंड 1
132. त्सेरिंग साक्या, ओ.पी.-सी.आई.टी., पृष्ठ 118।
133. टी.एन. कॉल, ए डिप्लोमेट्स डायरी (दिल्ली : मैकमिलन, 2000), पृष्ठ 197।
134. गोल्डस्टेन, ओ.पी.-सी.आई.टी., पृष्ठ 471।
135. ब्रीचेर, इंडिया एंड वर्ल्ड पॉलीटिक्स (वेस्टपोर्ट, कनेक्टिकर प्रीगेट, 1968), पृष्ठ 140।
136. नेहरू लोकसभा में 10 मई, 1954 को बोलते हुए।
137. रिचर्डसन, ओ.पी.-सी.आई.टी., पृष्ठ 174।
138. एस. दत्त, ओ.पी.-सी.आई.टी., पृष्ठ 87-90।
139. श्रीनाथ राघवन, वार एंड पीस इन मॉडर्न इंडिया (रानीखेत : परमानेंट ब्लैक, 2010), पृष्ठ 241।
140. एस.डब्ल्यू.जे.एन., खंड 25, पृष्ठ 420।
141. मुख्यमंत्रियों को पत्र दिनांक 1 जुलाई, 1954।
142. विदेशी रिपोर्टर अक्तूबर, 1954, पृष्ठ 126।
143. टी.एन. कॉल, ओ.पी.-सी.आई.टी., पृष्ठ 64।
144. कोल्ड वार हिस्ट्री, ओ.पी.-सी.आई.टी., 20 अक्तूबर, 1954
145. श्वेत पत्र VI।
146. श्वेत पत्र VI। पृष्ठ 96।
147. तदेव, पृष्ठ 99।
148. पी.एम. चोऊ एनलाई, 9 दिसंबर, 1956 को कलकत्ता में आयोजित प्रेस कॉन्फ्रेंस में।
149. डिपार्टमेंट ऑफ स्टेट, आसूचना रिपोर्ट दिनांक 25 फरवरी, 1957।
150. क्रोकर, ओ.पी.-सी.आई.टी., पृष्ठ 99।

□

4

विवाद की शुरुआत (1954-59)

'विवाद के प्रत्येक विषय, झगड़े के प्रत्येक अवसर को समाप्त करने के लिए हमें भू-भागों की सीमाओं को स्पष्टता और सजगता के साथ निर्धारित करना चाहिए।'

(वटेल, 1758)

1950 में चीन द्वारा तिब्बत पर कब्जा जमाने से लेकर 1954 में भारत-चीन करार पर हस्ताक्षर होने के समय तक न तो भारत द्वारा दर्शाए गए सीमा संरेखणों के आसपास कोई चीनी आक्रमण हुआ (अक्साई चिन को पार करने के अलावा) और न ही ऐसी कोई अन्य घटना हुई। यह एक अत्यंत शांतिपूर्ण सीमा थी। चीनी अत्यंत सतर्क थे तथा उनकी मामलों को तत्काल ही सुलझाने की कोई मंशा नहीं थी। तिब्बत पर 1954 के भारत-चीन करार के परिणाम के रूप में भारत में व्याप्त खुशफहमी के बावजूद नेहरू अभी भी आशंकित बने रहे। वे अभी भी असहज महसूस कर रहे थे। 18 जून, 1954 को नेहरू ने महासचिव (विदेश मंत्रालय) को एक टिप्पणी भेजी, जिसमें चीन के बारे में उनकी मंशाओं का स्पष्टतः उल्लेख था, जो उन्हें अभी भी परेशान कर रही थीं। उन्होंने लिखा—

> *कोई भी देश स्थायी रूप से किसी अन्य देश की स्थायी सद्भावना अथवा सदाशय पर सदैव के लिए निर्भर नहीं रह सकता है, भले ही उनकी एक-दूसरे के साथ कितनी भी घनिष्ठ मित्रता ही क्यों न हो.. निश्चित रूप से यह समझा जा सकता है कि चीन के साथ हमारे संबंध खराब भी हो सकते हैं.. अतः हमें हमेशा परिवर्तन की संभावना को ध्यान में रखना है और हम अनजान नहीं हो सकते हैं। पर्याप्त सावधानियाँ बरती जानी चाहिए।*[1]

चीन की अंतिम मंशाओं के बारे में ये संदेह बने रहे, क्योंकि वह इस तथ्य से अनजान नहीं थे कि सीमा के बारे में चीन का कोई करार नहीं है। इस बात से अवगत रहते हुए कि, जब 27 सितंबर, 1951 को चोऊ ने पाणिक्कर को औपचारिक रूप से कहा था कि 'भारत और चीन के बीच कोई भू-भाग विवाद अथवा वैमनस्य नहीं है' (संसद में वक्तव्य 25 नवंबर, 1961), नेहरू चोऊ के तर्कों से पूरी तरह आश्वस्त नहीं थे और यदि इस संबंध में किसी संकेत की आवश्यकता थी, तो चीन ने 1954 में एक मानचित्र प्रकाशित किया, जिसमें सिक्किम, भूटान, नेपाल और नेफा को चीन का भाग दिखाया गया था।[2] चीनी अभी तक अपने मंसूबों को पूरी तरह साफ करने के लिए तैयार

नहीं थे, क्योंकि वे यह महसूस करते थे कि तिब्बत को शांत करने के लिए वे अभी तक पूरी तरह से तैयार नहीं हैं, हालाँकि अत्यंत तेजी से कार्य करते हुए भी चीनी तिब्बत के साथ अपनी मुख्य भूमि को जोड़ने के लिए नए राजमार्ग के निर्माण को पूरा करने में सफल नहीं हो पाए थे और उन्हें अवसंरचना में सुधार करने के लिए अधिक समय की आवश्यकता थी। चीन, भारत-चीन सीमा पर संपर्क सड़कों के तथा तिब्बत के साथ जिनजियांग को जोड़ने के लिए अक्साई चिन सड़क के निर्माण कार्य में भी व्यस्त था। इस सड़क के निर्माण के बारे में खबरें चीनी व्यापारियों द्वारा आनी आरंभ हुई थीं, जो विशेष रूप से ग्रीष्मकालीन माहों में प्रायः तिब्बत का दौरा किया करते थे।

इस दौरान चीन ने समय व्यतीत करने की अपनी नीति के अनुसार नेहरू की प्रशंसा करना जारी रखा। वे तिब्बत में अपनी स्थिति की कमजोरी को जानते थे तथा उन्होंने यह आकलन भी किया था कि उन्हें नेहरू की सद्भावना की आवश्यकता थी। चोऊ सीधे जिनेवा से दिल्ली आए और 25-28 जून, 1954 तक नेहरू के अतिथि के रूप में यहाँ रहे। भारत-चीन संबंधों का यह एक सुनहरा क्षण था। यहाँ तक कि दलाई लामा और सी.सी.पी. के बीच संबंधों, जो भारत-चीन संबंधों में सदैव ही एक महत्त्वपूर्ण कारक रहे थे, ने एक सकारात्मक मोड़ ले लिया था। यह प्रतीत हुआ कि संभवतः तिब्बत जनवादी गणतंत्र के भीतर स्वयं के लिए एक स्थान बनाने का प्रयास कर रहा है।[4]

लेकिन भारत की अपनी पहली यात्रा में चोऊ के दिल्ली आने का उद्देश्य नेहरू की चापलूसी करना था। चोऊ ने कहा, 'महामहिम को मेरी तुलना में विश्व और एशिया की ज्यादा जानकारी है' और चूँकि वे एक अत्यंत चतुर व्यक्ति थे, उन्होंने इससे भी आगे बढ़ते हुए इस बात पर बल दिया कि 'महामहिम ने मुझसे कहीं ज्यादा अंतरराष्ट्रीय मामलों में भाग लिया है।' साथ ही, चोऊ ने यह भी कहा कि वे यहाँ नेहरू से 'सीखने' आए हैं। नेहरू चापलूसी से अवश्य प्रभावित होते थे और वे भी इन बातों के प्रभाव में आ गए। विश्व के सम्मुख विद्यमान अनेक समस्याओं के बारे में चर्चा की गई, परंतु सीमा के प्रश्न पर कोई बातचीत नहीं हुई; संभवतः नेहरू अभी तक आश्वस्त नहीं थे कि चीन का भारत के साथ मित्रता करने के अलावा भी कोई अन्य प्रतिकूल उद्देश्य है।

फिर भी चोऊ के दिल्ली से जाने के कुछ ही समय बाद, नेहरू ने पर्याप्त चेतावनियों के माध्यम से सीमा संरेखण के मुद्दे पर भारत की स्थिति को मजबूत बनाने का निर्णय लिया ताकि इस बारे में कोई संदेह शेष न रह पाए। जबकि पूर्वी क्षेत्र में मैकमोहन रेखा भारत की सीमा को स्पष्टतः दर्शाती थी, पश्चिम क्षेत्र में स्थिति उतनी स्पष्ट नहीं थी। भारतीय सर्वेक्षण द्वारा 1889 के बाद से जारी किए गए मानचित्रों को देखने से पता चलता है कि अक्साई चिन को भारत के भाग के रूप में दर्शाया गया है, फिर भी सीमा रेखा को 'अपरिभाषित' ही दिखाया गया है। यह दिलचस्प है कि भारतीय सर्वेक्षण के 1903, 1917, 1929, 1936 और 1938 के मानचित्रों में पश्चिमी क्षेत्र में किसी निश्चित सीमा-रेखा को नहीं दर्शाया गया था। लेकिन, भारतीय सर्वेक्षण के 1945 के मानचित्र में भारत के वर्तमान सीमा संरेखण को उसी रंग से दर्शाया गया था, जो भारत के अन्य क्षेत्रों के लिए प्रयुक्त किया गया था, परंतु अभी भी इसमें सीमा-रेखा को 'अपरिभाषित' दिखाया गया था। यही स्थिति 1950, 1951 और 1952 में भी दर्शाई गई थी। यह देखना रुचिकर है, उसी रंग का प्रयोग किया गया है जैसा उत्तर-पश्चिमी सीमावर्ती क्षेत्रों के जनजातीय क्षेत्रों के लिए प्रयोग में लाया गया है।

तदनुसार, नेहरू ने 1 जुलाई, 1954 को निर्देश जारी किए कि—

इस सीमावर्ती क्षेत्र से संबंध रखनेवाले हमारे सभी प्राचीन मानचित्रों की सावधानीपूर्वक समीक्षा की जानी चाहिए और, जहाँ आवश्यक हो, उन्हें वापस लिया जाना चाहिए। नए मानचित्र मुद्रित किए जाने चाहिए जिनमें किसी रेखा का कोई संदर्भ दिए बिना हमारे उत्तरी और उत्तर-पूर्वी सीमावर्ती क्षेत्र को दर्शाया गया हो। इन नए मानचित्रों में यह भी बताया जाना चाहिए कि वहाँ कोई गैर-चिह्नित भू-भाग नहीं है। हमारी नीति तथा चीन के साथ हमारे करार के परिणामस्वरूप इस सीमावर्ती क्षेत्र को अंतिम रूप दे दिया गया है, न केवल इस करार में उपलब्ध विविक्षाओं द्वारा, बल्कि इसमें उल्लेख किए गए विशिष्ट दर्रे वहाँ हमारे सीमावर्ती क्षेत्र को प्रत्यक्षत: मान्यता देते हैं।[5]

अत: नेहरू के उपयुक्त निर्देशों के पश्चात् पश्चिम क्षेत्र के प्रथम मानचित्र 1954 में प्रकाशित किए गए जिनमें सीमा संरेखण को बिना किसी बदलाव के दर्शाया गया था। इस बात से आश्वस्त होते हुए कि उनके द्वारा सोची गई यह स्थिति निर्विवाद रूप से निर्धारित सीमा संरेखण पर ही आधारित है, नेहरू 18–30 अक्तूबर, 1954 तक चीन की यात्रा पर गए, जो प्रथम साम्यवादी सरकार के प्रमुख के तौर पर चोऊ की भारत यात्रा के बदले में की गई थी। नेहरू चोऊ एनलाई के साथ एक खुली कार में बीजिंग हवाई अड्डे से सिटी सेंटर पहुँचे। लगभग दस लाख लोग नेहरू का स्वागत करने के लिए बीजिंग की सड़कों पर कतार बनाकर खड़े थे। चीनियों द्वारा किए गए उत्कृष्ट आतिथ्य-सत्कार ने नेहरू पर प्रभाव जमाना प्रारंभ कर दिया था। 2 नवंबर, 1954 को एडविना माउंटबेटन को लिखे गए पत्र में नेहरू ने स्वीकार किया कि मेरा चीन में वैसा ही स्वागत हुआ, जैसा भारत के किसी बड़े शहर में होता है तथा उससे अनेक भावनाएँ प्रकट हो रही थीं। मेरा यह स्वागत आधिकारिक और लोकप्रिय था...पेकिंग में आगमन के दिन इसमें दस लाख लोगों ने भाग लिया। यदि मैं ऐसे स्वागत से प्रभावित नहीं होता हूँ, तो मैं संभवत: मनुष्य नहीं हूँ।[6] अपने सत्कार से अत्यंत प्रभावित होते हुए नेहरू ने लिखा कि चीन और भारत के प्रधानमंत्रियों के बीच बैठक 'एक विश्व समारोह' की भाँति थी। चीन के सम्मोहन में नेहरू का यह चरमोत्कर्ष था।

बीजिंग प्रवास के दौरान नेहरू ने 19 और 23 अक्तूबर, 1954 को माओ के साथ दो बार भेंट की। इस बैठक में माओ के विचारों ने नेहरू को निराश किया कि वे परमाणु युद्ध से भयभीत नहीं होते हैं, भले ही उससे लाखों लोगों के मारे जाने की संभावना हो, जिन्होंने नेहरू के शांतिप्रिय विचारों को आहत किया था। नेहरू ने माओ से भेंट करने के तरीके को भी कभी पसंद नहीं किया। नेहरू का मानना था कि यह किसी 'सम्राट' से मिलने जाने की भाँति है जिससे उनकी संवेदनाओं को ठेस पहुँचती थी। राजनयिक नवाचार का उल्लंघन करते हुए नेहरू ने माओ को भारत की यात्रा के लिए कभी निमंत्रण नहीं दिया। क्या माओ ऐसे किसी निमंत्रण की प्रतीक्षा कर रहे थे? ऐसा प्रतीत होता था।[7] कुछ समय उपरांत 1955 में माओ ने यह देखा होगा कि नेहरू ने सोवियत नेताओं ख्रुश्चेव और बल्गेनिन को भारत आने का निमंत्रण दिया था, जहाँ उनका अत्यंत गरमजोशी से स्वागत किया गया था। इस बात ने भी माओ को रुष्ट किया होगा, क्योंकि वे इस बात से आश्वस्त थे कि स्टालिन के बाद, वे समाजवादी धड़े में 'सबसे बड़े नेता हैं।' दूसरी ओर यदि नेहरू कुछ और सतर्कता बरतते, तो उन्होंने यह अवश्य देखा होगा कि चीनी दोहरा खेल खेल रहे थे, जो भारतीय कम्यूनिस्ट पार्टी (सी.पी.आई.) को भेजे गए माओ के संदेश से स्पष्ट हो रहा था। माओ ने भारतीय कामरेडों को कहा था कि—

मैं इस बात से पूर्णतः आश्वस्त हूँ कि साहसी सी.पी.आई. की एकता तथा वीरतापूर्ण किए संघर्ष पर निर्भर करते हुए˙˙ भारत निश्चित तौर पर साम्राज्यवाद तथा उनके सहयोगियों की गुलामी के अंतर्गत अधिक समय तक नहीं रहेगा˙˙ और मुक्त चीन की ही भाँति, एक स्वतंत्र भारत समाजवादी और लोक जनवादी परिवार में उभरकर शामिल होगा।[8]

दूसरे शब्दों में, नेहरू के शासन के अधीन भारत के बारे में माओ का दृष्टिकोण न तो समाजवादी था और न ही एक स्वतंत्र राज्य का था, बल्कि यह था कि वह अभी भी साम्राज्यवाद और उनके सहयोगियों के अधीन है (क्या उनका आशय नेहरू से था?)।

फिर भी सीमा के बारे में अभी भी असहज नेहरू ने अपनी यात्रा के दौरान बीजिंग में चीनी मानचित्रों के मुद्दे को उठाया। नेहरू ने चोऊ को बताया कि चीनी मानचित्र, 'भारत के कुछ भागों को ऐसे दर्शाते हैं मानो वे चीनी भू-भाग के भीतर हों।' नेहरू ने तब विश्वासपूर्वक कहा, 'हम इस मुद्दे के बारे में चिंतित नहीं हैं, क्योंकि हमारी सीमाएँ अत्यंत स्पष्ट हैं तथा वे बहस का मुद्दा नहीं हैं'। कृष्ण मेनन ने भी नेहरू के दृष्टिकोण की पुष्टि की, जब उन्होंने माइकल ब्रेकर को यह बताया कि 'उस समय प्रधानमंत्री का दृष्टिकोण यह था कि सीमा के बारे में अधिक बहस नहीं होनी चाहिए, वहाँ सीमा विद्यमान है, मैकमोहन रेखा हमारी सीमा है।'[9] चोऊ ने चालाकी के साथ इस मुद्दे को यह कहते हुए टाल दिया कि ये 'पुराने मानचित्र' हैं और चीन ने 'नए मानचित्र' तैयार करने के लिए कोई सर्वेक्षण नहीं किया है और न ही उनके पास मानचित्रों में संशोधन करने का समय है, अतः वे अभी केवल पुराने के.एम.टी. मानचित्रों को ही मुद्रित कर रहे हैं। इसके बाद नेहरू ने पुनः दोहराया कि 'हमारी सीमाओं के बारे में कोई संदेह नहीं है और मैं इसके बारे में चिंतित नहीं हूँ, परंतु मुझे आश्चर्य है कि चीन को कैसा महसूस होगा, यदि तिब्बत को हमारे मानचित्रों पर भारत के हिस्से के रूप में दिखाया जाएगा।[10]

वार्तालाप के इस भाग पर चीनी संस्करण नेहरू के विवरण से भिन्न है। चीनी अभिलेख दर्शाते हैं कि नेहरू ने मानचित्रों का मुद्दा उठाया, परंतु केवल इस संदर्भ में कि एशिया के अन्य छोटे देश भारत और चीन, दोनों के बढ़ते हुए प्रभाव के कारण 'असहज' महसूस कर रहे हैं, चीनी अभिलेखों में नेहरू को यह कहते हुए उद्धृत किया गया है—

प्रश्नगत मानचित्र पेकिंग (बीजिंग) में प्रकाशित हुए हैं, परंतु बर्मा (म्याँमार) और भारत के हिस्सों को चीनी क्षेत्र के रूप में दिखाया गया है। इससे बर्मा में 'असहज' स्थिति उत्पन्न हो गई है (टिप्पणी : नेहरू ने भारत में 'असहज' स्थिति का उल्लेख नहीं किया था)। यह स्वीकार किया जाता है कि मानचित्र पुराने हैं, परंतु चीनी सरकार ने इस मामले को स्पष्ट क्यों नहीं किया है?

चोऊ का उत्तर इस प्रकार था—

इस समस्या की उत्पत्ति इतिहास से हुई है। (आपको) भ्रमित नहीं किया गया है, चीन द्वारा प्रकाशित मानचित्र पुराने मानचित्र हैं, क्योंकि हमने इनके बारे में संबंधित देशों के साथ पुनः प्रतिबद्धता नहीं जताई है और मामले पर चर्चा भी नहीं की है˙˙ हमारी सीमाएँ केवल बर्मा और भारत के साथ ही अस्थिर नहीं हैं, बल्कि सोवियत संघ और मंगोलिया के साथ भी

हैं···प्रधानमंत्री यूनू ने इस समस्या पर चर्चाएँ आरंभ की हैं, उन्होंने कहा है कि अतीत में के.एम.टी. सरकार, माँचू/छिंग सरकारों ने इस समस्या पर कोई चर्चा नहीं की। हम इसके लिए कुछ समय चाहते हैं।

चीनी संस्करण के अनुसार नेहरू ने न तो वार्ता आगे बढ़ाई और न ही उन्होंने भारतीय सीमाओं के स्पष्ट होने तथा इस मामले में कोई विवाद न किए जाने के बारे में कुछ कहा।

बाद में नेहरू ने 6 मई, 1956 को कृष्ण मेनन को भेजे गए एक पत्र में स्वयं यह स्वीकार किया कि चीन ने हमारी सीमाओं को वर्तमान स्थिति में कभी भी स्वीकार नहीं किया है। उन्होंने जो कुछ भी कहा है, वह यह है कि पुराने मानचित्र भरोसेमंद नहीं हैं। यह प्रतीत होता है कि चोऊ ने जान-बूझकर और समय माँगा है, क्योंकि वे चाहते थे कि दक्षिण-पूर्वी एशियाई देशों को 'असंतुलन' में रखा जाए और वे इस बात पर विचार करते हुए सदैव ही कुछ घबराए रहते हैं कि वे न केवल एक अनिश्चित सीमा का सामना कर रहे हैं, बल्कि वे उनकी व्यापक विदेशी चीनी जनसंख्या की निष्ठा के बारे में भी आश्वस्त नहीं है। विशेष रूप से बर्मा इस बात से सचेत था। चोऊ ने नेहरू को सुझाव दिया था कि वे अपनी वार्ताओं की समाप्ति पर एक संयुक्त वक्तव्य जारी करेंगे, परंतु कुछ अनिश्चित कारणों से नेहरू ने इससे इनकार कर दिया। यदि उन्होंने ऐसा किया होता, तो बाद में अधिकांश समस्या को संभवतः टाला जा सकता था, क्योंकि चोऊ को सीमा के मुद्दे पर चीनी स्थिति के बारे में लिखित में वर्णन करना होता।

चीन से नेहरू के वापस लौटने के तत्काल उपरांत दिल्ली में चीनी दूतावास ने 1 नवंबर, 1954 को पुराने के.एम.टी. मानचित्रों के संशोधित संस्करण वितरित किए जिनमें भारत के कुछ और अधिक भाग को चीनी भाग के रूप में दर्शाया गया था। इनकी प्रतियाँ पाक्षिक पत्र 'पीपल्स चाइना' को दी गईं।[12] दुर्भाग्यवश, विदेश मंत्रालय के प्रवक्ता ने इस मुद्दे की पूरी तरह से अनदेखी की।[13] नेहरू भी संभवतः समझदार थे, उन्होंने वरिष्ठ विदेश अधिकारियों की एक गुप्त बैठक में यह बताया कि उनका चीन के अक्खड़ राष्ट्रवाद से साबका पड़ा है, जिसमें अंतरराष्ट्रीय साम्यवाद केवल एक महीन परत की भाँति है। नेहरू ने जोर देकर कहा कि आज नहीं तो कल यह राष्ट्रवाद अपना दावा पेश करेगा और, जब ऐसा होगा, चीन संपूर्ण एशिया के लिए एक समस्या बन जाएगा।[14] नेहरू की झिझक चीनी राष्ट्रवाद के प्रति थी, न कि चीनी साम्यवाद के प्रति। इस अवस्था पर, यह प्रतीत हुआ कि अपनी निजी झिझक के बावजूद नेहरू चीनी मानचित्रों में दर्शाए गए सीमा के त्रुटिपूर्ण सरेखण के प्रश्न पर चोऊ के उत्तर से आसानी के साथ संतुष्ट हो गए थे।[15] तत्कालीन कनाडाई उच्चायुक्त एस्कॉट रीड ने स्मरण किया कि उन्होंने विदेश मंत्रालय के महासचिव पिल्लई के साथ बात की थी, जिन्होंने उन्हें बताया कि भारत-चीन सीमा का मुद्दा चीन के साथ नहीं उठाया गया था, क्योंकि नेहरू का मानना था कि इसके लिए अभी उपयुक्त समय नहीं है। हालाँकि गलत चीनी मानचित्रों का मुद्दा उठाया गया था।[16]

दिसंबर 1956-जनवरी 1957 तक भारत की यात्रा पर आए चोऊ ने तिब्बत और मैकमोहन रेखा का मुददा नेहरू के साथ उठाने की पहल की थी। गलत मानचित्रों के प्रश्न पर कभी विचार नहीं किया गया।[17], जब चोऊ ने तिब्बत का मुद्दा उठाया, नेहरू के मस्तिष्क में चीन में भारतीय राजदूत द्वारा 28 अक्तूबर, 1956[18] को भेजे गए तार की स्मृतियाँ ताजा थीं, जिसमें उन्हें चेतावनी

दी गई थी कि चोऊ ने बर्मा के नेता यूनू को कहा है कि मैकमोहन रेखा 'अनैतिक' है, क्योंकि यह 'असमान संधि' पर आधारित है, परंतु केवल एक करार के लिए, चीनी इसे एक वास्तविक सीमा के रूप में स्वीकार कर रहे हैं। चोऊ से अपनी बैठक के उपरांत नेहरू ने एक टिप्पणी लिखी कि इस बार चोऊ ने उन्हें मौखिक रूप से कहा है कि वे (चीनी) भारत के साथ मैकमोहन रेखा को वैसे ही मान्यता देने का प्रस्ताव करते हैं, जैसा उन्होंने बर्मा के साथ किया था। चोऊ ने नेहरू को यह विश्वास भी दिलाया कि तिब्बत ने चीनी सरकार से कहा था कि 1954 की वार्ताओं के दौरान भारत के साथ सीमा का मुद्दा भी उठाया जाए, परंतु चीनी सरकार ने ऐसा करने से इनकार कर दिया। इस महत्त्वपूर्ण बिंदु पर ध्यान देना आवश्यक है कि चोऊ ने आश्चर्यजनक रूप से पश्चिमी क्षेत्र के बारे में कोई मुद्दा नहीं उठाया, जबकि वे (चोऊ) अब तक इस क्षेत्र में सीमा पर भारतीय संरेखण के बारे में पूर्णतः जानकार थे। निःसंदेह, चीनी दूतावास ने 1954 में नेहरू के निर्देश पर जारी हुए नए मानचित्रों, जिन्होंने इस क्षेत्र में स्पष्ट संरेखण को इंगित किया था, के बारे में सूचना भेज दी होगी। चोऊ ने ऐसा क्यों नहीं किया, यह स्पष्ट नहीं है, परंतु इससे नेहरू के मन में उनके 1954 में लिये गए इस निर्णय की सटीकता की पुष्टि का प्रभाव हुआ कि एक दृढ़ रेखा द्वारा पश्चिमी क्षेत्र में संरेखण को दर्शाया जाए।

चीन-बर्मा सीमा करार बाद में 4 जनवरी, 1961 में अनुसमर्थित किया गया जिसने मैकमोहन रेखा के बर्मा खंड के साथ मैकमोहन संरेखण की पुष्टि की। संयोगवश, जब 1914 में शिमला करार पर हस्ताक्षर किए गए थे, बर्मा भारत का हिस्सा था। मैकमोहन रेखा बर्मा में लगभग 192 किलोमीटर लंबी है। पूर्व में चेतावनी दिए जाने के बावजूद नेहरू ने चोऊ पर अपना भरोसा बनाए रखा तथा कतिपय अवर्णनीय कारणों से यह दबाव नहीं डाला कि मैकमोहन रेखा पर इस आश्वासन, जो चोऊ द्वारा सूचित किया गया था, को औपचारिक बनाया जाए तथा इसे संयुक्त विज्ञप्ति में शामिल किया जाए। न तो नेहरू ने चोऊ को मानचित्र प्रदान किया और न ही उन्हें भारतीय संरेखण के बारे में आधिकारिक रूप से सूचित किया। ऐसा तत्कालीन विदेश सचिव के सुझाव पर किया गया था, जिन्होंने एक खराब सलाह देते हुए यह विचार व्यक्त किया था कि हमें अपने अतिथियों के प्रति असभ्य नहीं होना चाहिए।

फिर भी, चीन का दोहरापन इस तथ्य से स्पष्ट हुआ जब दूसरे क्षेत्रों में पुनः खींची गई और संशोधित सीमाएं दर्शाने वाले इन तथाकथित 'पुराने' मानचित्रों, एक मामले में पर्याप्त भू-भाग बर्मा को 'लौटाने' तथा दूसरे में मंगोलिया के लिए कुछ भाग 'छोड़' की पुष्टि करने, को खुले तौर पर उनके द्वारा वितरित किया गया था।[20] यह धारणा कि ये केवल प्राचीन के.एम.टी. मानचित्र हैं, उस समय खोखली सिद्ध हुई, जब सिक्किम में भारतीय राजनीतिक अधिकारी ने 1956 में सूचित किया कि चीनी हाल ही में तैयार किए गए हिमाचल क्षेत्र के 'पुराने' मानचित्रों को, जिनमें तिब्बत का चिह्नांकन किया गया है, हजारों की संख्या में वितरित कर रहे हैं। इन 'मानचित्रों में चीन और तिब्बत को हाथ के रूप में तथा लद्दाख, नेपाल, सिक्किम, भूटान तथा पूर्वोत्तर क्षेत्र को पाँच उँगलियों के रूप में दर्शाया गया था और इस प्रकार यह संकेत दिया गया था कि ये क्षेत्र तिब्बत (चीन) के भाग हैं, जब इसके बारे में पूछा गया तो चीनियों ने एक बार पुनः मुद्दे को यह कहकर टाल दिया कि ये 'आधिकारिक मानचित्र' नहीं हैं।[21] यह भी देखा गया कि लंदन में चीनी दूतावास ने भी ऐसा

ही किया (नेहरू का विदेश सचिव को पत्र 8 अप्रैल, 1958)! चीनी वास्तव में धरातल पर जो भी कार्य कर रहे थे, उनके बारे में केवल यही निष्कर्ष लगाया जा सकता है कि उनसे नेहरू के मन में संदेह ने घर करना प्रारंभ कर दिया था, तथापि चीनियों के संबंध में यह कहना उचित होगा कि चोऊ ने किसी भी अवसर पर यह कभी नहीं कहा कि वे पुराने चीनी मानचित्रों में दर्शाए गए संरेखण से असहमत हैं, न ही उन्होंने भारतीय मानचित्रों पर दर्शाए गए संरेखण के बारे में प्रतिबद्धता व्यक्त की और न ही कोई टिप्पणी की। उन्होंने केवल इस बात पर बल दिया कि वे मामले पर चर्चा करने के इच्छुक हैं। अनेक वर्षों बाद, जब नेहरू ने 9 दिसंबर, 1959 को राज्यसभा को बताया कि भारत ने चीन के साथ सीमा मुद्दे को उठाने का विकल्प इस आधार पर नहीं चुना है, क्योंकि 'हम यह महसूस करते हैं कि हमें अपनी स्थिति को कायम रखना चाहिए तथा समय बीतने के साथ-साथ घटनाक्रम इसकी पुष्टि कर देंगे और संभवत: समय के साथ, जब हमारे सामने ऐसी कोई चुनौती आएगी, तो हम उस समय उसका सामना करने के लिए कहीं अधिक सुदृढ़ स्थिति में होंगे। नेहरू को अनेक वर्षों बाद अपनी इस गलती पर अफसोस हुआ और उन्होंने यह कहा कि उन्हें उसी समय अथवा उससे भी कहीं पहले और निश्चित तौर पर 1954 के करार पर हस्ताक्षर किए जाने से पूर्व इस मुद्दे पर जोर देना चाहिए था, लेकिन उन्हें यह बात चिड़ियों द्वारा खेत चुग लिये जाने के बाद समझ में आई थी, क्योंकि 1954 के करार पर हस्ताक्षर करने के साथ ही भारत के हाथ में, जो भी मोहरे थे, उनका महत्त्व पूर्णत: समाप्त हो गया था।

जबकि सीमा पर अपनी स्थिति को सुदृढ़ करने के लिए भारत की तैयारियाँ अपेक्षाकृत काफी धीमी थीं, चीन ने तिब्बत पर कब्जा जमाने के समय से ही अपने एक सूत्रीय उद्देश्य के साथ अपनी स्थिति को स्पष्टत: सुदृढ़ बनाना आरंभ कर दिया था। प्रथम पंचवर्षीय योजना (1953-58) में चीन ने 'परिवहन और संचार' पर 4.3 बिलियन यू.एस. डॉलर की एक बड़ी राशि खर्च की, जो कुल विकास व्यय का लगभग 11.7 प्रतिशत था, जिसमें से अधिकांश भाग चीन की मुख्य भूमि के साथ तिब्बत को जोड़ने के लिए सड़कों के निर्माण पर खर्च किया गया था।[23] 25 दिसंबर, 1954 को 390 मीटर की औसत ऊँचाई पर निर्मित 2300 किलोमीटर लंबे ल्हासा-चामडो राजमार्ग पर नियमित मोटर यातायात खोला गया, जिसमें 14 प्रमुख पर्वत-श्रृंखलाओं तथा मेकांग और साल्बीन सहित 12 प्रमुख नदियों को पार किया गया था। 2100 किलोमीटर लंबा जिनिंग-ल्हासा राजमार्ग 1955 में पूर्ण हुआ जिसे डामर द्वारा तैयार किया था और 400 मीटर की औसत ऊँचाई पर निर्मित किया गया था। एक वर्ष बाद ये दोनों राजमार्ग बारहमासी राजमार्ग बन गए। अत: अप्रैल 1956 तक तिब्बत में 4300 किलोमीटर से अधिक सड़कों का निर्माण हुआ, जिसमें भारतीय सीमा तक बनाई गई संपर्क सड़कें भी शामिल हैं। एक सतर्क रणनीतिक आशय के साथ हासिल की गई इन उत्कृष्ट इंजीनियरी उपलब्धियों से संबंधित जज्बे का भारतीय नेतृत्व में स्पष्ट अभाव था। भारत की धीमी प्रगति की तुलना में अपने राजमार्ग और संचार प्रणालियों का विकास करने की चीन की प्रतिबद्धता स्पष्टत: परिलक्षित हो रही थी।

चीनियों ने ही प्रथम बार सीमा के विवाद को उजागर किया था। 1954 के तिब्बत करार को हस्ताक्षरित किए जाने के तीन माह से भी कम समय पश्चात् चीन ने स्थिति को भाँपने तथा यह संकेत भी देने का निर्णय लिया कि वह भारतीय मानचित्र पर दर्शाए गए सीमा संरेखण को स्वीकार नहीं

करता है। अत्यंत सतर्कता के साथ ताकि भारत के मन में किसी प्रकार का संदेह पैदा न हो, चीनी सेना की एक छोटी टुकड़ी ने मध्य क्षेत्र में तुनजुन ला दर्रे को पार किया और चूँकि वहाँ भारतीय सेना मौजूद नहीं थी, दर्रे के दक्षिण में लगभग तीन से चार किलोमीटर के क्षेत्र पर कब्जा कर लिया। चीनियों ने तुनजुन ला दर्रे को 'हू जी' नाम दिया और एक पी.एल.ए. चौकी वहाँ स्थापित कर दी। 17 जुलाई, 1954 को भेजी गई एक औपचारिक टिप्पणी में चीनियों ने दावा किया कि भारतीय सैन्य टुकड़ियाँ चीन के तिब्बत के अली क्षेत्र के वूंजे में अनधिकृत रूप से घुस आई हैं।[23] चीनियों ने यह दावा भी किया कि यह क्षेत्र 'नीति दर्रे से एक दिन की यात्रा की दूरी पर है। यह स्मरण किया जाए कि नीति दर्रा उन दर्रों में से एक था, जिसका उल्लेख 1954 के करार में किया गया था, परंतु चीनी टिप्पणी ने यह स्पष्ट नहीं किया कि 'अली क्षेत्र' नीति दर्रे अथवा तुनजुन ला (दर्रे) के दक्षिण में है या उत्तर में, और उसने उसकी सटीक अवस्थिति भी नहीं बताई।

भारत ने न केवल 'अली' क्षेत्र में अपनी किसी सैन्य टुकड़ी की उपस्थिति से इनकार किया, बल्कि यह भी कहा कि सीमा सुरक्षा बल की एक टुकड़ी होती मैदान में स्थित की गई है, जो नीति दर्रे के दक्षिण-पूर्व की ओर है तथा किसी ने भी नीति दर्रे को पार नहीं किया है—जिसका उल्लेख 1954 के करार में किया गया है।[24] बाद में यह स्पष्ट किया गया कि भारतीय सीमा सुरक्षा बल होती मैदान पर बाराहोती पर है, जो वस्तुतः तुनजुन ला (दर्रे) के दक्षिण में है।[25] बाराहोती चरागाह लगभग 14,000 फीट की ऊँचाई पर गोलाकार मैदान है तथा यह वस्तुतः दर्रे के दक्षिण में है, जिसे उस समय सिद्ध भी किया गया, जब एक भारतीय गश्ती दल ने, जो उस क्षेत्र का दौरा कर रहा था, दर्रे के माध्यम से चीनी पी.एल.ए. टुकड़ियों को आते हुए देखा। वहाँ एक जलधारा भी है, जो दर्रे से प्रारंभ होती है, दक्षिण की ओर बहती है और धौली गंगा में मिलती है, जिससे कोई संदेह नहीं रह जाता है कि यह दर्रा वास्तव में जलसंभर है।[26], जब 19 अप्रैल, 1958 की एक बैठक में, भारतीय अधिकारियों ने चीन को उनके द्वारा दावा किए गए क्षेत्र की सटीक देशांतर, रेखांश और तुंगता बताने के लिए कहा, तो चीनियों ने ऐसा करने से इनकार कर दिया और हठपूर्वक कहा कि ये 'साम्राज्यवादी' शर्तें हैं। इसका वास्तविक कारण दो वर्ष बाद समझ आया, जब चीनियों का दावा कई गुना बढ़ गया तथा वह लगभग 2500 वर्ग किलोमीटर तक विस्तारित हो गया।

बाराहोती पर इस स्थानीय विवाद की जड़ ब्रिटिश काल में ही स्थित है तथा यह मामला कई वर्षों तक लंबित पड़ा रहा जिसके दौरान स्थानीय भारतीय और तिब्बती अधिकारियों के बीच पत्राचार का एक लंबा दौर चला, जो लगभग 1894 से प्रारंभ हुआ और भारत की स्वतंत्रता तक कायम रहा, लेकिन इसका वास्तविक महत्त्व इस तथ्य में निहित है कि पहली बार नई चीनी सरकार ने हिमालय के दक्षिण में भारतीय भू-भाग पर अपना दावा किया। इसके बाद अन्य घुसपैठें जल्द ही आरंभ हुईं। मध्य क्षेत्र में घुसपैठ डाम-जान, नीलांग और शिपकिला दर्रे में की गई। नेहरू इससे आश्चर्यचकित रह गए, लेकिन वे अभी भी इस बात से आश्वस्त नहीं थे कि इन घुसपैठों का आशय बड़े पैमाने पर भू-भाग का दावा किया जाना था। उन्होंने बाद में 17 नवंबर, 1959 को यह स्पष्ट किया कि, जहाँ तक बाराहोती का संबंध है, वहाँ प्राचीन तिब्बत सरकार के अधिकारियों के साथ एक छिटपुट विवाद विद्यमान है, परंतु ऐसा कोई बड़ा विवाद नहीं है, क्योंकि हमारे द्वारा उनसे शिकायतें की जाती थीं और वे हमसे शिकायतें करते थे। वे अपने कर संग्रहकों को भेजते थे, जो

चरागाह शुल्क और अन्य शुल्कों को एकत्र करते थे। नेहरू ने चीन की इन कार्रवाइयों को स्थानीय अधिकारियों के अति उत्साह का परिणाम बताया।[27] नेहरू ने यह सोचा कि सीमा पर चीनी घुसपैठ को 'स्थानीय अधिकारियों' का उत्साह बताने से चीनी बिना किसी शर्मिंदगी के सुरक्षित तरीके से अपनी टुकड़ियों को वापस ले लेंगे। नेहरू चीनियों को इसके लिए रास्ता दिखाना चाहते थे। भारतीय अधिकारियों में किसी ने यह प्रश्न नहीं किया कि 1954 के करार पर हस्ताक्षर किए जाने से पूर्व 'स्थानीय' चीनी अधिकारियों ने ऐसा कोई 'उत्साह' क्यों नहीं दर्शाया। भारतीय अधिकारियों ने बीजिंग से उत्पन्न होनेवाले संकेतों का सही-सही आकलन नहीं किया कि भारत द्वारा दर्शाए गए सीमा संरेखणों को पार करते हुए चीन स्पष्ट रूप से यह संकेत दे रहा था कि उसने भारतीय संरेखणों को स्वीकार नहीं किया। यहाँ तक कि इस अवस्था पर नेहरू ने यह महसूस किया कि ऐसे विभेद राजनयिक बातचीत के माध्यम से शांतिपूर्वक सुलझाए जा सकते हैं, अत: उन्होंने यह निर्णय लिया कि इन घुसपैठों को सार्वजनिक किए जाने की आवश्यकता नहीं है।

हालाँकि तिब्बत में बाहरी शांति विद्यमान थी, स्थानीय तिब्बतियों के साथ चीनी लोगों की सख्ती ने शीघ्र ही खुले विरोध की स्थिति ला दी। तिब्बत का विरोध भी नि:संदेह बढ़ती हुई महँगाई के बारे में था, जिसमें विशेष रूप से खाद्यान्नों की कीमतें बढ़ने के कारण भी अत्यधिक वृद्धि हो गई थी। अप्रैल 1953 तक, खाद्यान्नों की कीमत में पिछले माह की तुलना में 50 प्रतिशत वृद्धि हो गई थी तथा खाद्यान्न प्राप्त करना एक आम आदमी के वश की बात नहीं रह गई थी।[28] पहले-पहल, चीनियों ने दलाई लामा को उनके महल से बाहर आने के लिए प्रोत्साहित किया और यह सोचा कि इससे उनकी ईश्वर जैसी छवि को चोट पहुँचेगी, लेकिन यह चीनियों द्वारा किया गया एक गलत आकलन था, क्योंकि जितना-जितना दलाई लामा बाहर आए, तिब्बतियों के लिए उनकी छवि में और भी सुधार आता गया। तिब्बतियों ने उनके प्रति अगाध सम्मान महसूस किया और जितना भी उन्हें लोगों द्वारा देखा जाता था, लोग उनसे उतना ही अधिक प्यार करने लगते थे। जनता की नजरों में तिब्बत की दयनीय स्थिति का संपूर्ण दोष चीनियों पर था, दलाई लामा की तिब्बत सरकार पर नहीं, जैसी कि चीन को आशा थी।

तिब्बतियों के साथ व्यवहार करने में चीनी अधिकारी अड़ियल, स्वमताभिमानी और कड़े थे। समस्याएँ कुछ ही समय पश्चात् उभरनी आरंभ हो गई थीं। चीन के विरुद्ध विरोध पहले पूर्वी तिब्बत में आरंभ हुआ, जहाँ खंपा छापामार गुटों के रूप में संगठित हुए तथा उन्होंने सड़कों, पुलों और निर्जन स्थानों पर जा रही चीनी सैन्य टुकड़ियों पर हमले करने आरंभ कर दिए। दलाई लामा के अनुसार, इस विद्रोह का मुख्य कारण चीनियों द्वारा कृषि सुधार लागू करना तथा उनके द्वारा लोगों के सामाजिक और आर्थिक जीवन में हस्तक्षेप करना था।[29] खंपा मजबूत, सुडौल और साहसी लोग हैं, जो ल्हासा में कभी भी चीनियों अथवा तिब्बत सरकार के अधीन नहीं रहे। कुल मिलाकर उनकी ल्हासा प्राधिकारियों के प्रति अत्यंत सीमित निष्ठा थी, जब चीनियों ने उनके विरुद्ध सैन्य कार्रवाई प्रारंभ की तो बड़ी संख्या में लड़ाके ल्हासा की ओर जाने आरंभ हो गए जिससे स्थिति और भी खतरनाक हो गई, जब उनकी भेंट ल्हासा में असंतुष्ट लोगों के साथ हुई तो उनका यह संयोजन विस्फोटक हो गया।

बहुत ही कम चीनी अधिकारी तिब्बत के भीतर यात्रा कर सकते थे, वो भी केवल तब, जब

उनके साथ सेना की सुरक्षा हो और विशाल रक्षा दल भी चल रहा हो। ल्हासा, शिगात्से और अन्य कस्बों तथा मुख्य राजमार्गों के अलावा विद्रोहियों ने अधिकांश देहात पर नियंत्रण स्थापित कर लिया था। चीनियों ने विद्रोहियों की संख्या का अनुमान 23,000 से 85,000 लड़ाकों के बीच लगाया था।[30] चीनी प्राधिकारियों की प्रतिक्रिया त्वरित और नृशंस थी। उन्होंने न केवल अत्यंत कड़े दमनकारी उपायों को अपनाया, बल्कि चांगट्रेंग, लितांग और बाटांग के मठों पर भी बमबारी की।[31] चीनी विमानों ने अनेक नगरों और गाँवों पर बर्बर, दमनकारी हवाई हमले करते हुए उन्हें तबाह कर दिया।

चूँकि नवंबर 1956 में बुद्ध द्वारा निर्वाण प्राप्त किए जाने की 2500वीं वर्षगाँठ आ रही थी, अत: भारत सरकार ने उन समारोहों में दलाई लामा को आमंत्रित करने का निर्णय लिया। तदनुसार 1955 में, चीनी दूतावास के माध्यम से दलाई लामा और पंचेन लामाओं को निमंत्रण भेजा गया, लेकिन फरवरी 1956 में चीनी सरकार ने भारतीय राजदूत को बताया कि 'अपने देश में' पूर्व-व्यस्तताओं के कारण दलाई लामा उसमें भाग नहीं ले पाएँगे, जब ल्हासा में भारतीय कॉन्सुल-जनरल ने दलाई लामा से इस बारे में पूछा तो उन्होंने आश्चर्य जताते हुए कहा कि उन्हें न तो कोई निमंत्रण प्राप्त हुआ है और न ही उनसे कोई परामर्श किया गया है। जुलाई 1956 में, काफी झिझक और ना-नुकुर करने के बाद चीन ने भगवान् बुद्ध की 2500वीं जयंती में भाग लेने के लिए दलाई लामा को भारत की यात्रा करने की अंतत: अनुमति दे दी।

दलाई लामा तथा पंचेन लामा 24 नवंबर, 1956 को अलग-अलग विमानों से दिल्ली पहुँचे। नेहरू ने हवाई अड्डे पर उनका स्वागत किया। दलाई लामा, जहाँ भी गए, उनका गरमजोशी से स्वागत किया। इससे चीनी काफी परेशान और निराश हुए। चोऊ एनलाई तत्काल भारत आए तथा उन्होंने दो माह के अल्प अंतराल में तीन बार भारत की यात्रा की (28 नवंबर, 1956 से 10 दिसंबर, 1656, 30 दिसंबर, 1956 से 3 जनवरी, 1957 तक 24-26 जनवरी, 1957)। चीनी जानना चाहते थे कि दलाई लामा का वैसा शासकीय स्वागत क्यों किया गया जैसा केवल किसी राज्य अध्यक्ष का उसकी शासकीय यात्रा पर किया जाता है। दलाई लामा ने तिब्बत में विद्यमान निराशाजनक और तनावपूर्ण स्थिति के बारे में नेहरू से शिकायत की और कहा कि वे भारत में राजनीतिक शरण लेने पर विचार कर रहे हैं। यहाँ तक कि चोऊ ने भी नेहरू के साथ अपनी बैठक में उनके द्वारा ऐसे किसी कदम की आशंका जताई थी।[33] हालाँकि नेहरू दलाई लामा के अनुनय पर शांत बने रहे, लेकिन उन्होंने दलाई की शिकायतों के बारे में चोऊ को सूचित करने का असामान्य कदम उठाया। चोऊ ने स्थिति में सुधार लाने तथा 1951 के सत्रह-सूत्रीय करार के अनुसार तिब्बती स्वायत्तता का सम्मान करने का वायदा किया। इस आश्वासन के आधार पर नेहरू अत्यंत कठिनाई के साथ ल्हासा लौटने के लिए दलाई लामा को मनाने में सफल रहे।[34] इससे दलाई लामा प्रसन्न नहीं हुए तथा उन्होंने सिक्किम में राजनीतिक अधिकारी अपा पंत को बताया कि 'चिकित्सक (नेहरू) ने मेरी कमजोरी के लिए, जो दवा बताई है, वह काफी कड़वी और बेस्वाद है। मैं नहीं जानता कि मैं उस दवाई से वास्तव में ठीक भी हो पाऊँगा या नहीं।'[35] टूटकर और दु:खी मन से दलाई लामा ने वापस ल्हासा की ओर रुख किया और वे मार्च 1957 को वहाँ पहुँचे।

वर्तमान चीनी लेखकों ने इस बात की एक अत्यंत अलग तसवीर पेश की है कि दलाई लामा के भारत के दौरे के दौरान वास्तव में क्या हुआ था, चीनियों के अनुसार, दलाई लामा और पंचेन

लामा की यात्रा भारत सरकार के लिए तिब्बत की आजादी हेतु दलाई लामा को प्रेरित करने के लिए 'एक सुनहरा मौका' थी। इसके अलावा, नेहरू दलाई लामा से 27 और 28 नवंबर, 1956 को मिले थे तथा दोनों ही अवसरों पर यह उल्लेख किया गया था कि चीन सत्रह-सूत्रीय करार की सीमाओं से बाहर जा रहा है जिससे 'तिब्बत कठिनाइयों का सामना करेगा, परंतु यह कि भारत तिब्बत की मदद करेगा।' चीनी लेखकों ने दलाई लामा को वापस तिब्बत जाने के लिए राजी करने के लिए प्रधानमंत्री चोऊ को पूर्ण श्रेय प्रदान किया और इस प्रकार भारत के तिब्बत को अपने एक संरक्षित राज्य के रूप में परिवर्तित करने के सभी प्रयासों को एक बार पुनः झटका लगा।[35]

चीनियों को नेहरू के प्रति आभारी होना चाहिए था लेकिन उनका आभार व्यक्त करने के स्थान पर चीनियों ने नेहरू के ऐसे मामलों पर किए गए सकारात्मक हस्तक्षेप के कारण हुए अपने अपमान को कभी नहीं भुलाया, जिसे वे अपना आंतरिक मामला मानते थे। चोऊ ने इसे व्यक्तिगत रूप से लिया, क्योंकि इसने यह दर्शाया कि चोऊ की तुलना में नेहरू का तिब्बत पर काफी प्रभाव था। कुछ समय के लिए चीनियों ने सुलह के प्रदर्शन के तौर पर तिब्बत में भावी 'सुधारों' को स्थगित कर दिया और पी.एल.ए. सैन्य टुकड़ियों की संख्या को भी कम कर दिया, परंतु इससे तिब्बत पर अपनी पकड़ को मजबूत बनाने और दलाई लामा के प्रशासनिक नियंत्रण को निरंतर कम करने की चीनी प्रतिबद्धता पर कोई प्रभाव नहीं पड़ा। तिब्बत का मुद्दा अब अधिक व्यापक हो गया था तथा यह नियंत्रण में भी बहुत कम रह गया था।[36]

तथापि तिब्बत में स्थिति अत्यंत नाजुक थी और तेजी के साथ खराब होती जा रही थी। हान चीनी निवासियों के आ जाने से महँगाई तथा आम मूल्यवृद्धि और अधिक हो गई जिसके फलस्वरूप चारों ओर टकराव और असंतोष की स्थिति व्याप्त हो गई। तिब्बत की अर्थव्यवस्था एक ही समय पर सैनिकों और बाहरी निवासियों की भारी संख्या का बोझ नहीं उठा सकती थी। इसके परिणामस्वरूप दमनकारी नीति का अनिवार्यतः सहारा लेना पड़ा तथा नेहरू को मई 1958 के लिए निर्धारित अपनी ल्हासा की यात्रा को स्थगित करना पड़ा (चीनी टिप्पणी, 15 जुलाई, 1958)। तिब्बत की यात्रा का निमंत्रण दलाई लामा द्वारा चीनी प्राधिकारियों के माध्यम से 1956 में उनकी भारत की यात्रा के तत्काल उपरांत भेजा गया था। दलाई लामा के निमंत्रण-पत्र को चीनियों द्वारा पर्याप्त रूप से संशोधित किया गया था तथा एक नई टिप्पणी तैयार की गई, जिस पर दलाई लामा को हस्ताक्षर करने के लिए कहा गया। इस निमंत्रण-पत्र को भेजने में उन्हें लगभग एक वर्ष लग गया। इस यात्रा को निलंबित किए जाने के बाद इसे पूरी तरह रद्द ही कर दिया गया। इससे चीनियों के एक और नकारात्मक चरित्र का पता चलता है। नेहरू ने तिब्बत के स्थान पर भूटान की यात्रा की, परंतु उन्हें तिब्बत के भू-भाग को पार करना पड़ा, जहाँ उनके साथ वहाँ उपस्थित चीनी अधिकारियों द्वारा टोका-टाकी पूर्ण व्यवहार किया गया। नेहरू ने भूटान नरेश को बताया कि तिब्बत में पर्याप्त असंतोष है और वस्तुतः तिब्बत एक कब्जा किया गया देश है।[37]

तिब्बत में स्थिति एक ऐसे स्तर की ओर तेजी से बढ़ रही थी, जहाँ कभी भी कोई बड़ा धमाका हो सकता था। संभवतः चीनी आगे आनेवाले संकट से अवगत थे। जबकि पूर्वी तिब्बत खंपा विद्रोह तथा उससे उत्पन्न हुए आम असंतोष से अस्त-व्यस्त था, चीनी तिब्बत में उनकी संचार लाइनें स्थापित करने के प्रति अत्यंत उत्सुक थे। इस समय तक चीन खंपा विद्रोह को भड़काने में 'विदेशी

हाथ' के बारे में भी जान गए थे। 1956 के बाद से ही सी.आई.ए. ने खंपा विद्रोहियों को नियंत्रण में लाने के लिए गुप्त कार्रवाई का संचालन प्रारंभ कर दिया था। सी.आई.ए. का कार्यक्रम 1951 और 1956 में अमेरिकी सरकार द्वारा दलाई लामा को की गई प्रतिबद्धताओं' पर आधारित था। इसमें राजनीतिक कार्रवाई, अर्धसैनिक और खुफिया अभियान भी शामिल थे, जो 'चीनी शासन के प्रभाव और क्षमताओं को कम करने' तथा राष्ट्रीय सुरक्षा परिषद् दस्तावेज संख्या 5913/1 में यथावर्णित अमेरिकी नीति के उद्देश्यों के अनुरूप चीन के विरुद्ध प्रतिरोध की क्षमता का सृजन करने पर लक्षित थे।[38] सितंबर 1957 और जनवरी 1960 की अवधि के बीच सी.आई.ए. ने तिब्बत के भीतर 47 प्रशिक्षित खंपाओं को 19 बार तथा हथियारों को 18 बार विमान द्वारा सुरक्षित उतारा।[39] 1958 के आरंभ में पी.एल.ए. ने कुछ खंपाओं को पकड़ लिया तथा निस्संदेह संपूर्ण कवायद उस समय तक चीनियों को ज्ञात थी। अमेरिका द्वारा प्रेरित प्रयासों में धनराशि और समुचित योजना का भारी अभाव था और वे भी 1971 तक ही टिक पाए। इसे उस समय पूरी तरह से छोड़ दिया गया, जब उस वर्ष चीन-अमेरिका सुलह हुई। दलाई लामा ने यह महसूस किया कि सी.आई.ए. के प्रयासों ने 'चीनियों की तुलना में तिब्बतियों को अधिक नुकसान पहुँचाया।'

यह कल्पना करना अत्यंत बचकाना होगा कि चीनियों ने सी.आई.ए. के साथ भारतीय हाथ की मिलीभगत होने का संदेह नहीं किया। 1956-57 तक चीनी भारत के बारे में काफी संदेह करने लगे थे और उन्होंने महसूस किया कि नेहरू 'अनावश्यक हस्तक्षेप' कर रहे हैं तथा तिब्बत में 'परदे के पीछे से' अव्यवस्था फैला रहे हैं।[40] चीन ने ऐसी घटनाओं की ओर तब संकेत किया, जब उन्होंने 10 जुलाई, 1958 की एक टिप्पणी द्वारा भारत से विरोध जताते हुए यह आरोप लगाया कि कलिम्पोंग का प्रयोग तिब्बत क्रांतिकारियों, अमेरिकियों और चियांग काईशेक के गुटों द्वारा 'तिब्बत में छिपे मुट्ठी भर क्रांतिकारियों को वहाँ सशस्त्र विरोध प्रारंभ करने' हेतु सक्रिय रूप से उकसाने के लिए किया जा रहा है। काफी समय बाद, चोऊ ने इसमें नेहरू का हाथ होने के चीनी संदेह की पुष्टि की, जब उन्होंने 19 दिसंबर, 1971 को प्रकाशित एक साक्षात्कार में नेविले मैक्सवेल को बताया कि 'नेहरू 1956 से दलाई लामा और पंचेन लामा के साथ मिलकर षड्यंत्र कर रहे थे, जिसमें बड़ी शक्तियाँ विद्रोहियों को प्रोत्साहित कर रही थी।' यह स्पष्ट था कि तिब्बत की नियति भारत और चीन के बीच एक मुख्य मुद्दा बनने की थी, क्योंकि तिब्बत में स्थिति बहुत खराब हो गई थी, परंतु किसी भी तटस्थ प्रेक्षक के लिए यह भी स्पष्ट था कि भारत का तिब्बत में होनेवाले विद्रोह से तथा बाद में ल्हासा और बीजिंग के बीच में होने विवाद से कुछ अधिक लेना-देना नहीं था। इन विद्रोहों का दोष भारतीय आसूचना एजेंसियों को देना उन्हें उनकी क्षमताओं से अधिक श्रेय प्रदान करना होगा।

चूँकि चीन की मुख्य भूमि से पूर्वी तिब्बत की ओर जानेवाली संचार की अधिकतर लाइनें इस अशांत और विद्रोही भू-भाग से होकर गुजरती थीं, अतः यह अनिवार्य हो गया था कि सिनकियांग को तिब्बत के साथ जोड़नेवाली पश्चिमी लाइनों को सुरक्षित और संरक्षित रखा जाए। पूर्व में चीनियों ने 1950 में उनके आक्रमण के दौरान तिब्बत में प्रवेश करने के लिए अक्साई चिन को पार करने के लिए सिनकियांग में खोतान से इसी पश्चिमी मार्ग का प्रयोग किया था। इससे पूर्व 1716 में जुंगारों (मध्य एशियाई जनजाति) ने पश्चिमी तिब्बत और अंततः ल्हासा पर आक्रमण करने के

लिए इसी मार्ग का प्रयोग किया था। लेकिन, समस्या यह थी कि यह मार्ग वहाँ से गुजरता था, जो प्रकट रूप से भारत का भू-भाग था। अत: इस क्षेत्र में एक बड़ी कलह और भारत के साथ बड़ा विवाद का कारण बनने की पूरी संभावनाएँ थीं। चीनी इस बात से पूरी तरह से अवगत थे। वे इस संपर्क सड़क पर कब्जा जमाने के लिए भारत पर आक्रमण करने का जोखिम उठाने के लिए तैयार थे, क्योंकि यह उनके लिए रणनीतिक आवश्यकता थी और वे अपनी कार्रवाई के लिए परिणाम भुगतने के लिए तैयार थे।

चीनियों ने ही अक्साई चिन सड़क के प्रश्न को पहली बार सार्वजनिक तौर पर उठाया था। चीनियों ने संभवत: तब तक ऐसा करने के लिए इंतजार किया, जब तक दलाई लामा सुरक्षित ल्हासा नहीं पहुँच गए और उन्होंने भारत में बने रहने की अपनी समस्त आशाओं को त्याग नहीं दिया। तब तक चीन ने शांतिपूर्वक और धीरे-धीरे अक्साई चिन तक सड़क का निर्माण किया। चोऊ एनलाई ने किसिंजर को बताया कि उन्होंने 1951 में सड़क निर्माण का कार्य आरंभ कर दिया था (चोऊ के साथ 10 जुलाई, 1971 को बीजिंग में हुई किसिंजर की बैठक)। इस सड़क को आज राष्ट्रीय राजमार्ग 160 कहा जाता है तथा यह भारतीय भू-भाग में भीतर लगभग 219 किलोमीटर लंबी है। इस प्रकार के निर्माण की पहली खबर 1955 में भारत के पश्चिमी तिब्बत के लिए व्यापार एजेंट लक्ष्मण सिंह जंगपंगी की ओर से आई जिन्होंने दिल्ली को सूचित किया था कि ऐसी सड़क का निर्माण कार्य चल रहा है। इस रिपोर्ट को नजरअंदाज कर दिया गया।[41] जनवरी 1955 में दिल्ली में चीनी दूतावास ने भी एक शासकीय पत्रिका परिचालित की, जिसमें चीन का मानचित्र दिया गया था, जिसमें पूर्वोत्तर सीमा को उसके दावे के रूप में दर्शाया गया था।[42] इस बात को भी दबा दिया गया। मई 1956 तक भारत सरकार के पास पर्याप्त रिपोर्टें थीं कि चीन अक्साई चिन सड़क का निर्माण कर रहा है तथा उसका नियमित प्रयोग कर रहा है।[43] बाद में नेहरू ने पुष्टि की (लोकसभा 23 फरवरी, 1960) कि 1955 तक चीनियों द्वारा अक्साई चिन सड़क पर कार्य करने के बारे में रिपोर्टें भारत आई थीं, परंतु 'हमें यह स्पष्ट नहीं था कि क्या इस मोटर सड़क ने हमारे भू-भाग को पार किया है।' चूँकि उसके बारे में कोई निर्णायक प्रमाण नहीं था, उस समय चीन के पास कोई विरोध दर्ज नहीं किया गया। चोऊ ने किसिंजर के साथ 10 जुलाई, 1973 को हुई एक बैठक में विनोदप्रिय तरीके से शिकायत की कि नेहरू ने 1956 में उनके साथ अचानक ही सड़क का मुद्दा उठा दिया था। वस्तुस्थिति यह थी कि नेहरू ने 1956 में ऐसा कभी नहीं किया। 1957 के प्रारंभ में तिब्बत की यात्रा पर आए लद्दाख के बौद्ध नेता कुशक बकुला ने भी यह जानकारी प्रदान की थी कि तिब्बत और जिनजियांग (सिनकियांग) को जोड़ते हुए एक नई सड़क का निर्माण किया जा रहा है। उन्होंने नई दिल्ली को विधिवत् रूप से इसकी सूचना दी थी। इस बात पर दिल्ली में कोई ध्यान नहीं दिया गया।

2 सितंबर, 1957 को 'पीपल्स डेली' ने एक छोटा मानचित्र (2¼" x ¾") प्रकाशित किया, जिसमें एक सड़क के माध्यम से जिनजियांग (सिनकियांग) को तिब्बत से जोड़ता हुआ दिखाया गया था। उसी दिन बीजिंग में भारतीय दूतावास ने रिपोर्ट दी कि—

चीनियों ने आज यह घोषित किया कि यारकंद के निकट लेह से काराकोरम होते हुए लद्दाख और गर्टोक के लिए एक मोटर सड़क का निर्माण किया गया है तथा इसे अक्तूबर

में ट्रैफिक के लिए खोला जाएगा। यह प्रतीत होता है कि यह सड़क अक्साई मैदान से होते हुए गुजरेगी, जो कश्मीर भू-भाग में है।[14]

यह एक इतना छोटा मानचित्र था, जिसमें यह दर्शाया जाना कठिन ही था कि क्या वह सड़क लद्दाख के भारतीय भू-भाग (अक्साई चिन) से गुजर रही है या नहीं। दिल्ली से 7 सितंबर, 1957 को बीजिंग दूतावास के लिए यह सुनिश्चित करने के लिए निर्देश भेजे गए कि वे दो मार्ग कौन से हैं जिनका उल्लेख चीनी कर रहे हैं, क्योंकि वहाँ दो मार्ग ऐसे थे जिनका प्रयोग जिनजियांग (सिनकियांग) से पश्चिमी तिब्बत पहुँचने के लिए किया जा सकता था। दूतावास कोई संतोषजनक उत्तर नहीं दे पाया। अत: यह प्रश्न उत्पन्न हुआ कि अब क्या किया जाना चाहिए? कहीं पीपल्स डेली का लेख उनकी नजर से चूक न गए हो, इसलिए भारतीयों को एक बार पुन: स्मरण करने के लिए 'चाइना पिक्टोरियल (संख्या 95, पृष्ठ 20-21, जुलाई, 1958) और सोवियत साप्ताहिक 'दि न्यू टाइम्स', जिनकी बड़ी संख्या में प्रतियाँ छपती थीं, द्वारा एक बार फिर सड़क संरेखण को जुलाई 1958 में प्रकाशित किया गया।' स्वाभाविक कारणों से नेहरू ने सोवियत प्रकाशनों की अनदेखी की तथा लोकसभा में 22 अप्रैल, 1959 को उन्होंने कहा कि 'जहाँ तक रूसी मानचित्रों का संबंध है, मैं समझता हूँ कि उन्होंने संभवत: इस मामले पर गहनता से विचार किए बिना चीनी मानचित्रों की नकल कर दी है।'

जिनजियांग (सिनकियांग) को तिब्बत के साथ जोड़ने तथा अक्साई चिन को पार करनेवाले सड़क को मानचित्र पर दर्शाने के चीनी निर्णय ने स्पष्ट तौर पर यह दर्शाया कि भारत का उसके द्वारा दावा किए गए भू-भाग पर नियंत्रण नहीं है। अत: 1954 में नेहरू द्वारा निश्चित रेखाओं द्वारा पश्चिमी क्षेत्र में भारत की सीमा को दर्शाने के लिए लिये गए निर्णय के अनुपालन और भारत की सीमा को सुरक्षित रखने के लिए जमीनी स्तर पर कोई कार्रवाई नहीं की गई। यह पूर्वी क्षेत्र से पूरी तरह से भिन्न था, जहाँ भारतीय प्रशासन ने अत्यंत उत्साह के साथ मैकमोहन रेखा तक सक्रिय कार्रवाई की थी। अत: पश्चिमी सेक्टर में दावा की गई सीमा रेखा केवल कागजों पर ही रह गई तथा उसे चीन ने हर उस समय आसानी से खारिज कर दिया जब-जब उसने ऐसा करना उचित समझा। चीनियों ने यह निर्णय लिया था कि अब समय 'आ गया' है और उन्होंने अपनी बात को सिद्ध करने के लिए पश्चिमी सेक्टर में लद्दाख में अक्साई चिन का चुनाव किया। पश्चिमी सेक्टर की पहली बार सार्वजनिक रूप से विवाद में आने की पुष्टि हुई थी।

भीषण सर्द मौसम के कारण भारत 'पीपल्स डेली' की रिपोर्ट की सत्यता की जाँच करने के लिए दो गश्ती दल भेजने का निर्णय जून 1958 से पहले नहीं कर पाया। लेह से रवाना हुए दो गश्ती दलों में से एक दल का नेतृत्व लेफ्टिनेंट अयंगर द्वारा किया गया था, जो उत्तर की ओर गया तथा डीएसपी करम सिंह के नेतृत्व में एक पुलिस दल उस सड़क के सुदूर दक्षिण तक गया। एक लंबी और थका देनेवाली यात्रा के बाद दक्षिण गया दल सड़क के सुदूरवर्ती दक्षिणी भाग तक पहुँचा तथा सूचना दी कि सड़क ने वस्तुत: भारतीय सीमा क्षेत्र को पार किया है। चूँकि उत्तरी दल के बारे में कोई जानकारी नहीं थी, 18 अक्तूबर, 1958 की टिप्पणी द्वारा चीन से औपचारिक रूप से उनके बारे में पूछा गया। चीन ने 3 नवंबर, 1958 को उत्तर दिया कि भारतीय दल को जिनजियांग-तिब्बत राजमार्ग पर 8 और 12 सितंबर को गिरफ्तार कर लिया गया था और बंदी बनाए गए भारतीय कार्मिकों को

22 अक्तूबर, 1958 को काराकोरम के माध्यम से 'निर्वासित' किया जाएगा। यह अत्यंत दु:खद था कि उन्हें दर्रे के निकट भटकता हुआ पाया गया था। चीनियों ने उन्हें वहाँ उतार दिया था और उनसे स्वयं वापस जाने के लिए कहा था।

इससे पूर्व 21 अगस्त, 1958 को भारत ने जुलाई 1958 की 'चाइना पिक्चोरियल' अंक संख्या 95 की ओर ध्यान आकर्षित करते हुए भारतीय सीमा क्षेत्र के माध्यम से सड़क का निर्माण करने के लिए चीन से विरोध जताया। विरोध टिप्पणी में 1956 में जारी किए गए 'भारत के राजनीतिक मानचित्र' के तीसरे संस्करण की प्रति उपलब्ध कराने का प्रस्ताव भी किया गया था। यह संभवत: पहली बार था कि भारत ने आधिकारिक रूप से चीन को भारत-चीन सीमा के भारत द्वारा दर्शाए गए संरेखण के मानचित्र देने का प्रस्ताव दिया।

नेहरू को आलस्य में लाने की आशा से चीनियों ने 3 नवंबर, 1958 को यह कहते हुए अपना उत्तर भेजा कि चीन सरकार ने अभी तक 'चीन की सीमा का सर्वेक्षण नहीं किया है, और न संबंधित देशों से परामर्श किया है और चीन की सीमा के आरेखों के नए स्वरूप पर निर्णय परामर्श और सर्वेक्षण के परिणामों के अनुसार ही किया जाएगा...और यह कि वह अपने आप सीमा में कोई परिवर्तन नहीं करेगा।' इस वक्तव्य की असल बात इसके अंतिम वाक्य में थी। चीन-भारतीय सीमा विवाद और विशेष रूप से अक्साई चिन पर विवाद अब खुले में सामने आ गया था।

अक्साई चिन एक रूखा, सख्त उच्च पर्वतीय रेगिस्तान है, जो लगभग 17000-18000 फीट की ऊँचाई पर है। वहाँ आबादी नहीं है और इस बात का कोई संकेत भी नहीं है कि वहाँ कभी लोग रहे भी होंगे। यहाँ वनस्पति भी नहीं है, सिवाएँ यहाँ-वहाँ फैली कुछेक झाड़ियों के। यह पठार अनेक सहस्राब्दियों से पूर्णत: पृथक् और घोर निर्जन स्थान के रूप में विद्यमान है। यहाँ की झीलों का पानी खारा है, अत: पानी में मछलियाँ नहीं हैं। वहाँ कहीं भी कोई पंछी दिखाई नहीं देता। नेहरू के प्रसिद्ध वर्णन के अनुसार, 'यह एक ऐसा भू-भाग है, जहाँ घास का एक तिनका भी नहीं उगता है।[45] भारत के लिए यह केवल एक उच्च पर्वतीय मरुस्थल था और किसी भी विशेष महत्त्व का नहीं था, परंतु चीन के लिए यह एक महत्त्वपूर्ण मार्ग था। यह एक रणनीतिक आवश्यकता थी।'

चीन ने 1957 में मानचित्र प्रकाशित क्यों किए और उनके जरिए सोए हुए भारत को क्यों जगाया, यह विवाद का एक विषय है। यह स्पष्ट है कि यह समाचार उच्चतम स्तर तक स्वीकृति प्राप्त किए बगैर तो 'पीपल्स डेली' में प्रकाशित नहीं हुआ होगा, क्योंकि आखिरकार 1957 तक तो चीनियों ने पूर्णत: चुप्पी साधी हुई थी। सड़क के निर्माण को प्रकाशित और प्रचारित करना, जान-बूझकर उस विवाद को सार्वजनिक बनाने की चाल थी जिससे नेहरू कमजोर पड़ सकें। अक्साई चिन के भारतीय भू-भाग होने का दावा करनेवाले नेहरू को उस सड़क का पता क्यों नहीं चल पाया जिसका निर्माण चीनियों द्वारा किया गया था? बाद में चीनियों ने भी ठीक इसी बात को लेकर नेहरू पर व्यंग्य किया था। यह बात सच है कि ऐसे भू-भाग में सड़क का निर्माण करने में अधिक मेहनत की जरूरत नहीं थी। जैसा कि नेहरू ने 31 अगस्त, 1959 को संसद में उल्लेख किया था, ऐसे बीहड़ क्षेत्र में सड़कें विशेष प्रकार की होती हैं। इसमें केवल यह करना होता है कि सड़क बनाने के लिए जमीन साफ कर दो और उसमें से झाड़ियाँ और पत्थर हटा दो। 'संभवत: इसी कारण से चीनी क्रियाकलाप का पता ही नहीं चल पाया।'

इस दौरान चीन में भारतीय राजदूत ने भी 1957 में यह सूचना दी कि भारत के विरुद्ध एक 'निश्चित रूखापन' विकसित हो रहा है। चीनी प्रेस ने कश्मीर मुद्दे पर भारत और पाकिस्तान को समान तरजीह देना आरंभ कर दिया था और चोऊ ने एनपीसी में दिए गए अपने भाषण में विश्व शांति का संवर्धन करने में भारत की भूमिका को कम करके आँका था। संभवत: 1956 में भारत में दलाई लामा के गरमजोशी से किए गए स्वागत ने सदैव ही संशय में रहे चीनियों को सतर्क कर दिया था।

इस समय चीन का यह मानना था कि उनके हित के लिए नेहरू की उपयोगिता समाप्त हो चुकी है, जब नेहरू ने तिब्बत पर चीन के कब्जे के मुद्दे पर मौन सहमति व्यक्त कर दी थी, तभी उन्होंने वह हासिल कर लिया था, जो वे चाहते थे। नेहरू को यह समझना चाहिए था कि एक बार राजनयिक सद्भावना प्रदान कर देने के बाद उसे वापस नहीं लिया जा सकता है। अब चीनी यह लिखने लगे थे कि नेहरू एक 'बुर्जुआ राष्ट्रवादी' हैं तथा वे विश्व में उनकी स्थिति को मिटाने के लिए प्रतिबद्ध थे ताकि विकास के वैकल्पिक मॉडल के रूप में भारत की स्थिति भी इसके साथ धूमिल हो जाए। तद्नुसार, चीनियों ने अब भारत का अपमान करना आरंभ कर दिया था ताकि विकास के एक वैकल्पिक मॉडल के रूप में इसकी छवि को गिराया जा सके और गुटनिरपेक्ष राष्ट्रों के नेता के रूप में इसके दरजे को कम किया जा सके।[46] नेहरू के बारे में चीन का दृष्टिकोण एक बार पुन: नए अलंकारों में ढल गया। 'पश्चिमी साम्राज्य के सेवक' तथा एक और चियांग काईशेक के पश्चात् एक ऐसे 'मित्र' जिसे माओ सहित चीनी नेताओं द्वारा बीजिंग में सम्मान दिया गया था और अब फिर नेहरू की 'अहंकारी' के रूप में आलोचना की जा रही थी। चोऊ ने बाद में लंदन के 'दि टाइम्स' में कथित रूप से यह दावा किया कि 'मैं नेहरू से अधिक अहंकारी व्यक्ति से कभी नहीं मिला।' राजनीतिक उपयोगिता के अनुरूप ही नेहरू के बारे में चीन का दृष्टिकोण अब रंग बदलता प्रतीत हो रहा था। स्पष्टत: भारत-चीन संबंध अब अत्यंत कठिन समय से गुजर रहे थे। संभवत: चीनियों ने युद्ध के प्रति नेहरू की नैसर्गिक अरुचि को सही से भाँप लिया था, क्योंकि नेहरू का यह दृढ़ विश्वास था कि किसी आधुनिक सभ्य राजनयिक को ऐसी बर्बरताओं से ऊपर रहना चाहिए।[47] बाद में माओ ने तिरस्कारपूर्ण शब्दों के साथ भारत को अपमानित किया, जब उन्होंने किसिंजर को बताया कि 'भारत को आजादी नहीं मिली है। यदि इसने स्वयं को ब्रिटेन के साथ शामिल नहीं रखा है, तो अब यह स्वयं को सोवियत संघ के साथ जोड़ रहा है।'[48] इसका निष्कर्ष यह था कि भारतीय नेतृत्व ने आजादी के लिए संघर्ष नहीं किया था, बल्कि उन्हें यह आजादी सरलता के साथ सौंप दी गई थी।

यह भी समान रूप से स्पष्ट था कि चीनियों ने सतर्कतापूर्वक यह निष्कर्ष निकाल लिया था कि उन्हें किसी भी सैन्य कार्रवाई से डरने की आवश्यकता नहीं है, क्योंकि भारत ऐसा करने की स्थिति में नहीं था। तब चीनियों के क्या उद्देश्य थे? इस स्थिति में भारत के साथ किसी विवाद को सार्वजनिक रूप से भड़काकर वे क्या हासिल करने की आशा कर रहे थे अथवा क्या यह चीन-रूस प्रतिद्वंद्विता का एक भाग था, जिसमें भारत विवाद के मुख्य मुद्दों में से एक था? क्या तिब्बत एक मुद्दा था अथवा क्या इस विवाद को सार्वजनिक करने की इस पहल कि घरेलू चीनी नीतियों पर कोई प्रभाव पड़ रहा था?

25 फरवरी, 1956 को ख्रुश्चेव ने सीपीएसयू की 20वीं पार्टी कांग्रेस में एक गुप्त भाषण

दिया, जिसमें स्टालिन की भर्त्सना की गई, जिन्हें समूचे समाजवादी विश्व में श्रद्धा के साथ देखा जाता था। शुरूआती चुप्पी के बाद चीनियों ने इसे काफी खराब निगाहों से देखा। ख्रुश्चेव का भाषण माओ की हालिया गलतियों का एक अनाशयित आकलन था।[49] दो विशाल साम्यवादियों के बीच संबंध बिगड़ने प्रारंभ हो गए थे, मुख्य रूप से इस बात पर कि देश में समाजवादी समाज लाने के लिए किस नीति का पालन किया जाना चाहिए और साथ ही साम्राज्यवाद के प्रति क्या नीति अपनाई जाए। इसमें गुटनिरपेक्ष और तटस्थ देशों जैसे भारत के प्रति अपनाई जानेवाली अभिवृत्ति भी शामिल थी। इस विवाद के सैद्धांतिक, राजनीतिक और आर्थिक प्रभाव थे, क्योंकि सोवियत रूस और चीन दोनों ही विकास की विभिन्न अवस्थाओं पर थे। जैसे-जैसे ख्रुश्चेव ने पश्चिम के साथ 'शांतिपूर्ण सह-अस्तित्व' के मूल्यों पर व्याख्यान देना प्रारंभ किया, यह विवाद और भी अधिक कड़वा और गहन होता गया, क्योंकि चीनियों ने यह निष्कर्ष निकाला था कि अमेरिकी 'साम्राज्यवाद' के विरुद्ध लड़ने की ख्रुश्चेव की इच्छा समाप्त हो चुकी थी।

इसी दौरान, चीन के भीतर नेतृत्व को लेकर होनेवाले विवादों के परिणामस्वरूप माओ त्से-तुंग ने इन विभेदों का उपयोग देश में विरोधियों पर विदेशी तत्त्वों के साथ साँठ-गाँठ कर संशोधनवादी क्रांतिकारी होने का आरोप लगाते हुए उन्हें परास्त करने में किया। विषम आर्थिक तंगी का सामना कर रहे माओ ने उस विकास मॉडल, जो चीन जनवादी गणराज्य (पीआरसी) को विरासत में मिला था और अभी तक जिसका पालन हो रहा था, को उस पुरानी सोवियत विकास रणनीति, जिसे पहले ही सोवियत रूस में खुले तौर पर खारिज कर दिया था, से बदल दिया। माओ ने एक तेज छलाँग लगाई जिसके काफी खतरनाक परिणाम हुए। देश के गाँवों में स्थिति दयनीय थी तथा अकाल ने भी वहाँ प्रकोप फैलाया था, विशेष रूप से गांसू और सिछुआन जैसे प्रांतों में, जिन्हें चीन के श्रेष्ठ चावल उत्पादक क्षेत्र माना जाता था। 1960 में चीन में खाद्यान्न उत्पादन 1958 की तुलना में 75.5 प्रतिशत तक गिर गया था। अनेक प्रांतों में लोगों ने पलायन करना आरंभ कर दिया था जैसा कि उन्होंने चीन के इतिहास में हमेशा से ही किया था।[50] बाद में 1990 में प्रकाशित चीनी आँकड़ों ने यह दिखाया कि 1959 में लगभग 310,000 लोग मारे गए तथा 1960 में 13.5 मिलियन लोग मौत की भेंट चढ़ गए।[51] जुंग छांग ने माओ पर अपनी हालिया पुस्तक में 1958-62 की अवधि के दौरान 38 मिलियन मृतकों का आँकड़ा दिया है। पत्रकार यांग जिशेंग ने आधिकारिक रूप से प्रकाशित आँकड़ों के आधार पर यह सूचित किया कि 1958-62 की अवधि के दौरान 36 मिलियन लोग मारे गए।[52] चाहे आँकड़े कुछ भी क्यों न हों, इस बात में कोई संदेह नहीं है कि लाखों चीनी भुखमरी से मौत की भेंट चढ़ गए। वहाँ भोजन का अत्यधिक अभाव था तथा यह बात इस तथ्य से भी रेखांकित होती है कि 1961 में चीन ने केवल 160 मिलियन टन खाद्यान्न का उत्पादन किया [चोऊ ने लॉर्ड मोंटगोमेरी को बताया था] और उसे लगभग 3 मिलियन टन खाद्यान्न 200 मिलियन यू.एस. डॉलर की लागत पर आयात करना पड़ा।[53] स्थिति इतनी गंभीर थी कि वर्ष 1962 में एक ही माह में, लगभग 170,000 शरणार्थी हांगकांग चले गए।[54] हालिया चीन के इतिहास की कोई भी अवधि इस समय घटित हुए आर्थिक पतन के समान नहीं हो सकती है। 1961 में चीन की जी.डी.पी. 27 प्रतिशत गिर गई थी!

बीजिंग स्थित भारतीय दूतावास ने भी उस विषम दयनीय स्थिति की सूचना दी, जो चीन में

स्पष्टत: दिखाई दे रही थी। यहाँ तक कि बीजिंग दूतावास ने भी भोजन की कमी, कालाबाजारी, बाजार से मांस गायब होने तथा रेस्तराओं के बंद होने की सूचना दी। चीनी अधिकारियों का असंतोष और भेदभाव भी देखा गया। चीनी प्राधिकारियो ने बीजिंग में भारतीय अधिकारियों को सूचित किया कि यह 'अभाव' चीन द्वारा झेली जा रही अभूतपूर्व प्रतिकूल अंतरराष्ट्रीय स्थिति तथा रणनीतिक रिजर्वों के लिए खाद्यान्नों को 'भंडारित' किए जाने की आवश्यकता के कारण था। विदेशी 'खतरे' के डर का प्रयोग नेतृत्व द्वारा बढ़ते हुए आंतरिक असंतोष को कम करने के लिए किया गया। समझदारी के साथ भारतीय दूतावास ने राय दी कि एक अंतिम उपाय के रूप में चीन 'ध्यान हटाने नीति अपना सकता है और आंतरिक कठिनाइयों को दूर करने के लिए अंतरराष्ट्रीय स्तर पर हिंसक रुख धारण कर सकता है।[56] यह एक अत्यंत दूरदर्शी आकलन सिद्ध होनेवाला था। अत्यंत चतुराई के साथ, माओ ने ऐसी कठिनाइयों से पी.एल.ए. को छूट प्रदान कर दी थी तथा सैन्य टुकड़ियों के लिए भोजन हमेशा उपलब्ध रहा।

फिर भी, माओ की प्रतिष्ठा धूमिल हुई तथा अपने देश में इसमें काफी कमी आई। 27 अप्रैल, 1959 को लिऊ शाओछी को माओ के स्थान पर जनवादी गणराज्य का राष्ट्रपति नियुक्त किया गया। इस बात के भी पर्याप्त संकेत थे कि नेतृत्व के भीतर गंभीर आंतरिक असंतोष भी काफी बढ़ गया था जिसके फलस्वरूप रक्षा मंत्री पेंग दे हुआई को भी पद से हटा दिया गया। माओ अब पूर्ण अधिकार पुन: हासिल करने के लिए प्रतिबद्ध थे और उन्होंने अपने निंदकों को जड़ से उखाड़ने की योजना बनानी आरंभ कर दी थी। उन्होंने बड़ी चतुराई से उन्हें सोवियत 'संशोधन-वाद' से जोड़ दिया था और अपनी बात को सिद्ध करने के लिए नीति को कट्टर बनाना आवश्यक हो गया था। पिछले अनेक वर्षों में चीन की घरेलू नीतियों के कट्टरीकरण ने भी इसकी विदेश नीति को कट्टर तथा उसे और भी प्रतिरोधी बनाने की आवश्यकता खड़ी कर दी थी। विदेशी तथा घरेलू नीतियों के मध्य भारी उलझन व्याप्त थी।[57]

ख्रुश्चेव के पश्चिम के साथ शांतिपूर्ण सह-अस्तित्व के भारी समर्थन ने चीन के साथ तत्काल तनाव पैदा किया और जैसे-जैसे इस नीति पर मतभेदों में वृद्धि हुई, इसने चीन-सोवियत संबंधों पर हावी होना प्रारंभ कर दिया। नवंबर 1957 में मास्को में महान् अक्तूबर क्रांति की 40वीं वर्षगाँठ के समारोहों में माओ ने यह वक्तव्य दिया कि 'पूरब की हवाएँ पश्चिम की हवाओं पर हावी हैं' तथा यह कि एशिया के नए स्वतंत्र हुए देशों में, जब तक एक सकारात्मक आक्रामक दृष्टिकोण नहीं लिया जाता, 'साम्यवाद राष्ट्रवादी बुर्जुआवादियों के हाथों' पराजित हो जाएगा। माओ कार्रवाई करने के लिए प्रतिबद्ध थे तथा उन्होंने इस बात पर विश्वास करना अत्यंत कठिन पाया कि ऐसा देश जिसने 1957 में स्पुतनिक का प्रेक्षण किया है, पूँजीवादी पश्चिम के साथ शांतिपूर्ण सह-अस्तित्व का विकल्प ले रहा है, इस परिस्थिति में, परमाणु बम डिजाइन देने, जैसा कि पहले वायदा किया गया था, से सोवियत रूस के इनकार, 1958 में ताईवान जलडमरूमध्य संकट, जिसे चीन ने बढ़ाया था, से निपटने, और विशेष रूप से व्यापार में आर्थिक असहमतियों के परिणामस्वरूप चीन से सोवियत विशेषज्ञों को अचानक वापस बुला लेने के मुद्दों पर विभेद उत्पन्न हो गए थे। चीन ने महसूस किया कि यदि ताईवान पर अमेरिका के साथ विवाद होता है, तो सोवियत संघ उसे सैन्य सहायता प्रदान नहीं करेगा। उनके भय की तब पुष्टि हो गई, जब ख्रुश्चेव ने 27 सितंबर, 1959 को आइजनहावर के

साथ एक वक्तव्य पर हस्ताक्षर किए, जिसमें कहा गया था कि 'सभी लंबित अंतरराष्ट्रीय मुद्दों का हल कर लिया जाएगा, परंतु सेना के बल के प्रयोग से नहीं, बल्कि बातचीत के माध्यम से शांतिपूर्ण तरीकों से। ब्रिटिश आकलन यह था कि यह 'चीन को एक चेतावनी है।'[58]

इसी दौरान अमेरिका ने अत्यंत स्पष्ट रूप से संकेत दिया कि यदि चीन ताईवान पर आक्रमण करता है, तो परमाणु हथियारों का प्रयोग किया जा सकता है। इस प्रकार चीनियों को मार्ग में ही रोक दिया गया, अगर उन्होंने ताईवान को 'स्वाधीन' करने पर विचार भी किया हो। ख्रुश्चेव और माओ के बीच व्यक्तित्व का टकराव भी एक कारक था। चीनी पक्ष चीन-सोवियत विवाद को बढ़ाने के लिए कहीं अधिक सक्रिय था तथा 1959 के बाद से माओ ने ही चीन-सोवियत संधि की समाप्ति के लिए प्रयास किए, क्योंकि वे इस तथ्य के प्रति सतर्क हो गए थे कि सोवियत संघ अपनी ओर से अमेरिका के साथ विवाद उठाने का जोखिम मोल नहीं लेगा।[59] अमेरिका और सोवियत रूस दोनों के ही लिए चीनी नीति एक बंद गली में पहुँच गई थी, जिसमें ठोस परिणामों को दर्शाने की आशा बहुत कम थी।

अपनी शांतिपूर्ण सह-अस्तित्व की नीति के साथ सोवियत रूस गुटनिरपेक्ष भारत का खुला समर्थक था। अक्तूबर 1952 में 19वीं पार्टी कांग्रेस में भारत की गुटनिरपेक्ष विदेश नीति की मालेंकोव की प्रशंसा के साथ शुरू करते हुए, सोवियत नेताओं ने निरंतर भारत की तारीफ की। सोवियत दृष्टिकोण भारत की प्रतिष्ठा को ऊँचा करना तथा उसे अफ्रीका-एशियाई देशों की नेतृत्वकारी भूमिका ग्रहण करने के लिए प्रोत्साहित करना था। जैसा कि प्रावदा ने 14 दिसंबर, 1955 के अंक में लिखा था, एक महान् शक्ति के रूप में भारत को विश्व की महान् ताकतों के मध्य प्रथम स्थान दिया जाना चाहिए और इज्वेस्तिया ने 4 अप्रैल, 1957 को इससे भी आगे बढ़ते हुए कहा कि 'भारत की प्रतिभागिता की बिना एशिया और विश्व की एक भी बड़ी समस्या का समाधान नहीं किया जा सकता है।'

चीनियों को संदेह था कि सोवियत संघ उन्हें नीचा दिखाने के लिए जान-बूझकर भारत की छवि का निर्माण कर रहा है। जब-जब सोवियत संघ ने भारत की प्रशंसा की, चीनियों ने इसी कारण से उसे पसंद नहीं किया। चीन-सोवियत संबंधों में गिरावट भारत-चीन संबंधों में गिरावट के साथ-साथ ही आगे बढ़ी। सोवियत द्वारा की गई पर्याप्त प्रशंसा की तुलना में चीनी भारत की गुटनिरपेक्ष और घरेलू नीतियों के बारे में काफी संदेह रखते थे। होंगछी (रेड फ्लैग) अखबार ने 21 अक्तूबर, 1959 को घोषणा की : 'नेहरू जैसे प्रतिक्रियावादी के अंतर्गत भारत में समाजवाद का निर्माण करना असंभव है।' और कुछ समय बाद (22 अक्तूबर, 1959) उसी पत्रिका ने प्रश्न किया : 'अपने समाजवाद का प्रदर्शन करते हुए नेहरू को क्या मिला? और भारत की साम्राज्यवाद पर बढ़ती हुई निर्भरता ने भारतीय अर्थव्यवस्था के विकास को बुरी तरह रोका है।'

चीन ने कड़ुवाहट के साथ यह शिकायत भी की कि सोवियस रूस ने 'भारतीय प्रतिक्रियावादियों' को चीन के विरुद्ध अभियान के लिए 1955 के बाद से 5 बिलियन रुपए (135 मिलियन यू.एस. डॉलर) देने का वायदा किया था, (वास्तविक आँकड़ा 325 मिलियन यू.एस. डॉलर था) 13 सितंबर, 1959 को, सोवियत संघ ने भारत को उसकी तीसरी पंचवर्षीय योजना में वित्तीय सहायता करने के लिए और 375 मिलियन यू.एस. डॉलर की सहायता प्रदान की और अगस्त 1960 में इसने

अतिरिक्त 125 मिलियन यू.एस. डॉलर के वायदे के साथ इस ऋण को अनुपूरित किया। इससे पूर्व में की गई सहायता दो गुना हो गई।[60] इससे पूर्व चीन की खिन्नता में वृद्धि करते हुए, ख्रुश्चेव ने 19 जुलाई, 1958 को यह प्रस्ताव किया कि अंतरराष्ट्रीय तनाव का हल निकालने के तरीके विकसित करने के लिए एक शिखर-सम्मेलन स्तरीय बैठक का आयोजन किया जाए जिसमें सोवियत संघ, अमेरिका, यू.के., फ्रांस और भारत द्वारा प्रतिभागिता की जाए।[61] उल्लेखनीय है कि, जब भारत को आमंत्रित किया गया तो चीन को बाहर कर दिया गया। चीनी इससे बहुत खिन्न हुए।

नेहरू ने दिसंबर 1956 में दूसरी बार वाशिंगटन का दौरा किया। उनकी 1949 में पिछली यात्रा के विपरीत, अमेरिकी इस बार नेहरू की चापलूसी करने में लग गए। उनके आगमन पर उन्हें उन्नीस तोपों की सलामी दी गई, जो ऐसा सम्मान है जिसे सामान्यत: दौरा करनेवाले राज्याध्यक्ष के लिए ही आरक्षित किया जाता है। राष्ट्रपति आइजनहावर और नेहरू ने दो अथवा तीन अवसरों पर चौदह से अधिक घंटे तक बातचीत की। आइजनहावर ने क्रिसमस के अवसर पर नेहरू का व्हाइट हाउस में स्वागत किया तथा उन्हें अपने साथ गेटीस्बर्ग में अपने फार्म हाउस में लेकर गए। नेहरू ने टिप्पणी की कि 'सभी अत्यंत असामान्य था', परंतु वे बहुत थे (नेहरू द्वारा 8 जनवरी, 1957 को लिखी गई टिप्पणी)। 1949 के विपरीत नेहरू भी प्रसन्न मनोयोग में थे, क्योंकि उन्हें भारत की पंचवर्षीय योजनाओं को सफल बनाने के लिए अमेरिका की आर्थिक सहायता की आवश्यकता थी।[62] ब्रिटेन ने भी संदेह जताया कि इस रूपांतरण से नेहरू के मन में यह विश्वास आ गया था कि भारत की विकास योजनाओं की सफलता और असफलता एक बड़े पैमाने पर अमेरिकी पूँजीनिवेश के सतत प्रवाह पर निर्भर करती है। नेहरू भी इतने चतुर राजनीतिज्ञ तो थे ही, कि वे भारत-अमेरिका संबंधों पर अपनी व्यक्तिगत छवि का भी अतिक्रमण कर सकते थे, क्योंकि उन्होंने यह भाँप लिया था कि आइजनहावर 'एक बड़ा अंतर लाने' की स्थिति में हैं।[63] 1956 में वाशिंगटन में नेहरू के साथ उनकी विस्तृत वार्ताओं के उपरांत आइजनहावर ने यह निष्कर्ष निकाला कि नेहरू की गुटनिरपेक्ष नीति अमेरिकी हितों के विरुद्ध नहीं है। आइजनहावर ने 'जल्दबाजी में मित्र ढूँढने की प्रवृत्ति' की अधिक समझदार नीति न होने के रूप में आलोचना की तथा 1954 के अमेरिका-पाकिस्तान पारस्परिक सहायता करार के हस्ताक्षर पर भी प्रश्न उठाए और इसे एक 'भयंकर भूल' माना। अत: इसमें कोई आश्चर्य नहीं है कि अमेरिका ने भारत के प्रति अपने रवैये में सुधार किया। राष्ट्रीय सुरक्षा परिषद् के 10 जनवरी, 1957 के दस्तावेज में इस परिवर्तन को दर्शाया गया है और यह उल्लेख किया गया है—

> *एक स्वतंत्र विदेश नीति के भारत के विकल्प का सम्मान करते हुए¨ जो किसी अवसर पर भारत को अमेरिकी कार्यक्रमों के विरोध में खड़ा करेगा¨ भारत के वर्तमान में परिकल्पित पंचवर्षीय योजनाओं के लक्ष्यों को प्राप्त करने के लिए बाहरी (आर्थिक) सहायता की आवश्यकता होगी।*[64]

अमेरिका अब भारत की सहायता करने के लिए प्रतिबद्ध था। अमेरिका अब तक सीमा पर तथा तिब्बत पर बढ़ते हुए भारत-चीन मतभेदों के बारे में भी जान गया था, क्योंकि नेहरू दिल्ली में दलाई लामा के साथ बातचीत करने के उपरांत वाशिंगटन गए थे।

चीनियों ने भी अगस्त 1958 की समाप्ति पर अमेरिका द्वारा प्रोत्साहन दिए जाने पर पश्चिमी

देशों के भारतीय अर्थव्यवस्था को नई सहायता के रूप में 600 मिलियन यू.एस. डॉलर देने के वचन के निर्णय को भी स्वाभाविक रूप से ईर्ष्या के साथ देखा था। मई 1960 में भारत और अमेरिका ने 1.276 बिलियन यू.एस. डॉलर के पी.एल. 480 खाद्य करार पर हस्ताक्षर किए थे जिसके अंतर्गत अमेरिका चार वर्ष की अवधि तक 12 मिलियन टन अमेरिकी गेहूँ भारत को निर्यात करेगा। इस प्रकार भारत को एक अत्यंत आवश्यक सहायता प्रदान की गई।[65] यह स्मरण किया जाए कि सूखे की स्थिति के कारण भारत में खाद्य उत्पादन में 1956–58 की अवधि के दौरान लगभग 10 प्रतिशत तक कमी आ गई थी। पी.एल. 480 के अंतर्गत समय पर अमेरिकी सहायता न मिलने पर स्थिति नियंत्रण से बाहर हो सकती थी। खाद्यान्नों के मूल्यों में भी इसी अवधि के दौरान 50 प्रतिशत वृद्धि हो गई थी।[66] इसके अलावा 1958 के मध्य में यह स्वाभाविक हो गया था कि भारत अभी गंभीर विदेशी मुद्रा संकट का सामना करना जारी रखेगा। इसके अलावा उसका रिजर्व भी मार्च 1956 में 1.5 बिलियन यू.एस. डॉलर से गिरकर जून 1958 तक 457 मिलियन यू.एस. डॉलर हो गया था। सहायता के एक स्वाभाविक प्रदर्शन में, अमेरिकी विदेश विभाग ने उसके शीघ्र बाद यह घोषणा की कि अमेरिका ने 'भारत की आर्थिक समस्याओं से निपटने में उसकी सहायता की इच्छा व्यक्त की है। इसके परिणामस्वरूप, भारत के लिए अमेरिकी सहायता में 1957 के बाद से अत्यधिक वृद्धि हुई जैसा कि नीचे तालिका में देखा जा सकता है—

									(यू.एस. मिलियन डॉलर)
1953	1954	1955	1956	1957	1958	1959	1960	1961	1962
45.1	88.9	113.6	92.8	364.8	305.1	366.7	758.4	667.8	775.1

अमेरिका ने न केवल भारत को आर्थिक सहायता प्रदान की, बल्कि राजनीतिक सहायता भी दी। वर्ष 1959 में राष्ट्रपति आइजनहावर का उस समय एक भव्य स्वागत किया गया, जब उन्होंने भारत की यात्रा की, जो निस्संदेह ही आंशिक रूप से सीमा पर चीन की युद्धकारी स्थिति के मद्देनजर ही किया गया था। सीनेटर कैनेडी ने भारत को 'एशिया के भविष्य का केंद्र' कहा तथा यह आशा व्यक्त की कि 'भारत चीन के साथ इस दौड़ में जीत जाएगा।'[67] नेहरू ने यह बात स्वीकार की कि आर्थिक दबावों ने भारत को 'विश्व स्तर पर क्रूसेडर के रूप में उभरने' से बाधित किया है।[68]

जैसे-जैसे सहायता और राजनीतिक मदद प्राप्त होनी प्रारंभ हुई, गुट निरपेक्षता और शांतिपूर्ण सह-अस्तित्व की नेहरू की नीति चीन की अपनी नीति की घोर असफलता की तुलना में अमेरिका और सोवियत रूप, दोनों ही देशों में जबरदस्त सफल हुई। ख्रुश्चेव और आइजनहावर दोनों ही के द्वारा अपमानित होकर तथा पश्चिमी और सोवियत दोनों ही शक्ति के केंद्रों से बाहर होकर चीन ने अपने ध्वज को ऊँचा उठाने हेतु एक मंच उपलब्ध कराने के लिए एशिया का चयन किया।[69] 1959 में चीन की यात्रा करने वाले पोलैंड की साम्यवादी पार्टी का शिष्टमंडल इस धारणा के साथ वापस आया कि अमेरिका और सोवियत संघ के बीच उच्चस्तरीय वार्ताओं से बाहर होने की वजह से खिन्न चीन ने, चीन-भारत सीमा पर समस्याएँ भड़काने का निर्णय ले लिया था ताकि दोनों महाशक्तियों को

यह स्मरण कराया जा सके कि विश्व में ऐसे अन्य महत्त्वपूर्ण क्षेत्र भी हैं, जिनका निपटान चीन की सहभागिता के बिना नहीं किया जा सकता है।[70] इस अवस्था पर चीन की अमेरिका और सोवियत रूस, दोनों के साथ बनती नहीं थी तथा उसके इन दोनों ही के साथ संबंध खराब थे।

अमेरिका का आकलन भी यह था कि अपने देश की आर्थिक समस्याओं तथा सोवियत रूस के साथ बढ़ती हुई झड़पों ने चीन को सख्त दृष्टिकोण अपनाने को विवश किया, जैसे भारत के साथ सीमा विवाद में। यह बात कि सोवियत रूस ने चीन को एक संभावित प्रतिद्वंद्वी के रूप में देखना प्रारंभ कर दिया है, भारत के पूर्व अमेरिकी राजदूत चेस्टर बाउल्स द्वारा भारत को सूचित की गई थी। फरवरी 1957 को हुई बैठक में, जो मुख्य रूप से भारतीय मुद्दों के प्रति ही समर्पित थी, ख्रुश्चेव ने बाउल्स की बातों से असहमति व्यक्त नहीं की, जब बाउल्स ने यह टिप्पणी की कि अमेरिका और रूस दोनों ही अंततः चीन के संबंध में समान स्थिति का सामना करेंगे।' यह बैठक चीन-सोवियत अलगाव से पूर्व आयोजित हुई थी, जो स्पष्टतः जगजाहिर हो चुका था। 10 सितंबर, 1959 को तत्कालीन सी.आई.ए. निदेशक एलेन डलेस ने चीन में विद्यमान स्थिति के बारे में अपना आकलन प्रस्तुत किया। उन्होंने यह कहा था—

> *चीनी साम्यवादी नेता उनके आर्थिक कार्यक्रम की विफलता के कारण कम हुई उनकी प्रतिष्ठा के फलस्वरूप काफी निराश थे, लेकिन उन्होंने विफलता को स्वीकार करने से इनकार कर दिया; उन्होंने यह मानना जारी रखा कि उनका 'आगे बढ़ने' का कार्यक्रम अभी तक चल रहा है और अभावों के लिए अकाल को जिम्मेदार समझा। 'सर्वज्ञानी' के रूप में माओ की छवि अब खराब हो रही है। चीनी सोवियत आलोचना पर उत्तेजित हो रहे थे।¨ उनकी वर्तमान मनोदशा में चीनी नेता अपने अंतरराष्ट्रीय दृष्टिकोणों से पीछे हटने के लिए इच्छुक नहीं थे (चीन-भारतीय सीमा)[71]।*

अतः क्या चीनियों ने अक्साई चिन पर विवाद को खुले में केवल इसीलिए ला दिया था ताकि यह दर्शाया जा सके कि चाहे सोवियत रूस ओर अमेरिका दोनों भारत को भले ही कितनी भी सहायता प्रदान कर दें, वह एक कमजोर और असंगठित देश बना रहेगा जिसकी और साथ ही नेहरू की प्रतिष्ठा अत्यंत सरलता के साथ धूमिल हो जाएगी ? ख्रुश्चेव के अनुसार माओ ने ही भारत के साथ समस्या को भड़काया था, जिसका मुख्य उद्देश्य सोवियत संघ को उसमें शामिल करना था और उसके (सोवियत संघ) पास कोई अवसर नहीं छोड़ना था सिवाए इसके कि वह उनकी (माओ) सहायता करे।[72] यदि माओ सोवियत संघ अथवा अमेरिका से अपनी बात नहीं मनवा पाते, तो यह एक मार्ग था जिससे वे चीन की शक्ति को नाटकीय तरीके से रेखांकित कर सकते थे और अपना महत्त्व दिखा सकते थे। इसे एक रणनीतिक आवश्यकता समझा गया। इस तरह माओ अपने घरेलू विरोधियों को भी धमका सकते थे और इसके लिए एक आसान शिकार की जरूरत थी। यह प्रतीत हुआ कि 'भारत के साथ मतभेद चीन की अपनी कार्रवाइयों और महत्त्वाकांक्षाओं द्वारा उत्पन्न हुए थे।'[79]

1958 की शरद ऋतु तक तिब्बत में स्थिति उल्लेखनीय रूप से खराब होनी आरंभ हुई। छापामार आंदोलन पर्याप्त सुदृढ़ हो गया था जिसने सुनिश्चित किया कि त्सांगपो (ब्रह्मपुत्र) नदी के दक्षिण में तिब्बत मुख्य रूप से चीनियों के नियंत्रण से बाहर हो गया था। विद्रोहियों ने जेडांग

(ल्हासा के 48 किलोमीटर दक्षिण-पूर्व की ओर) में चीनी रक्षक टुकड़ी को घेर लिया था, जिसे उन्हें गंभीर क्षति के उपरांत छोड़ना पड़ा।[74] इसी प्रकार जनवरी 1959 में तोंगछिंग शहर पर धावा बोला गया था। धीरे-धीरे यह लड़ाई ल्हासा की ओर फैल गई, जहाँ बड़ी संख्या में प्रभावित लोग शरण लेने आए थे। चीनी विमानों द्वारा अतिरिक्त टुकड़ियाँ तिब्बत में भेजकर तथा अक्साई चिन सड़क के माध्यम से और छिंगहाई के माध्यम से नवनिर्मित मार्ग द्वारा अतिरिक्त सैन्य टुकड़ियाँ भेजकर अपनी स्थिति को बनाए रखने में सफल हुए। मार्च 1959 के प्रारंभ में ल्हासा तिब्बत के अन्य भागों से बड़ी संख्या में लड़ाकों के आने के साथ ही और भी तनावपूर्ण हो गया। अब स्थिति विस्फोटक हो चुकी थी।

ल्हासा में गंभीर तनाव और असंतोष की रिपोर्टें आनी प्रारंभ हो गई थीं। यह स्पष्ट था कि तिब्बतियों ने इस अफवाह कि दलाई लामा का अपहरण कर उन्हें निर्वासन के लिए मुख्य भूमि चीन ले जाया जाएगा पर विश्वास कर लिया और वे काफी आंदोलित हो गए थे। यह आशंका स्थानीय चीनी कमांडर द्वारा दलाई लामा को 10 मार्च, 1959 को ल्हासा में चीनी सेना मुख्यालय में अपने सामान्य सैन्य रक्षकों के बिना एक नृत्य कार्यक्रम में शामिल होने के लिए भेजे गए आमंत्रण-पत्र के कारण उत्पन्न हुई, जिसमें संदिग्ध शब्दों का प्रयोग किया गया था। शीघ्र ही दलाई लामा का नोर्बुलिंका महल हजारों तिब्बतियों से घिर गया, जिन्होंने दलाई लामा को जाने से रोका। कुछ महिला प्रदर्शनकारियों ने भारतीय कॉन्सुलर जनरल से मुलाकात की और अनुरोध किया कि वे उनके साथ चीनी सेना मुख्यालय चलें और ज्ञापन सौंपे जाने के साक्षी बनें। कॉन्सुलर जनरल ऐसा नहीं कर सकते थे और उन्होंने स्पष्टत: इनकार कर दिया।

कुछ दिन तक तो चीनी प्राधिकारियों ने कोई प्रतिक्रिया व्यक्त नहीं की, संभवत: वे बीजिंग से आदेशों की प्रतीक्षा कर रहे थे। जैसा कि ऐसी परिस्थितियों में आशा की जा सकती है, गोलीबारी प्रारंभ हो गई। तिब्बतियों ने आरोप लगाया कि 17 मार्च, 1959 को लगभग 4 बजे चीनियों ने दलाई लामा के महल की ओर दो गोले दागे, जो लगभग अस्सी गज दूर गिरे। इससे निष्कर्ष निकालते हुए तिब्बती नेतृत्व ने दलाई लामा को परामर्श दिया कि वे ल्हासा छोड़ दें और भारत में शरण लेने के लिए उसकी ओर प्रस्थान करें। उन्होंने 17 मार्च, 1959 की मध्यांह को लगभग 10 बजे ऐसा ही किया। इसी रात ल्हासा में भारतीय कॉन्सुलर जनरल छिब्बर ने दिल्ली को सूचित किया कि दलाई लामा ने छद्म वेश में ल्हासा छोड़ दिया है। हालाँकि चीनी सेना उनकी खोज में लगी थी, अभूतपूर्व संकटों से गुजरते हुए दलाई लामा अंतत: 31 मार्च, 1959 को भारतीय सीमा के पास पहुँच गए और उन्होंने 3 अप्रैल, 1959 को रात्रि लगभग 12.30 बजे लुम्ला को पार किया। दलाई लामा के लिखित अनुरोध पर उन्हें मानवीय आधार पर आश्रय मिल गया। इससे पूर्व भारतीय कॉन्सुलर जनरल को 19 मार्च, 1959 को दिल्ली द्वारा सूचित किया गया था कि दलाई लामा को, यदि वे स्वयं अनुरोध करेंगे, भारत में शरण प्रदान की जाएगी।[75] परतु चूँकि दलाई लामा पहले से ही ल्हासा छोड़ चुके थे, उन्हें यह सूचना नहीं दी जा सकी। सरकार के भीतर केवल कृष्ण मेनन को ही संदेह था, परंतु उसे भी नेहरू द्वारा आसानी से दूर कर दिया गया।

चीनी भारत की इस कार्रवाई से अत्यंत आश्चर्यचकित थे, हालाँकि 1954 में चोऊ ने स्वयं नेहरू को कहा था कि उन्होंने पाणिक्कर को कहा है कि यदि ऐसी स्थिति उत्पन्न होती है, तो चीन

को कोई आपत्ति नहीं होगी। चीनी स्रोत ने काफी देर बाद संभवतः अपनी साख को बचाने के लिए यह दर्शाया कि वे दलाई लामा के भारत चले जाने से काफी 'संतुष्ट' हैं, परंतु यह केवल बाद में सोचा गया विचार ही था। ऐसी रिपोर्टें उपलब्ध हैं, जो यह दर्शाती हैं कि भारत तक की यात्रा के दौरान दलाई लामा की सहायता सी.आई.ए. द्वारा की गई थी जिसने न केवल भोजन और हथियार गिराए थे, बल्कि वे ढाका में स्थित सी.आई.ए. स्टेशन के माध्यम से दलाई लामा के दल के साथ रेडियो द्वारा संपर्क स्थापित किए हुए थे।[77] बीजिंग रेडियो ने दलाई लामा के भारत आगमन की 31 मार्च 1959 को घोषणा की, जब विदेश सचिव ने 3 अप्रैल को चीनी राजदूत को दलाई लामा के भारत आने के बारे में सूचित किया, तो चीनी राजदूत ने इसे मजे में लिया। यह तथ्य कि चीनी दिल्ली में अधिकारियों से पूर्व ही इस बात को जानते थे, इस ओर संकेत करता है कि चीनी आसूचना (इंटेलीजेंस) काफी मजबूत थी। दलाई लामा ने 80 खच्चरों और 56 तिब्बतियों के दल के साथ भारत में प्रवेश किया था, जिसमें उनकी माता और छोटी बहन भी शामिल थी।

क्या भारत के प्रति चीनियों का व्यवहार अलग होता यदि भारत दलाई लामा को आश्रय देने से इनकार कर देता? क्या वे सीमा के मुद्दे पर आगे बढ़कर वार्तालाप करते? नेहरू के मस्तिष्क में इस बात को लेकर कभी भी संदेह नहीं रहा कि दलाई लामा को आश्रय प्रदान करने के लिए वे, जो कुछ भी कर रहे हैं, वह बिल्कुल सही कदम है। नेहरू एक स्वाधीनता सेनानी तथा महात्मा गांधी के शिष्य थे और वे जानते थे कि भारत के लोग दलाई लामा के प्रति अत्यंत आदर और सम्मान का भाव रखते हैं और यदि नेहरू ने दलाई लामा को शरण देने की सहमति न दी होती, जिन्हें लाखों भारतीयों द्वारा पवित्र और श्रद्धेय माना जाता था, तो उनका अपना राजनीतिक भविष्य ही संकट में आ सकता था। दलाई लामा को न केवल पूर्व के 13 दलाई लामाओं का अवतार माना जाता था, बल्कि उन्हें अवलोकितेश्वर अथवा छन रेजिंग, जो करुणामय बोधिसत्व और श्वेत कमलधारी थे, का भी अवतार माना जाता था। दलाई लामा ने अपनी जीवनी में स्वयं इस बात की पुष्टि की है। (फ्रॉम बर्थ टू एक्जाइल)।

चीनी भी यह जानते थे कि आश्रय प्रदान करना किसी भी देश का नैसर्गिक अधिकार है। उन्होंने स्वयं भी ऐसा एक नेपाली भिन्न मतावलंबी—के.आई. सिंह के मामले में किया था। प्रधानमंत्री चोऊ ने भी इस बात को ऊपरी तौर पर स्वीकार किया था, जब उन्होंने तत्कालीन गृहमंत्री पंत को यह बताया था कि (21 अप्रैल, 1960) चीन को भारत द्वारा दलाई लामा को आश्रय प्रदान करने में कोई आपत्ति नहीं है, बल्कि उसके 'चीन-विरोधी' क्रियाकलापों को संचालित करने पर आपत्ति है और जैसा ख्रुश्चेव ने चीनियों को स्मरण कराया था कि चीन ने भी उत्तर कोरिया की सरकार के विरोधियों को किम इल-संग को वापस नहीं किया था। तत्कालीन वित्तमंत्री मोरारजी देसाई ने चोऊ को स्मरण कराया (22 अप्रैल, 1960) कि कार्ल मार्क्स स्वयं निर्वासन में ब्रिटेन रहे थे तथा उनकी राजनीतिक गतिविधियों पर कोई प्रतिबंध नहीं लगाए गए थे। इसका चोऊ की ओर से कोई उत्तर नहीं आया। इस बात में कोई संदेह नहीं है कि यदि भारत ने दलाई लामा को आश्रय प्रदान नहीं किया होता तो चीनी प्रसन्न होते कि भारत पर उनके द्वारा बनाया गया दबाव काम कर रहा है और यह कि भारत से और भी अधिक रियायतें हासिल करने के लिए इससे भी अधिक दबाव डालना आवश्यक था।

तिब्बत से दलाई लामा के निकल भागने की सूचना को तिब्बत के प्रति चीन की नीति की पूर्ण विफलता के रूप में प्रचारित किया गया। इससे उसकी प्रतिष्ठा को भारी धक्का लगा। चीन की मुख्य चिंता यह थी कि वह स्वयं को एफ्रो-एशियाई एकता का सच्चा हिमायती और 'स्वाधीनता प्रदाता' किस प्रकार सिद्ध कर पाएगा जबकि स्वयं उन्होंने तिब्बत के साथ इतना कठोर व्यवहार किया था ? चीनियों ने स्थिति को जल्द-से-जल्द नियंत्रण में लाने का निर्णय लिया। तिब्बत में चीन का अभियान 23 मार्च, 1959 को प्रारंभ हुआ। इसके बाद चीनियों द्वारा कड़े दमनकारी उपायों की एक भयंकर लहर प्रारंभ हो गई, जिसमें हजारों तिब्बतियों को क्रूरता से गोलियों से छलनी कर दिया गया और बड़ी संख्या में तिब्बती वहाँ से भाग गए। प्राप्त हुए एक पी.एल.ए. दस्तावेज के अनुसार मार्च 1959 और सितंबर 1960 के बीच सैन्य कार्रवाई में लगभग 87,000 तिब्बतियों को मौत के घाट उतार दिया गया (जियाओमी)।[79] चीनियों ने तिब्बत की राजनीतिक स्वायत्तता की किसी भी संभावना को समाप्त कर दिया था तथा तिब्बती विद्रोह का उपयोग तिब्बत पर अपना पूर्ण राजनीतिक और सैन्य नियंत्रण स्थापित करने के लिए किया। यहाँ तक कि 'स्वायत्तता' की अंतिम किरण को भी समाप्त कर दिया गया था।

बाहरी तौर पर चीन ने भारत-तिब्बत सीमा को 'सील' करने का निर्णय लिया और 23 अप्रैल, 1959 को चीनी साम्यवादी दल (सी.सी.पी.) की केंद्रीय समिति के सैन्य आयोग ने तिब्बत में तैनात पीएलए इकाइयों को 'अनसुलझी भारत-तिब्बत सीमा, जिसमें मैकमोहन रेखा के समीप का क्षेत्र भी शामिल था, के निकट सभी महत्त्वपूर्ण सड़कों और मार्गों पर नियंत्रण करने, रक्षा कार्यों का निर्माण करने और दोनों दिशाओं में उपद्रवियों को सीमा पार करने से रोकने के निर्देश जारी किए थे। अत: वे सीमाएँ, जो अब तक काफी शांतिपूर्ण थी, अब टकराव का बिंदु बन गई थीं और पी.एल.ए. टुकड़ियाँ सीमा के निकट चली आई थीं। निश्चित रूप से, इससे टकराव की स्थिति पैदा होनी ही थी।[80]

तिब्बत में बरती गई चीनी निर्ममता के कारण भारत में जोरदार चीन-विरोधी भावनाएँ पनपीं। संसद में, प्रेस में और लगभग हर जगह तिब्बतियों की सहायता के लिए लगभग सर्वसम्मति से सहयोग की भावना थी। नेहरू ने राष्ट्रपति राजेंद्र प्रसाद के इस सुझाव को अस्वीकृत कर दिया कि चीन की कार्रवाई की 'नए उपनिवेशवाद' के रूप में निंदा की जाए।[81] यह प्रतिक्रिया दक्षिण एशिया में और साथ ही विश्व के अन्य भागों में भी व्याप्त थी।

यहाँ तक कि तत्कालीन पाकिस्तानी विदेश मंत्री मंजूर कादिर ने भी तिब्बत के विरुद्ध चीनी कार्रवाई पर क्षोभ व्यक्त किया और वाशिंगटन में कहा कि चीन में रूस की तुलना में विस्तारवादी प्रवृत्तियाँ अधिक देखी जाती हैं।[82] इससे पूर्व अयूब ने चीन-हितैषी नेताओं जैसे मौलाना भसानी और फैज अहमद फैज सहित अधिकांश साम्यवादी नेताओं को गिरफ्तार कर लिया था। पाकिस्तान ने जनवादी गणराज्य को चीन की वैध सरकार के रूप में मानने के और उसके साथ बेहतर राजनयिक संबंध बनाए रखने के बावजूद जुलाई 1961 तक संयुक्त राष्ट्र में पी.आर.सी. की सीट के प्रश्न को स्थगित करने के लिए निरंतर मतदान किया, जब चीन द्वारा तिब्बत में किए गए अत्याचारों का प्रश्न 21 अक्तूबर, 1959 को संयुक्त राष्ट्र महासभा के समक्ष रखा गया, भारत के विपरीत पाकिस्तान ने इसके समर्थन के लिए मतदान किया। राष्ट्रपति अयूब खान ने संयुक्त राष्ट्र में पाकिस्तानी राजदूत

को निर्देश दिए थे कि आइरिश-मलेशियाई संकल्प का पूर्ण समर्थन किया जाए, जिसने 'तिब्बत के लोगों के मूल अधिकारों और उनकी स्वतंत्रता का' चीन द्वारा बलपूर्वक हनन किए जाने की भर्त्सना की गई थी। पाकिस्तान के प्रतिनिधि प्रिंस अली खान ने पाकिस्तान की स्थिति को इस प्रकार वर्णित किया—

पाकिस्तान के लोग तिब्बत में घटित दुर्भाग्यपूर्ण घटनाक्रम पर अत्यंत चिंतित हैं। तिब्बत के लोग हमारे निकटवर्ती पड़ोसी हैं। सैकड़ों वर्षों से उन्होंने अपनी पारंपरिक जीवन-शैली का निर्वहन किया है। उन्हें वह विकल्प चुनने का अधिकार है जिस प्रकार वे अपने जीवन को जीना चाहते हैं। इसके साथ ही, शेष विश्व का भी यह कर्तव्य बन जाता है कि वह उनके विकल्प का सम्मान करे। हम यह समझते हैं कि तिब्बत का प्रश्न संयुक्त राष्ट्र के सभी सदस्यों के लिए उनकी चेतना से जुड़ा एक बड़ा महत्त्वपूर्ण प्रश्न है।[83]

इस पर चीन द्वारा आक्रामक प्रतिक्रिया व्यक्त की गई। बीजिंग ने पाकिस्तान को 'साम्राज्यवादी प्रपंच की भाषा न बोलने की चेतावनी दी।[84] इसके अलावा, पाकिस्तान सरकार को भेजी गई एक टिप्पणी (21 जुलाई, 1959) में चीन ने कड़े शब्दों में चेतावनी दी—

7 अप्रैल से 12 मई, 1959 तक पाकिस्तान के विदेश मंत्री¨ अब तक चीनी सरकार के तिब्बत के उसके अपने भू-भाग पर मुट्ठी भर क्रांतिकारियों के विद्रोह का दमन करने की कार्रवाई के बारे में बार-बार अपशब्दों का प्रयोग कर रहे हैं, जो पूर्णतः चीन का आंतरिक मामला है। इस प्रकार की बयानबाजी में चीन की भर्त्सना की जा रही है, चीन के आंतरिक मामलों में जान-बूझकर हस्तक्षेप किया जा रहा है¨ यदि पाकिस्तान सरकार की यह प्रवृत्ति जारी रही¨ तो उसे इसकी पूरी जिम्मेदारी उठानी होगी।

इस बयान से भयभीत न होते हुए, पाकिस्तान ने ताईवान से एक मुस्लिम हज शिष्टमंडल को आमंत्रित किया, जो मक्का जाते हुए 29 जून, 1955 को कराची पहुँचा। इससे चीन गंभीरतापूर्वक सतर्क हो गया और खिन्न भी हुआ। चीन ने इसे केवल धार्मिक आस्था नहीं माना, बल्कि इसमें एक 'द्वि-चीन नीति' संपोषित करने के पाकिस्तान के प्रयास को भी देखा। राष्ट्रपति अयूब के 24 अप्रैल, 1959 को भारत को किए गए संयुक्त रक्षा प्रस्ताव (डॉन, 25 अप्रैल, 1959) को भी चीन द्वारा 'अनैतिक' कहते हुए नकार दिया गया और पाकिस्तान को 'संकट आने से पहले चेतने' की सलाह दी गई।[85] चीन-पाकिस्तान संबंध इस समय अपने निम्नतम स्तर पर थे।

'संयुक्त रक्षा' के अयूब के प्रस्ताव के बारे में भारत में पर्याप्त संशय का वातावरण था, क्योंकि यह निष्कर्ष लगाया गया था कि यह प्रस्ताव केवल तभी पेश किया जा सकता था, जब कश्मीर की समस्या का संतोषजनक तरीके से समाधान कर लिया जाता। उच्चायुक्त राजेश्वर दयाल को उनका आकलन देने के लिए कहा गया तथा अयूब के साथ अनेक बैठकों के उपरांत उन्होंने दिल्ली को सूचित किया—

पाकिस्तान ने लंबित मुद्दों के समाधान के सभी संदर्भों को अनिवार्य पूर्व-शर्त के रूप में समाप्त कर दिया है। उन्होंने इस अवधारणा का वर्णन केवल यह कहते हुए किया है कि युद्ध-विराम (सी.एफ.एल.) के आर-पार और दो पंजाबों में पारस्परिक वैमनस्यता में

एक-दूसरे का सामना करनेवाली दो सेनाओं के स्थान पर हमें उत्तर और उत्तर-पश्चिम से आनेवाले वास्तविक खतरों की ओर ध्यान देना चाहिए। मेरी राष्ट्रपति के साथ हुई पिछली बातचीत में, जिसे 5 नवंबर, 1959 की टिप्पणी संख्या एच.सी./438/59 द्वारा सूचित किया गया था, उन्होंने यह कहा कि यदि हमारी कुछ सेनाएँ पश्चिमी सीमा से चीन के संकट को दूर करने के लिए हटाई जाती हैं तो पाकिस्तान इस स्थिति का लाभ नहीं उठाएगा।[86]

लगभग इसी समय अयूब ने भारतीय उच्चायुक्त राजेश्वर दयाल के माध्यम से नेहरू के साथ बैठक का एक प्रस्ताव भी भेजा और नेहरू की प्रशंसा भी की। अयूब ने कहा, 'मैं उनका सम्मान वस्तुत: एक महान् व्यक्ति के रूप में करता हूँ...कृपया उन्हें आश्वासित करें और एक सैनिक तथा एक ईमानदार व्यक्ति के रूप में मेरी बात उन तक पहुँचाएँ कि मैं वास्तव में...भारत के साथ श्रेष्ठतम संभव संबंध कायम करने के लिए उत्सुक हूँ।' दयाल, जिन्होंने विभाजन से पूर्व भारत में अयूब के साथ ही सरकारी सेवा की थी, उनकी इन संवेदनाओं को नेहरू तक पहुँचाया। अयूब ने यह प्रस्ताव नेहरू द्वारा सार्वजनिक रूप से यह स्वीकारने के पश्चात् दिया था कि चीन ने अक्साई चिन पर एक सड़क का निर्माण कर लिया है और दोनों देशों के बीच कुछ झड़पें भी हुई हैं।

यह कि चीन अयूब के प्रस्ताव से काफी खिन्न था, इस तथ्य से देखा जा सकता है कि 'पीपल्स डेली. ने पाकिस्तान पर एक अनैतिक भूमिका निर्वहन करने का आरोप लगाया।[87] चीनी अयूब सरकार से अत्यंत दु:खी थे और जैसा कि 'पीपल्स डेली' के टीकाकार ने टिप्पणी की थी, चूँकि अयूब की सरकार सत्ता में आ गई थी, पाकिस्तान सरकार की चीन के प्रति प्रवृत्ति पहले की तुलना में काफी नकारात्मक हो गई थी।[88] यह दिलचस्प बात है कि चीनी आक्रमण और उसके बाद होनेवाली झड़पों की सूचना पाकिस्तानी प्रेस में भारत पर 'आक्रमण' की कार्रवाइयों के रूप में आ रही थी। उदाहरण के लिए 29 अगस्त, 1959 को 'डॉन' समाचार-पत्र ने इस खबर को इस शीर्षक के तहत छापा 'चीनी सैन्य टुकड़ियों ने तिब्बती सीमावर्ती क्षेत्र में भारत में आक्रमण किया'।

अयूब का प्रस्ताव संशयपूर्ण हो सकता था और संभवत: यह कश्मीर से भी संबंधित हो सकता था, परंतु दुर्भाग्यवश नेहरू ने भारत के लिए इसके परिणामों पर विचार किए बिना तथा पाकिस्तान और चीन के बीच बढ़ती हुई खाई को और भी चौड़ा करने का प्रयास करने के स्थान पर 4 मई, 1959 को राज्यसभा में हुए सार्वजनिक रूप से अयूब के प्रस्ताव की उपेक्षा करते हुए इस टिप्पणी के साथ दोनों देशों को पटरी से उतार दिया, 'संयुक्त रक्षा किसके विरुद्ध?'[89] यह विचारहीन टिप्पणी थी। नेहरू ने अपनी गलती को पहचाना और बाद में इसका स्पष्टीकरण भी दिया, जब उन्होंने लंदन (20 मई, 1959) में एक प्रेस कॉन्फ्रेंस में कहा कि अयूब का प्रस्ताव 'मित्रतापूर्ण भावना' में किया गया था, परंतु तब तक बहुत देर हो चुकी थी। अयूब को इससे बहुत ठेस पहुँची थी। भारत की विदेश नीति ने चीन-पाकिस्तान मतभेदों को और बढ़ाने का एक सुनहरा अवसर खो दिया था। नेहरू ने 20 मई, 1959 को राजेश्वर दयाल को लिखते हुए इस भूल का सुधार करने का प्रयास किया कि वे 'अयूब के संदेश की सराहना करते हैं,', परंतु यह भी स्पष्ट किया कि संयुक्त रक्षा का प्रश्न ही नहीं उठता है, क्योंकि 'विश्व मामलों' के प्रति दोनों देशों का इतिहास भिन्न-भिन्न है। यह वास्तव में अपनी बात को रखने का काफी मृदु और बेहतर तरीका था।

भारत में नेताओं को चीन द्वारा निरंतर पाकिस्तान को फुसलाने के बारे में भी अवगत होना

चाहिए था। उन्हें इस बात का सावधानीपूर्वक विश्लेषण और इस पर विचार करना चाहिए था कि पाकिस्तान चीन के लिए इतना महत्त्वपूर्ण क्यों है ? पाकिस्तान 4 जनवरी, 1950 को चीन को मान्यता देनेवाला पहला मुस्लिम देश था। तिब्बत पर चीनी कब्जे पर पाकिस्तान ने पूर्णत: चुप्पी साधी हुई थी और प्रधानमंत्री लियाकत अली ने यह कहते हुए इस चुप्पी को औचित्यपूर्ण ठहराया कि ये घटनाएँ 'अत्यंत दूरी पर' घटित हुई थीं। इस बात में कोई सच्चाई नहीं थी, क्योंकि पाक अधिकृत कश्मीर सिनकियांग/तिब्बत के निकट ही था। पाकिस्तान के प्रधानमंत्री ने चोऊ के साथ भेंट की थी। बाद में 23 अप्रैल, 1955 को बांडुंग सम्मेलन की राजनीतिक समिति में बोलते हुए चोऊ ने पाकिस्तानी प्रधानमंत्री के साथ-साथ उसके साथ भेंट करनेवाले प्रतिनिधियों को यह बताया था कि—

> *उन्होंने (पाक प्रधानमंत्री) मुझे बताया कि हालाँकि पाकिस्तान सैन्य संधि का पक्षकार है, पाकिस्तान चीन के विरुद्ध नहीं है। पाकिस्तान को कोई भय नहीं है कि चीन उसके विरुद्ध आक्रमण की कार्रवाई कर सकता है। इसके परिणामस्वरूप ही हमने पारस्परिक समझ स्थापित की है।*

चोऊ ने मोहम्मद अली के निजी आश्वासनों को सार्वजनिक कर दिया जिसका आशय यह जाँच करना था कि क्या पाकिस्तानी प्रधानमंत्री वाकई गंभीर थे अथवा केवल अभिनय ही कर रहे थे, जब मोहम्मद अली अपनी बात पर अडिग रहे और सार्वजनिक रूप से इस बात की पुष्टि कर दी तो चोऊ को विश्वास हो गया कि पश्चिम के साथ पाकिस्तान की संधि केवल भारत के विरुद्ध उसकी स्थिति को सुदृढ़ करने के लिए ही की गई है और उसकी प्रकृति चीन-विरोधी नहीं है। चोऊ ने पाकिस्तानी प्रधानमंत्री को पुष्टि की कि चीन उन कारणों को 'समझ' गया है कि उसने सीटो और बगदाद संधि क्यों की है।[90] चीन ने इस तथ्य को कभी भी सार्वजनिक नहीं किया कि उसने सीटो में शामिल होने के लिए पाकिस्तान का विरोध किया है। पाकिस्तान के पश्चिम-प्रायोजित संधियों में शामिल होने के बावजूद चीन-पाक व्यापार वह निरंतर फलता-फूलता रहा। उदाहरण के लिए 1953 में चीन-पाक व्यापार कुल 83.3 मिलियन यू.एस. डॉलर था, जो भारत-चीन व्यापार से लगभग दो गुना था तथा यह व्यापार रक्षा मदों पर आधारित नहीं था!

यह तथ्य तत्कालीन विदेश सचिव द्वारा सावधानीपूर्वक नोट किया गया था कि चोऊ पाकिस्तान के प्रति किसी भी विद्वेष से मुक्त है।[91] चोऊ का मानना था कि पाकिस्तान एक बड़े पड़ोसी देश के 'वास्तविक' भय से ग्रस्त है। बाद में यह सूचित किया गया कि पाकिस्तान को बीजिंग से एक निजी संदेश प्राप्त हुआ है कि दोनों देशों के बीच हितों का कोई वास्तविक टकराव नहीं है, जो उनके मित्रतापूर्ण संबंधों को संकट में डालता हो; परंतु यह कि यह स्थिति भारत-चीन संबंधों पर लागू नहीं होती थी।[92] बीजिंग में अक्तूबर 1954 में नेहरू के साथ अपनी बैठक में चोऊ ने दोनों देशों (भारत और पाकिस्तान) के लिए एक-दूसरे के साथ संपर्क करने की आवश्यकता का सुझाव देते हुए अत्यंत सावधानीपूर्वक एक चीनी शब्द 'थुआनजिए' का चुनाव किया। चोऊ का आशय अत्यंत अस्पष्ट था। इस शब्द 'थुआनजिए' का अर्थ पर्याप्त पेचीदा था। इसका 'सहयोग' और 'पुन:एकीकरण' दोनों ही प्रकार से अनुवाद किया जा सकता था। अत: भारत से बात करते समय चोऊ के भाषांतरणकार इसका अनुवाद 'पुन:एकीकरण' के रूप में करते थे, जो भारतीय कानों को सुरीला लगता था जबकि पाकिस्तान में इसका अनुवाद 'सहयोग' के रूप में किया जाता था।[93]

पाकिस्तान की चोऊ की यात्रा की समाप्ति पर निष्कर्ष के तौर पर 24 दिसंबर, 1956 को जारी की गई संयुक्त वक्तव्य में दोनों देशों ने दोहराया कि दोनों देशों के बीच हितों का कोई विवाद नहीं है। बीजिंग ने उपमहाद्वीप में भारत की भूमिका को सीमित करने और साथ ही पश्चिम एशिया के मुस्लिम देशों में पहुँच हासिल करने के लिए पाकिस्तान के महत्त्व को भली-भाँति समझ लिया था। चोऊ ने बड़ी चतुराई के साथ यह आकलन किया कि पाकिस्तान और भारत को एक-दूसरे के निकट न आने देना एक अनिवार्यता थी, क्योंकि यह उसके (चीन) लिए घातक सिद्ध होता। चोऊ ने कभी भी पाकिस्तान को हाथ से नहीं जाने दिया। वे अत्यंत परिपक्वता के साथ निर्णय लेते थे। उन्होंने भारत को परेशान करने के लिए पाकिस्तान के मूल्य को पहचान लिया था।

अत: यह बात आश्चर्यजनक नहीं थी, जब चीन और पाकिस्तान दोनों ही ने इस स्वाभाविक अड़चन का एक छोटी अवधि के भीतर समाधान कर लिया था तथा बहुत जल्द भारतीय हितों के लिए पर्याप्त घातक सिद्ध होनेवाली दृढ़ समझ स्थापित कर ली थी। दोनों ही ने यह महसूस किया कि भारत पर नियंत्रण रखने के लिए उन्हें एक-दूसरे की सहायता की आवश्यकता है। अत: पाकिस्तान उस पर पड़नेवाले अमेरिका के भारी दबाव के बावजूद चीन के मंसूबों को पूरा करने की हिमायत करनेवाला एक उपयोगी मित्र-राष्ट्र तथा एक मूल्यवान उपकरण बन गया जिसे चीनी नेता भारत को 'परेशान' करने के लिए आवश्यकतानुसार प्रयोग में लाया करते थे। दूसरी ओर, जब कभी समय की माँग हुई, चीन ने यह सुनिश्चित किया कि पाकिस्तान को पर्याप्त सहायता मिलती रहनी चाहिए ताकि वह भारतीय दबाव को झेल सके, लेकिन पाकिस्तान के शब्दाडंबर के बावजूद चीन यह नहीं चाहता था कि पाकिस्तान के साथ उसके संबंध ऐसे स्तर पर पहुँच जाएँ, जहाँ चीन को पाकिस्तान के सैनिक दुस्साहस में भाग लेने की नौबत आ जाए।। चीनियों ने यह सुनिश्चित किया कि उन्होंने पाकिस्तान का 'उपयोग' तो किया है, परंतु उन्होंने इसके बदले पाकिस्तान को उनका 'उपयोग' करने की अनुमति कभी नहीं दी। चीन की नीति हमेशा से ही छुपी हुई तथा गुप्त रही थी।[94]

नेपाल के प्रधानमंत्री कोइराला ने 11 अगस्त, 1959 को एक वक्तव्य जारी किया कि 'तिब्बत के घटनाक्रम को ध्यान में रखते हुए, नेपाल अपनी उत्तरी सीमाओं को असुरक्षित नहीं रख सकता। उसने अपने रक्षा व्ययों में वृद्धि कर दी। नेपाल सरकार ने एक वक्तव्य दिया और यह कहा कि तिब्बत 'हंगरी के नरसंहार का एशियाई रूप था तथा तिब्बत की त्रासदी अन्य एशियाई देशों के लिए एक सबक होना चाहिए।[95] भूटानी अत्यंत उत्तेजित थे, क्योंकि तिब्बत में आठ भूटानी एंक्लेवों को चीन द्वारा बलपूर्वक कब्जे में ले लिया था। एशिया में चीन की छवि व्यापक रूप से नकारात्मक हो गई थी, विशेष रूप से एशियाई बौद्ध देशों में।

चीनी ल्हासा में होनेवाले घटनाक्रमों से काफी परेशान थे जिसके परिणामस्वरूप दलाई लामा तिब्बत से पलायन कर गए थे। इस घटना से, विशेष रूप से एफ्रो-एशियाई देशों के गठबंधन में उन्हें अत्यंत शर्मिंदगी का सामना करना पड़ा था। अपनी स्वयं की नीतियों में त्रुटियों पर पुनर्विचार करने के स्थान पर, उन्होंने नेहरू पर सारा दोष डालने का विचार बनाया। अपने नेतृत्व की साख का बचाव करने के उद्देश्य से चीनी राजनीतिक नेतृत्व ने यह निर्णय लिया कि भारत और विशेष रूप से नेहरू के विरुद्ध आरोपों को और भी तीक्ष्ण किया जाए, वे लक्ष्य पर हों और निरंतर किए

जाते रहें। चीनियों ने नेहरू पर एक ऐसी नीति का अनुपालन करने का आरोप लगाया, जो तिब्बत 'अलगाववादियों' को संरक्षण प्रदान कर रही है। चीन की मुख्य शिकायतें इस प्रकार थीं—

(क) भारतीय कॉन्सुलर जनरल ल्हासा में तिब्बती प्रदर्शनकारियों से मिले तथा उन्हें एक ज्ञापन बनाने में सहायता प्रदान की, (ख) उन्होंने दलाई लामा को शरण दी, (ग) उन्होंने प्रधानमंत्री स्तर पर दलाई लामा के साथ आधिकारिक संपर्क स्थापित किए और उन्हें एक सम्मानित अतिथि के रूप में माना, (घ) दलाई लामा से मिलने के लिए विदेशी प्रेस को अनुमति दी, (ङ) दलाई लामा को संयुक्त राष्ट्र से अपील करने की अनुमति दी, (च) हजारों तिब्बतियों को आश्रय दिया, (छ) कलिम्पोंग में चीन-विरोधी गतिविधियों को अनुमति दी, (ज) भारतीय प्रेस को चीन विरोधी और तिब्बत-हितैषी लेख प्रकाशित करने के लिए प्रोत्साहित किया, (झ) भारतीय संसद में तिब्बत का मुद्दा उठाया, (ञ) मुंबई में माओ के चित्र को विकृत किया और (ट) तिब्बत के साथ व्यापार को सीमित किया और अंत में दलाई लामा को उनके प्रशासन को 'निर्वासन में तिब्बत सरकार' कहने की अनुमति दी।[96]

जैसी अपेक्षा की जा रही थी, किसी बाहरी सहायता के अभाव में तिब्बत की क्रांति मात्र कुछ ही समय चली। चीन ने इसका दमन व्यवस्थित रूप से और अत्यंत बर्बरतापूर्ण किया। सी.आई.ए. के निदेशक एलेन डलेस ने स्वीकार किया कि—

चीनी साम्यवादियों ने अत्यंत प्रभावी सैन्य कार्रवाई संचालित की। वे कोरियाई युद्ध के अनुभवी योद्धाओं का प्रयोग कर रहे थे तथा वे विमानों का भी अत्यंत कुशलता के साथ उपयोग कर रहे थे। ऐसा प्रतीत हुआ कि मानो खांबा क्षेत्र में विद्रोही ताकतों को टुकड़ों-टुकड़ों में कुचलकर रख दिया हो। ल्हासा क्षेत्र में भी विद्रोही टुकड़ियों की संभवतः यही स्थिति थी।[97]

चीनियों के मन में नेहरू के प्रति विद्यमान संशय और भी पुष्ट हो गया। 17 मार्च, 1959 को हुई पोलित ब्यूरो की बैठक में, चोऊ एनलाई ने दावा किया कि 'विद्रोही' भारत सरकार के साथ संपर्क बनाए हुए थे। उन्होंने अनुमान लगाया कि ब्रिटेन और अमेरिका दोनों ने ही परदे के पीछे से विद्रोहियों को सक्रिय सहायता उपलब्ध कराई तथा अग्रणी कार्रवाई करनेवाले देश के रूप में भारत के साथ मिलकर कार्य किया। चोऊ के अनुसार, 'यही कारण था कि विद्रोह का संचालन केंद्र भारतीय भू-भाग पर कलिम्पोंग में स्थापित किया गया था,[98] चोऊ का निष्कर्ष यह था कि 'बिना किसी बाहरी प्रोत्साहन और उत्प्रेरणा के इस प्रकार का विद्रोह नहीं हो सकता था।[99] चीनी उप-विदेश मंत्री ने भारतीय राजदूत के साथ हुई एक बैठक में चोऊ से भी अधिक दृढ़ता दिखाई और विद्रोह के लिए अमेरिकी और के.एम.टी. तत्त्वों' पर आरोप लगाया।[100] चोऊ के बयान नाटकीय अंदाज लिये हुए थे और वे केवल चीन की अपनी खामियों को छिपाने का प्रयास कर रहे थे तथा यह बात सभी को दिखाई दे रही थी।

नेहरू के बारे में चीन का संदेह और भी गहरा हो गया, जब उन्हें ल्हासा में विद्रोह उत्पन्न होने के कुछ ही दिन बाद नेहरू का 23 मार्च, 1959 का पत्र प्राप्त हुआ, जिसमें पूर्वी और पश्चिमी दोनों

ही सेक्टरों में भारत के भू-भाग के दावों को विस्तारपूर्वक दिखाया गया था। चीनियों को संदेह था कि नेहरू अक्साई चिन के माध्यम से गुजरनेवाली जिनजियांग (सिनकियांग)-तिब्बत संपर्क सड़क पर चीन के नियंत्रण पर प्रश्न खड़ा करते हुए इस निर्णायक घड़ी में तिब्बत पर उनके नियंत्रण को कमजोर करने का प्रयास कर रहे हैं। इसी समय पर भारत ने तिब्बत को खाद्यान्नों के निर्यात पर प्रतिबंध लगाने का कदम भी उठाया था। इसके अत्यंत दूरगामी परिणाम होने थे, क्योंकि चीनियों ने यह निष्कर्ष निकाला था कि तिब्बत पर उनके नियंत्रण को कम करके आँकने का यह एक अन्य प्रयास किया जा रहा था। चीन का यह निष्कर्ष एक बार पुनः सुदृढ़ हो गया, जब भारत ने सितंबर 1959 में इस्पात उत्पादों के निर्यात को प्रतिबंधित कर दिया था तथा अक्तूबर 1959 में ईंधन, ऑटो पार्ट्स तथा कपड़े, चाय, चीनी और हाथ के यंत्रों पर प्रतिबंध लगा दिया। चीनियों ने यह भाँप लिया था कि भारत पश्चिमी शक्तियों के साथ मिलकर तिब्बती विद्रोहियों के साथ 'साँठ-गाँठ' कर रहा था तथा वह चीन नियंत्रित तिब्बत का आर्थिक अवरोध करते हुए तिब्बती विद्रोहियों की मदद करना चाहता है।

इसके बाद 25 मार्च, 1959 को हुई एक बैठक में देंग शियाओ पिंग ने यह दावा किया कि भारत सरकार और विशेष रूप से नेहरू, ल्हासा में विद्रोहियों के साथ पूरी तरह से मिले हुए हैं। फिर भी देंग ने कहा कि अभी बीजिंग द्वारा भारत सरकार की सार्वजनिक आलोचना करने का समय नहीं आया है। इसका अर्थ यह नहीं था कि भारत सरकार की कार्रवाई स्वीकार्य थी। इसके विपरीत, देंग ने इस बात पर जोर दिया कि तिब्बत की स्थिति के बारे में नेहरू के अनेक भाषण और साथ ही यह तथ्य कि विद्रोहियों का मुख्यालय कलिम्पोंग में स्थित है, को देखते हुए कोई संदेह नहीं रह जाता है कि भारत सरकार विद्रोहियों के पीछे खड़ी है···और, जब समय आएगा, हम निश्चित तौर से उनके साथ हिसाब बराबर करेंगे[101]। देंग की धमकी गंभीर थी तथा इसे हल्के में नहीं लिया जाना चाहिए था।

एक अन्य कारण कि क्यों चीनी भारत की भूमिका को लेकर इतने क्रोधित थे, दलाई लामा द्वारा 18 अप्रैल, 1959 को जारी एक वक्तव्य से संबंधित था। चीनियों ने इस वक्तव्य, विशेष रूप से इसके प्रथम वाक्य के पीछे भारत का 'हाथ होने' का संदेह व्यक्त किया था, जो इस प्रकार था—

> *यह सदैव ही स्वीकार किया जाता रहा है कि तिब्बती लोग चीन के हान लोगों से भिन्न हैं। तिब्बत के लोगों की ओर से स्वतंत्रता की एक दृढ़ इच्छा सदैव ही बलवती रही है।*

इस वक्तव्य में यह भी कहा गया था कि सत्रह-सूत्रीय करार पर 'चीनी सरकार के दबाव' के अंतर्गत हस्ताक्षर किए गए थे। इस दावे ने तिब्बत में चीनी शासन के आधार को ही पूरी तरह नकार दिया था। दलाई लामा ने आगे इस बात पर बल दिया कि उन्होंने तिब्बत को 'अपनी स्वयं की इच्छा से छोड़ा था, किसी बाध्यता के कारण नहीं।' इसमें चीन की इस स्थिति को भी पूर्णतः चुनौती प्रदान की थी, जो यह थी कि 'दलाई लामा को तिब्बती विद्रोहियों द्वारा अपहृत करके भारत ले जाया गया है।', परंतु जिस बात से चीनी सबसे अधिक क्रोधित हुए, वह दलाई लामा के वक्तव्य का निम्नलिखित वाक्य था—

> *जब से दलाई लामा ने चुथांग्मु के निकट कांजे माने से भारत में प्रवेश किया है, तब से*

उन्होंने उत्तर-पूर्वी फ्रंटियर एजेंसी के कामेंग फ्रंटियर प्रभाग के लोगों द्वारा उनके प्रति प्रदर्शित असीम सम्मान और आतिथ्य-सत्कार को हृदय से अनुभव किया है तथा दलाई लामा यह बताना चाहते है कि वहाँ तैनात भारत सरकार के अधिकारियों ने उनके प्रवास को भारत के इस अत्यंत कुशलतापूर्वक प्रशासित भाग में यथासंभव आरामदेह बनाने के लिए कड़े प्रयास किए हैं।

दलाई लामा द्वारा 'एक सुप्रशासित भाग' के रूप में नेफा के संदर्भ तथा तिब्बत द्वारा इस बात को खुली और स्पष्ट मान्यता प्रदान करने कि खिनजेमाने [काँजे माने] और नेफा (अब अरुणाचल प्रदेश) भारत के भाग हैं, ने चीन की स्थिति को पूर्णतः खारिज कर दिया था तथा यह स्पष्ट कर दिया था कि पूर्वी सेक्टर (अरुणाचल प्रदेश) का चीन का दावा सही नहीं था और अब तिब्बत द्वारा किया गया दावा पूर्णतः उचित था। यहाँ इस बात को नोट करना महत्त्वपूर्ण है कि खिनजेमाने का संदर्भ यह संकेत देता था कि तिब्बतियों ने भारत की इस स्थिति को स्वीकार कर लिया है कि इस क्षेत्र में मैकमोहन रेखा थांग्ला रिज (अर्थात् उच्चतम जल-प्रपात) के साथ होकर गुजरती है।

भारत ने दलाई लामा के 18 अप्रैल, 1959 के वक्तव्य को लिखने के पीछे अपना हाथ होने से आधिकारिक तौर से इनकार किया। चीन ने आरोप लगाया कि दलाई लामा का वक्तव्य न केवल विदेश मंत्रालय के एक अधिकारी द्वारा वितरित किया गया था, बल्कि उसे विदेश स्थित भारतीय दूतावासों से आधिकारिक बुलेटिनों में भी प्रकाशित किया गया था। जिन्हुआ के 21 अप्रैल, 1959 दिल्ली से एक ए.एफ.पी. डिस्पैच का यह कहते हुए हवाला दिया कि—

यह वक्तव्य स्पष्टतः भारतीय सरकार के अनुमोदन से जारी किया गया था ··· दलाई लामा के वक्तव्य को अनुमोदित करते समय वे अनेक बातें अप्रत्यक्ष रूप से अभिव्यक्त करना चाहते थे, जिन्हें प्रत्यक्षतः कह पाना कठिन होता।

बाद में बीजिंग के अखबार गुआंग मिंग रिबाओ ने किसी 'निश्चित अधिकारी' द्वारा निभाई गई भूमिका की ओर इशारा किया। 23 अप्रैल, 1959 के 'पीपल्स डेली' ने चेतावनी दी थी—

किसी राजनेता के लिए किसी स्थिति का गलत आकलन करने से बड़ी कोई त्रासदी नहीं हो सकती है। यदि भारतीय विस्तारवादी चीन पर दबाव डालने का प्रयास करना चाह रहे हैं, तो उन्होंने गलत साझेदार का चुनाव किया है।

अनेक वर्षों बाद, संबंधित भारतीय अधिकारी (जगत मेहता) द्वारा यह निष्कपट रूप से स्वीकार किया गया कि चीनी मोटे तौर पर सही थे, जैसा कि उनकी निम्नलिखित स्वीकारोक्ति से देखा जा सकता है—

मैं एक राजनेता का मसौदा प्रधानमंत्री के पास उनके घर पर रात्रि 10.30 बजे ले गया और उन्होंने व्यक्तिगत रूप से उसमें संशोधन किया। मैंने भारत सरकार के सुझाव के रूप में उसके अंतिम संस्करण को दलाई लामा को सौंप देने के लिए पी.एन. मेनन को दे दिया था ··· मैं समझता हूँ कि मैं एकमात्र व्यक्ति हूँ, जो नेहरू की अर्थगत टिप्पणियों के बारे में जानता हूँ। यह भी स्वीकार किया जाता है कि भारतीय दूतावास ने दलाई लामा के वक्तव्य को संप्रेषित किया था।[102]

चीनियों ने अब 6 मई, 1959 के 'पीपल्स डेली' में 'तिब्बत में क्रांति और नेहरू का दर्शन' नामक अत्यंत कटु लेख प्रकाशित करते हुए अपनी आडंबरपूर्ण नीति का अनुपालन किया था। यह माना जाता है कि यह लेख स्वयं माओ द्वारा लिखा गया था तथा यह चीन के आंतरिक मामलों में भारत द्वारा हस्तक्षेप करने का अभियोग था और संभवतः 1954 के तिब्बत करार के बाद पहली बार नेहरू पर व्यक्तिगत हमला किया गया था, तथापि भारत में चीनी राजदूत द्वारा 16 मई, 1959 को विदेश सचिव को दिया गया बयान सर्वाधिक महत्त्वपूर्ण है, हालाँकि वह गैर-राजनयिक भाषा में लिखा गया था। यह कथित रूप से माओ द्वारा व्यक्तिगत रूप से तैयार किया गया था, अतः किसी भी चीनी राजनयिक अधिकारी के पास उस बयान को संशोधित करने का प्राधिकार नहीं था ताकि उसे 'समुचित' राजनयिक भाषा में संशोधित किया जा सके। यह बयान तिब्बत में कथित भारतीय हस्तक्षेप के एक लंबे-चौड़े अनाप-शनाप किए गए वर्णन के बाद एक अत्यंत दिलचस्प टिप्पणी करता है। इसमें कहा गया है—

> *चीनी लोगों के शत्रु पूरब में रहते हैं—अमेरिकी साम्राज्यवादियों के ताईवान, दक्षिण कोरिया, जापान में और फिलीपींस में अनेक सैन्य ठिकाने हैं, जो सभी चीन के विरुद्ध निर्देशित हैं। चीन का मुख्य ध्यान तथा संघर्ष की नीति पूरब की ओर पश्चिमी प्रशांत क्षेत्र की ओर घृणित और आक्रामक अमेरिकी साम्राज्य की ओर निर्देशित है, भारत की ओर नहीं¨ भारत हमारे देश का विरोधी नहीं, बल्कि मित्र है। चीन इतना भी मूर्ख नहीं है कि वह पूरब में अमेरिका के साथ वैर पाले और पश्चिम में पुनः भारत के साथ विरोधाभास रखे। तिब्बत में विद्रोहियों का दमन¨ भारत को जरा सा भी संकट में नहीं डालेगा। आप इंतजार करें और देखें¨ यह हमारी राज्य नीति है¨ हमारे भारतीय मित्रो! आप क्या सोच रहे हैं? क्या आप चीन के इस दृष्टिकोण के बारे में हमारे विचारों से सहमत हैं कि चीन अपना मुख्य ध्यान केवल चीन के पूरब की ओर ही केंद्रित कर सकता है, लेकिन चीन के पश्चिम की ओर नहीं, न ही उसके लिए ऐसा करना आवश्यक है¨ मित्रो! हमें यह प्रतीत होता है कि हम दो मोर्चे नहीं खोल सकते हैं¨ क्या यह बात सच नहीं है? यदि यह सच है, तो अब हमारे दो देशों की मित्रता का समय आ गया है। क्या आप इस बारे में सोचेंगे?*[103]

चीनी राजदूत का संदेश प्राप्त होने पर नेहरू ने यह स्मरण किया होगा कि माओ ने अक्तूबर, 1954 में बीजिंग में उनकी पहली मुलाकात के दौरान क्या कहा था—

> *मित्रों के बीच ऐसे अवसर भी आते हैं, जब उनके मध्य मतभेद उत्पन्न हो जाते हैं, ऐसा समय भी आता है, जब परस्पर लड़ाई होती है—यहाँ तक कि तब तक लड़ाई होती है, जब तक हमारे चेहरे लाल नहीं जाते, परंतु इस प्रकार की लड़ाई की प्रकृति उस लड़ाई से अलग है, जो हमारी डलेस के साथ है। चीन को पर्याप्त चीजों की आवश्यकता है। हम एक नया देश हैं, हालाँकि हमारी एक बड़े देश के रूप में गणना की जाती है। हमारी शक्ति अभी भी कमजोर है। हमारे सामने अमेरिका की विशाल शक्ति है¨ अतः हमें मित्रों की आवश्यकता है। प्रधानमंत्री नेहरू इस बात को समझ सकते हैं। मैं समझता हूँ कि भारत को भी मित्रों की आवश्यकता है।*[104]

चीनी राजदूत ने 16 मई, 1959 को, जो संदेश दिया था, अनिवार्यत: वह उसी बात के समान था, जो माओ ने 1954 में नेहरू को कही थी।

चीनी राजदूत के 16 मई, 1959 के संप्रेषण का उत्तर व्यक्तिगत रूप से नेहरू ने तैयार किया था, जिन्होंने आकलन किया था कि वह संप्रेषण अत्यंत आपत्तिजनक और 'अशिष्ट' है।[105] त्रासदी इस तथ्य में निहित थी कि इस संप्रेषण और इसकी विषय-वस्तु को एक व्यक्तिगत तिरस्कार के रूप में लिया गया था तथा असहाय विदेश सचिव को 23 मई, 1959 को निर्देश दिया गया था कि वह इसका उत्तर एक सप्ताह के भीतर दें और यह कहें कि इस वक्तव्य में पूरी तरह से मित्र देशों के मध्य अपेक्षित राजनयिक लोकाचार और शिष्टाचारों का अभाव है।[106] इसके अलावा उस पत्र के उत्तर में एक सख्त टिप्पणी भी की गई थी कि भारत सरकार किसी भी देश को शत्रु देश नहीं मानती है अथवा उसके साथ ऐसा व्यवहार नहीं करती है, चाहे वह इससे कितना भी भिन्न क्यों न हो (क्या पाकिस्तान तब एक मित्र देश था?)। भारत के उत्तर पर चीन का दृष्टिकोण यह था कि जबकि उन्होंने 'अपनी समस्त भावनाएँ स्पष्टत: व्यक्त कर दी थीं और भारत सरकार के संदेशों और चिंताओं को दूर करने का पूरा प्रयास किया था', लेकिन उनके राजदूत ने अनावश्यक रूप से 'क्रोधपूर्ण टिप्पणियाँ' की थीं।[107] इसके अलावा, भारतीय प्रेस ने अनेक तिरस्कारपूर्ण टिप्पणियों द्वारा चीनी राजदूत फान त्सुली की भी निंदा की थी। चीनी जानते थे कि उस टिप्पणी का वास्तविक लेखक कौन है; तथा उन्होंने उसे व्यक्तिगत रूप से माओ के भारी अपमान के रूप में लिया था।

यह स्पष्ट था कि चीन की पेशकश का विस्तारपूर्वक अध्ययन करने का अथवा उसका नैदानिक आकलन करने का कोई प्रयास नहीं किया गया कि इस पेशकश की संभाव्यता अथवा परिणाम आखिर क्या हैं। जबकि चीन-पाकिस्तान संबंध अत्यंत खराब स्थिति से गुजर रहे थे और इसके साथ ही दो महाशक्तियों के साथ भी चीन के संबंध खराब और विषम अवस्था में थे तथा तिब्बत में की गई बर्बरतापूर्ण सैन्य कार्रवाई के कारण चीन अंतरराष्ट्रीय स्तर पर वैमनस्य और पार्थक्य का सामना कर रहा था और अन्य विषम आंतरिक परेशानियों से भी जूझ रहा था। ऐसे में चीन के साथ सभी मुद्दों के निपटान की संभावना तलाशने का वास्तविक अवसर भी गँवा दिया गया था। चीन के उस वक्तव्य में आखिर क्या था, जो इतना अशिष्ट था? क्या चीन के साथ कोई सौदा संभव था? ऐसा हो सकता था अथवा नहीं भी, परंतु कम-से-कम एक संभव निपटान के आयामों का गंभीरता के साथ अन्वेषण तो किया ही जा सकता था। भारत को इससे कोई फायदा नहीं हुआ। बाद में, जब चोऊ अप्रैल 1960 में नेहरू के साथ सीमा वार्ताओं के लिए भारत आए, तो उन्होंने एक बार पुन: विदेश मंत्रालय के महासचिव आर.के. नेहरू को यह कहते हुए (21 अप्रैल, 1960) उसी विषय को उठाया कि चेअरमैन माओ ने यह कहा है कि हमारे शत्रु पूरब में हैं तथा वे समुद्र के मार्ग से आएँगे। हम भारत को एक मित्र देश के रूप में मानते हैं तथा हम अपनी दक्षिणी सीमा को एक राष्ट्रीय मोर्चा नहीं बना सकते हैं[108] पूर्व की भाँति, किसी ने भी चोऊ के संकेत पर ध्यान नहीं दिया और न उसे अहमियत दी।

16 मई, 1959 की टिप्पणी में दिए गए चीनी सुझाव को अस्वीकृत किए जाने से चीनी नेतृत्व नेहरू के व्यवहार से अत्यंत खिन्न हुआ। चीनियों ने आरोप लगाया कि नेहरू एक ओर तो बड़ी संख्या में 'भारतीय बुर्जुआवादियों का नेतृत्व कर रहे हैं, जिन्होंने स्वाधीनता के लिए संघर्ष

की अगुआई की थी तथा दूसरी ओर वे 'विस्तार के लिए अपनी लालसा' को नहीं छोड़ पा रहे हैं। चीनियों ने निष्कर्ष निकाला कि इस दूसरी संभावना के फलस्वरूप ही उन्होंने (नेहरू ने) तिब्बत में विद्रोह को भड़काया और उसे समर्थन प्रदान किया। चीनी नेतृत्व की नेहरू के प्रति नकारात्मक भावनाओं में, जो पहले से ही अत्यंत स्पष्ट हो गई थीं, उसके उपरांत नाटकीय रूप से अत्यधिक वृद्धि हुई। इस अवस्था के बाद से संबंधों में जबरदस्त गिरावट आई जिसके फलस्वरूप सीमा क्षेत्र पर निरंतर घटनाएँ होती रहीं। चीनियों का आकलन यह था कि भारत दोनों देशों की मैत्री की असल भावना से दूर हो गया है।

सोवियत रूस भी सतर्क और चकित था। वह एक भ्रातृ देश और एक मित्र देश के बीच इस उभरते हुए विवाद का निपटान किस प्रकार करेगा?, जब मार्च 1959 में तिब्बत संकट उत्पन्न हुआ था, तब रूसी पक्ष चीन की ओर था। प्रावदा ने 28 मार्च, 1959 को उस विद्रोह के लिए 'साम्राज्यवादी उत्प्रेरणा' तथा 'प्रतिक्रियावादी' तिब्बतियों और विदेश स्थित 'साम्राज्यवादी धड़ों' के बीच साँठ-गाँठ को उत्तरदायी ठहराया था। प्रावदा ने कहा, 'तिब्बत चीन का एक अविभाज्य भाग है तथा प्रतिक्रांतिकारी शासक वर्ग का दमन करना चीनी लोगों का पूर्णत: आंतरिक मामला है। इसके अलावा 22 अप्रैल, 1959 को प्रावदा ने चीनी मत का समर्थन करते हुए आरोप लगाया कि ल्हासा से दलाई लामा का पलायन तिब्बती क्रांतिकारियों द्वारा 'अपहरण' किया जाना था और यह विचार 'पश्चिमी मीडिया द्वारा तैयार किया है कि वे (दलाई लामा) अपनी इच्छा से वहाँ से गए थे। चीनियों ने भी रूस की खुफिया सहायता प्राप्त करने की बात को स्वीकार किया, परंतु जब चीनी प्रेस ने व्यक्तिगत रूप से नेहरू को कोसना आरंभ किया, तो सोवियत रूस एकदम मौन हो गया।

6 मई, 1959 को चीनी नेतृत्व ने, जिसमें माओ त्से-तुंग, चोऊ एनलाई और छन यी (पी.सी.आर. के विदेश मंत्री) शामिल थे, सोवियत रूस तथा दस अन्य समाजवादी देशों के वरिष्ठ राजनयिकों से भेंट की और उन्हें अपने पक्ष के बारे में अवगत कराया। चोऊ ने तिब्बत के विद्रोह की प्रकृति के बारे में चीन की धारणा और उसके साथ भारत के संबंध का विस्तारपूर्वक उल्लेख किया। उन्होंने तर्क दिया कि नेहरू का 'मौन उद्देश्य' यह है कि 'भारत के प्रभाव-क्षेत्र के अंतर्गत एक अंत:वर्ती राज्य (तिब्बत) की स्थापना की जाए जिसका संरक्षक भारत हो और वहाँ से (तिब्बत से) पी.ए.एल. सेना को वापस जाने के लिए विवश किया जाए।[109] चोऊ ने आगे यह भी स्पष्ट किया कि 'यह उसकी (भारत की) मुख्य विचारधारा है; और यह मुद्दा चीन और भारत के बीच विवाद का केंद्र भी है।[110] दूसरी ओर माओ ने इस बात पर बल दिया कि बीजिंग द्वारा नेहरू की आलोचना किए जाने का अर्थ भारतीय नेता को साम्राज्यवाद के शिकंजे में धकेलना नहीं है। यह दावा सोवियत रूस के इस आक्षेप को खारिज करने के लिए किया गया था कि चीन अपनी कार्रवाइयों द्वारा नेहरू को पुन: पश्चिमी शक्तियों की ओर धकेल रहा है।

जैसे-जैसे चीन सैन्य टुकड़ियाँ सीमा की ओर बढ़नी आरंभ हुईं, टकराव होना स्वाभाविक हो गया। इनमें से सबसे गंभीर टकराव लोंग्जू में हुआ था (25 अगस्त, 1959)। लोंग्जू में हुई झड़प में पहली बार दोनों पक्षों ने एक-दूसरे के विरुद्ध गोलीबारी की थी। लोंग्जू पर चीनी हमला वस्तुत: सर्वाधिक विचित्र है। इस घटना से ठीक एक माह पूर्व, भारत ने एक टिप्पणी द्वारा 24 जुलाई, 1959 को चीनी विदेश मंत्री को सूचित किया कि वे लोंग्जू में एक चिकित्सक को उतारना चाहते हैं और

अनुरोध किया था कि इस अभियान के बारे में आस-पड़ोस की चीनी चौकियों को तत्काल आवश्यक चेतावनी दी जाए।[111] चीनियों को लोंग्जू के सटीक निर्देशांक और ग्रिड संदर्भ [ग्रिड एम.जे. 7924, देशांतर 93.32 पूर्व अक्षांश 23.37 उत्तर] भी संप्रेषित कर दिए गए थे, जिन्होंने यह उत्तर दिया था कि 'भारतीय भू-भाग पर होनेवाली गतिविधियों को उनके ध्यान में लाए जाने की कोई आवश्यकता नहीं है।[112] अत: लोंग्जू स्पष्ट रूप से मैकमोहन रेखा के दक्षिण में था और चीनी टुकड़ियों ने कम-से-कम दो किलोमीटर तक रेखा का अतिक्रमण किया था [प्रधानमंत्री चोऊ को भेजे गए प्रधानमंत्री नेहरू के पत्र का अनुलग्नक, दिनांक 26 सितंबर, 1959]। एलेन डलेस , निदेशक, सी.आई.ए. ने भारतीय स्थिति की उस समय पुष्टि की, जब उन्होंने 10 सितंबर, 1959 को अमेरिकी राष्ट्रीय सुरक्षा परिषद् को बताया कि चीन के लोंग्जू पर 26 अगस्त को किए हमले के परिणामस्वरूप मैकमोहन रेखा को पार कर तीन मील का अतिक्रमण किया गया है।[113] चीनी सूत्रों के अनुसार लोंग्जू में हुई झड़पों की जाँच किए जाने की आवश्यकता थी जिसके लिए चोऊ ने तत्काल ही आदेश जारी कर दिए थे। 8 सितंबर, 1959 को माओ ने पोलित ब्यूरो की बैठक का आयोजन किया, जिसमें यह सहमति हुई कि चीन भारत के साथ बातचीत द्वारा मुद्दों को सुलझाएगा और बातचीत प्रारंभ होने से पूर्व, चीन भारत को यह प्रस्ताव देगा कि दोनों ही पक्ष यथास्थिति बहाल करें।[114]

9 सितंबर, 1959 को ख्रुश्चेव की बीजिंग यात्रा से ठीक पहले, सोवियत रूस ने तास में प्रकाशित वक्तव्य जारी करते हुए एक अत्यंत असामान्य कदम उठाया। चीनियों ने उसका प्रकाशन रुकवाने के लिए बड़ा जोर लगाया। 6 सितंबर, 1959 को चीनियों ने लोंग्जू में हुई झड़पों के बारे में सोवियत सी.डी.ए. सर्गई अंतोनोव को जानकारी दी तथा उन्होंने नेहरू को भेजे जा रहे चोऊ के दिनांक 8 सितंबर, 1959 के पत्र की अग्रिम प्रति भी दिखाई जिसे अभी तक भारत नहीं भेजा गया था।[115], परंतु अंतोनोव संतुष्ट नहीं हुए और उन्होंने अपने देश को सूचित किया कि यह तर्कसम्मत है कि चीनी पक्ष ने ही मुठभेड़ प्रारंभ की थी।[116] माओ इतने दु:खी हुए कि उन्होंने अपनी इस भावना को नहीं छिपाया कि ख्रुश्चेव ने एक मित्र के साथ विश्वासघात किया है।[117] माओ के निर्देश पर 13 सितंबर, 1959 को, सी.सी.पी. ने सी.पी.एस.यू. (मास्को) का विरोध करने का एक असामान्य कदम उठाया। चीनियों ने यह सोचा कि 9 सितंबर के तास वक्तव्य ने भारतीय स्थिति को समर्थन दिया है और संपूर्ण विश्व को भारत-चीन सीमा पर हुई घटना के बारे में चीन और सोवियत रूस के दृष्टिकोणों के मध्य विभेद को उजागर कर दिया है, जिससे भारतीय बुर्जुआ और अमेरिकी एवं ब्रिटिश साम्राज्यवादियों को भारी प्रसन्नता और हर्ष हुआ है।[118] चीनियों का यह मानना था कि 'यह पहली बार था कि किसी समाजवादी देश ने अपने ही समुदाय के दूसरे समाजवादी देश की भर्त्सना की है जिसे इतने विशाल सशस्त्र विरोध का सामना करना पड़ा था'। यह भी पहली बार हुआ था कि चीन-सोवियत मतभेद पूरी तरह सार्वजनिक रूप से उजागर हो गए थे। अनेक वर्ष बाद चीनियों ने तास के इस वक्तव्य को ख्रुश्चेव द्वारा आइजनहावर को 'तोहफे' के रूप में संज्ञा दी तथा यह कहा कि यह अमेरिकी साम्राज्यवाद को प्रसन्न करने के लिए उसके द्वारा किया गया एक प्रयास है।'[119] दो दिन बाद, सोवियत रूस ने भारत को पाँच वर्ष के लिए 385 मिलियन यू.एस. डॉलर का इमदादी ऋण प्रदान किया। चीनियों ने बाद में दावा किया कि उनके नेताओं ने 10 दिसंबर, 1959 और 30 जनवरी, 1960 के बीच बीजिंग में सोवियत राजदूत के साथ छह बार भेंट की थी ताकि उन्हे मना सकें कि वे विवाद में 'पूर्ण तटस्थता' कायम करें।[120]

ख्रुश्चेव ने आइजनहावर के साथ अपनी सफल शिखर-वार्ता बैठकों के उपरांत (15-27 सितंबर, 1959) सीधे बीजिंग का रुख किया। चीनी नेताओं के साथ लगभग सात घंटे तक चली एक लंबी बैठक के दौरान दोनों पक्षों के नेताओं ने भारत-चीन सीमा पर हुए घटनाक्रम के मामले में एक-दूसरे पर आरोप-प्रत्यारोप लगाए। यह ख्रुश्चेव तथा माओ के नेतृत्व में चीनी नेताओं के बीच पहली आमने-सामने आयोजित कटुतापूर्ण बैठक थी।[121] ख्रुश्चेव ने यह कहते हुए चर्चा आरंभ की—

हमें विशेष रूप से भारत के साथ आपका विवाद समझ नहीं आता है¨आपके भारत के साथ अनेक वर्षों से मित्रतापूर्ण संबंध रहे हैं। अचानक ही ऐसी खून-खराबे की घटना हो गई जिसके परिणामस्वरूप (भारत के प्रधानमंत्री) जवाहरलाल नेहरू स्वयं को एक कठिन परिस्थिति में घिरा महसूस कर रहे हैं। हम यह कह सकते हैं कि नेहरू एक बुर्जुआ राजनेता हैं, परंतु हम यह जानते हैं। यदि नेहरू हटते हैं, तो उनसे बेहतर और कौन होगा? दलाई लामा तिब्बत से पलायन कर गए, वे एक बुर्जुआ व्यक्तित्व हैं। यह मुद्दा भी हमें स्पष्ट नहीं हो पा रहा है, जब हंगरी में घटनाक्रम हुए थे, तो नेहरू हमारे विरुद्ध थे, लेकिन हमने उनके विरुद्ध कोई दुर्भावना नहीं रखी, क्योंकि हमने उनके बुर्जुआवादी होने के कारण उनसे कोई अपेक्षा नहीं रखी थी। परंतु, हालाँकि वे हमारे विरुद्ध थे, फिर भी इस बात ने उनके साथ हमारे बेहतर संबंधों को प्रभावित नहीं किया। अगर आप मुझे अनुमति दें तो मैं आपको वह बात बताऊँगा, जो एक अतिथि को नहीं करनी चाहिए कि तिब्बत के घटनाक्रम आपकी त्रुटि है। आपने तिब्बत पर शासन किया, आपकी वहाँ आसूचना (एजेंसियाँ) होनी चाहिए थी तथा आपको दलाई लामा की योजनाओं और आशय के बारे में पता होना चाहिए था।

माओ त्से-तुंग: नेहरू भी यह कहते हैं कि तिब्बत में घटनाक्रम हमारी भूल का नतीजा है।

ख्रुश्चेव : क्या आप वास्तव में हमसे यह चाहते हैं कि हम भारत के साथ आपके विवाद का अनुमोदन करें? ऐसा करना हमारी बेवकूफी होगी। तास घोषणा (9 सितंबर, 1959) आवश्यक थी।

माओ त्से-तुंग : हमारी गलती यह थी कि हमने पहले से ही दलाई लामा को नि:शस्त्र नहीं किया, परंतु उस समय हमारा तिब्बत की जनता के साथ कोई संपर्क नहीं था।

ख्रुश्चेव : आपके पास अभी तक तिब्बत की जनता के साथ कोई संपर्क नहीं है।

माओ त्से-तुंग: हम इस मामले में एक अलग समझ रखते हैं।

ख्रुश्चेव : बिल्कुल सही, तभी तो हमने यह मुद्दा उठाया है। आप यह भी कह सकते हैं कि आपके और हमारे दोनों ही के पास कोरियाई थे, जो किम इल-सुंग के यहाँ से भाग गए थे, परंतु इससे हमें किम इल-सुंग के साथ संबंधों को खराब करने का आधार नहीं मिल जाता और हम फिर भी अच्छे मित्र हैं। हमारा मानना है कि तिब्बत में हुई घटनाएँ चीनी साम्यवादी दल की गलती है, नेहरू की गलती नहीं है।

माओ त्से-तुंग: नहीं, यह नेहरू की गलती है¨।

ख्रुश्चेव : आपने भारत की सीमा पर लोगों को क्यों मारा?

माओ त्से-तुंग : उन्होंने पहले सीमा पार करते हुए हम पर हमला किया और फिर बारह घंटे तक निरंतर गोलीबारी की।

ख्रुश्चेव : यदि भारतीयों ने पहले हमला किया था, परंतु चीनियों में से तो कोई नहीं मारा गया।

चोऊ एनलाई : परंतु हम उस समय क्या करते, जब उन्होंने पहले हम पर हमला कर दिया था। हम हवा में तो गोलियाँ नहीं चलाते। हिंदुओं ने तो मैकमोहन रेखा तक पार कर दी थी। इसके अलावा निकट भविष्य में (भारतीय) उपराष्ट्रपति राधाकृष्णन चीन आनेवाले हैं। हम यह कहना चाहते हैं कि हम शांतिपूर्ण तरीके से और वार्ताओं के जरिए इस मुद्दे को हल करना चाहते हैं। नेहरू को लिखे 9 सितंबर के अपने पत्र में हमने हमारे और भारत के बीच, जो कुछ भी हुआ, उसका एक विस्तृत स्पष्टीकरण दिया है।

ख्रुश्चेव : कामरेड चोऊ एनलाई, आप अनेक वर्षों तक पी.आर.सी. के विदेश मंत्री रहे हैं तथा आप मुझसे बेहतर यह बात जानते हैं कि हम विवादास्पद मुद्दों का समाधान बिना खून-खराबे के कर सकते हैं। इस विशेष मामले में, मैं सीमा के समस्त मुद्दों पर चर्चा नहीं करूँगा, क्योंकि यदि चीनी और भारतीय यह नहीं जानते हैं कि उनके बीच सीमा-रेखा कहाँ से होकर गुजरती है, तो एक रूसी होने के नाते, मेरा इसके बीच हस्तक्षेप करना उचित नहीं है। मैं तो केवल उन तरीकों के विरुद्ध हूँ जिनका प्रयोग किया गया है।

चोऊ एनलाई : अब तक हम सीमा पर हुई घटनाओं के बारे में ठीक से नहीं जानते हैं और स्थानीय प्राधिकारियों ने केंद्र से प्राधिकार प्राप्त किए बिना वहाँ सभी उपाय किए थे।

ख्रुश्चेव : तो क्या केंद्र उन घटनाओं के बारे में कुछ भी नहीं जानता है, जो मुझे बताई गई हैं।

माओ त्से-तुंग : भारत के साथ सीमा विवाद केवल सीमा पर होनेवाला एक मुद्दा है, दोनों सरकारों के बीच कोई संघर्ष नहीं है। नेहरू स्वयं भी नहीं जानते कि वहाँ क्या हुआ है। हमने यह पता लगाया है कि उनके गश्ती दलों ने मैकमोहन रेखा पार की थी। हमें इस बात का घटना के घटित होने के काफी देर बाद पता चला। ये सभी बातें न तो नेहरू को पता थीं और न ही तिब्बत में हमारे सैन्य जिले को, जब नेहरू को यह पता चला कि उनके गश्ती दलों ने मैकमोहन रेखा पार की है, तो उन्होंने उन्हें वापस जाने के लिए निर्देश जारी किए। हमने भी मुद्दे के शांतिपूर्ण समाधान के लिए कार्रवाई की। यह टकराव स्थानीय सैन्य इकाइयों के निर्णय पर हुआ था…। आप बाद में स्वयं यह पाएँगे कि भारत के साथ मैकमोहन रेखा का अनुरक्षण किया

गया है और भारत के साथ सीमा विवाद समाप्त हो गया है।...भारत के साथ सीमा के मुद्दे पर निर्णय वार्तालाप के माध्यम से ही किया जाएगा (चीन-भारतीय संबंधों के विषय में उद्धरण)।

बीजिंग में चीनी नेताओं के साथ ख्रुश्चेव की बैठक के तत्काल पश्चात् 20 अक्तूबर, 1959 को लद्दाख में कोंगका ला में एक और गंभीर टकराव की घटना हुई। चीनियों ने खुलकर गोलीबारी की, जिसमें पाँच लोग मारे गए, चार घायल हुए और दस भारतीय पुलिसकर्मियों को बंदी बना लिया गया था। भारत ने इसका चीन के साथ जोरदार विरोध किया। कोंगका ला पारंपरिक सीमावर्ती क्षेत्र के कम-से-कम 65 किलोमीटर भीतर था तथा भारतीय भू-भाग के काफी अंदर था। बाद में चीनियों ने आरोप लगाया कि कोंगका ला घटना इसलिए घटित हुई, क्योंकि भारतीय सेनाओं को सोवियत संरक्षण और सहायता प्राप्त थी, वे हठी हो गई थीं तथा अधिक उत्तेजित हो गई थीं।[123] कोंगका ला घटना ने भारत-चीन संबंधों में एक नई गिरावट को दर्शाया।[124] नेहरू को अपमानित करने तथा उनकी भावनाओं को ठेस पहुँचाने के प्रयास में चीनियों ने शवों को सौंप दिया तथा 14 नवंबर, 1959 को बंदी बनाए गए भारतीय कार्मिकों को छोड़ दिया। यह चीनियों द्वारा नेहरू को उनके जन्मदिवस पर दिया गया तोहफा था! चीनी विदेश मंत्री ने उस दिन के महत्त्व को पूरी तरह से जानते हुए 28 नवंबर, 1959 को एक टिप्पणी में भारतीय राजदूत के प्रति 'संतुष्टि' का भाव प्रदर्शित किया।[125] यह एक निष्फल और अनावश्यक उकसानेवाली कार्रवाई थी तथा इसके बाद से नेहरू पूरी तरह से हठी हो गए थे।

भारत द्वारा सोवियत रूस को नियमित रूप से स्थिति की जानकारी दी जा रही थी। ख्रुश्चेव ने 'दि न्यू एज' को दिए गए साक्षात्कार में इन झड़पों को 'मूर्खतापूर्ण और दुःखद' बताया तथा इस बारे में 31 अक्तूबर, 1959 को सुप्रीम सोवियत को संबोधित किया, जिसमें उन्होंने घटनाओं की निंदा की और यह आशा व्यक्त की कि उन्हें दोहराया नहीं जाएगा। सोवियत रूस की मित्रता हासिल करते हुए सतर्क रहनेवाले नेहरू यह जानते थे कि उनके (सोवियत संघ के) चीन के साथ संबंध खटासपूर्ण है और इस प्रकार वे सहायता उपलब्ध करा सकते हैं। सोवियत रूस अपने जैसे के समाजवादी चीन तथा मित्र भारत के बीच फँस गया था और वह 'सर्वहारा अंतरराष्ट्रीयवाद' के सिद्धांतों का उल्लंघन किए बिना मध्यस्थ की भूमिका नहीं निभा सकता था, अत: वह मध्यस्थता के हर प्रस्ताव के प्रति मौन धारण किए रहा। 12 फरवरी, 1960 को हुई बैठक में नेहरू ने स्थिति को भाँपने का प्रयास किया और ख्रुश्चेव को बताया कि 'मुझे आपके द्वारा माँगी गई हर जानकारी पर दस्तावेज (सीमा विवाद पर) आपको प्रस्तुत करते हुए प्रसन्नता होगी', परंतु ख्रुश्चेव ने इस प्रस्ताव को यह कहते हुए सरसरी तौर पर खारिज कर दिया कि 'दो मित्रों के मामले पर स्थिति के बारे में कोई निर्णय लेना मेरे लिए कठिन होगा' और यह कि 'हालाँकि दोनों ही पक्षों ने मध्यस्थता के लिए अनुरोध किया है, किसी तीसरे व्यक्ति के लिए मध्यस्थता करना अत्यंत कठिन होगा।' इसके बाद नेहरू ने इस मामले का हल निकालने के लिए सोवियत रूस की सहायता लेने के बारे में विचार तक नहीं किया।[125] चीनी सीमा मुद्दे पर सोवियत रूस की तटस्थता को लेकर अत्यंत खिन्न थे तथा उन्होंने आरोप लगाया कि नेहरू के साथ एक बैठक में ख्रुश्चेव ने भारत को लड़ाकू विमानों और अन्य सैन्य उपकरणों की आपूर्ति करने के करार पर सहमति व्यक्त की थी।[126]

तिब्बती विरोधियों को शांत रखना और शीघ्रता के साथ शांति बहाल करना चीनी नीति थी। चीन ने अनुमान लगाया था कि उन्हें भारतीय सेना से किसी समस्या का सामना नहीं करना पड़ेगा। वे भारतीय रक्षा-तंत्र के शीर्षस्थ पदाधिकारियों के बीच विद्यमान असहमति से भी अनजान नहीं थे। जब एक जनरल ने चीन की ओर से मँडरानेवाले खतरे का मुद्दा उठाया, तो कृष्ण मेनन ने उसे अपनी कटु और व्यंग्यात्मक शैली में यह कहते हुए चुप करा दिया कि 'भारत और चीन के बीच युद्ध की स्थिति नहीं है और (यदि कोई है) तो वह राजनयिक स्तर पर स्वयं उससे निपटने के लिए पूर्णत: सक्षम हैं।[127], जब कभी भारत और चीन के बीच कोई तनाव होता था, विशेष रूप से सीमा पर, तो कृष्ण मेनन पाकिस्तान के साथ किसी-न-किसी मुद्दे की बात को उठाकर ध्यान भटकाने का प्रयास करते थे। इस संदर्भ में पाकिस्तान भी संयुक्त राष्ट्र में कश्मीर मुद्दे को उठाते हुए उनकी 'सहायता' करता था जिससे कृष्ण मेनन को अपनी नाटकीय प्रतिभा को पूर्णत: प्रदर्शित करने का अवसर प्राप्त हो जाता था और इस प्रकार वे उत्तर से आनेवाली आसन्न चुनौतियों से ध्यान भटकाने में सफल रहते थे।

अगस्त 1959 के प्रारंभ में रक्षा मंत्री कृष्ण मेनन तथा सेना प्रमुख जनरल थिमय्या के बीच हुए टकराव के फलस्वरूप जनरल थिमय्या ने 31 अगस्त, 1959 को अंतत: त्याग-पत्र दे दिया। अगले दिन दिल्ली के समस्त समाचार-पत्रों में थिमय्या के त्याग-पत्र की खबरें प्रमुखता के साथ छपी थीं। विवाद की जड़ चीन से उठनेवाले खतरों का सामना कर पाने में भारतीय सेना की पूरी तैयारी न होने तथा कुछ वरिष्ठ सैन्य अधिकारियों की प्रोन्नति से संबंधित थी। थिमय्या ने सही निष्कर्ष निकाला था कि लद्दाख में चीन द्वारा कब्जा किए गए क्षेत्रों को छुड़ाने के लिए एक बड़े सैन्य प्रयास की आवश्यकता होगी तथा भारत के रणनीतिक दृष्टिकोण से अक्साई चिन 'संपत्ति की तुलना में जिम्मेदारियों' का क्षेत्र था।[128] इसी के साथ, थिमय्या ने यह महसूस किया था कि 'वास्तविक मैकमोहन रेखा को सैन्य दृष्टि से अरक्षणीय थी।[129] हालाँकि इस मामले का निपटान नेहरू ने दिखावे के तौर पर कर दिया गया था, फिर भी, जहाँ तक सेना का संबंध था, उसमें कोई बड़ा परिवर्तन नहीं आया था। मेनन अपने पद पर बने रहे। नेहरू कृष्ण मेनन की आलोचना करनेवालों की बात तो सुनते ही नहीं थे।

चीनियों ने दिल्ली में होनेवाले घटनाक्रम पर पैनी निगाह बनाए रखी। वे नेहरू के सार्वजनिक वक्तव्यों तथा भारतीय सेना के भीतर व्याप्त विद्यमान स्थिति से भी पूरी तरह वाकिफ थे। थिमय्या की घटना ने उनके इस आकलन की पुष्टि कर दी थी कि भारत की सेना उन्हें कोई चुनौती प्रस्तुत नहीं कर सकती है, फिर भी वे थिमय्या को अत्यंत शंका के साथ देखते थे, क्योंकि वे समझते थे कि वे एक अत्यंत 'सख्त' अधिकारी और 'दक्षिणपंथी' हैं। अत्यंत आश्चर्यजनक रूप से, इससे कुछ पूर्व (23 जनवरी-2 मार्च, 1958) को मार्शल ये छिअनयिंग के नेतृत्व में एक चीनी सैन्य शिष्टमंडल को अंबाला में आयोजित थलसेना/वायुसेना के संयुक्त प्रदर्शन 'धनुष' सैन्य अभ्यास को देखने की अनुमति दी गई तथा उन्होंने महत्त्वपूर्ण सैन्य स्थापनाओं का भी दौरा किया। इसमें कोई संदेह नहीं है कि उन्होंने भारतीय सेना की तैयारियों का अत्यंत बारीकी से आकलन किया होगा। कृष्ण मेनन तथा नेहरू की इस दृढ़ धारणा की शीघ्र ही अब परीक्षा होनेवाली थी कि चीन से उन्हें कोई सैन्य चुनौती नहीं मिल सकती है।

तिब्बत के घटनाक्रम पर चीन का क्रोध, जिसके फलस्वरूप दलाई लामा भारत के लिए पलायन कर गए थे, दलाई लामा के संयुक्त राष्ट्र में अपील करने के निर्णय के पश्चात और बढ़ गया। चीन अत्यंत क्रोधित था तथा उसने भारत पर घटनाक्रम को बदलने का आरोप लगाया। चीनी विदेश मंत्री छन यी ने नेहरू पर 'दोहरी नीति अपनाने का आरोप लगाया, जिसमें एक ओर संयुक्त राष्ट्र में तिब्बत के प्रश्न को प्रस्तुत करने की अनुमति प्रदान करना था तथा दूसरी ओर दलाई लामा को उस स्तर तक जाकर कार्रवाही करने की अनुमति देना था जो अंतरराष्ट्रीय रूप से स्वीकृत परंपराओं के बाहर है।' 16 सितंबर, 1959 के 'दि पीपल्स डेली' ने 'भारत के चीनी भू-भाग से वापस जाने तथा चीन-विरोधी अभियान को समाप्त करने की माँग की।' यह प्रतीत हुआ कि सीमा पर झड़पें होने की प्रबल संभावनाएँ हैं।

चीन के विदेश मंत्री के इस आरोप में कोई सत्यता नहीं थी कि भारत ने संयुक्त राष्ट्र में तिब्बत के मामले को प्रायोजित किया है। वास्तव में भारत के विदेश सचिव ने अमेरिकी राजदूत को सूचित किया कि भारत निम्नलिखित कारणों से तिब्बत के मामले को प्रायोजित नहीं करेगा—

(क) कोई भी तिब्बत के मामले में युद्ध के लिए इच्छुक नहीं था। अतः एकमात्र 'प्रभावी' कार्रवाई यही होगी कि बहस के दौरान अधिक कठोर शब्दों का प्रयोग किया जाएगा।

(ख) इसके परिणामस्वरूप तिब्बत के विरुद्ध और भी अधिक दुर्भावना उत्पन्न होगी।

(ग) सोवियत संघ तिब्बत तथा भारत-चीन सीमा की समस्याओं पर मौन धारण किए है, जिससे यह संकेत मिलता है कि वह विशेष रूप से भारत के मामले में चीनी कार्रवाई को अनुमोदित नहीं करता है।

(घ) यदि बहस होती है, तो सोवियत संघ चीन की पूर्णतः हिमायत करने को विवश होगा।

(ड.) हमें एक शक्तिशाली देश (चीन) के साथ मैत्रीपूर्ण संबंध बनाने होंगे जिसके साथ हम 2680 मील की सीमा साझा करते हैं।

भारत सरकार के भीतर अधिकारी वर्ग की सोच भले ही कुछ भी रही हो, परंतु लोंग्जू और कोंगका ला में हुई झड़पों के पश्चात्, जहाँ भारतीय जवान शहीद हुए थे, भारत में जनता की राय में ऐसी उत्तेजना व्याप्त थी, जैसी पहले कभी नहीं देखी गई थी और सभी इसे चीनी विश्वासघात मान रहे थे। संसद सदस्य संदेह और अविश्वास की भावना से भर गए कि सरकार किसी अधिक गंभीर मुद्दे को छिपाने का प्रयास कर रही है। नेहरू अपनी विदेश नीति की व्याख्या और उसका बचाव करने के लिए बाध्य हो गए। पूर्व की भांति वे इनकी घोषणा मात्र करके नहीं निकल सकते थे। एक विदेशी राजदूत ने टिप्पणी की कि भारतीय विदेश नीति के संचालन में नेहरू का एकाधिकार 'समाप्त हो चुका है।[131] नेहरू ने राजनीतिक प्रतिद्वंद्वियों, चाहे वे वामपंथी थे या दक्षिणपंथी, ने एक ऐसा मुद्दा पा लिया जिस पर वे एकजुट होकर उन्हें फटकार लगा सकते थे। राजनीतिक दृष्टि से नेहरू अब एक बंद गली में पहुँच गए थे। व्यक्तिगत तौर पर भी, नेहरू चीनियों से दूर हो गए थे। प्रधानमंत्री चोऊ के 23 जनवरी, 1959 के पत्र ने यह पुष्टि की कि सीमा विवाद 'विद्यमान है' तथा तिब्बती विद्रोहियों पर की गई निर्मम कार्रवाई ने नेहरू के भय की पुष्टि कर दी। नेहरू ने सोचा था कि उनका चोऊ के साथ 'तालमेल' है और उन्हें यह जानकर गहरा धक्का लगा कि वह केवल उनका एक भ्रम था। चीन की चुनौती के बारे में अब पूर्णतः सचेत होकर नेहरू एक बदले हुए

व्यक्ति थे। वे अत्यंत सख्त हो गए। उन्होंने भारत-चीन संबंधों में 'एक नए अध्याय' की बात की और यह टिप्पणी की कि 'चीन को छोड़कर, संपूर्ण विश्व शांति के लिए प्रयास कर रहा है।' नेहरू ने अब चीन की 'हठधर्मिता' को सार्वजनिक रूप से बताना आरंभ कर दिया। इसके विपरीत, चीन ने दावा किया कि भारत ने ही उन घटनाओं को 'भड़काया' था।[132]

अब भारत के लोग अधिकतम पारदर्शिता की माँग कर रहे थे। इस स्थिति के बाद नेहरू के लिए विवेक से चल पाने के मार्ग लगभग बंद हो गए थे। यदि वे ऐसा करना भी चाहते, तो वे बढ़ती हुई उग्र राष्ट्रवादिता के कारण चीनियों के साथ सीमा मुद्दे पर समझौता नहीं कर सकते थे। चीनियों के साथ व्यवहार करने में उनकी सौम्यता की वजह से प्रेस में, संसद में और यहाँ तक कि अपनी पार्टी के भीतर उनकी अभूतपूर्व आलोचना होने लगी थी। 4 नवंबर, 1959 को नेहरू ने लगभग एक सौ कांग्रेस सांसदों के साथ भेंट की, जिन्होंने उन्हें एक कड़ी कार्रवाई करने के लिए कहा। जब उन्होंने यह सुझाया कि कड़ी काररवाही करने का अर्थ होगा चीन के साथ किसी करार को और अधिक कठिन बनाना तो सांसदों ने उनकी बात पर अविश्वास जताया। अविश्वास के उठते स्वरों को दबाने के लिए एक ऐसा कदम उठाते हुए, जो निकट भविष्य में निर्णय लिये जाने से रोकने वाला था और जिसका कोई अधिक गंभीर प्रभाव नहीं प्रतीत होता था, नेहरू ने चीन के साथ समस्त पत्र-व्यवहार श्वेत-पत्र के रूप में प्रकाशित करने का निर्णय लिया, जिसमें 16 मई, 1959 की चीन की महत्त्वपूर्ण टिप्पणी और उस पर भारत की प्रतिक्रिया भी शामिल थी। ऐसा प्रथम श्वेत पत्र 7 सितंबर, 1959 को संसद के पटल पर रखा गया था। इस लापरवाही भरे कदम से, हालाँकि, जो पारदर्शिता की शुरुआत करने का एक प्रयास था, गोपनीयता भंग हुई, जो गंभीर राजनयिक लाभों को उठाते समय बरती जानी अनिवार्य है। इसने कार्रवाई करने के लिए भारत के विकल्पों और अवसरों को गंभीरतापूर्वक सीमित किया। अत: सीमा विवाद के समाधान के रूप में समझौता राजनीतिक दृष्टि से और अधिक मुश्किल बन गया। नेहरू ने अब यह स्वीकार किया कि भारत और चीन के बीच काफी मतभेद हो गया है, लेकिन फिर भी अगर सीमावर्ती क्षेत्र पर किसी प्रकार की शांति विद्यमान रह सकती है, तो वह सशस्त्र शांति होगी तथा इसका भविष्य निरंतर तनाव में घिरा ही रहेगा।[133]

यदि चीनी भारत के साथ सीमा मुद्दे का समाधान करने के लिए वास्तव में गंभीर थे, तो नेहरू को पहले एक विषम परिस्थिति में घेरना और फिर यह आशा करना कि नेहरू उनके साथ वार्तालाप करें, एक असंगत बात थी। यदि उनका खुले तौर पर अपमान करने के स्थान पर ('पीपल्स डेली' का 6 मई, 1959 का लेख) चीनियों ने उन्हें अर्थपूर्ण संकेत प्रदान करते हुए मनाया होता, तो नेहरू आसानी के साथ अपने आलोचकों को सँभाल लेते और सीमा के प्रश्न का समाधान करने का प्रयास करते। 1959 तक नेहरू ने कभी भी यह गंभीरता के साथ सोचा ही नहीं था कि सीमा का छोटा सा मुद्दा भारत और चीन के बीच एक प्रमुख विरोधाभास में परिवर्तित हो जाएगा। चीनी यह बात भली-भाँति जानते थे कि भारत एक लोकतंत्र है, जहाँ एक स्वतंत्र प्रेस है और एक बार विवाद के खुले में आ जाने पर किसी भी शासक के लिए, जिसमें नेहरू भी शामिल हैं, कार्रवाई करने के लिए बहुत कम विकल्प रह जाएँगे। यह कहना स्थिति का गलत आकलन होगा कि नेहरू आगे और रियायतों के आधार पर चीन के साथ किसी समझौते पर पहुँचने के लिए जनता की राय को दरकिनार कर सकते थे। यदि भारत में जनता की राय चीन के विरुद्ध थी, तो यह

मुख्य तौर पर चीनी राजनयिक व्यवहार की भूल थी। चीन के मित्र के रूप में नेहरू के अलगाव को आधुनिक चीन की विदेश नीतियों की सर्वाधिक विशाल विफलताओं में से एक माना जा सकता है।

अत: 1959 की समाप्ति तक यह स्पष्ट हो गया था कि घटनाक्रमों ने सुषुप्त पड़े सीमा के प्रश्न को न केवल खुले में ला दिया है, बल्कि यह भी दर्शाया कि मतभेद काफी बड़े थे और किसी निश्चित और निर्धारित सीमा रेखा के मामूली सुधारों तक ही सीमित नहीं थे। चीन के प्रति मैत्री की नेहरू की नीति विफल सिद्ध हुई। नेहरू ने भारत के प्रति चीन के दावों और वैमनस्य को किसी 'त्रासदी से कम' नहीं माना, विशेष रूप से उनके लिए (जैसे वे स्वयं), जो भारत-चीन मैत्री को एशिया में शांति और एकजुटता के आधार' के रूप में परिकल्पित किया करते थे।'[134] भारत को अब उत्तर (चीन) तथा पश्चिम (पाकिस्तान) दोनों ही ओर से एक साथ दबाव और चुनौतियों का सामना करना था; यह एक ऐसी स्थिति थी जिसे नेहरू ने टालने के लिए पूरा प्रयास किया था। भारत के लिए यह एक दर्दनाक सबक था कि मित्रता की कीमत पर राष्ट्रीय सुरक्षा का सौदा नहीं हो सकता।

संदर्भ :

1. एस.डब्ल्यू.जे.एन.-एस.एस., खंड 46, पृष्ठ 471।
2. लियु पेहुआ ए शॉर्ट हिस्ट्री ऑफ मॉडर्न चाइना (बीजिंग : 1954)।
3. एस एस खेड़ा, ओ.पी.-सी.आई.टी., पृष्ठ 157।
4. गोल्डस्टेन, ओ.पी.-सी.आई.टी., पृष्ठ 74।
5. एस.डब्ल्यू.जे.एन.-एस.एस., खंड 26, पृष्ठ 481-84।
6. आर. गुहा, नेहरू एंड चाइना : ए स्टडी इन फेलियर? हार्वर्ड-येंचिंग इंस्टिट्यूट वर्किंग पेपर सिरीज।
7. या नान्जे, 'गांधी फुरेन जिशु,' (माई ट्रुथ) (बीजिंग : कंटेंपररी पब्लिशर्स, 1985), पृष्ठ 72। तान छु में उद्धृत, एक्रॉस दि हिमालयन गैप : एन इंडियन क्वेस्ट फॉर अंडरस्टैंडिंग चाइना (दिल्ली : इंदिरा गांधी नेशनल सेंटर फॉर आर्ट्स), पृष्ठ 409।
8. माओ त्से-तुंग के लेख 1949-76 माओ का सीपीआई नेता रणदिवे को 19 नवंबर, 1949 को तार, पीपल्स डेली द्वारा 20 नवंबर, 1949 को उद्धृत।
9. ब्रेचर, ओ.पी.-सी.आई.टी., पृष्ठ 141।
10. मुख्यमंत्रियों को पत्र 1947-64, खंड IV, पृष्ठ 82।
11. कोल्डवार हिस्ट्री, खंड 11, अंक 2/2011 शीतयुद्ध सहयोग नेहरू की बीजिंग की 1954 की यात्रा पर नया चीनी साक्ष्य मेमकॉन चोऊ-नेहरू द्वितीय वार्ता, 11-15/एफ.एम.पी.आर.सी. 204-00007-05, 20 अक्तूबर, 1954।
12. अप्पा दुरै, इंडिया इन वर्ल्ड अफेयर्स (दिल्ली : स्टर्लिंग पब्लिशर्स, 1975), पृष्ठ 230।
13. लोकसभा की कार्रवाइयाँ, 2 मार्च, 1955/भाग 1, खंड 1, संख्या 7, स्तंभ 381।
14. सी.एस. झा, ओ.पी.-सी.आई.टी. पृष्ठ 83।
15. ब्रीचर, ओ.पी.-सी.आई.टी. पृष्ठ 141।
16. एस्कॉट रीड, ओ.पी.-सी.आई.टी. पृष्ठ 60।
17. विदेश मंत्रालय फाइल संख्या ई 12 (109), एन.जी.ओ. 56 एवं ई 12 1132/एन.जी.ओ./59।
18. एस. गोपाल, नेहरू : ए. बायोग्राफी (खंड 3) ओ.पी.-सी.आई.टी. पृष्ठ 35।
19. जे. लाल, ओ.पी.-सी.आई.टी. पृष्ठ 244।
20. एस. गोपाल, ओ.पी.-सी.आई.टी. पृष्ठ 35।
21. अपा पंत ओ.पी.-सी.आई.टी. पृष्ठ 71।

22. दावा नोर्बू चाइनाज तिब्बत पॉलिसी (रिचमंड : कर्जन, 2001), पृष्ठ 230।
23. श्वेत पत्र I पृष्ठ 1।
24. डब्ल्यू.पी. I पृष्ठ 3।
25. डब्ल्यू.पी. I पृष्ठ 6।
26. ले. जनरल बलजीत सिंह, 'फेस टू फेस विद द पी.एल.ए.' इंडिया डिफेंस रिव्यू, 22 सितंबर, 2012।
27. एस. दत्त, ओ.पी.-सी.आई.टी., पृष्ठ 115।
28. टाइम्स ऑफ इंडिया, कलिम्पोंग, 9 अप्रैल, 1953।
29. एस. दत्त पेपर्स, जे.एन.एम.एल. (दलाईलामा विदेश सचिव को)
30. ली पेशेंग, ली गाऊजेन, पिगंजी जिजांग पनलुआन (स्प्रेसिंग दि तिब्बतन रिवोल्ट) (लासा : जियांग रेन्मिन चुबान शी, आंतरिक परिचालन, 1995), पृष्ठ 17। एम. टेलर फ्रेवल भी देखिए। स्ट्रांग बॉर्डर्स सिक्यूट नेशन : कोओपरेशन एंड कंफ्लिक्ट इन चाइनाज टेरीटोरियल डिस्प्यूट्स (न्यू जर्सी : प्रिंसटन यूनिवर्सिटी प्रेस, 2008) पृष्ठ 75।
31. अंतरराष्ट्रीय विधिवेत्ता आयोग की रिपोर्ट, 8 अगस्त, 1960।
32. नेहरू और चोऊ के बीच सतलुज सदन में और नांगल से दिल्ली की रेल में क्रमशः 31 दिसंबर, 1956 और 1 जनवरी, 1957 को हुई वार्ताओं के अभिलेख। विदेश मंत्रालय की फाइल संख्या ई12 (109) एन.जी.ओ. 56 और ई 121132 एन.जी.ओ. 1951, एस.डब्ल्यू.जे.एन.-एस.एस., खंड 36।
33. रिचर्डसन, ओ.पी.-सी.आई.टी., पृष्ठ 203।
34. अपा पंत का विदेश मंत्रालय को पत्र दिनांक 31 दिसंबर, 1956।
35. एच.सी.डब्ल्यू.एस.डी.एस.आई.बी., ओ.पी.-सी.आई.टी., अध्याय 2, खंड 1 एफ।
36. विल्सन, चोऊ—ए बायोग्राफी (विकिंग, 1984), पृष्ठ 40।
37. नेहरू की टिप्पणियाँ, चैरीटांग, 28 सितंबर, 1958 (जे.एन.एम.एल.)।
38. दि जॉनसन लाइब्रेरी, नेशनल सिक्यूरिटी फाइल, 303 समिति से संबंधित।
39. डावा नोर्बू, चाइनाज तिब्बत पॉलिसी (रिचमंड सर्वे, कर्जन)।
40. क्रोकर, ओ.पी.-सी.आई.टी., पृष्ठ 107।
41. जगत मेहता, नेगोसिएशन फॉर इंडिया : 1958-78 (दिल्ली : मनोहर, 2006) पृष्ठ 59-60।
42. एस्कॉट रीड, ओ.पी.-सी.आई.टी., पृष्ठ 60।
43. एस. गोपाल, ओ.पी.-सी.आई.टी., पृष्ठ 33।
44. विदेश सचिव द्वारा नेहरू को, टिप्पणी दिनांक 13 नवंबर, 1959।
45. नेहरू के भाषण, 1957-63, पृष्ठ 206।
46. एफ.आर.यू.एस. 1961-63, खंड XXII, पृष्ठ 365-367। प्रॉब्लम्स एंड प्रोस्पेक्ट्स ऑफ कम्युनिस्ट चाइना, यू.एस. नेशनल इंटेलीजेंस एस्टीमेट नं. एन.आई.ई. 13-63 दिनांक 1 मई, 1963।
47. गाल्जेप, ओ.पी.-सी.आई.टी., पृष्ठ 412।
48. माओ का किसिंजर को पत्र, बीजिंग 27 नवंबर, 1973।
49. मैक फारकार, ओरिजिंस ऑफ दि कल्चरल रिवोल्यूशन (ऑक्सफोर्ड यूनिवर्सिटी प्रेस, 1997), खंड 1
50. डॉ. ली झिसुई, दि प्राइवेट लाइफ ऑफ चेयरमैन माओ (न्यूयॉर्क : मेंडम हाउस, 2011), पृष्ठ 306।
51. आयो शूजे, 'एनोट ऑन चाइनाज फेमीन इन 1959-61, जर्नल ऑफ पॉलीटिकल इकोनॉमी।
52. फ्रैंक डिकोटेर, माओज ग्रेट कैमीन : दि फाइलन टैली (लंदन : ब्लूबर्ग, 2010)।
53. सीआईए/विशेष राष्ट्रीय आसूचना अनुमान संख्या 13-61 दिनांक 4 अप्रैल, 1961, चीन में आर्थिक स्थिति पर।
54. मार्शल ग्रीन, यू.एस. कॉन्सुलेट जनरल, हांगकांग की रिपोर्ट।
55. विश्व बैंक, विश्व विकास संकेतक।
56. भारतीय दूतावास, बीजिंग डी.ओ. पत्र संख्या 1—सी.एस. (2)/57 दिनांक 21 मई, 1959 (जे.एन.एम.

एल. पर उपलब्ध)।

57. मैक फारकर, ओ.पी.-सी.आई.टी., पृष्ठ 297।
58. ब्रिटिश विदेश कार्यालय (उत्तरी विभाग) टिप्पणी संख्या एन.एस. 1033345/105 दिनांक 6 अक्तूबर, 1959।
59. लॉरेंस लूथी, दि सिनो—सोवियत स्प्लिट : कोल्ड वार इन कम्युनिस्ट वर्ल्ड (प्रिंसटन यूनिवर्सिटी प्रेस, 2008)।
60. दि कैंब्रिज हिस्ट्री ऑफ चाइना।
61. प्रावदा 20 जुलाई, 1958।
62. विदेशी मुद्रा रिजर्व 544 करोड़ रुपए तक नीचे चला गया। 400 करोड़ रुपए पर रिजर्व के न्यूनतम तथा 40 करोड़ रुपए न्यूनतम कार्यशील शेष के रूप में अनुमति देने के लिए ही बचे थे। इनमें से, राउरकेला संयंत्र को 91 करोड़ रुपए का भुगतान करने का वचन दिया गया था। इस प्रकार, केवल 10 करोड़ रुपए ही बचे थे। (मुख्यमंत्रियों को पत्र : 1947-57, खंड IV, पृष्ठ 469)।
63. मुख्यमंत्रियों को पत्र : 1954-57, खंड IV, पृष्ठ 468।
64. एफ.आर.यू.एस. 1955-57 (दक्षिण एशिया), खंड VIII, दस्तावेज 5, राष्ट्रीय सुरक्षा दस्तावेज संख्या 5701, 10 जवरी, 1957।
65. डेनिस कक्स, एस्ट्रेंग्ड डेमोक्रेसीज 1947-77, दि ग्रेजुएल रेवोलूशन (दिल्ली : ऑक्सफोर्ड विश्वविद्यालय प्रेस, 1978)।
66. फ्रैंकल, इंडियाज पॉलीटिकल इकोनामी 1947-77 : दि ग्रैजुएल रेवूलूशन (दिल्ली : ऑक्सफोर्ड यूनिवर्सिटी प्रेस, 1978)।
67. कैनेडी, दि स्ट्रेटेजी फॉर पीस (पॉपुलर लाइब्रेरी, 1961), पृष्ठ 143।
68. नेहरू का कृष्ण मेनन को तार, दिनांक 18 सितंबर, 1957।
69. विल्सन, ओ.पी.-सी.आई.टी., पृष्ठ 224।
70. जोगोरिया, सिनो-सोवियत कंफ्लिक्ट : 1956-61 (ऑक्सफोर्ड, 1962), पृष्ठ 280।
71. एलेन डलेस (सी.आई.ए. निदेशक), राष्ट्रीय सुरक्षा परिषद् की 418वीं बैठक, 10 सितंबर, 1959. ऐसेनहावर लाइब्रेरी/व्हाइटमैन फाइल।
72. ख्रुश्चेव रिमेंबर्स—दि लास्ट टेस्टामेंट (बोस्टन : लिटल, ब्राउन 1974), पृष्ठ 311।
73. विल्सन, ओ.पी.-सी.आई.टी., पृष्ठ 210।
74. रिचर्डसन, ओ.पी.-सी.आई.टी., पृष्ठ 206।
75. विदेश सचिव का कॉन्सुल जनरल ल्हासा को, 19 मार्च, 1959 का तार।
76. एस. दत्त, ओ.पी.-सी.आई.टी., पृष्ठ 150।
77. जॉन गार्वेर, सिनो-अमेरिकन एलायंस : नेशनलिस्ट चाइना एंड अमेरिकन कोल्ड वार स्ट्रेटेजी (ईस्ट गेट बुक, 1999), पृष्ठ 175।
78. क्रोकर, ओ.पी.-सी.आई.टी., पृष्ठ 106।
79. जिजांग जिंगशी वेंवु जियाओयूडी जिबेन जियाओकई (लासा : 1960). पॉलीटिकल डिपार्टमेंट ऑफ दि तिब्बतन मिलिट्री डिस्ट्रिक्ट, 1960, जे. नार्बू (संपा.) द्वारा 'दि तिब्बतन डिस्टैंस मूवमेंट एंड दि रोल ऑफ सी.आई.ए.' में उद्धृत। रॉबर्ट बर्नेट, पृष्ठ 186।
80. जियाओयुआन लियू, रिकास्ट मॉल अंडर हैवन : रेवोलूशन, वार, डिप्लोमेसी एंड फ्रंटियर चाइना इन ट्वंटीएथ सेंचुरी (न्यूयॉर्क : दि कंटीनम इंटरनेशनल पब्लिशिंग ग्रुप, 2010), पृष्ठ 220। पिंगजी जीजांग पनलुआंग भी देखें, पृष्ठ 99।
81. एस.डब्ल्यू.जे.एन.-एस.एस., खंड 47, पृष्ठ 479, राजेंद्र प्रसाद नेहरू को, 29 मार्च और 1 अप्रैल, 1959 तथा नेहरू के 30 मार्च और 2 अप्रैल, 1959 के उत्तर।

82. पाकिस्तान सरकार हैंडआउट संख्या ई 2741 दिनांक 27 मई, 1960।
83. जीएओआर, सत्र 14, पूर्ण बैठक 832, 20 अक्तूबर, 1959, पृष्ठ 483।
84. सर्वे ऑफ चाइना मेनलैंड प्रेस (एस.सी.एम.पी. संख्या 2005, दिनांक 4 मई, 1959, पृष्ठ 34।
85. पेकिंग रिव्यू (28 जुलाई, 1959), खंड 2, पृष्ठ 22-23।
86. ए.एस. भसीन, इंडिया-पाक रिलेशंस (दिल्ली : गीतिका पब्लिकेशंस, 2013), खंड II, पृष्ठ 743।
87. पेकिंग रिव्यू, ओ.पी.-सी.आई.टी. पृष्ठ 18-19।
88. तदेव, पृष्ठ 10।
89. एस.डब्ल्यू.जे.एन.-एस.एस., खंड 49, पृष्ठ 545।
90. बी.एन. मलिक, ओ.पी.-सी.आई.टी.. पृष्ठ 621।
91. एस. दत्त, ओ.पी.-सी.आई.टी.. पृष्ठ 94।
92. एल. रशब्रूक विलियम्स, दि स्टेट ऑफ पाकिस्तान (लंदन : फेबर एंड फेबर, 1955/1962)।
93. एफ.एम.पी.आर.सी., ओ.पी.-सी.आई.टी., मेमकोम चोऊ-नेहरू द्वितीय वार्ता।
94. एफ. ग्रेर, पाकिस्तान इन दि फेस ऑफ इन दि अफगान कंफ्लिक्ट : 1979-85 (इंडिया रिसर्च प्रेस, 2003), पृष्ठ 32।
95. एफ.आर.यू.एस., 1958-59, खंड XIX, पृष्ठ 588।
96. झाओ ववेन, चिन-झोंग गुआनसी फेंग्लुन यू, 1949-99/रिकॉर्ड ऑफ दि विसिसिट्यूड्स ऑफ इंडिया-चाइना रिलेशंस, 1949-99 (बीजिंग : शी शिचुबांशे, 2000), पृष्ठ 124-129. यांग गोंग्सू भी देखें : जिन झोंगुओ हुइवई झांगसे/न्यू चाइना फॉरेन पॉलिसीज (अप्रकाशित पांडुलिपि), पृष्ठ 68-69।
97. राष्ट्रीय सुरक्षा परिषद् की 403वीं बैठक, 23 अप्रैल, 1959।
98. लियु वुशेंग, डु होंग्क्वी, संपा., चोऊ एनलाई जुंशी हाउडोंग जिशी, 1910-75/क्रॉनिकल ऑफ झोऊ एनलाईज मिलिट्री एक्टिविटीज (बीजिंग : झोंगयांग वेन्जियांग चुबांस, 2000)। खंड 2, पृष्ठ 497।
99. चोऊ एनलाई, वेन्जियाओ वेंजियान/चोऊ एनलाईज डिप्लोमेटिक पेपर्स (बीजिंग : झोंग यांग वेन्जियांग, 1990). पृष्ठ 282।
100. एस. गोपाल, ओ.पी.-सी.आई.टी. खंड III, पृष्ठ 362. राजपूत पार्थसारथी द्वारा विदेश सचिव को तार दिनांक 21 मार्च, 1959।
101. वू लेंगजी, यी माओ झुक्सी/रिमेंबरिंग चेयरमैन माओ (बीजिंग : जिनदुआ, 1995). पृष्ठ 282।
102. जगत मेहता, ओ.पी.-सी.आई.टी. पृष्ठ 65।
103. श्वेत पत्र I, पृष्ठ 76।
104. शीतयुद्ध इतिहास, ओ.पी.-सी.आई.टी. माओ-नेहरू वार्ता, 23 अक्तूबर, 1954।
105. एस.डब्ल्यू.जे.एन.-एस.एस., खंड 49, पृष्ठ 323. नेहरू का अपा पंत को 23 मई, 1959 का पत्र।
106. श्वेत-पत्र (डब्ल्यू.) 1, पृष्ठ 77।
107. एच.सी.ए.डब्ल्यू.सी.डी.एस.आई.बी., अध्याय 2, खंड (1) जी।
108. नटवर सिंह, आई चाइना डायरी (दिल्ली : रूपा, 2009), पृष्ठ 102।
109. चोऊ एनलाई, ओ.पी.-सी.आई.टी. पृष्ठ 268-76। गार्वेर भी देखें प्रोटेक्टेक कंटेस्ट : सिनो इंडियन राइवल्टी इन दि ट्वेंटीएथ सेंचुरी (सीटेल : यूनिवर्सिटी ऑफ वाशिंगटन), पृष्ठ 61-62।
110. एच.सी.ए. डब्ल्यू.एस.डी.एस.आई.बी., अध्याय 2, खंड 1।
111. डब्ल्यू.पी. 2, पृष्ठ 53।
112. सीमा के मुद्दे पर भारत सरकार और चीन जनवादी गणराज्य के अधिकारियों की रिपोर्ट (नई दिल्ली : भारत सरकार, विदेश मंत्रालय, 1961), पृष्ठ 273।
113. एफ.आर.यू.एस. 1958-60, खंड XIX, राष्ट्रीय सुरक्षा परिषद् की 418वीं बैठक।
114. वु लेंगसी, शिनियान लुन्झान : झोंग सु-गुआंसी हुई चिलु, 1956-66 (बीजिंग : वेंजियान 1999), पृष्ठ 212।

115. वाटसन, फ्रंटियर्स ऑफ चाइना (न्यूयॉर्क : प्रीगेट, 1966), पृष्ठ 119।
116. एलेक्सिस ब्रेजनेव, किटई (चीन) (मोस्कोवा : मेजदुनारोडाइन ओट्नोशेनिए, 1998) पृष्ठ 70।
117. व्लादिस्लाव जुबोक, ख्रुश्चेव—माओ वार्ताएँ (सी.डब्ल्यू.आई.एच.पी. : अंक संख्या 12/13 फाल/विंटर, 2001), पृष्ठ 262-270।
118. बोरीसोव, कोलोस्कोव, रॉबर्ट्स, सोवियत यूनियन इन वर्ल्ड पॉलीटिक्स (सी.डब्ल्यू.आई.एच.पी.) पृष्ठ 95. वू लेंगक्सी भी देखें। ओ.पी.-सी.आई.टी. पृष्ठ 208-2017।
119. 'सुगोंग लिंगदाओ टोंग वीमेन फेंक्वी डे यूलेई यु फांजहान'/सोवियत नेतृत्व और हमारे बीच विभेदों की उत्पत्ति और विकास (बीजिंग : रेन्मिन चुबांशे, 1965), पृष्ठ 71।
120. वाइंटिंग, दि चाइनीज कैल्कुलस ऑफ डेटेरेंस (यूनिवर्सिटी ऑफ मिकशन प्रेस, 1975), पृष्ठ 73।
121. लियु जियाओ, चु शी सुलियन बा निआन/एट ईयर्स एज एम्बेस्टर टू सोवियत यूनियन (बीजिंग : जोगगोंग डांगशी जिलिआओ चुबांशे, 1986)।
122. सी.डब्ल्यू.आई.एच.पी., बीजिंग में 2 अक्तूबर, 1959 को ख्रुश्चेव की माओ जीडंग के साथ बातचीत। दस्तावेज संख्या 3, रूसी परिसंघ के राष्ट्रपति का अभिलेखागार, एफ. 52, ओपी. 1, डी. 499, II 1-33, वोल्कोगोनोव कलेक्शन, मैनुस्क्रिप्ट डिवीजन, लाइब्रेरी ऑफ कांग्रेस, वाशिंगटन में प्रति। अनुवादकर्ता ब्लादिस्ताव जुबोक।
123. एच.सी.ए.डब्ल्यू.एस.डी.एस.आई.बी., अध्याय 2, खंड 1।
124. डब्ल्यू.पी. III, पृष्ठ 5।
125. एस. दत्त, ओ.पी.-सी.आई.टी. पृष्ठ 137।
126. एच.सी.ए. डब्ल्यू.एस.डी.एस.आई.बी., अध्याय 1, खंड 1।
127. ले. जनरल एस.पी.पी. थोराट फ्रॉम रिवले टू रिट्रीट (दिल्ली एलाइड पब्लिशर्स प्रा.लि. 1986)।
128. जिंस, बुकेरत, ओ.पी.-सी.आई.टी. पृष्ठ 111, ब्रिटिश उच्चायोग दिल्ली विदेश कार्यालय, लंदन को, पत्र संख्या एफसी 1091/45 दिनांक 13 जुलाई, 1960।
129. तदेव, पृष्ठ 111 ब्रिटिश उच्चायोग, दिल्ली विदेश कार्यालय, लंदन को पत्र संख्या एफ 1091/53 दिनांक 21 अक्तूबर, 1959।
130. एफ.आर.यू.एस. 1958-60, खंड XIV, पृष्ठ 780।
131. क्रोकर, ओ.पी.-सी.आई.टी. पृष्ठ 100।
132. वू लेंगक्सी, ओ.पी.-सी.आई.टी. पृष्ठ 210।
133. मुख्यमंत्रियों को पत्र दिनांक 1 अक्तूबर, 1959, खंड 5, पृष्ठ 285।
134. सी.एस. झा, ओ.पी.-सी.आई.टी.।
135. दावा नोर्बू, स्ट्रेटिजिक एनालाइसेस (दिल्ली : जुलाई, 1988) पृष्ठ 38।

□

5

समझौते के प्रारंभिक प्रयास (1959-62) और 1962 का संघर्ष

'जब सीमाओं का प्रश्न उठता है, तो चीनी अत्यंत हठी बन जाते हैं।'

—सर अर्नेस्ट सेटोव

(चीन में ब्रिटिश राजदूत) 6 अप्रैल, 1905 को लॉर्ड कर्जन को लिखते हुए

जब भारत-चीन सीमा का मामला अंततः सार्वजनिक क्षेत्र में उभरकर सामने आया, तो यह स्पष्ट हो गया था कि यह मामला एक साधारण मामला नहीं है, जिसमें केवल सीमा में कुछ संशोधन किए जाने की आवश्यकता है। इस तथ्य के अत्यंत स्पष्ट हो जाने के बावजूद नेहरू ने 4 सितंबर, 1958 को लोकसभा में यही बात कायम रखी थी कि—

जहाँ तक भारत और चीन के बीच तिब्बत क्षेत्र सहित व्यापक सीमा, अंतरराष्ट्रीय सीमावर्ती क्षेत्र का संबंध है, जहाँ तक हम समझते हैं, यह विवाद का मुद्दा नहीं है। यह एक निश्चित-सी बात है। इस पर बातचीत करने के लिए कुछ नहीं है।[1]

अतः सीमा के प्रश्न पर भारत की स्थिति इस प्रकार थी—

चीन-भारत सीमा प्रथा और परंपरा पर आधारित है; यह प्राकृतिक विशेषताओं का पालन करती है तथा इसके एक प्रमुख भाग के लिए इस प्रथागत और पारंपरिक सीमा की संधि और करार द्वारा पुष्टि भी की गई है और यह कि यह समूची सीमा निश्चित है तथा देशों को भली-भाँति ज्ञात है। अंतरराष्ट्रीय प्रयोग और व्यवहार के अनुसार कोई प्रथागत सीमा, जो चिर-परिचित और अपरिवर्तनीय प्राकृतिक विशेषताओं का पालन करती है जैसे मुख्य जल-विभाजक, परिभाषित बनी रहती है तथा उसे किसी अन्य और औपचारिक परिभाषा की आवश्यकता नहीं होती है।

सीमा के प्रश्न पर चीनियों की दृष्टिकोण भारतीय दृष्टिकोण के विपरीत था। चीनियों का मानना था कि—

चीन-भारत सीमा कभी भी औपचारिक रूप से परिसीमित नहीं की गई है (चीनियों ने

अकसर जान-बूझकर 'परिसीमन' और 'चिह्नांकन' के बीच संदेह उत्पन्न किया है) तथा भारत और चीन के बीच कोई संधि या करार विद्यमान नहीं है, जो उनकी सीमा का परिसीमन करता हो। चीन द्वारा दर्शाया गया सीमा संरेखण दोनों देशों के बीच वास्तविक पारंपरिक प्रथागत सीमा रेखा है। अतः इसका मानना है कि सीमा रेखा पर बातचीत होनी चाहिए। इस दौरान, दोनों देशों को वास्तविक नियंत्रण रेखा (एल.ए.सी.) पर वर्तमान स्थिति बहाल रखनी चाहिए।

चीन भारतीय सीमा के प्रश्न पर नितांत विपरीत दृष्टिकोण होने के अलावा, सीमा से संबंधित तथ्य भी विवादों में घिरे हैं। भारतीय स्थिति यह रही है कि भारत-चीन सीमा 3488 किलोमीटर लंबी है (इसमें 532 किलोमीटर का पाक अधिकृत कश्मीर-चीन खंड भी शामिल है), दूसरी ओर चीन यह दावा करता है कि चीन-भारतीय सीमा की लंबाई केवल 1700 किलोमीटर है।[2] चीन सीमा में पीओके-चीन खंड को शामिल करने से इनकार करता है तथा यह मानता है कि चीन-भारतीय सीमा केवल काराकोरम दर्रे के पश्चिम से प्रारंभ होती है।

इन विभेदों को तथ्यों और सिद्धांतों, दोनों ही रूपों में विस्तारपूर्वक वर्णित करने तथा सुविधा की दृष्टि से चीन-भारतीय सीमा को तीन क्षेत्रों में विभाजित किया गया है—पश्चिमी, मध्य और पूर्वी सेक्टर।

पश्चिमी सेक्टर

पश्चिम सेक्टर में सीमा रेखा को दो भागों में विभाजित किया गया है; विभाजक बिंदु के रूप में कोंगका ला (दर्रा) के साथ। कोंगका ला के पश्चिम में सेक्टर सिनकियांग (जिनजियांग) और लद्दाख के बीच की सीमा है। कोंगका ला का पूर्वी सेक्टर तिब्बत और लद्दाख के बीच की सीमा है।

पश्चिमी सेक्टर में तीन पर्वत-शृंखलाएँ विद्यमान हैं, जो सामान्यतः पूर्व से पश्चिमी संरेखण में एक-दूसरे के समांतर हैं। कुएन लुन पर्वत-शृंखला उत्तर में है, काराकोरम मध्य में और हिमालय दक्षिण में है। कुएन लुन और काराकोरम पर्वत-शृंखलाओं के बीच अक्साई चिन का भू-भाग स्थित है। अतीत में वहाँ कोई स्पष्टतः निर्धारित सीमा नहीं थी जिसे भारत और चीन दोनों ही के द्वारा औपचारिक रूप से स्वीकार किया जाता; हालाँकि पारंपरिक सीमा-रेखा संरेखण संभवतः सभी को भली-भाँति ज्ञात था। न तो भारत द्वारा और न ही चीन द्वारा अक्साई चिन क्षेत्र में किसी स्थापित क्षेत्राधिकार अथवा नियमित प्रशासन का प्रयोग किया गया। नियमित भारतीय प्रशासन काराकोरम के उत्तर से कुछ पहले समाप्त होता था तथा नियमित चीनी प्रशासन कुएल लिन के दक्षिण से कुछ पहले समाप्त होता था। इस प्रकार, वहाँ प्रशासनिक अभाव विद्यमान था। नेहरू ने 12 सितंबर, 1955 को लोकसभा में बोलते हुए स्पष्ट किया था, 'यह स्थान अर्थात् अक्साई चिन क्षेत्र, निःसंदेह ही हमारे मानचित्र में है, परंतु मैं इसे अन्य क्षेत्रों से पूर्णतः भिन्न मानता हूँ। यह बहस का विषय है कि इसका कौन सा भाग हमारा है और कौन सा भाग किसी और का है। यह किसी भी प्रकार से पूर्णतः स्पष्ट नहीं है।'

फिर भी भारत की स्थिति यही बनी रही कि पश्चिमी सेक्टर में सीमा की लंबाई 1597 कि.मी. है। चीनियों ने कहा कि स्थिति यह है कि इस सेक्टर में सीमा केवल 600 कि.मी. लंबी है। भारत के

अनुसार वर्तमान में चीन इस सेक्टर में 38,000 वर्ग कि.मी. भारतीय भू-भाग पर कब्जा किए हुए है; जबकि चीन केवल 33,000 वर्ग कि.मी. क्षेत्र पर ही अपनी अधिकारिता और कब्जे का दावा करता है, जिसे वे 'अनिवार्यत:' चीनी भू-भाग कहते हैं। इसके अलावा भारत यह दावा करता है कि 1963 के चीन-पाक करार के अंतर्गत, पाकिस्तान ने कथित रूप से चीन को उत्तरी कश्मीर में लगभग 5180 वर्ग कि.मी. भू-भाग प्रदान कर दिया था। चीन ऐसी किसी भी अवैध स्थिति से इनकार करता है तथा कहता है कि यह एक पूर्णत: वैध रूप से निष्पादित किया गया करार था।

मध्य सेक्टर

मध्य सेक्टर में सीमा संरेखण हिमालय के शीर्ष के साथ-साथ आगे बढ़ता है। यह कम विवादित सेक्टर है और इस सेक्टर में विवाद केवल चार क्षेत्रों पर है। ये हैं—(क) स्पीति क्षेत्र; (ख) शिप्की दर्रे का पश्चिमी भाग; (ग) नेलंग-त्से-तुंग; और (घ) बाराहोती। ये सभी क्षेत्र हिमालयी शीर्ष के दक्षिण में हैं, अत: चीनी दावे सारहीन प्रतीत होते हैं, हालाँकि उनका मानना है कि वे केवल पारंपरिक तिब्बती दावों पर ही दबाव डाल रहे हैं। विवाद का कुल क्षेत्र लगभग 2000 वर्ग कि.मी. है तथा चीनियों का कहना है कि समस्त विवादित क्षेत्र भारत के नियंत्रण में है।

पूर्वी सेक्टर

पूर्वी सेक्टर स्पष्ट रूप से मैकमोहन रेखा द्वारा परिसीमित किया गया है, जो हिमालय के शीर्ष और क्षेत्र में मुख्य जल-विभाजक का अनुपालन करती है। चीनियों ने तिब्बत-यू.पी. (अब उत्तराखंड) तिब्बत-नेपाल, तिब्बत-सिक्किम और तिब्बत-भूटान सीमाओं के संबंध में सीमा के रूप में हिमालय शीर्ष को स्वीकार किया है; परंतु अनसुलझा प्रश्न यह है कि इसे अरुणाचल-तिब्बत सीमा के मामले में भी क्यों स्वीकार नहीं किया गया है? इसके अलावा चीन ने औपचारिक रूप से म्याँमार के साथ की गई संधि में मैकमोहन रेखा संरेखण को स्वीकार किया है, जो चीन-म्याँमार सीमा के साथ चलती है! अत: यह स्पष्ट है कि इस विवाद में कोई भी सुविख्यात अंतरराष्ट्रीय रूप से स्वीकार्य भौगोलिक सिद्धांत शामिल नहीं है। चीनी स्थिति किसी भी अन्य भौगोलिक सिद्धांत के स्थान पर सीमा के प्रश्न के राजनीतिक पहलुओं के साथ अधिक जुड़ी हुई है।

भारत की स्थिति यह है कि यह सीमा, जो मैकमोहन रेखा है, 1346 किलोमीटर लंबी है, जबकि चीन का मानना है कि यह केवल 650 किलोमीटर लंबी है और हिमालय की तराई के साथ-साथ चलती है। वे मैकमोहन रेखा को स्वीकार करने से इनकार करते हैं। इस सेक्टर में विवादग्रस्त क्षेत्र लगभग 90,000 वर्ग किलोमीटर है। चीनियों का दावा है कि संपूर्ण क्षेत्र भारतीय प्रशासन के अधीन है।

अत: समग्र परिदृश्य में भारत-चीन सीमा का प्रश्न एक ऐसा विवाद है, जो केवल भू-भाग से संबंधित नहीं है, बल्कि सीमा की लंबाई से भी जुड़ा हुआ है। यहाँ तक कि तथ्य भी विवादास्पद हैं।

2005 तक चीन ने सिक्किम को भारत का भाग नहीं माना था, अत: तब तक वे भारत के साथ सिक्किम-तिब्बत सीमा पर चर्चा करने से इनकार करते रहे। सिक्किम-तिब्बत सीमा (220 किलोमीटर) कोई अलंघ्य समस्या नहीं थी, क्योंकि इसे चीन द्वारा मान्यता दी जा चुकी थी और इस

सेक्टर में कोई विवाद नहीं रहा। इस सेक्टर पर 1890 के एंग्लो-चीन कन्वेंशन के अंतर्गत चीनियों के साथ पहले ही वार्ता कर ली गई थी और 1895 में इसे चिह्नांकित कर दिया गया था। चीनी विदेश मंत्रालय ने इसकी पुष्टि भारतीय दूतावास, बीजिंग को संबोधित 26 दिसंबर, 1959 की अपनी टिप्पणी में कर दी थी, जिसमें कहा गया था कि—

> *चीन और सिक्किम के बीच की सीमा बहुत पहले ही औपचारिक रूप से परिसीमित की जा चुकी है तथा उसके संबंध में न तो मानचित्रों में कोई विसंगति व्याप्त है और न ही व्यवहार रूप में कोई विवाद है।*[3]

मानचित्र 1: भारत-चीन सीमा का चीनी संरेखण

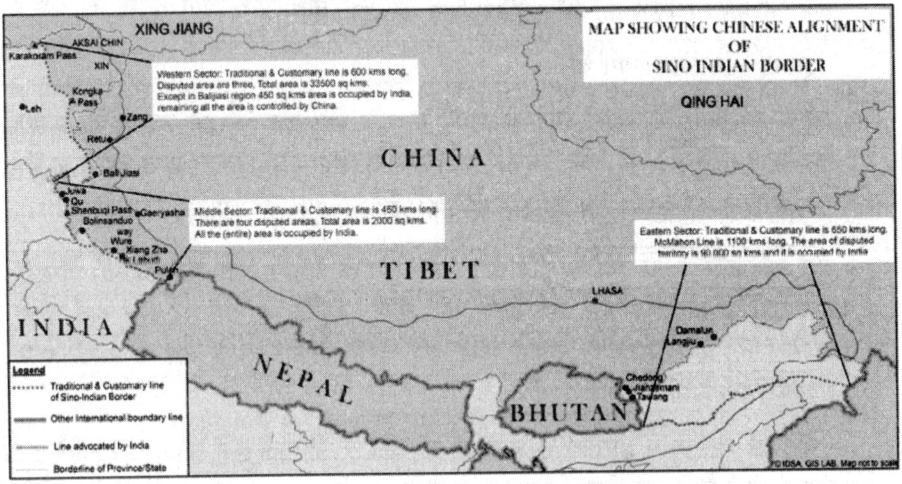

मानचित्र 2: भारत-चीन सीमा का भारतीय संरेखण

जब चीनी-भारतीय सीमा का प्रश्न पहली बार सार्वजनिक हुआ था, भारत नेहरू द्वारा निर्धारित किए गए नीतिगत दिशा-निर्देशों का पालन कर रहा था और निरंतर यह दावा किए हुए था कि भारत

और चीन के बीच अंतरराष्ट्रीय सीमावर्ती क्षेत्र विवाद का मुद्दा नहीं है। अतः चीन द्वारा अक्साई चिन में निर्माण की गई सड़क के मुद्दे पर भारत द्वारा चीनी सरकार को भेजी गई पहली टिप्पणी में इस संशय को प्रतिबिंबित किया गया था। इसी प्रकार, विदेश सचिव द्वारा 8 अक्तूबर, 1958 को भेजी गई टिप्पणी केवल एक औपचारिक टिप्पणी थी (बल दिया गया) इस टिप्पणी की विषय-वस्तु यदि हास्यास्पद नहीं थी, परंतु निश्चित तौर पर इसमें उपहास के तत्त्व तो मौजूद ही थे, क्योंकि इसे अत्यंत खराब तरीके से तैयार किया गया था। टिप्पणी में शिकायत की गई थी—

यह आश्चर्य और खेद का विषय है कि चीनी सरकार ने अविवादित रूप में भारत भू-भाग के माध्यम से सड़क का निर्माण भारत सरकार से पूर्व अनुमति प्राप्त किए बिना और यहाँ तक कि भारत सरकार को सूचित किए बिना कर दिया है।

इसका व्यंग्यात्मक भाग था—

सड़क पर काम करनेवाले चीनी कार्मिकों से और यहाँ तक कि इस सड़क का प्रयोग करनेवाले चीनियों से भी भारत सरकार को वीजा के लिए कोई आवेदन प्राप्त नहीं हुआ है।

इसके अलावा, टिप्पणी में सहायता की माँग की गई थी—

तीन अधिकारियों का एक भारतीय दल··शिन्गलुंग के समीप गश्त कर रहा था। अगस्त तक वहाँ से कोई समाचार नहीं आया था··चूँकि भारतीय भू-भाग पर अब वहाँ चीनी कार्मिक हैं, भारत सरकार आभारी होगी यदि चीनी सरकार इसके बारे में उसके पास उपलब्ध जानकारी प्रदान कराएगी।[6]

यदि वह वास्तव में भारतीय भू-भाग था, तो चीन से सहायता क्यों माँगी गई? चीनियों द्वारा इस टिप्पणी के बारे में क्या निष्कर्ष निकाला गया होगा? चीन के 3 नवंबर, 1958 के उत्तर में कहा गया था कि 'मैत्री की भावना से' इन भारतीय कार्मिकों को 22 अक्तूबर, 1950 को काराकोरम दर्रे के माध्यम से वापस निर्वासित किया गया था।

और इसके अलावा चीन में भारतीय राजदूत ने एक और खराब तरीके से तैयार की गई और चीन के विदेश उप-मंत्री को संबोधित 8 नवंबर, 1958 की टिप्पणी में नेहरू द्वारा अब तक कही गई समस्त बातों के विपरीत, यह कहा गया था कि—

यह प्रश्न कि क्या क्षेत्र-विशेष (अक्साई चिन) भारतीय भू-भाग है अथवा चीनी, विवाद का विषय है, जिस पर अलग से चर्चा की जाएगी।[7]

इस टिप्पणी के साथ ही भारतीय राजदूत ने यह स्वीकार कर लिया कि लद्दाख क्षेत्र में 'विवाद' विद्यमान है, जो भारत सरकार द्वारा अब तक दावा किए गए बयानों के बिल्कुल विपरीत था कि सीमा का कोई विवाद नहीं है और हद-से-हद कुछ छोटे-मोटे संशोधन की आवश्यकता है। इस प्रकार की विकृत भाषा का प्रयोग किया गया था जिसके बारे में आश्चर्य ही प्रकट किया जा सकता है।

संभवतः नेहरू ने यह भाँप लिया था कि उनके अधिकारी इस बारे में अधिक कार्रवाई नहीं कर पा रहे हैं, अतः उन्होंने इस मुद्दे को चोऊ एनलाई के स्तर पर उठाने का निर्णय लिया। 14

दिसंबर, 1958 को नेहरू ने पहली बार सीमा के मुद्दे पर चोऊ को पत्र लिखा। अपने पत्र में नेहरू ने कहा कि, जब तिब्बत पर भारत-चीन करार (1954) निष्पादित किया गया था तो उस समय सीमा का कोई मुद्दा नहीं उठाया गया था और हम इसी विचार को लिये बैठे थे कि हमारे देशों के बीच सीमा का कोई विवाद विद्यमान नहीं है। इसके अलावा, नेहरू ने यह भी लिखा कि हमने सोचा था कि 1954 के करार ने सभी बकाया समस्याओं का निपटान कर दिया है। इसके उपरांत नेहरू ने एक टिप्पणी की, जिसे उनके द्वारा 1956 में चोऊ के साथ हुई वार्ताओं के पश्चात् लिखा गया था, से उद्धृत किया—

> *प्रधानमंत्री चोऊ ने मैकमोहन रेखा का जिक्र किया और पुनः कहा कि उन्होंने इसके बारे में पहले कभी नहीं सुना, परंतु तत्कालीन चीनी सरकार ने इस मामले को देखा था और इस रेखा को स्वीकार नहीं किया। उन्होंने बर्मा के साथ सीमा विवाद के संबंध में इस मामले को देखा था, हालाँकि उनका विचार है कि यह रेखा, जिसे ब्रिटिश साम्राज्यवाद द्वारा स्थापित किया गया था, उचित नहीं है, फिर भी, क्योंकि यह एक सुस्थापित तथ्य है और, क्योंकि चीन और संबंधित देशों अर्थात् भारत और बर्मा के बीच मैत्रीपूर्ण संबंध हैं, चीनी सरकार की यह राय थी कि उन्हें इस मैकमोहन रेखा को मान्यता दे देनी चाहिए! तथापि उन्होंने अभी तक इसके बारे में तिब्बती प्राधिकारियों के साथ 'परामर्श' नहीं किया है। वे ऐसा करने का प्रस्ताव कर रहे हैं।*

यह उल्लेखनीय है कि नेहरू ने चोऊ को लिखे 14 दिसंबर, 1958 के अपने पत्र में अक्साई चिन सड़क में भारतीय कार्मिकों को बंदी बनाए जाने और उस बारे में भारत द्वारा उसका विरोध किए जाने का उल्लेख नहीं किया था। उनका पत्र मोटे तौर पर सीमा के पूर्वी सेक्टर पर ही केंद्रित प्रतीत हुआ।

अपने 23 जनवरी, 1959 के उत्तर में, चोऊ ने 1956 में हुई उनकी वार्ताओं के नेहरू के संस्करण पर विवाद नहीं किया, परंतु वे इस बात पर अड़े रहे कि भारत-चीन सीमा को कभी भी औपचारिक रूप से परिसीमित नहीं किया गया था तथा यह कि ऐतिहासिक दृष्टि से चीन की केंद्रीय सरकार और भारत सरकार के बीच में कभी भी भारत-चीन सीमा पर कोई संधि अथवा करार नहीं किया गया था। एक अत्यंत सावधानीपूर्वक तैयार किए गए पत्र में चोऊ ने सभी पुराने समझौतों को अस्वीकार कर दिया था तथा उनका पत्र पहली ऐसी औपचारिक सूचना देनेवाला था कि कोई विवाद विद्यमान है। चोऊ ने स्वीकार किया कि सीमा का प्रश्न तब नहीं उठाया गया था, जब 1954 की वार्ताएँ आयोजित की गई थीं, परंतु ऐसा इसलिए किया गया था, क्योंकि समझौते के लिए उस समय परिस्थितियाँ परिपक्व नहीं थीं और यह कि चीनी सरकार के पास मुद्दे का अध्ययन करने के लिए समय नहीं था, जहाँ तक मैकमोहन रेखा का संबंध है, चोऊ ने कहा कि यह रेखा चीन के तिब्बत क्षेत्र के विरुद्ध आक्रमण की ब्रिटिश नीति का परिणाम थी। चोऊ ने स्वीकार किया कि तिब्बत के स्थानीय प्राधिकारियों ने संबंधित दस्तावेजों पर हस्ताक्षर किए थे, परंतु वे एकपक्षीय रूप से खींची गई रेखा से संतुष्ट नहीं थे। चोऊ ने तब पुष्टि की कि चीन की सरकार यह आवश्यक समझती है कि इस मामले में मैकमोहन रेखा के प्रति यथार्थवादी दृष्टिकोण अपनाया जाए, परंतु वह इस पर तत्काल कार्रवाई नहीं कर सकती है और उसे इस पर विचार करने के लिए समय की आवश्यकता है।[7]

चोऊ ने नेहरू को 'तिब्बती प्राधिकारियों' के साथ परामर्श करने के बारे में मौखिक रूप से बताया होगा, जैसा कि नेहरू ने 14 दिसंबर, 1958 के अपने पत्र में उल्लेख किया गया था, अपनी लिखित प्रतिक्रिया में चोऊ ने ऐसे किसी भी संदर्भ को पूरी तरह से हटा दिया था। ऐसा संदर्भ देना एक बहुत बड़ी त्रुटि होती, क्योंकि चीन ने हमेशा से ही यह दावा किया था कि तिब्बत के प्रशासक कभी भी स्वतंत्र नहीं थे और विदेश नीति के मामलों में उन्होंने कभी भी कोई भूमिका निर्वहन नहीं की है। दूसरे, चोऊ ने टिप्पणी की कि 'तिब्बती एकपक्षीय रूप से खींची गई रेखा' से संतुष्ट नहीं थे। क्या वे वास्तव में मैकमोहन रेखा के दक्षिण में चीनी दावों को आगे बढ़ाने के लिए मौका तलाश कर रहे थे? तीसरे चोऊ ने मैकमोहन रेखा के प्रति एक 'यथार्थवादी दृष्टिकोण' अपनाए जाने के प्रश्न को भारत के व्यवहार के साथ जोड़ दिया, जब उन्होंने इस तथ्य का उल्लेख किया कि भारत एक 'मित्र' देश है और यह कि उन्हें इस मामले पर 'कार्रवाई करने के लिए समय की आवश्यकता' है। चोऊ के इस सूत्रीकरण ने भारतीय नेतृत्व के समक्ष महत्त्वपूर्ण प्रश्न उठाया। उस स्थिति में क्या होगा यदि चीनी भविष्य में किसी समय निष्कर्ष पर पहुँचेंगे कि भारतीय व्यवहार 'मित्रतापूर्ण' नहीं है; तो क्या वे मैकमोहन रेखा के बारे में उनकी राय को संशोधित करेंगे? यह संभव था कि उस समय तक चोऊ तिब्बत में आंतरिक स्थिति से चिंतित थे तथा वे घटनाक्रम के संबंध में भारत के आत्मसंयम और मैकमोहन रेखा की चीन द्वारा स्वीकृति के बीच संतुलन स्थापित करना चाहते थे।

जहाँ तक पश्चिमी क्षेत्र का संबंध था, चोऊ ने जान-बूझकर स्थिति अस्पष्ट बनाई हुई थी। उन्होंने कभी भी ऐसे निश्चित संकेत नहीं दिए कि चीनी संरेखण कहाँ पर निहित किया गया है। ऐसा करते हुए चीनी अपने दावों को निरंतर आगे बढ़ाते रहने में समर्थ हुए, जिसके तहत उन्होंने 1956 में एक स्थिति का उल्लेख किया, 1960 में दूसरी स्थिति का और 1962 में तो एक और स्थिति सामने रख दी। अपनी बात को औचित्यसम्मत दिखाने के लिए चोऊ ने यह प्रस्ताव भी किया कि दोनों पक्षों को परामर्शों के माध्यम से किसी समाधान के निकलने तक अस्थायी रूप से यथास्थिति बहाल करनी चाहिए।

अब स्थिति वास्तव में ही नियंत्रण से बाहर हो गई थी। भारत की उत्तरी सीमाओं पर विवाद अब सार्वजनिक हो गया था। आज यह कहना संभव है कि सीमा का यह मुद्दा नेहरू के पत्र पर चोऊ की प्रतिक्रिया के बाद इसी स्थिति पर छोड़ दिया जाना चाहिए था। दोनों पक्ष उस भू-भाग को रख सकते थे, जिन पर उनका कब्जा था, लेकिन यदि नेहरू स्थिति को वैसे ही बनाए रखते, जैसी कि वह उस समय थी, तो वहाँ अन्य खतरे भी विद्यमान थे, जो उस स्थिति में स्वाभाविक तौर पर उपस्थित थे। क्या ऐसा भी हो सकता था कि चीनी अपने लाभ को सुदृढ़ करने के लिए समय की माँग कर रहे थे और उसके बाद वे भारतीय भू-भाग, विशेष रूप से लद्दाख की ओर बढ़ते? हालाँकि चोऊ ने पत्र में यह प्रस्ताव किया था कि चीनी और भारतीय, दोनों ही पक्ष यथास्थिति बनाए रखें, इस बात का कोई स्पष्टीकरण नहीं था कि यथास्थिति बहाल करने का क्या मानदंड था। न ही चोऊ ने संकेत दिया कि क्या यथास्थिति को बनाए रखना लद्दाख में चीनियों के 1956 के दावेवाली रेखा के साथ पश्चिमी सेक्टर के साथ संबंधित है अथवा पूर्वी सेक्टर में मैकमोहन रेखा के साथ। चूँकि जनता की तेजी से उभरती राय नेहरू को विवश कर रही थी, उनके पास चीनी मंशाओं को समझ पाने के लिए

समय का अभाव था। चोऊ के 23 जनवरी, 1959 के पत्र के प्राप्त होने से केवल एक सप्ताह पूर्व भारत के दौरे पर आए यूगोस्लाव नेता टीटो ने नेहरू को चेतावनी दी थी कि चीन का यूगोस्लाविया के प्रति वैमनस्य 'मुख्य रूप से सैद्धांतिक और घरेलू बाध्यताओं द्वारा निर्देशित है', फिर भी नेहरू चोऊ के पत्र की भाषा की बेरुखी से तथा उनके समझौता न करनेवाले रुख से आश्चर्यचकित थे।[8] इसके परिणामस्वरूप, चोऊ के प्रति नेहरू की आस्था को वास्तव में धक्का लगा था और उन्होंने चोऊ पर आगे से विश्वास करना भी बंद कर दिया था। अत: मामलों को इस प्रकार बीच में ही बिना कार्रवाई के छोड़ देने का विकल्प नेहरू के पास उपलब्ध नहीं था। उन्होंने यह भी भाँप लिया था कि चीनी गुटनिरपेक्ष देशों के नेता के रूप में उनकी छवि को नष्ट करना चाहते हैं।

दूसरी ओर नेहरू इस बात के प्रति भी सतर्क थे कि यदि उन्होंने चीन के साथ वार्तालाप प्रारंभ किया, तो इससे यह संकेत मिलेगा कि उन्होंने भारत के मामले पर समझौता करने का निर्णय ले लिया है, क्योंकि उन्होंने 1 जुलाई, 1954 के निर्देश के अनुसार यह बता दिया था कि 'सीमावर्ती क्षेत्रों को सुदृढ़ और निश्चित समझा जाना चाहिए तथा उन्हें किसी के साथ चर्चाओं के लिए खुला नहीं रखा जाना चाहिए तथा इस स्थिति की पुष्टि उन्होंने सितंबर 1958 में सार्वजनिक तौर पर भी कर दी थी। इसका यह अर्थ भी होता कि उन्होंने अपने ही निर्देश का उल्लंघन करने का निर्णय ले लिया था। नेहरू के मन में यह प्रश्न था : क्या चीन की सरकार पर भरोसा किया जा सकता है ? चूँकि चोऊ के प्रति नेहरू का विश्वास इस बार पूरी तरह से टूट चुका था, नेहरू के मन में उस प्रश्न का उत्तर केवल नकारात्मक ही होना था। नेहरू के राजनीतिक विकल्प दिन-प्रतिदिन कम होते जा रहे थे।

चोऊ को भेजे जानेवाले नेहरू के प्रथम पत्र (14 दिसंबर, 1958) प्रेषित किए जाने से पूर्व अमेरिका ने उस स्थिति को भाँप लिया था और वह उसके प्रति सतर्क हो गया था, जो भारत और चीन के बीच खराब होते संबंधों के फलस्वरूप उत्पन्न हो गई थी। उसने इस अवसर को हाथ से नहीं जाने दिया। आइजनहावर चीन-भारत संबंधों में हो रहे घटनाक्रम को बड़े ध्यान से देख रहे थे। उन्होंने यह सही निष्कर्ष निकाला कि चीन के आक्रमण की आशंका 'भारत और पाकिस्तान के बीच बेहतर समझ' को प्रोत्साहित करने के लिए अमेरिका के लिए एक बेहतरीन अवसर खोलेगी; जो उस समय पश्चिम के लिए प्रमुख उद्‌देश्य था।[9] ब्रिटिश ने भी यही महसूस किया।[10] नेहरू की चापलूसी करने के लिए तैयार किए गए एक पत्र में आइजनहावर ने उन्हें 27 नवंबर, 1958 को लिखा कि—

> *संपूर्ण विश्व में आप को विश्व में शांति और सुलह के लिए सबसे प्रभावशाली व्यक्तियों में से एक के रूप में पहचाना जाता है। मुझे विश्वास है कि, क्योंकि आप अपनी वैयक्तिक क्षमता में शांति के विश्व नेता हैं···आपका प्रभाव विशेष रूप से वैश्विक अशांति को संशयवाद, पारस्परिक संदेह और अंतत: विनाश की ओर ले जाने से रोकने के लिए मूल्यवान है।*[11]

दिल्ली में अमेरिकी राजदूत ने सूचना दी कि आइजनहावर के पत्र को पर्याप्त महत्त्व प्रदान किया गया है। वास्तव में इस पत्र को जनता के लाभ के लिए और नि:संदेह चीन को दिखाने के लिए भी इसकी पूर्ण समग्रता में प्रकाशित करने का निर्णय (प्रधानमंत्री के स्टाफ द्वारा) लिया गया। इस दौरान अग्रणी अमेरिकी सार्वजनिक हस्तियों जैसे वाल्टर लिपमैन को भी भारतीय प्रेस में व्यापक जगह प्रदान की गई, जब उन्होंने भारत को एक 'प्रमुख देश' बताया।

फिर भी नेहरू इस बात से आश्वस्त थे कि भारत का सीमा पर दावा अत्यंत सटीक है। भारत में जनता की राय पूर्णतः चीन-विरोधी थी, अतः समझौते की गुँजायश कम ही रह गई थी। आंतरिक रूप से चीन भी तिब्बत में विद्रोह और व्यापक आर्थिक कुप्रबंधन के कारण काफी तनाव में था। अंतरराष्ट्रीय तौर पर, दोनों महाशक्तियाँ, अमेरिका और सोवियत रूस, अपने-अपने कारणों से भारत का पक्ष लेती दिखाई दे रही थीं। इन घटनाक्रमों से सचेत रहते हुए और इस बात से आश्वस्त होते हुए कि अंतरराष्ट्रीय परिस्थिति भारत की ओर झुक रही है, नेहरू ने अब चीन के प्रति एक कड़ा कदम उठाने का निर्णय ले लिया।

नेहरू ने चोऊ के 23 जनवरी, 1959 के पत्र का उत्तर उन्हें 22 मार्च, 1959 को तिब्बती विद्रोह के चरमोत्कर्ष के दौरान भेजा। क्या नेहरू के उत्तर का समय जान-बूझकर चुना गया था अथवा यह मात्र एक संयोग था? नेहरू इस समय के प्रति सतर्क थे, क्योंकि उन्होंने अपनी 20 मई, 1959 को विदेश सचिव एस. दत्ता को भेजी टिप्पणी में यह स्वीकार किया है कि—

> *मेरे मन में यह विचार आया कि तिब्बत में वर्तमान घटनाक्रम को ध्यान में रखते हुए संभवतः यह उचित समय नहीं होगा, जब यह पत्र भेजा जाए। परंतु, पुनः विचार करने के उपरांत मैंने सोचा कि हमारे लिए इसे यथासंभव शीघ्र भेज देना उचित रहेगा।*[12]

निस्संदेह ही, तिब्बत के प्रति भारत की मनोवृत्ति पर हमेशा ही संदेह करनेवाले चीनियों ने नेहरू के पत्र के समय के व्यापक उद्‌देश्य के विषय में अवश्य ही जान लिया होगा।

अपने 22 मार्च, 1959 के पत्र में नेहरू ने यह बात मानी थी कि भारत-चीन सीमावर्ती क्षेत्र 'सभी सेक्टरों में' जमीन पर चिह्नांकित नहीं किया गया था, परंतु यह दोहराया था कि 'चीन-भारतीय सीमावर्ती क्षेत्र, मुख्य रूप से उच्च हिमालय पर्वत शृंखला के शीर्ष पर जल-प्रपात के भौगोलिक सिद्धांत का अनुपालन करते हैं तथा अधिकांश भागों पर भारत और चीन की सरकारों के बीच विशिष्ट अंतरराष्ट्रीय करारों में स्वीकृति व्यक्त की गई है। पश्चिमी सेक्टर में नेहरू ने 1842 की संधि का उल्लेख किया, जो भारत-चीन सीमा का 'उल्लेख' करती है और इस तथ्य को निर्दिष्ट किया कि 1847 में चीनी सरकार ने स्वीकार किया था कि यह सीमा पर्याप्त और विशिष्ट रूप से स्थायी है। पूर्वी सेक्टर में नेहरू ने शिमला सम्मेलन और मैकमोहन रेखा का उल्लेख किया। नेहरू ने कहा कि 'ऐसा दर्शाने के लिए कुछ भी नहीं है कि तिब्बती प्राधिकारी सहमत सीमा से किसी भी रूप में असंतुष्ट हैं। यह दर्शाने के लिए भी कुछ नहीं है कि चीनी सरकार ने 'भारत-तिब्बत सीमावर्ती क्षेत्र पर कभी कोई आपत्ति व्यक्त की है, न तो चर्चाओं के दौरान और न ही कन्वेंशन पर हस्ताक्षर करने के समय।[13] यह देखा जा सकता है कि तथ्य इस मुद्दे पर नेहरू का समर्थन करते हैं, क्योंकि चीनी विदेश कार्यालय से दिनांक 25 अप्रैल, 1914 के एक टेलीग्राम में, जिसे चीन ने प्रतिनिधि इवान छन द्वारा सर हेनरी मैकमोहन को सौंपा गया था, चीन की सरकार द्वारा विशेष रूप से पुष्टि की गई थी—

> *मसौदा कन्वेंशन के अनुच्छेद 9 [जो आंतरिक और बाहरी तिब्बत के बीच सीमा को निर्दिष्ट करता है] के अपवाद के साथ, हम अन्य अनुच्छेदों में प्रतिपादित मुख्य सिद्धांत पर अनुकूल रूप से विचार करने के लिए तैयार हैं, जो हमारी ओर से एक बार पुनः प्रदान की गई भारी रियायत है।*[14]

इस पत्र की विषय-सूची से यह स्पष्ट है कि कोई असंतोष दिखाई नहीं पड़ रहा था तथा चोऊ केवल अपने मामले को बढ़ा-चढ़ाकर पेश कर रहे थे। इसके अलावा मैकमोहन रेखा के पास उच्च हिमालय पर्वत-श्रृंखला के शीर्ष से गुजरने का लाभ प्राप्त था तथा वह उत्तर में तिब्बत के पठार से दक्षिण में उप-पर्वतीय क्षेत्र को पृथक् करती थी और इस प्रकार वह उस मुख्य भौगोलिक सिद्धांत के अनुरूप थी जिसे चीन ने सीमा के अन्य सेक्टरों में स्वीकार किया था।

इसके अलावा नेहरू ने सिक्किम-तिब्बत सीमा का मामला भी उठाया और दोहराया कि इसे 1890 के एंग्लो-चीनी कन्वेंशन के अधीन परिभाषित किया गया था तथा 1895 में जमीन पर संयुक्त रूप से चिह्नांकित किया गया था।

जहाँ तक मध्य सेक्टर का संबंध है, नेहरू उसके बारे में अधिक विवरणों में नहीं गए, परंतु यह कहा कि सीमा रेखा 'पारंपरिक' है और उसकी पुराने राजस्व अभिलेखों, भारतीय अधिकारियों के प्रयासों और मानचित्रों द्वारा पुष्टि की गई है। नेहरू ने चोऊ से बल देते हुए कहा कि जैसा कि हमारे द्वारा प्रकाशित मानचित्रों में दिखाया गया है, भौगोलिक, पारंपरिक विशेषताओं और संधियों पर आधारित पर्याप्त प्रमाण दर्शाए जा सकते हैं। नेहरू ने साथ ही चोऊ के इस सुझाव पर भी सहमति व्यक्त की कि दोनों पक्षों को अपनी ओर से एकपक्षीय कार्रवाई नहीं करनी चाहिए, परंतु यह शर्त साथ में जोड़ी कि यदि हाल ही में कोई कब्जा किया गया है तो उस स्थिति में संशोधन किया जाना चाहिए।[15] इस बात से नेहरू का यह अर्थ था कि कुएल लुएन और काराकोरम पर्वत-श्रृंखला के बीच का संपूर्ण क्षेत्र, जिसे 'अक्साई चिन' के नाम से जाना जाता है, चीनियों द्वारा खाली किया जाना चाहिए। दूसरी ओर यथास्थिति बहाल रखने का पूर्व में किया गया चोऊ का संदर्भ इस आधार पर था कि चीन का सदैव ही अक्साई चिन पर कब्जा था (जो सही नहीं है), अत: कब्जा वापस किए जाने का कोई प्रश्न ही नहीं था। इस प्रकार जबकि नेहरू और चोऊ दोनों ने ही यथास्थिति बहाल करने को स्वीकार करने का प्रस्ताव किया था; यथास्थिति से भारत और चीन के लिए दो अलग-अलग अर्थ थे। जबकि नेहरू यथास्थिति बहाल करना चाहते थे, चोऊ यथास्थिति को बनाए रखना चाहते थे।

चोऊ ने इस पर प्रतिक्रिया व्यक्त करने के लिए कुछ समय लिया, क्योंकि तिब्बत का विद्रोह अपने चरम पर था। नेहरू ने इस विलंब पर नाराजगी जताई, जब उन्होंने 7 अगस्त, 1959 को एक प्रेस कॉन्फ्रेंस में कहा कि चीनी 'एक अजीब-सी चुप्पी साधे बैठे हैं'। चीनी तिब्बत के विद्रोह को कुचलने में तथा दलाई लामा के ल्हासा से पलायन के अंतरराष्ट्रीय परिणामों से निपटने में व्यस्त थे। 9 सितंबर, 1959 को मामला और भी जटिल हो गया, जब नेहरू की सलाह के विपरीत दलाई लामा ने यूएन से अपील कर दी।

फिर भी चोऊ ने 8 सितंबर, 1959 को विस्तारपूर्वक उत्तर दिया, जिसमें यह दोहराया गया था कि भारत-चीन सीमा का प्रश्न एक जटिल मुद्दा है जिसे इतिहास द्वारा छोड़ा गया है, उन्होंने इस बात पर बल प्रदान किया कि 'समग्र समझौता ऐतिहासिक पृष्ठभूमि तथा विद्यमान सत्यताओं को ध्यान में रखते हुए ही किया जाना चाहिए। दूसरे शब्दों में, चीन उसके द्वारा कब्जा की गई भूमि को अपने पास रखना जारी रखेगा। यह स्वाभाविक था कि तिब्बत की घटनाओं से आहत चीनी अब सख्त कदम उठाना चाहते थे। चोऊ की पूर्व की झिझक और अस्पष्टता समाप्त हो चुकी थी। इस पत्र का स्वर काफी कठोर था।

इसके अलावा चोऊ ने स्थिति का विस्तार से वर्णन किया और पश्चिमी सेक्टर के बारे में यह स्वीकार करते हुए कि 1842 की संधि वास्तव में चीन के तिब्बत और कश्मीर के स्थानीय प्राधिकारियों द्वारा निष्पादित की गई थी, यह स्पष्ट करते हुए इस बात पर बल प्रदान किया कि 1842 की संधि में 'सीमा के इस खंड की अवस्थिति के बारे में कोई विशिष्ट प्रावधान अथवा स्पष्टीकरण' शामिल नहीं था और न ही चीन की केंद्रीय सरकार ने 'इसकी पुष्टि की थी अथवा इसके लिए अपना कोई प्रतिनिधि भेजा था।' इसके अतिरिक्त, चोऊ ने दावा भी किया कि इस संधि ने वस्तुतः 'सीमा का परिसीमन' किया था तो ब्रिटिश सरकार ने किसलिए 1899 में चीन सरकार के समक्ष संरेखण (मैकडोनाल्ड प्रस्ताव) को औपचारिक रूप से प्रस्तावित किया? उपर्युक्त पक्ष के स्पष्टतः विरोधाभास में, चोऊ ने दावा कि 'प्रथागत रेखा ऐतिहासिक परंपराओं से खींची गई है' और चीनी मानचित्रों ने हमेशा 'इस रेखा के अनुरूप ही' इस सीमा को दर्शाया है, जो कनिंघम की पुस्तक लद्दाख में दिए गए मानचित्र में खींची गई रेखा के समान ही है।[16]

पूर्वी सेक्टर में, चोऊ ने अपनी पूर्व की इस स्थिति का कि चीन 'मैकमोहन रेखा के प्रति एक यथार्थवादी दृष्टिकोण अपनाया जाना आवश्यक समझता है' (23 जनवरी, 1959 का पत्र) को पलटते हुए पूरी तरह से खंडन कर दिया। अब उन्होंने यह कहा कि—

> *आपके पत्र में, जो कहा गया था, उसके विपरीत तथाकथित मैकमोहन रेखा पर शिमला समझौते में कभी भी चर्चा नहीं की गई, बल्कि उसे ब्रिटिश प्रतिनिधि और तिब्बती स्थानीय प्राधिकारियों के प्रतिनिधि द्वारा 24 मार्च, 1914 को दिल्ली में गुप्त टिप्पणियों के आदान-प्रदान के माध्यम से चीन की केंद्रीय सरकार के प्रतिनिधि की अनुपस्थिति में निर्धारित कर दिया गया था, अर्थात् शिमला संधि के हस्ताक्षर किए जाने से पूर्व। इस रेखा को बाद में तिब्बत और शेष चीन के बीच सीमा के भाग के रूप में शिमला संधि के साथ संलग्न मानचित्रों में अंकित कर दिया गया था। तथाकथित मैकमोहन रेखा चीन के तिब्बत क्षेत्र पर आक्रमण की ब्रिटिश नीति का ही परिणाम थी तथा उसे किसी भी चीनी केंद्रीय सरकार द्वारा कभी भी मान्यता नहीं दी गई और इसीलिए वह निश्चित तौर पर अवैध है, जहाँ तक शिमला संधि का संबंध है, इस पर तत्कालीन चीनी केंद्रीय सरकार के प्रतिनिधि द्वारा औपचारिक रूप से हस्ताक्षर नहीं किए गए थे तथा यह संधि में स्पष्ट रूप से नोट किया गया है। ब्रिटेन और तिब्बत के स्थानीय प्राधिकारियों के बीच गुप्त टिप्पणियों के आदान-प्रदान के उपरांत काफी समय बाद तक ब्रिटेन ने न तो संबंधित दस्तावेजों को सार्वजनिक करने का साहस किया और न ही मानचित्रों पर सीमा के इस खंड को चित्रित करने के पारंपरिक तरीके को परिवर्तित किया।*[17]

यहाँ चोऊ अधूरा सच बोल रहे थे कि 'मैकमोहन रेखा का निर्धारण चीनी सरकार की अनुपस्थिति में किया था और यदि ऐसा था तो चीन के विदेश कार्यालय ने 29 जून, 1914 के ज्ञापन में (शिमला कन्वेंशन पर हस्ताक्षर करने से इनकार किए जाने के तत्काल पश्चात्) ब्रिटिश सरकार से मध्यस्थता के रूप में कार्य करना जारी रखने का अनुरोध क्यों किया? चीनी ज्ञापन में अनुरोध किया गया था कि—

यह पूरी तरह से आशा की जाती है कि महामहिम की सरकार चीन और तिब्बत के बीच मध्यस्थ के रूप में कार्य करने की अपनी मूल भावना को बनाए रखने की सहमति प्रदान करे, ताकि दोनों देशों के बीच विद्यमान मुद्दों [टिप्पणी : तिब्बत का वर्णन करने के लिए 'देश' शब्द का प्रयोग किया गया था] का पारस्परिक समझौतों से निष्पादन किया जा सके।[18]

इसके अलावा, शिमला सम्मेलन के अभिलेख यह दर्शाते हैं कि चीनी प्रतिनिधि, इवान छन ने कभी भी द्विपक्षीय भारत-तिब्बत सीमा करार (मैकमोहन रेखा) पर आपत्ति व्यक्त नहीं की।[19] वास्तव में वे 3 जुलाई, 1914 को हस्ताक्षर करने के समय भी उपस्थित थे। यह कल्पना करना गलत होगा कि चेन को यह पता ही नहीं चला कि वहाँ क्या हुआ था।

8 सितंबर, 1959 के अपने पत्र में कठोर शब्दों का प्रयोग करने के उपरांत चोऊ ने उसी पत्र में अपनी बात को यह कहते हुए कुछ सौम्य कर दिया कि हालाँकि चीन 'तथाकथित मैकमोहन रेखा को पूरी तरह से मान्यता नहीं देता है' फिर भी 'चीनी सैन्य टुकड़ियों ने रेखा को कभी भी पार नहीं किया'। दूसरी ओर उन्होंने भारत पर शात्जे खिनजमाने और तामादेन पर मैकमोहन रेखा के उत्तर में स्थित क्षेत्रों पर कब्जा करने का आरोप लगाया और इस संदर्भ में चोऊ ने यह कहा कि 'भूटान की ही भाँति, सिक्किम-तिब्बत सीमा हमारी वर्तमान चर्चाओं की व्याप्ति के भीतर नहीं आती है। इसका मतलब यह हुआ कि भारत का सिक्किम पर कोई विधिक क्षेत्राधिकार अथवा विधिक अधिकारिता नहीं है।

चोऊ के 8 सितंबर, 1959 के पत्र के प्राप्त होने से कुछ दिन पूर्व नेहरू को राष्ट्रपति आइजनहावर का पेरिस से भेजा गया अत्यंत सौहार्दपूर्ण एवं उत्साहवर्धक पत्र प्राप्त हुआ। अपने 2 सितंबर, 1959 के पत्र में आइजनहावर ने कहा था—

संसद में आपके द्वारा दिए गए वक्तव्यों को सुनकर मुझे बड़ी निराशा हुई है कि भारत सीमा पर घुसपैठ के संबंध में तथा तिब्बत से संबंधित कुछेक मामलों में चीन के साम्यवादी शासन के साथ गंभीर समस्या का अनुभव कर रहा है। ये समस्याएँ भारत के मित्रों के लिए भी चिंता का विषय है˙˙मैं आपसे यह बताना चाहता हूँ कि मैं पूरी चिंता के साथ इन घटनाओं पर व्यक्तिगत रूप से नजर रखे हुए हूँ और मैं उन समस्याओं से भी पूर्णत: अवगत हूँ, जो उन्होंने आपके लिए सृजित की हैं।[20]

आइजनहावर ने नेहरू को 16 सितंबर, 1959 को एक और पत्र भेजा, जिसमें शांतिपूर्ण तरीकों से सीमा के मुद्दे को सुलझाने के लिए उनके प्रयासों की सराहना की गई थी। आइजनहावर से दो सप्ताह के भीतर ही दो अत्यंत उत्साहजनक पत्रों के प्राप्त होने पर नेहरू अब अधिक आत्मविश्वास से भर गए थे। चीन से ऐसा न करने का तत्काल अनुरोध प्राप्त करने के बावजूद सोवियत रूस द्वारा 9 सितंबर, 1959 को जारी तास वक्तव्य में नेहरू की इस धारणा को और भी मजबूती प्रदान की गई थी कि उनकी नीतियाँ सही दिशा में चल रही थीं। तास के वक्तव्य ने किसी भी पक्ष पर आरोप नहीं लगाया, परंतु वह स्पष्टत: भारत के पक्ष में था। इससे चीन काफी खिन्न हुआ। नेहरू ने यह भाँप लिया कि उनके पास दोनों महाशक्तियों का सहयोग है और इससे उनकी यह धारणा सुदृढ़ हुई

कि गुटनिरपेक्षता की उनकी नीति सही थी तथा सीमा के मुद्दे पर चीनियों के साथ कार्रवाई भी अब सही दिशा में जा रही थी।

इस समय ऐसा प्रतीत हुआ कि चीनियों ने भी अपने को अलग-थलग पड़ा हुआ महसूस करना शुरू कर दिया था। चीन में भारत के राजदूत ने सूचना दी कि उनकी एक बार पुन: चीन के विदेश मंत्री से मुलाकात हुई है तथा ल्हासा में भारतीय मिशन के इर्द-गिर्द लगाए गए चीनी गार्डों को हटा लिया गया है। चोऊ ने भी अलग से नेहरू को एक सौहार्दपूर्ण संदेश भेजा, जिसमें यह कहा गया था कि 'वर्तमान मतभेद युगों पुरानी दोस्ती की गाथा में एक अध्याय मात्र थे' [बल दिया गया] और 24 अक्तूबर, 1959 को चोऊ ने नेहरू के माध्यम से भारत के उपराष्ट्रपति को चीन की यात्रा करने का निमंत्रण भेजा। बीजिंग के दौरे से लौटनेवाले इंडोनेशियाई विदेश मंत्री डॉ. सुबंद्रियो ने कहा कि 'उन्हें आशा है कि चीन भारत के साथ सीमा के मुद्दे को यथासंभव शीघ्र शांतिपूर्ण ढंग से हल करने की इच्छा रखता है।' नेहरू ने संयुक्त राष्ट्र को भेजे गए तिब्बत के संदर्भ का विरोध किया और 7 सितंबर, 1959 को एक प्रेस कॉन्फ्रेंस में कहा कि संयुक्त राष्ट्र में तिब्बत के संदर्भ का यह अर्थ है कि वह 'शीतयुद्ध' का भाग बन जाएगा। 12 सितंबर, 1959 को लोकसभा में बोलते हुए नेहरू ने कहा कि 'अक्साई चिन क्षेत्र निस्संदेह ही हमारे मानचित्र में है, परंतु यह तर्क का विषय है कि कौन सा भाग हमसे संबंधित है और कौन सा भाग किसी और से संबंधित है··· पिछले कई सौ वर्षों से इस मामले पर चुनौती दी जाती रही है। वहाँ कभी भी परिसीमन नहीं किया गया' नेहरू ने पहले भी 28 अगस्त, 1959 को लोकसभा में कहा था कि 'किसी ने भी लद्दाख-तिब्बत सीमा को चिह्नांकित नहीं किया।[21] यहाँ एक अवसर मौजूद था कि, जिसमें दोनों ही पक्षों के लिए समझौते की गुंजाइश मौजूद हो गई थी, क्योंकि यदि अक्साई चिन क्षेत्र में परिसीमन संदेह में था, तो चीनियों को एक नए परिसीमन के लिए उस समय सहमत करना आसान था। दुर्भाग्यवश, वह अवसर खो गया प्रतीत हुआ।

इस संबंध में मुख्य दोषी, जिन्होंने नेहरू को दोबारा कड़ा रुख अख्तियार करने के लिए उकसाया, चीनी विदेश मंत्री छन यी थे, जिन्होंने नेशनल पीपल्स कॉन्फ्रेंस में नेहरू के विरुद्ध किए गए एक अत्यंत कटु मौखिक हमले में उन्हें 'दोहरा व्यक्तित्व' रखनेवाला व्यक्ति कहा था।[22] नेहरू उनके इन शब्दों से आहत हुई अपनी भावनाओं को छिपा नहीं सके। उन्होंने चोऊ के लिए लिखा था कि उन्हें इससे 'अत्यंत आश्चर्य और निराशा' हुई है (26 सितंबर, 1959 का पत्र)।

नेहरू ने चोऊ के 8 सितंबर, 1959 के पत्र का उत्तर 26 सितंबर, 1959 को दिया तथा चोऊ द्वारा किए गए दावों का बिंदुवार जवाब दिया और साथ ही भारत की स्थिति का एक विस्तृत ब्योरा भी प्रस्तुत किया। बल का प्रयोग करने के प्रश्न पर, नेहरू ने इस बात पर जोर दिया कि 'बल' का प्रयोग करने के स्थान पर, जैसा कि चोऊ द्वारा आरोप लगाया गया था, भारत ने चीन की धीमी गतिविधियों पर मात्र इस आशा में नजर रखी थी कि इस मामले का हल शांतिपूर्ण ढंग से कर लिया जाएगा। नेहरू ने अक्साई चिन सड़क के निर्माण, 1957 में लोहित सीमावर्ती-क्षेत्र डिवीजन में चीन के सर्वेक्षण दलों के प्रवेश, 1959 में स्पानगुर में शिविर की स्थापना, 1959 में बाराहोती में सशस्त्र सैनिकों को भेजे जाने तथा लोंग्जू में बल के प्रयोग को यथास्थिति बहाल रखने के संबंध में चीन के उल्लंघनों के उदाहरणों के रूप में उद्धृत किया।

लद्दाख-तिब्बत सीमा पर, नेहरू ने चोऊ के इस दावे का दृढ़तापूर्वक विरोध किया कि चीन ने '1842 की संधि में भाग लेने के लिए किसी को नहीं भेजा था और न ही उसने इसकी पुष्टि की थी। 1842 की संधि पर चीन के सम्राट के प्रतिनिधि द्वारा हस्ताक्षर किए गए थे। यह इस बात का स्पष्टतापूर्ण वर्णन करता है, जैसे मूल तिब्बती संस्करणों में किया गया है। जबकि यह सही है कि यह 'प्राचीन' स्थापित सीमावर्ती क्षेत्रों' से संबंधित है और 1842 की संधि में यह निर्दिष्ट नहीं किया गया था कि सीमा रेखाएँ कहाँ होंगी, फिर भी उसमें 'प्राचीन और सुस्थापित (सीमा रेखा)' का संदर्भ विद्यमान है जिसे सभी के द्वारा आसानी से समझा जा सकता है। यहाँ तक कि कनिंघम ने (जिन्हें चोऊ ने स्वीकार करते हुए उद्धृत किया था), 1846 में क्षेत्र का दौरा किया था तथा 1854 में यह कहा कि लद्दाख की पूर्वी सीमा पत्थरों के उन ढेरों द्वारा सुपरिभाषित की गई है, जिन्हें 1687 में मंगोलों के अंतिम रूप से निष्कासन के पश्चात् वहाँ स्थापित किया गया था।[23]

यहाँ तक कि ब्रिटिश इतिहासकार एलेस्टर लैंब ने भी स्वीकार किया है कि ब्रिटिशों द्वारा 1847 में गठित कनिंघम-स्ट्रेचे सीमा आयोग को '1687 में स्थापित सीमा स्तंभ अधिकांश तिब्बत-लद्दाख सीमा का स्पष्ट चिह्नांकन करने में पर्याप्त सहायता प्रदान मिली थी।[24] इसके अलावा 1893 में चीनियों ने स्वयं ही काराकोरम दर्रे पर पत्थरों का चिह्न और एक बोर्ड लगाया था, जिस पर चीनी शब्द अंकित थे कि 'यह क्षेत्र चीन के सम्राट के नियंत्रण के अधीन है' चीनियों की गतिविधि पर अंग्रेजों ने यह कहते हुए प्रतिक्रिया व्यक्त की कि 'यही कहना उचित होगा कि हमें सीमा पर लगाए गए उन स्तंभों के फलस्वरूप। चीनियों के साथ प्रतिवाद करने की कोई गुंजाइश दिखाई नहीं पड़ती है।[25] अत: लगभग दो शताब्दियों तक दोनों पक्षों द्वारा सीमा को भली-भाँति पहचाना जाता था और उसे महत्त्वपूर्ण स्थानों पर स्पष्ट रूप से चिह्नांकित किया गया था; जिसके फलस्वरूप चीन का यह दावा किसी भी रूप में स्वीकार्य नहीं है कि उसे कभी भी 'परिसीमित' (अथवा चिह्नांकित) नहीं किया गया था।

चोऊ द्वारा इनकार किए जाने पर कि चीनियों ने 1842 की संधि को अनुसमर्थित नहीं किया था, नेहरू ने एक चीनी अधिकारी के यिंग, जो कैंटन में चीनी वायसराय थे, की बात को उद्धृत किया, जिन्होंने 1847 में हांगकांग में ब्रिटिश कमिश्नर सर जॉन डेविस को यह कहा था कि—

> *इन भू-भागों की सीमाएँ पर्याप्त और विशिष्ट रूप से निर्धारित की गई हैं ताकि इस प्राचीन व्यवस्था का भली-भाँति अनुपालन किया जा सके और यह उन्हें निर्धारित करने के किसी अतिरिक्त उपाय को करने से बचाने के लिए पर्याप्त सुविधाजनक सिद्ध हों।*[26]

अत: यह निष्कर्ष किस प्रकार निकाल सकते हैं कि 1842 की संधि, जो विशेष रूप से 'प्राचीन समय से नियत की गई' सीमाओं को पुन: बहाल करने से संबंधित है और, जिसमें 'लद्दाख की निर्धारित सीमाएँ' मुख्य शब्द का प्रयोग किया गया है, का प्रयोग बिना किसी आशय या प्रयोजन के किस प्रकार किया जा सकता है? उल्लेखनीय है कि संधि के सभी अन्य प्रावधान, जैसे माल का आदान-प्रदान आदि, प्रचलन में थे और 1946 तक प्रचलन में रहे तथा चीनी सरकार ने इन प्रावधानों के क्रियान्वयन पर कभी भी आपत्ति व्यक्त नहीं की और न ही उन्हें कभी बाधित किया। जहाँ तक 1899 के मैकडोनाल्ड के प्रस्तावों का संबंध था, नेहरू का मानना था कि इनमें लद्दाख के साथ जिनजियांग (सिनकियांग) के उत्तरी सीमावर्ती क्षेत्र को निर्दिष्ट किया गया था। लद्दाख के

पूर्वी सीमावर्ती क्षेत्र और तिब्बत के साथ इसका संबंध नहीं था।

पूर्वी क्षेत्र में नेहरू ने और अधिक स्पष्ट रुख अपना लिया था। उन्होंने चोऊ के इस आरोप कि यह चीन के विरुद्ध ब्रिटिश नीति के आक्रामण का उत्पाद था को खंडित करते हुए मैकमोहन रेखा का कड़ा समर्थन किया। चीनी प्रतिनिधि ने न केवल एक प्रतिनिधि के रूप में पूर्णतः प्रतिभागिता की थी, बल्कि वह तिब्बत प्रतिनिधि के समकक्ष कार्रवाई में शामिल था। शिमला में समस्त व्यवस्थाएँ चीनी प्राधिकारियों की जानकारी और सहमति के साथ ही की गई थीं तथा चीनी विदेश मंत्री ने 7 अगस्त, 1913 को ब्रिटिश सरकार को लिखा था कि चीनी पूर्णाधिकारी 'तिब्बती और ब्रिटिश पूर्णाधिकारियों के साथ संयुक्त रूप से संधि की खुली वार्ताएँ करने के लिए भारत रवाना होंगे। तिब्बत ने भी चीन के समान ही इस वार्ता में भाग लिया था जिसका इस पुख्ता तथ्य द्वारा समर्थन किया गया है कि तीनों देशों ने औपचारिक रूप से सम्मेलन के प्रारंभ होने पर एक-दूसरे के प्रत्यय-पत्रों का आदान-प्रदान किया और उन्हें मान्यता दी। वस्तुतः चीनी राष्ट्रपति युवान शिह-केई ने 21 अप्रैल, 1912 को एक राष्ट्रपति आदेश जारी कर तिब्बत को चीन द्वारा प्रशासित प्रान्त घोषित किया था। तिब्बत सम्मेलन की त्रिपक्षीय प्रकृति पर बल प्रदान करने के लिए 1912 का राष्ट्रपति का आदेश 13 जून, 1913 को विशेष रूप से वापस ले लिया गया था और चीनी सरकार ने स्वीकार किया था कि वार्ता में तीनों प्रतिभागी समान स्तर पर थे।

जहाँ तक तिब्बत के अंतरराष्ट्रीय अस्तित्व तथा विदेशी संधियाँ निष्पादित करने की इसकी सक्षमता का संबंध है, नेहरू ने तिब्बत और नेपाल के बीच 1864 की संधि तथा तिब्बत में चीनी राजदूत के सक्रिय सहयोग से तिब्बत और ब्रिटेन के बीच 1904 के ल्हासा कन्वेंशन का भी हवाला दिया ताकि यह सिद्ध हो सके कि तिब्बत को अंतरराष्ट्रीय संधियाँ निष्पादित करने का अधिकार है।

सम्मेलन में न केवल भारत और तिब्बत के सीमावर्ती क्षेत्रों पर चर्चा हुई, बल्कि न तो सम्मेलन की किसी अवस्था पर और न ही उसके बाद चीनियों ने कोई आपत्ति व्यक्त की; क्योंकि शिमला में चीनी प्रतिनिधि इवान छन मैकमोहन रेखा के बारे में पूरी तरह से अवगत थे। किसी अन्यथा तथ्य का सुझाव देना एक विडंबना ही होगी। ब्रिटिश भारतीय सरकार तथा तिब्बत के बीच भारत-तिब्बत सीमा पर चर्चाएँ 15-31 जनवरी, 1914 तक संचालित हुई। पूर्ण सम्मेलन की 17 फरवरी, 1914 को हुई चौथी बैठक में मैकमोहन ने तिब्बत की प्रादेशिक सीमाओं पर एक वक्तव्य प्रस्तुत किया। वक्तव्य के साथ संलग्न मानचित्र में तिब्बत के ऐतिहासिक सीमावर्ती क्षेत्रों को स्वीकार्यता के लिए दर्शाया गया था, जिसे बाद में मैकमोहन रेखा के रूप में जाना गया। इस पर चीन की कोई असहमति नहीं थी। ब्रिटेन और तिब्बत के बीच चर्चाएँ हुईं तथा उसके फलस्वरूप एक करार किया गया जिसे मैकमोहन और लोंचेन शहत्रा के बीच हुए पत्र-व्यवहार में पूरी तरह से अभिलेखित किया गया है। भारत-तिब्बत सीमा के मसौदे की 24 और 25 मार्च, 1914 को औपचारिक पुष्टि की गई थी तथा उसे 22 अप्रैल, 1914 को सभी प्रतिनिधियों की सातवीं पूर्ण बैठक में सभी प्रतिनिधियों को प्रस्तुत किया गया था।

मैकडोनाल्ड प्रस्ताव, 14 मार्च, 1899

ब्रिटिश सरकार के निर्देशों पर चीन में ब्रिटिश राजदूत सर क्लाउड मैकडोनाल्ड ने 14 मार्च, 1899 को एक औपचारिक पत्र लिखा, जिसमें चीन की सरकार को यह सूचित किया गया था : (प्रासंगिक उद्धरण)

(क) भारत सरकार द्वारा अब यह प्रस्ताव किया गया है कि भविष्य में किसी विवाद अथवा अनिश्चितता को दूर करने के उद्देश्य से दोनों राज्यों के बीच सीमावर्ती क्षेत्र को लेकर चीनी सरकार के साथ एक स्पष्ट समझ बनाई जानी चाहिए।

(ख) काराकोरम दर्रे से पर्वत-शृंखला का शीर्ष पूर्व की ओर लगभग आधे अंश चलता है (100 ली) और तब यह उत्तरी अक्षांश के 35 समांतर से कुछ नीचे दक्षिण की ओर मुड़ता है। इसे पूर्णांकित करते हुए हमारे मानचित्रों में इसे काराकाश के स्रोत के रूप में दर्शाया गया है, पर्वतों की रेखा, जिसका पालन किया जाता है, किजिल गिल्का के पूर्वी बिंदु तक उत्तर-पूर्व की ओर चलती है और वहाँ से यह लाक त्सुंग पर्वतमाला का पालन करते हुए दक्षिण-पूर्वी दिशा की ओर तब तक चलती है, जब तक कि यह कुन-लुंग शृंखला से दक्षिण की ओर बहनेवाले बहाव से नहीं मिल जाती, जिसे हमारे मानचित्रों में लद्दाख की सीमा के रूप में दर्शाया गया है। यह 80 पूर्व देशांतर के कुछ पूर्व में है।

(ग) आप इस रेखा की जाँच करते हुए यह देख सकते हैं कि ग्रेट डिवाइडिंग रेंज के उत्तर की ओर देश का एक विशाल क्षेत्र हंग चुन के मानचित्र में चीनी सीमा के बाहर दर्शाया गया है, जिसको चीनी भू-भाग के रूप में पहचाना जाएगा। [दूसरे शब्दों में भारत इस भू-भाग को छोड़ देगा]

चीनी सरकार ने इस प्रस्ताव को कभी स्वीकार नहीं किया। हंग चुन एक वरिष्ठ चीनी सरकारी अधिकारी थे, जिन्होंने कोर्ट ऑफ पीटर्सबर्ग (रूस) में चीनी मंत्री के तौर पर 1893 में ब्रिटिश भारतीय कौंसुल को कासघर में एक आधिकारिक मानचित्र प्रदान किया था, जिसमें लिंगजी थांग और अक्साई चिन, दोनों को चीनी भू-भाग से बाहर तथा ब्रिटिश भारत के भाग के रूप में दर्शाया गया था।

26 अप्रैल, 1914 को चीनी पूर्णाधिकारी इवान छन ने मैकमोहन को आधिकारिक रूप से चीनी सरकार के मत के बारे में यह सूचित किया—

मसौदा कन्वेंशन के अनुच्छेद 9 के अपवाद के साथ, हम अन्य अनुच्छेदों में शामिल किए गए मुख्य सिद्धांतों पर अनुकूल रूप से विचार करने के लिए तैयार हैं।[27]

और शिमला कन्वेंशन पर 3 जुलाई, 1914 को ब्रिटिश और तिब्बती प्रतिनिधियों द्वारा हस्ताक्षर किए जाने के ठीक पूर्व चीनी सरकार ने एक बार पुनः यह सूचित किया—

इस सरकार ने अनेक बार यह कहा है कि यह कन्वेंशन के अधिकांश अनुच्छेदों को अपना

समर्थन देती है। जिस भाग पर वह सहमति देने के लिए समर्थ नहीं है, वह सीमा के प्रश्न से संबंधित है।[8]

ब्रिटिश सरकार ने शिमला समझौते को स्वीकार करने के लिए चीनी सरकार को मनाने के लिए किए गए एक अन्य प्रयास में 25 जून, 1914 को उसे यह सूचित किया था कि—

चूँकि एच.एम.जी. का धैर्य अब समाप्त हो चुका है और उनके पास अब चीनी सरकार को यह सूचित करने के अलावा कोई अन्य विकल्प नहीं बचा है कि यदि कन्वेंशन इस माह की समाप्ति तक हस्ताक्षरित नहीं कर दिया जाता, एच.एम.जी. तिब्बत के साथ स्वयं इस पर हस्ताक्षर करने के लिए स्वतंत्र होंगे।

इसी प्रकार 8 अगस्त, 1914 को ब्रिटिश विदेश अधिकारी ने चीनी राजदूत को बताया था कि—

3 जुलाई, 1914 के एंग्लो-तिब्बती कन्वेंशन तथा 25 मार्च, 1914 के सीमा करार को वैध बनाने के लिए चीन की सहमति या मान्यता आवश्यक नहीं है।

अत: शिमला कन्वेंशन पर चीनी प्रतिनिधि की जानकारी के बिना हस्ताक्षर कराने के लिए ब्रिटिश सरकार द्वारा कोई प्रयास नहीं किया गया, अन्यथा ब्रिटिश सरकार चीनी सरकार को सूचित करने की इतनी परेशानियाँ क्यों उठाती ? 1924 में प्रकाशित और सर चार्ल्स बेल द्वारा लिखित एक पुस्तक में, जो शिमला सम्मेलन के प्रधान संचालकों में से एक थे, उन्होंने 1914 के भारत-तिब्बत करार का विशेष रूप से उल्लेख किया है। अपनी पुस्तक में उन्होंने कहा है—

इस अवसर पर तिब्बत और पूर्वोत्तर भारत के बीच स्थापित किए जानेवाले सीमावर्ती क्षेत्रों पर भी वार्तालाप किया गया¨ सौभाग्यवश भारत और तिब्बत के बीच 850 मील तक फैले कठिन और खतरनाक भू-भाग में सीमावर्ती क्षेत्रों को स्थापित करना संभव सिद्ध हुआ। अंतत: हमने भारत के मैदानों से लगभग 100 मील चारों ओर फैले सीमावर्ती क्षेत्र की प्राप्ति की।[9]

इस पर भी चीन द्वारा कोई आपत्ति नहीं की गई।

इससे पूर्व 13 जून, 1914 को चीन ने भीतरी-बाहरी तिब्बत सीमा पर ब्रिटिश सरकार को एक नया प्रस्ताव दिया। उसमें भारत-तिब्बत सीमा का कोई उल्लेख नहीं था। इसी प्रकार पाँच वर्ष बाद, 30 मई, 1919 को चीनियों ने एक बार फिर एक नया प्रस्ताव दिया, जिसमें शिमला कन्वेंशन में सुधार करने का सुझाव दिया गया था। यह पुन: आंतरिक तिब्बत और बाहरी तिब्बत तथा आंतरिक तिब्बत और चीन से संबंधित था। उल्लेखनीय रूप से इसमें भी भारत-तिब्बत सीमा (मैकमोहन रेखा) का कोई जिक्र नहीं था। इसी प्रकार चीनी विदेश कार्यालय ने चाइना ईयर बुक 1921-22 प्रकाशित की तथा इसमें तिब्बत पर एंग्लो-चीनी वार्ताओं का चीनी संस्करण प्रकाशित किया गया। यहाँ भी मैकमोहन रेखा का कोई उल्लेख नहीं किया गया अथवा यह भी नहीं कहा गया कि उस पर कोई विवाद विद्यमान है। मैकमोहन रेखा वस्तुत: क्षेत्र की प्रथागत सीमा का प्रतिनिधित्व करती है तथा यह प्राकृतिक, पारंपरिक, नृजातीय और प्रशासनिक सीमा को औपचारिक रूप से दर्शाती है। जहाँ तक पूर्वी सेक्टर में चीन द्वारा दावा की गई रेखा के समर्थन में नेहरू को भेजे गए अपने पत्र में चोऊ द्वारा उद्धृत किए गए मानचित्र का संबंध है अर्थात् इंसाइक्लोपीडिया ब्रिटानिका का 1929 का

संस्करण, यह मानचित्र संपूर्ण अक्साई चिन को भारत में दर्शाता है। चोऊ को ज्ञात होना चाहिए था कि वह केवल उन भागों को उद्धृत नहीं कर सकते हैं, जो उनके अनुकूल हैं।

नेहरू ने भी चोऊ के इस दावे का विरोध किया कि ब्रिटिश सरकार 'शिमला कन्वेंशन को प्रकाशित करने का साहस नहीं जुटा सकी थी' जिसके लिए उन्होंने तर्क दिया कि ऐसा मुख्य रूप से इस आशा के साथ किया गया था कि 'आंतरिक तिब्बत की स्थिति और सीमा के बारे में कोई करार किया जाएगा। फिर भी, शिमला कन्वेंशन को ब्रिटिश द्वारा ऐटचेसंस ट्रीटीज के 1929 के संस्करण में प्रकाशित किया गया था तथा मैकमोहन रेखा को आधिकारिक मानचित्रों में 1937 के बाद दर्शाया गया था। ये मानचित्र व्यापक रूप से परिचालित किए गए थे तथा उनके गलत होने को लेकर चीन द्वारा कभी भी विरोध नहीं किया गया।

1914 के शिमला कन्वेंशन से लेकर 8 सितंबर, 1959 की अवधि तक चीनी सरकार ने किसी भी दस्तावेज में कभी भी मैकमोहन रेखा को चुनौती नहीं दी। यहाँ तक कि उन्नीसवीं शताब्दी के अंत में चीन के आधिकारिक मानचित्रों में भी इस सेक्टर में सीमा को लगभग भारतीय संरेखण के समान ही दर्शाया गया था। इसके अलावा अंतरराष्ट्रीय कानून इस विषय पर अत्यंत स्पष्ट है—

यदि कोई राज्य किसी ऐसे कृत्य की जानकारी हासिल करता है जिसे वह अंतरराष्ट्रीय दृष्टि से अवैध मानता है और उससे किसी नियम का उल्लंघन होता और फिर भी वह उसका विरोध नहीं करता है, तो ऐसी अभिवृत्ति ऐसे अधिकारों का परित्याग करा देगी बशर्ते कि दावे को हासिल करने के लिए ऐसा विरोध आवश्यक होता।[32] इसी दृष्टिकोण की इंडोनेशिया बनाम मलेशिया के मामले में अंतरराष्ट्रीय न्यायालय द्वारा पुष्टि भी की गई है।[33]

अत: चीनियों का इस विषय पर अंतरराष्ट्रीय कानून के अनुसार भी कोई मामला नहीं बनता है।

अनेक विद्वानों द्वारा यह भी कहा गया है कि शिमला कन्वेंशन पर हस्ताक्षर नहीं किए गए थे, बल्कि उस पर चीनी प्रतिनिधि के मात्र आद्याक्षर थे जिससे यह सिद्ध होता है कि यह वैध दस्तावेज नहीं था। मामले में तथ्य यह है कि तिब्बती पूर्णाधिकारी [लोंचेन शहत्रा पल्जोर दोर्जे] ने तिब्बती प्रथा के अनुसार उस पर अपने पूरे हस्ताक्षर किए थे, क्योंकि तिब्बती भाषा में आद्याक्षर कर पाना संभव नहीं है।[30] भारत-तिब्बत सीमा को दर्शाने वाले 27 अप्रैल, 1914 तथा 3 जुलाई, 1914 के दो मानचित्रों पर चीनी पूर्णाधिकारी इवान छन के पूरे हस्ताक्षर विद्यमान हैं। ब्रिटिश पूर्णाधिकारी मैकमोहन ने 27 अप्रैल, 1914 को मानचित्र पर आद्याक्षर किए, परंतु 3 जुलाई, 1914 के व्यापार विनियमों पर पूरे हस्ताक्षर किए।

नीचे कुछ महत्त्वपूर्ण आधिकारिक चीन पत्र-व्यवहारों की सूची दी जा रही है जिनमें भारत-तिब्बत सीमा (मैकमोहन रेखा) के बारे में उनका कोई उल्लेखन अथवा उनकी आपत्ति नहीं दर्शाई गई है—

1. 30 अक्तूबर, 1913 को शिमला सम्मेलन के दौरान चीनी प्रतिनिधियों ने 'प्रति-प्रस्ताव' प्रस्तुत किया। इन प्रस्तावों का बिंदु 7 यह कहता है : 'चीनी मुख्य भाग और तिब्बत के बीच सीमावर्ती क्षेत्र को अब मोटे तौर पर संलग्न मानचित्र में दर्शाया गया है।' चीनियों द्वारा खींची गई सीमा रेखा तवांग के उत्तर की ओर जाती है।

2. 3 अप्रैल, 1914 को चीनियों ने 5 सूत्री प्रस्ताव प्रस्तुत किया। भारत के साथ सीमा का उसमें कोई संदर्भ नहीं था।
3. 20 अप्रैल, 1914 को वाई चिया पु (चीनी विदेश मंत्री) द्वारा शिमला सम्मेलन में चीनी पूर्णाधिकारी इवान छन को एक तार भेजा गया, जिसमें सात बिंदुओं को सूचीबद्ध किया गया था जिन पर चीन झुकने को तैयार नहीं था। इन सात बिंदुओं में से किसी में भी भारत के साथ सीमा का कोई उल्लेख नहीं था।
4. 25 अप्रैल, 1914 को वाई चिया पु (चीनी विदेश मंत्री) की ओर से ब्रिटिश प्राधिकारियों को भेजे गए तार में यह संकेत दिया गया था कि चीन-तिब्बत सीमा के अलावा, शिमला सम्मेलन के शेष निर्णय स्वीकार्य हैं। तदनुसार, ब्रिटिश राजदूत को एक ज्ञापन सौंपा गया, जिसमें तिब्बत-भारत सीमा को नजरअंदाज किया गया था।
5. 1 मई, 1914 को चीनी राष्ट्रपति ने ब्रिटिश राजदूत सर जॉन जॉर्डन को एक सचिव इस संदेश के साथ भेजा कि 'केवल चीन-तिब्बत-सीमा का प्रश्न ही स्वीकार्य नहीं है' (यह संदर्भ तिब्बत में चियाम्डो और कोकोनोर को शामिल करने के बारे में था)। तिब्बत भारत सीमा का कोई उल्लेख नहीं किया गया।
6. 13 जून और 29 जून, 1914 को चीनी प्राधिकारियों ने एक मानचित्र के साथ ब्रिटिश सरकार को एक ज्ञापन भेजा। मानचित्र में केवल बाह्य-आंतरिक तिब्बत को केंद्रित किया गया था। मैकमोहन रेखा को दर्शाने वाली लाल पंक्ति को अपरिवर्तनीय ही रहने दिया गया था। पीली पंक्ति उस सीमा विभाजन को दर्शाती थी जैसा चीन द्वारा प्रारंभ में दावा किया गया था। भूरी रेखा उस समझौते को दर्शाती थी, जिसकी अब चीन द्वारा पेशकश की गई थी।
7. 6 जुलाई 1914 को वाईचिया पु (चीनी विदेश मंत्री) ने पेकिंग में ब्रिटिश राजदूत को सूचित किया कि 'यह अत्यंत खेद की बात है कि उस सीमा [आंतरिक-बाह्य तिब्बत] और केवल उसी ने करार को निष्पादित किए जाने से रोका।'
8. 13 मई, 1919 को, चीन ने पुनः ब्रिटिश सरकार को प्रस्ताव भेजा कि जिनमें केवल भीतरी-बाहरी तिब्बत सीमा को ही निर्दिष्ट किया गया था। चीनी चाहते थे कि बातांग, जितांग और ता चिएन लु को सिचुआन प्रांत का भाग बनाया जाए।
9. 1921-22 में एच.जी.डब्ल्यू. वुडहैड द्वारा लिखी गई चाइना ईयर बुक, जिसे थियनचिन प्रेस द्वारा प्रकाशित किया गया था, के पृष्ठ 617 में वाई चिया पु (विदेश कार्यालय के अधिकारी) ने निम्नलिखित वक्तव्य लिखा था—

आंतरिक और बाह्य तिब्बत में सुझाए गए विभाजन से चीन असंतुष्ट था, जिसकी सीमाओ में उन जिलों को त्यागना शामिल था, जो सक्रिय रूप से वास्तव में चीन के कब्जे में थे, परंतु वे 'अन्यथा मसौदा कन्वेंशन के सामान्य सिद्धांतों के आंतरिक और बाह्य तिब्बत में सुझाए गए विभाजन से चीन असंतुष्ट था, जिसकी सीमाओ में उन जिलों को खाली कराना शामिल था, जो सक्रिय रूप से वास्तव में चीन के कब्जे में थे, परंतु वे 'अन्यथा मसौदा

कन्वेंशन के सामान्य सिद्धांतों के अनुरूप थे' (शिमला कन्वेंशन 1914) हालाँकि प्रारंभिक मसौदा किसी भी रूप में उस पर बाध्यकारी नहीं था।

10. 26 जनवरी, 1950 को भारत का संविधान लागू हुआ; जिसमें नेफा को छठी अनुसूची में शामिल किया गया था। यह एक सार्वजनिक दस्तावेज था। चीन की ओर से कोई विरोध नहीं आया।
11. 20 नवंबर, 1950 को नेहरू ने संसद में कहा कि 'चाहे मानचित्र पर हो या नहीं, मैकमोहन रेखा भारत का पूर्वोत्तर सीमावर्ती क्षेत्र है। इस पर भी चीन की ओर से कोई विरोध नहीं हुआ।
12. 12 फरवरी, 1951 को मेजर खाटिंग ने तिब्बतियों से तवांग प्रशासन ले लिया। पुन: चीन की ओर से कोई प्रतिरोध नहीं हुआ।
13. 22 मार्च, 1951 को ल्हासा को भारत सरकार के आशय के बारे में आधिकारिक रूप से सूचित किया गया कि 'नियमित प्रशासन' अंतराष्ट्रीय सीमावर्ती क्षेत्र तक बढ़ाया जाएगा अर्थात् मैकमोहन रेखा तक। इस पर चीन द्वारा कोई विरोध नहीं किया गया, हालाँकि वे अब तक ल्हासा में पूर्णत: स्थापित हो चुके थे।

उपर्युक्त आशय सत्य प्रतीत नहीं होता है, क्योंकि चोऊ ने भी इस बात से कभी इनकार नहीं किया कि तिब्बतियों ने शिमला कन्वेंशन पर हस्ताक्षर किए थे। चोऊ की आपत्ति यह थी कि तिब्बत को 'संधियाँ अलग से करने का कोई अधिकार नहीं था।'[31] अंतरराष्ट्रीय प्रक्रिया में किसी संधि पर आद्याक्षर करना उसकी विषय-वस्तु को सहमति प्रदान करना होता है; जिसमें यह परंतुक होता है कि वह लागू केवल हस्ताक्षरकर्ता राज्यों की आवश्यक संवैधानिक प्रक्रियाओं को पूर्ण किए जाने के पश्चात् ही होगी। इस प्रकार, बातचीत द्वारा तय किए गए प्रस्तावित करारों की विषय-वस्तु अंतिम थी तथा इसमें संशोधन नहीं हो सकता था। यहाँ तक कि आधिकारिक चीनी लेखों ने भी इस विवाद पर बहुत अधिक दबाव नहीं डाला (हस्ताक्षर बनाम आद्याक्षर), क्योंकि संभवत: वे इस बात को जानते थे कि संधियों की विधि पर वियना कन्वेंशन के अनुच्छेद 12(2क) के अंतर्गत किसी पाठ पर आद्याक्षर करना पाठ पर वैध हस्ताक्षर किया जाना माना जाता है [वियना कन्वेंशन समस्त विद्यमान प्रथागत अंतरराष्ट्रीय संधि कानूनों का संहिताकरण है]।

इसके अलावा चोऊ द्वारा उनके 8 सितंबर, 1959 के पत्र में उल्लेख किए गए अन्य बिंदुओं का निवारण करने के लिए नेहरू ने चोऊ को लिखे 26 सितंबर, 1959 के अपने पत्र में यह स्वीकार किया कि जाँच करने पर यह पाया गया कि तामादेन मैकमोहन के उत्तर में था और यह कहा कि भारत इस क्षेत्र से हट जाएगा, तथापि नेहरू ने इस बात पर बल प्रदान किया कि लोंग्जू रेखा के दक्षिण में था और यह कि चीन ने लोंग्जू को बलपूर्वक कब्जाया था, अत: उसे वहाँ से हट जाना चाहिए। इसी प्रकार यदि यथास्थिति बहाल करनी थी, तो चीन को उन क्षेत्रों से हट जाना चाहिए था, जो उसने हाल ही में कब्जाए थे जैसे स्पानगुर, मंडल (पूर्वी लद्दाख) आदि। नेहरू ने चोऊ एनलाई को भेजे गए अपने पत्र (26 सितंबर, 1959) के साथ भारत-चीन सीमा पर एक विस्तृत टिप्पणी संलग्न की थी।

चोऊ एनलाई ने नेहरू के 26 सितंबर, 1959 के पत्र का उत्तर 21 अक्तूबर, 1959 को कांग्ला ला (दर्रा) पर हुई एक अन्य झड़प के उपरांत 7 नवंबर, 1959 को दिया। इस झड़प में एक बार पुनः भारतीय रक्त बहा था। इस बार चोऊ ने मामले की विशेषताओं का उत्तर नहीं दिया था, बल्कि दो प्रस्ताव किए थे। ये थे— (क) कि दोनों पक्ष 'पूर्व में तथाकथित मैकमोहन रेखा से 20 किलोमीटर तक तत्काल पीछे हटने और पश्चिम में जहाँ वे नियंत्रण का प्रयोग करते हैं वहाँ तक पीछे हटने तथा दोनों ही पक्ष अपने सशस्त्र कार्मिकों को वहाँ तैनात करने या गश्त के लिए नहीं भेजेंगे तथा उन अंचलों की गश्त करेंगे जहाँ से उन्हें हटा लिया गया हो।' तथा (ख) चोऊ ने प्रधानमंत्रियों की एक बैठक तत्काल आयोजित करने का प्रस्ताव किया।

प्रधानमंत्री स्तर की बैठक का प्रस्ताव करने की चोऊ की पहल बातचीत के माध्यम से भारत-चीन सीमा विवाद को सुलझाने के लिए 8 सितंबर, 1959 को पोलित ब्यूरो के निर्णय के अनुरूप थी।[34] इस रुख की माओ द्वारा 3 नवंबर, 1959 को वरिष्ठ नेताओं की औपचारिक बैठक के पश्चात् पुष्टि की गई थी, जो भारत-चीन सीमा के आसपास स्थिति पर विचार करने के लिए आयोजित की गई थी।[35] ये निर्णय संभवतः इस विचार पर आधारित थे कि चीन राजनीतिक दृष्टि से पराजित हो रहा था, क्योंकि अमेरिका और सोवियत रूस, दोनों ही भारत के पक्ष पर अत्यंत सुदृढ़ प्रतीत होते थे। विश्व की विशेष रूप से एशियाई-अफ्रीकी राष्ट्रों की राय भी चीन के विरुद्ध हो रही थी; जो एक अग्रणी गुटनिरपेक्ष देश के विरुद्ध सीमा पर चीन की आक्रामकता से चिंतित थे। यह नेहरू के साथ तत्काल बैठक आयोजित करने के लिए उन्हें दबाव देने में चोऊ के पत्र में तात्कालिकता का मुख्य कारण था।

नेहरू ने इसका उत्तर तुरंत दिया। अपने 16 नवंबर, 1959 के उत्तर में नेहरू ने कहा कि पूर्वी सेक्टर में मैकमोहन रेखा से लगभग 20 किलोमीटर दूर एक 'नई रेखा' स्थापित करना अत्यंत कठिन होगा, क्योंकि वह भू-भाग अत्यंत कठिन था। इसके स्थान पर नेहरू ने प्रस्ताव किया कि चूँकि दोनों देशों की कोई भी सीमा चौकी एक-दूसरे के बहुत निकट नहीं थी और यदि दोनों पक्ष गश्त नहीं करते, तो टकराव का कोई भी अवसर न्यूनतम होगा। दूसरे, 'हम किसी अन्य करार पर सहमत नहीं हो सकते हैं, यहाँ तक कि किसी अंतरिम उपाय के रूप में भी, जो आपके बलपूर्वक कब्जे को बनाए रखते हैं। नेहरू ने सुझाव दिया कि लोंग्जू से चीन वापस जाएगा और भारत उस पर कब्जा नहीं करेगा। नेहरू ने यह भी दोहराया था कि किसी भी समय पर इस सीमा पर हमने आपकी कोई चौकी नहीं ली है। भारतीय सेना का नेतृत्व किसी भी प्रकार की 'वापसी' के विरुद्ध था, क्योंकि चीनी, सीमा पर पुनः अपनी सेना आसानी से भेज सकते थे और भारतीय सैनिकों को ऐसा करने के लिए अनेक पर्वतीय दर्रों से गुजरना होता।

पश्चिमी सीमा के लिए नेहरू ने अपना प्रस्ताव पेश किया। भारत उस रेखा जो चीनी पक्ष ने अपने 1956 के मानचित्र में दर्शाई है, के पश्चिम से वापस चला जाएगा और इसी प्रकार चीन भी अंतरराष्ट्रीय सीमा, जैसी कि भारत द्वारा वर्णित है, के पूर्व से वापस जाएगा। इससे टकराव के सभी अवसर समाप्त हो जाएँगे, क्योंकि दोनों स्थितियों के बीच की दूरी अत्यधिक हो जाएगी। नेहरू ने चोऊ से मिलने की इच्छा दर्शाई, परंतु सुझाव दिया कि चूँकि इसमें बड़ी मात्रा में आँकड़े शामिल हैं, 'हमारी चर्चा का आधार स्थापित करने के लिए कुछ प्रारंभिक कदम उठाए जाने की आवश्यकता

है।' नेहरू का मानना था कि 'हमें' किसी 'अंतरिम समझौते' पर पहुँचने पर ध्यान केंद्रित करना चाहिए ताकि वर्तमान तनाव को कम किया जा सके। कोंगका ला घटना के पश्चात् नेहरू के उत्तर ने भारत के पक्ष की दृढ़ता को प्रदर्शित किया, जहाँ भारत के जवानों का रक्त बहा था; नेहरू दबाव में आकर कोई भी रियायत प्रदान नहीं देना चाहते थे। उनका दृढ़ विश्वास था कि भारत और चीन एक-दूसरे से बहुत दूर जा चुके हैं तथा भविष्य के 'निरंतर तनाव' का एक युग होगा।[36]

इस दौरान राष्ट्रपति आइजनहावर ने 9-14 दिसंबर, 1959 तक भारत का दौरा किया तथा उनका इतनी गरमजोशी से स्वागत किया गया जिसकी उन्होंने कल्पना भी नहीं की थी, लेकिन आइजनहावर इस बात को जानते थे कि ऐसा क्यों किया जा रहा है। 10 दिसंबर, 1959 को हुई एक बैठक में आइजनहावर ने नेहरू को आश्वासन दिया कि यदि भारत को चीन की ओर से गंभीर समस्याएँ उत्पन्न होती हैं, तो वे यह सुनिश्चित करेंगे कि पाकिस्तान की ओर से उन्हें कोई धोखा नहीं होगा। आइजनहावर ने प्रभावशाली तरीके से नेहरू को कहा कि मैं आपको गारंटी देता हूँ कि हम पाकिस्तान को ऐसा नहीं करने देंगे। मैंने अयूब को बता दिया है कि अगर कोई हमारे शस्त्र इस्तेमाल करेगा तो हमें विरोध में पाएगा।[37] आइजनहावर ने नेहरू को यह विश्वास दिलाया कि हालाँकि अमेरिका ने पाकिस्तान को सैन्य हथियारों की आपूर्ति की है, फिर भी गोला-बारूद की आपूर्ति उनके सुदृढ़ नियंत्रण में है। वस्तुत: पाकिस्तान के पास केवल दस दिन तक के लिए ही गोला-बारूद था। अत: वह एकपक्षीय रूप से भारत के विरुद्ध चाहते हुए भी कार्रवाई नहीं कर सकता था। नेहरू इससे काफी आश्वस्त हुए और उनका मानना था कि वे अब अत्यधिक विश्वास के साथ उत्तर से आनेवाले खतरे का सामना कर सकते हैं, तथापि आइजनहावर की भारत यात्रा के बारे में चीन का यह मानना था कि उन्होंने 'नेहरू को यह वायदा किया था कि यदि चीन भारत के साथ युद्ध करता है, तो वे सहायता के लिए अमेरिका से गुहार कर सकते हैं, भले ही दोनों देशों में कोई सैन्य संधि नहीं थी।'[38]

चोऊ इस बात से पूरी तरह से अवगत थे कि भारत में आइजनहावर का अत्यंत गरमजोशी के साथ स्वागत किया गया है तथा इससे उन्होंने स्वाभाविक रूप से यह संदेह रहा होगा कि अमेरिका पूरी तरह से भारत के साथ है। अत: नेहरू के पत्र (16 नवंबर, 1959) के उत्तर में चोऊ के 17 दिसंबर, 1959 का पत्र सुलह की भूमिका के साथ शुरू किया गया था। चोऊ ने प्रस्ताव किया था कि दोनों पक्ष कितनी दूरी तक अपनी सशस्त्र सेनाओं को पीछे लौटाएँगे, इसका आकलन 'परामर्श के माध्यम' से किया जाएगा, जहाँ तक लोंग्जू से चीनी सेना की वापसी का संबंध है, चोऊ ने एक अलग माँग रख दी। भारत पूर्वी सेक्टर में खिंजे माने को खाली करेगा तथा मध्य सेक्टर में उन सभी क्षेत्रों से वापसी करेगा, जिन्हें '1954 के करार के पश्चात् कब्जे में लिया गया है' अर्थात् शिप्की दर्रा, परिगास सांग, त्सुंगशा, पुलिंग-सुम्डो, छुवा, छुजे, संगछा और लापथाल ला। जहाँ तक लद्दाख क्षेत्र के लिए नेहरू के प्रस्ताव का संबंध था, चोऊ ने इसे 'अनुचित ठहराया। यह क्षेत्र 'भारत का नहीं था' और चीन को अपने सभी कार्मिकों के साथ 33,000 वर्ग किलोमीटर से वापस जाना था। यह क्षेत्र 'चीन के लिए अत्यंत महत्त्वपूर्ण था, क्योंकि यह उनके लिए यातायात को जोड़नेवाला सेतु था, जो सिनकियांग के क्षेत्रों को पश्चिमी तिब्बत से जोड़ता था।'

इसके बाद चोऊ ने एक और प्रस्ताव पेश किया। क्यों न पूर्वी क्षेत्र के लिए भी समान सिद्धांत

लागू किए जाएँ? दूसरे शब्दों में भारत नेफा से, चीन द्वारा दावा की गई रेखा तक वापसी करेगा तथा चीन मैकमोहन रेखा के उत्तर में ही रहेगा। 17 दिसंबर, 1959 के अपने पत्र में चोऊ ने दो अत्यंत महत्त्वपूर्ण वक्तव्य दिए थे। पहला यह था कि—

चीन जनवादी गणराज्य की सरकार ने सीमा के मुद्दे के मैत्रीपूर्ण निपटान के लिए प्रतीक्षा करते हुए इस रेखा (मैकमोहन रेखा) को पार करने की अपनी सशस्त्र सैनिकों को कभी अनुमति न देकर अपने वक्तव्य का दृढ़तापूर्वक अनुपालन किया है।[39] दूसरे शब्दों में, चीन मैकमोहन सरेखण का सम्मान करेगा।

और दूसरा यह कि 1956 में प्रकाशित चीनी मानचित्र के पश्चिमी क्षेत्र में इस क्षेत्र में दोनों देशों के बीच पारंपरिक सीमा सही-सही दर्शाई गई है।[40] दूसरे शब्दों में, पहली बार चीन ने पश्चिमी क्षेत्र में सीमा सरेखण के अपने संस्करण की पुष्टि की थी।

चोऊ ने यह भी कहा कि उन्होंने दो प्रधानमंत्रियों की बैठक के लिए दबाव इसलिए डाला था कि 'ठोस चर्चाओं के मार्गदर्शन के रूप में सिद्धांतों के किसी करार पर पहुँचा जा सके, क्योंकि अन्यथा दोनों पक्ष अनावश्यक रूप से कभी न समाप्त होनेवाली और फलहीन चर्चा में उलझे रहेंगे।' उन्होंने नेहरू को चीन आमंत्रित किया था अथवा यह सुविधाजनक नहीं था तो उन्होंने रंगून का सुझाव भी दिया था। यह अत्यंत स्पष्ट था कि दोनों प्रधानमंत्रियों के बीच वार्ताएँ किसी भी नतीजे पर नहीं पहुँच रही थीं, क्योंकि दोनों पक्षों के बीच अंतर बहुत अधिक था।

नेहरू चोऊ की प्रतिक्रिया से अत्यंत निराश थे, परंतु नेहरू आइजनहावर की स्पष्ट रिपोर्ट द्वारा पर्याप्त प्रसन्न हुए तथा उन्होंने 21 दिसंबर, 1959 को विदेश सचिव को एक टिप्पणी लिखी, जिसमें अन्य बातों के साथ-साथ इस बात पर बल दिया गया कि भारत और चीन के बीच अनेक विभेद अब जाहिर हो गए हैं—

मैंने इस पत्र को काफी खेद के साथ पढ़ा है। उन्होंने युक्तियुक्त और व्यावहारिक प्रस्तावों को स्वीकार नहीं किया, जो मैंने प्रधानमंत्री चोऊ को दिए थे जिससे कि भारत-चीन सीमा के साथ तनाव को तत्काल दूर कम किया जा सके और सीमा की समस्या के शांतिपूर्वक निपटान के लिए आवश्यक वातावरण सृजित किया जा सके। मैं इस बात को समझ नहीं पा रहा हूँ कि हम किस प्रकार उन सिद्धांतों पर पहुँचेंगे, जब तथ्यों के बारे में इस प्रकार की पूर्ण असहमति व्याप्त है।

सितंबर 1959 से मार्च 1960 तक की अवधि तक भारत और चीन ने सीमा के मुद्दे पर लगभग तीस टिप्पणियों, आठ पत्रों और छह ज्ञापनों का आदान-प्रदान किया, परंतु उनका कोई परिणाम नहीं हुआ। अब तक नेहरू लंदन और नई दिल्ली में उपलब्ध समस्त सामग्रियों को देखने और उसके बारे में अधिकारियों से जानकारी प्राप्त करने के उपरांत पूरी तरह से आश्वस्त हो गए थे कि अक्साई चिन पर भारत का ऐतिहासिक मामला वस्तुतः अत्यंत सुदृढ़ था। नेहरू ने संसद को बताया कि भारत का मामला 'पूरी तरह दुरुस्त' है।[41]

ख्रुश्चेव ने फरवरी 1960 के दौरान भारत का दो बार दौरा किया, जब नेहरू ने सीमा विवाद के प्रश्न को घुमा-फिराकर उठाया तो ख्रुश्चेव ने कहा कि भारत-चीन सीमा विवाद उनके लिए 'एक

अत्यंत परेशान कर देनेवाला प्रश्न है···जिसकी कठिनाई यह है कि हम आपको और चीन, दोनों ही को मित्रतापूर्वक रहने वाले और शांतिप्रिय देशों के रूप में देखते हैं···हम आप दोनों में से किसी भी मित्र देश के साथ अपनी मित्रता को समाप्त नहीं करना चाहते हैं। इस मुद्दे में हस्तक्षेप करने से इनकार करते हुए ख्रुश्चेव ने कहा कि सोवियत की मध्यस्थता मामले को और अधिक खराब करेगी।' उन्होंने एक द्विपक्षीय दृष्टिकोण अपनाए जाने का दृढ़तापूर्वक आग्रह किया।

जबकि भारत-चीन संबंध एक मोड़ पर आकर रुक गए थे, नेहरू ने समाधान निकालने के लिए एक और प्रयास करने का निर्णय किया। नेहरू ने चोऊ को वार्ताओं के लिए दिल्ली आने का निमंत्रण दिया था, परंतु वे यह कहते हुए अत्यंत सतर्क थे कि उन्होंने ख्रुश्चेव की भारत यात्रा से पूर्व ही इस कार्रवाई पर निर्णय ले लिया था ताकि यह संकेत न दिखाई दे कि भारत सोवियत दबाव के आगे झुक गया है। चोऊ को भारत आने का निमंत्रण देते समय, नेहरू ने 18 जनवरी, 1960 को सार्वजनिक रूप से स्पष्ट किया था कि 'हमारी राय में हमारे पास बातचीत करने के लिए कुछ भी नहीं है; हम पूरी तरह स्पष्ट हैं। यह एक बात है, परंतु जहाँ तक हमारा सवाल है, हम हमेशा ही बातचीत के लिए तैयार हैं। नेहरू शब्दों में अंतर करते समय अत्यंत सतर्क रहते थे। उन्होंने कहा था कि ये 'वार्ताएँ' हैं, 'लेन-देन (नेगोशिएशन) नहीं है।' यह महत्त्वपूर्ण है कि नेहरू घरेलू तौर पर अत्यंत दबाव में थे कि चीनियों को एक इंच भूमि भी न दी जाए। सोवियत संघ नेहरू की इस पहल से प्रसन्न था और उसने आशा व्यक्त की कि 'अब वह समय दूर नहीं है, जब चीन और भारत अपने मतभेदों को दूर करेंगे और पुनः बेहतर संबंध स्थापित करेंगे।'[43] चीन भी शांतिकर मनःस्थिति में था और 28 जनवरी, 1960 को बर्मा के साथ अनंतिम सीमा निपटान [4 जनवरी, 1961 को पुष्ट] से उसने यह संकेत दिया था कि ऐसा अन्य 'देशों' में भी किया जा सकता है[44] [चीन ने बर्मा के साथ मैकमोहन रेखा को स्वीकार कर लिया था]।

चोऊ ने 19-25 अप्रैल, 1960 तक भारत की यात्रा की। इस दौरान कुल सात बैठकें हुईं, जिनमें दोनों प्रधानमंत्रियों के बीच आमने-सामने कुल बीस घंटे चर्चा की गई। चोऊ का मुख्य उद्‌देश्य नेहरू को 'छह सामान्य बिंदुओं' पर सहमत करना था। इन छह बिंदुओं में तीन बिंदु अत्यंत महत्त्वपूर्ण थे।, जो इस प्रकार थे (1) सीमा के संबंध में विवाद मौजूद है, (2) एक 'वास्तविक नियंत्रण रेखा' विद्यमान है जिस तक दोनों पक्षों को अपनी प्रशासनिक अधिकारिता का प्रयोग करना है और (3) हिमालय और काराकोरम की ओर रहनेवाले दोनों देशों के लोगों की राष्ट्रीय भावनाओं को ध्यान में रखते हुए ही समाधान किया जाना चाहिए। भारत इनमें से किसी भी बिंदु को स्वीकार नहीं कर सकता था। बिंदु (1) को स्वीकार करने का अर्थ होता कि कोई पारंपरिक सीमावर्ती क्षेत्र नहीं है तथा संपूर्ण लंबाई पर ही चर्चा करनी पड़ती, उसका परिसीमन करना होता और अंततः उसे नए सिरे से चिह्नांकित करना पड़ता। बिंदु (2) को स्वीकार करने का यह अर्थ होता कि भारत ने यह स्वीकार कर लिया है कि लद्दाख में चीन का उनके दावे की रेखा तक के भू-भाग पर सदैव कब्जा बना हुआ था, जो कि ऐसा सुझाव था जिससे भारत द्वारा सदैव इनकार किया गया था। बिंदु (3) की स्वीकृति यह संकेत देती कि भारत एक ऐसी अदला-बदलीवाले सौदे के लिए राजी हो जाएगा जिसका संकेत दिया गया था। भारत इस अवस्था पर ऐसा करने के लिए तैयार नहीं था। अलग से, विदेश मंत्री छन यी ने स्वर्ण सिंह से कहा था कि चीन किसी भी सीमा समझौते के आधार के रूप

में 'शिमला कन्वेंशन और मैकमोहन रेखा' को कभी भी स्वीकार नहीं करेगा। छन यी ने यह कभी भी स्पष्ट नहीं किया कि क्या वे मैकमोहन रेखा सरेखण को स्वीकार करेंगे।

उल्लेखनीय बात यह थी कि नेहरू-चोऊ की बैठकों के बारे में चीन द्वारा बाद में प्रकाशित समाचारों में कुछ और ही बात प्रकाशित की गई। क्या किसी पैकेज डील की पेशकश की गई थी? चीनी समाचारों में यह दर्शाया गया था कि अपनी पहली बैठक में चोऊ ने बताया कि हालाँकि मैकमोहन रेखा के दक्षिण का क्षेत्र कभी तिब्बत का भाग था, फिर भी चीन 'व्यावहारिक' रुख दिखाएगा और कोई नई माँग नहीं करेगा।[45] अपनी पाँचवीं बैठक में चोऊ ने कहा कि पारंपरिक 'वास्तविक नियंत्रण रेखा' को उन्होंने इस निपटान का आधार बनाया है। इसने पश्चिम में चीन की स्थिति और पूर्व में भारत की स्थिति की मान्यता को दर्शाया। अपनी छठी बैठक में चोऊ ने यह स्पष्ट किया कि पूर्वी सेक्टर में हम भारत द्वारा मान्य रेखा को मान्यता देते हैं तथा पश्चिम सेक्टर में भारत को चीन द्वारा मान्य रेखा को मान्यता देनी चाहिए।[46] यह चीनी लेखकों द्वारा किए गए इन दावों का आधार है कि वास्तव में नेहरू के साथ हुई बैठक के दौरान 'पैकेज डील' की पेशकश की गई थी।

चीनी स्रोतों द्वारा दिए गए उपर्युक्त लेखे-जोखे के विपरीत चोऊ के भारतीय व्याख्याकार उसके इन प्रस्तावों से पूर्णत: अलग सोचते थे। विदेश मंत्रालय के ऐतिहासिक प्रभाग के प्रमुख एस. गोपाल, जो बाद में नेहरू की जीवनी के लेखक भी थे, का यह दृष्टिकोण था कि किसी भी समय चोऊ ने अक्साई चिन को छोड़ने के बदले मैकमोहन रेखा की मान्यता देने की अदला-बदली की पेशकश नहीं की थी।[47] उनके पत्र में अथवा वार्ताओं में भी इस बारे में कोई ठोस सुझाव नहीं था। ऐसा कोई प्रस्ताव नहीं किया गया था।[48] दूसरी ओर पिल्लई (विदेश मंत्रालय के महासचिव) ने ब्रिटिश उच्चायुक्त को बताया कि 'चीनी लद्दाख में भारतीय रियायत के लिए नेफा और अन्य क्षेत्रों में' यथास्थिति के आधार पर किसी प्रकार के सौदे के लिए तैयार रहेंगे।[49] उपराष्ट्रपति राधाकृष्णन ने ब्रिटिश उच्चायुक्त मैकडोनाल्ड को सूचित किया कि यह एक 'संवेदनशील लेन-देन' थी तथा यदि लद्दाख में चीनी भारतीय संप्रभुता के सिद्धांत रूप में स्वीकार कर लेते हैं, तो 'भारत भी उनके द्वारा कब्जा किए गए भू-भाग के व्यावहारिक कब्जे को बनाए रखने के लिए उनसे सहमत होगा।'[50] क्या यह चीनी प्रधानमंत्री की मंशा थी कि वह मुद्दे का समाधान करे अथवा मोल-भाव की पेशकश केवल अनुमान का मामला ही था?[51] हालाँकि यथास्थिति के आधार पर किसी समझौते के चोऊ के प्रस्ताव का धुँधला-सा उल्लेख मिलता, क्योंकि चीन को अक्साई चिन और नेफा, दोनों ही क्षेत्रों में लाभ था जैसा कि सभी भारतीय मिशनों के प्रमुखों को विदेश सचिव द्वारा 27 अप्रैल, 1960 को जारी परिपत्र तार में उल्लेख किया गया था।[52] अत: जैसे-जैसे मामला आगे बढ़ा, चीनियों की गंभीरतापूर्वक परीक्षा कभी भी नहीं हो पाई। हर स्थिति में संपूर्ण मंत्रिमंडल किसी भी 'विनिमय सौदे' का विरोध करने के लिए एकजुट था। अत: नेहरू ने भारत की स्थिति पर दृढ़ता बनाए रखी और 'किसी भी लेन-देन के प्रश्न' को खारिज कर दिया। नेहरू की धारणा थी कि यदि भारत 'पीछे हट गया' और उसने लद्दाख में चीनी दावों को स्वीकार कर लिया तो अन्य माँगे उठने में अधिक समय नहीं लगेगा तथा नेहरू के संदेह अब तक पूरी तरह से उभरने आरंभ हो गए थे। महासचिव (विदेश मंत्रालय) ने 25 अप्रैल, 1960 को हुई एक बैठक में ब्रिटिश उच्चायुक्त को नेहरू की भावनाओं से इस प्रकार अवगत कराया—

यदि एक समय हम इस मामले पर हल्का रुख दर्शाएँगे, तो इससे चीनी यह समझने के लिए प्रोत्साहित होंगे कि वे (भारत) कमजोर हैं और बाद में वे और अधिक दावों को सामने रखेंगे।[54]

बातचीत के उपरांत 25 अप्रैल, 1960 को जारी संयुक्त वक्तव्य ने संक्षेप में यह वर्णित किया कि वार्ताओं के परिणामस्वरूप मतभेदों का हल नहीं हो पाया। न ही इस वक्तव्य में शांतिपूर्ण सह अस्तित्व के पाँच सिद्धांतों का उल्लेख किया गया। अंततः तथ्य यह था कि वार्ताएँ असफल रही थीं क्योंकि तथ्यों और दस्तावेजों में काफी मतभेद व्याप्त था। नेहरू ने उनका 'उसी समय' अध्ययन करने का प्रस्ताव किया। चीनियों ने ऐसा कहते हुए इससे इनकार कर दिया कि उनके सभी दस्तावेज बीजिंग में हैं।

क्या मार्च 1959 में दलाई लामा को भारत में राजनीतिक शरण देने से इनकार किए जाने से इस मामले में कोई मदद हो सकती थी? ऐसा अत्यंत संदेहजनक था, क्योंकि इस बात पर विश्वास करने का कोई कारण नहीं था कि चीन नेहरू के बारे में अपना संदेह त्याग देगा। इस समय वे आश्वस्त थे कि नेहरू के पश्चिमी महाशक्तियों के साथ मैत्रीपूर्ण संबंध हैं। दूसरी ओर, दलाई लामा को शरण देने से इनकार करने का यह अर्थ होता कि भारत पर चीन का दबाव काम कर रहा है तथा लाभप्रद भी सिद्ध हो रहा है। यह उन्हें भारत से और अधिक रियायतें प्राप्त करने के लिए प्रोत्साहित कर सकता था।

चोऊ की दिल्ली की यात्रा एक राजनयिक असफलता थी। नेहरू की अभिवृत्ति उत्साहवर्धक नहीं थी, क्योंकि वे अपनी आहत भावनाओं तथा चीन की कार्रवाइयों के प्रति भारतीय लोगों की भावनाओं की गहराई को प्रकट करना चाहते थे। राजनीतिक दृष्टि से कोई भी देश सीमा के मुद्दे पर समझौता करने की स्थिति में नहीं था, क्योंकि उस कदम को अनिवार्य रूप से 'दबाव में झुकने' के रूप में देखा जाता। यह बात कि नेहरू ने अपने दृष्टिकोण को दृढ़ बनाया हुआ था, भारत में एक संतोष की भावना लेकर आई थी। नेहरू ने 26 अप्रैल, 1960 को लोकसभा में कहा था कि 'हमारा संपूर्ण तर्क-वितर्क इस बात पर है कि चीन की सेनाएँ हमारे भू-भाग में आ गई हैं। उनका (चीनियों का) तर्क यह था कि वे सदैव से ही वहाँ विद्यमान हैं। तथ्यात्मक स्थिति में इतना अधिक अंतर था कि बैठक के लिए कोई स्थान नहीं था। ऐतिहासिक और वास्तविक तथ्यों के बारे में आधारभूत असहमति बार-बार उत्पन्न होती रही।[55] नेहरू ने यही बात आइजनहावर को भी स्पष्ट कर दी थी कि 'तथ्यों पर बहुत मतभेद थी' और यहाँ कठिनाई यह थी कि चीनी 'सटीक रूप से यह नहीं कह रहे थे कि वे सीमा की स्थिति के विषय में क्या सोचते हैं।[56] फिर भी, दोनों प्रधानमंत्री समाधान के प्रयासों को नहीं छोड़ना चाहते थे और दोनों सहमत थे कि वार्तालाप जारी रहने चाहिए। आधिकारिक स्तर की वार्ताएँ करने का निर्णय किसी खुले और अंतिम व्यवधान को रोकने के लिए लिया गया था। यह सहमति हुई थी कि अधिकारी 'सभी ऐतिहासिक दस्तावेजों, अभिलेखों, खातों, मानचित्रों और अन्य ऐसी सामग्री की समीक्षा, जाँच और अध्ययन करेंगे, जिन पर दोनों देश अपने-अपने पक्ष का समर्थन करते हैं तथा दोनों सरकारों को प्रस्तुत करने के लिए एक रिपोर्ट तैयार करेंगे।' अधिकारियों के पास किसी भी समाधान का सुझाव देने अथवा कोई भी अनुशंसा करने का कोई प्राधिकार अथवा सक्षमता नहीं थी। वे केवल तथ्यों की समीक्षा कर सकते थे और रिपोर्ट प्रस्तुत कर सकते थे।

अधिकारी स्तर की वार्ताएँ बीजिंग में (15 जून–25 जुलाई, 1960), दिल्ली में (19 अगस्त–5 अक्तूबर, 1960) और रंगून में (7 नवंबर, 1960–12 दिसंबर, 1960) आयोजित की गईं। भारत ने अपने मामले के समर्थन में 650 ब्यौरे प्रस्तुत किए जबकि चीन केवल 245 ब्यौरे ही जुटा पाया। चीन के पास चर्चाओं के प्रयोजनार्थ 1:5 मिलियन से अधिक पैमाने पर कोई मानचित्र उपलब्ध नहीं था। जबकि भारतीय प्रस्तुतीकरण संभवतः वाग्विस्तार की दृष्टि से त्रुटिपूर्ण था, चीनियों ने उसके औचित्य की अनदेखी करते हुए मैकमोहन रेखा पर बातचीत करने के लिए तिब्बत की सक्षमता को मानने से तो इनकार किया, परंतु मध्य सेक्टर में अपने मामले को आगे रखने के लिए उसी तिब्बती सक्षमता का प्रयोग किया! उस रिपोर्ट को सरसरी तौर पर पढ़ने से ही यह अत्यंत स्पष्ट हो जाता था कि सीमा के दावों को लेकर चीनी प्रस्तुतीकरण हल्का पड़ता था, जिसमें कम सुस्पष्टता और कम विस्तृत जानकारी प्रदर्शित होती थी। फिर भी परिणाम आशा के अनुसार ही थे। स्थिति पूरी तरह से गतिरोध की बनी हुई थी। हालाँकि नेहरू ने 3 अप्रैल, 1961 को लोकसभा में बोलते हुए यह स्पष्ट किया कि आधिकारिक रिपोर्ट ने आधारभूत तथ्यों को 'इतनी स्पष्टता के साथ उजागर कर दिया है कि मैं समझता हूँ कि चीन की सरकार उससे प्रभावित होगी—एकदम तो नहीं, बल्कि धीरे-धीरे। दोनों पक्षों के अधिकारियों द्वारा फरवरी 1961 को उनकी रिपोर्ट प्रस्तुत कर दिए जाने के पश्चात् उनकी विषय-वस्तु पर आगे कोई चर्चा नहीं हुई। रिपोर्ट ने सीमा के मुद्दे का हल नहीं किया, बल्कि दोनों पक्षों के रुख को और सख्त बनाने में योगदान दिया। 14 फरवरी, 1961 को संसद में रिपोर्ट प्रस्तुत करने का नेहरू का निर्णय स्पष्टतः यह संकेत देता है कि समझौते के लिए गुंजाइश यदि पूर्णतः समाप्त नहीं हुई थी तो अब बहुत ही कम हो गई थी। यदि भारत द्वारा चीन को प्रस्तुत किए गए साक्ष्य वास्तव में रिपोर्ट में सिद्ध किए गए अनुसार ही व्यापक थे, तो भी क्या समझौते की कोई संभावना विद्यमान थी? राजनीतिक दृष्टि से नेहरू समझौता करने की स्थिति में नहीं थे, क्योंकि ऐसा करना राजनीतिक आत्महत्या के समान होता। अब जनता भारत के मामले की मजबूती के बारे में पूरी तरह से जानकार हो गई थी तथा नेहरू भी इसे 'लगभग पूरी तरह से पुख्ता' बता रहे थे, लेकिन समझौते का समय भी स्पष्टतः समाप्त हो चला था। संयोगवश चीन ने अप्रैल 1962 तक रिपोर्ट के प्रकाशन को रोक दिया, संभवतः वह भारत की दिशा में झुक रहे साक्ष्यों के पलड़े को देखते हुए काफी असहज भी महसूस कर रहा था।

कोई भी तटस्थ प्रेक्षक यह देख सकता था कि भारत द्वारा अपने मामले के समर्थन में प्रस्तुत किए गए साक्ष्य सतर्कतापूर्वक तैयार किए गए थे, सावधानी से प्रलेखीकृत थे और साक्ष्यों को प्रभावी तरीके से संकलित किया गया था;[57] जबकि चीन का साक्ष्य अत्यंत कमजोर था। अब इस मामले ने एक ऐसा आयाम हासिल कर लिया, जहाँ वास्तविक समाधान की तुलना में संकेतवाद अधिक महत्त्वपूर्ण था। दोनों में से कोई भी पक्ष अपमानित हुए बगैर स्वयं द्वारा वर्णित की गई स्थिति से पीछे नहीं हट सकता था। फिर भी चीनियों ने वार्ताओं की विफलता की जिम्मेदारी नेहरू के सिर पर मढ़ दी। चीनी विदेश मंत्रालय के आंतरिक दस्तावेज (1961) में यह कहा था कि—

> *हमारे प्रधानमंत्री ने नेहरू के साथ बातचीत करने के लिए नई दिल्ली जाने की पहल की और सीमा विवाद का समाधान करने के लिए भारतीय शासक दल द्वारा किए जा रहे इनकार को उजागर किया। भारत और चीन के बीच राजनयिक संघर्ष में पहल हमारे हाथों में है। इस प्रकार हमने भारत के चीन-विरोधी षड्यंत्र को रोक लिया।*[58]

चीन में तत्कालीन सोवियत राजदूत चेर्नेकोव के साथ बातचीत करते हुए 17 मई, 1960 को देंग शियाओ पिंग ने इस बात पर बल दिया कि चोऊ एनलाई की भारत की यात्रा ने 'नेहरू के संबंध में हमारी पूर्व राय और स्थिति' की पूरी तरह से पुष्टि कर दी। इसके अलावा देंग ने दो बातों का और उल्लेख किया। पहली यह थी कि 'नेहरू की भारत में चीन-विरोधी अभियान में केंद्रीय भूमिका थी। नेहरू ऐसी स्थिति में नहीं हैं, जहाँ दक्षिणपंथी और अन्य क्रांतिकारी उन पर दबाव डाल सकते हैं, वे स्वयं सभी संभव साधनों द्वारा अपने लक्ष्यों की प्राप्ति का प्रयास करते हैं। नेहरू ने देश की स्थिति पर नियंत्रण कभी भी नहीं खोया और न ही स्थिति कभी उनके हाथ से बाहर गई। नेहरू यह जानते थे कि किस प्रकार देश को अपने हाथों में रखना है। दूसरी बात यह थी कि यात्रा (चोऊ की यात्रा) ने इस बात की पुष्टि की कि नेहरू किसी भी परिस्थिति में, यहाँ तक कि किसी भी सीमित अवधि के लिए भी, भारत-चीन सीमा के मुद्दे को हल नहीं करना चाहते हैं। इसके लिए वे अपने आंतरिक और बाहरी, दोनों हितों के आधार पर कार्य कर रहे हैं। नेहरू भारत के साम्यवादी दल (सीपीआई) के विरुद्ध बोलते हैं, इसी कारण से उन्हें चीन के साथ सीमा के मुद्दे को हल करने में कोई लाभ नहीं मिलेगा। इसके अलावा विदेश नीति के कारणों से भी उन्हें मुद्दे के समाधान से कोई लाभ नहीं होगा। देंग शियाओ पिंग ने कहा था कि यदि नेहरू ने चीन के साथ विवाद को समाप्त कर दिया होता, तो उन्हें अमेरिका की ओर से 1.2 बिलियन यू.एस. डॉलर की नवीनतम सहायता कभी नहीं प्राप्त हो सकती थी। देंग शियाओ पिंग ने टिप्पणी की कि इस समय चीन की प्रेस में, ऐसे लेख प्रकाशित हो रहे हैं, जो नेहरू के वास्तविक चेहरे को उजागर कर रहे हैं। उन्होंने आगे यह भी कहा कि एशिया के देशों में अनेक राजनीतिक हस्तियाँ जैसे नासेर (मिस्त्र), कासिम (इराक), सुकर्णो (इंडोनेशिया), यू.नू. (बर्मा) का रूख भी नेहरू जैसा ही है। नेहरू उन सभी से इस मायने में अलग हैं, क्योंकि वे सबसे चतुर हैं। उनका इंग्लैंड में पढ़ना व्यर्थ नहीं गया। भारत में उन्हें आधा-अंग्रेज कहा जाता है, तथा अंग्रेज लोग राजनीतिक दाँव-पेंचों में अमेरिकियों से अधिक अनुभवी होते हैं।

इस दौरान लद्दाख में चीनी सैनिकों का आगे बढ़ना जारी रहा। अप्रैल 1960 की नेहरू-चोऊ वार्ताओं की विफलता के बाद, चोऊ ने 6 मई, 1960 को माओ को पत्र लिखा कि 'चूँकि कोई भी सहमति नहीं बन पाई है'''यह अनिवार्य है कि पश्चिमी सेक्टर में चीनी सेना की उपस्थिति को सुदृढ़ बनाया जाए।' चोऊ ने सुझाव दिया कि चीनी सेनाओं को चीन के दावे की रेखा के भीतर अतिरिक्त चौकियाँ स्थापित करने के लिए अवसर तथा मौसम की अनुकूल परिस्थितियों का लाभ उठाना चाहिए। माओ ने प्रस्ताव का अनुमोदन कर दिया तथा देंग शियाओ पिंग को इसके क्रियान्वयन की जिम्मेदारी सौंपी गई।[60] माओ के अनुदेशों पर कार्रवाई करते हुए, 1961 के ग्रीष्म तक चीन ने पश्चिमी सेक्टर में 1958 में हासिल की गई स्थिति के दक्षिण-पश्चिम की ओर लगभग 112 कि.मी. आगे तक अपनी सेनाओं को बढ़ा दिया तथा अनेक ऐसी जाँच-चौकियों की स्थापना करना आरंभ कर दिया जिनके पीछे एक मजबूत आधार मौजूद था। नेहरू ने आगे बढ़ने की इस नई चीनी कार्रवाई की पुष्टि की तथा 28 नवंबर, 1961 को लोकसभा में पुष्टि की कि चीनी न्याग्ज़ू और दम्बुगुरु तक आगे बढ़ गए हैं। नेहरू का मानना था कि ये कदम चीन के नए आक्रामक क्रियाकलापों का उदाहरण हैं, भले ही वे कुछ और क्यों न बोलें। चीन के बारे में नेहरू का दृष्टिकोण अब और

अधिक कठोर होता प्रतीत हो रहा था। उन्होंने एक राजनयिक को बताया था कि चीनी अत्यंत क्रूर और असंवेदनशील लोग होते हैं। उन्होंने इस बात की शिकायत अत्यंत कड़े शब्दों में ब्रिटिश प्रधानमंत्री हैरोल्ड मैकमिलन से भी की। मैकमिलन ने यह निष्कर्ष निकाला कि चीनियों का आचरण उनके लिए (नेहरू) एक गहरा आघात और अप्रिय शिकायत का स्रोत था।[61]

26 सितंबर, 1961 को इंटैलिजैंस ब्यूरो ने सीमा क्षेत्रों में चीनी गतिविधियों पर एक विस्तृत दस्तावेत प्रस्तुत किया तथा अनुमान जाहिर किया कि चीनी 1960 के अपने दावे के अनुसार 'वहाँ तक आगे बढ़ेंगे, जहाँ तक हमारा कब्जा नहीं है, परंतु, जहाँ हमारे दर्जन भर लोग भी मौजूद हैं, वहाँ चीनियों ने दूरी बनाई हुई है।' ब्यूरो ने यह भी सिफारिश की कि इस आकलन के अनुसार चौकियों को लद्दाख के कब्जा न किए गए क्षेत्रों में स्थापित किया जाए।[62] आसूचना ब्यूरो की सलाह के आधार पर नेहरू ने ऐसी आगे बढ़ने की कार्रवाई पर अंकुश लगाने के लिए 2 नवंबर, 1961 को आदेश जारी किए कि भारतीय गश्ती दल चीनियों को भारतीय भू-भाग में अब और आगे बढ़ने से रोकने के लिए जितना संभव हो सके, उतनी दूरी तक आगे बढ़ें। इस कार्रवाई के पीछे यह उद्देश्य नहीं था कि कब्जाया गया भू-भाग वापस प्राप्त किया जाएगा, बल्कि यह था कि चीन द्वारा किए गए विस्तार को आगे बढ़ने से रोका जाए। यह मात्र एक बचाव की कार्रवाई थी। इसके पीछे नीति इस आशा के साथ चौकियों का निर्माण करने तथा ध्वज का प्रदर्शन करने की थी कि राजनयिकता और बातचीत इस विवाद में प्रधान भूमिका निभाएगी। इस बात की कोई उम्मीद नहीं थी कि सैन्य बल निर्णायक कारक साबित होगा।[63] आशा यह थी कि भारतीय सेना की एकजुटता को देखते हुए चीनी अपनी हरकतों से बाज आते हुए बातचीत की ओर बढ़ेंगे और कोई 'संतोषजनक' व्यवस्था स्थापित की जा सकेगी।

नेहरू द्वारा 2 नवंबर, 1961 को जारी किए निर्देशों में यह कहा गया था—

(क) जहाँ तक लद्दाख का संबंध है, हमें हमारी वर्तमान स्थिति से अंतरराष्ट्रीय सीमा की ओर यथासंभव आगे की ओर गश्त करनी चाहिए। ऐसा हमारी चौकियों को स्थापित करने के उद्देश्य से किया जाएगा, जिन्हें चीन को और आगे बढ़ने से रोकना चाहिए और साथ ही उन चौकियों पर भी कब्जा जमाना चाहिए, जो उन्होंने हमारे भू-भाग में स्थापित की हैं। ऐसा चीनियों के साथ बिना किसी संघर्ष की स्थिति में संलिप्त होते हुए किया जाना चाहिए, जब तक कि यह आत्मरक्षा में आवश्यक न हो।

(ख) जहाँ तक मध्य सेक्टर तथा अन्य उत्तरी क्षेत्रों का संबंध है, वहाँ लद्दाख की भाँति समस्याएँ नहीं हैं। अत: हमें, जहाँ तक हो सके, आगे बढ़ना है और संपूर्ण सीमावर्ती क्षेत्र में प्रभावी कब्जा जमाना है। जहाँ भी कोई खामी पाई जाती है, उसे गश्त द्वारा अथवा चौकियों कायम करके दूर किया जाना चाहिए।

(ग) अनेक प्रचालनात्मक और प्रशासनिक कठिनाइयों को ध्यान में रखते हुए यह प्रयास किए जाने चाहिए कि हमारी सेना की बड़ी संख्या हमारी सीमाओं के साथ-साथ ऐसे स्थानों पर तैनात की जाए, जो सुविधाजनक रूप से हमारी अग्रिम चौकियों के पीछे हों, जहाँ से उन्हें व्यावहारिक रूप से अनुरक्षित किया जा सके और, जहाँ से वे अल्प नोटिस पर ही सीमा की स्थिति को बहाल कर सकें।

जबकि सेना प्रमुख जनरल थापर ने सेना कमांडरों को उक्त निर्णय परिचालित किए थे, उन्होंने, पता नहीं क्यों, पीछे की ओर सैन्य टुकड़ियों को संकेंद्रित करने के बिंदु को छोड़ दिया।

इस तथ्य के संदर्भ में कि चीन की दावा की गई रेखा बदलती रही थी, जो 1956 की दावा रेखा से बढ़कर 1960 में अधिकारियों की बैठक में प्रस्तुत की गई दावा रेखा तथा अंततः वहाँ तक पहुँच गई जहाँ तक चीन 1962 में पहुँच गया था। भारत की इस नीति में निस्संदेह औचित्य था। किसी-न-किसी स्थिति में बढ़ती हुई चीनी सेनाओं के साथ भेंट तो होनी ही थी अन्यथा उन्हें लद्दाख में सिंधु नदी घाटी में पहुँचने से किस बात ने रोका था? कोई स्थान खाली नहीं छोड़ा जा सकता था जिससे कि चीनी उस पर कब्जा जमा सकें। नेहरू किसी भी ऐसे राजनीतिक आक्रमण के लिए जवाब देने की स्थिति में नहीं थे, जो ऐसी किसी आकस्मिकता होने के मामले में अनिवार्यतः उत्पन्न हो सकता था। नेहरू ने यह महसूस कर लिया था कि उनका राजनीतिक जीवन अब दांव पर लगा था और भारत की उत्तरी सीमाओं पर उत्पन्न होनेवाली स्थिति से घनिष्ठता से संबद्ध था।

जबकि नेहरू चीन के आगे बढ़ते हुए कदमों को रोकने के लिए प्रतिबद्ध थे, इस बात पर कोई ध्यान नहीं दिया गया कि इसके कारण सीमा के आस-पास बड़ी मात्रा में विवाद खड़ा होगा। भारतीय सेना की संख्या में हुई क्रमिक वृद्धि को, जिसे अत्यंत विशाल और विषम सीमा-रेखा पर तैनात किया गया था, किसी भी हालत में सीमा पर चीनी सेना की तैनाती के लिए कोई खतरा नहीं माना जा सकता था।[66] दूसरी ओर नेहरू आश्वस्त थे कि चीन के साथ किसी भी प्रकार का विवाद विश्व-युद्ध में बदल जाएगा, जो एक अनिश्चित समय तक चलनेवाला युद्ध होगा जिसके परमाणु युद्ध में भी बदले जाने की संभावना है। उन्होंने किसी सीमित विवाद की आशा नहीं की थी। नेहरू ने चीन द्वारा प्रयोग में लाई गई कठोर भाषा पर भी ध्यान नहीं दिया और 5 दिसंबर, 1961 को लोकसभा को बताया कि उन्हें नहीं लगता कि चीन बल का प्रयोग करेगा। उन्होंने कहा, 'अन्य कारक भी कार्य करेंगे।'

यह तथ्य कि किसी भी सैन्य विवाद की कभी आशा ही नहीं की गई थी अथवा इसे सीमा के मुद्दे के हल के रूप में प्रयोग में लाने पर विचार ही नहीं किया गया था, की पुष्टि इस बात से होती है कि भारत का वर्ष 1957-60 का रक्षा बजट 539.11 मिलियन यू.एस. डॉलर (1957-58) से गिरकर 526.95 मिलियन यू.एस. डॉलर (1958-59) और 1959-60 में यह और गिरकर 418.81 मिलियन यू.एस. डॉलर हो गया था।[67] यदि भारत किसी सैन्य टकराव की संभावना को देख रहा था, तो इसमें कमी करना उचित कदम नहीं था। यह कहना प्रासंगिक होगा कि चीनी स्थिति से पूरी तरह जानकार थे, क्योंकि वे रक्षा मंत्रालय से संबंधित समस्त आँकड़ों की निकटतम संवीक्षा कर रहे थे और इस ठोस निष्कर्ष पर पहुँचे थे कि भारत की सैन्य चुनौती गंभीर नहीं है।

यह धारणा भी सोवियत सलाह के कारण बनी हुई थी कि बड़े पैमाने पर झड़पें नहीं होंगी। यह धारणा भारत सरकार में व्यापक रूप से फैली हुई थी। भारत में किसी ने भी, जिसमें प्रारंभिक झिझक के उपरांत सशस्त्र सेनाएँ भी शामिल हैं, यह नहीं सोचा था कि निकट भविष्य में सैन्य विवाद उत्पन्न हो सकता है। तत्कालीन विदेश सचिव एम.जे. सरदेसाई ने यह कहा कि हमें सोवियत संघ से आश्वासन/आकलन प्राप्त हुए हैं कि चीन भारत पर सैन्य हमला नहीं करेगा।[68]

दिल्ली में राजनीतिक गलियारों में भी यही धारणा बनी हुई थी। चीनी मामलों में नेहरू के प्रधान सलाहकार कृष्ण मेनन थे। उन्होंने भी यही दृढ़ धारणा व्यक्त की कि चीन नेहरू के भारत को गंभीर क्षति नहीं पहुँचाएगा अथवा एक भी भारतीय सैनिक को चोट नहीं पहुँचाएगा।[69] 16 नवंबर, 1956 को संयुक्त राष्ट्र महासभा में कृष्ण मेनन ने प्रतिनिधियों को बताया कि 'जहाँ तक एशियाई लोगों का संबंध है, हमारे पास यह सोचने का कोई कारण नहीं है कि ये लोग (चीनी) किसी-न-किसी रूप में विस्तारवादी अथवा युद्धरत अथवा साम्राज्यवादी हैं। उनकी यह आकांक्षा है कि अपने पड़ोसियों के साथ शांतिपूर्वक रहा जाए।' बाद में कृष्ण मेनन ने स्वीकार किया कि चीन के बारे में उनका 'आकलन गलत था, जब उन्होंने स्पष्टतः कहा कि 'उस समय हमारा निश्चित तौर पर ऐसा कोई अनुमान नहीं था कि चीन हमारे ऊपर युद्ध की तैयारी कर रहा है।[70] मेनन ने कथित रूप से ऐसा महसूस किया था कि अंतिम विश्लेषण में, सोवियत नेता ख्रुश्चेव को चीन की आक्रामक नीति को नरम करने के लिए सहायता देने तथा उसके विरुद्ध एक ठोस निवारक प्रदान करने के लिए मनाया जा सकता था। कृष्ण मेनन ने दावा किया कि छन यी ने जिनेवा में उन्हें बताया था कि चीन सीमा के मुद्दे पर भारत के साथ कभी लड़ाई नहीं करेगा।[71] अतः इस बात में कोई आश्चर्य नहीं था कि, जब कभी चीन के साथ समस्या उत्पन्न हुई, कृष्ण मेनन ने जनता का ध्यान पाकिस्तान की ओर मोड़ने का प्रयास किया; क्योंकि उसके प्रति वे गहन घृणा का भाव रखते थे। चीन के हमले के पश्चात् कृष्ण मेनन द्वारा इस्तीफा दिए जाने पर और उनकी सरकार से विदाई को सोवियत संघ द्वारा अत्यंत गंभीरता के साथ महसूस किया गया था। सी.पी.एस.यू. ने किसी अन्य साम्यवादी दल को एक गुप्त संदेश भेजते हुए निराशा व्यक्त की कि चीन के आक्रमण के 'परिणामस्वरूप भारतीय नेताओं के मध्य हमारे एक अत्यंत निष्ठावान मित्र की हानि हुई है और यह भी कि उन्हें हमारी ओर से मदद मिलने की आशा थी।'[72]

इसी प्रकार नेहरू भी आश्वस्त प्रतीत होते थे कि चीनी भारत द्वारा धारित भू-भाग में किसी भी प्रकार का कोई बड़ा आक्रमण नहीं करेंगे। संभवतः कृष्ण मेनन ने उन्हें इस बारे में आश्वस्त किया था। नेहरू ने जनरल थापर (तत्कालीन सेना प्रमुख) को कहा था कि 'उनके पास विश्वसनीय सूचना है कि यदि चीनी सैनिकों से जाँच-चौकियों को खाली करने के लिए बल का प्रयोग किया गया तो चीनी प्रतिरोध नहीं करेंगे।[73] गलवान घाटी (मई 1962) की घटनाओं ने नेहरू के आकलन की पुष्टि की थी, जब चीनी सैन्य टुकड़ियाँ भारतीय चौकी तक आगे बढ़ गई थीं, उन्होंने उसे घेर लिया था, परंतु गोलीबारी नहीं की और बाद में वापस चली गईं। चीनी यह संदेश नहीं देना चाहते थे। उन्होंने इसे एक चेतावनी के रूप में दर्शाया था कि वे किसी भी भारतीय चौकी को किसी भी समय नष्ट कर सकते हैं, परंतु नेहरू इसे ठीक से समझ नहीं सके और उन्होंने इसका उलटा ही अर्थ निकाला कि चीन लड़ाई नहीं करेगा। बाद में, नेहरू ने लोकसभा में (8 नवंबर, 1962) अपने उपर्युक्त आकलन की पुष्टि की, जब उन्होंने कहा—

> *भले ही पिछले पाँच वर्षों के दौरान हमारी सीमा पर अतिक्रमण की स्थिति अत्यंत खराब ही रही है तथा उससे विस्तारवादी प्रवृत्ति का ही संकेत मिलता है, जिसका यह निश्चित निष्कर्ष नहीं निकलता है, भले ही इस बात ने हमें काफी परेशान किया है कि चीन भारत पर व्यापक आक्रमण कर सकता है।*

वर्तमान चीनी लेखक संकेत देते हैं कि नेहरू 'चीन की स्थिति के बारे में अपने गलत आकलन' के कारण ही इस निष्कर्ष पर पहुँचे थे कि चीन सैन्य आक्रमण नहीं करेगा। इस 'गलत' आकलन का आधार यह धारणा थी कि 'चीनी अर्थव्यवस्था एक अत्यंत कठिन स्थिति से गुजर रही है…कतिपय नीतियों के कारण…सोवियत विशेषज्ञों की वापसी और दक्षिण-पूर्व चीन के तटीय क्षेत्रों में चियांग काईशेक संगठन के सैन्य तरीके से परेशान करने के प्रयास।' यह भारत के पक्ष में सीमा पर यथास्थिति में परिवर्तन करने की नेहरू की इच्छा का परिणाम भी था।[74]

भारतीय नेतृत्व द्वारा निकाले गए ऐसे निष्कर्ष का क्या आधार था, यह संशय का विषय बना हुआ है। क्या यह आकलन उसकी स्वयं की समझ पर आधारित था अथवा क्या भारतीय नेताओं को कहीं और विशेष रूप से सोवियत संघ से, सकारात्मक आश्वासन प्राप्त हुए थे? यह स्मरणीय है कि ख्रुश्चेव ने स्पष्टत: नेहरू से कहा था कि सोवियत संघ कोई 'हस्तक्षेप' नहीं करना चाहेगा। ख्रुश्चेव के साथ 12 फरवरी, 1960 को हुई अपनी बैठक में, जब नेहरू ने ख्रुश्चेव को दस्तावेज सौंपने का प्रयास किया तो ख्रुश्चेव ने कहा कि 'यदि दोनों पक्ष ने मध्यस्थता के लिए अनुरोध भी करते हैं, तो किसी तीसरे व्यक्ति के लिए मध्यस्थता करना बहुत ही कठिन होगा। आप और चीनी मध्यस्थता की माँग न करके ठीक ही कर रहे हैं।' दूसरी ओर भारतीय नेतृत्व उस बात से अनजान नहीं हो सकता था, जो माओ ने 2 अक्तूबर, 1959 को बीजिंग में ख्रुश्चेव के साथ हुई बैठक में कही थी कि 'मैकमोहन रेखा को बनाए रखा जाएगा' और बाद में माओ ने स्वयं चीन में सोवियत सी.डी.ए. सरगई अनतोनोव को 21 अक्तूबर, 1959 में हुई बैठक के दौरान बताया था कि 'हम किसी भी परिस्थिति में हिमालय के पार नहीं जाएँगे।[75] यह संभावना थी कि इस आश्वासन पर बहुत अधिक निर्भरता बरती गई थी। यह भी संभव था कि माओ यह जानते थे कि सोवियत संघ इस जानकारी को अवश्य ही भारतीय नेतृत्व को प्रदान करेगा और इस बात की भी बराबर संभावना थी कि माओ भारतीय नेतृत्व को निष्क्रिय बनाने की आशा कर रहे थे, लेकिन चोऊ ने 17 दिसंबर, 1959 को लिखे अपने पत्र में यह भी आश्वासन दिया कि—

> *चीन जनवादी गणराज्य की सरकार अपने इस वक्तव्य का पूरी तरह से पालन करेगी कि सीमा के प्रश्न के मैत्रीपूर्ण समाधान के लिए प्रतीक्षा करते हुए अपने सशस्त्र बलों को इस रेखा (मैकमोहन रेखा) को पार करने की अनुमति नहीं देगी।*[76]

प्रसंगवश सी.आई.ए. द्वारा पता लगाए गए एक अत्यंत गोपनीय आंतरिक चीनी विदेश मंत्रालय के दस्तावेज में यह निर्दिष्ट किया गया था कि दक्षिण-पूर्व एशिया में 'भारत हमारा मुख्य लक्ष्य है।' अत: क्या चीनी नेतृत्व ने 'भारत को सबक सिखाने' का निर्णय ले लिया था? और क्या चीन के शीर्षस्थ नेता लिखित और मौखिक दोनों ही तरीकों से एक राजनयिक दाँव चल रहे थे अथवा भारत के नेतृत्व को निष्क्रिय बने रहने का प्रलोभन देने के लिए केवल टाल-मटोल कर रहे थे।

लगभग इसी दौरान, चीनियों ने भारत के साथ खुले तौर पर राजनयिक वार्ताओं को जारी रखने का प्रपंच करते हुए, जमीनी स्तर पर कड़े कदम उठाना आरंभ कर दिया था। जब हैरीमैन ने 23 मार्च, 1961 को दिल्ली में नेहरू के साथ भेंट की थी, नेहरू ने उन्हें बताया था कि चीनी 'आक्रामक इरादे इस समय अपने चरम पर हैं तथा स्थिति खतरनाक हो गई है।' नेहरू ने यह भी कहा कि उन्होंने सीमा के मुद्दे पर चोऊ के साथ बातचीत करने का प्रयास भी किया है, परंतु उन्हें

कोई सफलता नहीं मिली है।[77] नेहरू की भावना यह थी कि चीनी अपनी आंतरिक कठिनाइयों के चलते हठी हो गए हैं और यह कि जैसे-जैसे ये कठिनाइयाँ बढ़ती जा रही हैं, वे और भी हठी होते जा रहे हैं। चीनियों ने 30 अप्रैल, 1962 की अपनी टिप्पणी में भारत को सूचित किया कि उन्होंने पश्चिमी सेक्टर में काराकोरम दर्रे से कोंगका ला (दर्रे) तक 'सीमा की गश्त' आरंभ कर दी है और धमकी दी कि यदि 'भारत ने चीनी भू-भाग पर आक्रमण करना और उस पर कब्जा करना जारी रखा···तो चीन पूरी भारत-चीन सीमा पर सीमा गश्त आरंभ करने पर विवश हो जाएगा और इस पर भी 3 जून, 1962 के अपने संपादकीय में 'दि पीपल्स डेली' ने 1954 के व्यापार करार को नवीकृत करने से भारत द्वारा इनकार किए जाने पर खेद व्यक्त किया और इस बात की पुष्टि की कि चीनी सरकार तथा लोग 'भारत-चीन मित्रता' की सुरक्षा करने के अपने पक्ष को कभी नहीं बदलेंगे' और यह कि 'शांतिपूर्ण सह-अस्तित्व के सिद्धांतों की चमक कभी धुँधली नहीं हो सकती है।' ऐसा प्रतीत हुआ कि मानो वांग चियाशियांग की अगुआई के अधीन चीनी नेतृत्व के एक प्रभावशाली वर्ग द्वारा समर्पित 'सान ह यी शाओ' [शांतिपूर्ण सह-अस्तित्व, शांतिपूर्ण प्रतिस्पर्धा, शांतिपूर्ण रूपांतरण तथा अन्य लोगों के स्वाधीनता संघर्ष को सहायता और मदद में कटौती] की नीति संभवत: अभी भी प्रचलन में है।

वांग चियाशियांग ने मास्को में सन येत्सेन विश्वविद्यालय में अध्ययन किया था तथा 1949 में जनवादी गणतंत्र की स्थापना के उपरांत उन्हें सोवियम संघ में चीन का प्रथम राजदूत बनाया गया था। यह स्मरणीय है कि 27 फरवरी, 1962 को सी.सी.पी. अंतरराष्ट्रीय संपर्क विभाग के प्रमुख के रूप में वांग ने यह प्रस्ताव किया था कि आंतरिक कठिनाइयों को ध्यान में रखते हुए चीन को अपनी विदेश नीति को 'विश्राम' देना चाहिए तथा कुछ 'समय' लेना चाहिए। विशेष रूप से वांग ने प्रस्ताव किया कि चीन को विवादों से बचना चाहिए और भारत के साथ गतिरोध की स्थिति समाप्त करने के उपाय सोचने चाहिए, इसके साथ ही यह टिप्पणी भी की गई कि 'नेहरू चीनी राष्ट्र के शत्रु नहीं हैं।'[78] बाद में माओ ने वांग चियाशियांग के सुझाव को खारिज कर दिया और यह घोषणा की कि 'हमारे दल में कुछ ऐसे लोग हैं, जो 'तीन आधुनिकीकरण—एक कटौती' की हिमायत करते हैं'··· यह संशोधनवादी व्यवहार है।[79] माओ द्वारा 9 और 29 फरवरी, 1964 को वांग की आलोचना की गई तथा इसके उपरांत उन्हें सभी पदों से हटा दिया गया।

जब भारत-चीन सीमा के संबंध में कोई भी समाधान नजर नहीं आया, तो चीन और पाकिस्तान, दोनों ने ही घोषणा की कि वे पी.ओ.के.-जिनजियांग क्षेत्र पर वार्तालाप प्रारंभ करने जा रहे हैं। निश्चित तौर पर ऐसा भारत को उकसाने के लिए किया गया था, जिसने इस बात का चीन के साथ कड़ा विरोध दर्ज किया। भारत ने यह महसूस किया कि चीन भारत के साथ पहले की गई अपनी प्रतिबद्धता से मुकर गया है। 10 मई, 1962 की टिप्पणी में भारत ने इस प्रकार विरोध दर्ज किया—

> *भारत सरकार का अभी तक यह मानना था कि चीन जनवादी गणतंत्र की सरकार ने बिना किसी आपत्ति के इस आधारभूत स्थिति (कश्मीर भारत का भाग है) को स्वीकार कर लिया है। इसकी पुष्टि प्रधानमंत्री चोऊ एनलाई द्वारा की गई थी, जब उन्होंने 16 मार्च, 1956 को कश्मीर के भारत में विलय के मुद्दे पर चीन में भारतीय राजदूत से कहा था कि कश्मीर के*

लोगों ने अपनी इच्छा पहले ही व्यक्त कर दी है। यही सहमति भारतीय विदेश मंत्रालय के महासचिव तथा चीनी प्रधानमंत्री की जुलाई, 1961 को हुई बैठक में भी व्यक्त की गई थी·· यह संपूर्ण जम्मू और कश्मीर राज्य पर भारत की संप्रभुता के संबंध में चीन जनवादी गणतंत्र की सरकार के दृष्टिकोण के विपरीत है और साथ ही यह स्वाभाविक रूप से आक्रमण के इरादों को उकसाने की दिशा में उठाया गया कदम है, जो चीन द्वारा हाल के वर्षों में उठाए जा रहे हैं·· यह स्पष्ट है कि चीन की सरकार इस मामले में अपनी आक्रामक नीतियों को बढ़ा रही है, कश्मीर में विद्यमान खराब स्थिति का लाभ उठाना चाहती है और पाकिस्तान के साथ हमारे मतभेदों को अपने लाभ के लिए इस्तेमाल कर रही है।[80]

चीन ने इसके उत्तर में स्पष्ट तौर पर यह बताया था कि 'चीन और पाकिस्तान के बीच सीमा के बारे में बातचीत किसी भी प्रकार से कश्मीर के स्वामित्व के प्रश्न को शामिल नहीं करती है। उन्होंने साथ ही भारतीय पक्ष से यह अटपटा प्रश्न पूछा, 'आप किसी भी एक ऐसे चीनी दस्तावेज को उद्धृत करें, जो यह कहता है कि कश्मीर भारत का हिस्सा था?'[81] ऐसा कोई भी दस्तावेज प्रस्तुत नहीं किया जा सकता था।

23 जून, 1962 को संयुक्त सुरक्षा परिषद् ने कश्मीर के मुद्दे पर मतदान किया। पाकिस्तान ने अमेरिका की गंभीर आपत्तियों के बावजूद इस मुद्दे को संयुक्त राष्ट्र सुरक्षा परिषद् में उठाया था। इसका परिणाम पूर्वनिश्चित था जिसका श्रेय सोवियत वीटो को जाता है। नेहरू ने गहन खेद और दु:ख व्यक्त किया तथा सार्वजनिक रूप से शिकायत की कि अमेरिका और ब्रिटेन 'अनिवार्यत: हमारे विरुद्ध हैं।' नेहरू ने कहा कि उनकी कार्रवाइयों (अमेरिका और ब्रिटेन की) ने भारत को दु:ख और आघात पहुँचाया है तथा 'भारत के प्रति उनकी सद्भावना' के बारे में संदेह उत्पन्न किए हैं।[82] संसद में नेहरू द्वारा काफी रोष प्रकट किए जाने को वाशिंगटन और लंदन में अत्यंत आक्रोश के साथ लिया गया तथा इसका परिणाम यह हुआ था कि भारत के ब्रिटेन तथा अमेरिका के साथ संबंध और भी खराब हो गए थे। दिल्ली में ब्रिटिश उच्चायुक्त ने यह महसूस किया कि पिछले वर्ष भारतीयों ने अपनी अभिवृत्ति तथा ब्रिटेन के प्रति अपनी नीति में स्वयं के लिए सहानुभूति कराने के लिए बहुत कम कार्य किया है।[83] अमेरिका भी काफी खिन्न था और उसने भारत को महत्त्वपूर्ण आर्थिक सहायता रोकने पर भी विचार किया था। इस समूचे प्रकरण में अमेरिकी अनुभव काफी कटु रहा था। अमेरिका द्वारा सहायता प्रदान किए जाने के बावजूद पाकिस्तान असंतुष्ट बना रहा, उसने अमेरिका की इच्छा के विरुद्ध चीन के साथ भी अपनी वार्ताएँ जारी रखीं। इसके फलस्वरूप अमेरिका की भारतीय प्रेस में काफी निंदा की गई और भारत में सोवियत संघ की छवि में जबरदस्त सुधार हुआ। चीनी इस बात से बहुत संतुष्ट थे कि भारत और पश्चिमी शक्तियों के बीच उन्होंने सफलतापूर्वक एक दरार डाल दी है। एक बार फिर चीनियों ने उनकी सहायता करने के लिए पाकिस्तान को धन्यवाद दिया।

भारत तथा सीमा विवाद के प्रति अधिक आक्रामक प्रवृत्ति अपनाने के लिए चीन के निर्णय को किस बात ने परिवर्तित किया? यह प्रतीत होता है कि दो कारकों ने इसमें भूमिका निभाई। पहला भारत-चीन सीमा पर विद्यमान स्थिति के कारण चीन का धैर्य समाप्त होता जा रहा था। दूसरा चीनी नेतृत्व ने दो महाशक्तियों के बीच उभरनेवाले गंभीर विरोध के चलते अपने लिए अवसर भाँप लिया।

इस विरोध के कारण उनका ध्यान भारत-चीन सीमा पर उभरनेवाली स्थिति से हट गया। सीमावर्ती क्षेत्र पर भारतीय स्थिति के विरुद्ध अपनी आक्रामक नीतियों की योजना बनाने में चीनी सदैव ही दोनों महाशक्तियों की प्रतिक्रियाओं से सदैव खिन्न रहते थे। हमेशा की तरह सतर्क रहनेवाले चीनियों को उस स्थिति के प्रभाव को निष्क्रिम बनाने की आवश्यकता थी, यदि दोनों में से कोई भी महाशक्ति भारत की सहायता करने पर विचार करती। माओ अंतरराष्ट्रीय स्थिति को भली-भाँति समझते थे तथा उन्होंने आकलन किया कि 'भारत के साथ हमारा संघर्ष एक जटिल अंतरराष्ट्रीय मुद्दा है, न केवल यह एक भारतीय समस्या है, बल्कि अमेरिकी साम्राज्यवादी और सोवियत संघ भी भारत को सहयोग प्रदान कर रहे हैं।'[84] इसी वजह से चीनियों ने तत्काल ही सैन्य कार्रवाई आरंभ करने में झिझक महसूस की, लेकिन 23 जून, 1962 को अंतरराष्ट्रीय स्थिति ने एक नाटकीय मोड़ ले लिया तथा भाग्य भी चीनियों के पक्ष में खड़ा प्रतीत हुआ।

इससे पूर्व प्रावदा ने 1958 के ताईवान संकट के दौरान ख्रुश्चेव की शपथ को चीन-सोवियत मैत्री संधि की 12वीं वर्षगाँठ (14 फरवरी, 1950) के अवसर पर दोहराते हुए कहा था कि 'चीन जनवादी गणराज्य, जो हमारे देश का गहरा मित्र, सहयोगी और पड़ोसी है, पर किया गया हमला सोवियत संघ पर किया गया हमला है।' इस कथन पर 'पीपल्स डेली' ने 14 फरवरी, 1962 के संपादकीय के माध्यम से सकारात्मक प्रतिक्रिया व्यक्त की, जिसमें चीन-सोवियत मैत्री संधि की 12वीं वर्षगाँठ का उल्लेख किया गया था तथा इस संधि और दोनों देशों की 'एक-दूसरे को सहायता और सहयोग प्रदान करने' की नीति की सराहना की गई थी।

1962 के ग्रीष्मकाल में सोवियत संघ ने भारत-चीन सीमा के मानचित्र दुबारा प्रकाशित किए जिनमें अक्साई चिन और नेफा, दोनों को ही चीन का भाग दर्शाया गया था। इससे पूर्व 1955 में दिल्ली में सोवियत दूतावास ने सोवियत मानचित्र पुस्तिका की एक प्रति राष्ट्रपति प्रसाद को भेंट की थी, जिसमें भारत के उत्तरी सीमावर्ती क्षेत्र को दर्शाने में भारत की स्थिति को ध्यान में नहीं रखा गया था। 1 अगस्त, 1960 को भारत ने सोवियत स्थिति को सार्वजनिक रूप से उजागर किया, जब प्रधानमंत्री के संसदीय सचिव ने संसद को बताया कि सोवियत मानचित्र 'भारत-चीन सीमा को चीन के मानचित्रों के समान ही दरशा रहे हैं, अर्थात् अक्साई चिन, नेलंग-त्से-तुंग सहित नेफा (अरुणाचल प्रदेश) का एक बड़ा भाग चीन में दर्शाया गया है। संसद को यह पुष्टि की गई कि भारत ने इस मामले को सोवियत सरकार के साथ उठाया है, जिसने वायदा किया है कि वह इस पर विचार करेगी', परंतु जिसके संबंध में 'हमें अभी तक कोई उत्तर प्राप्त नहीं हुआ है।' हालाँकि 1957, 1958, 1959 तथा नवंबर 1960 को अनुस्मारक भी भेजे गए, विदेश मंत्रालय ने मौखिक रूप से दिल्ली में सोवियत दूतावास के साथ मामला एक बार फिर उठाया, परंतु कोई प्रतिक्रिया प्राप्त नहीं हुई, तथापि भारत के लिए इससे भी अधिक चिंताजनक बात यह थी कि एटलस मीरा के 1959 संस्करण में सिक्किम को एक स्वतंत्र देश दर्शाया गया था। इससे पूर्व इसे भारतीय संरक्षणवाला देश दर्शाया जाता रहा था। यह स्वाभाविक था कि सोवियत रूस की चीन को खिन्न करने की कोई इच्छा नहीं थी और वह अभी भी इस धारणा पर दृढ़ था कि दोनों देशों के बीच सुलह के लिए पर्याप्त गुंजाइश है।

अप्रैल के मध्य से मई 1962 के अंत तक लगभग 60,000 चीनी कजाक मुस्लिम इली प्रांत तथा जिनजियांग (सिनकियांग) में ताचेंग से सोवियत संघ पलायन कर गए। चीनियों ने इस घटना

को न केवल रूसी षड्यंत्र माना, बल्कि उनकी सक्रिय मौन सहमति पर भी संदेह जताया। यह संदेह और भी गहरा हो गया, जब सोवियत संघ ने अकस्मात् ही ऐसे असंतुष्ट मुस्लिमों को बड़ी मात्रा में सोवियत निवासी प्रमाण-पत्र जारी करना आरंभ कर दिया। इससे बीजिंग में चेतावनी की घंटी बजने लगी, क्योंकि उन्हें संदेह था कि ऐसा करने से चीनी अल्पसंख्यक क्षेत्रों जैसे तिब्बत और जिनजियांग में उनके लिए परेशानियाँ उत्पन्न करने के सहयोजित और समन्वित प्रयास किए जा रहे हैं। चतुराई के परिपक्व प्रदर्शन के रूप में चीनियों ने चीनी प्रेस में कभी भी कोई सोवियत-विरोधी लेख प्रकाशित नहीं किया और इसके विपरीत चोऊ ने सोवियत सीमा नियंत्रण कार्मिकों को हुई किसी भी परेशानी के लिए सोवियत संघ से माफी भी माँगी।[85] चीनियों ने अब चुपचाप अपनी रणनीति तैयार करनी आरंभ कर दी थी।

क्यूबा में हुए घटनाक्रमों ने चीनियों को पर्याप्त राहत प्रदान की। क्यूबा में आक्रामक मिसाइलों का प्रयोग करने के सोवियत संघ के निर्णय ने स्थिति को पूरी तरह से बदलकर रख दिया था। सोवियत नेता चीनी सहायता प्राप्त करने के अत्यंत इच्छुक थे। उनका यह मानना था कि एक मुद्दा, जिस पर वे चीनियों को प्रसन्न कर सकते थे, वह भारत-चीन सीमा विवाद पर 'चीन का पक्ष' लेना था। इस दौरान, चीनियों ने चीन और भारत के बीच घटनेवाली अधिकांश घटनाओं के बारे में मास्को को सूचित करना जारी रखा। 8 अक्तूबर, 1962 को चीनी नेताओं ने बीजिंग में सोवियत दूतावास को बताया कि 'चीन यह जानता है कि भारतीय सेनाएँ भारत-चीन सीमावर्ती क्षेत्रों पर बड़े पैमाने पर आक्रमण करने की योजना बना रही हैं और यदि भारत आक्रमण करता है, तो हम भी अपनी आत्मरक्षा में कार्रवाई करेंगे। 13 और 14 अक्तूबर, 1962 को राजदूत ल्यौ शियाओ ने ख्रुश्चेव से भेंट की तथा ख्रुश्चेव ने उन्हें बताया कि 'सोवियत संघ द्वारा चीन पर आक्रमण किए जाने के लिए भारत की तैयारियों के बारे में प्राप्त जानकारी वही है, जो चीन द्वारा उन्हें दी गई है।[86] इसके अलावा, राजदूत लियु ने ख्रुश्चेव से यह 'गारंटी' भी प्राप्त की कि यदि चीन पर आक्रमण होता है और भारत-चीन विवाद आगे बढ़ता है, तो सोवियत संघ 'चीन के पक्ष में खड़ा रहेगा'। 20 अक्तूबर, 1962 को ख्रुश्चेव ने नेहरू को पत्र लिखकर उन्हें 'सुलह के लिए सम्यक् इच्छा' दर्शाने में विफल रहने के लिए झिड़का तथा उनसे 'चीन के प्रस्तावों से सहमत होने' का आग्रह किया।[88] इस नए सख्त रुख की पुष्टि उस समय की गई, जब एम.जे. देसाई (तत्कालीन विदेश महासचिव) ने 23 अक्तूबर, 1962 को हुई एक बैठक में अमेरिकी राजदूत गैलब्रेथ को बताया कि 'पिछले कुछ दिनों से सोवियत संघ ने भारतीयों के साथ अत्यंत कठोर रुख अपनाया हुआ है, जिसमें चीनियों की शर्तों पर समझौता करना भी शामिल है।[89] सोवियत संघ के पास कोई विकल्प नहीं था, क्योंकि वह क्यूबा के मामले में अमेरिका के साथ गंभीर प्रतिरोध में फँसा हुआ था तथा उन्हें चीनी सहायता की अत्यधिक आवश्यकता थी। चीन एक महाशक्ति को अत्यंत प्रभावशाली ढंग से तटस्थ बनाने में सफल रहा था।

जहाँ तक दूसरी महाशक्ति का संबंध था, चीनी अमेरिका के रुख के बारे में बहुत चिंतित थे। 1961 के अंत में के.एम.टी. नेता चियांग काईशेक ने कहा कि वर्ष 1962 एक निर्णायक वर्ष होगा और हम अपने कर्तव्य का निर्वहन करने को अब और अधिक टाल नहीं सकते हैं अथवा उसे निष्पादित करने से झिझक नहीं सकते हैं।' चीनियों ने यह देखा था कि ताईवान की सेना के लिए

रंगरूटों को निर्धारित समयावधि से एक वर्ष पूर्व ही बुला लिया गया था, जिसमें युद्ध के समय सेना जुटाने के लिए एक विशेष बजट भी आबंटित किया गया था। इसके अलावा, ताईवान में स्थित उद्योगों पर 'आक्रमण कर' भी लगाया गया था। अमेरिका ने ताईवान में अपने राजदूत के रूप में एक सेवानिवृत्त नौसेना एडमिरल को नियुक्त किया जिसके पास जल और थल में युद्ध का पर्याप्त अनुभव था। चीनी इतने आशंकित थे कि 29 मई, 1962 को विदेश मंत्री छन यी ने सार्वजनिक रूप से यह कहा कि वे ताईवान से अमेरिका द्वारा समर्थित आक्रमण की अपेक्षा करते हैं। चीन ने 100,000 सैनिकों को फूज्यान और चच्यांग प्रांत भेजा जिसके साथ पाँच प्रथम ग्रेड डिवीजनें भी थीं। बीजिंग में एक विदेश राजदूत ने गुप्त रूप से चीनी नेतृत्व की मनोदशा का वर्णन ताईवान से होनेवाले आक्रमण की संभावना पर 'घबराहट' के रूप में किया।

यह निर्धारित करने के लिए कि अमेरिका में क्या चल रहा है तथा उसकी मंशा का जायजा लेने के लिए वारसॉ में चीनी राजदूत वांग पिंगनान को छुट्टी से वापस बुलाया गया और जल्दबाजी में इन निर्देशों के साथ वारसॉ भेजा गया कि वे तत्काल वहाँ अमेरिकी राजदूत के साथ भेंट करें। 23 जून, 1962 को चीनी राजदूत वांग पिंगनान ने अपनी पहल पर वारसॉ में अमेरिकी राजदूत जॉन कैबोट के साथ भेंट की। राजदूत वांग ने दावा किया कि बीजिंग ने मुख्य भूमि में उतरने के लिए ताईवान में की जा रही तैयारियों को नोट किया है। राजदूत कैबोट ने, जो ऐसी किसी भी तैयारी से अनजान थे, अपने देश के विदेश मंत्रालय से प्राप्त सारांश के आधार पर अपने चीनी वार्ताकार को यह सूचित किया कि उन्हें यह कहने के लिए प्राधिकृत किया गया है कि अमेरिकी सरकार की विद्यमान परिस्थितियों में मुख्य भूमि पर किसी भी जीआरसी (ताईवान) आक्रमण को सहयोग प्रदान करने की कोई मंशा नहीं है। राजदूत वांग को अपने कानों पर विश्वास नहीं हुआ तथा यह सुनिश्चित करने के लिए कि उन्होंने सही सुना है, उन्होंने अमेरिकी राजदूत को अपने आश्वासन को दोहराने का अनुरोध किया। अमेरिकी राजदूत ने अपनी बात दोहराई।[92] इससे पूर्व, यह सुनिश्चित करने के लिए कि चीन को संदेश प्राप्त हो गया है, अमेरिका ने ब्रिटेन को यह अनुरोध करते हुए एक अभूतपूर्व कदम उठाया कि वह बीजिंग में अपने मिशन के माध्यम से चीन को वही संदेश प्रदान कर दे।[93] चीनियों को अपने भाग्य पर विश्वास नहीं हुआ। वांग ने बाद में स्वीकार किया कि उनके द्वारा प्राप्त किए गए इस आश्वासन ने उस समय चीन की निर्णय लेने की नीति में एक 'अत्यंत बड़ी भूमिका' का निर्वहन किया था, जब उसने भारत पर हमला करने का निर्णय लिया था।[94] अमेरिका ने ऐसा निर्णय क्यों लिया, इसके पीछे कारण यह था कि उसने यह महसूस किया कि सैन्य कार्रवाई संचालित करने के लिए ताईवान को प्रोत्साहित करने के लिए उठाया गया कोई भी कदम दो साम्यवादी महाशक्तियों, सोवियत संघ और चीन को एक-दूसरे के पुनः निकट आने का अवसर देगा। अमेरिका के नीति-निर्माता किसी भी हाल में नहीं होने देना चाहते थे।

राजदूत कैबोट ने राजदूत वांग से, जो कुछ भी कहा था, उसकी सार्वजनिक रूप से पुष्टि राष्ट्रपति कैनेडी द्वारा 27 जून, 1962 को संवाददाताओं को की गई थी। चीनियों ने राहत की साँस ली, क्योंकि उन्होंने दोनों मोर्चों पर समस्या होने की आशंका जताई थी। एक बार उनके मन से के.एम.टी. की ओर से होनेवाली समस्या का भय निकल गया, तो वे अब भारतीय सीमावर्ती क्षेत्र पर पूरी तरह से अपना ध्यान केंद्रित कर पाने में समर्थ थे। जैसे-जैसे तटीय चीन में स्थिति

सामान्य हुई, चीनियों ने तेजी के साथ तिब्बत में अपनी टुकड़ियों को फिर से तैनात कर दिया, जिसमें युद्ध कला में निपुण कोरियाई अनुभवी योद्धा भी शामिल थे और अब उन्होंने पूरे विश्वास के साथ भारतीय ठिकानों पर आक्रमण करने की योजना बनानी शुरू कर दी थी, क्योंकि उन्होंने दोनों महाशक्तियों को प्रभावशाली तरीके से तटस्थ बना लिया था। अब उन्हें विद्यमान अंतरराष्ट्रीय स्थिति को ध्यान में रखते हुए आक्रमण का उपयुक्त समय निर्धारण करना था। 23 जून, 1962 को दिया गया अमेरिका का स्पष्टीकरण इसके लिए निर्णायक रूप से मददगार साबित हुआ।

चीन में पी.एल.ए. की तैनाती के लिए नियमों को अब परिवर्तित कर दिया गया था। भारतीय पक्ष ने यह देखा कि चीनी सेना अब उस रेखा का उल्लंघन कर रही है, जिसका उल्लेख चोऊ द्वारा अपने 17 दिसंबर, 1959 के पत्र में पश्चिमी सेक्टर (1956 की रेखा) में सीमा के रूप में किया था तथा वे उसे पार कर रहे थे।[95] अब उन्होंने आक्रामक रूप से भारतीय सैन्य टुकड़ियों का प्रतिरोध करना आरंभ कर दिया। इसका परिणाम यह हुआ कि अक्तूबर 1959 में कोंगका ला घटना के पश्चात् पहली बार चीनी टुकड़ियों ने चिप चैप घाटी में भारतीय सेना के गश्ती दल पर 21 जुलाई, 1962 को गोलाबारी कर दी, जिसमें दो जवान शहीद हुए।[96] इसके अलावा, चीनियों ने यह प्रदर्शित भी करना चाहा कि वे अपनी इच्छानुसार किसी भी भारतीय चौकी पर कब्जा जमा सकते हैं। भारतीय नेतृत्व द्वारा दोनों चुनौतियों की अनदेखी की गई।

यह वास्तव में आश्चर्य की बात है कि भारतीय नेतृत्व, जो अंतरराष्ट्रीय स्थिति की समझ पर स्वयं पर गर्व किया करता था, उस विशाल परिवर्तन के बारे में पूर्णतः अनभिज्ञ था, जो अंतरराष्ट्रीय परिस्थिति में घटित हुआ था। वे इस तरह से व्यवहार करते रहे मानो कुछ हुआ ही न हो तथा उनकी धारणा अभी भी दृढ़ थी कि चीन भारत पर हमला नहीं करेगा और खराब-से-खराब स्थिति में सीमा पर मुठभेड़ की छिटपुट घटनाएँ हो सकती हैं। यह धारणा राजनीतिक गलियारों में तथा सैन्य-तंत्र के भीतर पूरी तरह से व्याप्त थी। गलवान घाटी की मुठभेड़, जो इससे पूर्व घटित हुई थी, ने इस दृष्टिकोण की पुष्टि की थी। यह सच है कि इस आकलन में भारतीय नेतृत्व की ही अकेली भूमिका नहीं थी। यहाँ तक कि अमेरिका के राष्ट्रीय इंटेलीजेंस अनुमान (31 मई, 1962) में भी निम्नलिखित आकलन लगाया गया था, जो भारतीय धारणा के ही समान था। उसमें कहा गया था कि—

भारत के चीन को उनकी आगे बढ़ाई गई स्थिति से वापस हटाने करने के प्रयास...के परिणामस्वरूप संभवतः सीमा पर झड़पें होने की आशंका है, हालाँकि हालात किसी भी बड़ी सैन्य कार्रवाई किए जाने के विरुद्ध हैं।

जबकि सीमा पर तनाव की स्थिति बनी रही थी, स्थिति को सामान्य बनाने के लिए गंभीर उपाय भी साथ-साथ किए जाते रहे। कृष्ण मेनन के आग्रह पर नेहरू ने अब अपने पक्ष को कुछ नरम बना लिया था। जून 1962 में बीजिंग में भारतीय सी.डी.ए. को चोऊ से मिलने तथा उन्हें यह सूचित करने का निर्देश दिया गया कि भारत बिना किसी पूर्व-शर्त के सभी द्विपक्षीय समस्याओं और विवादों पर चर्चा करने के लिए एक मंत्रालय-स्तरीय शिष्टमंडल पेकिंग भेजने के लिए तैयार है। चूँकि चोऊ उपलब्ध नहीं थे, इसलिए विदेश मंत्री छन यी ने भारतीय सी.डी.ए. से भेंट की तथा कठोर शब्दों में यह कहते हुए नेहरू की पहल को सिरे से नकार दिया कि 'यह बात तब तक

स्वीकार नहीं की जा सकती है, जब तक भारत सरकार चीनी भू-भाग से स्पष्ट रूप से सार्वजनिक तौर पर अपने सभी भ्रामक और मिथ्या दावों को वापस न ले ले। वर्तमान प्रस्ताव¨एक जाल है और उसे स्वीकार नहीं किया जा सकता है।'[97] जैसे ही नेहरू का सुलह का प्रस्ताव जनसाधारण के ध्यान में आया, भारतीय प्रेस में 'विश्वास भंग करने के लिए' तथा देश के लिए 'अपमान' की स्थिति लाने के लिए उनकी जोरदार आलोचना की गई।[98]

मामले को ठंडा न पड़ने देने के लिए भारत सरकार ने 26 जुलाई, 1962 को एक औपचारिक प्रस्ताव बीजिंग भेजा कि 'जैसे ही वर्तमान तनाव कम होता है तथा एक उपयुक्त वातावरण का सृजन होता है, 1960 की अधिकारियों की रिपोर्ट के आधार पर बातचीत प्रारंभ हो सकती है।'[99] चीन की ओर से आने वाली समझौते की कोई सौम्य प्रतिक्रिया भी नेहरू को अंदरूनी दबावों को कम करने में सहायता दे सकती थी, लेकिन चीनियों ने किसी अज्ञात कारण से मुद्दे की सार्वजनिक करना उचित समझा तथा विदेश मंत्री छन यी ने एक बार पुनः 3 अगस्त, 1962 को इतालवी-स्विस रेडियो पर एक प्रसारण में यह धमकी दी कि 'विश्व की कोई भी ताकत हमें इस प्रकार की कार्रवाई करने के लिए नहीं कह सकती है। उनकी बात का तात्पर्य यह था कि वार्ताओं के प्रारंभ होने के पश्चात् भी चीनी न तो अपने भू-भाग से एकतरफा वापसी कर सकते हैं, 'न ही उन्होंने अतीत में ऐसा किया है और न कभी भविष्य में करेंगे'। चीनियों ने इस बात का उल्लेख 4 अगस्त, 1962 को अपनी टिप्पणी में किया, जिसमें यह बल दिया गया था कि ऐसी चर्चाओं के लिए किसी पूर्वशर्त की आवश्यकता न तो है और न ही होनी चाहिए।[100] इस औपचारिक टिप्पणी को भेजने से पूर्व, चोऊ ने भारतीय सी.डी.ए. को बीजिंग बुलाया और भारत पर आरोप लगाया—

> *भारत ने न केवल ब्रिटेन की साम्राज्यवादी विरासत को ग्रहण किया है, बल्कि उसी के समान साम्राज्यवादी दावों, तरीकों और प्रवृत्तियों को भी अपनाया है। भारत ने उस 'विश्वासघाती' दलाई लामा और एक लाख से अधिक चीन-विरोधी विद्रोहियों को भारत में आश्रय दिया है तथा तिब्बत पर आक्रमण करने और उसे अस्थिर बनाने तथा चीन की विधिपूर्ण उपस्थिति को कमजोर बनाने के लिए तिब्बती विद्रोहियों और कुओमितांग ठगों को सुविधाएँ प्रदान की हैं। चीन के पास साक्ष्य था कि अमेरिकी सी.आई.ए. इन घृणित चीन-विरोधी क्रियाकलापों को वित्तपोषित, उनकी सहायता और उनका मार्गदर्शन कर रही थी। नेहरू या तो चीन के विरुद्ध चल रहे ऐसे क्रियाकलापों के बारे में नहीं जानते थे अथवा न जानने का बहाना कर रहे थे। भारत ने चीन की जासूसी करने के लिए आधुनिक उपकरणों की स्थापना की अनुमति दी है।*[101]

जब पूछा गया कि उनके पास साक्ष्य होने के बाद भी उन्होंने ऐसे गंभीर आरोपों के बारे में नेहरू से बात क्यों नहीं की अथवा उन्हें पत्र क्यों नहीं लिखा, तो चोऊ ने प्रश्न को टाल दिया और उत्तर दिया कि 'नेहरू ने अपनी सरकार पर नियंत्रण खो दिया है तथा भारत के लोगों ने उनकी सरकार पर विश्वास करना छोड़ दिया है।[102] चीन ने संभवतः पहले ही यह तय कर लिया था कि वे बल का प्रयोग करेंगे और वे केवल किसी उपयुक्त अवसर की प्रतीक्षा कर रहे थे। भारतीय सी.डी.ए. पर चोऊ द्वारा क्रोध व्यक्त करने से यह प्रदर्शित हुआ था कि तिब्बत की स्थिति चीनियों के लिए एक मुख्य कारक बनी रहेगी।

दूसरी ओर नेहरू अभी भी इस धारणा पर दृढ़ बने हुए थे कि चीनी कोई गंभीर सैन्य कार्रवाई

नहीं करेंगे तथा उन्होंने अमेरिका के राजदूत गालब्रेथ को 6 अगस्त, 1962 को बताया कि उन्हें आशा है कि सितंबर 1962 में राष्ट्रमंडल प्रधानमंत्रियों के सम्मेलन के उपरांत चीन के साथ बातचीत होगी। विदेश सचिव एम.जे. देसाई को भारतीय पक्ष की ओर से चीन के साथ वार्ताओं का नेतृत्व करना था। सीमा के उस पार चीन द्वारा व्यापक रूप से कार्रवाई किए जाने की कोई चहल-पहल नहीं थी। किसी भी भारतीय एजेंसी ने चीनी सैन्य टुकड़ियों के जमा होने की कोई गतिविधि नहीं देखी थी।

चीनियों ने चतुराई से राजनयिक मुखौटे को बनाए रखते हुए अपनी वास्तविक मंशाओं को छुपाए रखा। यह नीति चीनी सरकार द्वारा 4 अगस्त, 1962 को भेजे गए औपचारिक उत्तर में स्पष्ट था।[103] यदि वार्तालापों के बाद भी चीन द्वारा कोई वापसी नहीं की जानी थी, तो भारतीय नेतृत्व केवल यही निष्कर्ष निकाल सकता था कि चीनी वार्ताओं के प्रति गंभीर नहीं थे। अतः भारतीय पक्ष के पास अपनी पूर्व स्थिति पर वापस जाने के अलावा कोई अन्य विकल्प नहीं था कि तब तक कोई बातचीत नहीं हो सकती है 'जब तक 1957 के बाद से बल प्रयोग द्वारा इस क्षेत्र में सीमा को परिवर्तित किए जाने को वापस लेते हुए यथास्थिति बहाल नहीं की जाती है।[104] फिर भी वार्ताओं के लिए आशाएँ पूर्णतः समाप्त न करते हुए भारतीय पक्ष ने 22 अगस्त, 1962 को यह प्रस्ताव किया कि भारत सरकार अनिवार्य प्रारंभिक उपायों पर चर्चा करने के लिए किसी 'प्रतिनिधि' का स्वागत करके प्रसन्नता का अनुभव करेगी। सितंबर 1962 तक चीनी अभिवृत्ति हठी बन चुकी थी।

8 सितंबर, 1962 को पूर्वी सेक्टर में सीमा पर झड़पें प्रारंभ हो गईं तथा 11 सितंबर, 1962 को ढोला चौकी के निकट एक गंभीर टकराव हुआ। 1959 में लोंग्जू घटना के बाद पहली बार चीनी सैन्य टुकड़ियों ने मैकमोहन रेखा पार की। 13 सितंबर, 1962 को चीनियों ने तीन-सूत्रीय प्रस्ताव भेजा। उसमें उन्होंने यह प्रस्ताव किया कि दोनों देशों के सशस्त्र बल वास्तविक नियंत्रण रेखा के आधार पर पूर्ण भारत-चीन सीमा के साथ 20 किलोमीटर तक वापस हटेंगे। दूसरे, आगे चर्चाएँ 'बिना कोई पूर्व-शर्त निर्धारित किए', 1960 की अधिकारियों की रिपोर्ट के आधार पर 'तत्काल' आयोजित की जाएँगी। तीसरे, चीनियों ने औपचारिक रूप से प्रस्ताव किया कि बातचीत 15 अक्तूबर, 1962 को पहले बीजिंग में और उसके बाद नई दिल्ली में आयोजित की जा सकती है।

भारतीय प्रतिक्रिया भी अत्यंत नपी-तुली थी। 19 सितंबर, 1962 को भारत ने कहा कि वह चर्चाएँ आयोजित करने के लिए तैयार है बशर्ते कि पश्चिमी सेक्टर में वही यथास्थिति बहाल की जाए जिसे पिछले कुछ वर्षों में बलपूर्वक बदल दिया गया है। भारत 15 अक्तूबर, 1962 को बीजिंग में तथा उसके बाद नई दिल्ली में वार्ताएँ करने के लिए सहमत था।

3 अक्तूबर, 1962 को चीन ने मैकमोहन रेखा पर टोही हमले के उपरांत एक अन्य प्रस्ताव भेजा। इस बार चीन ने 'संपूर्ण सीमा' पर चर्चा करने की इच्छा व्यक्त की तथा यह कहा कि वार्तालाप दोनों पक्षों के अधिकारियों की रिपोर्ट के आधार पर बीजिंग में 15 अक्तूबर को आयोजित किया जाएगा और दोनों पक्षों में से कोई भी उसमें उठाए गए भारत-चीन सीमा के बारे में किसी प्रश्न पर चर्चा करने से इनकार नहीं करेगा।[107] भारत ने 6 अक्तूबर, 1962 को इसका उत्तर दिया कि जबकि वह वार्ता करने के लिए तैयार है, लेकिन वह ऐसा तभी करेगा 'मैकमोहन रेखा के दक्षिण में चीन द्वारा हाल में की गई घुसपैठ को समाप्त कर दिया जाएगा।'[108]

कृष्ण मेनन संयुक्त राष्ट्र महासभा में भाग लेने के लिए 17 सितंबर, 1962 को न्यूयॉर्क के लिए रवाना हुए तथा 30 सितंबर को भारत लौटे। नेहरू राष्ट्रमंडल प्रधानमंत्रियों के सम्मेलन में भाग लेने के लिए 8 सितंबर, 1962 को दिल्ली से निकले और पेरिस, लागोस और अकरा का दौरा करने के बाद 2 अक्तूबर, 1962 को लौटे परंतु फिर 12 अक्तूबर, 1962 को कोलंबो के लिए चले गए और 16 अक्तूबर, 1962 को दिल्ली लौटे। सेना मुख्यालय में दो महत्त्वपूर्ण अधिकारी ले. जनरल कौल, चीफ ऑफ जनरल स्टाफ 2 अक्तूबर, 1962 तक छुट्टियों पर कश्मीर में थे तथा सैन्य प्रचालनों के निदेशक (डी.एम.ओ.) विमान-वाहक पोत विक्रांत पर क्रूज पर थे! ये सभी दुर्भाग्यवश सेना का प्रयोग करने के लिए बीजिंग में लिये जा रहे महत्त्वपूर्ण निर्णय से अनजान थे। इसी दौरान, प्रधानमंत्री और रक्षा मंत्री, दोनों की अनुपस्थिति में प्रमुख निर्णय लंबित बने रहे, जबकि चीनी सैन्य टुकड़ियाँ सीमा पर एकत्र होती रहीं, जो हमले के लिए तैयार थीं।

चीनियों को एक अच्छे अवसर तथा एक बेहतर समय के लिए अधिक प्रतीक्षा नहीं करनी पड़ी। वे अत्यंत धैर्य के साथ तैयारी कर रहे थे तथा किसी सही समय के लिए इंतजार कर रहे थे। ऐसा प्रतीत होता है कि 6 अक्तूबर, 1962 को हुई बैठक में यह अंतिम निर्णय लिया गया था जिसकी अध्यक्षता माओ द्वारा की गई थी और केंद्रीय सैन्य समिति के सदस्यों ने भाग लिया था।[109] यह निर्णय पश्चिमी और पूर्वी सेक्टरों, दोनों पर एक समन्वित हमला संचालित करना था तथा 'एक व्यापक चोट' पहुँचाना था।[110]

यह बात कि सैन्य कार्रवाई केवल 'आत्मरक्षा' का उपाय था, जैसा कि चीनियों द्वारा दावा किया गया था, एक कपट, एक छलावा, एक स्वाँग भरी कवायद थी तथा अत्यंत अनर्गल बात थी। चार तथ्यों ने इस बात का स्पष्टत: खुलासा किया। 7 जुलाई, 1962 को मास्को में चीन के राजदूत ने पाकिस्तानी राजदूत को यह बताया कि चीन भारत को 'एक सबक' सिखाने जा रहा है तथा पाकिस्तानी राजदूत ने मास्को में ब्रिटिश राजदूत को सम्यक् रूप से यह बात बताई भी थी।[111] यह ज्ञात नहीं है कि क्या इस जानकारी के आधार पर ब्रिटेन ने नेहरू को पहले ही चेतावनी दी थी। इसी प्रकार, चोऊ ने बीजिंग में सोवियत राजदूत चेरवोनेंको को 7 अक्तूबर, 1962 को बताया था कि 'भारत चीन पर आक्रमण करने की तैयारी कर रहा है और यह कि 'यदि वे हम पर आक्रमण करेंगे, तो हम पूरी तरह से स्वयं की रक्षा करेंगे।[112] दूसरे ल्हासा में भारतीय मिशन की सभी प्रकार की संचार-व्यवस्था को 9 अक्तूबर, 1962 को समाप्त कर दिया गया था। किसी को भी मिशन के भीतर जाने की अनुमति नहीं थी। सभी स्थानीय कर्मचारियों को वापस बुला लिया गया था। बाद में चीनियों ने यह कहते हुए इसका स्पष्टीकरण दिया कि ल्हासा टेलीग्राफ कार्यालय में 'सर्किट में व्यवधान' आ गया था।[113] तीसरे, भारतीय युद्धबंदियों (पी.ओ.डब्ल्यू.) ने भारत वापसी पर यह सूचित किया कि चीनी पी.एल.ए. ने तिब्बत में दुभाषिये नियुक्त कर दिए थे, जो हर प्रमुख भारतीय भाषा बोल सकते थे! उन्होंने यह स्पष्ट रूप से देखा था कि चीनी किस प्रकार हर सुविधा से लैस और तैयार थे। उन्होंने पहले से ही पी.ओ.डब्ल्यू. शिविरों की तैयारी तक कर ली थी। चीनी अब स्वीकार करते हैं कि उन्होंने छीओंगछीओंग और लोंग्जी में पी.ओ.डब्ल्यू. शिविरों की अच्छी तरह से तैयारी की थी।[114] चौथा चीनी आक्रमण एक ही समय पर सीमा पर सभी सेक्टरों में आरंभ हुआ था (20 अक्तूबर, 1962 को भारतीय समय के अनुसार प्रात: 5 बजे) तथा इसे पूरी तरह से चीनी

समय के अनुकूल निर्धारित किया गया था! प्रसंगवश, बीजिंग में भारतीय कार्यवाहक (सी.डी.ए.) को 21 अक्तूबर, 1962 को उप विदेश मंत्री द्वारा बुलाया गया था तथा उन्हें इस बात की विरोध टिप्पणी सौंपी गई कि भारत द्वारा 20 अक्तूबर, 1962 को प्रातः 4.30 बजे तिब्बत पर आक्रमण किया गया है और इस आक्रमण को अत्यंत भारी पैमाने पर अंजाम दिया गया है! साथ ही बी.बी. सी. ने भी चीनी अधिकारियों की बात का समर्थन करते हुए चीन के आरोप को प्रसारित किया। प्रश्न यह उठता है कि बी.बी.सी. और चीनी सरकार को एक ही समय पर भारत द्वारा किए गए आक्रमण के बारे में कैसे पता चला? इस बात में कोई संदेह नहीं था कि यह एक पूर्वनियोजित, पूर्वनिर्धारित और सुव्यवस्थित हमला था। यहाँ तक कि मैक्सवेल ने स्वीकार किया कि चीनियों द्वारा अपनी सैन्य कार्रवाई को 'आत्मरक्षा' का नाम देना एक 'गढ़ी गई कहानी' थी तथा यह कहना कि भारतीयों ने पश्चिमी सेक्टर में हमला आरंभ कर दिया है, एक 'भद्दी' चाल थी।[115] दूसरी ओर भारतीय पक्ष में भ्रम की स्थिति बनी हुई थी।[116]

चीनियों ने नेफा और लद्दाख, दोनों ही क्षेत्रों में अपने आक्रमण को प्रारंभ करने के लिए समय को अत्यंत सावधानीपूर्वक क्यूबा के मामले में सोवियत-अमेरिकी झड़पों के संबंध में हुए घटनाक्रमों के साथ समायोजित किया था। बाद में, अमेरिकी सेक्रेटरी ऑफ स्टेट रस्क ने नेहरू को बताया कि संभवतः चीनियों ने भारत पर किए गए अपने भारी हमले का समय यह ध्यान में रखते हुए तय किया था कि क्यूबा में रूस द्वारा सैन्य तैयारियाँ चल रही थीं। उन्होंने यह विचार किया था कि चाहे क्यूबा में मिसाइल हमले की योजना सफल हो अथवा असफल, अमेरिका द्वारा क्यूबा संकट पर अपना पूर्णतः ध्यान केंद्रित किए जाने की आशा थी और इस प्रकार वे हिमालय में कोई भी कार्रवाई करने में समर्थ नहीं होंगे। रस्क ने नेहरू को बताया कि 'चीन के क्यूबा में गुप्तचर कार्मिक विद्यमान थे तथा निस्संदेह ही वे जानते थे कि क्या होने जा रहा है'।[117]

यदि किसी अन्य सबूत की आवश्यकता है, तो आप घटनाक्रमों के समय को देखें। 11 सितंबर, 1962 को अमेरिका ने रिजर्व सैनिकों को बुलाया। उसी दिन, चीनियों ने नाम्का छु पर भारत की अग्रिम चौकियों को घेरना आरंभ कर दिया था। 20 अक्तूबर, 1962 को, राष्ट्रपति कैनेडी ने क्यूबा की घेराबंदी के लिए एक आदेश जारी किया और यह 22 अक्तूबर, 1962 को प्रभावी हुआ। 20 अक्तूबर, 1962 को चीनियों ने भारतीय ठिकानों पर अपना भयानक आक्रमण किया था। 24 अक्तूबर को तवांग पर चीनियों का कब्जा हो गया और उसी दिन चोऊ ने तीन-सूत्रीय प्रस्ताव जारी कर दिया।

क्यूबा के घटनाक्रमों के कारण तथा अमेरिका के साथ टकराव की संभावना के डर से सोवियत रूस ने चीन का साथ देने का निर्णय लिया। 11 और 14 अक्तूबर को हुई बैठकों में सी.पी. एस.यू. की केंद्रीय समिति ने महसूस किया कि 'भारत की माँगें···पी.आर.सी. के लिए अपमानजनक हैं···हमें नेहरू से काफी निराशा हुई है।[118] अतः इस बात में कोई आश्चर्य नहीं था कि 25 अक्तूबर को प्रावदा ने भारत से अनुरोध किया था कि चोऊ के 'प्रस्ताव' (24 अक्तूबर के) को स्वीकार कर ले तथा उसे 'रचनात्मक' पहल का नाम दिया। प्रावदा ने घोषणा की कि मैकमोहन रेखा 'ब्रिटिश साम्राज्यवाद का घृणित परिणाम है और इसके फलस्वरूप वह अवैधानिक है', परंतु जो बात सबसे अधिक अवसरवादी और चौंकाने वाली थी, वह भारत के बारे में संवेदनशील सैन्य गुप्तचर जानकारी

को प्रकट करते हुए चीनियों को प्रसन्न करने की सोवियत रूस की कोशिशें थीं। 5 नवंबर और साथ ही 11 नवंबर, 1962 को चीन में सोवियत राजदूत चेरवोनेन्को ने चाओ यीमिन के साथ भेंट की और उन्हें भारत के बारे में जानकारी सौंपी। यही नहीं, 3 नवंबर, 1962 को चेरवोनेन्को ने चांग हानफू के साथ भेंट की और उन्हें नेहरू तथा ख्रुश्चेव के बीच भेजे गए पत्रों की प्रतियाँ भेंट की और साथ ही भारतीय तथा सोवियत अधिकारियों के बीच हुए पत्राचार की विषय-वस्तु से भी अवगत कराया।[119] यहाँ राजनयिक गोपनीयता का स्पष्ट उल्लंघन था तथा ऐसी परिस्थितियों में भारत के प्रति बहुत अधिक मित्रवत व्यवहार नहीं था।

इसके अलावा संपूर्ण सोवियत पोलित ब्यूरो चीनी राजदूत ल्यौ शियाओ और उनकी पत्नी के विदाई के लिए ख्रुश्चेव द्वारा आयोजित विदाई-समारोह में शामिल हुआ। अपने भाषण में ख्रुश्चेव ने प्रस्ताव किया कि दोनों देश 'कल' यह घोषणा करेंगे कि सोवियत संघ भारत-चीन युद्ध की घटना में चीन के साथ खड़ा है। उन्होंने भारत को मिग-21 जेट लड़ाकू विमानों की बिक्री को भी उस समय तक स्थगित कर दिया, 'जब तक सीमा पर तनाव समाप्त नहीं हो जाता।' अन्य पोलित ब्यूरो सदस्यों ने राजदूत ल्यौ को संकेत दिया कि ख्रुश्चेव के प्रस्ताव में सी.पी.एस.यू. के प्रेजीडियम का अनुमोदन प्रतिबिंबित होता है। ल्यौ शियाओ ने बीजिंग में नेतृत्व को उस प्रस्ताव के बारे में बताया, परंतु उनसे कहा गया कि वह उसका कोई उत्तर न दे।[120]

लेकिन 25 अक्तूबर, 1962 को सोवियत संघ ने क्यूबा की घेराबंदी का विरोध न करने का निर्णय लिया, जिससे कि अमेरिका के साथ टकराव की स्थिति को टाला जा सके तथा वार्तालाप करने का निर्णय लिया। अगले दिन (26 अक्तूबर 1962) अमेरिका ने घोषणा की कि वह भारत और चीन के बीच पारंपरिक और सामान्य रूप से स्वीकार्य अंतरराष्ट्रीय रेखा के रूप में मैकमोहन रेखा को मान्यता देता है,[121] जिसका अर्थ यह था कि मैकमोहन रेखा के दक्षिण की ओर रहते हुए चीन वास्तव में अंतरराष्ट्रीय सीमा का उल्लंघन कर रहा था।

जैसे-जैसे दोनों महाशक्तियों के बीच तनाव बढ़ने लगा, चीन के समक्ष अब एक गंभीर समस्या आ गई थी। उन्होंने अत्यधिक विस्तार कर लिया था और अब सर्दियाँ आने पर कुछ नाटकीय घटनाक्रम घटित होने की संभावना थी। नवंबर 1962 के प्रारंभ तक सोवियत रूस को अपने पूर्व के दृष्टिकोण में गलती होने का आभास हुआ और उसने भी अपना रुख बदल दिया।[122] एक स्पष्ट राजनीतिक यू-टर्न में, ख्रुश्चेव ने उसके तुरंत बाद ही मास्को में भारतीय राजदूत को सूचित किया कि जबकि रूस किसी पक्ष को हथियारों की आपूर्ति नहीं करेगा, फिर भी वह भारत को हथियारों की आपूर्ति करने की अपनी पूर्व की समस्त प्रतिबद्धताओं को अवश्य ही पूरा करेगा जैसे परिवहन, विमान और, जिसमें एम.आई.जी. कारखाना भी शामिल था।[123] इससे पूर्व, सोवियत संघ ने चीनी भावनाओं के प्रति अपना सम्मान प्रदर्शित करने के लिए भारत को महत्त्वपूर्ण आपूर्तियों को रोक दिया था। निस्संदेह ही अत्यंत आश्चर्यचकित होते हुए चीन के उप-विदेश मंत्री चांग हानफू ने सोवियत राजदूत से पूछा, 'यह परिवर्तन क्यों हुआ ?' चांग ने स्वत: ही इस प्रश्न का उत्तर दिया, 'ऐसा क्यूबा में स्थिति के (बदलने) कारण हुआ था।[124]

19 नवंबर, 1962 को नेहरू की दो हताश अपीलें प्राप्त होने के पश्चात्, अमेरिका ने फिलीपींस में यू.एस.ए.एफ. के चार स्क्वैड्रनों, 300 परिवहन विमानों तथा 14000 सैनिकों को 48 घंटे के अलर्ट

पर तैनात किया। विमान-वाहक पोत 'एंटरप्राइज' के नेतृत्व में एक अमेरिकी वाहक कार्यबल को बंगाल की खाड़ी में तैनात रहने का आदेश दिया गया। नौसेना को भेजना अमेरिका की ओर से संकेत था कि 'यदि चीन ने अपने आक्रमण को आगे बढ़ाना जारी रखा, तो अमेरिका भारतीय शहरों की सुरक्षा करने के लिए हवाई हमले से हस्तक्षेप करने के लिए तैयार था।' राष्ट्रपति कैनेडी ने बलपूर्वक यह दावा किया कि 'हम इसे सीमा विवाद से अधिक मानते हैं'[125] हालाँकि पूर्व का आकलन यह था कि कठिन भू-भाग के कारण यह लड़ाई सीमा क्षेत्रों तक ही सीमित रहेगी।

चूँकि क्यूबा की घेराबंदी 20 नवंबर, 1962 को समाप्त हो गई थी, चीनियों ने उन संकेतों को सही-सही समझ लिया था। अंतरराष्ट्रीय स्थिति अब पुनः भारत के पक्ष में बदल गई थी। उन्होंने महसूस किया कि वे अब और आगे नहीं जा पाएँगे तथा उसी दिन उन्होंने एकपक्षीय युद्धविराम की घोषणा कर दी तथा यह घोषित किया कि उनकी टुकड़ियाँ मैकमोहन रेखा के उत्तर में वापस हो जाएँगी (अंतिम चीनी टुकड़ी 2 मार्च, 1963 को वापस गई)। इसके साथ ही चीनियों ने पूर्वी सेक्टर में एक इंच भू-भाग हासिल नहीं किया। चीनी निर्णय भारतीय नेतृत्व के लिए एक अत्यंत आश्चर्य लेकर आया था, हालाँकि अयूब के पाकिस्तानी जीवनी लेखक अल्ताफ गौहर दावा करते हैं कि अयूब चीन द्वारा युद्ध-विराम की घोषणा किए जाने से कम-से-कम 48 घंटे पूर्व ही जानते थे कि ऐसी घोषणा की जानेवाली है।[126] यदि यह सच था, तो इससे यह प्रदर्शित होता है कि चीन और पाकिस्तान के बीच उच्च-स्तरीय समन्वय पहले ही विद्यमान था अथवा पाकिस्तान केवल शेखियाँ बघार रहा था!

चीनियों के लिए 1962 के विवाद का मुख्य उद्देश्य न तो भू-भाग से जुड़ा था और न ही सीमा के प्रश्न से संबंधित था। चीन के तत्कालीन राष्ट्रपति ल्यौ शाओछी के शब्दों में, यह कार्रवाई भारत के घमंड को चूर-चूर करने तथा उसके गौरव को तोड़ने के लिए की गई थी। चीन ने भारत को सबक सिखाया है तथा वह ऐसा बार-बार करता रहेगा' (श्रीलंका के नेता फेलिक्स भंडारनायके को कहा गया)।[127] लियु ने स्वीडन के राजदूत को भी यही पंक्तियाँ दोहराईं। माओ ने इस विचारधारा की पुष्टि की, जब उन्होंने 1964 में नेपाली शिष्टमंडल को बताया था कि 'भारत और चीन के बीच मुख्य समस्या मैकमोहन रेखा नहीं थी, बल्कि तिब्बत का मामला था। भारत सरकार की राय में तिब्बत उनका था'। माओ ने स्पष्ट रूप से विवाद के भू-भागवाले पहलू को नजरअंदाज कर दिया, जब उन्होंने तत्कालीन सोवियत कार्यवाहक राजदूत सर्गई अंतोनोव को स्वयं बताया था कि 'किसी भी परिस्थिति में हम हिमालय से आगे नहीं जाएँगे। यह बात पूर्णतः खारिज की जाती है। यह विवाद भूमि के एक महत्त्वहीन भाग पर मात्र है।'[127] चीन की हालिया टीका-टिप्पणियाँ माओ की इस धारणा को उद्धृत करती हैं कि 'वास्तविक लक्ष्य' नेहरू नहीं थे, बल्कि अमेरिका और सोवियत संघ थे, जो परदे के पीछे चीन के विरुद्ध' साजिश कर रहे थे।[130] एक आधिकारिक चीनी प्रकाशन ने हाल ही में इसी विषय पर और अधिक जानकारी इस प्रकार प्रदान की है—

> *चीन की सरकार की घोषणा (युद्ध-विराम की) न केवल अमेरिका और सोवियत संघ की चीन-विरोधी योजना और एशिया में उनकी रणनीतिक योजना के लिए एक गंभीर झटका था, बल्कि इसने भारत-चीन सीमा विवाद से लाभ उठाने के अमेरिकी और रूसी प्रयासों पर भी पानी फेर दिया। जैसा कि चीनी सेना के सीमा पर तैनात जवानों ने कहा था, 'इस*

बार, जब जवाहरलाल नेहरू पर चोट की गई है, तो उसका दर्द कैनेडी और ख्रुश्चेव के चेहरों पर देखा जा सकता है।"[131]

इसके अलावा, चीन को यह विश्वास था कि उसके द्वारा दिया गया यह जबरदस्त झटका भारत-चीन सीमावर्ती क्षेत्र के मुद्दे को काफी समय तक खामोश रखेगा जिससे उन्हें अत्यंत लाभ मिलेगा और तिब्बत में भारत के किसी भी 'हस्तक्षेप' और 'अपने पड़ोसी के साथ शांति बनाने' की प्रक्रिया को हतोत्साहित करेगा।[132] यह उम्मीद की गई थी कि इस प्रकार तिब्बत शांत हो जाएगा।

अतः, जो माओ ने, जो अंतोनोव और नेपाली आधिकारियों को कहा था तथा, जो लियू शाओछी ने भंडारनायके को कहा था, वह सही था, तो संपूर्ण मुद्दा सीमा के प्रश्न अथवा पश्चिमी सेक्टर में भारत के अग्रिम संचलन अथवा सीमा विवाद के भू-भाग से जुड़े पहलू के बारे में नहीं था। यहाँ तक कि माओ ने भी झड़पों के लिए नेहरू को दोषी माना तथा यह कहा कि वे (नेहरू) निम्नलिखित कारणों के लिए ऐसा कर रहे हैं—

पहले, वे भारत के साम्यवादी दल को झटका देना चाहते हैं, दूसरे, पश्चिमी शक्तियों, विशेष रूप से अमेरिका से आर्थिक सहायता की प्राप्ति हेतु भारत के लिए शर्तों में ढील दिलवाना चाहते हैं और तीसरे, भारत में सी.पी.आर. के प्रभाव को बढ़ने तथा भारतीय लोगों में समाजवादी प्रभाव के विस्तार को बाधित करना चाहते हैं।[133]

माओ नेहरू को 'जगाना' चाहते थे तथा उन्हें 'महाशक्तियों के प्रभाव से' मुक्त कराने का प्रयास कर रहे थे।[134] माओ ने व्यंग्यात्मक लहजे में भारतीय सैनिकों को 'पिद्दी' सैनिक कहकर उनकी अवमानना की थी। तो क्या यह एक गलत धारणा ही थी, जिसके कारण सशस्त्र कार्रवाई प्रारंभ की गई थी?

नेहरू स्वयं भी मानते थे कि सीमा पर झड़पों का भू-भाग के लिए किए जानेवाले निरर्थक वाद-विवाद से अधिक अर्थ है। इस संबंध में भारत और चीन, दोनों ही समान स्तर पर खड़े दिखाई देते हैं, क्योंकि दोनों ने ही विवाद के भू-भाग से जुड़े पहलू को अधिक महत्त्व नहीं दिया था। नेहरू ने मुख्यमंत्रियों को लिखा था, 'देश किसी अधिक गहन कारण के बिना ऐसी कोई कार्रवाई नहीं करते हैं जिनमें भयानक परिणाम निहित हो।'[135] प्राथमिक उद्देश्य भारत को एक शक्ति के रूप में स्थापित न रहने देना था, क्योंकि वह 'चीन के महाशक्ति बनने की राह में 'बाधा बन गया था' और साथ ही भारत की गुटनिरपेक्ष नीति को समाप्त करना था जिससे विवश होकर भारत 'पश्चिमी शिविर' में शामिल हो जाए। यह बात यह भी सिद्ध करती है कि 'सोवियत नीति गलत थी।'[136] नेहरू के लिए चीन का हमला एक जबरदस्त झटका था, विशेष रूप से एक ऐसे नेता के रूप में उनकी प्रतिष्ठा के लिए, जो 'चीन को समझता था।' इससे उनके 'पुनरुत्थानशील एशिया के स्वप्न की भी समाप्ति हो गई, जिसमें भारत और चीन के बीच मैत्री हो और जिसके केंद्र में उनकी चौदह सौ मिलियन लोगों की शक्ति निहित हो।[137] चोऊ ने यह कहा कि भारत की प्रतिक्रियावादी प्रवृत्ति के विरुद्ध हमारे संघर्ष (1962 का विवाद) में हमने अमेरिका को सर्वाधिक स्पष्ट लक्ष्य माना है।[138] उन्होंने अपना सुर उस समय बदल लिया, जब अमेरिका के साथ संबंधों में सुधार आया और राष्ट्रपति निक्सन के दौरे के दौरान 23 फरवरी, 1972 को किसिंजर के साथ एक चर्चा में यह बात मानी कि—

वे (नेहरू) इतने अशिष्ट थे कि वे प्राय: हमें शिष्टाचार से उत्तर भी नहीं देते थे, अत: हमारे पास उन्हें हटाने के अलावा कोई अन्य विकल्प नहीं था।

जाहिर है युद्ध प्रारंभ करने का यह कोई कारण नहीं था! इस बात में कोई संदेह नहीं है कि नेहरू के प्रति अपने व्यक्तिगत वैमनस्य में चीनी नेता एकमत थे (एफ. भंडारनायके की 12 जनवरी, 1963 की रिपोर्ट)। यह उल्लेखनीय है कि चोऊ ने न तो किसिंजर को और न ही निक्सन को कभी यह कहा था कि समस्या का केंद्रीय कारण सीमा विवाद है! इस प्रकार यह प्रतीत होता है कि चीनी इस बात से भली-भाँति अवगत थे कि उन्होंने युद्ध विवाद का समाधान करने के लिए नहीं, बल्कि किसी अन्य कारण से प्रारंभ किया था।

सैन्य दृष्टि से 1962 का विवाद चीनी सेना के लिए एक अभूतपूर्व सफलता थी। पहली बार चीन ने उपमहाद्वीप तथा हिमालय पर्वत के दक्षिण में अपनी शक्ति का प्रदर्शन किया था।[139], परंतु चीन के लिए अंतिम परिणाम उतना संतोषजनक नहीं रहा जितना उसने आकलन किया था। इसका कारण यह था कि अंतरराष्ट्रीय परिस्थिति तेजी के साथ चीन के विपरीत होती रही थी और चीनी नेतृत्व ने यह महसूस किया कि विवेक साहस का ही एक अभिन्न हिस्सा है और तथा उसने अपनी सेना को उत्तर में वापस लेने और मैकमोहन रेखा के पीछे आ जाने का तत्काल ही निर्णय ले लिया। सोवियत दृष्टिकोण संभवत: अत्यंत सही था, जब ख्रुश्चेव ने 21 दिसंबर, 1962 को सुप्रीम सोवियत को पेश की गई रिपोर्ट में चीन पर व्यंग्य किया कि 'चीन ने और आगे अपनी लड़ाई जारी नहीं रखी, क्योंकि भारत को अमेरिका और ब्रिटिश साम्राज्यवादियों से मदद प्राप्त होनी आरंभ हो गई थी, जो उसे (भारत को) हथियारों की आपूर्ति कर रहे थे और ख्रुश्चेव ने एक बार पुन: चीन पर व्यंग्य कसा—

चीन अपनी सैन्य टुकड़ियों की उस रेखा पर वापसी कर रहा है जिस पर विवाद प्रारंभ हुआ था। क्या यह बेहतर नहीं होता कि वहाँ से आगे ही न बढ़ा होता।[140]

चीनियों ने महसूस किया कि यदि सैन्य विवाद जारी रहा तो यह एक व्यापक युद्ध में बदल सकता है। अत: चीन ने मैकमोहन रेखा के दक्षिणी भू-भाग से अपनी सेनाओं को वापस लेने का एकपक्षीय निर्णय लिया। इस बारे में एक अतिरिक्त कारक यह था कि शीत ऋतु तेजी से आ रही थी तथा एक विस्तारित सेना और आपूर्ति के साथ मैकमोहन रेखा के व्यापक क्षेत्र में सैन्य टुकड़ियों को बनाए रख पाना अत्यंत कठिन था। साथ ही चीनी तिब्बत की प्रतिक्रिया के बारे में भी अनिश्चित थे। यदि तिब्बत में समस्या उठ खड़ी होती तो आंतरिक शांति स्थापित करने के लिए भी बड़ी मात्रा में सैन्य बल अपेक्षित था। इसके अलावा चीनी सेना 20 नवंबर, 1962 को जिस स्थान तक पहुँची थी, उसके विस्तारित क्षेत्र को ध्यान में रखते हुए, भारत के लिए अपनी विशाल सेना संगठित करना आसान था, जिसमें वह भारी गोला-बारूद और टैंकों का प्रयोग भी कर सकता था। अत: एक अति-विस्तारित आपूर्ति पंक्ति के साथ चीनी सेना, पहली बार एक अत्यंत विषम और प्रतिकूल स्थिति में रहती। यद्यपि भारतीय टुकड़ियाँ उच्च पर्वतीय क्षेत्रों में अच्छी तरह से लड़ नहीं सकती थीं, लेकिन वे मैदान में लड़ने के लिए अधिक दक्ष थीं। इस लड़ाई का परिणाम पहले की तरह पूर्व-निर्धारित नहीं माना जा सकता था।

चीन के लिए भू-भाग के संदर्भ में लद्दाख में कुल लाभ उनकी प्रथम और द्वितीय दावा

रेखाओं के मध्य 2000 वर्ग कि.मी. का उच्च पर्वतीय रेगिस्तान था और पूर्वी सेक्टर में उनके परिश्रम का फल दिखने के लिए कुछ भी नहीं था। जबकि सेना वापसी को चीनियों द्वारा किसी भी रूप में वर्णित क्यों न किया गया हो, परंतु कटु सत्य तो यही है कि वे तवांग तक पर भी कब्जा नहीं रख पाए। यदि चीनी तवांग पर कब्जा जमाने के बाद वहीं रुक जाते, जैसा कि उनके द्वारा किया गया था और उन्होंने 24 अक्तूबर, 1962 के उपरांत भारत भू-भाग के और भीतर प्रवेश न किया होता, तो भारत के लिए उन्हें वहाँ से खदेड़ पाना बहुत कठिन हो जाता। क्योंकि तब वैश्विक जनमत इतना उद्वेलित न होता, पश्चिमी शक्तियाँ इस मुद्दे को इतनी गंभीरता से नहीं लेतीं और चीन की आपूर्ति पंक्ति भी अतिविस्तारित नहीं होती। इसे एक सामान्य सीमा विवाद की भाँति ही देखा जाता। वैश्विक जनमत आसानी के साथ इसे स्वीकार कर लेता और चीनियों ने तवांग का अत्यंत महत्त्वपूर्ण और रणनीतिक क्षेत्र हासिल कर लिया होता। तब यह वास्तव में एक लाभ की स्थिति होती। यह चीन की एक बड़ी रणनीतिक गलती थी। किसी भी स्थिति में पहले मैकमोहन रेखा पार करके और फिर आक्रमण की समाप्ति पर मैकमोहन रेखा के पीछे दक्षिण की ओर वापसी करते हुए चीन ने भारत और चीन के बीच एक अंतरराष्ट्रीय सीमा के रूप में मैकमोहन रेखा की वैधता को सिद्ध किया। इसने यह भी संकेत दिया कि चीनी मैकमोहन संरेखण को स्वीकार करते हैं।

प्रारंभिक दिनों में सीमा के मुद्दे पर अमेरिका की अभिवृत्ति और स्थिति दोहरी प्रकृति की थी और भारतीय उम्मीदों से काफी दूर थी। 12 नवंबर, 1959 को अमेरिका के कार्यवाहक हैड ऑफ स्टेट्स हेर्टर ने सार्वजनिक रूप से घोषणा की कि अमेरिका ने 'सीमा विवाद पर कोई पक्ष' नहीं लिया है तथा, जहाँ तक प्रतिद्वंद्वी सीमा दावों की वैधता का संबंध है, अमेरिका का 'कोई दृष्टिकोण नहीं है। विवाद के परिणामस्वरूप अमेरिका ने 26 अक्तूबर, 1962 को मैकमोहन रेखा को अंतरराष्ट्रीय सीमा रेखा के रूप में मान्यता प्रदान कर दी। यह भारत के लिए एक बड़ा राजनीतिक लाभ था। इसके अलावा, अमेरिका इस बात से अवगत था कि उसे भारत की स्थिति को सुदृढ़ बनाना है, क्योंकि वह पश्चिमी रणनीतिक हितों के लिए चीन के आक्रमण के समक्ष लोकतांत्रिक भारत को 'गिरते' हुए नहीं देख सकता था। यह राजनीतिक स्थिति राष्ट्रीय सुरक्षा स्टॉफ के रॉबर्ट कोमेट द्वारा राष्ट्रपति कैनेडी को भेजे गए ज्ञापन में दोहराई गई, जिसमें उन्होंने बल दिया कि 'हमें भारत के संकल्प को मजबूत बनाना है।'[141]

ब्रिटिश प्रधानमंत्री मैकमिलन ने नेहरू को 23 अक्तूबर, 1962 को लिखे पत्र में मैकमोहन रेखा की वैधता की पुष्टि की[142] और ब्रिटिश सरकार ने अमेरिका की स्थिति के आगे एक कदम और भी उठाया, जब तत्कालीन विदेश सचिव लॉर्ड होम ने फॉरैन प्रेस एसोसिएशन से कहा कि 'हमने वर्तमान सीमावर्ती क्षेत्रों पर भारत सरकार के दृष्टिकोण का पक्ष लिया है तथा विवादास्पद भू-भाग भारत के हैं।[143] समर्थन के वक्तव्य को बाद में संयुक्त राष्ट्र में ब्रिटिश विदेश सचिव लॉर्ड होम द्वारा दोहराया भी गया था, जिसके उत्तर में चीनी विदेश मंत्री छन यी ने यह टिप्पणी की कि लॉर्ड होम की अभिवृत्ति सिद्ध करती है कि 'भारतीय प्रतिक्रियावादी तथा ब्रिटिश साम्राज्यवादी एक ही गुट के भेदिए हैं। उपमहाद्वीप पर किसी पूर्व-साम्राज्यवादी शक्ति के लिए भारत के मामले को इतना अधिक समर्थन दिया जाना वस्तुतः अत्यंत महत्त्वपूर्ण था। यह स्पष्टतः भारत के लिए राजनीतिक लाभ था।

मानचित्र 3 : पश्चिमी सेक्टर में संघर्ष की समाप्ति के बाद हासिल की गई रेखा—1962

चीनी इन घटनाक्रमों से काफी खिन्न थे। विदेश मंत्री छन यी ने महसूस किया कि पश्चिमी शक्तियों ने अंतरराष्ट्रीय सीमा के रूप में मैकमोहन रेखा को मान्यता देने में चीनी लोगों के राष्ट्रीय गौरव और आत्मसम्मान की भावना पर पर्याप्त विचार नहीं किया, जब चीनी राजदूत वांग ने मैकमोहन रेखा पर अमेरिका की स्थिति में परिवर्तन के बारे में वारसॉ में 13 दिसंबर, 1962 को हुई बातचीत में अपने अमेरिकी वार्ताकार राजदूत कैबोट से, जब इस बारे में चर्चा की तो कैबोट ने कहा कि अमेरिकी दृष्टिकोण में यह स्पष्ट है कि चीन ने सैन्य कार्रवाई द्वारा वह भू-भाग हथिया लिया है, जो लंबे समय से भारत के पास था। कैबोट ने यह भी सूचित किया कि जबकि सीमा विवाद के गुणों पर कोई विशेष दृष्टिकोण नहीं लिया है, फिर भी इसकी नीति यह है कि 'कोई भी निपटारा' ऐसा होना चाहिए जिसे भारत सम्मान के साथ स्वीकार कर ले।'[144] अमेरिका का यह मानना था कि चीन की इस 'भयंकर भूल' ने उनके लिए अभूतपूर्व अवसर खोल दिया है[145] जिससे वे भारत को अपने पक्ष में 'कर' सकते हैं। इसके फलस्वरूप, भारत के लिए पश्चिम, विशेष रूप से अमेरिका का सहयोग भी प्राप्त होना प्रारंभ हो गया। यह स्वाभाविक था कि सीमा पर चीनी आक्रामकता से

उन्हें कोई राजनीतिक लाभ प्राप्त नहीं हुआ, परंतु इससे भारत को पश्चिमी सहायता प्राप्त हुई और चीन की हठधर्मी के प्रति अमेरिका के संदेह की पुष्टि हुई।

दूसरी ओर अमेरिका भी जल्द-से-जल्द अपने स्वयं के लक्ष्य को पूरा करने के लिए उत्सुक था। सबसे पहले अमेरिका कृष्ण मेनन के राजनीतिक जीवन को समाप्त होता हुआ देखने का उत्सुक था तथा वहाँ से उनकी विदाई को अत्यंत राहत से देखा गया तथा यह उनके लिए विशिष्ट राजनीतिक लाभ था। जैसा कि गालब्रेथ ने 13 नवंबर, 1962 को कैनेडी को लिखे अपने पत्र में उल्लेख किया था—

> *मेनन की विदाई एक उल्लेखनीय लाभ है। मुझे कोई संदेह नहीं है कि हाल के वर्षों में वे सोवियत संघ के लिए और संभवतः चीन के लिए भी खबरें इधर-उधर करने का एक त्वरित और प्रभावी स्रोत थे¨ यहाँ अनेक लोग यह सोचते थे कि हाल के वर्षों में, जब कभी चीन ने लद्दाख में आगे कोई भी घुसपैठ की है, मेनन ने ध्यान भटकाने के तौर पर पूर्वी पाकिस्तान में गोलीबारी करवाई है। मुझे कोई संदेह नहीं है कि पिछले वर्ष गोवा में सैन्य कार्रवाई चीन-विरोधी लहर से लोगों का ध्यान भटकाने के लिए आयोजित किया गया, जो पिछले ग्रीष्मकाल की घुसपैठों के परिणामस्वरूप उत्पन्न हो रही थी। यह युक्ति काम कर गई। कुछ ही दिनों के भीतर पिछले दिसंबर में चीन सुर्खियों से हट गया और गोवा को मुक्त कराने की मेनन की कार्रवाई आकर्षण का केंद्र बन गई।*[146]

दूसरे, अमेरिकी विदेश मंत्रालय ने यह महसूस किया कि 'भारत की नई चीन-विरोधी पश्चिम-प्रेम नीति एशिया में हमें एक बड़ी सफलता दिला सकती हैं।' राष्ट्रीय सुरक्षा स्टाफ के कोमर ने राष्ट्रपति कैनेडी को लिखा कि 'पेपिंग (बीजिंग) द्वारा हमें प्रदान किए गए अवसर का परिमाण'[147] इतना अच्छा था कि उसे गँवाया नहीं जा सकता था। इसने अमेरिका के लिए उपमहाद्वीप में भारत-पाकिस्तान के बीच मेल-मिलाप हेतु प्रयास करने के अपने दीर्घकालिक उद्देश्य की पूर्ति के लिए एक अन्य अवसर उत्पन्न कर दिया। इसके परिणामस्वरूप, अमेरिका और ब्रिटेन द्वारा भारत पर कश्मीर मुद्दे पर समझौता करने के लिए पर्याप्त दबाव डाला गया। उसी दौरान, राष्ट्रपति कैनेडी ने यह विचार किया कि कश्मीर में समस्या समाधान को भारत को अमेरिकी सैन्य सहायता से जोड़ना घटनाओं को और अधिक उलझा रहा है, क्योंकि इससे अमेरिका द्वारा अब तक हासिल की गई भारतवासियों की पर्याप्त सद्भावना के समाप्त होने का जोखिम उत्पन्न हो रहा था और यदि अमेरिका ने अधिक दबाव डाला, तो एक अतिरिक्त यह खतरा था कि उससे भारत-चीन के बीच सुलह की संभावना अधिक प्रबल हो जाएगी।[148]

उसी दौरान अमेरिका भी उत्सुक नहीं था कि भारत-चीन संबंधों, में विशेष रूप से सीमा के मुद्दे पर, विद्यमान टकराव और वैमनस्य जल्दी समाप्त हो जाए। यह झगड़ा हदों के अंदर रहते हुए जितना अधिक कड़वाहट भरा होता, उतना अधिक यह अमेरिका के लिए रणनीतिक लाभ का होता। जैसा कि कोमर (एन.एस.सी. स्टाफ) ने कैनेडी को भेजे एक ज्ञापन में लिखा था—

> *इस प्रकार यह हमारे अधिक रणनीतिक हित में है कि भारत-चीन टकराव को एक उच्च स्तर तक बनाए रखा जाए, क्योंकि ऐसा करना उस झगड़े को एक बड़े पैमाने के युद्ध में बदलने से बचाने के लिए आवश्यक था।*[149]

चीनी आक्रमण ने भारत में अभूतपूर्व राष्ट्रवादी भावना का प्रसार किया। कोई भी सरकार भले ही वह उस कार्रवाई को अंजाम देना चाहती हो, जो युक्तिसंगत प्रतीत होती हो और, जो चीन की पूर्ण वापसी से कम हो, ऐसा करने की स्थिति में नहीं थी। इस प्रकार सीमा पर गतिरोध अनिश्चित काल तक जारी रहा। भारतीय सेना तेजी से बढ़ाई और पुनर्गठित की जा रही थी। रक्षा बजट भी लगभग दोगुना कर दिया गया था। इस प्रकार, जब 1967 में नाथुला पर सिक्किम-तिब्बत सीमा पर अगली बड़ी झड़प हुई तो न केवल भारतीय सेना ने अपनी पकड़ बनाए रखी, बल्कि कोई जमीन हथियाई नहीं गई, कोई भी स्थान नहीं खोया गया।[150] छह नई पर्वतीय डिवीजनें खड़ी की गईं। अब आधुनिक हथियारों के साथ एक नई उत्साही भारतीय सेना सीमाओं पर खड़ी थी। इस घटनाक्रम ने चीनियों को एक बार पुनः अमेरिका से प्रतिवाद करने पर विवश कर दिया। वारसॉ में राजदूत वांग ने एक बार पुनः विरोध जताया और अमेरिका पर पर्वतीय डिवीजनों को हथियारों से लैस करते हुए 'भारत को उकसाने' तथा 'दो और डिवीजनों को हथियारों से लैस करने पर विचार करने और संयुक्त आक्रमणों में शामिल होने' के आरोप लगाए।[151] स्पष्टतः चीनियों ने ऐसी किसी घटना की आशा नहीं की थी।

चीनी सेना द्वारा भारतीय रक्षा-पंक्ति को आसानी से भेद लेने का रोष तो था लेकिन, बहुत ही कम देशों ने सीमा विवाद पर चीन के पक्ष का समर्थन किया। यहाँ तक कि मैक्सवेल स्वीकार करते हैं कि 'सीमा युद्ध को विश्व भर में चीन द्वारा भारत पर बिना उकसाए किए गए हमले के रूप में बताया गया था'''और इससे इस आम बोध की पुष्टि हुई कि पेकिंग ने एक अव्यवस्थित, अंध-देशभक्ति पूर्ण और युद्धकारी विदेश नीति को क्रियान्वित किया।[152] चीन ने साम्राज्यवादी राजनीति के पीड़ित के रूप में अपनी 'नेतृत्वकारी' भूमिका खो दी और अपनी कार्रवाइयों से केवल ऐसी छवि को पुनःप्रवर्तित किया जैसी कि आनेवाले अमेरिकी प्रवक्ताओं ने एक 'आक्रामक, निर्दयी चीन की छवि पेश की थी।'[153] संभवतः पाकिस्तान ही वह एकमात्र देश था, जो भारत की इस दशा पर अत्यंत प्रसन्न था और इसी के फलस्वरूप उसने एक गंभीर गलत आकलन कर दिया था, जब उसने 1965 में बलपूर्वक कश्मीर को कब्जाने का प्रयास किया। अधिकांश दक्षिण-पूर्व एशियाई देश चीन की सैन्य शक्ति के डर से अमेरिका के अधिक नजदीक आ गए थे। मिस्र और यूगोस्लाविया को छोड़कर, अन्य गुटनिरपेक्ष देशों ने संकट की इस घड़ी में भारत का साथ दिया। भारत के लिए सहयोग मुख्यतः पश्चिमी देशों से प्राप्त हुआ, परंतु इसमें भी, जैसा कि भारत ने स्वयं महसूस किया था, सहयोग की कीमत लगाई गई थी।

भारत में सोवियत रूस की प्रतिष्ठा भी तेजी से गिरी थी तथा उन्होंने अपनी स्थिति केवल तभी वापस हासिल की, जब पश्चिमी देशों द्वारा अकुशल नीतियाँ अपनाई गईं, जहाँ तक भारत-चीन संबंधों का प्रश्न था, वे अब अत्यंत प्रतिकूल हो गए थे, जिससे दोनों देशों को रणनीतिक नुकसान पहुँचा। चीन के पास अब विवादपूर्ण सीमाएँ थीं, न केवल दक्षिण और दक्षिण-पश्चिम में, बल्कि उनके पूर्वी समुद्री क्षेत्र पर अमेरिका की बढ़ती शक्ति को नियंत्रित करने के लिए उनके पास शीघ्र ही उत्तर और उत्तर-पश्चिम में सोवियत संघ के साथ एक अन्य वैमनस्यपूर्ण सीमा भी हो गई थी। जैसा कि 19 जुलाई, 1963 के पेकिंग रिव्यू में स्वीकार किया गया था कि अमेरिका और सोवियत रूस, दोनों ही भारत को सहायता प्रदान करने के लिए सैन्य और आर्थिक सहायता

प्रदान कर रहे थे। यह कि 'नेहरू सरकार ने यह सोचा कि उसने चीन को अलग-थलग कर दिया था।' बीजिंग से निकलने वाले तीखे शब्दाडंबर भी इस तथ्य को नहीं छुपा पाए कि सीमा विवाद के तत्काल उपरांत चीन ने अपनी सीमाओं पर तीनों प्रमुख शक्तियों से वैमनस्य का सामना किया था। यह तो कोई महान लाभ नहीं था!

1962 के विवाद ने कुछ भी हल नहीं किया। चीन ने अब अपने सभी प्रमुख मोर्चों पर विरोधियों की घोषणा कर दी।[154] भारतीय सेना की तुलना में अपनी सैन्य शक्ति का प्रदर्शन करने के बावजूद चीन अभी भी तिब्बत को शांत नहीं कर सका। वहाँ विद्रोहियों ने सिर उठाना जारी रखा। तिब्बत एक कब्जा किया गया क्षेत्र बना रहा तथा चीन वहाँ सैनिक आधिपत्य के आधार पर ही अपना शासन जारी रख सका। यदि चीन को यह आशा थी कि भारत के साथ सीमा विवाद तिब्बतियों को शांत कर पाने में सहायक होगा, तो उन्हें इससे और भी गहरा धक्का लगा था। उनके साथ संबंध पहले ही की भाँति समस्यापूर्ण बने रहे। अत: जिन भी कारणों से चीन ने सीमा विवाद प्रारंभ किया था, लेकिन उनमें से कोई भी समाधान के निकट नहीं पहुँचा। यहाँ तक कि चोऊ ने 3 मार्च, 1963 के पत्र में नेहरू से स्वीकार किया कि 'बल का प्रयोग हमारे बीच किसी समस्या का समाधान नहीं कर सकता है तथा यह कि सीमा के प्रश्न का हल 'अंत में शांतिपूर्ण तरीके से ही निकालना होगा।' चोऊ ने भी यह स्वीकार किया कि भारत और चीन के बीच 'शांतिपूर्ण सह-अस्तित्व' के स्थान पर अब 'दीर्घ सशस्त्र सह-अस्तित्व' स्थापित होगा।[155] संबंधों में गतिरोध विद्यमान हो गया था, जो दशकों तक विद्यमान रहा, जैसा कि नेहरू ने 1963 के प्रारंभ में अपने सहयोगियों से दूरदर्शिता के साथ कहा कि 'किसी सार्थक बातचीत' पर वापस पहुँचने के लिए एक-चौथाई से अधिक शताब्दी लगेगी, बशर्ते कि चीनी भारत पर दोबारा हमला न करे।[156] पिछले अनुभवों को समझते हुए, कुछ वर्तमान चीनी विश्लेषकों ने यह महसूस किया कि भारत-चीन सीमा युद्ध 'दो पूर्व-उपनिवेशों' और शोषित देशों के बीच एक दुर्भाग्यपूर्ण त्रासदी थी।'[157] कुछ ने तो यह भी स्वीकार किया कि चीन न केवल अपने खोए भू-भागों को हासिल कर पाने में असफल रहा, बल्कि उसने एक नया विरोधी भी पैदा कर लिया। यह अप्रत्याशित था।[158]

बड़ी संख्या में भारतीयों के लिए चीनी विश्वासघात के पर्याय बन गए थे जिन पर दुबारा भरोसा नहीं किया जा सकता था। चीन ने एक मित्र नेहरू और भारत को अपना कड़ा शत्रु बना डाला था। उन्होंने उस घृणा की गहराई को कभी महसूस नहीं किया था, जो उनकी सैन्य कार्रवाई ने भारत को नुकसान पहुँचाकर पैदा कर दी थी। भारतीय राज्य-तंत्र को आघात पहुँचाने के स्थान पर उन्होंने भारत के लगभग सभी वर्गों को अपने विरुद्ध खड़ा कर लिया था।

चीन ने अपनी सैन्य कार्रवाई से ड्यूक ऑफ वेलिंगटन की टिप्पणी को सही साबित कर दिया कि 'एशिया में एक सफल सैन्य अभियान के परिणाम अकसर किसी पराजय से कम अपमानजनक नहीं होते।'[159]

संदर्भ :

1. लोकसभा डिबेट्स, द्वितीय श्रृंखला, खंड XIX, पृष्ठ 4629-32।
2. भारतीय आँकड़े विदेश मंत्रालय के उपयोग पर आधारित हैं। चीनी आँकड़े 'हिस्ट्री ऑफ काउंटर अटैक वार इन सेल्फ डिफेंस एलांग साइनो-इंडियन बॉर्डर (एच.सी.ए.डब्ल्यू.एस.डी.एस.आई.बी.) अध्याय II, खंड 1, पैरा 96 पर आधारित हैं (बीजिंग : मिलिट्री साइंस पब्लिकेशन, 1994)।
3. श्वेत-पत्र III, पृष्ठ-79, चीन के विदेश मंत्रालय द्वारा भारतीय दूतावास-बीजिंग को 26 सितंबर, 1959 को भेजी टिप्पणी।
4. डब्ल्यू.पी. I, पृष्ठ 26।
5. डब्ल्यू.पी. I, पृष्ठ 29।
6. डब्ल्यू.पी. I, पृष्ठ 48।
7. डब्ल्यू.पी. I, पृष्ठ 52।
8. एक संक्षिप्त टिप्पणी, दिनांक रहित, एन.एम.एल., एस. दत्त पत्र, विषय फाइल # 40, पृष्ठ 39-42।
9. एफ.आर.यू.एस. 1958-60, खंड XV, पृष्ठ 166 संपादकीय टिप्पणी (68), राष्ट्रीय सुरक्षा परिषद् की 404वीं बैठक का ज्ञापन, 30 अप्रैल, 1959।
10. ब्रिटिश उच्चायोग, दिल्ली, मैकडोनाल्ड द्वारा राष्ट्रमंडल संपर्क कार्यालय (सी.आर.ओ.) लंदन को, पत्र संख्या पी.आर.ई.एम. 1/2728 पी.आर.ओ. दिनांक 21 अक्तूबर, 1959।
11. एफ.आर.यू.एस. 1958-60, खंड XV, पृष्ठ 472।
12. एस.डब्ल्यू.जे.एन.-एस.एस., खंड 47, एस.एस., पृष्ठ 470 (पैरा 4)।
13. डब्ल्यू.पी. I, पृष्ठ 55।
14. पी. मेहरा, दि नॉर्थ-ईस्ट फ्रंटियर : 1906-1914 (दिल्ली : ऑक्सफोर्ड यूनिवर्सिटी प्रेस, 1980) पृष्ठ 105।
15. डब्ल्यू.पी. I, पृष्ठ 55।
16. कनिंघम लद्दाख : फिजिकल, स्टैटिकल एंड हिस्टोरिकल (लंदन : डब्ल्यूएच एलेन एंउ कं. 1854)।
17. डब्ल्यू.पी. II, पृष्ठ 29।
18. पी. मेहरा, ओ.पी.-सी.आई.टी.. पृष्ठ 134।
19. वुडमैन, हिमालयन फ्रंटियर्स, (लंदन : क्रीसेंट प्रेस 1969), पृष्ठ 181।
20. एफ.आर.यू.एस. 1958-60, खंड XV, पृष्ठ 517।
21. डब्ल्यू.पी. II, पृष्ठ 28।
22. पेकिंग रिव्यू, 13 सितंबर, 1959।
23. कनिंघम, लद्दाख 1854 (पुनः मुद्रण, दिल्ली : सागर पब्लिकेशंस, 1977), पृष्ठ 261।
24. लैम्ब, ब्रिटेन एंड चाइनीज सेंट्रल एशिया (लंदन : रूटलेज एंड पॉल, 1960), पृष्ठ 79।
25. ब्रिटिश विदेश कार्यालय टिप्पणी एफ प्रेस/160/9 दिनांक 30 दिसंबर।
26. फिशर रोज एवं अटेनबैक, हिमालयन बैटलग्राउंड (लंदन : पॉल माल, 1963), पृष्ठ 62।
27. एल./पी. एंड एस./10/344 (फाइल संख्या 464/1913, भाग 5) 7वीं बैठक की कार्रवाइयाँ/अनुबंध 3, चेन मैकमोहन को, 26 अप्रैल, 1914।
28. एल./पी.एंड एस./10/718 (फाइल संख्या पी. 3260/1917 भाग 6) जॉन जॉर्डन ब्रिटिश विदेश कार्यालय को संख्या 250 दिनांक 30 जून, 1914 जिसमें वई चिआओ यू का ज्ञापन अंतर्विष्ट है (चीनी विदेश कार्यालय) दिनांक 29 जून, 1914, जिसमें उद्धृत पैराग्राफ अंतर्विष्ट है।
29. एटचेसन ट्रीटी, खंड XIV ए 1729 संस्करण, पृष्ठ 37-38।
30. पी.आर.सी. सरकार के अधिकारियों तथा भारत सरकार के अधिकारियों की रिपोर्ट (पेकिंग : 1961/ चीनी रिपोर्ट), पृष्ठ 30।

31. सर चार्ल्स बैल, तिब्बत, पास्ट प्रेजेंट (ऑक्सफोर्ड : क्लेरेंडन प्रेस 1924), पृष्ठ 155।
32. ओपनहेम, इंटरनेशनल लॉ : ए ट्रीटाइज (लंदन : लांगमैन, ग्रीन एंड कं. 1955), पृष्ठ 874-5।
33. आई.सी.जे. रिपोर्ट्स 2002, पृष्ठ 685-6, पैरा 149।
34. वू लेंगजी, शिनियन लुज्हान 1955-66/ए डिकेट ऑफ पोलेमिक्स, खंड 1, पृष्ठ 210-212।
35. फ्रेवेल, ओ.पी.-सी.आई.टी. पृष्ठ 84-85।
36. नेहरू का मुख्यमंत्रियों को पत्र, 1 अक्तूबर, 1959, खंड V, पृष्ठ 285।
37. एस. दत्त, राष्ट्रपति आइजनहावर और नेहरू के बीच 10 दिसंबर, 1959 को हुई चर्चाओं के अभिलेख (एस. दत्त पत्र, जे.एन.एम.एल.) एफ.आर.यू.एस. 1958-60, खंड XV, पृष्ठ 523 भी देखें।
38. एच.सी.ए.डब्ल्यू.एस.डी.एस.आई.बी., अध्याय 3, खंड 1, पैरा 285।
39. डब्ल्यू.पी. III, पृष्ठ 55।
40. डब्ल्यू.पी. III, पृष्ठ 53।
41. हॉफमैन, इंडिया एंड दि चाइना क्राइसेस (बर्कले : यूनिवर्सिटी ऑफ कैलिफोर्निया प्रेस, 1990) पृष्ठ 82-85।
42. पी.एन. कौल, रिकॉर्ड ऑफ दि टॉक्स बिटवीन दि पी.एस. ऑफ यू.एस.एस.ए.आर. एंड दि पी.एम. ऑफ इंडिया एट दि लैटर्स रेजिडेंस (12 फरवरी, 1960) विषय फाइल 24, 1960, एस. दत्त पत्र, जे.एन.एम.एल.।
43. एशियन रिकॉर्डर, 1960, पृष्ठ 3177।
44. पीपल्स डेली, 17 फरवरी, 1960।
45. चोऊ एनलाई झुआन/चोऊ एनलाई की जीवनी (बीजिंग : पीपल्स पब्लिशिंग हाउस एंड कल्चरल आर्काइब्स पब्लिशिंग, 1989), खंड 3, पृष्ठ 1517-23।
46. चोऊ एनलाई नियानपु/क्रॉनिकल ऑफ चोऊ एनलाई लाइफ (बीजिंग : झोंगयांग वांजियान, 1997), खंड 2, पृष्ठ 312।
47. एस. गोपाल, ओ.पी.-सी.आई.टी. पृष्ठ 136।
48. जगत मेहता, ओ.पी.-सी.आई.टी. पृष्ठ 80।
49. ब्रिटिश उच्चायुक्त सी.आर.ओ. को पत्र संख्या 1091/29 दिनांक 27 अप्रैल, 1960।
50. ब्रिटिश उच्चायुक्त सी.आर.ओ. को पत्र संख्या 1091/26 दिनांक 2 अप्रैल, 1960 डी.ओ. 35/8822 दिनांक 12 अप्रैल, 1960 भी देखें।
51. बी.एन. मलिक, ओ.पी.-सी.आई.टी. पृष्ठ 273।
52. एन.एम.एल., पी.एन. हक्सई पत्र I एवं II गैर वक्तव्य, विषय फाइलें, फाइल संख्या 25, पृष्ठ 39-41, तार संख्या 24452, परिपत्र : एच.ओ.एम. विदेश सचिव से दिनांक 27 अप्रैल, 1960।
53. एस. दत्त, ओ.पी.-सी.आई.टी. पृष्ठ 132।
54. ब्रिटिश उच्चायुक्त सी.आर.ओ. को, एफ.ओ./सी.आर.ओ. संख्या 371/150440 टीएनए।
55. लोकसभा डिबेट्स, द्वितीय श्रृंखला, खंड 43, पृष्ठ 13, 791-804।
56. एफ.आर.यू.एस. 1958-60, खंड XV, पृष्ठ 562।
57. वुडमैन ओ.पी. सी.आई.टी. पृष्ठ 272।
58. सी.आई.ए. दस्तावेज ई. 0129583.4 (बी) (1), (चीन-भारत सीमा विवाद पर तीन भागों की सी.आई.ए. श्रृंखला)।
59. सी.डब्ल्यू.आई.एच.पी., सोवियत राजदूत तथा सी.सी.पी. महासचिव देंग शियाओ पिंग के बीच वार्ता का ज्ञापन, ए.वी.आर.पी. (रूसी परिसंघ का विदेश नीति अभिलेखागार) एफ. 0100, ओ.पी., 53 पृष्ठ 8, डी. 454, II, 165-9, बेन एल्डरिच-मूडी द्वारा अनूदित।
60. फ्रेवल, ओ.पी. सी.आई.टी. पृष्ठ 177।
61. मैकमिलन, एट दि एंड ऑफ दि डे 1961-63 (लंदन : मैकमिलन, 1973), पृष्ठ 224।

62. पालित, वार इन दि हाई हिमालयाज : दि इंडियन आर्मी इन क्राइसेस 1962 (लंदन : हर्स्ट एंड कं. पब्लिशर्स, 1991), पृष्ठ 97-98।
63. ब्रेचर, ओ.पी. सी.आई.टी. पृष्ठ 151।
64. कृष्ण मेनन, इंडिया एंड दि चाइनीज इंवेजन (दिल्ली : कंटेपररी पब्लिकेशंस, 1963), पृष्ठ 15।
65. मैक्सवेल, इंडियाज चाइना वार (लंदन : जोनाथन केप, 1970), पृष्ठ 221।
66. व्हाइटिंग, ओ.पी. सी.आई.टी. पृष्ठ 11।
67. भारत सरकार, 1963।
68. दुर्गादास, इंडिया फ्रॉम कर्जन टू नेहरू एंड आफ्टर (दिल्ली : हार्पर कोलिंस, 2000) पृष्ठ 361। नय्यर इंडिया दि क्रिटिकल ईयर्स (दिल्ली : विकास पब्लिकेशंस, 1971), पृष्ठ 160। टी.एन. कॉल, डिप्लोमेसी इन वार एंड पीस (दिल्ली : विकास पब्लिकेशंस, 1971), पृष्ठ 13 येस्टर बोव्ल्स अमेरिका एंड रशिया इन इंडिया (फॉरेन अफेयर्स, जुलाई, 1971), पृष्ठ 649।
69. वाई.डी. गुडेविया, आउटसाइट दि आर्काइब्स, (दिल्ली : संगम बुक्स, 1987), पृष्ठ 211।
70. ब्रेचर, ओ.पी. सी.आई.टी. पृष्ठ 324।
71. नय्यर, ओ.पी. सी.आई.टी. पृष्ठ 133।
72. डेविड फ्लोयड, माओ अगेंस्ट ख्रुश्चेव : ए शॉर्ट स्टोरी ऑफ दि सिनो-सोवियत कंफ्लिक्ट (न्यूयॉर्क : प्रीगेट 1964), पृष्ठ 366-6।
73. नय्यर, ओ.पी. सी.आई.टी. पृष्ठ 133।
74. एच.सी.ए.डब्ल्यू.एस.डी.एस.आई.बी., अध्याय 3, खंड 1, पैरा 292।
75. सी.डब्ल्यू.आई.एच.पी., चेयरमैन माओ तथा सोवियत सी.डी.ए. सर्गे एनतोनोव के बीच 14 अक्तूबर, 1959 को हुई बातचीत का सारांश, अत्यंत गोपनीय, जर्नल ऑफ एनातोव एस.एफ.।
76. व्हाइट पेपर III, पृष्ठ 55।
77. एफ.आर.यू.एस. 1961-63, दक्षिण एशिया, खंड XIX, दस्तावेज 12, पृष्ठ 30-31।
78. जू जेहाओं, संपा वांग जियाजिंग नियानपु/क्रोनिकल ऑफ वांग जियाजियांग लाइफ (बीजिंग झोंग्यांग वेनजियान चुबांशे, 2001), पृष्ठ 486-89, फ्रेवर भी देखिए, ओ.पी.-सी.आई.टी., पृष्ठ 100।
79. रॉबर्ट रोस, जियांग चेंगबिन (संपा), शीतयुद्ध का पुन:परीक्षण : यू.एस.-चीन राजनयिकता 1954-73 (कैंब्रिज : मास यूनिवर्सिटी ऑफ हार्वर्ड प्रेस, 2001), पृष्ठ 304।
80. डब्ल्यू.पी. VI, पृष्ठ 96।
81. डब्ल्यू.पी. VI, पृष्ठ 99।
82. एफ.आर.यू.एस. 1961-63, खंड XIX, दक्षिण एशिया, दस्तावेज 145, पृष्ठ 291।
83. मैकगार, दि कोल्ड वार इन साउथ एशिया : ब्रिटेन दि यू.एस. एंड दि इंडियन सब कॉन्टिनेंट 1945-65 (कैंब्रिज यूनिवर्सिटी प्रेस, 2013) पृष्ठ 154।
84. एच.सी.ए.डब्ल्यू.एस.डी.एस.आई.बी. अध्याय-4, खंड-2, पैरा 476।
85. व्हाइटिंग, ओ.पी.-सी.आई.टी. पृष्ठ 74।
86. लियूजिआओ, चु शी सुलियन बजिआन/ऐट ईयर्स एज एम्बेस्टर टू सोवियत यूनियन (बीजिंग : डांगशी जिलियाओ चुबांशी, 1986), पृष्ठ 121।
87. एस. गोपाल, ओ.पी.-सी.आई.टी. पृष्ठ 222।
88. गालब्रेथ, एम्बेस्डर्स जर्नल (बोस्टन : हॉटन किफलिन, 1969), पृष्ठ 431।
89. न्यूयॉर्क टाइम्स, 30 मार्च, 1962।
90. न्यूयॉर्क टाइम्स, 30 मार्च, 1962।
91. व्हाइटिंग, ओ.पी.-सी.आई.टी. पृष्ठ 67।
92. एफ.आर.यू.एस. 1961-63, उत्तर-पूर्व एशिया, खंड XXII, दस्तावेज 131. तार संख्या 2136 अमेरिकी दूतावास, वारसा द्वारा डिपार्टमेंट ऑफ स्टेट को, दिनांक 23 जून, 1962।

93. एफ.आर.यू.एस. 1961-63, उत्तर-पूर्व एशिया, खंड XXII, दस्तावेज 128, डिपार्टमेंट ऑफ स्टेट से यू.एस. दूतावास, लंदन को दिनांक 22 जून, 1962।
94. वांग बिंगनान, झोंग-मेई हुइटान हुईगु/रीकलेक्शन ऑफ नाइन ईयर्स ऑ सिनो-यूएस टॉक्स (बीजिंग : शिजे जिशी चुबांशे, 1985), पृष्ठ 85-90।
95. डब्ल्यू.पी. VI, पृष्ठ 71।
96. डब्ल्यू.पी. VI, पृष्ठ 92, एस. गोपाल भी देखिए, ओ.पी.-सी.आई.टी. पृष्ठ 213।
97. पी.के. बनर्जी, माई पेकिंग मेमोरर्स (न्यूयॉर्क : क्लारिऑन बुक्स, 1990), पृष्ठ 51-52।
98. हिंदुस्तान टाइम्स, 10 अगस्त, 1962।
99. डब्ल्यू.पी. III, पृष्ठ 4।
100. डब्ल्यू.पी. III, पृष्ठ 18।
101. पी.के. बनर्जी, ओ.पी.-सी.आई.टी. पृष्ठ 54।
102. तदेव।
103. डब्ल्यू.पी. VII, पृष्ठ 17।
104. डब्ल्यू.पी. III, पृष्ठ 37।
105. डब्ल्यू.पी. III, पृष्ठ 73।
106. तदेव, पृष्ठ 78।
107. तदेव, पृष्ठ 98।
108. तदेव, पृष्ठ 102।
109. किसिंजर, ऑन चाइना (यू.एस. : पेंग्विन ग्रुप, 2012), पृ 192।
110. मैकफारक्वार, दि ओरिजिंस ऑफ दि कल्चरल रेवोलूशन (3) (न्यूयॉर्क : कोलंबिया यूनिवर्सिटी प्रेस, 1974), पृष्ठ 307।
111. ब्रिटिश राजदूत, मास्को से विदेश कार्यालय, लंदन को पत्र संख्या एफ.सी. 1061/46 दिनांक 11 जुलाई, 1962. यह भी देखें : मैक्स-जीन जिंस, जिलेस बोकेरैट, संपा. 'इंडिया इन दि मिरर ऑफ फॉरैन डिप्लोमैटिक आर्काइव्स' (फाउंडेशन बुक्स)।
112. चोऊ एनलाई नियानयु/क्रोनिकल ऑफ चोऊ एनलाई लाइफ, ओ.पी.-सी.आई.टी.. पृष्ठ 502।
113. डब्ल्यू.पी. XIII, एम.ई.ए. ज्ञापन चीन दूतावास को 4 नवंबर, 1962 तथा एम.एफ.ए. 17 नवंबर, 1962 को बीजिंग का उत्तर।
114. एच.सी.ए. डब्ल्यू.एस.डी. एस.आई.बी., ओ.पी.-सी.आई.टी., 'मेमोरेबिलिया ऑफ सिनो-इंडियन बॉर्डर कंफ्लिक्ट 1949-1963, ईयर 1962', पृष्ठ 446।
115. मैक्सवेल, ओ.पी.-सी.आई.टी. पृष्ठ 372।
116. दल्वी, हिमालयन ब्लंडर (दिल्ली : ठक्कर, 1969), पृष्ठ 152।
117. एफ.आर.यू.एस. 1961-63, खंड XIX, दक्षिण एशिया, दस्तावेज 289, पृष्ठ 573।
118. एस. राडचेंको, टू संस इन दि हैवन्स : दि सिनो-सोवियत स्ट्रगल फॉर सुप्रीमेसी 1962-67 (स्टैनफोर्ड यूनिवर्सिटी प्रेस 2009), पृष्ठ 29 कोटिंग फर्सेन्को संपा. प्रेसिडियम डी.एस.के. के.पी.एस.एस., 1954-64। 596, 616।
119. सी.डब्ल्यू.आई.एच.पी., प्रोजुमेंशिकेव, न्यू एविडेंस फ्रॉम रशियन आर्काइव्स (बुलेटिन 8-9, विंटर 1996-97) पृष्ठ 253. एस राडचेंको, ओ.पी.-सी.आई.टी.. पृष्ठ 30 (रूसी परिसंघ के विदेश नीति अभिलेखों पर आधारित (क) ए.वी.पी. आर.एफ. फोंड 0100, ओपिस 55, पाप्का 480, डेलो 7, लिस्ट 113 और (ख) ए.वी.पी. आर.एफ., फोंड 0100, ओपिस 55, पाप्का 480, डेलो 7, लिस्ट 119)।
120. लियु जियाओ, ओ.पी.-सी.आई.टी.।
121. एफ.आर.यू.एस. 1961-36 खंड XIX, दक्षिण एशिया, दस्तावेज 181, डिपार्टमेंट ऑफ स्टेट द्वारा

तार संख्या 1663 दिनांक 26 अक्तूबर, 1962 के माध्यम से अमेरिकी दूतावास, दिल्ली को, जिसमें मैकमोहन रेखा को भारत और चीन के बीच अंतरराष्ट्रीय सीमा के रूप में प्राधिकृत किया गया था।

122. देखिए प्रावदा लेख 5 नवंबर, 1962।

123. एस. गोपाल, ओ.पी.-सी.आई.टी.। पृष्ठ 226, जिसमें सोवियत संघ में भारतीय राजदूत टी.एन. कॉल की ओर से नेहरू को भेजा गया दिनांक 9 नवंबर, 1962 के तार को उद्धृत किया गया है।

124. वांड डोंग दि क्वैरलिंग ब्रदर्स : न्यू चाइना आर्काइव्स एंड री' एप्रेजल ऑफ दि सिनो-सोवियत स्प्लिट (सी.एच.आई.एच.पी. पेपर नं. 49, 7 जुलाई, 2011)।

125. एफ.आर.यू.एस. 1961-62, खंड XIX, दक्षिण एशिया, दस्तावेज 211।

126. अलताफ गौहर, अयूब (ऑक्सफोर्ड यूनिवर्सिटी प्रेस, 1996), पृष्ठ 210।

127. मास्टनी 'दि सोवियत यूनियंस पार्टनरशिप विद इंडिया', जर्नल ऑफ कोल्ड वार स्टडीज, खंड 12, संख्या 3 (समर 2010), पी.आर.सी. विदेश मंत्रालय द्वारा विदेश की सभी चीनी एंबेसियों को भेजे गए दिनांक 11 जनवरी, 1963 के तार को उद्धृत करते हुए।

128. माओ त्से-तुंग सिक्सियांग (1949-68), संयुक्त अनुसंधान सेवा संख्या 61269 दिनांक 20 फरवरी, 1974।

129. शीतयुद्ध अंतरराष्ट्रीय इतिहास परियोजना (सी.डब्ल्यू.आई.एच.पी.), विल्सन सेंटर, जर्नल ऑफ एस.एफ. एंतोनोव, अति गोपनीय, प्रति संख्या 3/माओ के साथ वार्तालाप/14 अक्तूबर, 1955।

130. हांग युआन, दि ग्लोबल टाइम्स, 28 जून, 2012।

131. एच.सी.ए. डब्ल्यू.एस.डी.एस.आई.बी., अध्याय 6, खंड 1(ख), पैरा 1081।

132. होंग युआन, ओ.पी.-सी.आई.टी. 28 जून, 2002।

133. सी.डब्ल्यू.आई.एच.पी. विल्सन सेंटर, जर्नल ऑफ एस.एफ. एनोतोव, अति गुप्त, प्रति संख्या 3/माओ के साथ बातचीत।

134. तदेव।

135. जवाहरलाल नेहरू, लैटर्स टू चीफ मिनिस्टर्स, दिनांक 22 दिसंबर, 1962, खंड V, पृष्ठ 540।

136. तदेव, पृष्ठ 522।

137. सी.एस. झा, ओ.पी.-सी.आई.टी.।

138. जियाओयुआन लियु, ओ.पी.-सी.आई.टी.. पृष्ठ 222।

139. हिस्समैन, टू मूव ए नेशन : ए पॉलीटिक्स ऑफ फॉरेन पॉलिसी ऑफ दि एडमिनिस्ट्रेशन ऑफ जॉन कैनेडी (न्यूयॉर्क : डेल्टा 1967), पृष्ठ 338।

140. सुप्रीम सोवियत को रिपोर्ट, 12 दिसंबर, 1962।

141. एफ.आर.यू.एस. 1961-63, खंड XIX, दक्षिण एशिया, दस्तावेज 226।

142. मैकगार, ओ.पी.-सी.आई.टी.. पृष्ठ 154. डी.ओ. 196/165 भी देखें, दि नेशनल आर्काइव्स (टी. एन.ए.)।

143. सर्वे ऑफ इंटरनेशनल अफेयर्स, 1962, पृष्ठ 418।

144. एफ.आर.यू.एस. 1961-63, खंड XXII, पूर्वोत्तर एशिया, दस्तावेज 158।

145. एफ.आर.यू.एस. 1961-63, खंड XIX, दक्षिण एशिया, दस्तावेज 226।

146. एफ.आर.यू.एस. 1961-63, खंड XIX, दक्षिण एशिया, दस्तावेज 196।

147. एफ.आर.यू.एस. 1961-63, खंड XIX, दक्षिण एशिया, दस्तावेज 226।

148. मैकगार, दि कोल्ड वार्स इन साउथ एशिया : ब्रिटेन, दि यू.एस. एंड दि इंडियन सब-कॉन्टिनेंट 1945-65 (कैंब्रिज : कैंब्रिज यूनीवर्सिटी, प्रेस, 2013), पृष्ठ 182।

149. मैकगार, दि कोल्ड वार्स इन साउथ एशिया : ब्रिटेन, दि यू.एस. एंड दि इंडियन सब-कॉन्टिनेंट 1945-65 (कैंब्रिज : कैंब्रिज यूनीवर्सिटी, प्रेस, 2013), पृष्ठ 226।

150. वाजपेयी, चाइनाज शेडो ओवर सिक्किम (दिल्ली : लैंसर 1999), पृष्ठ 193।

151. वाजपेयी, चाइनाज शेडो ओवर सिक्किम (दिल्ली : लैंसर 1999), खंड XXII पृष्ठ 194।
152. मैक्सवेल, ओ.पी.-सी.आई.टी. पृष्ठ 423।
153. व्हाइटिंग, ओ.पी.-सी.आई.टी. पृष्ठ 161।
154. किसिंजर, ओ.पी.-सी.आई.टी. पृष्ठ 192।
155. जियाओयुआन लियु, ओ.पी.-सी.आई.टी. पृष्ठ 222।
156. पी.के. बनर्जी, ओ.पी.-सी.आई.टी. पृष्ठ 101।
157. होंग युआन, दि ग्लोबल टाइम्स, 28 जून, 2012।
158. लियु झोंगई, दि ग्लोबल टाइम्स, 13 दिसंबर, 2012।
159. लैंब, ओ.पी.-सी.आई.टी. पृष्ठ 171।

□

6

नेहरू के अंतिम वर्ष और सीमावार्ताएँ (1962-64)

> *मेरे लंबे राजनीतिक जीवन में इस तथ्य को छोड़कर किसी भी बात ने मुझे चोट और दुःख नहीं पहुँचाया कि शांतिपूर्ण और मैत्रीपूर्ण पड़ोसी संबंधों के लिए आशाएँ और आकांक्षाएँ·· जिन पर हमने पी.आर.सी. की स्थापना के बाद से ही इतनी मेहनत से कार्य किया था, पिछले कुछ वर्षों के दौरान भारत-चीन संबंधों में आए वैमनस्य और शत्रुता के मोड़ के कारण धूमिल हो गई हैं।*
>
> —**नेहरू का चोऊ को पत्र,** *27 अक्तूबर, 1962*

20 अक्तूबर, 1962 को चीन ने पूर्वी सेक्टर में मैकमोहन रेखा के आसपास तथा पश्चिमी सेक्टर में भारतीय ठिकानों पर पूरी तरह से हमला बोल दिया। चार दिन की अवधि के भीतर चीन ने वास्तविक रूप से चिप चैप घाटी में तथा पश्चिमी सेक्टर में पैंगोंग लेक के उत्तर की ओर सभी भारतीय चौकियों को नष्ट कर दिया था। दौलत बेग ओल्डी को चीनियों द्वारा खाली करा दिया गया था, उस पर कब्जा नहीं किया गया था।[1] पूर्वी सेक्टर में, 24 अक्तूबर, 1962 तक चीनी तवांग चू के उत्तरी किनारे तक पहुँच गए थे और उन्होंने तवांग पर कब्जा कर लिया था। इस अवस्था में वे मैकमोहन रेखा से कम-से-कम लगभग 20 से 30 किलोमीटर दक्षिण की ओर थे। इसके बाद, कार्रवाई में ठहराव आ गया, संभवतः चीनियों को पुनर्गठित होने की आवश्यकता थी। ऐसे पर्वतीय भू-भाग में सैनिकों को रसद की आपूर्ति मुख्यतः कुलियों द्वारा ही कराई जाती थी और चीनियों ने अपनी आपूर्ति को आसान बनाने के लिए बुंला से तवांग तक तेजी के साथ सड़क निर्माण करने का अवसर प्राप्त कर लिया था।

सैन्य आवश्यकता ने दिए इस अवसर का लाभ उठाने के लिए 24 अक्तूबर, 1962 को चोऊ ने नेहरू को एक और प्रस्ताव भेजा।[2] बीजिंग में भारतीय सी.डी.ए. को बुलाकर चोऊ ने मुख्य रूप से तीन बातें कहीं। पहले तो दोनों पक्षों को यह पुष्टि करनी होगी कि भारत-चीन सीमा प्रश्न का निवारण 'बातचीत के माध्यम से शांतिपूर्वक' किया जाएगा तथा दोनों पक्षों को 'संपूर्ण भारत-चीन सीमा पर वास्तविक नियंत्रण रेखा' का सम्मान करना होगा और उनकी सशस्त्र सेनाएँ सम्मान दर्शाते हुए 'इस रेखा' से 20 किलोमीटर पीछे लौट जाएँगी। दूसरे, चोऊ ने यह कहा कि चीन

वास्तविक नियंत्रण रेखा के उत्तर की ओर पूर्वी सेक्टर में अपने 'फ्रंटियर गार्डस' को वापस बुलाने का इच्छुक है तथा साथ ही दोनों देश पश्चिमी और मध्य सेक्टरों में 'वास्तविक नियंत्रण रेखा' को पार न करने के लिए सहमत होंगे। तीसरे चोऊ ने एक बार पुन: प्रधानमंत्री स्तर पर वार्ताओं का सुझाव दिया। चोऊ ने नेहरू से एक 'सकारात्मक और निर्माणात्मक' तरीके से प्रतिक्रिया व्यक्त करने की व्यक्तिगत अपील की। चोऊ ने भारतीय सी.डी.ए. से इस बात से स्पष्टत: इनकार किया कि उन्होंने कभी नेहरू से 1960 में यह कहा था कि चीन पूर्वी सेक्टर में यथास्थिति बहाल करेगा।[3] यहाँ ऐसा प्रतीत हुआ कि प्रधानमंत्री चोऊ सत्य से परे हट रहे थे, क्योंकि क्या माओ ने चोऊ की उपस्थिति में बीजिंग में 2 अक्तूबर, 1959 को ख्रुश्चेव को यह आश्वासन नहीं दिया था कि 'भारत के साथ मैकमोहन रेखा को माना जाएगा?'[4] क्या चोऊ ने 17 दिसंबर, 1959 को नेहरू को नहीं लिखा था कि 'जनवादी चीन गणराज्य की सरकार एक मैत्रीपूर्ण समझौते की प्रतीक्षा करते हुए इस रेखा (मैकमोहन) को पार करने के लिए अपने सशस्त्र कार्मिकों को कभी भी अनुमति नहीं देगी?'[5]

नेहरू का उत्तर 27 अक्तूबर, 1962 को भेजा गया, जो अपेक्षाकृत सौम्य भाषा में था। नेहरू ने बल प्रदान करते हुए कहा कि 8 सितंबर, 1962 से पूर्व विद्यमान स्थिति अर्थात् आक्रमण की कार्रवाइयाँ प्रारंभ किए जाने से पूर्व की स्थिति बहाल की जाए। इस शर्त के पूरा होने पर ही भारत 'हमारे मतभेदों' के शांतिपूर्ण समाधान को सुगम बनाने के लिए किसी शिष्टमंडल अथवा स्वयं चोऊ का स्वागत करने के लिए तैयार है। भारत इस बात के प्रति आश्वस्त नहीं था कि आज वास्तविक नियंत्रण रेखा कहाँ विद्यमान है, क्योंकि काफी समय उपरांत 4 नवंबर, 1962 को चोऊ ने स्पष्ट किया था कि वास्तविक रेखा से उनका तात्पर्य उस रेखा से था, जो पूर्व में मैकमोहन रेखा के साथ पड़ती है तथा पश्चिम में और मध्य सेक्टर में यह चीनियों द्वारा दर्शाई गई 'पारंपरिक' सीमा के साथ पड़ती है। चोऊ ने आगे यह स्पष्ट किया कि उनके द्वारा अब प्रस्तावित वास्तविक नियंत्रण रेखा आधारभूत रूप से वही है जिससे उन्होंने 7 नवंबर, 1959 के अपने पत्र में परस्पर सहमति से सभी सेक्टरों में 20 कि.मी. तक पीछे हटने का सुझाव दिया था। बाद में इसे वास्तविक नियंत्रण रेखा के रूप में मान लिया गया, जो 7 नवंबर, 1959 को विद्यमान थी। भारत में नीति–निर्माताओं का दृढ़तापूर्वक यह मानना था कि चीनियों ने पहले भू–भाग पर 'कब्जा' किया, फिर वे रुक गए, पुन: संगठित हुए और फिर वार्ताओं का प्रस्ताव दिया और इस बात पर बल दिया कि एक नई 'वास्तविक नियंत्रण रेखा' बनाई जाए। यह कुछ और नहीं, कब्जा किए गए अतिरिक्त भू–भाग को वैध बनाने का प्रयास था।

इस प्रकार यदि चीन पूर्वी सेक्टर में मैकमोहन रेखा को वास्तविक नियंत्रण रेखा के रूप में स्वीकार कर रहा था, तो वह उस स्थिति तक वापस क्यों नहीं गया, जहाँ वह 8 सितंबर, 1962 को था? यह वह तारीख थी जिसमें पूर्वी और पश्चिमी, दोनों सेक्टरों में प्रथम आक्रमण प्रारंभ किया गया था? किसी भी स्थिति में पश्चिमी सेक्टर में ऐसी कोई वास्तविक नियंत्रण रेखा नहीं थी, जो 7 नवंबर, 1959 को मौजूद थी! 7 नवंबर, 1959 को, जो कुछ सैन्य चौकियाँ विद्यमान थीं तथा केवल 'कल्पना' का सहारा लेकर ही सैद्धांतिक रूप से उन्हें एक साथ जोड़ लिया गया था तथा 7 नवंबर, 1959 की तथाकथित वास्तविक नियंत्रण रेखा का रूप देने के लिए एक काल्पनिक रेखा खींच दी थी। 7 नवंबर, 1959 का महत्त्व यह था कि इस तारीख को प्रधानमंत्री चोऊ ने नेहरू को एक पत्र

लिखा था, जिसमें उन्होंने प्रस्ताव किया था कि दोनों ही पक्ष पूर्व में मैकमोहन रेखा तथा पश्चिम में उस रेखा से 20 कि.मी. पीछे हट जाएँगे जिस पर दोनों पक्षों ने 'वास्तविक नियंत्रण' का प्रयोग किया है और प्रचार के लिए 7 नवंबर, 1959 को यह प्रभाव प्रदान किया गया कि चीन उस स्थिति से भी पीछे हटने को तैयार है जिस पर वे 8 सितंबर, 1962 को स्थित थे।

चोऊ ने अपने 4 नवंबर, 1962 के पत्र के अनुक्रम में 8 सितंबर, 1962 को हासिल की गई अपनी स्थिति से पीछे हटने से साफ इनकार कर दिया जैसी कि नेहरू द्वारा उनके 27 अक्तूबर, 1959 के पत्र में माँग की गई थी तथा चोऊ ने यह कहा कि ऐसा करना 'अनुचित होगा तथा विवाद के खतरे से सदैव घिरा रहेगा।' चोऊ ने आरोप लगाया कि 8 सितंबर, 1962 की स्थिति से वापस जाने की माँग को स्वीकार करने का अर्थ होगा कि पूर्वी क्षेत्र में भारतीय सैन्य टुकड़ियाँ वास्तव में मैकमोहन रेखा के उत्तर में हो जाएँगी, क्योंकि केचिलांग नदी (नामका छु नदी) मैकमोहन मानचित्र में दिए गए संरेखणों के अनुसार मैकमोहन रेखा के उत्तर में थी, जहाँ तक पश्चिमी सेक्टर में अक्साई चिन का सवाल था, चोऊ ने साफ तौर पर कहा कि यह सदैव ही चीन के क्षेत्राधिकार में रहा है और भारत पर 7 नवंबर, 1959 की रेखा के पूर्व में 40 सुदृढ़ सैन्य चौकियाँ बनाने का आरोप लगाया। 8 सितंबर, 1962 की रेखा से पीछे हटने के नेहरू के प्रस्ताव से स्पष्ट इनकार करने के बाद चोऊ ने नेहरू से अपील की कि वे उनके 24 अक्तूबर, 1962 के तीन-सूत्रीय प्रस्ताव को स्वीकार कर लें।

14 नवंबर, 1962 को, नेहरू ने 4 नवंबर, 1962 के पत्र का संदर्भ देते हुए चोऊ के 7 नवंबर, 1959 के एल.ए.सी. के स्पष्टीकरण का उत्तर देते हुए एक पत्र लिखा। नेहरू ने यह महसूस किया कि यह दावा कि मध्य सेक्टर में 7 नवंबर, 1959 की एल.ए.सी. पारंपरिक प्रथागत सीमा के साथ मिलती है, 'पूर्णत: निराधार' था। चीन कभी भी मुख्य हिमालय शीर्ष के दक्षिण में नहीं रहा [बल दिया गया]। नेहरू का मानना था कि यह स्वीकार करना कि 'दोनों पक्षों' की सशस्त्र सेनाएँ भारत-चीन सीमा में 7 नवंबर, 1959 की वास्तविक नियंत्रण रेखा से 20 कि.मी. वापस चली जाएँ, जैसा कि चोऊ द्वारा परिभाषित किया गया था, 'समस्त सीमावर्ती क्षेत्र को सुरक्षाहीन बना देगा तथा वह किसी भी आक्रामक और हठी पड़ोसी द्वारा किए जानेवाले नए हमले के प्रति भी खतरे में होगा। उदाहरण के लिए नेहरू ने यह उल्लेख किया कि पश्चिमी सेक्टर में भी इस नए प्रस्ताव का अर्थ अतिरिक्त 5000-6000 वर्ग मील के चीनी कब्जे को स्वीकार करना होगा।

जहाँ तक पूर्वी सेक्टर का संबंध है, नेहरू ने भी इस बात पर बल दिया कि 8 सितंबर, 1962 तक किसी भी चीनी टुकड़ी ने 1914 के शिमला समझौते के अनुसार उच्चतम जल-विभाजक (वाटरशेड) के आसपास भारत-चीन सीमावर्ती क्षेत्र को पार नहीं किया जैसा कि भारत द्वारा परिभाषित किया गया था। इस प्रकार थाकला रिज मैकमोहन के दक्षिण में था। नेहरू ने चीन पर संप्रभु विदेशी सरकारों के बीच संबंधों से संबंधित सभी सिद्धांतों की पूर्णत: अवमानना करते हुए एक 'सोचा-समझा' निर्णय लेने का आरोप लगाया।

नेहरू ने अब एक ठोस प्रस्ताव तैयार किया। पूर्वी सेक्टर में, चीनी टुकड़ियाँ 7 नवंबर, 1959 को धारित स्थिति पर चली जाएँगी; अर्थात् हिमालय के जल-विभाजक के साथ लगी सीमा के दूसरी ओर, जिसे उन्होंने 8 सितंबर, 1962 को पार किया था। मध्य सेक्टर में स्थिति वही बनी रहेगी अर्थात् चीनी टुकड़ियाँ उच्चतम जल-विभाजक के उत्तर में रहेंगी। पश्चिमी सेक्टर में, चीनी टुकड़ियाँ

स्पानगुर चौकी को कोंगका ला (दर्रा) से जोड़नेवाली और उसके पश्चात् मुख्य अक्साई चिन के उत्तर की ओर को जोड़नेवाली रेखा तक वापस जाएगी। भारतीय टुकड़ियाँ उस स्थान पर वापस जाएँगी जिस पर वे 8 सितंबर, 1962 को थीं।

इस दौरान जबकि राजनयिक टिप्पणियों का आदान-प्रदान किया जा रहा था, चीनियों ने भारतीय भू-भाग में आगे बढ़ने की उनकी व्यापक कार्रवाई को जारी रखा। युद्ध-विराम की घोषणा होने तक प्रधानमंत्री स्तर पर आगे कोई पत्र-व्यवहार नहीं किया गया। भारतीय नीति-निर्माताओं ने यह महसूस किया कि विवाद के दौरान क्रमिक युद्ध-विराम का प्रस्ताव करते हुए चीनी उन क्षेत्रों का वास्तविक नियंत्रण हासिल करने के लिए भ्रामक राजनयिक भाषा का प्रयोग कर रहे थे, जो उनके कब्जे में कभी थे ही नहीं और, जिन्हें अब उसने बल के प्रयोग से अर्जित किया था। चीनियों की वार्ता करने की गंभीर मंशा कभी रही ही नहीं।

19 नवंबर, 1962 को, चोऊ ने बीजिंग में भारतीय सी.डी.ए. को पुनः बुलाया और 45 मिनट के अपने एक तरफा कथन में उन्हें ये बातें बताईं—

> *नेहरू के साथ चोऊ के संबंध, भारत के साथ शानदार मित्रता, साम्राज्यवाद के विरुद्ध संघर्ष, बांडुंग सम्मेलन, एशियाई-अफ्रीकी एकता, भारत और चीन को अलग करने के लिए साम्राज्यवादी देशों का षड्यंत्र, नेहरू को गलत सलाह द्वारा गुमराह किया जाना तथा उनके द्वारा स्वयं को अमेरिका के साथ सहयोजित करना और बड़ी मात्रा में सैन्य सहायता और परामर्श प्राप्त करना। नेहरू को उस स्थिति में इन सभी बातों पर विचार करना चाहिए, जब युद्ध को रोकने और वार्तालाप संचालित लिए अभी समय शेष है।*

चोऊ ने अनुरोध किया कि उनका संदेश नेहरू को पहुँचा दिया जाए।

जब भारतीय सी.डी.ए. ने चोऊ को सूचित किया कि भारतीय दूतावास की तार सुविधाएँ 20 अक्तूबर, 1962 से काट दी गई हैं, अतः वे संदेश को दिल्ली किस प्रकार भेज पाएँगे, तो इस पर चोऊ ने अनभिज्ञता व्यक्त की। यह आश्चर्यजनक है कि, जब तक सी.डी.ए. अपने कार्यालय वापस लौटे, यह सुविधा चालू हो गई थी।

20 नवंबर, 1962 को चोऊ ने भारतीय सी.डी.ए. को पुनः बुलाया। इस बार विदेश मंत्री छन यी भी वहाँ मौजूद थे तथा कैमरामैन और पत्रकार भी आए हुए थे। चोऊ ने चीनी एकपक्षीय युद्ध-विराम प्रस्ताव पढ़कर सुनाए। ये थे (क) 22 नवंबर, 1962 को 00.00 बजे एकपक्षीय युद्ध-विराम लागू हो जाएगा। (ख) 1 दिसंबर 1962 से चीनी टुकड़ियाँ 7 नवंबर, 1959 की वास्तविक नियंत्रण रेखा से 20 कि.मी. पीछे चली जाएँगी। पूर्वी क्षेत्र में इसका अर्थ था—मैकमोहन रेखा के पीछे। चोऊ ने दावा कि इस प्रकार चीनी सेनाएँ '8 सितंबर, 1962 से पूर्व की स्थिति से काफी पीछे रहेंगी।' इसके बाद चोऊ ने सी.डी.ए. से कहा कि वे नेहरू तक भारत और चीन के बीच शांति, मित्रता और सहयोग का एक नया अध्याय' आरंभ करने के उनके विनम्र अनुरोध को पहुँचाएँ। जबकि चोऊ शांति के अपने संदेश संप्रेषित कर रहे थे, जिसके बारे में भारतीय सी.डी.ए. को पता नहीं था। चीनियों ने अपने युद्ध-विराम के प्रस्तावों के बारे में कम-से-कम आधे घंटे पहले बीजिंग में स्थित विदेशी पत्रकारों को इसे पहले ही बता दिया था!

इससे पूर्व 4 नवंबर, 1962 के अपने पत्र में चोऊ ने व्यंग्यात्मक अंदाज में यह टिप्पणी की थी

कि मैं समझता हूँ कि भारत सरकार के पास मैकमोहन रेखा का मूल मानचित्र होगा। मूल मानचित्र के अनुसार, मैकमोहन रेखा का पश्चिमी सिरा अक्षांश 27° 44.6' उत्तर से प्रारंभ होता है [भारत का यह मानना था कि मैकमोहन रेखा अक्षांश 27° 48' उत्तर से प्रारंभ होती है]। अत: चोऊ ने टिप्पणी की कि नाम्का छु घाटी, धोला चौकी, खिंजेमाने, थांग्लारिज, जहाँ 8 सितंबर, 1962 को आक्रमण प्रारंभ किया गया था, सभी मैकमोहन मानचित्र के निर्देशकों के अनुसार मैकमोहन रेखा के उत्तर में थे। चोऊ ने यह आरोप लगाया कि भारतीय सैन्य टुकड़ियों ने ही पहले चीनी भू-भाग पर आक्रमण किया। चूँकि मैकमोहन रेखा जमीन पर चिह्नांकित नहीं की गई थी, किसी भी स्थान की अवस्थिति को केवल मूल मैकमोहन मानचित्र से देशांतर और अक्षांश का आकलन करते हुए स्पष्ट अथवा निर्धारित किया जा सकता था। अत: चीन 'रक्षात्मक प्रति-आक्रमण' प्रारंभ करने के अपने अधिकारों का प्रयोग कर रहा था, क्योंकि भारतीय टुकड़ियाँ मैकमोहन मानचित्र के निर्देशांकों के अनुसार तथाकथित मैकमोहन रेखा के उत्तर में थीं। चोऊ के पत्र के उपरांत चीन के विदेश मंत्रालय द्वारा 26 नवंबर, 1962 को एक टिप्पणी भेजी गई, जिसमें यह कहा गया कि भारत का यह कहना पूर्णत: 'आधारहीन दावा' है कि मैकमोहन रेखा को थांग्ला क्षेत्र में 'उच्चतम रिज' से गुजरती है।[7] (टिप्पणी : मामले को अस्पष्ट करने के लिए चीनियों ने 'वाटरशेड' के स्थान पर 'उच्चतम रिज' शब्द का प्रयोग किया था)[8]

चोऊ संभवत: जिस तथ्य का उल्लेख करना भूल गए थे, वह यह था कि मूल मैकमोहन मानचित्र में भी इस सेक्टर में दो स्थानों के नामों का उल्लेख किया गया था अर्थात् ले नामक तिब्बती गाँव, जिसे मैकमोहन रेखा के उत्तर में दर्शाया गया है तथा भारत के पांगचेन गाँव, जिसे मैकमोहन रेखा के दक्षिण में दर्शाया गया है। अत: औचित्यपूर्ण तरीके से, मैकमोहन रेखा को इन दो गाँवों के बीच में स्थित होना चाहिए था।

भारतीय दृष्टिकोण यह था कि हेनरी मैकमोहन, जैसा शिमला सम्मेलन के कार्रवाई सारांश में बल दिया गया है, ने उस मुख्य जल विभाजक का अनुपालन करने का आशय व्यक्त किया था, जो इस क्षेत्र में विद्यमान था। यहाँ पर ऐसी अनेक पर्वत-शृंखलाएँ थीं, जो मोटे तौर पर पूर्व से पश्चिम दिशा की ओर चलती थीं। चूँकि अक्षांश 27° 48' उत्तर पर चोटी अक्षांश 27° 45' उत्तर की चोटी की तुलना में ऊँची थी, अत: औचित्यपूर्ण रूप से मैकमोहन रेखा का संरेखण 3 मिनट उत्तर की ओर जाना चाहिए था। ऐसा होने पर यह थांग्ला रिज के अनुरूप होता। इसके अलावा 1953 के दौरान एक आधिकारिक पत्राचार भी उपलब्ध था, जिसमें त्सोना में तैनात चीनी अधिकारियों और तवांग में तैनात सहायक राजनीतिक अधिकारी के बीच एक वार्तालाप को दर्शाया गया था, जो स्पष्टत: इंगित करता था कि पांगचेन ग्रामवासियों द्वारा रखे गए सीमा-पत्थर तिब्बतियों को स्वीकार थे और, जो भारतीय भूमि का चरागाह के लिए प्रयोग करने पर उसका भुगतान करने के भी इच्छुक थे। इस तथ्य में पर्याप्त महत्त्व निहित है कि चीनियों ने यह स्वीकार किया था कि पांगचेन एक भारतीय गाँव था।

1960 में आयोजित अधिकारी स्तर की वार्ताओं में स्थिति को और स्पष्ट करने के प्रयोजनार्थ भारतीय पक्ष ने 27 जून, 1960 की बैठक में दोनों पक्षों द्वारा बड़े पैमानेवाले मानचित्रों का आदान-प्रदान करने का आग्रह किया ताकि मैकमोहन रेखा के संरेखण के बारे में पूर्ण जानकारी तत्काल ही

उपलब्ध कराई जा सके। चीनी पक्ष ने इस सुझाव को अस्वीकार कर दिया तथा केवल 1"= 8 मील का मानचित्र उपलब्ध कराया और 27 जून, 1960 को यह टिप्पणी की कि 'ऐसे आदान-प्रदान' करने की आगे कोई आवश्यकता नहीं है। यह स्पष्ट था कि चीनी ऐसे महत्त्वपूर्ण मुद्दे पर स्पष्टता लाने के इच्छुक नहीं थे जिसका कारण मुद्दा संदेहास्पद बना हुआ था।

लेकिन चीन के कुछ समर्थकों ने विवरणों की जाँच किए बगैर चीन द्वारा प्रस्तुत किए तर्क को स्वीकार कर लिया।[9] उनके अनुसार, चीनी दृष्टिकोण 'व्यावहारिक और विधिक' दोनों ही दृष्टियों से 'सुदृढ़' प्रतीत होता था। यदि हम इसे मान भी लें, तो चीनी दृष्टिकोण का यही तर्क मैकमोहन रेखा की संपूर्ण लंबाई पर लागू क्यों नहीं किया जाता था? यदि ऐसा किया जाता और मूल मैकमोहन मानचित्र के निर्देशांकों का ही पालन किया जाता, तो मिग्यितन और तुलंग ला, दोनों ही क्षेत्रों में भारत-चीन सीमा उत्तर की ओर और भी आगे बढ़ जाती, जिससे ये दोनों ही क्षेत्र भारत को मिलते। त्सारी सर्पा के पूर्वी क्षेत्र में मूल मैकमोहन मानचित्र के निर्देशांकों के अनुसार भारत-चीन सीमा उत्तर की ओर कम-से-कम 11 कि.मी. आगे बढ़ जाती, जिसका अर्थ होता भारत में कम-से-कम कुल 112 वर्ग कि.मी. का अतिरिक्त तिब्बती भू-भाग शामिल करना।

अतः, जब चोऊ के ऊपरी तौर पर सहज भाव से किए गए दावे के उत्तर में नेहरू ने 14 नवंबर, 1962 को पत्र लिखा, तो उन्होंने यह प्रश्न उनसे किया कि चीन अपने दोनों हाथों में लड्डू नहीं रख सकता, अतः उसे या तो उच्चतम जल-विभाजक के सिद्धांत के आधार पर मैकमोहन रेखा संरेखण को स्वीकार करना होगा अथवा वास्तविक नियंत्रण रेखा का निर्धारण करने के लिए मूल मैकमोहन मानचित्र के निर्देशांकों का कड़ाई से पालन करना होगा। इस पर चीनियों को उनके प्रधानमंत्री द्वारा की गई गलती का अहसास हुआ और वे इस पर आपत्ति जताने लगे। यदि वे उच्चतम जल-विभाजक सिद्धांत के आधार पर मैकमोहन रेखा के संरेखण को स्वीकार कर लेते, तो यह स्पष्ट हो जाता कि उन्होंने मैकमोहन रेखा पार की थी और सितंबर 1962 में भारतीय चौकियों (धोला, नाम्का, छु आदि) पर हमला किया था; इससे वे पूर्णतः आक्रमणकारी सिद्ध हो जाते और उनके संपूर्ण आडंबरपूर्ण प्रयासों पर पानी फिर जाता। इसके विकल्प के तौर पर यदि वे 'कड़े निर्देशांकों के सिद्धांत के आधार पर मैकमोहन रेखा के संरेखण को स्वीकार करते, तो वे 112 वर्ग कि.मी. भू-भाग से हाथ धो बैठते। अतः यह आश्चर्यजनक नहीं था कि चोऊ ने इस मुद्दे पर नेहरू को कभी उत्तर दिया ही नहीं, संभवतः वे काफी असमंजस में थे और उन्होंने चीन के विदेश मंत्रालय को इसका उत्तर देने का निर्देश देते हुए (दिनांक 20 दिसंबर, 1962 का ज्ञापन) इस असहज प्रश्न को गोल-मोल कर दिया। अपनी असहजता को छिपाने के लिए चीनी विदेश मंत्रालय ने स्थिति को अस्पष्ट करते हुए यह उत्तर दिया कि चूँकि भारत-चीन सीमा के पूर्वी सेक्टर को अभी 'परिभाषित' नहीं किया गया है, अतः इस बात का प्रश्न ही उत्पन्न नहीं होता है कि चीन कौन से 'सिद्धांत' को स्वीकार करे।[10] अतः यहाँ प्रश्न यह है : फिर यह मुद्दा क्यों उठाया गया और वह भी प्रधानमंत्री स्तर पर? यह स्वाभाविक था कि ऐसा भोले भारत को भ्रमित करने और आडंबर के माध्यम से प्रशंसा बटोरने के लिए किया गया था।

युद्ध के रुक जाने के तुरंत बाद भारत-चीन सीमा विवाद को सुलझाने का प्रयास करने के लिए कोलंबो में 10-12 दिसंबर, 1962 को छह अफ्रीकी-एशियाई गुट-निरपेक्ष देशों (बर्मा, कंबोडिया,

सिलोन, घाना, इंडोनेशिया और यू.ए.आर.) का सम्मेलन आयोजित किया गया। सम्मेलन में निम्नलिखित प्रस्ताव रखे गए थे, जिसे उसके बाद से 'कोलंबो प्रस्तावों' के नाम से जाना गया था। ये कोलंबो प्रस्ताव क्या थे? कोलंबो प्रस्ताव का सार यह था कि—

> *पूर्वी सेक्टर में चीनियों को मैकमोहन रेखा के उत्तर में वापसी करनी थी तथा भारतीय टुकड़ियों को रेखा के ऊपर की ओर लौटना था। पश्चिमी सेक्टर में (क) चीनी सेनाओं का 7 नवंबर, 1959 को यथा विद्यमान वास्तविक नियंत्रण रेखा (एल.ए.सी.) से 20 कि.मी. तक वापस आना था तथा (ख) सीमा विवाद का अंतिम समाधान होने तक चीन द्वारा पीछे छोड़ा गया क्षेत्र गैर-सैन्य क्षेत्र रहेगा जिसका प्रशासन दावों के प्रति पूर्वग्रह रखे बिना दोनों पक्षों की असैनिक चौकियों द्वारा किया जाएगा।*

बाद में सीलोन (अब श्रीलंका) के प्रधानमंत्री द्वारा स्पष्टीकरण दिए गए। इसमें, जो प्रस्ताव उभरे, वे ये थे कि चीन 20 कि.मी. वापसी करेगा जैसा कि चोऊ द्वारा नेहरू को लिखे 21 और 28 नवंबर, 1962 के पत्रों में प्रस्तावित किया गया था। भारतीय सेना को आगे नहीं बढ़ना था। चीनी टुकड़ियों की वापसी के परिणामस्वरूप उत्पन्न हुए असैन्यीकृत क्षेत्र को प्रशासित करने के लिए दोनों पक्षों को दोनों देशों के बीच करार किए जाने के बाद ही असैन्य चौकियों की स्थापना करनी होगी। पूर्वी सेक्टर में भारतीय सेना दो क्षेत्रों अर्थात् थांग्ला रिज और लोंगजु को छोड़कर वास्तविक नियंत्रण रेखा अर्थात् मैकमोहन रेखा तक आ सकेगी। मध्य सेक्टर में कोलंबो प्रस्ताव वाले देशों ने प्रस्ताव किया कि यथास्थिति बहाल रखी जाए।

जबकि भारत ने कोलंबो प्रस्ताव वाले देशों द्वारा स्पष्टीकरण दिए जाने के बाद कोलंबो प्रस्तावों को पूरी तरह से स्वीकार कर लिया था, चीनियों ने सीलोन के प्रधानमंत्री को भेजे गए 6 जनवरी, 1963 के ज्ञापन और 8 जनवरी, 1963 के पत्र द्वारा अनिवार्यत: दो आपत्तियाँ जताईं। ये थीं—(क) यह शर्त कि भारतीय टुकड़ियाँ पश्चिमी सेक्टर की ओर आगे नहीं बढ़ेंगी, संपूर्ण सीमा के लिए लागू होनी चाहिए, केवल पश्चिमी सेक्टर के लिए नहीं और (ख) चीन विवादग्रस्त खाली क्षेत्रों में कोई भी चौकी स्थापित न करने के लिए तैयार है, बशर्ते कि भारतीय सैन्य टुकड़ियाँ अथवा नागरिक भी इन क्षेत्रों में प्रवेश नहीं करेंगे। यह भी स्पष्ट किया गया कि ये प्रस्ताव युद्ध-विराम को मजबूत बनाने में सहायता प्रदान करने के लिए थे तथा ऐसे उपाय के रूप में थे जिनके द्वारा भारत और चीन दोनों सीमा विवाद के निपटान पर वार्ता कर सकते थे तथा ये वस्तुत: सीमा विवाद को हल करने के प्रस्ताव नहीं थे।

भारत ने इस बात पर बल दिया कि चर्चा प्रारंभ होने से पूर्व, चीन को बिना किसी भी आपत्ति के कोलंबो प्रस्तावों को स्वीकार करना होगा। भारत यह बात अच्छी तरह से जानता था कि दोनों देशों को स्पष्टीकरण मिलने के पश्चात् चीन कोलंबो प्रस्तावों को स्वीकार करने में कठिनाई का अनुभव करेगा। दूसरी ओर चीन ने यह महसूस किया कि उसकी आपत्तियों पर वार्तालाप शुरू होने पर चर्चा की जा सकती है और यह कि केवल इसी कारण वार्ताओं को रोके रखने की आवश्यकता नहीं है। चीन का दृष्टिकोण यह था कि कोलंबो प्रस्तावों में 'विरोधाभास हैं और उनके औचित्य में खामियाँ हैं' और यह कि नेहरू ने इन 'अस्पष्टताओं' का प्रयोग अपने लाभ के लिए किया है और यह कहा है कि यह 8 सितंबर, 1962 को विद्यमान स्थिति को बहाल किए जाने पर भारत की माँग

की पूर्ति होती है। ऐसी परिस्थितियों में, चीन के लिए अपनी स्वयं की व्याख्याओं पर कायम न रहना अथवा आपत्तियाँ न उठाना असंभव है।[11] चीन को आगे और परेशान करते हुए ख्रुश्चेव ने उनकी सिफारिशों का समर्थन करने के बारे में कोलंबो प्रस्ताव वाले देशों को लिखा। बाद में सोवियत संघ चीन द्वारा प्रारंभ किए गए विवादास्पद युद्ध के लिए कोलंबो प्रस्ताव वाले देशों की पहल के प्रति चीन की दोहरी मानसिकता के तथ्य का प्रयोग चीन की भर्त्सना करने के प्रयोजनार्थ करना था, जैसा कि प्रावदा ने 19 सितंबर, 1963 के अंक में लिखा—

कोलंबो प्रस्ताव उन देशों की मैत्रीपूर्ण आकांक्षा का प्रतिनिधित्व करते थे, जो सीमा विवाद का पारस्परिक रूप से स्वीकार्य हल का पता लगाने के लिए निष्ठापूर्वक प्रयास कर रहे थे। दुर्भाग्यवश एशिया और अफ्रीका के लोगों की इच्छाशक्ति को अभिव्यक्त करनेवाली तर्कसंगत आवाज पेकिंग में सुनाई नहीं दी¨ (चीन) वस्तुत: प्रयासों की अनदेखी कर रहा है और प्रस्तावों को लागू करने के लिए कोई कदम नहीं उठा रहा है।

जबकि कोलंबो प्रस्तावों पर चर्चाएँ अभी भी जारी थीं, चोऊ ने 7 जनवरी, 1963 को बीजिंग में भारतीय सी.डी.ए. को बुलाने तथा उनसे यह कहने का एक असामान्य कदम उठाया कि चूँकि सी.डी.ए. 'परामर्शों' के लिए दिल्ली लौट रहे हैं, वे उनके साथ एक अत्यंत निजी मौखिक संदेश भेज रहे हैं, जो केवल नेहरू को ही सुनाया जाना है। यह संदेश था—(क) अगले तीन महीनों तक दोनों देश एक-दूसरे के विरुद्ध नकारात्मक वक्तव्य नहीं देंगे; (ख) नेहरू और वे (चोऊ) प्रेस और प्रचार माध्यमों से दूर किसी सहमत स्थान पर मुलाकात करेंगे ताकि इस स्थिति का निराकरण करने के लिए किसी सहमत और संयुक्त कार्रवाई पर विचारों का आदान-प्रदान किया जा सके। जब नेहरू को भारतीय सी.डी.ए. द्वारा चोऊ के प्रस्ताव के बारे में व्यक्तिगत रूप से सूचित किया गया, तो पर्याप्त विचार-विमर्श और चर्चाओं के उपरांत नेहरू की टिप्पणियाँ यह थी कि यह मामला अब 'बहुत दूर जा' चुका है और 'भारत में अब कोई भी चीन के झाँसे में नहीं आना चाहता है।'

चूँकि कोई भी पक्ष अपनी घोषित स्थिति से हटने के लिए तैयार नहीं था, अत: इस मामले में गतिरोध उत्पन्न हो गया। अत: कोलंबो प्रस्ताव वाले देशों के प्रयास सीमा विवाद को समाप्त करने में सफल नहीं हो सके। सैन्य बल का प्रयोग करके अपने लक्ष्य की प्राप्ति कर लेने पर, चीन विवाद को हल करने के लिए अत्यधिक अनिच्छुक था, जब तक ऐसी प्रक्रिया उसकी अपनी शर्तों पर प्रारंभ न की जाती। उनकी इस स्थिति की पुष्टि तब हुई, जब चोऊ ने 3 मार्च, 1963 को नेहरू को पत्र में लिखा कि 'चीन धैर्य के साथ प्रतीक्षा करने के लिए इच्छुक है।' चीन ने अपने इस पक्ष की एक बार और पुष्टि की, जब 20 अप्रैल, 1963 को उसने भारत को सूचित किया कि 'भारतीय टिप्पणियों में बार-बार उन घिसे-पिटे वाक्यांशों को दोहराया जाना पूर्णत: निरर्थक प्रतीत होता है, जिन्हें बहुत पहले चीन द्वारा नकार दिया गया है' तथा यदि भारत ने उन्हीं टिप्पणियों को भेजना जारी रखा, तो अब चीन की सरकार 'उनका उत्तर भी नहीं देंगे।'[12] इसके अलावा 9 अक्तूबर, 1963 को एक टिप्पणी में चीन सरकार ने इस बात पर जोर दिया कि चीन अब वार्ताओं में भाग लेने का इच्छुक नहीं है।[13]

चीन की स्थिति यह थी कि 'यह पूर्वानुमान लगाया जा सकता था कि सीमा के बारे में चर्चा किए जाने पर भी कोई परिणाम हासिल नहीं होगा। दूसरे शब्दों में, यदि भारत ने इस विवाद को

चीनी शर्तों पर हल नहीं किया, तो चीन उस पर कोई प्रतिक्रिया नहीं करेगा और भारत चाहे तो अनिश्चित काल तक प्रतीक्षा कर सकता है! चीनी आकलन यह था कि इस बात की संभावना नहीं थी कि भारत ऐसी शर्तों को स्वीकार करेगा। यदि सितंबर/अक्तूबर 1962 में विवाद का रास्ता अपनाते हुए चीन का उद्देश्य भारत को अपनी शर्तों पर वार्तालाप के लिए विवश करना था, तो उनका वह उद्देश्य भी पूरा नहीं हो सका था। चीन की नीति उनके द्वारा आगे बढ़कर हासिल की गई 'वास्तविक नियंत्रण रेखा (एल.ए.सी.)' को अब स्थायी बनाने तथा इस बारे में आगे होनेवाले घटनाक्रम की प्रतीक्षा करने की थी। इस दौरान, सहमत न की गई शर्तों का प्रयोग सदैव ही भारत पर दबाव बनाने के लिए किया गया।

10 दिसंबर, 1962 को लोकसभा में तथा 1 जनवरी, 1963 को चोऊ को लिखे अपने पत्र में और उसके बाद के पत्र-व्यवहारों में नेहरू ने मामले के गुणागुण के आधार पर किसी निर्णय के लिए समस्त विवाद को हेग स्थित अंतरराष्ट्रीय न्यायालय (आई.सी.जे.) को सौंपने का प्रस्ताव किया, जो एक 'निष्पक्ष विश्व अधिकरण' था।[14] संभवतः नेहरू इस बात से अवगत थे, क्योंकि पूर्व में भी, जब चीन में ब्रिटिश राजदूत सर जॉन जॉर्डन ने दिसंबर 1919 में 'संपूर्ण तिब्बत मामले' को लीग ऑफ नेशंस को प्रस्तुत करने के चीनी उपमंत्री छन लू के प्रस्ताव को चुनौती दी थी, तब छन लू ने यह प्रतिक्रिया व्यक्त की थी कि 'चीन को लीग ऑफ नेशंस पर कोई भरोसा नहीं है, क्योंकि अन्य संगठनों की भाँति इस संगठन में अब भी ताकत से ही अधिकार तय होते हैं।[15]

चोऊ ने 20 अप्रैल, 1963 की अपनी प्रतिक्रिया में, नेहरू के प्रस्ताव को इन आधारों पर पूर्णतः अस्वीकार कर दिया कि 'संप्रभुता से संबद्ध जटिल प्रश्न जैसे भारत-चीन सीमा प्रश्न का समाधान केवल संबंधित दो पक्षों के बीच सीधी वार्ता से ही किया जा सकता है, किसी भी रूप में मध्यस्थता के माध्यम से नहीं, परंतु भारत सीमा विवाद को मध्यस्थता के किसी स्वरूप अथवा अंतरराष्ट्रीय न्यायालय को सौंपने के प्रति इतना चीन अनिच्छुक क्यों था? क्या चोऊ यह पहले से ही जानते थे कि कुछ माह पूर्व कंबोडिया/थाइलैंड के एक मामले (प्री विहार मामला) में, जो निर्णय दिया गया था, उसमें भारत-चीन सीमा मुद्दे पर चीनी मामले को पूरी तरह से खारिज कर दिया गया था?

26 अक्तूबर, 1946 को तत्कालीन चीन सरकार ने संयुक्त राष्ट्र महासचिव को सूचित किया कि चीन अंतरराष्ट्रीय न्यायालय के अनुच्छेद 36 के परिनियम के पैराग्राफ 2 और 3 के अनुसार अंतरराष्ट्रीय न्यायालय की अनिवार्य अधिकार-क्षेत्र को विधितः मान्यता प्रदान करता है [बल दिया गया]। जैसे ही जनवादी गणराज्य ने संयुक्त राष्ट्र में चीन की सीट ली, जिसमें सुरक्षा परिषद् की स्थायी सीट भी शामिल थी, जनवादी गणराज्य की सरकार ने 5 दिसंबर, 1972 को अपनी पूर्ववर्ती सरकार द्वारा पहले की गई प्रतिबद्धता को पूर्णतः खारिज कर दिया। इसने संयुक्त राष्ट्र महासचिव को सूचित किया कि चीन 'पिछली चीनी सरकार द्वारा 26 अक्तूबर, 1946 को दिए गए वक्तव्य को मान्यता प्रदान नहीं करता है'। पिछली प्रतिबद्धताओं से पलट जाने के पीछे के कारण स्पष्ट थे।

पहले तो चीन इस बात को लेकर आश्वस्त नहीं था कि भारत के साथ सीमा विवाद के इसके दावे अंतरराष्ट्रीय न्यायिक समीक्षा में स्वीकार किए जाएँगे। उसका विधिक पक्ष भारत की तुलना में काफी कमजोर था। चीन जानता था कि अंतरराष्ट्रीय न्यायालय में संधियों के आधार पर मामले काफी मजबूत रहते हैं और यह नियम तब भी प्रभावी होता है, जब करार अस्पष्ट अथवा अपूर्ण

होते हैं। थाईलैंड/कंबोडिया (प्री विहार मामला) के मामले में अंतरराष्ट्रीय न्यायालय द्वारा दिया गया निर्णय अत्यंत प्रासंगिक है। अपने निर्णय में, अंतरराष्ट्रीय न्यायालय ने यह कहा कि सीमावर्ती क्षेत्रों की निश्चितता, स्थायित्व और उन्हें अंतिम रूप देने के लिए कोई मानचित्र, भले ही वह बिना हस्ताक्षर किया गया मानचित्र हो, एक वैध साक्ष्य होता है। परंतु अंतरराष्ट्रीय न्यायालय द्वारा स्वीकार किया गया एक अधिक महत्त्वपूर्ण बिंदु यह था कि चूँकि थाईलैंड ने काफी लंबे समय तक कोई असंतोष नहीं दर्शाया था, इससे मानचित्र के बारे में उसकी मौन स्वीकृति, सहमति प्रकट होती थी। अंतरराष्ट्रीय न्यायालय ने निर्णय दिया कि हालाँकि मानचित्र में कोई 'बाध्यकारी प्रकृति' नहीं है, फिर भी चूँकि सियामीज (थाई) प्राधिकारियों की ओर से उस पर 'कोई प्रतिक्रिया' नहीं की गई थी, यह प्रतीत होता है कि उन्होंने उसे सहमति दे दी थी। इसके अलावा अंतरराष्ट्रीय न्यायालय ने यह भी कहा कि कोई पक्षकार"जो अंतरराष्ट्रीय अधिकरण के समक्ष अपने अधिकार के किए जा रहे दावे के संबंध में प्रत्यक्षतः विपरीत रवैया अभिव्यक्त करता है, उसे इस अधिकार से वंचित रखा जाता है। इस प्रकार न्यायमूर्ति एल्फारो और फिट्जमॉरिस ने निर्णय दिया कि 'चुप रहना' एक प्रकार से मौन सहमति है। (1962, अंतरराष्ट्रीय न्यायालय)

मैकमोहन मानचित्र और मैकमोहन रेखा के संबंध में चीन की स्थिति थाईलैंड की स्थिति के समान ही थी। चीन ने 1914 में इसे हस्ताक्षर किए जाने के समय से मैकमोहन मानचित्र अथवा मैकमोहन रेखा के बारे में कोई प्रतिरोध नहीं किया अथवा इस मुद्दे को पहली बार तब उठाया, जब चोऊ ने 23 जनवरी, 1959 को नेहरू को पत्र लिखा और यहाँ भी उन्होंने 'मैकमोहन रेखा के प्रति एक यथार्थवादी अभिवृत्ति को अपनाने' के बारे में ही कहा। इसके अलावा चीन ने मैकमोहन रेखा के बर्मा खंड को भी मान्यता प्रदान की। वर्षों तक चीन की मुख्य चिंता मैकमोहन रेखा नहीं रही है, बल्कि बाहरी तिब्बत और आंतरिक तिब्बत के बीच की सीमा रही है। 1949 में जनवादी गणराज्य की स्थापना होने के बाद भी, चीन की नई सरकार ने काफी लंबे समय तक इस मुद्दे को कभी नहीं उठाया। चीन नेहरू के भारतीय संसद में दिए गए इस बयान से भी भली-भाँति अवगत थे कि 'मानचित्र हो या नहीं, मैकमोहन रेखा हमारी सीमा है।' वे भारतीय संविधान के उपबंधों (छठी अनुसूची) से भी अवगत थे जिनमें नेफा को भारत के भीतर शामिल किया गया था, जब भारत ने तवांग से तिब्बतियों को निर्वासित किया था तो चीन ने कुछ भी नहीं कहा और इसका कभी भी विरोध नहीं किया। इस प्रकार चीन के आचरण और उनकी चुप्पी, जो उन्होंने धारण की थी, से चीन ने मौन सहमति अथवा स्वीकृति को दर्शाया था।

इस प्रकार यदि हम प्री विहार मामले में अंतरराष्ट्रीय न्यायालय के निर्णय को देखें और यदि इसे एक पूर्व उदाहरण के रूप में लिया जाए, तो पूर्वी सेक्टर में चीन का मामला पूर्णतः स्वीकार्य नहीं बनता था (मैकमोहन मानचित्र/मैकमोहन रेखा)। ऐसे अन्य निर्णय भी हैं, जो अंतरराष्ट्रीय न्यायालय के निर्णय की पुष्टि करते हैं (अलास्का सीमा विवाद, 20 अक्तूबर, 1903, ग्वाटेमाला-होंडूरास पंचाट, एंग्लो-नार्वेजियन फिशरीस मामला, 1951, सोवेरनिटी ओवर सैंट्रल फ्रंटियर लैंड मामला, 1959)। यही कारण है कि चीन ने विवंधन (एस्टोपेल) के सिद्धांत की 'निरर्थक' कहते हुए भर्त्सना की थी, परंतु अंतरराष्ट्रीय मामले की विधि के परिप्रेक्ष्य में चीनी मत काफी असंगत प्रतीत होता था।

दूसरे, चीन इस बात से अवगत था कि चीन में प्रकाशित किए जानेवाले कुछ मानचित्रों, जिनमें आधिकारिक मानचित्र भी शामिल थे, ने भारत-चीन सीमा संरेखण को मोटे तौर पर भारतीय संस्करण के समान ही बताया था। इस प्रकार सूचीबद्ध किए गए महत्त्वपूर्ण मानचित्र हैं—(1) छठी शताब्दी का चीनी मानचित्र, जिसमें कुएनलन पर्वतों को सिनकियांग की दक्षिण सीमाओं के रूप में दर्शाया गया था, (2) ने फू यु तु का मानचित्र, 1760 (3) ह्सी यु तु चिह, 1762 (4) ता चिंग हुई थियन, 1818 (5) ह्सिनचियांग चिह लुएह, 1821 (6) ह्सी यु सुई ताओ ची, 1824 (7) ह्सिनचियांग तु ची, 1911 (8) हंग चुन का 1893 का आधिकारिक मानचित्र, जो ब्रिटिश सरकार को सौंपा गया था (9) 1925 में प्रकाशित पेकिंग विश्वविद्यालय एटलस और (10) 1917, 1919 और 1933 का चीनी पोस्टल एटलस। वर्ष 1960 के दौरान चीन के साथ आधिकारिक स्तर की वार्ताओं में भारतीय पक्ष ने अपने मामले को सुदृढ़ बनाने के लिए 36 आधिकारिक भारतीय मानचित्र और 8 आधिकारिक चीनी मानचित्र प्रस्तुत किए थे। चीनी अपने मामले के संबंध में केवल 13 आधिकारिक भारतीय मानचित्र प्रस्तुत कर पाए और उनके पास इस संबंध में कोई आधिकारिक चीनी मानचित्र नहीं था। अंतरराष्ट्रीय विधि में यह मामला, विशेष रूप से मैकमोहन रेखा के संबंध में, चीन के पक्ष में अनुकूल नहीं है। इसके स्वाभाविक कारण हैं, क्योंकि चीन ने अपने दावों को बनाए रखने के लिए 1959 तक मैकमोहन रेखा पर कभी भी निरंतर आपत्ति नहीं उठाई, यहाँ तक कि ऐसी विशिष्ट स्थितियों में भी, जिसमें उनके द्वारा ऐसा करना आवश्यक था, चीन ऐसा करने में चूक गया।[16]

यहाँ तक कि 1949 में जनवादी गणराज्य की स्थापना के बाद भी पूर्वी सेक्टर में चीन की स्थिति विधिपूर्वक विरोधाभासों और संशय से परिपूर्ण रही। लानक ला (दर्रा) और कोंग्ला ला (दर्रा) के बीच चांग चेन्मो घाटी का ही उदाहरण लीजिए। 1950 में 'जनवादी चीन गणराज्य' में प्रकाशित एक मानचित्र ने संपूर्ण चांग चेन्मो घाटी को भारतीय भू-भाग के भीतर दर्शाया था। 1951 में चीन ने नए मानचित्र में श्योग घाटी को विभाजित करता संरेखण दर्शाया। 1953 और 1956 में प्रकाशित मानचित्रों में भी यही स्थिति थी, जिन्होंने चांग चेन्मो घाटी के एक भाग को भारत में दर्शाया था तथा संशय में और भी वृद्धि करने के लिए चोऊ ने नेहरू को लिखे अपने 17 नवंबर, 1956 के पत्र में यह पुष्टि की थी कि चीनी मानचित्रों में दर्शाया गया संरेखण गलत है, जबकि चीनी अधिकारियों ने 1960 में दूसरी ही बात कही। चीन ने उस स्वाभाविक विसंगति को दुरुस्त करने के लिए भारत पर चीनी मानचित्रों के संरेखणों की भिन्नता को बढ़ा-चढ़ाकर पेश करने का प्रयास करने का आरोप लगाया। यदि उनमें कोई भिन्नता नहीं थी, जैसा कि दावा किया गया था, तो चीनी अधिकारियों ने 1960 की वार्ताओं में यह क्यों नहीं कहा कि चोऊ द्वारा नेहरू को 17 दिसंबर, 1959 के पत्र में दर्शाई गई स्थिति अर्थात् 1956 की रेखा अभी भी कायम है? उन्हें एक अन्य 1960 का पक्ष रखने की जरूरत क्यों पड़ी? कुछ जाने-माने यात्रियों (चीनी) ने भी इस रेखा के विषय में बताया था[17] कि ये 'भिन्नताएँ' थी ही नहीं (देखिए मानचित्र 4)। सच यह है कि इन 'भिन्नताओं' में कई सौ वर्ग मील की भूमि शामिल थी।[18] इसके अलावा, सच यह है कि 27 जून, 1960 को आयोजित की गई अधिकारियों की छठी बैठक में ही पहली बार चीन ने एक अधिकृत मानचित्र प्रस्तुत किया, जिसमें चीन-भारतीय सीमा के समग्र संरेखण के बारे में उनके पक्ष को

दर्शाया गया था। क्या चीन जनवादी गणराज्य को उस समय तक यह नहीं मालूम था कि उनकी सीमाएँ कहाँ हैं? चीन के मानचित्रकारों द्वारा दर्शाया गया लचीलापन चीन के इन दावों का मजाक उड़ाता है कि उसके सीमा सरेखण 'चट्टान की भाँति सुदृढ़ हैं।' अंतरराष्ट्रीय न्यायालय इससे क्या आकलन निकालता?

मानचित्र 4 : चीन की पश्चिमी सेक्टर में 1956 और 1960 की दावा 'रेखाएँ'

तीसरे इस मुद्दे पर भी बहस प्रारंभ हो गई कि क्या तिब्बत की एक अंतरराष्ट्रीय पहचान है अथवा नहीं; तथा क्या वह स्वयं कोई करार करने के लिए समर्थ है। चीन का अधिकांश मामला वस्तुतः तिब्बतियों से संबंधित है। यदि अंतरराष्ट्रीय न्यायालय ने निर्णय दिया होता, जैसा कि अंतरराष्ट्रीय न्यायविद आयोग द्वारा दिया गया था कि तिब्बत एक स्वतंत्र देश है और 1911 से 1950 के बीच में वह किसी भी प्रकार के चीनी नियंत्रण से स्वतंत्र था, तो उससे चीन की स्थिति गंभीर रूप से प्रतिकूल हो जाती।[19] तब तिब्बत की 1950 में तथाकथित 'स्वाधीनता' को स्वतः ही 'आक्रमण' का रूप दे दिया जाता और तिब्बत एक 'कब्जा किया गया देश' बन जाता। चीन किसी भी परिस्थिति में ऐसा परिणाम आने का जोखिम नहीं उठा सकता था।

चीनियों के कुछ विदेशी समर्थकों ने यह मत दिया कि चीनियों ने अंतरराष्ट्रीय न्यायालय की पीठ में ताईवान के न्यायाधीश की उपस्थिति के कारण ही नेहरू के प्रस्ताव को अस्वीकार कर दिया था।[20] यह तर्क असंगत प्रतीत होता है, क्योंकि अंतरराष्ट्रीय न्यायालय में ताईवान के न्यायाधीश और कोई नहीं, बल्कि अत्यंत निष्ठावान वेलिंगटन कू थे। सभी यह जानते थे कि वेलिंगटन कू ने अपने संपूर्ण जीवन में चीन की प्रादेशिक अखंडता को बनाए रखने के लिए संघर्ष किया था। क्रू को आधुनिक चीन के निर्माताओं के रूप में जाना जाता था तथा चीन गणराज्य (ताईवान) की सेवा करने के बावजूद उन्हें माओ की ओर से फरवरी 1972 में चीन की यात्रा करने का निमंत्रण प्राप्त हुआ था। यह भी देखा जा सकता था कि जब अमेरिका ने अंतरराष्ट्रीय सीमा के रूप में मैकमोहन रेखा को मान्यता दी थी, तब वाशिंगटन में ताईवान दूतावास ने अमेरिकी सरकार के लिए एक 'विरोध टिप्पणी' जारी की थी, जोकि एक अत्यंत दुर्लभ घटना थी। वस्तुतः चीन की मुख्य भूमि पर राष्ट्रवादी सरकार (के.एम.टी.) के पूर्व कार्यवाहक राष्ट्रपति ली चोंगरेन ने नवंबर 1962 में 'न्यूयॉर्क टाइम्स' (एन.वाई.टी.) को लिखा था कि 'चीनी, जिसमें मुख्य भूमि में, न रहनेवाले भी शामिल थे, यह महसूस करते थे कि सीमा का मुद्दा मात्र सैद्धांतिक मतभेद में बदलकर रह गया है और यह अब ऐसा बन गया है, जिसमें उनकी प्रादेशिक संप्रभुता तथा उनकी राष्ट्रीय एकता और सम्मान भी शामिल हो गया है। राजनीतिक विचारधारा से ऊपर उठते हुए कोई भी चीनी मैकमोहन रेखा की वैधता को कभी भी समर्थन प्रदान नहीं करेगा।' तथ्य यह है कि वर्तमान समय तक भी, ताईवानी चीनी बीजिंग में उनके राजनीतिक विरोधियों की तुलना में चीनी मामले को प्रस्तुत करने के प्रति अधिक सक्रिय और अड़ियल हैं। यह स्पष्ट था कि अंतरराष्ट्रीय न्यायालय के पास न जाना मात्र एक बहाना था, क्योंकि चीनी अपने मामले की कमजोरी के बारे में जानते थे और ऐसा न करने के लिए ताईवानी न्यायाधीश की भ्रांति का उपयोग करना सुविधाजनक था।

चीनी अंतरराष्ट्रीय कानून के प्रति कभी भी निष्ठा नहीं रखते थे, जैसा कि 'पीपल्स डेली' (18 सितंबर, 1957) ने अपने 'रिफ्यूट दि एब्सर्ड थ्योरी कंसर्निंग इंटरनेशनल लॉ, लेख में वर्णन किया है कि—

अंतरराष्ट्रीय कानून अंतरराष्ट्रीय समस्याओं का निपटान करने के उपकरणों में से एक है। यदि यह साधन हमारे देश, समाजवादी उपक्रम अथवा विश्व के लोगों की शांति उपक्रम के लिए लाभदायक है, तो हम उसका प्रयोग करेंगे। लेकिन, यदि यह उपक्रम हमारे देश, समाजवादी उपक्रम अथवा विश्व के लोगों की शांति के उपक्रम के लिए लाभप्रद नहीं है, तो हम इसका प्रयोग नहीं करेंगे और इसे बदलने के लिए कोई नया उपक्रम सृजित करेंगे।[20]

अतः यह पूर्णतः स्पष्ट हो गया था कि किन कारणों से चीनियों ने नेहरू के प्रस्ताव को अस्वीकृत कर दिया था और चीनी मध्यस्थता के बारे में क्या सोचते थे? इसके स्थान पर चीनियों ने 27 जुलाई, 1966 के 'पीपल्स डेली' के अंक में अंतरराष्ट्रीय न्यायालय (आई.सी.जे.) के लिए अपमानजनक शब्द भी कहे और अंतरराष्ट्रीय न्यायालय पर 'अपराधियों का आश्रय' होने का आरोप लगाया।

जैसे-जैसे भारत में चीन की सैन्य कार्रवाई के प्रति रोष बढ़ता जा रहा था, भारत ने एक अन्य कदम उठाया, जो आगे चलकर संभवतः अधिक लाभदायक नहीं हुआ। 3 दिसंबर, 1962 को भारत सरकार ने चीनी सरकार को सूचित किया कि 15 दिसंबर, 1962 से भारत ल्हासा और शंघाई स्थित अपने मिशनों को वापस ले रहा है और चीन को भी ऐसा ही करने तथा कलकत्ता और बंबई से अपने मिशनों को वापस लेने के लिए कहा।[22] ल्हासा से मिशन वापस लेने का अर्थ था तिब्बत के साथ संपर्क का विच्छेदित हो जाना। हालाँकि चीनियों ने मिशनों का सुचारु रूप से कार्य करना अत्यंत दुष्कर कर दिया था, फिर भी यह एक महत्त्वपूर्ण पोस्ट थी, भारत के तिब्बत के साथ संबंधों का सुदृढ़ प्रतीक थी और इसने तिब्बत में घटने वाले घटनाक्रमों की निगरानी में एक लाभप्रद भूमिका निभाई थी। इसी प्रकार गार्टोक ग्यांत्से और यातुंग में स्थित व्यापार केंद्रों को भी बंद कर दिया गया। इसके साथ ही भारत और तिब्बत के बीच सभी आधिकारिक संपर्क समाप्त हो गए। भारत द्वारा तिब्बत पर बनाकर रखा गया समस्त प्रभाव भी इससे समाप्त हो गया। वस्तुतः यह देशभक्ति की गलत समझ से उठाया गया कदम था।

चीन द्वारा 20 अक्तूबर, 1962 को भारत पर आक्रमण किए जाने के लगभग एक सप्ताह पहले पाक अधिकृत कश्मीर और चीन के बीच सीमा का निपटान करने के लिए बीजिंग में वार्ताएँ शुरू हुई थीं। इससे पूर्व, पाकिस्तानियों ने भारत-चीन सीमा पर भारत-चीन वार्ताओं के आयोजनों पर सतर्कतापूर्वक नजर रखी थी तथा वे भी अशांत थे कि चीनी मानचित्रों ने हंजा के एक बड़े भाग को चीन के भाग के रूप में दर्शाया था। 1959 के अंत में पहले पाकिस्तान ने सीमा करार पर बातचीत करने के लिए चीन को औपचारिक प्रस्ताव किए[23], परंतु चीन इसके लिए झिझक रहा था, क्योंकि वह भारत के साथ अपने संबंधों को खराब नहीं करना चाहता था। सीमा वार्ताओं के लिए प्रथम पाकिस्तानी औपचारिक टिप्पणी चीन को 28 मार्च, 1961 को भेजी गई थी।[24] चीन ने घटनाक्रम पर सतर्कतापूर्वक निगाह रखते हुए 27 फरवरी, 1962 तक उसका कोई उत्तर नहीं दिया।

सितंबर 1960 में सिंधु जल संधि पर हस्ताक्षर करने के लिए अपनी पाकिस्तान यात्रा के दौरान नेहरू ने 22 सितंबर, 1959 को मुरी में अयूब के साथ हुई अपनी मुलाकात में चीन के साथ सीमा का प्रश्न उठाया। तब अयूब ने पाकिस्तान और चीन के बीच वार्ताओं की संभावना का हवाला दिया और नेहरू ने उनसे प्रस्तावित संरेखण दर्शानेवाले मानचित्र का अनुरोध भी किया। नेहरू ने अयूब को बताया कि भारत के पास पुराने पत्र हैं जिनमें यह दर्शाया गया है कि मीर ऑफ हुंजा का दावा ब्रिटेन द्वारा अस्वीकार कर दिया गया था। नेहरू ने पाकिस्तान-चीन सीमा वार्ताओं की संभावना के बारे में कोई आशंका व्यक्त नहीं की।

बाद में नेहरू ने यह स्पष्ट किया कि उन्होंने अयूब से इसलिए बात की 'क्योंकि हमने यह सोचा था कि उनके द्वारा की जा सकनेवाली कोई भी कार्रवाई उसके अनुरूप ही होनी चाहिए, जो हम इस सीमा के संबंध में करना चाहते हैं तथा उसमें कोई विवाद नहीं होना चाहिए।' लेकिन सार्वजनिक तौर पर नेहरू ने यह पक्ष रखा, जिसमें पाकिस्तान की गलतियाँ उजागर हों। उन्होंने 18 जनवरी, 1961 को आयोजित एक प्रेस कॉन्फ्रेंस में कहा कि 'पाकिस्तान को सीमा के बारे में अधिक जानकारी नहीं है···उनका ज्ञान अत्यंत सीमित है। मरी वार्ताओं का स्मरण करते हुए नेहरू

ने 3 मई, 1962 को राज्यसभा को बताया कि 'मैंने यह देखा है कि सीमा के उस पार के बारे में भी वे मुझसे भी कम जानकारी रखते हैं। पुनः लोकसभा में (7 मई, 1962) नेहरू ने यह कहा कि 'ब्रिटिश सरकार ने सम्यक् जाँच करने के उपरांत मीर ऑफ हुंजा के उस विशेष चरागाह क्षेत्र के दावे को स्वीकार नहीं किया था और इस प्रकार उन्होंने मामले में हस्तक्षेप करने से इनकार कर दिया था। यह एक क्षेत्र-विशेष अर्थात् चरागाह क्षेत्र को निर्दिष्ट करता है, न कि संपूर्ण सीमावर्ती क्षेत्र को।' नेहरू ने दावा किया कि अयूब उनसे सहमत थे तथा उन्होंने यह भी कहा था कि जब ब्रिटिश सरकार ने इस दावे को छोड़ दिया था, तो हम उस पर दावा नहीं कर सकते हैं।'

अमेरिका चीन-पाकिस्तान घटनाक्रमों पर पर्याप्त रूप से चिंतित दिखाई दे रहा था, क्योंकि अयूब द्वारा हैरीमैन को उन कारणों का वर्णन करने की पहल की जानी थी कि क्यों पाकिस्तान ने सीमा के प्रश्न पर चीन के साथ बातचीत करने का निर्णय लिया।[26] अयूब ने हैरीमैन के साथ 22 मार्च, 1961 को हुई बैठक में यह स्पष्टीकरण दिया कि चीन के साथ वार्ता करने का निर्णय 'समस्याओं को दूर करने' के लिए लिया गया था तथा ऐसा भारतीयों को हैरान करने के उद्देश्य से नहीं किया गया था। जैसे-जैसे चीन-पाकिस्तान वार्ताओं ने जोर पकड़ा, यह स्पष्ट हो गया कि चीनी न केवल उनकी साझी 'सीमा' का हल करने के इच्छुक थे, बल्कि उन्होंने भारत और पाकिस्तान के बीच दीवार खींचने का प्रयास भी किया। इन निर्णयों का समय एक निर्णायक कारक था। 3 मई, 1962 को पाकिस्तान और चीन के बीच वार्ता आरंभ करने की घोषणा दबाव डालने के लिए की गई थी। यह पूरी तरह सुनिश्चित करने के लिए कि इसका संदेश कहीं अपने लक्ष्य से भटक न जाए, चीनियों ने 31 मई, 1962 को भारत को एक औपचारिक टिप्पणी में सूचित किया था कि उसने यह कभी भी स्वीकार नहीं किया कि कश्मीर 'भारतीय संप्रभुता' के अधीन है। अमेरिका में पाकिस्तान के राजदूत अजीज अहमद ने सचिव रस्क से चर्चा में स्वीकार किया कि इस घटनाक्रम का समय 'पूर्णतः चीन के कहने पर नियत किया गया था और यह कि उन्हें कोई संदेह नहीं था कि चीनियों ने यह कदम भारत पर दबाव बनाने के लिए उठाया था।[27] बाद में, पाकिस्तान के विदेश मंत्री ने भी यह स्वीकार किया कि 'शत्रु का शत्रु ही मित्र होता है।'

इस प्रकार, जब 26 दिसंबर, 1962 को चीन-पाकिस्तान करार की घोषणा की गई थी, तो उसका समय भारतीयों को रुष्ट करने और भारत-पाकिस्तान वार्ताओं में विघ्न डालने के लिए निर्धारित किया गया था, जो पश्चिमी महाशक्तियों के तत्त्वावधान में प्रारंभ होने ही वाली थीं। जैसी कि आशा की जा सकती थी, भारत ने करार की भर्त्सना की और यह कहा कि न तो पाकिस्तान की और न ही चीन की इस मामले को कोई अधिस्थिति (लोकस स्टैंडी) है, क्योंकि कश्मीर कानूनी और संवैधानिक रूप से भारतीय भू-भाग का हिस्सा है।[28] भारत ने यह भी कहा कि चीन 'उस सहयोग और मित्रता को नष्ट करने का प्रयास कर रहा है, जो भारत और पाकिस्तान के बीच विकसित हो रही है।'[29] 1962 और 1965 के बीच भारत ने इस मुद्दे पर चीन को आठ विरोध टिप्पणियाँ भेजीं, परंतु उनका कोई लाभ नहीं हुआ। भारत में धारणा यह थी कि यह करार भारत के विरुद्ध जान-बूझकर की गई वैमनस्यपूर्ण कार्रवाई है। चीनी प्रतिक्रिया आरोपों का खंडन करने तथा यह कहने की थी कि कश्मीर के 'स्वामित्व' के मुद्दे का अभी निर्णय नहीं हुआ है, क्योंकि करार के अनुच्छेद 6 में इस समस्या का वर्णन किया गया है और यह कि इस मुद्दे का निपटान भारत और पाकिस्तान के बीच ही किया जाना है।

भारत ने यह दावा किया कि पूर्व में चीनी स्थिति यह थी कि किसी भू-भाग के विधिक नियंत्रण के बिना उस पर वास्तविक रूप से नियंत्रण करनेवाले किसी प्राधिकारी के साथ वार्तालाप 'अनुमेय' नहीं है।[30] प्रधानमंत्री चोऊ और पोलैंड के प्रधानमंत्री ने भी 11 अप्रैल, 1957 को जारी एक संयुक्त वक्तव्य में यह कहा था कि 'कश्मीर मुद्दे का किसी भी बाहरी ताकत को तनाव उत्पन्न करने के लिए प्रयोग करने की अनुमति नहीं दी जानी चाहिए'। चीन ने 31 मई, 1962 को भारत को यह भी बताया था कि चीन की अभिवृत्ति, कश्मीर पर होनेवाली चर्चा में कभी भी शामिल न रहने की है।[31] दोहरेपन की यह स्थिति आंशिक तौर पर बीजिंग के इस भय के कारण थी कि कश्मीर में बीच में पड़नेवाला तीसरा पक्ष एक खराब उदाहरण प्रस्तुत करेगा। इस भय के कारण चीन की झिझक का स्पष्टीकरण चोऊ ने दिया कि कश्मीर पर लिया गया कोई अधिक स्पष्ट पक्ष भारत को तिब्बत पर भी 'ऐसा ही दावा करने' के लिए उकसाएगा। अत: समूचे विश्व में राष्ट्रीय स्वाधीनता आंदोलनों के प्रति अपना खुला सहयोग अभिव्यक्त करते हुए चीन कश्मीर पर पाकिस्तान के मामले पर अपने सहयोग को 'नैतिक समर्थन' तक सीमित रखने के लिए सतर्क था।

चीन की स्थिति 1964 में परिवर्तित हुई, जब चीनियों को यह विश्वास था कि उन्होंने भारत को पर्याप्त रूप से दबा लिया है और वह 'कश्मीरी लोगों द्वारा स्व-निर्धारण' के पाकिस्तान के दावे को खुलकर समर्थन प्रदान कर सकता है। यह स्वाभाविक था कि चीन अब कश्मीर के मामले में प्रमुख भूमिका निभाने का इच्छुक था। जम्मू-कश्मीर का क्षेत्रफल 222, 236 वर्ग कि.मी. था, जिसका 106, 567 वर्ग कि.मी. भाग भारत के पास और 78,114 वर्ग कि.मी. पाकिस्तान के पास (पाक-अधिकृत कश्मीर) था तथा 38,000 वर्ग कि.मी. चीनी कब्जे में था। इसके अतिरिक्त 5180 वर्ग कि.मी. भाग पाकिस्तान द्वारा चीन को सौंपा गया था। समस्त व्यावहारिक प्रयोजनों के लिए, चीन अब कश्मीर विवाद के अंतिम निराकरण में एक कारक बन गया था (मानचित्र 5)।

अयूब ने पाकिस्तान में ब्रिटिश उच्चायुक्त सर मौरिस जेम्स के समक्ष स्वीकार किया कि 'चीनियों ने भारत और पाकिस्तान के बीच संबंधों में कटुता लाने के लिए पाकिस्तान को जान-बूझकर घोषणा करने के लिए उकसाया था।[32] पश्चिमी शक्तियों ने इस कथन को स्वीकार कर लिया था। दूसरी ओर नेहरू ने कहा कि घोषणा का समय, कश्मीर में संयुक्त वार्ताओं के परिणामों को प्रभावित करने' के लिए तय किया गया था। भारत-पाकिस्तान वार्ताओं से कोई फल प्राप्त नहीं हो पाया, जो एक प्रकार से सीमा पर चीन की हरकतों का ही परिणाम था।[34] वार्ता के महत्त्वपूर्ण अवसरों पर चीनी हस्तक्षेप ने यह सुनिश्चित किया कि उनमें कम-से-कम प्रगति हो। चीन भारत-पाक विभेदों को बढ़ाने तथा तनाव को बरकरार रखने के अपने प्रयासों में सफल रहा। नेहरू का आकलन सटीक था।

यह स्वाभाविक था कि कोलंबो प्रस्तावों के स्वरूप में तीसरे पक्ष का हस्तक्षेप, और न ही भारत और पाकिस्तान के बीच मजबूत संबंध स्थापित करने के लिए पश्चिमी महाशक्तियों द्वारा किए गए प्रयास पर्याप्त रूप से सफल रहे। एक अन्य प्रयास एक अन्य रुचि लेनेवाले तीसरे पक्ष द्वारा किया गया था। ब्रिटेन के प्रतिष्ठित दार्शनिक लॉर्ड बर्ट्रेंड रसल ने दो दूतों-शेयोनमैन और

पोटले को नेहरू से भेंट करने के उपरांत चीन भेजा, जो 9 जुलाई, 1963 को चीन पहुँचे। चोऊ द्वारा 12 जुलाई, 1963 को उनका स्वागत किया गया। चीनियों के अनुसार शेयोनमैन ने चोऊ को बताया कि नेहरू ने उन्हें कहा है कि वे चीनियों को यह संदेश मौखिक रूप से बताएँ—

> *यदि चीन सहमत होता है कि भारत-चीन सीमा के पश्चिमी सेक्टर में चीन के 20 कि.मी. वापस जाने से उत्पन्न भू-पट्टी एक निर्जन क्षेत्र बन जाए और वहाँ से सभी नागरिक चौकियाँ खाली कर दी जाएँ, तो वे वहाँ किसी नागरिक चौकी की स्थापना किए जाने का अनुरोध नहीं करेंगे तथा भारत-चीन के साथ वार्तालाप करेगा। प्रधानमंत्री नेहरू ने आगे यह भी कहा कि वे ऐसी वार्ताओं को असफल नहीं होने देना चाहते हैं, परंतु सीमा के संपूर्ण मामले पर चर्चा करना चाहते हैं और वार्ताओं में आपसी लेन-देन भी हो सकता है।*

13 जुलाई, 1963 को चीनी अधिकारियों के साथ हुई अपनी अगली बैठक में शेयोनमैन ने स्पष्टतः अपनी बातों में परिवर्तन कर दिया। अब उन्होंने चीनियों को कहा कि ये बातें नेहरू ने नहीं कही थीं, बल्कि उन्होंने स्वयं ही यह सुझाव दिए थे। चीनी उन दो दूतों के उद्देश्यों के प्रति संशय से भर गए और उनसे कहा कि भारत के लिए यह अच्छा रहेगा कि वे ऐसे विचारों को 'अपने स्वयं के प्रस्तावों के रूप में प्रस्तुत करे।' चीनियों ने उक्त वार्तालाप को 21 जुलाई, 1963 के ज्ञापन के रूप में भी भारत को संप्रेषित किया था। भारत ने इसका उत्तर चीनियों को तत्काल ही दिया और 30 जुलाई, 1963 को उन्हें स्पष्टतः सूचित किया कि 'भारत के प्रधानमंत्री द्वारा इन दो सज्जनों को इस प्रकार का कोई संदेश नहीं दिया गया है, हालाँकि इस बात से इनकार नहीं किया गया कि उन्होंने पहले प्रधानमंत्री से मुलाकात की थी। बाद में यह पता चला कि दोनों सज्जनों ने कृष्ण मेनन द्वारा अनुरोध किए जाने पर वस्तुतः नेहरू के साथ भेंट की थी, परंतु उन्हें चीन के लिए कोई 'संदेश' नहीं दिया गया था।

अब तक नेहरू आश्वस्त हो गए थे कि चीन के साथ लंबे समय तक संघर्ष होना तय है। अत्यंत विचित्र रूप से, उन्होंने 'फॉरेन अफेयर्स' पत्रिका में एक लेख लिखा (अप्रैल 1963), जिसमें उन्होंने भारतीय सेना को मजबूत बनाने तथा हथियारों और उपकरणों के उत्पादन को विस्तारित करने का आह्वान किया। फिर भी अप्रैल 1964 में अपनी मृत्यु से ठीक एक माह पूर्व, नेहरू ने एक अंतिम प्रयास किया। उन्होंने सुझाव दिया कि भारत पश्चिमी सेक्टर में 20 कि.मी. के गैर-सैन्य क्षेत्र में समान संख्या में चौकियों की स्थापना करने के उसके दावे को छोड़ने के लिए तैयार है, बशर्ते कि चीन भी अपनी चौकियों को हटा लें। इस प्रकार, दोनों ही देशों की गैर-सैन्य क्षेत्र में कोई भी चौकी नहीं होती। नेहरू की भावना यह थी कि इस विचार के साथ चीन की मुख्य आपत्ति का निवारण हो जाएगा तथा उन्होंने आशा की कि चीन ऐसा प्रस्ताव करेगा।[35] चूँकि चीन की तरफ से ऐसा कोई प्रस्ताव नहीं आया, अतः स्थिति पूर्व की ही भाँति गतिरोधपूर्ण बनी रही, जिसमें कोई भी प्रगति नहीं हो रही थी। सीमा के मुद्दे पर चीन के साथ नेहरू द्वारा समझौता करने का अंतिम प्रयास भी विफल रहा।

नेहरू की मृत्यु के बाद नए प्रधानमंत्री शास्त्री ने इस गतिरोध को समाप्त करने का एक अन्य प्रयास किया। 25 सितंबर, 1964 को विदेश मंत्री स्वर्ण सिंह ने लोकसभा को बताया कि 'हम इस क्षेत्र में सात चीनी चौकियों के खाली किए जाने को, बशर्तें कि चीनी इसे क्रियान्वित

करें, को कोलंबो प्रस्तावों में निर्धारित शर्तों का सार्थक अनुपालन मानने को इच्छुक हैं। यदि चीन सहमत है, तो हम बातचीत के लिए इच्छुक हैं।' उन्होंने आगे कहा कि 'हम इस परिवर्तन को स्वीकार करते हैं कि डी.एम.जेड. में समान संख्या में चौकियों की बजाय चीनी अपनी चौकियों को हटा लें।' उन्होंने यह भी संकेत दिया कि भारत 'कोलंबो प्रस्तावों के अनुरूप सीमा मुद्दे पर वार्ता करने का इच्छुक है।'[36]

मानचित्र 5 : जम्मू-कश्मीर (भारत)

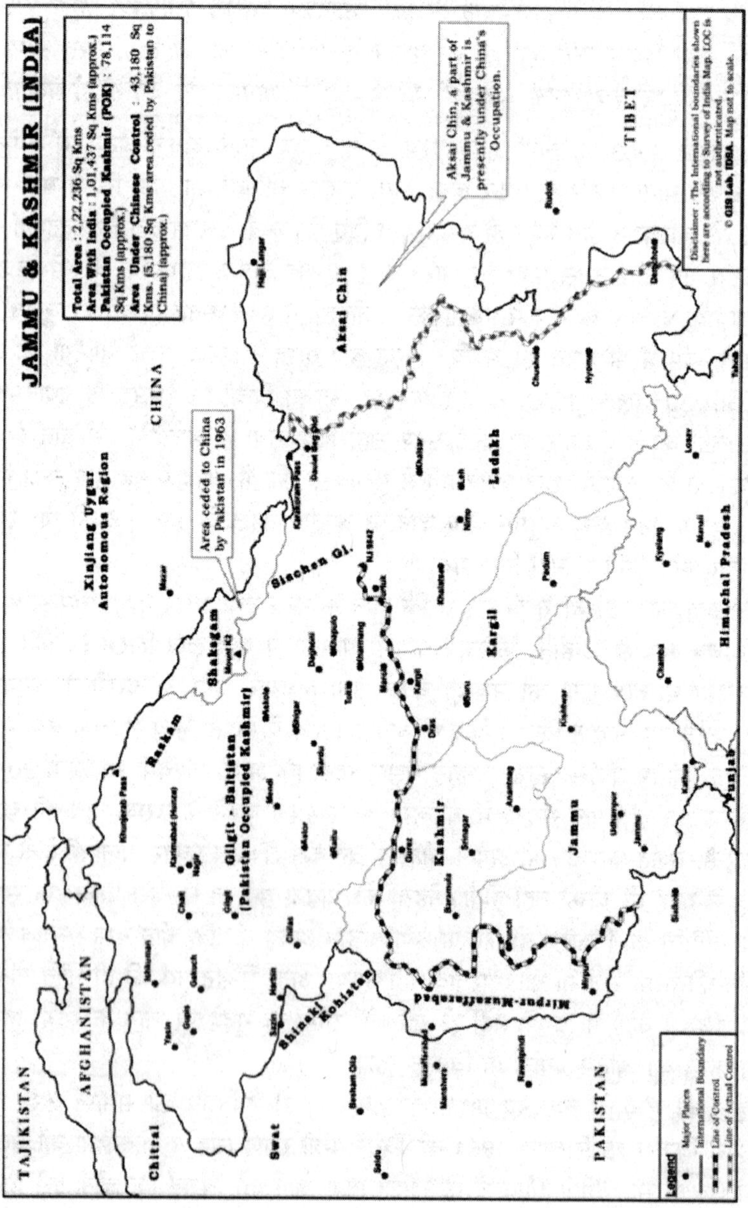

चीनियों ने तुरंत इसे अस्वीकृत कर दिया। चीनी सरकार का 9 अक्तूबर, 1964 का वक्तव्य यह स्पष्टत: वर्णित कर रहा था कि 'वार्ताओं के लिए पूर्व-शर्त के रूप में सात चौकियों की वापसी की भारत की माँग पूरी तरह से गैर-तर्कसंगत है'''जिस भूमि पर ये सैन्य चौकियाँ स्थित हैं, वह सदैव से चीनी भू-भाग रहा है। चीन को वहाँ से वापसी करने के लिए कहने का भारत को क्या अधिकार है ? इस बात की पुष्टि करने के लिए चोऊ ने 21 दिसंबर, 1964 को एनपीसी को बताया कि 'हम उन सात नागरिक चौकियों में से किसी एक चौकी को भी नहीं हटाएँगे।' चोऊ ने भारत के प्रस्ताव को पूर्णत: गैर-युक्तिसंगत बताया। चीनी वार्तालाप प्रारंभ करने के लिए समझौता करने के पक्ष में नहीं थे।

भारत के नए प्रधानमंत्री शास्त्री ने 24 दिसंबर, 1964 को लोकसभा में स्थिति का वर्णन किया। उन्होंने कहा कि भारत 'डी.एम.जेड. के दोनों ओर कोई भी चौकी न रहने के प्रस्ताव से सहमत होने के लिए इच्छुक था, लेकिन चीन इस प्रस्ताव से सहमत नहीं हुआ जिससे 'वार्तालापों के प्रारंभ का प्रश्न ही पैदा नहीं हुआ।'

इस प्रकार, इस मामले में पूर्णत: गतिरोध कायम रहा तथा सीमा के मुद्दे के समाधान के लिए वार्ताओं को पूर्णत: स्थगित कर दिया गया। यह स्पष्ट था कि चीन ने शस्त्रों का प्रयोग करते हुए अपने भू-भाग और अन्य उद्देश्यों की प्राप्ति कर ली और अब उसे वार्ता में कोई रूचि नहीं थी। किसी भी स्थिति में, चीन शीघ्र ही एक आंतरिक बदलाव की परिस्थिति में उलझनेवाला था, जिसे 'सांस्कृतिक क्रांति' कहा गया था तथा उसके पास किसी अन्य बात के लिए समय नहीं था। अनेक वर्षों तक सीमा पर वार्ता के बारे में कोई प्रगति नहीं हुई। इस प्रकार यह पूर्णत: गतिरोध की स्थिति बन गई थी।

संदर्भ :

1. वुडमैन, ओ.पी.-सी.आई.टी. पृष्ठ 285।
2. श्वेत पत्र VIII, पृष्ठ 1।
3. पी.के. बनर्जी, ओ.पी.-सी.आई.टी. पृष्ठ 65।
4. देखिए अध्याय 4 (टिप्पणियाँ 122 पर)।
5. डब्ल्यू.पी. III, पृष्ठ 55।
6. पी.के. बनर्जी, ओ.पी.-सी.आई.टी. पृष्ठ 72।
7. डब्ल्यू.पी. VIII, पृष्ठ 23।
8. चीन ने निम्नलिखित मामलों में 'जलविभाजक सिद्धांत' को स्वीकार कर लिया है (क) नेरचिंस्क की संधि 27 अप्रैल, 1689 (ख) कंवेन्शन ऑफ ग्रेट ब्रिटेन एंड चाइना 1890 : अनुच्छेद-I (ग) फ्रांस और चीन के बीच कन्वेंशन, 20 जून, 1895 (घ) ग्रेट ब्रिटेन और चीन के बीच 1894 और 1897 के कन्वेंशन : अनुच्छेद-III, पैरा 3 (ड.) बर्मा और चीन के बीच सीमा करार, जो 4 जनवरी, 1961 को अनुसमर्थित हुआ : जिसमें बर्मा में मैकमोहन रेखा की पुष्टि की गई तथा (च) चीन-नेपाल सीमा करार, जो 1961 में अनुसमर्थित हुआ।
9. मैक्सवेल, ओ.पी.-सी.आई.टी. पृष्ठ 298-99।
10. डब्ल्यू.पी. VIII, पृष्ठ 42।
11. विदेश मंत्री छन यी, स्वीडिश प्रसारण सेवा को साक्षात्कार, सर्वे ऑफ चाइना मेनलैंड प्रेस (एस.सी.एम.पी.), संख्या 2941, मार्च, 1963, पृष्ठ 24।

12. डब्ल्यू.पी. IX, पृष्ठ 2।
13. डब्ल्यू.पी. IX, पृष्ठ 10।
14. डब्ल्यू.पी. VIII, पृष्ठ 51।
15. ब्रिटिश विदेश कार्यालय फाइल संख्या एफ.ओ. 371-3689 एफ/4004/1777338/10।
16. एस.पी. शर्मा, 'दि इंडिया-चाइना बॉर्डर डिस्प्यूट' अमेरिकन जर्नल ऑफ इंटरनेशनल लॉ (ए.जे.आई.एल.) 1965, खंड 59, पृष्ठ 41।
17. मैक्सवेल, ओ.पी.-सी.आई.टी. पृष्ठ 209।
18. फिशर, रोज, हटनबैक, ओ.पी.-सी.आई.टी. पृष्ठ 101।
19. सी.एच. ऐक्जेंड्रोविच, 'दि लीगल पोजीशन ऑफ तिब्बत', अमेरिकन जर्नल ऑफ इंटरनेशनल लॉ, अप्रैल 1954, खंड 2, पृष्ठ 265-274।
20. मैक्सवेल, ओ.पी.-सी.आई.टी., पृष्ठ 432।
21. चेन टी-चियांग, 'रिफ्यूट दि एबसर्ड थ्योरी रिगार्डिंग इंटरनेशनल लॉ, चाइनीज एकेडमी ऑफ साइंसेज)
22. डब्ल्यू.पी. VIII, पृष्ठ 122।
23. अयूब, फ्रैंड्स नॉट मास्टर्स (लंदन : ऑक्सफोर्ड यूनिवर्सिटी प्रेस, 1967), पृष्ठ 162।
24. डॉन, 3 मार्च, 1962। नेहरू लोकसभा में बोलते हुए 7 मई, 1962।
25. नेहरू लोकसभा में बोलते हुए 7 मई, 1962।
26. एफ.आर.यू.एस. 1961-63, खंड XIX, दक्षिण एशिया, दस्तावेज 11।
27. एफ.आर.यू.एस. 1961-63, खंड XIX, दक्षिण एशिया, दस्तावेज 126, पृष्ठ 257।
28. डब्ल्यू.पी. IX, पृष्ठ 2।
29. तदेव, पृष्ठ 3।
30. तदेव, पृष्ठ 1।
31. तदेव, पृष्ठ 24।
32. डब्ल्यू.पी. VI, पृष्ठ 100।
33. सर मौरिस जेम्स, पाकिस्तान क्रॉनिकल (कराची : ऑक्सफोर्ड यूनिवर्सिटी प्रेस, 1993), पृष्ठ 90।
34. नेहरू, लोकसभा में भाषण 3 मार्च, 1963।
35. लोकसभा डिबेट्स, 1964, खंड 34।
36. तदेव।

□

7
मध्यावधि (1964-80)

1962 की युद्धस्थिति की समाप्ति के बाद से 1980 तक भारत और चीन के बीच सीमा के प्रश्न पर कोई औपचारिक बातचीत नहीं हुई। इसके लिए मुख्य गतिरोध भारत द्वारा निरंतर इस बात पर बल देना रहा कि चीन कोलंबो प्रस्तावों को पूरी तरह से स्वीकार कर ले, जबकि चीन ने कहा कि वह उन्हें 'सिद्धांत रूप में' स्वीकार करता है, परंतु उसने निरंतर दो आपत्तियाँ जतानी जारी रखीं। इस मामले का सार पश्चिमी सेक्टर में निहित था। इस सेक्टर में कोलंबो प्रस्ताव यह थे कि चीन द्वारा वापस जाने के फलस्वरूप 20 कि.मी. तक 'डी.एम.जेड.' (असैन्यीकृत क्षेत्र) उत्पन्न होगा और इस डी.एम.जेड. में दोनों पक्ष असैन्य चौकियाँ रख सकते हैं जिनका निर्णय संयुक्त रूप से किया जाएगा कि उन्हें कहाँ स्थित किया जाना है। दूसरी ओर, चीनियों ने न केवल एकपक्षीय रूप से उनकी चौकियों की स्थिति के बारे में निर्णय ले लिया, बल्कि स्पष्ट तौर से कहा कि डी.एम. जेड. चीन का भू-भाग है। उन्होंने डी.एम.जेड. में भारत की किसी भी चौकी के स्थापित होने से इनकार किया। यहाँ तक कि अपनी मृत्यु के कुछ समय पूर्व नेहरू द्वारा पेश किए गए समझौते के प्रस्ताव को चीन द्वारा खारिज कर दिया गया कि कोई भी देश डी.एम.जेड. में कोई चौकी स्थापित नहीं करेगा। इस प्रकार गतिरोध जारी रहा।

इस दौरान दोनों पक्षों से अनेक टिप्पणियाँ प्राप्त हो रही थीं जिनमें आरोप लगाया गया कि वास्तविक नियंत्रण रेखा (एल.ए.सी.) का उल्लंघन किया जा रहा है। चूँकि एल.ए.सी. को कभी जमीन पर चिह्नांकित नहीं किया गया था, दोनों ही देशों की अपनी-अपनी कल्पना थी कि वह रेखा वास्तव में कहाँ पर थी। यही संभवत: मुख्य कारण था कि क्यों वहाँ पर निरंतर उल्लंघन की घटनाएँ होती रहती थीं। कभी-कभी दूसरे पक्ष की प्रतिक्रिया जानने के लिए जान-बूझकर घुसपैठ की जाती थी। दोनों पक्षों द्वारा घुसपैठ करने का आरोप न केवल भूमि के रास्ते लगाया गया था, बल्कि हवाई मार्गों से भी। एक-दूसरे के विरुद्ध शिकायत भरी टिप्पणियों में दोनों पक्ष ऐसे उल्लंघनों से साफ तौर से इनकार करते थे। इस प्रकार दोनों देशों के बीच तनाव इन उल्लंघनों की मात्रा, गहराई और परिमाण के आधार पर सक्रिय अथवा मंद बनाया जाता था। अधिकांशत: वास्तविक नियंत्रण रेखा पर तनाव राजनीतिक लाभ हासिल करने अथवा किसी नीति-विशेष का अनुपालन करने के लिए अन्य दल को प्रोत्साहित करने के प्रयोजनार्थ बढ़ा दिया जाता था अथवा उसे कम कर दिया जाता था। चीनियों ने इस उपाय का प्रयोग अत्यधिक बार करना प्रारंभ कर

दिया था। अनेक बार तो सीमा पर तनाव सीमा पर घटनेवाली घटनाओं से पूर्णतः असंगत रहता था। चीनियों ने निष्कर्ष निकाला कि उन्होंने एक ऐसा हथियार ढूँढ़ लिया है जिसके साथ वे कभी भी भारत को परेशान कर सकते थे।

अपनी इस नीति की प्रभावकारिता की परीक्षा करने के लिए चीनियों को जल्द ही अवसर मिल गया जिसकी संभवतः उन्होंने इतनी शीघ्र आशा नहीं की थी। 1962 में भारतीय सेना के असफल होने के उपरांत, पाकिस्तान ने सोचा कि भारत पर हमला करके कश्मीर को हथियाने का श्रेष्ठ अवसर अब आ गया है। चीन-पाकिस्तान करार ने दोनों देशों के बीच संबंधों को सुदृढ़ किया। उठाए जानेवाले आगामी कदमों के संदर्भ में गंभीर वार्ताएँ संचालित की गईं, जब अयूब ने चीन का दौरा किया (2-9 मार्च, 1965) और उन्हें अत्यंत असाधारण सम्मान प्रदान किया गया। पाकिस्तान और चीन के बीच सुरक्षा संबंधों का पहला संकेत 1963 में मिला, जब अयूब ने 8 जुलाई, 1963 को यह बयान दिया कि एशिया के छोटे राष्ट्र भारत के विरुद्ध संरक्षण प्राप्त करने के लिए चीन की सहायता लेते हैं। सी.आई.ए. ने भी यह भाँप लिया कि चीन-पाक संधि की बात चल रही है। 1964 के प्रारंभ से ही सी.आई.ए. से रिपोर्ट प्राप्त हो रही थी कि किसी प्रकार का एक 'गुप्त चीन-पाकिस्तान पारस्परिक रक्षा करार' किए जाने की संभावना है। यह महसूस किया गया कि इस बात की पूरी पुष्टि तो नहीं है कि क्या यह करार विद्यमान है कि अथवा नहीं, परंतु कुछ गुप्त समझ तो अवश्य ही विद्यमान है।[1] कश्मीर में मुजाहिद्दीन की घुसपैठ कराने की योजना संभवतः चीनियों को ज्ञात थी, क्योंकि फरवरी 1964 में पाकिस्तान की अपनी यात्रा के दौरान चोऊ ने 'संयुक्त लड़ाकू अभ्यासों'[2] के बारे में बात की तथा सुरक्षा क्षेत्र में सहयोग निश्चित रूप से वार्ता का विषय था। अमेरिका द्वारा प्राप्त दो 'विश्वसनीय और संवेदनशील' रिपोर्टों में यह दर्शाया गया था कि भुट्टो और विदेश सचिव अजीज अहमद एक 'गुप्त ज्ञापन' के बारे में जानते थे, जो उन कार्रवाइयों के बारे में चीन और पाकिस्तान के बीच वस्तुतः विद्यमान था, जिन्हें उस मामले में संचालित किया जाना था, जब दूसरा भागीदार भारत के साथ सैन्य विवाद में लीन हो।[3] जैसे-जैसे यह योजना आगे बढ़ाई गई, सीमा पर भारत के साथ चीनियों की हरकतों में तल्खी आती गई।

पश्चिमी सेक्टर में बड़ी संख्या में की गई घुसपैठ के अलावा, चिंता का एक मुद्दा सिक्किम-तिब्बत सीमा का भी था। भारत के लिए यह सौभाग्य की बात थी कि यही एकमात्र ऐसी सीमा थी जिसे चीन द्वारा पूर्णतः मान्यता प्रदान की गई थी और इसे जमीन पर चिह्नित किया गया था। बेहद संकरे इस क्षेत्र को 'चिकन नेक' कहा जाता था और यह भारत के लिए काफी महत्त्वपूर्ण था, क्योंकि भारत के पूर्वोत्तर भू-भागों के बीच का संपर्क-मार्ग इस संकरे भू-भाग से होकर गुजरता था। इस समय दबाव में आने का अर्थ था कि भारत कश्मीर में अशांति फैलने की स्थिति में इस क्षेत्र से सैन्य टुकड़ियाँ वापस लेने की स्थिति में नहीं होता। चीनी इस बात को जानते थे। अतः चीनियों ने यह आरोप लगाया कि भारत सीमा-रेखा के परे जाकर निर्माण-कार्य करके इस सीमा का उल्लंघन कर रहा है। इस मौखिक आरोप से चीनियों को तीन मुख्य उद्देश्यों को प्राप्त कर लेने की आशा थी। पहला, वह पाकिस्तानी 'साझेदारों' को प्रभावित करेंगे कि वे उनके साथ गंभीरता से जुड़े हैं। दूसरे, यह पाकिस्तान में चीन की प्रतिष्ठा में वृद्धि करेगा। तीसरे, यह भारत को असंतुलित बनाएगा और फिर वह किसी सैन्य कार्रवाई करने के लिए तैयार नहीं हो सकेगा।

सिक्किम-तिब्बत सीमा के आसपास भारतीय सैन्य टुकड़ियों द्वारा कथित उल्लंघनों के चीनी आरोपों के पैटर्न ने उस समय एक नाटकीय मोड़ ले लिया, जब अगस्त 1965 में कश्मीर में लड़ाई छिड़ गई। चीनियों की टिप्पणियाँ अब इन धमकियों और चेतावनियों पर केंद्रित होने लगी थीं कि 'यदि भारत ने आक्रमण और उकसाने की कार्रवाइयाँ नहीं रोकीं, तो वह उससे उत्पन्न होनेवाले परिणामों की पूरी जिम्मेदारी उठाएगा।'[4] जैसे ही पश्चिमी मोर्चे पर लड़ाई एक निर्णायक मोड़ पर पहुँच गई, चीनियों ने 8 सितंबर, 1965 को एक और धमकी जारी की कि यदि भारत ने सिक्किम-तिब्बत सीमा पर 'समस्त आक्रामक सैन्य संरचनाओं' को नहीं हटाया अथवा 'पश्चिमी, मध्य और पूर्वी सेक्टरों में चीन के विरुद्ध आक्रमण और उकसाने की अपनी कार्रवाइयों को नहीं रोका' तो वह उसके 'परिणामों' के लिए उत्तरदायी होगा। चीन ने अब सिक्किम-तिब्बत सीमा से धमकियों को समस्त भारत-चीन सीमा[5] तक विस्तारित करने का निर्णय ले लिया था तथा चीनी सरकार के 7 सितंबर, 1965 को जारी वक्तव्य ने यह चौंकानेवाला दावा किया कि 'भारत द्वारा अपने किसी भी पड़ोसी देश के विरुद्ध किया गया आक्रमण उसके सभी पड़ोसी देशों के लिए चिंता का विषय है।' दूसरे शब्दों में, चीन अब भारतीय उपमहाद्वीप के कार्यों में हस्तक्षेप करने के अधिकारों का दावा करने लगे थे।

भारत के विरुद्ध चीनियों का आडंबर पूरी तरह से प्रोपेगंडा में बदल गया था। वे पाकिस्तान को भी आवश्यकता से अधिक कोई भी प्रतिबद्धता न करने के बारे में अत्यंत सतर्क थे। विदेश मंत्री छन भी 4 सितंबर, 1965 को कराची में उपस्थित थे, जहाँ भुट्टो ने उनसे मुलाकात की और उन्हें मानचित्रों के माध्यम से यह जानकारी भी दी कि किस प्रकार कश्मीर पर भारत के साथ उनका युद्ध आगे बढ़ रहा था। छन यी पाकिस्तान को भारतीय ठिकानों पर आक्रमण करने के लिए उकसाने का पूरा प्रयास कर रहे थे, परंतु, जब भुट्टो ने उनसे यह प्रश्न किया कि 'क्या चीनी भारत-चीन सीमा पर कोई मोर्चा खोलेंगे?' तो छन यी ने इस पर आनाकानी की। इस प्रश्न का उत्तर न देने के अनेक प्रयास करने के बाद उन्होंने भुट्टो को बताया कि उन्हें कुछ भी कहने का प्राधिकार नहीं है, परंतु वे इस मुद्दे को प्रधानमंत्री चोऊ के साथ उठाएँगे।[6]

सिक्किम-तिब्बत सीमा पर स्थिति को सामान्य करने के लिए भारत ने चीन को प्रस्ताव दिया कि 'एक स्वतंत्र और निष्पक्ष प्रेक्षक' सीमा का दौरा कर सकता है और वहाँ विद्यमान वास्तविक स्थिति को स्वत: देख सकता है। यह स्वाभाविक था कि चीनी इसके लिए इच्छुक नहीं थे, क्योंकि उनके उद्देश्य पूर्णत: भिन्न थे। कश्मीर में उनके द्वारा 'हस्तक्षेप न किए जाने' के उनके कथन, जैसा कि उन्होंने 31 मई, 1962 की अपनी टिप्पणी में भारत को सूचित किया था, की चीनियों ने पुनर्व्याख्या की कि 'हस्तक्षेप न करने' से उनका आशय यह है कि कश्मीर के मुद्दे को 'कश्मीरी लोगों के स्व-निर्धारण के अधिकार' को सम्मान देने के आधार पर सुलझाया जा सकता है।[7] यह चीन की 'दोगली बातों' का एक अन्य उदाहरण था। इस स्पष्टीकरण का समय अत्यंत महत्त्वपूर्ण था, क्योंकि इस तारीख को (16 सितंबर) पाकिस्तान यह विचार कर रहा था कि क्या भारत के साथ विवाद जारी रखा जाना चाहिए अथवा युद्ध-विराम किया जाना चाहिए। इस समय तक पाकिस्तान की आशाएँ समाप्त हो चुकी थीं। इसी टिप्पणी में चीनियों ने यह आरोप भी लगाया कि भारत ने सिक्किम-तिब्बत सीमा के पास 56 निर्माण-कार्य किए हैं तथा धमकी दी और माँग की कि तीन

दिनों के भीतर उन्हें हटा दिया जाए अन्यथा उसे गंभीर परिणाम भुगतने होंगे।' अंतिम धमकी इस आशय के साथ की गई थी कि पाकिस्तान को लड़ाई जारी रखने के लिए उकसाया जाए तथा यह संकेत दिया जाए कि चीन हस्तक्षेप के लिए तैयार है। इस बात की विश्वसनीय रिपोर्टें थीं कि अयूब और भुट्टो 19/20 सितंबर, 1965 की रात्रि को गुप्त रूप से बीजिंग के लिए रवाना हुए थे जिसका आशय था चीन से सहायता के लिए अनुरोध करना कि वह भारत–चीन सीमा पर एक अन्य मोर्चा खोल दें। यह स्पष्ट नहीं है कि क्या चीनियों ने अयूब के अनुरोध को अस्वीकार कर दिया था अथवा क्या अयूब के मन में स्वयं कोई और विचार चल रहा था।[8] अयूब रस्क की इस धमकी से अवगत थे कि यदि उन्होंने ऐसी कोई स्थिति उत्पन्न की जिससे चीन का हस्तक्षेप अनिवार्य हो जाता हो, तो उससे वे 'स्वयं को पश्चिम से दूर कर लेंगे'। रस्क ने इस पर बल दिया कि उनकी यह बात 'एक वास्तविकता' थी।

सोवियत रूस और अमेरिका, दोनों ही इस बात के प्रति पर्याप्त रूप से सचेत थे कि चीन भारत–पाकिस्तान विवाद में बीच में पड़ने के लिए भारत–चीन सीमा पर विभेदों का उपयोग करने की मंशा बना रहा है। 13 सितंबर, 1965 को सोवियत रूस ने पहले ही चेतावनी दे दी थी कि 'ऐसे देशों, जिनके भड़कानेवाले वक्तव्यों ने तथा जिनकी नीति ने विवाद को हवा दी थी, उन्हें संपूर्ण विश्व और सभी देशों द्वारा चेतावनी दी जानी चाहिए कि भारत और पाकिस्तान को युद्ध के लिए भड़काने की उन्हें बड़ी कीमत चुकानी पड़ सकती है।' बीजिंग ने इस वक्तव्य में संप्रेषित सोवियत आशय को निश्चित ही समझ लिया था।

अमेरिकी सरकार और भी अधिक स्पष्ट थी। अमेरिका ने चीन को दो स्पष्ट चेतावनियाँ दी थीं। 15 सितंबर, 1965 को सेक्रेटरी ऑफ स्टेट्स ने एक सार्वजनिक वक्तव्य दिया, जिसमें चीनियों को भारत और पाकिस्तान के बीच विवाद से दूर रहने की चेतावनी दी गई थी।[9] उसी दिन पोलैंड में अमेरिकी राजदूत जॉन कैबोट को निर्देश दिए गए थे कि वे पोलैंड में चीनी राजदूत वांग गुओ कुआन से भेंट करें और उन्हें निम्नलिखत चेतावनी दें—

> *भारत पर लगाए गए बेबुनियाद आरोपों और धमकियों की अमेरिका सरकार निंदा करती है। ये धमकियाँ यदि क्रियान्वित की गईं, तो कहीं अधिक भयावह स्थिति उत्पन्न कर सकती हैं, जिन्हें शुरू में प्रभावित क्षेत्रों अथवा पक्षकारों तक सीमित रख पाना कठिन होगा।*[10]

15 सितंबर, 1965 को अमेरिका में भारतीय राजदूत बी.के. नेहरू ने सेक्रेटरी ऑफ स्टेट्स से भेंट की और उनसे मौखिक रूप से अनुरोध किया कि अमेरिकी सरकार चीन को वक्तव्य के रूप में एक और औपचारिक चेतावनी दे कि अमेरिका उस स्थिति में हस्तक्षेप करेगा यदि चीन भारत पर आक्रमण करता है और यह कि अमेरिका भारत की सहायता के लिए आगे आएगा। रस्क द्वारा इस पर ध्यान दिया गया, परंतु उन्होंने इस पर कोई कार्रवाई नहीं की, क्योंकि अमेरिका उप–महाद्वीप के मुद्दों पर चीन के साथ सीधे टकराना नहीं चाहता था, क्योंकि वह वियतनाम समस्या में पहले ही शामिल था।

फिर भी चीनियों ने यह महसूस किया कि उनका सामना अब दो महाशक्तियों से है, जिनकी राय एक समान थी। जैसी कि हांगकांग के ता कुंग पाओ (चीन–समर्थक समाचार-पत्र) द्वारा टिप्पणी की गई थी, 'जो बात ध्यान आकर्षित करती है, वह यह तथ्य है कि न केवल अमेरिकी

साम्राज्यवाद ने भारतीय आक्रमण को समर्थन प्रदान किया है, बल्कि ऐसे कुछ लोगों ने भी इसे समर्थन दिया, जो स्वयं को मार्क्सवादी-लेनिनवादी कहते हैं। अब यह काफी विवादास्पद मुद्दा बन गया था और चीन फिर से गरजने और मौखिक धमकियाँ देने लगा। जैसे-जैसे पाकिस्तान का भाग्य उससे रूठता गया, वैसे-वैसे भारत के प्रति चीन की टिप्पणियों में मौखिक युद्धकारिता की स्थिति में वृद्धि होती गई। बीजिंग में भारतीय सी.डी.ए. को 16 सितंबर की अर्धरात्रि में सोंपी गई टिप्पणी (उसे नाटकीय बनाने का प्रयास किया गया) में चीनियों ने माँग की कि भारत तत्काल ही 'उकसाने' की कार्रवाई रोक दे तथा सिक्किम सीमा के चीन की ओर बनाई गई आक्रामक संरचनाओं को तोड़ दे वरना इसके 'गंभीर परिणाम' भुगतने के लिए तैयार रहे। इसके लिए तीन दिन (अर्थात् 19 सितंबर तक) की समय-सीमा प्रदान की गई थी। भारत द्वारा दिखाई गई दृढ़ प्रतिबद्धता और उसके साथ ही दो महाशक्तियों की सहायता से पाकिस्तान और चीन, दोनों की हिम्मत टूट गई। चीनियों के लिए यह अत्यंत अपमानजनक था कि उन्होंने पहले तो अंतिम चेतावनी को तीन दिन और बढ़ाकर 22 सितंबर तक कर दिया और फिर अंततः उसे समाप्त ही कर दिया। अपने मजाक के उत्कृष्ट अंदाज में भारतीय प्रधानमंत्री शास्त्री ने कहा कि यदि तथाकथित संरचनाएँ चीनी सीमा की ओर हैं, जैसा कि चीन द्वारा दावा किया गया था, तो उन्हें यह कहा जाता है कि वे स्वयं ही उन्हें गिरा दें! यदि वे यह चाहते हैं कि भारत ऐसा करे, तो भारतीय टुकड़ियों को यह कार्य करने के लिए तिब्बत में घुसना होगा!

इस प्रकार व्यापक राजनीतिक उद्देश्यों की पूर्ति करने के लिए सीमा पर दबाव का प्रयोग करने की चीन की यह युक्ति बुरी तरह असफल हो गई। चीन की निराशा उप-प्रधानमंत्री पो की टिप्पणी से प्रतिबिंबित होती है, जब 29 सितंबर, 1965 को उन्होंने उन्हें बताया था कि 'संघर्ष' अभी समाप्त नहीं हुआ है, परंतु यह एक नए चरण में प्रवेश कर चुका है।[11] ढाका में अमेरिकी कॉन्सुल-जनरल द्वारा यह दृष्टिकोण व्यक्त किया गया—

> *चीन की प्रतिष्ठा पूर्वी पाकिस्तान में समाप्त हो गई थी। अमेरिका और सोवियत संघ के संयुक्त सैन्य विरोध का सामना करते हुए चीन को भारत के विरुद्ध कोई भी कदम उठाने में डर लग रहा था। बहादुरी भरे शब्दों के बावजूद¨चीन कोई बड़ा कारनामा नहीं दिखा पाया।*[12]

चीन-पाकिस्तान की मित्रता वह प्रदर्शित कर रही थी जिसके लिए वह बनी थी—केवल अपना-अपना फायदा उठाने का करार। पाकिस्तान उस समय टूट गया, जब रस्क ने उसे धमकी दी कि यदि अयूब ने कोई ऐसी स्थिति उत्पन्न की जिससे 'चीन का हस्तक्षेप होता हो, तो वह स्वयं पश्चिम को नाराज कर देंगे' और यह कि 'जो देश लाल चीन की आक्रामक नीतियों का सुझाव देगा अथवा उन्हें प्रोत्साहित करेगा, उसे एक फूटी कौड़ी भी नहीं दी जाएगी।'[13] दूसरी ओर चीन इस बात से सतर्क था कि दोनों ही महाशक्तियों का एक ही दृष्टिकोण है और वह ऐसा कोई जोखिम नहीं उठाना चाहता था जिसका परिणाम अत्यंत खतरनाक हो। अत्यंत चुपचाप तरीके से उसने पहले इस चेतावनी को तीन दिन के लिए बढ़ाया और उसके बाद उसने एकपक्षीय रूप से घोषणा कर दी कि सिक्किम में उसके उद्देश्य की पूर्ति हो चुकी है। इस प्रकार उसने अपमान का कड़ुआ घूँट पी लिया और अपनी धमकियों को चुपचाप समाप्त कर दिया।

1965 की घटनाएँ यह दिखाती हैं कि भारत उतना अलग-थलग नहीं पड़ा जितनी चीन द्वारा

कल्पना की गई थी और पाकिस्तान चीन के कारण पश्चिम के साथ अपने संबंधों का बलिदान करने के लिए अभी तैयार नहीं था, जब भारत-पाकिस्तान के बीच युद्ध-विराम की घोषणा हुई, तो चीन की आवाज पर नियंत्रण लग गया और वह खामोश हो गई। चीन केवल इतना ही कर सका कि उसने भारत द्वारा सीमा के उल्लंघनों के बारे में तथा भारतीय जवानों की 'कायरता' के बारे में अपमानजनक टिप्पणियाँ कीं। यह स्पष्ट था कि चीन ने पाकिस्तान को उकसाकर कुछ भी हासिल नहीं किया था और वह यह छिपाने में भी विफल रहा था कि सीमा के मुद्दे पर भारत को भयभीत करने की उसकी नीति भी विफल हो गई थी। चीन की नीति उस समय पूर्णतः असफल रही, जब पाकिस्तान ने उनके कड़े विरोधी सोवियत रूस का 'सोवियत तत्त्वावधान' में भारत-पाकिस्तान विवाद निपटाने के लिए ताशकंद में भारत से बातचीत करने का प्रस्ताव स्वीकार कर लिया। चीन का प्रोपेगंडा-तंत्र असामान्य रूप से मौन हो गया तथा वह पुनः भारत के विरुद्ध आलोचनात्मक लेख प्रकाशित करने लगा।

चीन घटनाक्रम के एकदम बदल जाने पर पर्याप्त रूप से निराश था और चीनी विदेश मंत्री छन यी ने चीन में पाकिस्तान के राजदूत को बुलाकर चेतावनी दी कि ताशकंद 'चीन-पाक संबंधों पर ग्रहण' की स्थिति उत्पन्न कर रहा है।[14] यह मामला अब और भी प्रतिकूल हो गया था, जब जुलाई 1966 में चोऊ के पाकिस्तान आगमन से एक दिन पूर्व विदेश मंत्री भुट्टो, जिन्हें चीन का समर्थक माना जाता था, को अयूब द्वारा अपदस्थ कर दिया गया। कराची के 'डॉन' ने टिप्पणी की कि (भुट्टो) को अपदस्थ किया जाना पाक नीति में 'परिवर्तन का संकेत' है। 1965 के युद्ध में भारत-चीन सीमा पर मौखिक धमकियाँ देते हुए पाकिस्तान को सहयोग प्रदान करने के बावजूद, चीन को पाकिस्तान के उससे दूर होने का खतरा महसूस हो रहा था। उसी दौरान चीन ने उस स्थिति को भी चिंता से देखा, जब प्रधानमंत्री कोसीगिन ने अप्रैल 1968 में पाकिस्तान का दौरा किया तथा उसे बीजिंग के कड़े शिकंजे से मुक्त करने के लिए सैन्य सहायता प्रदान करने की पेशकश की। चीनी अब पुनः आलोचना पर उतर आए थे तथा उन्होंने भारत पर 'अमेरिकी साम्राज्यवाद और रूसी सुधारवाद के साथ एक खुला सैन्य गठबंधन स्थापित करने का आरोप लगाया, जो चीन के और भारत के अन्य पड़ोसी देशों के विरुद्ध था'। पाकिस्तान से अपने संबंध मजबूत बनाने के स्थान पर चीन अब पूरी तरह से उसके विरुद्ध अमेरिका-सोवियत कार्रवाई की संभावना से स्पष्टतः चिंतित था।

भारत-पाक विवाद के दौरान अपने उद्देश्यों की पूर्ति कर पाने में विफल रहने पर चीनियों ने एक बार फिर विशेष रूप से तिब्बत-सिक्किम सीमा पर भारत के साथ तनाव को जारी रखा। यह देखा जा सकता है कि सिक्किम-तिब्बत सीमा को न केवल चीन जनवादी गणराज्य की वर्तमान सरकार द्वारा मान्यता दी गई थी, बल्कि इस सीमा को जमीन पर भी चिह्नांकित किया गया था। अतः इसके संरेखण को लेकर कोई अस्पष्टता नहीं थी। यह बात कि चीन ने तनाव में वृद्धि करने के लिए इस क्षेत्र का चुनाव किया, उससे यह बात जाहिर होती है कि भले ही दोनों पक्षों द्वारा संपूर्ण चीन-भारत सीमा पर पूरी तरह से बातचीत कर ली गई हो और उनके द्वारा ही इसका निपटारा और भूमि पर इसे चिह्नांकित कर लिया गया हो, फिर भी चीनियों को इसे एक मुद्दा बनाने में कोई झिझक नहीं होगी, अगर वे अन्यत्र राजनीतिक उद्देश्यों की प्राप्ति करने के लिए ऐसा करना चाहेंगे।

मानचित्र 6 : भारत-चीन सीमा-नाथू ला, जेलेप ला का मानचित्र

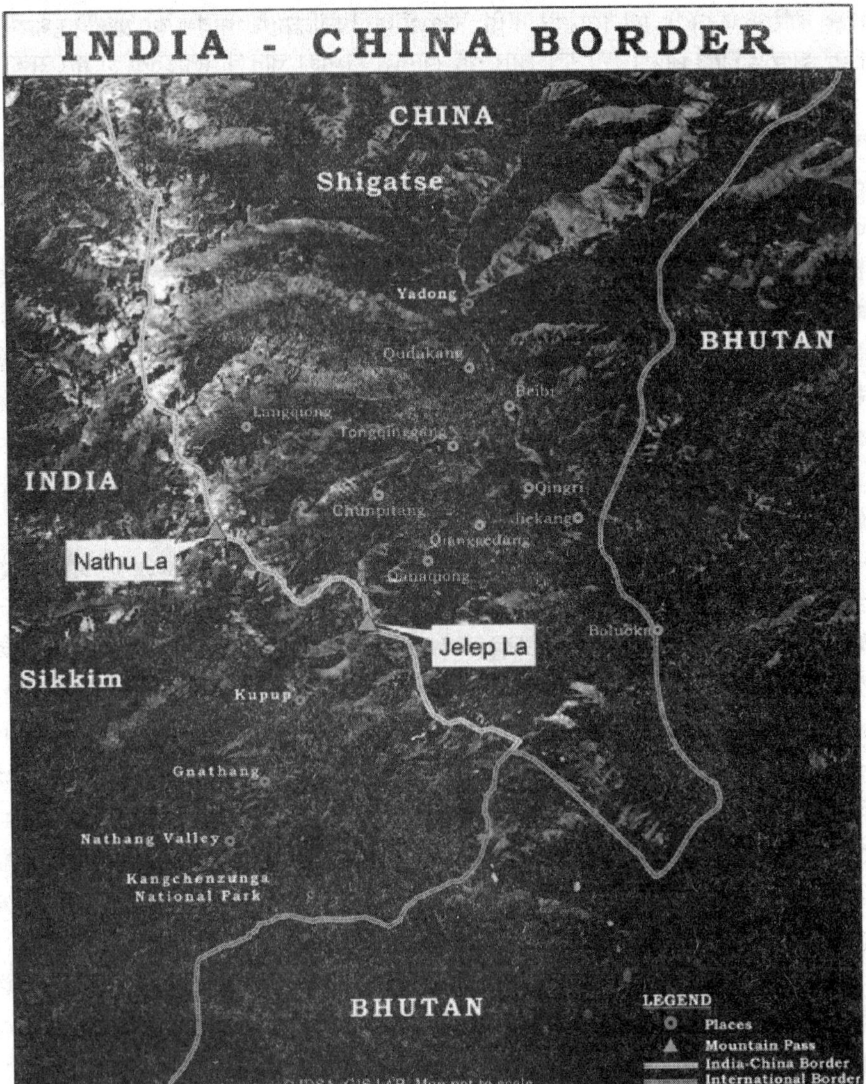

सिक्किम-तिब्बत सीमा पर चीन ने सीमा-रेखा तक सड़कों का निर्माण-कार्य तेजी से प्रारंभ कर दिया। जल्द ही चीनियों ने सीमा पर चुनिंदा स्थानों पर लाउडस्पीकर स्थापित करते हुए भारत के विरुद्ध वैमनस्य का एक नया अध्याय खोल दिया और भारत-विरोधी प्रचार को उग्रता के साथ प्रारंभ कर दिया। संभवत: उन्हें ऐसा आंतरिक कारणों से भी करना पड़ा, क्योंकि सांस्कृतिक क्रांति अपने चरम पर थी। भारत के लिए सौभाग्य की बात थी कि अधिकांश चीनी प्रसारण इतनी क्लिष्ट संस्कृत मिश्रित हिंदी में था कि सीमा पर तैनात बहुत कम भारतीय सैनिक वास्तव में यह समझ पाते थे कि चीनी क्या कह रहे हैं।[15] चूँकि चीन की मुख्य भूमि पर सांस्कृतिक क्रांति चल

रही थी, अतः अत्यंत संदेहास्पद प्रकृति की चालबाजी भारत–चीन सीमा पर कोई भी महत्त्वपूर्ण लक्ष्य हासिल करने के स्थान पर, चीन के नेताओं की 'क्रांतिकारी' भावना को प्रभावित करने के लिए तैयार की गई थी।

फिर भी चीनी भारतीय सेना की तैयारी की स्थिति की परीक्षा करने के लिए उत्सुक थे। तदनुसार 11 सितंबर, 1967 को चीनियों ने नाथु ला (तिब्बत–सिक्किम सीमा) के समीप भारतीय गश्ती दल पर अचानक गोलीबारी कर दी। अनेक दिनों तक गोलीबारी चलती रही तथा एक अवस्था पर यह अत्यंत गहन हो गई, जब दोनों ही देशों द्वारा भारी गोलाबारी का प्रयोग किया गया। उत्तर की ओर और उससे भी आगे बनाए गए अधिकांश चीनी बंकरों को पूर्णतः नष्ट कर दिया गया। दोनों देशों के बीच अनेक रुखाई भरी टिप्पणियों का आदान–प्रदान किया गया। अंततः, जब कुछ दिन बाद शांति हुई, तो भारतीय टुकड़ियाँ अपनी जगह पर डटी हुई थीं और न ही चीन किसी भारतीय चौकी पर कब्जा कर पाया था। दोनों ही पक्षों के काफी जवान हताहत हुए, जिसमें भारत ने 88 जवानों के मारे जाने और 163 के घायल होने की सूचना दी। चीन की ओर से 300 जवानों के मारे जाने और लगभग 450 के घायल होने की सूचना प्राप्त हुई। इसके बाद क्षेत्र में असहज शांति हो गई तथा 'न युद्ध–न शांति' की स्थिति बन गई।

यह वह अवधि भी थी, जब चीन 'सांस्कृतिक क्रांति' में पूरी तरह जुटा हुआ था और व्यापक आंतरिक समस्याओं के चलते उसके पास गंभीर विदेश नीति के मुद्दों के बारे में विचार करने के लिए बहुत ही कम समय था। चीनी विदेश मंत्रालय अनेक दिनों तक आक्रामक रेड गार्ड्स के नियंत्रण में आ गया था तथा स्वयं विदेश मंत्री छन यी और अन्य अग्रणी अधिकारियों को उनके हाथों अपमानित होना पड़ा था। एक चीनी राजदूत (काहिरा में ह्वांग हुआ) को छोड़कर लगभग सभी को वापस बुला लिया गया। इस अवधि के दौरान, चीन की विदेश नीति को अफ्रीका में अल्जीयर्स में गंभीर क्षति पहुँची तथा इंडोनेशिया में राष्ट्रपति सुकर्णो को अपदस्थ किए जाने के साथ ही इसने एक समर्थक देश भी खो दिया। इसके उपरांत चीनी उस समय अत्यंत आहत हुए, जब इंडोनेशिया में सैकड़ों प्रवासी चीनियों को मौत के घाट उतार दिया गया तथा जकार्ता में उनके दूतावास को अभद्र तरीके से हटा दिया गया।

वियतनाम में अमेरिका के नेतृत्व में चल रहे युद्ध के गहन होने तथा सोवियत रूस के साथ संबंधों में निरंतर खटास आने के कारण चीन के नेतृत्व को शासन की प्रणाली में पी.एल.ए. को शामिल करने के लिए विवश होना पड़ा ताकि वह सांस्कृतिक क्रांति से उत्पन्न अस्त–व्यस्तता की स्थिति को सामान्य कर सके, लेकिन पूर्वोत्तर में विवादास्पद सीमा पर सोवियत रूस के साथ झड़पें होनी प्रारंभ हो गईं जिनमें से सबसे गंभीर झड़प उसुरी नदी के पास दमनस्की/छन पाओ झड़प थी, जिसमें चीन ने सैकड़ों सैनिकों को खो दिया था। चीन सोवियत रूस द्वारा की जा सकनेवाली कार्रवाई के बारे में आशंकित थे, विशेष रूप से 1968 के सोवियत संघ द्वारा चेकोस्लोवाकिया पर किए गए हमले के तथा ब्रेजनेव सिद्धांत के प्रारंभ होने के उपरांत परमाणु हथियारों के प्रयोग के बारे में मास्को से उठनेवाली धमकियों से सचेत रहते हुए चीन गंभीरतापूर्वक सतर्क था। बीजिंग हवाई अड्डे पर कोसिगिन से हुई मुलाकात में चोऊ ने दोनों देशों द्वारा राजदूतावास स्तरीय संबंध पुनः बहाल करने तथा सीमा पर बातचीत प्रारंभ करने के प्रस्ताव को स्वीकार कर लिया था। चीनियों ने

यह महसूस किया था कि वे सोवियत संघ के साथ इसके टकराव को जारी रहने तक समाजवादी देशों के साथ संबंधों को सामान्य बनाने में काफी कम सफलता ही अर्जित कर सकते हैं। अब चीन के पास मित्र देशों के नाम पर अल्बानिया और पाकिस्तान ही रह गए थे।

अत:, जब साठ के दशक की समाप्ति निकट आई, चीन ने अपनी कमजोर स्थिति को पहचान लिया, क्योंकि उसके राजनीतिक प्रतिद्वंद्वी निरंतर उस पर दबाव बना रहे थे। उत्तर से दक्षिण में भी स्थिति दयनीय ही बनी हुई थी। भारत के साथ बातचीत की कोई आशा दिखाई नहीं पड़ रही थी। वियतनाम में अमेरिका के युद्ध प्रयास गहन हो गए थे। कंबोडिया में अमेरिका द्वारा प्रेरित विद्रोह प्रारंभ हो गया था जिसके फलस्वरूप सिंहानुक को अपदस्थ कर दिया गया तथा बाद में उन्हें बीजिंग निर्वासित किया गया। उत्तर में परमाणु हथियारों से लैस सोवियत रूस तथा पूर्वी समुद्री तट पर तैनात परमाणु हथियारों से लैस अमेरिकी प्रशांत बेड़ों को ध्यान में रखते हुए चीनियों ने अपनी स्थिति की गंभीरता को भाँप लिया था। इस अवस्था में अमेरिका चीन को एक कड़ा शत्रु समझता था।[16] चीन इस स्थिति से अवगत था और उसने अपनी कमजोर स्थिति का उस समय संकेत भी किया था, जब चोऊ ने वियतनाम के प्रधानमंत्री फाम वान डोंग को 29 अप्रैल, 1968 को बताया था कि 'अमेरिका चीन को आधा घेर रहा है और अब सोवियत संघ भी चीन को घेर रहा है। यह वृत्त पूरा होनेवाला है।' चीनी नेतृत्व और नीतियाँ वस्तुत: एक अत्यंत विषम स्थिति में फँस गई थीं।

इससे पूर्व चोऊ ने 2 अप्रैल, 1965 को कराची में अयूब के साथ भेंट की और चीन के निरंतर बिगड़ते हुए सुरक्षा परिवेश से सचेत करते हुए यह अनुरोध किया कि राष्ट्रपति जॉनसन को एक संदेश प्रेषित किया जाए। संदेश इस प्रकार था—

> *(क) चीन अमेरिका के साथ युद्ध को कभी नहीं उकसाएगा; (ख) चीन जो कह रहा है, उसे पूरा करेगा; (ग) चीन उन सभी दायित्वों का सम्मान करेगा, जो उसे सौंपे गए हैं; और (घ) चीन तनाव बढ़ने की स्थिति के लिए तैयार है और यदि इससे कोई विवाद उत्पन्न होता है, तो उसकी कोई सीमा नहीं होगी।*[17]

दुर्भाग्यवश अयूब की अमेरिका यात्रा रद्द हो गई, परंतु उससे भी चीनी हताश नहीं हुए। उन्होंने अब ब्रिटिश माध्यम का प्रयोग करने का निर्णय लिया। छन यी ने ब्रिटिश सी.डी.ए. डोनाल्ड होपसन को 31 मई, 1965 को बुलाया तथा उन्हें आश्चर्यचकित करते हुए उनसे अनुरोध किया कि उपर्युक्त बिंदु अमेरिका को सूचित कर दिए जाएँ। ब्रिटेन ने इस बात को सहजता के साथ स्वीकार कर लिया तथा चीन का संदेश राष्ट्रपति जॉनसन को दे दिया गया।

जब चीन अमेरिका को शांति के संदेश प्रेषित करने के प्रयास में व्यस्त था, वियतनामी चीन की इस अभिवृत्ति के बारे में काफी चिंतित थे। प्रसिद्ध वियतनामी जनरल तथा डिएन बिएन फू में फ्रांस के विरुद्ध विजेता जनरल वो न्गुयेन ने लिखा—

> *कि चीनी सरकार ने अमेरिका को बताया कि यदि उसने चीन को नहीं धमकाया अथवा नहीं छेड़ा, तो चीन वियतनाम पर हमलों को रोकने के लिए कुछ नहीं करेगा। यह अमेरिका को यह बताने की भाँति था कि वह अपनी इच्छानुसार वियतनाम पर बमबारी कर सकता है, जब तक चीन की सीमा पर कोई खतरा विद्यमान नहीं है।*[18]

यह अवधि भी भारत-चीन संबंधों में अत्यंत निष्क्रिय रही। चीन की निरंतर कमजोर होती घरेलू स्थिति ने, जिसे रक्षा मंत्री लिन बियाओ के उदय और बाद में पलायन ने और भी निराशापूर्ण बना दिया था। चेकोस्लोवाकिया के आक्रमण के परिप्रेक्ष्य में सोवियत संघ के साथ तनावपूर्ण संबंध और वियतनाम में युद्ध ने चीन के लिए नई प्राथमिकताएँ निर्धारित कर दी थीं। फिर भी चीनियों ने भारत के विरुद्ध अपने घृणित दुष्प्रचार के खेल को जारी रखा। 'पीपल्स डेली' भारतीय प्रधानमंत्री श्रीमती गांधी के बारे में एक घटिया व्यंग्य छपा था। इंदिरा गांधी के लिए प्रयोग होने वाले चीनी वर्ण चित्रों 'यिंग दी ला गांदी' को 'मेई दी ला गांदी' में परिवर्तित कर दिया गया था जिसका अर्थ था 'अमेरिका द्वारा संचालित!' महात्मा गांधी की शताब्दी को, जो 1969 में पड़ती थी, चीनियों द्वारा पूरी तरह से नजरअंदाज कर दिया गया।

अपने पूर्व-निर्धारित घेरों को तोड़ने के उद्देश्य से चीन ने अब भारत और अमेरिका के साथ बातचीत करने का मन बना लिया था। 1970 के प्रारंभ में अमेरिका की टेबल टेनिस टीम को चीन आमंत्रित किया गया, जिसमें रिश्तों में सुधार का संकेत दिखाई दिया। इसी समय चीन ने भारत के साथ भी बातचीत का प्रयास किया जिसका यह उद्देश्य था कि ऐसा करके कम-से-कम भारत के साथ लगी दक्षिण-पश्चिमी सीमा तो शांत रहेगी। चीनियों ने भी निस्संदेह यह देखा था कि आधिकारिक रूप से भारत ने चीन-सोवियत सीमा विवाद में किसी का भी पक्ष नहीं लिया था तथा पाकिस्तान को हथियारों की आपूर्ति करने के लिए सोवियत रूस के निर्णय पर भारत सरकार में रोष था। जब श्रीमती गांधी ने कोसीगिन से 10 जुलाई, 1968 के एक व्यक्तिगत पत्र में पाकिस्तान को सोवियत हथियारों की आपूर्ति के विरुद्ध विरोध जताया तो उन्हें एक सामान्य उत्तर मिला कि यह आपूर्ति सोवियत नीति में परिवर्तन को इंगित नहीं करती है। श्रीमती गांधी ने सार्वजनिक रूप से यह भावना जगजाहिर की कि ताशकंद समझौते के बाद से सोवियत सोच में 'परिवर्तन' आया है। पाकिस्तान को हथियारों की आपूर्ति करने के सोवियत निर्णय पर भारत में रोष एक ऐसे स्तर तक पहुँच गया था कि सत्ताधारी कांग्रेस पार्टी के कुछ सदस्य 'चीन के साथ विवाद समाप्त करने के लिए प्रयास किए जाने' की माँग करने लगे थे।[19] संभवत: ऐसे मतभेदों के उत्पन्न होने से अवगत रहते हुए चीनियों ने अधिक सकारात्मक स्तर पर भारत और सोवियत रूस के बीच घनिष्ठ संबंधों में दरार आने की आशा की थी।

श्रीमती गांधी भी चीन के साथ संबंधों को सामान्य बनाने के लिए इच्छुक थीं। उन्होंने यह समझ लिया था कि यदि भारत चीन के साथ खराब संबंध बनाए रखता है, तो वह कोई बड़ा कदम उठाने के लिए कार्रवाई करने की अपनी आजादी को पुन: प्राप्त नहीं कर पाएगा। पहले कदम के तौर पर भारत ने 'सीमा विवाद पर श्वेत पत्र' प्रकाशित करने बंद कर दिए। संसद में प्रस्तुत किए जानेवाले इन वार्षिक प्रकाशनों से केवल चीन के खिलाफ माहौल ही बनता था तथा संबंध और भी अधिक खराब होते थे।' दूसरे श्रीमती गांधी ने यह महसूस किया था कि चीन के साथ खराब संबंधों को मात्र सीमा विवाद के परिणाम के रूप में मान लिया जाना 'अति-सरलीकरण' ही होगा। साथ-साथ घटी अथवा बाद में घटी घटनाएँ जैसे भारत के विरुद्ध पाकिस्तान को समर्थन और अमेरिका और सोवियत रूस के प्रति भारत की 'दासता' के आरोप जैसी उसकी उकसानेवाली आलोचना ने यह दर्शाया था कि सीमा विवाद चीन द्वारा अनुपालन की जा रही अधिक जटिल नीति का परिणाम

था जिसके लिए उसी के समान अधिक व्यापक दृष्टिकोण अपेक्षित था। श्रीमती गांधी ने यह संकेत भी किया कि 'हमारी चीन के प्रति कोई वैमनस्यपूर्ण मंशा नहीं है।' तीसरे, श्रीमती गांधी ने कोलंबो प्रस्तावों को 'पूर्णत: ' माने जाने की बात छोड़ देने का निर्णय लिया था, परंतु अत्यंत सतर्कता के साथ आगे कार्रवाई की थी। इसका पहला संकेत 1 जनवरी, 1969 को आयोजित प्रेस कॉन्फ्रेंस में मिला था। एक प्रश्न के उत्तर में उन्होंने एक वक्तव्य दिया, जिसमें यह कहा गया था कि भारत सरकार वार्ताओं के माध्यम से चीन के साथ विवादों को हल करने के लिए उपायों को अपनाने का प्रयास करने के लिए तैयार है, जो पूर्व-शर्तों पर आधारित न हो'। यह पूछे जाने पर कि क्या भारत अब कोलंबो प्रस्तावों को पूरी तरह माने-जाने पर जोर नहीं देता है, उन्होंने उत्तर दिया कि 'मेरा कहने का यह अर्थ नहीं था। मेरा यह कहना था कि हम एक विशिष्ट स्थिति में फँसे हुए हैं। वह स्थिति चीन के साथ हमारी समस्या का समाधान नहीं कर सकती है। हमें इस समस्या का समाधान पाने के लिए प्रयास करना चाहिए।', जब किसी प्रश्नकर्ता ने उनसे सीधे-सीधे उत्तर देने के लिए कहा तो उन्होंने कहा, 'दुर्भाग्यवश इसके सीधे उत्तर संभव नहीं हैं।' विदेश मंत्री दिनेश सिंह ने भी ऐसे ही उद्गार व्यक्त किए, जब उन्होंने 8 अप्रैल, 1969 को संसद को बताया कि 'चीन के साथ हमारी एक लंबी सीमा है। हम इस सीमावर्ती क्षेत्र पर तनाव को कम करना चाहेंगे।' चीनियों ने, जो तेजी से हरकत में आ गए थे, अब यहाँ एक शुरुआत होने का अंदेशा लगा लिया था।

1 मई, 1970 को माओ ने बीजिंग के तियानमेन में भारतीय कार्यवाह राजदूत से भेंट की और उन्हें यह बताया—

हम इस प्रकार लड़ाई जारी नहीं रख सकते हैं। हमें पुन: मित्र बनना ही होगा। हम पुन: मित्र बनेगे। (वोमन पू हुई च यांग छाओ सिआछू। वोमन यिन्गाई याओ जुओ फन्गयौ। वोमन ईतिंग जुओ फन्गयौ।)

भारत की प्रतिक्रिया झिझक भरी हुई थी। भारत चुपचाप सोवियत संघ के साथ एक संधि पर बातचीत कर रहा था, जिसके बारे में एक अत्यंत छोटे और गोपनीय दायरे को छोड़कर किसी को भी पता नहीं था और वह उसके परिणामों को खतरे में नहीं डालना चाहता था। जबकि चीन सकारात्मक प्रतिक्रिया की प्रतीक्षा कर रहा था। पाकिस्तान में घटे घटनाक्रमों ने माओ का ध्यान आकर्षित कर लिया। पूर्वी पाकिस्तान (अब बाँग्लादेश) में पाकिस्तान की दमनात्मक कार्रवाई की वजह से युद्ध के बादल आसमान में मँडराते हुए दिखाई दिए। 9 अगस्त, 1971 को भारत-सोवियत संधि पर हस्ताक्षर किए जाने से स्थिति में एक बार फिर पूर्णत: बदलाव आ गया। जबकि प्रावदा ने भारत-सोवियत संधि को 'चीन के अपना आधिपत्य जमाने के लक्ष्यों के विरुद्ध एक निवारक' की संज्ञा दी। चीन ने 7 दिसंबर, 1971 तक भारत-सोवियत संधि की आलोचना नहीं की। सच बात यह है कि, जब भुट्टो के नेतृत्व में एक उच्च-स्तरीय शिष्टमंडल चीन गया था और उन्होंने आग्रह किया था कि भारतीय सेना पाकिस्तान के दोनों ओर युद्ध की स्थिति बनाए हुए है, उस समय चीन के विदेश मंत्री छी पेंग फेई ने मात्र यह कहा कि 'पाकिस्तानी लोगों को अपनी कठिनाइयों का सामना करने तथा अपनी समस्याओं को हल करने के लिए संयुक्त प्रयास करने चाहिए'।[21] छी पेंग फेई ने पाकिस्तान से यह भी कहा कि चीन 'संप्रभुता तथा राष्ट्रीय स्वतंत्रता की रक्षा करने के लिए पाकिस्तान को मदद देगा। मुख्य वाक्यांश 'देश की अखंडता' को इस आशा के साथ जान-बूझकर छोड़ दिया

गया कि इसका आशय दिल्ली में समझ लिया जाएगा। बाद में भुट्टो ने सी.एल. सल्जबर्गर को दिए गए एक साक्षात्कार में यह स्वीकार किया कि चीन ने रक्षा संधि के लिए पाकिस्तान के अनुरोध को अस्वीकार कर दिया था।[22] फिर भी भारत-पाक वैमनस्य प्रारंभ होने के बाद चीन पूर्व की ही भाँति दृढ़ था, परंतु वह केवल मौखिक रूप से ही पाकिस्तान की सहायता कर रहा था। लेकिन इस बार चीन को अमेरिका से अतिरिक्त सहायता मिल रही थी और एक बार पुनः भारत के विरुद्ध दबाव का मुख्य बिंदु भारत और चीन के बीच सुलझाई न गई सीमा-समस्या ही थी।

बाँग्लादेश पर भारत-पाक युद्ध की वजह से अमेरिका को पाकिस्तान के विभाजन तथा पाकिस्तान की सेना की समाप्ति का भय था, इसलिए उन्होंने चीन से पाकिस्तान की ओर से सैन्य हस्तक्षेप करने का अनुरोध किया। 10 दिसंबर, 1971 को, किसिंजर ने अमेरिका में चीन के राजदूत हुआंग हुआ के साथ न्यूयॉर्क में सी.आई.ए. के गुप्त सुरक्षित गृह में मुलाकात की। चीनियों को प्रभावित करने के लिए किसिंजर ने अमेरिकी इंटेलिजेंस का एक 'अत्यंत गोपनीय' डोजियर तथा फोटोग्राफ उन्हें सौंपे, जिनमें बताया गया था कि अमेरिकी भारत को भयभीत करने के लिए बंगाल की खाड़ी में नौसेना पोत भेज रहे हैं। किसिंजर ने चीनियों को बताया—

यदि चीन जनवादी गणराज्य के लोग यह विचार कर रहे हैं कि भारतीय उपमहाद्वीप में स्थिति उनकी सुरक्षा के लिए संकट है और यदि वे अपनी सुरक्षा की रक्षा करने के लिए उपाय कर रहे हैं, तो अमेरिका जनवादी गणराज्य के साथ हस्तक्षेप करने के लिए अन्यों के प्रयासों का विरोध करेगा।[23]

किसिंजर ने बाद में निक्सन को रिपोर्ट भेजी कि उन्होंने यह सुझाने के लिए चीनियों के साथ इस बैठक का अनुरोध किया था कि 'चीनी सेना पाकिस्तान की सहायता करे।' किसिंजर ने चीनियों की मंशा का बिल्कुल गलत अर्थ लगाया था, क्योंकि चीनियों को अभी भी अनुरोध पर पूरी तरह से विश्वास नहीं था और न ही वे भारत के लिए दरवाजे पूरी तरह बंद करना चाहते थे।

किसिंजर द्वारा, जो कुछ हुआंग हुआ को कहा गया था, उसी के अनुरूप पाकिस्तानी विदेश सचिव ने 12 दिसंबर, 1971 को चीनी राजदूत को बुलाया। सुल्तान खान ने उसी बात को दोहराया, जो याह्या खान द्वारा पूर्व में चीनियों से अनुरोध किया गया था कि 'भारत के विरुद्ध चीनियों के हस्तक्षेप के अलावा कोई और कार्रवाई काम में नहीं आएगी।' बाद में, चीनी राजदूत इसका उत्तर लेकर आए। राजदूत ने कहा—यद्यपि चीन पाकिस्तान को 'नैतिक, आर्थिक और राजनीतिक सहयोग देना जारी रखेगा, हस्तक्षेप करने की उसकी क्षमता सीमित है'। इस बात पर बल देने के लिए चीनी राजदूत ने जोर देते हुए कहा, 'कृपया इससे अधिक आशा न रखें।'[24] बाद में 16 दिसंबर, 1971 को जिनहुआ ने यह स्पष्ट किया कि चीन द्वारा कोई सैन्य हस्तक्षेप नहीं किया जाएगा।

चीनी कोई अन्य कार्रवाई कर ही नहीं सकते थे। चीनी संचार की अपनी लंबी लाइनों को तिब्बत की अत्यंत शीत परिस्थितियों के अंतर्गत होने और रक्षा मंत्री लिन बियाओ द्वारा पद छोड़ जाने के बाद पी.एल.ए. में हुई उथल-पुथल के प्रति सतर्क थे और वे रूस के साथ संभावित टकराव को भी भाँपे हुए थे। अतः उनकी श्रेष्ठ टुकड़ियाँ चीन-सोवियत सीमा पर तैनात थीं। इस प्रकार चीनी केवल गरज ही सकते थे। चीनियों ने भारत-चीन, विशेष रूप से सिक्किम-तिब्बत सीमा के बारे में अपने चिर-परिचित कठोर वक्तव्य देने के अलावा जमीनी स्तर पर कोई कार्रवाई नहीं की। वस्तुतः

चीनियों ने पहले से ही संकेत दे दिया था कि वे सेना के प्रयोग के संबंध में कुछ नहीं करेंगे, जब चीनी विदेश मंत्रालय के एक वरिष्ठ अधिकारी ने बीजिंग में भारतीय सी.डी.ए. से कहा था, 'सी. डी.ए. महोदय, चिंता करने की कोई बात नहीं है, क्योंकि चीन अंतरराष्ट्रीय कानून के अनुसार ही कार्रवाई करेगा'। किसिंजर को खिन्न करते हुए, अमेरिकी इंटेलिजेंस ने भारत-चीन सीमा पर किसी भी असामान्य चीनी सैन्य गतिविधि की कोई सूचना नहीं दी।

बाँग्लादेश की घटनाओं की कड़वाहट को समाप्त होने में थोड़ा समय लगा। जब सिक्किम के घटनाक्रम के परिणामस्वरूप उसका भारत संघ में विलय हो गया, तो चीन ने एक बार फिर भारत पर उग्रता के साथ हमला किया। पहले-पहल तो चीनी नेतृत्व इन घटनाओं से काफी चकित हुआ। उन्होंने भारत के इस कदम के पीछे सोवियत 'हाथ' के होने का संदेह व्यक्त किया। इन घटनाक्रमों, जिनके फलस्वरूप बाँग्लादेश को स्वतंत्रता हासिल हुई थी, के बारे में चीन को संदेह था कि यह सोवियत रूस द्वारा चीन को 'घेरने' के लिए भारत के साथ मिलकर किया गया एक प्रयास था। 'पीपल्स डेली' ने इस दृष्टिकोण को प्रतिबिंबित करते हुए, कहा कि तथ्यों ने एक बार पुनः यह दर्शाया है कि सोवियत संशोधनवादी, सामाजिक साम्राज्यवादी और भारतीय विस्तारवादी दक्षिण एशियाई देशों की स्वतंत्रता और संप्रभुता के लिए गंभीर खतरा उत्पन्न कर सकते हैं तथा वे दक्षिण एशियाई उपमहाद्वीप में अस्थिर स्थिति का कारण हैं।[25] (सिक्किम के विलय के) कारणों के विषय में अभी भी आश्वस्त न हुए चीनी नेता देंग शियाओ पिंग ने 27 नवंबर, 1974 को किसिंजर से भेंट की तथा उनसे पूछा : 'उन्हें विलय कराने की क्या आवश्यकता थी? भारतीय नीति अत्यंत विचित्र है, क्योंकि उनके पास पहले से ही सैन्य नियंत्रण था तथा इसे मिलाने के उपरांत उनकी सैन्य स्थिति किसी भी रूप में सुदृढ़ नहीं हुई है।' फिर भी, चीनियों ने भारत-विरोधी वक्तव्य जारी रखे। चीन जनवादी गणतंत्र की सरकार द्वारा 29 अप्रैल, 1975 को जारी वक्तव्य में कहा गया था कि 'हम सिक्किम को अपने देश में विलय करने की भारत की अवैध कार्रवाई को बिल्कुल भी मान्यता नहीं देते हैं तथा राष्ट्रीय स्वतंत्रता और भारतीय विस्तारवाद के विरुद्ध संप्रभुता की रक्षा में सिक्किम के लोगों के संघर्ष का दृढ़ता से समर्थन करते है।' हालाँकि चीन द्वारा अत्यंत कठोर भाषा का प्रयोग किया गया था, परंतु यह एक मौखिक हमला ही था। चीन ने सीमा पर कोई समस्या उत्पन्न नहीं की, हालाँकि भारतीय और चीनी सैनिक अनेक चौकियों पर एक-दूसरे से मात्र हाथ भर की दूरी पर ही थे।

फिर भी दोनों पक्ष संबंधों को सामान्य बनाने के इच्छुक प्रतीत हुए। इसमें दोनों के अपने-अपने कारण थे। इस दौरान चीन ने बाँग्लादेश को एक स्वतंत्र देश के रूप में मान्यता दे दी। शीघ्र ही इस बात पर विचार किया गया कि प्रथम कदम के रूप में संबंधित राजधानियों में राजनयिक प्रतिनिधित्व को राजदूत-स्तर तक उन्नयित किया जाए। चीन में अंतिम भारतीय राजदूत ने अपना कार्यकाल पूर्ण कर लिया था और उनके स्थान पर नया राजदूत नियुक्त ही नहीं किया गया था, जहाँ तक चीन का संबंध था, वहाँ भी ऐसी ही स्थिति व्याप्त थी। अतः तकनीकी दृष्टि से राजदूतों की वापसी नहीं हुई थी। विचारणीय बिंदु यह था कि यदि भारत कोई पहल करता है, तो क्या चीन भी उसी प्रकार प्रतिक्रिया व्यक्त करेगा? यह सुझाव दिया गया कि चूँकि भारत ने नए राजदूत की नियुक्ति न करने की कार्रवाई पहले की थी, अतः भारत को ही यह पहल करनी थी। उप-विदेश मंत्री हान निएन-लोंग

ने 26 जनवरी, 1976 को बीजिंग में भारतीय सी.डी.ए. को कहा कि यदि भारत निर्णय लेता है और पहल करता है, तो चीन भी समान प्रतिक्रिया व्यक्त करेगा। अंतत: भारत ने पहल की और 1976 में राजदूत की नियुक्ति की और जैसा कि पूर्व में औपचारिक रूप से सहमति हुई थी, चीन ने भी तुरंत बाद राजदूत की नियुक्ति की।

1977 में श्रीमती गांधी की पराजय चीनी नेताओं के लिए एक आश्चर्य भरा सुखद अनुभव था। उन्होंने कभी भी उम्मीद नहीं की थी कि वे चुनाव हार जाएँगी। इस स्थिति के बारे में चीन का आकलन यह था कि इंदिरा गांधी की चुनावों में हार 'सोवियत संघ के लिए एक झटका' है।[26] उन्होंने नई बनी जनता पार्टी के नेताओं के साथ 'वास्तविक गुट निरपेक्षता' की नीति प्रारंभ करने की संभावनाओं को पहचान लिया था, जो भारत के सोवियत रूस के साथ घनिष्ठ संबंधों के विपरीत जाने का संकेत था। उन्होंने एक-दो आयामी नीति को अपनाते हुए इस वर्तमान प्रवृत्ति को प्रभावित करने का प्रयास किया। इसमें पहले तो भारत की प्रतिक्रिया की परीक्षा की जानी थी। देंग शियाओ पिंग ने दो प्रख्यात भारतीय पत्रकारों को साक्षात्कार दिया, जिसमें उन्होंने एक 'पैकेज डील' के आधार पर सीमा विवाद को निपटाने का प्रस्ताव दिया। देंग वास्तव में यह प्रस्ताव कर रहे थे कि विद्यमान 'वास्तविक नियंत्रण रेखा' को भारत-चीन सीमा में परिवर्तित कर दिया जाए, हालाँकि यहाँ इस बात पर भी बल देना जरूरी है कि चीन ने इस प्रस्ताव के विवरणों का कभी भी वर्णन नहीं किया। अत: यह समझा जा रहा था कि चीन उस अतिरिक्त भू-भाग को भी रख लेगा, जो उन्होंने 1962 में कब्जाया था और उस वास्तविक नियंत्रण रेखा पर समझौता करेगा, जो 1962 के युद्ध की समाप्ति पर अस्तित्व में आई थी। दूसरे, भारत में एक अनुकूल राय का सृजन करने के लिए चीनी नेतृत्व ने कश्मीर के मुद्दे पर पाकिस्तान को अपने दृढ़ और स्पष्ट समर्थन को भी कम करने की बात की। संयोगवश ऐसी प्रेस रिपोर्टें आई कि देंग ने यह सुझाव दिया है कि भारत और पाकिस्तान के बीच कश्मीर विवाद का हल नियंत्रण रेखा (एल.सी.) के आधार पर किया जाना चाहिए।[27] तीसरे, चीनियों ने 1962 के युद्ध के बाद पहली बार भारतीय पोतों को चीनी पत्तनों में आने की अनुमति दी।[28]

इस नए दृष्टिकोण के रूप में 'चाइनीज पीपुल्स एसोशिएशन विद फॉरेन कंट्रीज' संगठन के प्रमुख वांग पिंगनान के नेतृत्व में एक चीनी शिष्टमंडल ने भारत का दौरा किया और प्रधानमंत्री मोरारजी देसाई तथा विदेश मंत्री वाजपेयी, दोनों के साथ मुलाकात की। उल्लेखनीय है कि वांग ने पूर्व प्रधानमंत्री श्रीमती गांधी से भी भेंट की। अपनी यात्रा के दौरान वांग ने चीनी विदेश मंत्री की ओर से वाजपेयी को चीन आने का निमंत्रण दिया। सितंबर 1978 में एक पहल हुई, जब चीनी विदेश मंत्री हुआंग हुआ और वाजपेयी की मुलाकात न्यूयॉर्क में हुई, जो 1962 के बाद दोनों देशों के विदेश मंत्रियों के बीच हुई पहली ऐसी बैठक थी। चीन के इन प्रयासों से सोवियत रूस प्रसन्न नहीं हुआ तथा उसने इसे 'नई दिल्ली को धोखा देने के लिए किए गए एक निकृष्ट प्रयास' की संज्ञा दी।[29] यह 'भारत-सोवियत मैत्री को कमजोर करने का एक प्रयास था। वाजपेयी को सोवियत संघ को यह आश्वासन देने के लिए विवश होना पड़ा कि उनकी चीन की आगामी बैठक किसी भी रूप में भारत की सोवियत संघ के साथ मित्रता को प्रभावित नहीं करेगी और यह कि भारत के चीन के साथ अपने अनुभव रहे हैं और वह अत्यंत सतर्क रहेगा।

फिर भी जनता पार्टी का नेतृत्व चीन के साथ संबंधों का पुनर्निर्माण करने के प्रति इच्छुक रहा। ऐसे संकेत दिखाई दिए कि चीन भी भारत के प्रति अपनी पूर्व की अभिवृत्ति में कुछ संशोधन करने

का इच्छुक है। वाजपेयी ने चीन की यात्रा करने की पहल की, जो अनिवार्यत: विश्वास भरा कदम था और वे 1962 के विवाद के बाद ऐसा करनेवाले पहले भारतीय नेता बने। इससे पूर्व वाजपेयी ने चीन को संकेत दिया था कि भारत सीमा विवाद का समाधान हुए बगैर भी चीन के साथ संबंध सामान्य बना सकता है।[30] लेकिन हुआंग हुआ के साथ हुई औपचारिक चर्चाओं में सीमा के मुद्दे पर भी बात हुई, परंतु 1960 में हुई अधिकारी स्तर वार्ता के दौरान किए गए विचार-विमर्श में लिये गए पक्षों के को दोहराने के अलावा इसमें कोई प्रगति नहीं हुई। वाजपेयी की फरवरी 1979 में देंग शियाओ पिंग के साथ हुई वार्ता के दौरान देंग ने एक बार फिर 'पैकेज प्रस्ताव' सामने रखा था, जिसमें यह स्वीकार किया जाना था कि सीमा विवाद इतिहास की विरासत है और यह कि इसका समाधान 'वास्तविक नियंत्रण रेखा' के अनुसार किया जा सकता है। देंग का दृष्टिकोण था कि भारत के 'नियंत्रण' वाले क्षेत्र प्राकृतिक संसाधनों से समृद्ध हैं, जबकि चीनी नियंत्रण वाले क्षेत्र न तो आर्थिक दृष्टि से 'उपयोगी' हैं और न ही वहाँ बसावट है। वाजपेयी के पास इस प्रस्ताव पर प्रतिक्रिया करने की कोई पूर्व तैयारी नहीं थी, परंतु उन्होंने भारत की ज्ञात स्थिति का पुन: उल्लेख करते हुए प्रतिक्रिया व्यक्त की। इस पर देंग ने कहा कि यदि सीमा पर उनके प्रस्ताव को स्वीकार करना संभव नहीं है, तो इस मुद्दे को 'हमें अन्य क्षेत्रों में संबंध सुधारने से नहीं रोकना' चाहिए। वाजपेयी संभवत: अपने देश में इस बारे में समर्थन को लेकर आश्वस्त नहीं थे और उन्होंने पहले सीमा विवाद के मुद्दे को यथाशीघ्र सुलझाने को प्रमुखता दिए जाने की ही अपनी बात दोहराई।

'वास्तविक गुट-निरपेक्षता' की पक्षधर रही जनता सरकार को जल्द ही कड़ा सबक मिला, जब वाजपेयी चीन में थे, तभी चीनियों ने कश्मीर पर पाकिस्तान को समर्थन देने की अपनी प्रतिबद्धता जताई। 'हमने अतीत में ऐसा किया है और हम भविष्य में भी ऐसा करना जारी रखेंगे', हालाँकि वाजपेयी की यात्रा से पूर्व से ही चीनियों को यह वचन देने के लिए मनाने के राजनयिक प्रयास किए जा रहे थे कि चीन उस समय तक, जब तक वाजपेयी चीन में रहेंगे, वियतनाम के विरुद्ध आक्रमण की कोई कार्रवाई प्रारंभ नहीं करेगा, फिर भी चीन ने कोई प्रतिबद्धता व्यक्त नहीं की। सोवियत रूस के साथ मित्रता में कमी आने के अंदेशों से, जो रणनीतिक और सैन्य दृष्टि से अत्यंत आवश्यक थी, जनता सरकार ने स्वयं को असमंजस की स्थिति में पाया। जब वाजपेयी चीन में ही थे, चीन ने वियतनाम पर आक्रमण कर दिया और अपने इस आक्रमण को वियतनाम को 'सबक सिखाने' की संज्ञा दी। इसी शब्दावली का प्रयोग उनके द्वारा 1962 में भारत के विरुद्ध किया गया था! क्या यह जान-बूझकर की गई कार्रवाई थी, यह विचारणीय विषय बना हुआ है। भारत की संसद चीन की हठधर्मिता से इतनी खिन्न थी कि राज्यसभा ने सर्वसम्मति से यह कहते हुए चीन की भर्त्सना की कि वह 'बल-प्रयोग से अपने पड़ोसी देशों के साथ विवादों का निपटान करने की अपनी नीति को जारी रखे हुए है।'[32] यहाँ तक कि सोवियत नेता ब्रेजनेव भी इससे क्रोधित हुए और उन्होंने देसाई से कहा, 'आपके विदेश मंत्री की चीन यात्रा को हमारी जनता द्वारा पसंद नहीं किया गया है। मुझे मालूम नहीं है कि आपकी जनता ने इस पर क्या प्रतिक्रिया व्यक्त की है, परंतु हमारे लोगों ने इसे अच्छा नहीं माना है।'[33] अत: एक अनुकूल माहौल का सृजन करने का प्रयास करते हुए सीमा के मुद्दे के निपटान को प्रोत्साहित करने के जनता सरकार के प्रयासों का कोई फल नहीं निकला और वह इसके बाद सत्ता से ही बाहर हो गई।

1980 में सत्ता में श्रीमती गांधी की वापसी सुरक्षा की स्थिति में बदलाव लेकर आई। उन्होंने एक अत्यंत यथार्थवादी दृष्टिकोण अपनाया। चीन के हाथों 1962 में मिली सैन्य पराजय का संताप अब मिटना प्रारंभ हो चुका था। भारतीय नीति-निर्माताओं ने अब यह आकलन लगाया था कि, जहाँ तक अंतरराष्ट्रीय स्थिति का संबंध है, दो महाशक्तियाँ, हालाँकि वे अभी भी एक-दूसरे के प्रति विरोधाभास रखती थीं, अलग-अलग तरीके से चीन के साथ संबंध विकसित कर रही थीं। चीन-अमेरिका संबंध फल-फूल रहे थे तथा वे दोनों परस्पर सहयोग के साथ कार्य कर रहे थे, जैसा कि चीन द्वारा वियतनाम पर आक्रमण के संबंध में लिये गए निर्णय के मामले में देखा गया था। हालाँकि चीन-सोवियत संबंध अभी भी तनावपूर्ण और गतिरोध भरे थे, फिर भी उनमें सहयोग के प्रथम संकेत दिखने प्रारंभ हो गए थे। सोवियत संघ द्वारा अफगानिस्तान पर किए गए हमले ने दक्षिण एशिया में स्थापित नाजुक संतुलन को स्पष्टत: प्रभावित किया। श्रीमती गांधी ने ब्रेजनेव को बताया कि जबकि भारत खुले तौर पर अफगानिस्तान में सोवियत हस्तक्षेप की आलोचना नहीं कर रहा है, फिर भी भारत की सुरक्षा पर इसका प्रतिकूल प्रभाव पड़ेगा। श्रीमती गांधी अमेरिका और चीन से पाकिस्तान को दिए जा रहे घातक हथियारों की व्यापक आपूर्ति तथा चीन द्वारा पाकिस्तान में परमाणु और मिसाइलों के प्रसार के बारे में चिंतित थीं। 3 जुलाई, 1979 के अमेरिकी सुरक्षा निर्देश में अफगानिस्तान में संयुक्त अमेरिकी-पाक अभियानों को प्राधिकृत किया गया था, जिसमें दक्षिण एशिया में नाजुक संतुलन को प्रभावित किया। ऐसा किया जाना भारत के लिए रणनीतिक नुकसान की स्थिति थी। अत: भारत ने सोवियत हस्तक्षेप को समर्थन नहीं दिया हालाँकि उसने कभी ऐसा सार्वजनिक रूप से नहीं कहा।

इस दौरान सोवियत संघ ने भी भारत पर दबाव बनाया कि वह एशिया के लिए 'सामूहिक सुरक्षा' के उनके प्रस्ताव का समर्थन करे। भाषणों की श्रृंखला में (7 जून, 1969, 20 मार्च, 1972, 21 दिसंबर, 1972) ब्रेजनेव ने सोवियत प्रस्ताव की रूपरेखा तैयार की थी, परंतु श्रीमती गांधी ने यह समझ लिया था कि इसकी विषय-वस्तु चीन विरोधी है। चीनियों ने 'सामूहिक सुरक्षा' प्रस्ताव के बारे में यह निष्कर्ष निकाला कि चीन को 'घेरने' का सोवियत संघ का प्रयास है। 'पीपल्स डेली' ने जोर देकर कहा कि 'सामूहिक सुरक्षा प्रस्ताव', 'चीन विराधी सैन्य संधि है जिसे ब्रेजनेव ने युद्धोन्मादी डलेस के कबाड़ के ढेर से चुना है।'[34]

इन परिस्थितियों में श्रीमती गांधी ने भारत के विकल्पों में वृद्धि करने के लिए नई रणनीतिक युक्तियों की तलाश प्रारंभ कर दी। अत: चीन के साथ सहयोग महत्त्वपूर्ण बन गया, क्योंकि इसने भारत को देंग शियाओ पिंग के अधीन नए चीनी नेतृत्व को प्रभावित करने और सीमा विवाद को सुलझाने की संभावनाएँ तलाशने का एक अवसर प्रदान किया। भारतीय नेतृत्व ने तत्काल ही किसी परिणाम की अपेक्षा नहीं की थी और न ही उन्होंने यह महसूस किया था कि चीन पचास के दशक की तुलना में अधिक सामंजस्य स्थापित करेगा। यह बात स्पष्टत: समझ ली गई थी कि भारत-चीन सीमावार्ताओं के शुरू होने में बाधा सोवियत आपत्ति की है। भारत सोवियत रूस को अनावश्यक रूप से रुष्ट नहीं कर सकता था, क्योंकि उसके साथ उसके महत्त्वपूर्ण सैन्य आपूर्ति के संबंध थे और यह भी सच था कि सोवियत संघ भारत का विशालतम व्यापारिक भागीदार था तथा कश्मीर पर और अन्य मुद्दों पर भारत के पक्ष के लिए सोवियत रूस का राजनीतिक समर्थन भी काफी महत्त्वपूर्ण था।

फिर भी श्रीमती गांधी अन्य शक्तियों को यह संकेत देने के लिए इच्छुक थीं कि भारत के पास वास्तव में अन्य विकल्प भी हैं तथा भारत-चीन वार्ता का मंच स्थायी रूप से बंद नहीं हुआ है। स्थिति को भाँपने के लिए श्रीमती गांधी द्वारा एक वरिष्ठ अधिकारी को 1980 के प्रारंभ में चीन भेजा गया ताकि वह वार्ता की दिशा में आगे बढ़ने की संभावनाएँ तलाश सके। उत्तर कोरिया की यात्रा के निमंत्रण का लाभ उठाते हुए वरिष्ठ अधिकारी चीनियों के साथ वार्ता करने के लिए बीजिंग में रुके। वार्ताओं में अनिवार्य रूप से वही बुनियादी मुद्दे शामिल किए गए, जो वाजपेयी की 1979 की यात्रा के दौरान उठाए गए थे तथा चीनियों ने एक बार पुन: 'पैकेज प्रस्ताव' की बात दोहराई। चीनी भी सोवियत इरादों को लेकर सशंकित थे, अत: उन्होंने अपने विकल्पों को अधिक व्यापक बनाने की आवश्यकता को महसूस किया। चूँकि देंग शियाओ पिंग द्वारा प्रारंभ किए गए महत्त्वपूर्ण आर्थिक सुधार चल रहे थे, चीनियों को भी अपने दक्षिण-पश्चिमी हिस्से पर एक शांतिपूर्ण सीमा की आवश्यकता थी। 1962 के बाद पहली बार, विदेश मंत्री हुआंग हुआ ने बीजिंग में 26 जनवरी, 1980 को आयोजित भारतीय दूतावास के गणतंत्र दिवस समारोह में भाग लिया। 4 फरवरी, 1980 के बीजिंग रिव्यू में भी संबंधों में सुधार का संकेत दिया गया।

21 जून, 1980 को, देंग शियाओ पिंग ने भारतीय पत्रकार कृष्ण कुमार के साथ भेंट की, जो 'विक्रांत' (रक्षा समाचार एजेंसी) के मुख्य संपादक थे और उन्हें सीमा मुद्दे के निपटान के लिए निम्नलिखित संप्रेषित किया—

पैकेज से¨ मेरा तात्पर्य है वास्तविक नियंत्रण रेखा के अनुसार। यदि हम दोनों इसी मुद्दे पर रहते हैं, तो इस प्रश्न का उत्तर मात्र एक वाक्य में दिया जा सकता है¨ मैं समझता हूँ कि आप इस संदेश को श्रीमती गांधी को दे सकते हैं।

देंग ने आगे यह उल्लेख किया कि पहले भी मतभेद के अनेक मुद्दे रहे हैं, परंतु अब वे 'कम हो रहे हैं'। यह सुनिश्चित करने के लिए कि उनका संदेश श्रीमती गांधी तक पहुँच जाए। देंग ने बीजिंग में जी. पार्थसारथी से मुलाकाता की, जो बीजिंग में पूर्व भारतीय राजदूत थे और, जो श्रीमती गांधी के निकटतम सलाहकार थे और उन्हें सूचित किया कि 'इसे (सीमा विवाद) सुलझाना कठिन नहीं है, अगर दोनों पक्ष युक्तिसंगत उपायों को अपनाते हैं, प्रधानमंत्री चाओ जियांग ने 'दि हिंदू' के जी.के. रेड्डी को बताया कि 'विवाद के उचित, युक्तिसंगत और व्यापक' निपटान तक पहुँचना आवश्यक है।

वार्ता प्रारंभ करने का अवसर शीघ्र ही प्राप्त हुआ, जब श्रीमती गांधी ने टीटो के अंतिम संस्कार में बेलग्रेड में चीनी नेता हुआ गुओफंग से मुलाकात की। बेलग्रेड में हुई बैठक में दोनों पक्षों ने विदेश मंत्री स्तर के दौरों के आदान-प्रदान का निर्णय लिया। विदेश मंत्री हुआंग हुआ की जून 1981 में दिल्ली की यात्रा के दौरान, जो अगस्त 1980 से टल रही थी, सीमा वार्ताओं को प्रारंभ करने का निर्णय लिया गया। 1962 के बाद पहली बार किसी चीनी विदेश मंत्री ने भारत का दौरा किया था। श्रीमती गांधी ने इन टिप्पणियों के साथ इस यात्रा के महत्त्व को उजागर किया कि 'बड़ी बात यह है कि इतने वर्षों बाद कोई चीनी नेता भारत आया है,[35] 'दि पीपल्स डेली' (6 जुलाई, 1981) ने टिप्पणी की कि, जब दोनों पक्ष 'गंभीर' हैं, तो भारत-चीन सीमा समस्या का समाधान 'उचित और युक्तिसंगत' रूप से किया जा सकता है। अत: लगभग 20 वर्ष के अंतराल के उपरांत दोनों पक्षों ने

उपमंत्री/सचिव स्तर पर सीमा मुद्दे पर वार्तालाप आरंभ करने का निर्णय लिया।

जैसी कि भारतीय नेतृत्व द्वारा आशा की गई थी, सोवियत संघ घटनाक्रम में परिवर्तन होने पर स्पष्टतः अप्रसन्न था। श्रीमती गांधी ने सावधानी बरतते हुए 8 मई, 1980 को ब्रेजनेव को यह पुष्टि की कि 'भारत सोवियत संघ की मित्रता की कीमत पर चीन के साथ अपने संबंधों में सुधार नहीं लाएगा'।[36] हुआंग हुआ की भारत की यात्रा की समाप्ति पर प्रावदा ने टिप्पणी की कि भारत-चीन वार्ता के बाद कोई करार अथवा कोई संयुक्त वक्तव्य तक भी नहीं जारी किया है"'भारत की दृढ़ माँग के चलते बीजिंग के दूत सीमा के मुद्दे के निपटान के लिए आधिकारिक वार्ताएँ करने के लिए विवश हो गए। फिर भी श्रीमती गांधी के बावजूद, सोवियत संघ ने राष्ट्रपति रेड्डी की मास्को यात्रा के दौरान भारत को 'आगाह' किया कि 'चीन का मैत्री राजनय क्रमिक सामान्यीकरण के माध्यम से भू-भाग पर स्थायी कब्जे की हासिल करने की चाल है। इसी दौरान, सोवियत संघ ने चीन के निकट जाने से श्रीमती गांधी को रोकने और उन्हें अपनी ओर खींचने के लिए पर्याप्त उदार आर्थिक और सैन्य सहायता प्रदान करने की अपनी युक्ति का प्रयोग किया। आर्थिक दृष्टि से, सोवियत संघ ने 7.8 बिलियन रूबल के ऋण का प्रस्ताव किया, तेल आपूर्ति में वृद्धि की और व्यापार को बढ़ाकर 13.3 बिलियन यू.एस. डॉलर करने पर सहमत हो गया। सैन्य दृष्टि से, सोवियत रूस ने टी-72 टैंकों और मिग-27 लड़ाकू विमानों के लाइसेंसशुदा उत्पादन की पेशकश की।

परंतु श्रीमती गांधी ने सोवियत संघ की स्पष्ट अप्रसन्नता और आर्थिक/सैन्य उदारता के बावजूद चीन के साथ संबंध सुधारने की अपनी इच्छा को दृढ़ बनाए रखा।

संदर्भ :

1. एफ.आर.यू.एस. 1961-63, खंड XXV, दक्षिण एशिया, दस्तावेज, 186, पृष्ठ 359, सी.आई.ए. ज्ञापन (ओसीआई) संख्या 2316 दिनांक 6 सितंबर, 1965, यह भी देखें ब्रूस रेडेल अवॉयडिंग अर्मामेडन (दिल्ली: हार्पर कोलिंस, 2013), पृष्ठ 67।
2. डॉन, 25 फरवरी, 1964।
3. अमेरिका राष्ट्रीय अभिलेखागार, सी.आई.ए. अन्वेषण उपकरण (क्रेस्ट), ज्ञापन दिनांक 21 जुलाई, 1965 थॉमस ह्यूजेज, निदेशक, अंतरराष्ट्रीय एवं अन्वेषण, डिपार्टमेंट ऑफ स्टेट द्वारा डब्ल्यू.एफ. रैबोर्न, निदेशक, केंद्रीय आसूचना को।
4. डब्ल्यू.पी. XII, चीनी टिप्पणी 27 अगस्त, 1965।
5. तदेव, चीनी टिप्पणी 8 सितंबर, 1965।
6. आई एखंड, मेमोरीज ऑफ ए बायस्टैंडर : ए लाइफ इन डिप्लोमेसी (कराची; ऑक्सफोर्ड यूनिवर्सिटी प्रेस, 1997), पृष्ठ 94।
7. डब्ल्यू.पी. XII, चीनी टिप्पणी 16 सितंबर, 1965।
8. अल्ताफ गौहर, अयूब खान : पाकिस्तान फर्स्ट मिलिट्री रूलर (कराची : कराची; ऑक्सफोर्ड यूनिवर्सिटी प्रेस, 1996), पृष्ठ 252-53. यह भी देखें— प्रवीण स्वामी, इंडिया, पाकिस्तान एंड दि सीक्रेट जिहाद : दि कोवर्ट वार इन कश्मीर 1947-2004 (दिल्ली : टेलर एंड फ्रांसिस, 2007), पृष्ठ 63।
9. दि वाशिंगटन पोस्ट, 16 सितंबर, 1965।
10. एफ.आर.यू.एस. 1964-68, खंड XXX, चीन, दस्तावेज, 101।
11. शेल्डन साइमन, 'दि कश्मीर डिस्प्यूट इन सिनो-सोवियत पर्सपेक्टिव', एशियन सर्वे, मार्च, 1967, पृष्ठ 176-87।

12. यू.एस. कॉन्सुल-जनरल, ढाका द्वारा डिपार्टमेंट ऑफ स्टेट को, एयरग्राम ए-78, दिनांक 23 सितंबर, 1965, यह भी देखें—क्रॉफोर्ड, पाइवोटल डेटेरेंस, पृष्ठ 157।
13. एफ.आर.यू.एस. 1964-68, खंड XXV, दक्षिण एशिया, दस्तावेज, 214, पृष्ठ 411।
14. एस.एम. खान, मेमोरीज एंड रिफ्लेक्शंस ऑफ ए पाकिस्तानी डिप्लोमैट (लंदन : सेंटर फॉर पाकिस्तानी स्टडीज, 1997), पृष्ठ 161।
15. विदेश मंत्री का वक्तव्य, राज्यसभा 29 नवंबर, 1966।
16. किसिंजर, ओ.पी.-सी.आई.टी. पृष्ठ 201।
17. सी.डब्ल्यू.आई.एच.पी., भारत चीन यूद्ध 1964-77 पर धीमी और विदेशी नेताओं के बीच वार्तालाप, कराची में 2 अप्रैल, 1965 को चोऊ एनलाई और राष्ट्रपति अयूब खान के बीच बैठक कार्यकारी पत्र संख्या 122, वार्तालाप संख्या 6, पृष्ठ 76।
18. डग्लस पाइक, वियतनाम दि सोवियत यूनियन : एनॉटामी ऑफ एन एलायंस (वेस्ट ब्यू प्रेस, 1987), पृष्ठ 87।
19. ए.आई.सी.सी. आर्थिक समीक्षा, 1 अगस्त, 1968, पृष्ठ 3-4।
20. इंदिरा गांधी, पीपल्स एंड प्रॉब्लम्स (लंदन : होडेर एंड स्टॉगटन, 1982), पृष्ठ 75।
21. जिनहुआ, 5 नवंबर, 1971।
22. एन.वाई.टी., 13 फरवरी, 1972।
23. एफ.आर.यू.एस. 1969-71, खंड XI, दक्षिण एशिया संकट, 1971, दस्तावेज, 274।
24. एस.एम. खान, ओ.पी.-सी.आई.टी. पृष्ठ 279।
25. पेकिंग रिव्यू संख्या 37, 13 सितंबर, 1974 , पृष्ठ 12।
26. पेकिंग रिव्यू, संख्या 14, 8 अप्रैल, 1977, पृष्ठ 23-24।
27. फॉर ईस्टर्न रिव्यू, खंड 108, पृष्ठ 26-27, 'ए थॉ इन दि हिमालयाज।'
28. एन.वाई.टी., 24 जून, 1977, पृष्ठ ए-6।
29. इज्वेस्तिया, 21 मार्च, 1978।
30. इज्वेस्तिया, 29 सितंबर, 1979।
31. जगत मेहता, रेस्क्यूइंग दि फ्यूचर (दिल्ली : मनोहर, 2008), पृष्ठ 323।
32. दि स्टेट्समैन, 23 फरवरी, 1979।
33. दि मोरारजी पेपर्स (ह्युमैनिटीज प्रेस), पृष्ठ 29।
34. पेकिंग रिव्यू, संख्या 27, 4 जुलाई, 1979, पृष्ठ 22-23।
35. टाइम्स ऑफ इंडिया, 28 जून, 1981।
36. भाभ्नी सेनगुप्ता, दि अफगान सिंड्रोम, खंड 2. (दिल्ली : विकास पब्लिशर्स, 1982), पृष्ठ 133।
37. रॉबिंसन, 'सोवियत यूनियन एंड एशिया', एशियन सर्वे, खंड 21, संख्या 1 और खंड 22, संख्या 1, पृष्ठ 26।

□

8

वार्ताओं का प्रारंभ, वांगडंग घटना और प्रधानमंत्री राजीव गांधी का चीन दौरा (1980-89)

लगभग 20 वर्ष के अंतराल के बाद भारत और चीन दोनों ही एक बार पुनः जटिल सीमा मुद्दे का 'कोई समाधान ढूँढ़ने के लिए उद्देश्यपूर्ण चर्चाएँ संचालित करने' के लिए बैठकर बातचीत करने पर सहमत हुए। यह वार्ता चीनी विदेश मंत्री हुआंग हुआ की भारत यात्रा के दौरान हुई सहमति के अनुसार की जानी थी। वार्ताओं के प्रारंभ किए जाने के लिए किसी भी पक्ष द्वारा कोई पूर्व-शर्त अथवा विशेष प्रावधान नहीं लगाए गए थे। भारत ने अपनी उस शर्त को व्यापक रूप से छोड़ दिया था कि चीन वार्ताएँ प्रारंभ होने से पहले कोलंबो प्रस्तावों को 'पूर्णतः' स्वीकार करे।

चूँकि अब 'भारत चीन के साथ वार्ता' प्रारंभ कर रहा था, यह स्पष्ट था कि 1962 के विवाद का सदमा अब समाप्ति की ओर था। भारतीय नीति-निर्माताओं ने वर्तमान अंतरराष्ट्रीय स्थिति, दक्षिण एशियाई परिदृश्य के बारे में आकलनों की शृंखला संचालित की थी, विशेष रूप से भारत-पाकिस्तान के संदर्भ में घटनाक्रमों के बारे में तथा विशेष रूप से इस बात को भी समझा था कि चीन के साथ संबंधों के भावी परिणाम क्या होंगे। हालाँकि दोनों महाशक्तियाँ अभी भी परस्पर विरोधाभास रखती थीं, परंतु उन्होंने चीन के साथ संबंध विकसित किए थे, लेकिन ये संबंध भिन्न-भिन्न क्षेत्रों में थे। जबकि चीन-अमेरिकी द्विपक्षीय संबंध निरंतर फल-फूल रहे थे, जैसा कि 1971 के संकट के दौरान पाकिस्तान को सहायता देने के लिए दोनों के द्वारा किए गए संयुक्त प्रयासों से दिखाई देता था, परंतु चीन-सोवियत संबंधों में कुछ समय के लिए गतिरोध आ गया था और अब उनमें भी सुधार आता दिखाई देने लगा था। प्रधानमंत्री श्रीमती गांधी अफगानिस्तान में सोवियत हस्तक्षेप के फलस्वरूप अमेरिका और चीन—दोनों ही के द्वारा घातक हथियारों की व्यापक आपूर्ति से अत्यंत चिंतित थीं, जिनके पाकिस्तान में दिए जाने की संभावना थी। अतः चीन के साथ वार्ता के द्वार खोलना महत्त्वपूर्ण बन गया था, क्योंकि इससे भारत को पहले तो देंग शियाओ पिंग के नए नेतृत्व का आकलन करने का अवसर प्राप्त होता और दूसरे वह सीमा विवाद निपटान की संभावनाओं को भी तलाश कर पाता। भारतीय नेतृत्व सीमा वार्ताओं से तत्काल कोई परिणाम प्राप्त कर पाने के प्रति अधिक आशान्वित नहीं था और न ही उसने यह अपेक्षा की थी कि चीनी अपनी पचास के दशक की स्थिति की तुलना में कुछ अधिक लचीलापन लेकर सामने आएँगे। श्रीमती गांधी उस अवरोध से भी पूर्णतः अवगत थीं, जो चीन के साथ वार्ताएँ प्रारंभ करने के फलस्वरूप सोवियत दृष्टिकोण के रूप

में उत्पन्न हुआ था, क्योंकि सैन्य-आपूर्ति संबंध भी भारत के लिए महत्त्वपूर्ण था। फिर भी भारतीय नेतृत्व यह प्रदर्शित करने के लिए इच्छुक था कि उसका चीन-वार्ता का विकल्प मौजूद था और भारत-चीन वार्ता की संभावनाएँ स्थायी रूप से समाप्त नहीं हुई हैं। ऐसा न केवल दो महाशक्तियों को एक अनुस्मारक के रूप में किया जाना आशयित था, बल्कि अन्य दक्षिण एशियाई देशों, विशेष रूप से पाकिस्तान का भी दिखाया जाना था।

भारत-चीन सीमा वार्ताओं की नए सिरे से प्रथम बैठक बीजिंग में 10-14 दिसंबर, 1981 को आरंभ हुई। पहली बैठक में दोनों पक्षों ने कुछ सामान्य सिद्धांत स्थापित किए, जिन्हें सीमा का हल ढूँढ़े जाने के लिए ध्यान में रखा जाना था। इनमें से कोई ऐसा सिद्धांत नहीं था, जो सामान्य चिंताओं और अभिवृत्तियों को प्रदर्शित करने से परे थे। फिर भी चीनियों ने एक बार पुन: 'पैकेज प्रस्ताव' सामने रखा। यह वही प्रस्ताव था जिसे देंग शियाओ पिंग ने दो भारतीय पत्रकारों के माध्यम से सार्वजनिक किया था तथा पूर्व विदेश मंत्री वाजपेयी को सूचित किया था, जब भारतीय पक्ष ने चीन के प्रस्ताव की मानचित्र के आधार पर जाँच करने का अनुरोध किया, तो उसे चीन द्वारा अस्वीकार कर दिया गया। भारतीय पक्ष को संदेह था कि चीनी सीमा के मुद्दे के निपटान को लेकर गंभीर नहीं हैं तथा इस प्रकार वे केवल 'पैकेज प्रस्तावों' को ही पेश करने के प्रति वास्तविक रुचि ले रहे हैं। वे संभवत: यह आकलन ही कर रहे थे कि उस पर भारत की प्रतिक्रिया क्या होगी। विदेश मंत्री नरसिम्हा राव ने तदनुसार संसद को सूचित किया कि 'भारत सरकार ने कभी उस उद्देश्य को स्वीकार नहीं किया जिस पर वह (पैकेज प्रस्ताव) आधारित था अर्थात् चीनी पक्ष उस भू-भाग को छोड़ते हुए, जिसके बारे में उनका आरोप था कि उसे अवैध रूप से भारत में शामिल कर लिया गया है, पूर्वी सेक्टर में रियायत प्रदान करने की बात कर रहा था। फिर भी, हम पूर्वी सेक्टर के निपटान का स्वागत करते हैं, जो बिना किसी विशेष कठिनाई के क्रियान्वित किया जा सकता है।'

विदेश मंत्री राव के वक्तव्य ने देंग के आधे प्रस्ताव की स्वीकृति प्रदर्शित की, परंतु चीनियों ने इस बात पर विचार नहीं किया था। जैसे ही भारतीय पक्ष चीन के 'पैकेज प्रस्ताव' के प्रति 'उत्साहहीन' नजर आया, चीन ने सुझाव दिया कि सीमा के मुद्दे को अलग रख दिया जाए तथा अन्य क्षेत्रों में संबंध विकसित किए जाएँ ताकि सामान्यीकरण की प्रक्रिया पूर्ण हो सके। लेकिन भारत इस बात पर दृढ़ रहा कि सीमा का मुद्दा किसी भी प्रकार के सामान्यीकरण का केंद्रीय बिंदु है और सुझाव दिया कि कोलंबो प्रस्ताव एक सुविधाजनक प्रारंभिक बिंदु का निर्माण कर सकते हैं। चीनियों ने इस विचार को रद्द कर दिया, क्योंकि उनका मानना था कि कोलंबो प्रस्ताव, जब तक 'पुराने' हो चुके थे। वार्ताओं के प्रथम चक्र की समाप्ति पर भारतीय दृष्टिकोण यह था कि ये वार्ताएँ 'समन्वेषी' प्रकृति की हैं, अत: इनमें कोई अर्थपूर्ण परिणाम हासिल नहीं किया जा सकता है। विदेश मंत्री राव ने संसद को सूचित किया कि 'हमारा यह मानना था कि प्रथम चक्र में कोई सकारात्मक प्रगति हासिल करना संभव होगा···लेकिन हम इस तथ्य का सम्मान करते हैं कि बीस वर्षों में इस विषय पर बैठक का आयोजन किया जाना ही एक सकारात्मक कदम है। विदेशी मंत्री राव ने संकेत दिया कि भारत बातचीत जारी रखने का इच्छुक है। दूसरी ओर चीन ने अधिक सकारात्मकता दिखाई और जिनहुआ ने चीनी विदेश मंत्री के हवाले से कहा कि 'सीमा और अन्य द्विपक्षीय मामलों पर इस समय चीन और भारत के अधिकारियों के बीच आयोजित की

जा रही वार्ताएँ निश्चित ही दोनों देशों के बीच मैत्रीपूर्ण और सहयोग के संबंधों को आगे बढ़ाने में सकारात्मक प्रभाव डालेंगी।

इस दौरान चीन ने वार्ताओं के द्वितीय चक्र को शीघ्र प्रारंभ करने के लिए दबाव डाला जबकि यह बताया गया था कि भारतीय नेता (सचिव) का स्थानांतरण हो गया है और नए सचिव ने अभी कार्यभार ग्रहण नहीं किया है। चीन के अनुरोध को पूरा करने के लिए द्वितीय चक्र 17-20 मई, 1982 को नई दिल्ली में आयोजित किया गया था। बैठकों की पूर्व संध्या पर दोनों पक्षों ने प्रेस को सूचित किया कि उनके पास क्या-क्या विषय हैं। चीनी उप-विदेश मंत्री फू हाओ ने मैकमोहन रेखा को स्वीकार करने की चीन की अनिच्छुकता की पुनः पुष्टि की और संकेत दिया कि सीमा के बारे में बातचीत एक लंबी प्रक्रिया हो सकती है। इसी दौरान उन्होंने सांस्कृतिक, वैज्ञानिक और व्यापार संबंधों का विस्तार करने पर भी जोर दिया। भारत ने दोहराया कि सीमा के मुद्दे पर प्रगति का अभाव 'अन्य क्षेत्रों' में संबंधों के विस्तार को बाधित करेगा और यह कि मैकमोहन रेखा पूर्वी सेक्टर में सीमा के रूप में है और सिक्किम को भारत में विलय करने का मुद्दा 'चर्चा के लिए नहीं है।'

औपचारिक वार्ताओं के द्वितीय चक्र में चीन ने एक बार पुनः अनिवार्यतः 'वास्तविक नियंत्रण रेखा' के आधार पर मुद्दे का समग्र निपटान किए जाने की माँग की, जो वार्ताओं के प्रथम चक्र में उनके द्वारा प्रस्तुत की गई स्थिति के हू-ब-हू समान थी। चीन ने अपनी इस स्थिति की भी पुनः पुष्टि की कि यदि सीमा के मुद्दे का निपटान कर पाना संभव नहीं है, तो इसे अलग रख दिया जाना चाहिए और अन्य क्षेत्रों जैसे व्यापार, संस्कृति आदि में प्रगति करनी चाहिए। भारत ने चीन के दृष्टिकोण को अस्वीकार कर दिया तथा इस बात पर बल दिया कि सीमा का निपटान मुख्य मुद्दा है और हमारी प्रथम प्राथमिकता है। 'पैकेज डील' प्रस्तुत करने में चीन की विफलता ने संभवतः चीनी नेतृत्व को आश्वस्त कर दिया कि भारतीय पक्ष को उनके प्रस्ताव के लिए मना पाना संभव नहीं है। चीनियों ने यह भी महसूस किया कि भारत-चीन संबंधों को सामान्य बनाने के लिए चीन-सोवियत संबंधों पर कुछ प्रगति भी आवश्यक है ताकि चीन और भारत के बीच परस्पर सहयोग के प्रति सोवियत विरोध में कमी लाई जा सके, परंतु उस समय चीन-सोवियत संबंधों में गतिरोध कायम रहा, तथापि भारत के साथ वार्ताओं की समाप्ति के तत्काल उपरांत 'पीपल्स डेली' ने चीन के पक्ष को लेते हुए यह दावा किया कि सीमा का मुद्दा 'चीन के विरुद्ध साम्राज्यवादी आक्रमण और विस्तार' का परिणाम है। उसने आगे यह भी कहा कि 'चीन पीड़ित है, क्योंकि उसने भारतीय भू-भाग का एक इंच भी कब्जे में नहीं लिया है। दूसरे शब्दों में, कोई एकपक्षीय रियायत नहीं मिलेगी। यह देखा जा सकता है कि इस स्थिति से चीनी भारत के साथ वार्ता जारी रखने की आवश्यकता के बारे में सचेत रहते हुए, किसी भी अग्रिम परिणाम की अपेक्षा नहीं कर रहे थे। उनकी रणनीति अन्य क्षेत्रों में संबंध विकसित करने की थी तथा वे सीमा के मुद्दे को पीछे धकेल देना चाहते थे।

सीमा वार्ताओं के द्वितीय चक्र की समाप्ति के मात्र तीन माह उपरांत चीन और पाकिस्तान ने एक प्रोटोकॉल पर हस्ताक्षर किए, जिसमें काराकोरम राजमार्ग पर खुंजेराब दर्रे को वाणिज्यिक यातायात के लिए खोला जाना था। भारत ने दोनों ही देशों से इसका विरोध किया, क्योंकि यह क्षेत्र पाकिस्तान के अवैध कब्जे में था। चीन ने अपने सुपरिचित पक्ष को दोहराया। चीन के पक्ष की सुदृढ़ता को रेखांकित करने के लिए प्रधानमंत्री चाओ जियांग ने अक्तूबर 1982 में स्पष्टीकरण दिया

कि किसी व्यापक समझौते पर कार्य करते हुए चीन 'कोई एकपक्षीय रियायत नहीं देगा और न ही वह अपनी संप्रभुता के साथ समझौता करेगा।' 1982 में नई दिल्ली में आयोजित एशियाई खेलों में चीन ने नेफा (अरुणाचल प्रदेश) के आदिवासी नर्तकों की प्रतिभागिता का स्पष्टत: विरोध किया और कहा कि यह 'राज्य पर भारत की संप्रभुता का प्रचार करने और उसे वैध रूप देने के लिए जान-बूझकर उठाया गया कदम है···भारत द्वारा इस भू-भाग को अवैध रूप से कब्जाया गया है।' भारत ने समान कठोर भाषा में इस विरोध को खारिज कर दिया।

यद्यपि दोनों पक्षों ने अत्यंत तीखे शब्दों से भरी विरोध टिप्पणियों का आदान-प्रदान किया, परंतु दोनों ही ने यह महसूस नहीं किया कि वार्ताओं को छोड़ दिया जाना चाहिए। तीसरा चक्र वर्तमान गरमा-गरमी भरे वातावरण को शांत होने की प्रतीक्षा के कारण कुछ देरी से प्रारंभ हुआ, परंतु यह अंतत: 1983 के प्रारंभ में (29 जनवरी से 3 फरवरी, 1983) तक बीजिंग में आयोजित किया गया। तीसरे चक्र में और चौथे चक्र (24-30 अक्तूबर, 1983) में यह प्रतीत हुआ कि कुछ प्रगति होती दिखाई दे रही है, हालाँकि दोनों ही पक्ष सिद्धांतों के किसी साझे सेट पर सहमति बनाने के नजदीक तक नहीं थे। इस बात को महसूस करते हुए कि 'स्वैप' फार्मूले के आधार पर किसी सहमति पर पहुँचना संभव हो सकता है, भारत द्वारा सेक्टरवार आधार पर सीमा वार्ताओं को संचालित करने के प्रस्ताव के प्रति चीन की अनिच्छा में कमी आती प्रतीत हुई। चीनियों ने अनौपचारिक रूप से 'स्वैप' फॉर्मूले पर आधारित समाधान के संभावित पहलुओं के बारे में भारत को सूचित किया, परंतु उसमें पश्चिमी सेक्टर में चीन की अतिरिक्त रियायतें भी शामिल थीं। चीन के इस प्रस्ताव पर औपचारिक चर्चा कभी की ही नहीं गई, न ही इस पर भारतीय प्रतिक्रिया सूचित की गई। फिर भी 17 नवंबर, 1983 को, विदेश मंत्री राव ने संसद को सूचित किया कि चीन भारत के 'सेक्टर-दर-सेक्टर' वार्ता के दृष्टिकोण से सहमत हो गया है और इस पर वार्ता चीन के 'पैकेज डील' के प्रस्ताव के 'समावेश' के साथ की जाएगी। 'सेक्टर-दर-सेक्टर' विचार के लिए चीन की सहमति इस समझ पर आधारित थी कि किसी सेक्टर-विशेष के संबंध में की गई सहमति केवल तभी वैध होगी यदि समस्त सीमा पर एक साथ किसी सहमति पर पहुँचा जाएगा। दूसरे शब्दों में, इस संबंध में कोई अंशवार समझौता नहीं किया जाएगा। इस चक्र में यह भी सहमति बनी कि 'अन्य' क्षेत्रों में सामान्य स्थिति बहाल करने के प्रयासों पर भी आगे कार्रवाई की जाएगी।

वार्ताओं के पाँचवें चक्र (9-15 सितंबर, 1984) के ठीक पहले चीनी नेताओं ने वहाँ का दौरा करनेवाले पश्चिम बंगाल के मुख्यमंत्री ज्योति बसु को यह बताया कि सीमा विवाद के समाधान की जल्द ही कोई संभावना प्रतीत नहीं होती है। चीनियों ने इंसाइक्लोपीडिया ऑफ तिबेतन हिस्ट्री भी प्रकाशित किया, जिसमें भारत के बड़े हिस्सों, नेपाल और भूटान को चीनी भू-भाग का हिस्सा दर्शाया गया था। इसमें कोई संदेह नहीं था कि इसका आशय भारतीय पक्ष को परेशान करना था। फिर भी पाँचवें चक्र में यह सहमति बनी कि सीमा निर्माण की प्रक्रिया को परिभाषित करनेवाले सिद्धांतों के किसी साझे सेट पर सहमति होने में विफल रहने के बावजूद दोनों पक्ष 'सेक्टर-दर-सेक्टर' आधार पर सार्थक चर्चा करने के लिए आगे बढ़ सकते हैं। भारत अपनी स्थिति पर कायम रहा कि जब तक 'इस मुद्दे का औचित्यपूर्ण और संतोषजनक समाधान नहीं किया जाएगा, हमारे संबंधों में पूर्ण सामान्य स्थिति बहाल करने के प्रयास बाधित ही होते रहेंगे।

वार्ताओं का छठा चक्र 6–11 नवंबर, 1985 को नई दिल्ली में आयोजित हुआ। यह एक महत्त्वपूर्ण चक्र था, क्योंकि यह आशा की गई थी कि पूर्वी सेक्टर को लेकर इसमें कुछ गंभीर वार्तालाप किया जाएगा। भारत ने प्रस्ताव किया कि चर्चा पूर्वी सेक्टर के साथ प्रारंभ हों और इसे चीन द्वारा स्वीकार कर लिया गया, लेकिन चीनियों ने यह स्पष्ट कर दिया था कि पूर्वी सेक्टर में सिक्किम–तिब्बत सीमा शामिल नहीं होगी। दूसरी ओर भारतीय पक्ष ने जोर दिया कि सिक्किम–तिब्बत सीमा पूर्वी सेक्टर का ही भाग है, तथापि महत्त्वपूर्ण बात यह थी कि सिक्किम–तिब्बत सीमा पर कोई विवाद नहीं था, क्योंकि चीन ने पहले ही इस संरेखण को मान्यता दे दी थी और चीनी सरकार ने इसकी सूचना औपचारिक रूप से दे दी थी। गतिरोध तब टूटा, जब चीनी पक्ष ने इस बात को नजरअंदाज करना जारी रखा कि यह पूर्वी सेक्टर का ही भाग है और भारतीय पक्ष ने निरंतर यही पक्ष रखा कि यह इस सेक्टर का निस्संदेह ही एक भाग है। दोनों पक्षों ने एक–दूसरे को ध्यानपूर्वक सुना कि दूसरा पक्ष इस मुद्दे पर क्या कह रहा है और दोनों ही पक्षों ने एक–दूसरे की स्थिति को नजरअंदाज किया।

भारतीय पक्ष यह महसूस करता था कि पूर्वी सेक्टर बहुत अधिक जटिल नहीं है, क्योंकि हालाँकि चीनी पक्ष ने यह कहा था कि वे मैकमोहन रेखा को स्वीकार नहीं करते हैं, फिर भी उन्होंने मोटे तौर पर मैकमोहन संरेखण का सम्मान किया था और 1962 के युद्ध में इसका उल्लंघन करने के बाद भी युद्ध समाप्त होने के बाद उनकी सेनाएँ मैकमोहन रेखा के उत्तर में चली गई थीं। हर हाल में भारत संपूर्ण भू–भाग पर कब्जा बनाए हुआ था। भारतीय पक्ष का आत्मविश्वास अत्यंत उच्च था, क्योंकि सोवियत संघ ने छठे चक्र के प्रारंभ होने से ठीक पहले मानचित्रों का एक नया सेट प्रकाशित किया, जिसमें पहली बार यह दर्शाया गया था कि मैकमोहन रेखा भारत और चीन के बीच अंतरराष्ट्रीय सीमा थी। अत: पहली बार दोनों महाशक्तियों, अमेरिका और सोवियत रूस ने मैकमोहन रेखा को पूर्वी सेक्टर में भारत और चीन के बीच अंतरराष्ट्रीय सीमा के रूप में स्वीकार किया था। यह भारत के लिए एक बड़ा राजनीतिक लाभ था।

चीनी इस बात से अवगत थे कि भारत इस बात पर जोर देगा कि कम–से–कम पूर्वी क्षेत्र में मैकमोहन रेखा को अंतरराष्ट्रीय सीमा के रूप में मान्यता दे दी जाए और यदि इसने चीनियों के लिए 'समस्याएँ' उत्पन्न कीं, तो मैकमोहन रेखा के संरेखण को कोई और नाम देकर स्वीकार किया जा सकता है, लेकिन संभवत: किसी अन्य नाम के साथ। भारतीय पक्ष भी यह जानता था कि चीनी मैकमोहन के नाम को 'पसंद नहीं' करते हैं, क्योंकि यह उन्हें उपनिवेशी काल की याद दिलाता है, परंतु दूसरी ओर चीनियों ने कुल मिलाकर मैकमोहन संरेखण को स्वीकार कर लिया था जैसा कि चीन–म्याँमार सीमा करार के मामले में हुआ था। चीनी इस बात से भी अवगत थे कि यदि पूर्वी क्षेत्र में मतभेदों का पारस्परिक रूप से संतोषजनक हल कर दिया जाता है, तो भारत तत्काल ही इस बात के लिए दबाव डालना प्रारंभ कर देगा कि पश्चिमी क्षेत्र में चीनियों को 1962 के विवाद में हुए 'लाभ' को वापस किया जाए। ऐसी किसी भी माँग को न उठने देने के लिए चीनियों ने पूर्वी क्षेत्र पर अपने पूर्व में लिये गए पक्ष को पर्याप्त रूप से बदलने का निर्णय लिया और तद्नुसार अपनी कार्य–प्रणाली को संशोधित करने का फैसला किया।

सीमा उपसमूह के मध्य व्यापक चर्चा प्रारंभ होने से पूर्व ही चीनियों ने उप–मंत्री/सचिव स्तरीय

प्रारंभिक बैठक में एक बिल्कुल भिन्न रुख अपनाते हुए अपने इरादों को स्पष्ट कर दिया। चीनी नेता उपमंत्री ल्यौ शूछिंग ने खुले तौर पर कहा कि चूँकि पूर्वी सेक्टर व्यापक विवाद का क्षेत्र है, भारत को पूर्वी सेक्टर में रियायतें देनी होंगी और इसके बदले चीन पश्चिमी सेक्टर में रियायत देगा। लियु ने जोर देकर कहा कि यह चीनी वाक्यांश 'पारस्परिक समझ, पारस्परिक समायोजन' का वास्तविक अर्थ है। यह नया चीनी पक्ष चोऊ द्वारा लिये गए उस पक्ष के बिल्कुल विपरीत था कि 'बड़ी' समस्या पश्चिमी सेक्टर में है, पूर्वी सेक्टर में नहीं, जब भारतीय पक्ष ने ल्यौ से पूछा कि पूर्वी सेक्टर में माँग की जा रही रियायतें कहाँ स्थित हैं और चीन के मन में कितनी मात्रा/क्षेत्र है, तो ल्यौ ने साफ-साफ उत्तर दिया कि पहले भारत को अभी-अभी बताए गए सिद्धांत को स्वीकार करना होगा और केवल तभी चीन आवश्यक स्पष्टीकरण देगा। चीनियों ने यह भी स्पष्ट नहीं किया कि क्या पूर्वी सेक्टर में माँग की जा रही रियायतें उस क्षेत्र के बराबर हैं, जो वे पश्चिम में प्रदान करेंगे अथवा क्या इसमें कोई निश्चित अनुपात शामिल है। चीनी उपमंत्री ल्यौ ने जोर देते हुए कहा कि वे इस बारे में आगे कोई स्पष्टीकरण नहीं देंगे। प्रधानमंत्री चोऊ के स्तर पर चीन की सार्वजनिक रूप से व्यक्त की गई पूर्व की स्थिति के प्रत्यक्ष विरोधाभास में चीन के उपमंत्री लियु ने अब यह वक्तव्य दिया था कि पूर्वी सेक्टर 'अधिक विवादित' क्षेत्र है।

चीन का यह नया पक्ष उनके पूर्व में वर्णित समस्त पक्षों के स्पष्ट विरोधाभास में था तथा इससे भारतीय वार्ताकारों को एक नई कटु जानकारी प्राप्त हुई। यह स्मरणीय है कि चोऊ ने 23 जनवरी, 1959 को नेहरू को लिखे अपने पत्र में स्पष्ट रूप से कहा था कि चीनी सरकार को 'मैकमोहन रेखा के प्रति अधिक या कम यथार्थवादी दृष्टिकोण अपनाने की आवश्यकता लगती है।' तत्पश्चात्, अप्रैल 1960 में, झोउ ने अपने प्रसिद्ध छह बिंदुओं में हिमालय और काराकोरम के प्रति प्रत्येक देश की भावनाओं को ध्यान में रखने की आवश्यकता का उल्लेख किया था। नई दिल्ली में प्रेस के साथ 25 अप्रैल, 1960 को अपनी बातचीत में चोऊ ने स्पष्ट रूप से कहा था कि 'पश्चिमी क्षेत्र में अपेक्षाकृत बड़ा विवाद मौजूद है।' इसके बाद क्रमिक चीनी नेताओं द्वारा, जब कभी 'पैकेज प्रस्ताव' पेश किए थे, उन्होंने सदैव ही 'वास्तविक नियंत्रण रेखा' पर ही समाधान किए जाने अथवा दूसरे शब्दों में, यथास्थिति बहाल किए जाने का प्रस्ताव किया था। यह धारणा थी कि ऐसा प्रस्ताव करते हुए चीनी यह मान रहे हैं कि पूर्वी सेक्टर में समस्त 'विवादित' क्षेत्र भारत के पक्ष में चला जाएगा, जैसी कि चीनियों ने अनेक अवसरों पर पुष्टि की थी कि पूर्वी सेक्टर में 'वास्तविक नियंत्रण रेखा' मैकमोहन रेखा के साथ पड़ती है, उन्होंने पहले कभी भी पूर्वी सेक्टर में सीमा मुद्दे को हल करने की कीमत के रूप में 'रियायतों' की माँग नहीं की थी!

अतः अब, जो कुछ चीनी उपमंत्री ल्यौ शूछिंग माँग रहे थे वह वस्तुतः अत्यंत नवीन और अत्यंत विचित्र था। चीनी जानते थे कि कोई भारतीय सरकार ऐसे प्रस्ताव को कभी भी स्वीकार नहीं करेगी और उससे बचने का प्रयास करेगी। चीनी संभवतः इस आशा के साथ आए थे कि सीमा वार्ताओं को समाप्त किया जाए। 11 नवंबर, 1985 के 'दि हिंदू' की रिपोर्ट में इस स्थिति का सही-सही आकलन किया गया था जिसमें कहा गया था कि चीनियों ने पूर्वी सेक्टर में भू-भाग की रियायतों की माँग करते हुए अपने पक्ष को काफी सख्त बना दिया है। इस अवस्था पर वार्ताएँ लगभग पूरी तरह से समाप्त हो गई थीं।

इस अड़ियल माँग से भारतीय पक्ष की भावनाएँ आहत हुई थीं तथा उसने विदेश सचिव के कार्यालय में चीनियों के साथ अनेक निजी बैठकें आयोजित की ताकि बात-चीत को पुनः पटरी पर लाया जा सके। सौभाग्यवश, चूँकि बैठकें दिल्ली में आयोजित की जा रही थीं, अतः इस मुद्दे पर उच्च स्तर पर चर्चा करना संभव था। चीनी उपमंत्री भी सतर्क थे कि कहीं वार्ताएँ पूर्णतः समाप्त न हो जाएँ। सीमा पर वार्ता उपसमूह स्तर पर पुनः प्रारंभ हुई, परंतु यह अपनी निर्धारित प्रकृति के अनुसार ही थी, क्योंकि दोनों पक्ष अत्यंत दृढ़ रुख अपनाए बैठे थे। दोनों ही ने पूर्व वर्षों की अपनी ज्ञात दृढ़ स्थिति को दोहराया। प्रगति के स्थान पर वार्ताओं को रोक देना पड़ा, क्योंकि कोई समाधान दिखाई नहीं पड़ रहा था। यह स्वाभाविक था कि वहाँ एक गतिरोध पैदा हो गया था। ऐसी माँग रखते हुए जिसे कोई भी भारत सरकार स्वाभाविक रूप से स्वीकार नहीं कर सकती थी; चीनियों द्वारा यह अनुमान लगाया गया था कि चूँकि इस दिशा में कोई प्रगति संभव नहीं थी, भारत को सीमा के मुद्दे को अलग रखने के लिए बाध्य होना ही पड़ेगा। चीनी अपने ऐसे पक्ष को रख रहे थे, जिसमें सुनिश्चित किया जाना था कि सीमा का मुद्दा पीछे धकेल दिया जाए, लेकिन चीनी अन्य क्षेत्रों में संबंधों को विकसित करने के अत्यंत इच्छुक थे और ऐसा उन्होंने वार्ताओं में भी कहा था।

इसके पश्चात् दोनों पक्षों का रुख और कड़ा होना प्रारंभ हो गया। भारतीय पक्ष ने यह दोहराया कि, जब तक सीमा का मुद्दा नहीं सुलझाया जाता है, इस संबंध में कोई प्रगति नहीं हो सकती है और राजीव गांधी ने अपने इस रुख की राज्यसभा में पुष्टि की, जब उन्होंने कहा कि चीन के साथ व्यापारिक संबंध 'सीमा मुद्दे पर प्रगति' पर निर्भर करेंगे।[2] जून 1986 के मध्य में चीन ने आधिकारिक रूप से सार्वजनिक किया कि उन्होंने वार्ताओं के छठे चक्र में क्या कहा था, जब उप-मंत्री ल्यौ शूछिंग ने प्रेस को बताया कि भारत को पूर्वी सेक्टर में 'रियायतें' देनी होंगी जिसके बदले में चीन पश्चिम में 'रियायतें' देगा।[3] यह संभवतः चीन का आकलन था कि ऐसे रुख को सार्वजनिक करते हुए, भारत में राय ऐसे किसी सौदे के विरुद्ध पुख्ता हो जाएगी और इसके फलस्वरूप सीमा विवाद को हल करने के लिए उन पर आया भारतीय दबाव हट जाएगा। प्रतिष्ठित चीनी जर्नल *गुओ ची वनथी यांजियू* ने भी एक लेख प्रकाशित किया, जिसमें कहा गया कि पूर्वी सेक्टर 'सभी तीन सेक्टरों में से सर्वाधिक विवादास्पद है।' संभवतः चीनी नेतृत्व का भी यह आकलन रहा था कि राजीव गांधी की नई सरकार यथास्थिति के आधार पर कोई समाधान प्रदान करने में सफल नहीं होगी, क्योंकि उन्होंने यह तर्क दिया था कि यदि अत्यंत सक्षम श्रीमती गांधी ऐसा करने में असमर्थ रही थीं, तो राजीव गांधी ऐसा किस प्रकार कर पाएँगे।

सीमा वार्ताओं के छठे चक्र की समाप्ति पर चीनियों द्वारा लिये गए पक्ष से यह स्पष्ट था कि उसमें एक गतिरोध उत्पन्न हो गया था और अब समय आ गया था कि इस बारे में एक बड़ा निर्णय लिया जाए कि आगे कैसे बढ़ना है। जबकि सीमा वार्ताएँ परस्पर संप्रेषण को खुला रखने के लिए जारी रहीं और जनता भी संतुष्ट रही कि वार्ताएँ जारी हैं, इस संबंध में किसी प्रगति की आशा नहीं की जा सकती थी। या तो उस स्तर को बढ़ाया जाना था जिस पर वार्ताएँ की जा रही थीं, जिसमें या तो विदेश मंत्रियों अथवा राजनीतिक स्तर के विशेष प्रतिनिधियों को शामिल किया जाता अथवा सीमा के मुद्दे को अलग-थलग रख दिया जाता, जैसी कि चीनी आशा कर रहे थे। इसके अलावा, यह महसूस किया गया कि यदि सीमा वार्ताएँ आगे नहीं बढ़ पा रही हैं, तो कम-से-कम वास्तविक

नियंत्रण रेखा को चिह्नांकित करने के लिए कदम उठाए जाने चाहिए, आपसी विश्वास बढ़ाने के उपायों (सीबीएम) को क्रियान्वित किया जाना चाहिए और यह सुनिश्चित करने का प्रयास किया जाना चाहिए कि वास्तविक नियंत्रण रेखा पर शांति और स्थिरता बरती जा रही है, अत: आंतरिक दृष्टि से यह ऐसी अवधि थी, जब सघन परामर्श आवश्यक हो गए थे, ताकि बड़े निर्णय लिये जा सकें।

वार्ताओं का सातवाँ चक्र 21-23 जुलाई, 1986 को बीजिंग में प्रारंभ हुआ और इसे पूर्णत: उन मतभेदों के प्रति समर्पित किया गया, जो पूर्वी सेक्टर में सुमदोरोंग चू में उत्पन्न हुए थे। चीनियों ने अपनी उसी बात को दोहराया कि जिस क्षेत्र पर उन्होंने कब्जा किया था (वांगडंग), वह मैकमोहन रेखा के उत्तर में था, चाहे उसे मैकमोहन मानचित्र के निर्देशांकों के अनुसार भी देखा जाए, अत: इस पर भारत की आपत्तियाँ निरर्थक थीं। भारतीय पक्ष भी अपनी बात पर अड़ा रहा कि चीन ने मैकमोहन रेखा का उल्लंघन किया है और यह कि चीनी सैन्य टुकड़ियाँ रेखा के दक्षिण में थीं, अत: उन्हें अपनी पुरानी स्थिति पर लौटने के लिए उत्तर की ओर वापस हटना चाहिए। चूँकि दोनों ही पक्ष अपनी बताई गई स्थिति से हटने के लिए तैयार नहीं हुए, गतिरोध कायम हो गया। दूसरी ओर, चीनियों ने न्यूयॉर्क में यूएन में जिनहुआ की टिप्पणी को परिचालित करते हुए, जिसके साथ दो पृष्ठभूमि टिप्पणियाँ भी संलग्न थीं, सीमा के मुद्दे को अंतरराष्ट्रीय स्तर पर उठाने का प्रयास किया। यह पहली बार था कि किसी पक्ष ने सीमा मुद्दे पर संयुक्त राष्ट्र को शामिल करने का प्रयास किया था। भारत ने चीन के इस प्रयास को नजरअंदाज कर दिया और चीनी पहल से कोई ठोस परिणाम प्राप्त नहीं हो सके।

दिल्ली में 11-15 नवंबर, 1987 को आयोजित आठवें चक्र में सीमा के प्रश्न पर बहुत कम चर्चा हुई हालाँकि अंतरराष्ट्रीय परिदृश्य में अन्य महत्त्वपूर्ण मुद्दों तथा व्यापार और सांस्कृतिक मुद्दों पर चर्चा हुई। चीनी शिष्टमंडल के नेता उपमंत्री ल्यौ शूछिंग अपने साथ चीनी प्रधानमंत्री ली पेंग का प्रधानमंत्री राजीव गांधी के लिए चीन की यात्रा करने का औपचारिक निमंत्रण-पत्र भी लेकर आए थे। जब यह लगभग निश्चित हो गया कि राजीव गांधी इस निमंत्रण को स्वीकार करने और चीन का दौरा करने के प्रति इच्छुक हैं, तो यह निर्णय लिया गया कि सीमा मुद्दे पर कोई भी नई पहल आरंभ करने से पहले इस दौरे के परिणामों की प्रतीक्षा कर ली जाए। इसी दौरान, इस ऐतिहासिक यात्रा के लिए जोर-शोर से तैयारियाँ आरंभ हो गईं।

सीमा वार्ताओं के आठ चक्रों के दौरान चीन की नीति मुख्य रूप से दो पहलुओं पर आधारित थी। पहली नीति भारत को 1979 में देंग शियाओ पिंग द्वारा वाजपेयी को प्रस्तुत किए गए उस प्रस्ताव की ही तर्ज पर 'पैकेज डील' पर सहमत कराने की थी जिसे बाद में 21 जून, 1980 को 'विक्रांत' के संपादक भारतीय पत्रकार कृष्ण कांत द्वारा सार्वजनिक रूप से प्रकाशित किया गया था। दूसरे, यदि भारत उस पैकेज के प्रस्ताव को स्वीकार करने की स्थिति में नहीं था, तो चीनी नीति सीमा के मुद्दे को चुपचाप पीछे धकेलने और भारत को अन्य सभी क्षेत्रों में संबंधों को प्रोत्साहित करने के प्रति राजी करने की थी।[4] राजीव गांधी की चीन की यात्रा से ठीक पहले स्थिति इस प्रकार थी। दोनों ही पक्षों ने यात्रा के परिणामों की प्रतीक्षा की थी ताकि इस संबंध में कोई नई दिशा मिल सके कि आगे किस प्रकार बढ़ा जाए। चीन की रणनीति ने प्रभावी रूप से सीमा मुद्दे का हल तलाशने की किसी भी संभावना में गतिरोध उत्पन्न कर दिया था।

वांगडंग घटना

1980 के दशक के प्रारंभ में भारत सरकार द्वारा यह निर्णय लिया गया कि भारतीय सुरक्षा बलों द्वारा गश्त पूर्वी सेक्टर में अंतरराष्ट्रीय सीमा अर्थात् मैकमोहन रेखा तक की जाएगी। इस निर्णय का व्यावहारिक प्रभाव यह था कि भारतीय सुरक्षा एजेंसियाँ अपने कार्मिकों को मैकमोहन रेखा तक तैनात कर पाने में समर्थ होती और इससे भारत की स्थिति और अधिक स्थिर और सुरक्षित बनती, लेकिन समस्या यह थी कि चीनी मैकमोहन रेखा को मान्यता नहीं देते थे, हालाँकि उन्होंने यह स्पष्ट कर दिया था कि वे मैकमोहन रेखा को पार न करते हुए इसका सम्मान करेंगे। चीनियों के लिए 'वास्तविक नियंत्रण रेखा' विद्यमान थी, जो मुख्य रूप से, जैसा कि उनके द्वारा अनेक अवसरों पर स्वयं स्पष्टीकरण दिया गया था, मैकमोहन संरेखण के साथ मेल खाती थी। दूसरे, जमीन पर यह स्पष्ट नहीं था कि यह संरेखण वस्तुतः सटीकता के साथ स्थित है, जबकि मैकमोहन रेखा को मानचित्र में खींचा गया था, उसे कभी भी जमीन पर चिह्नांकित नहीं किया गया। तीसरे मैकमोहन रेखा 1"=8 मील के पैमाने पर मूल मानचित्र में खींची गई थी तथा यह लगभग ¼" मोटी थी जिसे, जब जमीन पर खींचा जाता, तो यह दोनों ही ओर से अनेक मीलों का अंतर उत्पन्न करती। अतः इसे वास्तविक जमीनी स्थिति में संदर्भित करने का एकमात्र सुरक्षित तरीका था कि इसे विशिष्ट भौगोलिक विशेषताओं के साथ जोड़ दिया गया, जो क्षेत्र में प्रमुख जल-विभाजकों को अवधारित करती है, जिनके आधार पर सर हेनरी मैकमोहन ने मूल रूप से इस रेखा को खींचा था। बाद में, इस रेखा ने भी कठिनाइयाँ उत्पन्न कीं, क्योंकि वहाँ ऐसे अनेक 'अज्ञात' क्षेत्र थे, जिन्हें निर्धारित नहीं किया जा सकता था कि क्या वे मैकमोहन संरेखण के उत्तर में पड़ते हैं अथवा उसके दक्षिण में।

स्थिति को स्पष्ट करने तथा जमीनी स्थिति को वास्तव में निर्धारित करने के उद्देश्य से भारतीय अधिकारियों ने 1960 की आधिकारिक स्तर की वार्ताओं में 27 जून, 1960 को बार-बार चीनियों से आग्रह किया कि बड़े पैमानेवाले मानचित्रों का आदान-प्रदान किया जाए ताकि ऐसी सटीक और पूर्ण जानकारी प्राप्त हो सके, जो इस क्षेत्र में सटीक संरेखण को दर्शाती हो। चीनियों ने इस सुझाव को अस्वीकार कर दिया तथा 1"=80 मील के छोटे पैमानेवाले मानचित्रों की ही आपूर्ति की और स्पष्ट तौर पर कहा कि ऐसे आदान-प्रदान की कोई आवश्यकता नहीं है।' इससे केवल यही परिणाम निकाला जा सकता है कि या तो वे भारतीय स्थिति से संतुष्ट थे अथवा वे स्पष्टता की इच्छा नहीं रखते थे, क्योंकि उनके मंसूबे आक्रामक थे और वे सीमा की स्थिति को शाश्वत तनाव की अवस्था में रखना चाहते थे।

अतः किसी भी गलतफहमी का निवारण करने के उद्देश्य से भारत सरकार ने यह निर्णय लिया कि भारतीय सैनिक भारत द्वारा अपने माने जाने वाले स्थान तक गश्त लगाएँगे। 1982 के ग्रीष्मकाल से एक छोटी टुकड़ी ने सुमदोरोंग चू के किनारे पर थांडरोंग चरागाहों की गश्त शुरू कर दी, जहाँ भारत के चरवाहे प्रत्येक ग्रीष्मकाल में आते थे। सुरक्षा कार्मिक और कुछ चरवाहे ग्रीष्म के महिनों में इस क्षेत्र में आते थे तथा सर्दियों में अधिक अनुकूल जगहों तक वापस लौट आते थे, जो सुमदोरोंग चू के दक्षिण में थीं और क्षेत्र में मैकमोहन रेखा से कई किलोमीटर पीछे थी। 1983 में, जब भारतीय सैनिकों द्वारा सुमदोरोंग चू में गश्त की गई तो चीनी पक्ष की ओर से कोई प्रतिरोध नहीं किया गया था। 28 जुलाई, 1984 को यहाँ एक मौसमी चौकी की स्थापना की गई। यही प्रक्रिया

1984 और 1985 में संचालित की गई जिस पर चीनियों द्वारा कोई विरोध व्यक्त नहीं किया गया।

लेकिन 23 जून, 1986 को, जब भारतीय सैनिकों ने सामान्य रूप से सुमदोरोंग चरागाहों की ओर बढ़ना शुरू किया तो उन्हें यह जानकर अत्यंत आश्चर्य हुआ कि इस क्षेत्र पर लगभग 40 चीनी कार्मिकों द्वारा पहले से ही कब्जा किया हुआ है, जिसमें कुछ सेना की वरदी में थे। चीनी वहाँ स्थायी निर्माण करने में व्यस्त थे और उनकी मंशा शांतिपूर्ण प्रतीत नहीं हो रही थी। बाद में यह पता चला कि चीनियों ने वहाँ से कुछ दूर वांगडंग नामक स्थान पर एक हैलीपैड का निर्माण कर लिया था और इस प्रकार वे अपनी टुकड़ियों को वहाँ हवाई मार्ग से भी भेज सकते थे। स्थायी संरचनाओं के निर्माण ने यह दर्शाया कि चीनी यहाँ काबिज होना चाहते थे तथा सर्दियाँ आने पर भी यहाँ से हटनेवाले नहीं थे।

26 जून, 1986 को भारत ने चीनी सरकार से इस घुसपैठ के बारे में विरोध व्यक्त किया और कहा कि यह क्षेत्र अर्थात् सुमदोरोंग चू घाटी मैकमोहन रेखा के लगभग 1-2 किलोमीटर 'दक्षिण' में है और इस प्रकार यह भारत में है। चीन को यहाँ से घुसपैठियों को हटाने के लिए कहा गया। 8 जुलाई, 1986 को भारतीय विरोध को चीनियों द्वारा इस आधार पर सरसरी तौर पर खारिज कर दिया गया कि यह क्षेत्र, जहाँ पर इस समय चीनी विद्यमान हैं, कथित मैकमोहन रेखा के निर्देशांकों के अनुसार भी मैकमोहन रेखा संरेखण के 'उत्तर' में पड़ती है, तथापि चीनियों ने यह भी कहा कि सीमा वार्ताओं का अगला चक्र बीजिंग में 21-23 जुलाई, 1986 को होना है, इस मुद्दे पर वहाँ चर्चा की जा सकती है और इस बात पर बल दिया कि 'हम ऐसा करने का प्रस्ताव करते हैं।' इस दौरान, चीनियों ने 'जिनहुआ' (न्यू चाइना न्यूज एजेंसी) में दो बड़े लेख तथा 22 अगस्त, 1986 को 'चीन-भारत सीमा के पूर्वी सेक्टर में सुमदोरोंग चू घाटी में वास्तविक स्थिति' नामक एक अन्य लेख प्रकाशित करते हुए अपने अति प्रचार को जारी रखा, जिसमें मुख्य रूप से उनके पक्ष को दर्शाया गया था।

जैसे-जैसे यह घटना उजागर की जाने लगी, चीन की नई विकसित हुई आक्रामकता और उसकी अशांति प्रिय मंशाओं के बारे में भारत का संदेह निरंतर गहरा होता चला गया। यह आशंका पूर्व में भी उठाई गई थी, जब चीन ने नई दिल्ली में हुई सीमा वार्ताओं के छठे चक्र में (6-11 नवंबर, 1985) अपने दृष्टिकोण और पूर्वी क्षेत्र में वार्तालाप के अपने पक्ष को पूर्णतः बदल दिया था। उस समय तक चीनी स्थिति, जैसा कि प्रधानमंत्री चोऊ के स्तर पर स्पष्ट किया गया था, यह थी कि हालाँकि चीन मैकमोहन रेखा को मान्यता नहीं देता है, परंतु फिर भी, वह मैकमोहन रेखा संरेखण का 'सम्मान' करता है। नेहरू को लिखे गए अपने 23 जनवरी, 1959 के पत्र में, चोऊ इस स्थिति से कुछ और भी आगे बढ़ गए थे और उन्होंने कहा था कि 'एक ओर चीन की सरकार यह आवश्यक समझती है कि मैकमोहन रेखा के प्रति कुल मिलाकर एक यथार्थवादी दृष्टिकोण अपनाया जाए··· और इस स्थिति से निपटने के लिए उसे समय की आवश्यकता है' (टिप्पणी : मैकमोहन रेखा से पूर्व 'तथाकथित' शब्द का प्रयोग चोऊ द्वारा नहीं किया गया था)। चोऊ ने नेहरू के साथ अप्रैल 1960 की सीमा वार्ताओं के लिए अपने दिल्ली के दौरे के दौरान यह भी स्पष्ट किया था कि मुख्य विवाद पश्चिमी सेक्टर में है और यह कि पूर्वी सेक्टर में विवाद तुलनात्मक रूप से 'कम' है।

वार्ताओं के छठे चक्र के विचार-विमर्श के दौरान (नवंबर 1985), चीनियों ने यह माँग

की कि भारत को पूर्वी सेक्टर में 'रियायतें' देनी होंगी, जब यह पूछा गया कि उन रियायतों का 'परिमाण' क्या होगा तथा पूर्वी सेक्टर के किन स्थानों पर उन्हें 'रियायतें' चाहिए, तो चीनी नेता ल्यौ शूछिंग इस बात पर अड़ गए कि भारत पहले 'रियायतों के सिद्धांत' पर सहमत हो, तभी चीन माँगी गई रियायतों के 'परिमाण' को स्पष्ट करेगा। यही 'पारस्परिक समायोजन, पारस्परिक समझ' के सिद्धांत का वास्तविक अर्थ था, जिसे चीन ने इतनी सहजता के साथ घोषित किया था और भारत से अनुरोध किया था कि वह उसे स्वीकार कर ले। गैर-आधिकारिक चीनी प्रकाशनों ने, जिनमें निस्संदेह ही आधिकारिक मौन स्वीकृति शामिल थी, यह संकेत दिया था कि चीन संपूर्ण तवांग से कम में संतुष्ट नहीं होगा।

मानचित्र 7 : सुमदोरोंग घाटी में चीनी घुसपैठ–1 जून, 1986

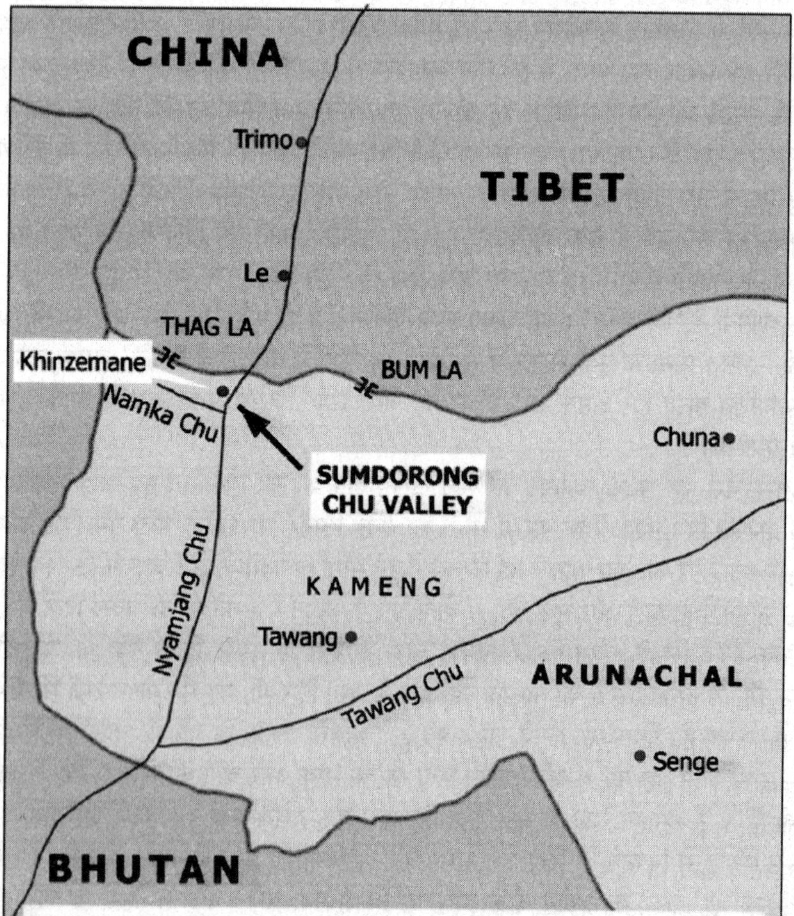

Sketch Map: Shows the Chinese Intrusion in Sumdorong Chu Valley (June 1986), which is part of the Tawang District of Arunachal Pradesh.

© IDSA, GIS LAB, Map not to scale

इस पृष्ठभूमि को ध्यान में रखते हुए भारत सरकार चीन के इरादों के प्रति सतर्क थी और उसने तत्काल ही अपनी टुकड़ियों को तवांग पहुँचनेवाले मार्गों की रक्षा के लिए तैनात कर दिया। भारतीय सेना तेजी से और पूरी ताकत के साथ आगे बढ़ी। 18 और 20 अक्तूबर, 1986 के बीच एक पूर्ण ब्रिगेड ने सुमदोरोंग चू के ऊपर हाथुंग्ला रिज पर कब्जा जमा लिया। 1962 की गलतियों की तरह, भारतीय टुकड़ियों ने नदी-रेखा पर कब्जा करने का प्रयास कभी नहीं किया, बल्कि वह ऊँची जमीन पर दृढ़तापूर्वक जमी रहीं, जब तक चीनी सुमदोरोंग चू को पार करते और लुंग्रोला/हाथुंग्ला की ओर पहाड़ पर चढ़ते, उनका सामना रिज रेखा पर दृढ़ता से जमी भारतीय टुकड़ियों से हुआ, जिन्होंने उन्हें बुरी तरह पराजित कर दिया। भारतीय ब्रिगेड ने एक तीन महत्त्वपूर्ण अग्रिम रणनीतिक भागों पर कब्जा कर लिया था। ये थे—ख्यापहो रिज, प्वांइट 4376 (जिम्मी टॉप) और टाग्रा राहो।

चीनी भारतीय सेना की तेजी और सतर्कता से आश्चर्यचकित और भौचक रह गए। उन्होंने ऐसे किसी घटनाक्रम की कभी भी उम्मीद नहीं की थी। चीनी वापस जाकर सुमदोरोंग चू को पार नहीं कर सकते थे, क्योंकि इसका अर्थ होता कि वे वापसी स्वीकार कर रहे हैं और न ही वे आगे बढ़ सकते थे जिसका अर्थ होता उत्कृष्ट भारतीय टुकड़ियों के हाथों उनकी निश्चित हार। चीनी ढलान पर खड़े थे, पूरी तरह से खुले में थे, काफी नाराज थे और भारतीय सैनिकों पर पत्थर फेंक रहे थे, परंतु उन्होंने गोलियाँ नहीं बरसाईं और न ही आगे बढ़ने का प्रयास किया। वे समझ गए थे कि उन्हें अत्यंत चतुराई से पराजित कर दिया गया है। लगभग चौबीस वर्ष बाद (20 अक्तूबर, 1962 को), जब 7 ब्रिगेड को युद्ध में हराकर वहाँ से बेदखल कर दिया गया था, भारतीय सैनिक अग्रिम चीनी चौकियों को खाली कराने की स्थिति में थे और पूर्वी क्षेत्र में पहली बार भारतीय सैनिकों ने स्थानीय सामरिक श्रेष्ठता हासिल की थी। चीनी जानते थे कि यदि युद्ध छिड़ जाता है, तो वे बुरी तरह से पराजित हो जाएँगे।

अब चीनी नेतृत्व ने इस आशा में डींग हाँकने का प्रयास किया कि राजीव गांधी के अंतर्गत नया और अनुभवहीन नेतृत्व अवश्य ही गलती करेगा। चीनी नेता देंग शियाओ पिंग ने खुले तौर पर 'भारत को सबक सिखाने' की घोषणा की और 1962 के विवाद की स्मृतियों को भी उभारने की कोशिश की। इस बात की आशंका की जा रही थी कि ये संदेश भारत को अमेरिकी 'चेतावनी' के माध्यम से प्रदान किए जाएँगे, परंतु वास्तव में कोई भी संदेश दिल्ली में प्राप्त नहीं हुआ, जब राजीव गांधी ने 1987 को राष्ट्रपति रीगन के साथ भेंट की, तो रीगन ने इस घटना के बारे में उनसे एक भी शब्द नहीं कहा और चीन के ऐसे किसी संदेश का जिक्र तक नहीं किया।

फिर भी भारत दृढ़तापूर्वक जमा रहा और दोनों देशों ने अपने-अपने इलाकों में सैन्य टुकड़ियों की तैनाती कर दी। भारतीय सेना की तैनाती (ऑपरेशन फाल्कन) की तेजी से चीनियों को यह अहसास हो गया कि वे बड़ी संख्या में सेना तैनात नहीं कर सकते हैं, क्योंकि इसमें समय लगेगा और भारतीय सेना भी और अधिक संख्या में तैनात की जाएगी। भारतीय सेना ने इस अवसर का प्रयोग करते हुए लद्दाख (पश्चिमी सेक्टर) में और पूर्वी सिक्किम में टैंक और सेना कार्मिक वाहनों की तैनाती कर दी। चीनियों ने यह कभी नहीं सोचा था कि ऐसा होगा, जब भारतीय सेना बड़ी संख्या में और अत्यंत तेजी के साथ तैनात की गई तो चीनियों ने महसूस किया कि यदि अब कोई विवाद छिड़ता है तो उसके परिणाम 1962 की तुलना में अत्यंत भिन्न होंगे और सर्दियाँ नजदीक आने से

अधिक कुछ किया भी नहीं जा सकता था। चीनियों ने अब एक फ्लैग बैठक का प्रस्ताव किया और इसका आयोजन स्थानीय कमांडरों के बीच 15 नवंबर, 1986 को किया गया, जहाँ दोनों पक्षों ने सहमति व्यक्त की कि सेना का प्रयोग नहीं किया जाएगा और इसका कोई राजनीतिक समाधान ही बेहतर रहेगा।

चीनियों पर सफलतापूर्वक लगाम कसने के बाद भारत ने एक अवसर की पहचान कर ली थी तथा दिसंबर 1986 में भारतीय संसद ने एक अधिनियम पारित करते हुए नॉर्थ-ईस्ट फ्रंटियर एजेंसी (नेफा) को एक नए राज्य अर्थात् अरुणाचल में बदलते हुए उसे भारतीय संघ का भाग बना दिया। समस्त कानूनी औपचारिकताएँ पूर्ण कर लेने के उपरांत, फरवरी 1987 में अरुणाचल प्रदेश राज्य अस्तित्व में आया। इस प्रकार अब भारत की कोई भी सरकार, भले ही वह ऐसा करना चाहती हो, पहले संविधान में संशोधन किए बगैर पूर्वी सेक्टर में कोई भी भू-भाग किसी अन्य देश को नहीं सौंप सकती थी। चीन को एक सुदृढ़ संदेश भेजा गया। यह स्वाभाविक था कि चीन अत्यंत क्रोधित हुआ, परंतु जैसी आशा की गई थी कि उसने केवल मौखिक प्रतिक्रिया ही व्यक्त की। चीनी विदेश मंत्रालय ने भारत को एक कड़ा विरोध जारी किया, जिसमें कहा गया था कि 'चीन के अवैध रूप से कब्जाए गए भू-भाग पर भारतीय राज्य की स्थापना करना चीनी संप्रभुता का गंभीर उल्लंघन करना है तथा इसने चीनी लोगों की भावनाओं को बुरी तरह से आहत किया है और यह कि चीन तथाकथित अरुणाचल प्रदेश को कभी भी मान्यता प्रदान नहीं करेगा। इस प्रकार की अत्यंत सख्त चीनी प्रतिक्रिया ने यह दर्शाया कि उनका क्रोध उनकी राजनीतिक और सैन्य, दोनों ही प्रकार से पराजय होने के कारण चरम पर है। वहाँ से प्राप्त हुई रिपोर्टों के अनुसार, भारत में चीनी सैन्य अताशे, तिब्बत जिला सैन्य कमांडर तथा चेंगडू क्षेत्रीय सैन्य कमांडर सभी को संभवतः स्थिति का पूर्णतः गलत आकलन करने के लिए तत्काल ही स्थानांतरित कर दिया।

सुमदोरोंग चू पर भारत-चीन टकराव के हमेशा की तरह अंतरराष्ट्रीय परिणाम हुए। 1980 के दशक के प्रारंभ से चीन अमेरिका संबंधों की आधारभूत कारकों में से एक सोवियत-विरोधी विचारधारा ने अपना महत्त्व खो दिया था। चीनी नेताओं ने सोवियत रूस के प्रति एक अधिक समायोजन नीति प्रारंभ करने का निर्णय लिया तथा सार्वजनिक रूप से दो महाशक्तियों के साथ-साथ 'गुट निरपेक्ष' नीति की घोषणा कर दी। उसी दौरान, चीन और सोवियत रूस, दोनों ही के द्वारा उच्चस्तरीय संपर्क भी स्थापित किए गए। चीनियों ने संकेत दिया कि वे चीन-सोवियत संबंधों के सामान्य होने के विरुद्ध नहीं हैं, बशर्ते उनकी तीन शर्तों की पूर्ति की जाती हो। ये थीं—(क) अफगानिस्तान से सोवियत टुकड़ियों की वापसी, (ख) चीन-सोवियत सीमा पर सोवियत सैनिकों की कटौती और (ग) कंबोडिया में वियतनामी हस्तक्षेप की समाप्ति। बाद में चीनियों ने यह संकेत दिया कि खराब राजनीतिक परिस्थितियों के बावजूद वे आर्थिक, सांस्कृतिक और वैज्ञानिक संबंधों को पुनः प्रारंभ करने के लिए तैयार हैं। इससे उप-प्रधानमंत्री अर्खिपोव और उप-प्रधानमंत्री याओ यीलिन ने परस्पर यात्राएँ की, और दोनों देशों के बीच व्यापार तथा अन्य क्षेत्रों में पर्याप्त वृद्धि हुई।

जिस समय सोवियत नेता गोर्बाचोव ने 28 जुलाई, 1986 को व्लादिवोस्तोक में अपना भाषण दिया, चीन-सोवियत संबंध अत्यंत गहन होते गए थे। अपने भाषण में गोर्बाचोव ने चीन को एक महत्त्वपूर्ण दर्जा दिया तथा संबंधों को और बेहतर बनाने का आह्वान किया। उन्होंने नदी सीमा के

लिए थालवेग सिद्धांत (मध्य-धारा) की स्वीकृति अफगानिस्तान से छह रेजीमेंटों की वापसी तथा मंगोलिया से सैन्य टुकड़ियों में कमी करने की शुरुआत किए जाने की घोषणा की। चीनियों ने अपने रुख में नरमी भी ला दी थी। उन्होंने संकेत दिया कि एक शर्त वस्तुत: बनी हुई है तथा वह कंबोडिया में वियतनामी हस्तक्षेप को समाप्त करने से संबंधित है, परंतु इस बात पर बल दिया कि उन्हें वियतनाम में सोवियत ठिकानों की स्थापना को लेकर कोई आपत्ति नहीं है।

फिर भी चीनी नेता सोवियत रूस की सत्यनिष्ठा की जाँच करने के लिए अत्यंत इच्छुक थे। हमेशा की तरह सुमदोरोंग चू में भारत-चीन टकराव की स्थिति तनावपूर्ण बन गई थी। सोवियत संघ के लिए इस घटना ने वही असमंजस उत्पन्न किया था जिसका सामना उन्होंने पचास के दशक के प्रारंभ में किया था। अब वे अपने अत्यंत पुराने और सच्चे मित्र भारत तथा चीन के साथ संबंधों को सामान्य बनाने की उनकी उत्कृष्ट इच्छा के बीच संतुलन किस प्रकार बनाते? अत:, जब इस टकराव की प्रारंभिक रिपोर्टें पहले-पहल आईं, तो मास्को की ओर से प्रारंभिक प्रतिक्रिया बिल्कुल मौन रहकर व्यक्त की गई। इस घटना के बारे में अथवा भारत को समर्थन देने के बारे में कोई वक्तव्य जारी नहीं किया गया। भारत-सोवियत संधि पर हस्ताक्षर किए जाने की 15वीं वर्षगाँठ के उपलक्ष्य के दौरान (9 अगस्त, 1986) सोवियत प्रतिनिधि एस.बी. तातिलेव ने भारतीय प्रेस के प्रतिनिधियों द्वारा निरंतर प्रश्न किए जाने पर भी इस घटना के प्रति अनभिज्ञता व्यक्त की। अपने पक्ष में परिवर्तन करते हुए सोवियत संघ ने इस बात पर जोर दिया कि भारत-सोवियत संधि 'किसी तीसरे देश' के विरुद्ध विशेष रूप से निर्देशित नहीं थी।[5]

सोवियत नेता गोर्बाचोव नवंबर 1986 में भारत आए जिसका प्रत्यक्षत: उद्देश्य भारत को पुन: आश्वासन देना था, लेकिन अपने सार्वजनिक वक्तव्य में गोर्बाचोव ने सुमदोरोंग चू घटना के संबंध में अनभिज्ञता जाहिर की। उन्होंने जोर दिया कि सोवियत संघ, चीन और भारत के बीच बेहतर संबंध होना श्रेष्ठकर होगा ताकि किसी को भी पक्ष चुनने की आवश्यकता न हो।[6] लेकिन एक निजी वार्तालाप में, गोर्बाचोव ने भारतीय नेतृत्व को आश्वासन दिया कि सोवियत संघ भारत की 'एकता और अखंडता' को मिलनेवाली चुनौती की स्थिति में 'चुपचाप' नहीं बैठेगा और यह कि सोवियत संघ 'भारत के वास्तविक हितों को क्षति पहुँचाने वाले प्रत्येक कदम' का विरोध करेगा। चीनियों ने गोर्बाचोव के आशय को समझ लिया था और वे आश्वस्त हो गए थे कि 'उन्होंने यह सार्वजनिक नहीं किया कि सोवियत संघ उस स्थिति में किसका पक्ष लेगा यदि भारत का किसी तीसरे देश के साथ टकराव होता है।'[7] फिर भी, राजीव गांधी को गोर्बाचोव द्वारा निजी आश्वासन दिए जाने के बावजूद सोवियत संघ ने यह स्पष्ट नहीं किया कि क्या मैकमोहन रेखा पर चीन के साथ झड़पें भारत की 'एकता और अखंडता' को प्रभावित कर रही हैं। सोवियत संघ ने अस्पष्टता की नीति कायम रखी।

इस प्रकार सुमदोरोंग चू में घटनाक्रम और टकराव पर सोवियत रूस की अस्पष्टता से भारतीय नेतृत्व असंतुष्ट रहा। यह बात भी नजरअंदाज नहीं की जा सकी कि जब यह टकराव अपने चरम पर था, तो सोवियत विदेश मंत्रालय ने जनवरी 1987 में मंगोलिया से सोवियत यंत्रीकृत सैन्य टुकड़ी को तत्काल वापस लेने की घोषणा की थी। यह कदम चीनियों को भारतीय सीमावर्ती क्षेत्र की ओर अपनी सैन्य टुकड़ियों को पुन: तैनात करने में समर्थ बनाने के लिए पर्याप्त था। फरवरी 1987 में

चीन और सोवियत रूस ने नौ वर्षों में पहली बार सीमा वार्ताओं का प्रथम चक्र को आयोजित किया। यह स्पष्ट था कि सोवियत संघ और भारत के बीच परस्पर समझ अत्यंत नाजुक मोड़ पर थी।

जहाँ तक अन्य महाशक्ति अमेरिका का संबंध था, उसने किसी का पक्ष लेने की इच्छा व्यक्त नहीं की। अत: यदि सैन्य टकराव आगे भी होना था, तो भारत और चीन दोनों ही व्यापक रूप से स्वयं के लिए उत्तरदायी थे। भारत और चीन दोनों ने ही यह महसूस किया कि सैन्य टकराव में बहुत लाभ हासिल होनेवाला नहीं है। दोनों ही को पर्याप्त क्षति हो चुकी थी। इस बात पर विचार करते हुए राजीव गांधी ने चीन की यात्रा करने का ऐतिहासिक निर्णय लिया।

राजीव गांधी की चीन यात्रा

भारत के प्रधानमंत्री राजीव गांधी ने 19 से 23 दिसंबर, 1988 तक चीन की राजकीय यात्रा की। यह 34 वर्ष में किसी भारतीय प्रधानमंत्री की पहली चीन यात्रा थी तथा यह भारत-चीन संबंधों में एक प्रमुख घटना है। नेहरू अंतिम भारतीय प्रधानमंत्री थे, जिन्होंने 1954 में चीन का दौरा किया था। प्रधानमंत्री गांधी की यात्रा के लिए अग्रिम तौर पर सावधानीपूर्वक तैयारियाँ की गईं, परंतु शासक दल के विभिन्न वर्गों के भीतर सैद्धांतिक विचारों तथा इस दौरे के अप्रत्याशित परिणाम के संभावित जोखिमों के आधार पर आपत्तियाँ बनी हुई थीं, लेकिन राजीव गांधी ने दृढ़तापूर्वक विचार बना लिया था कि देश में सहमति के अभाव और विभिन्न जोखिम संभावनाओं के होते हुए भी वे अपनी यात्रा करेंगे। उन्हें पर्याप्त मजबूती मिली, जब अखिल भारतीय कांग्रेस समिति ने 5 नवंबर, 1988 को सरकार से अनुरोध किया कि वह 'शांतिपूर्ण वार्तालापों के माध्यम से पारस्परिक हित पर आधारित एक ऐसा समाधान हासिल करे, जो दोनों देशों के लोगों को स्वीकार्य हो। इस संकल्प का महत्त्व इस तथ्य में निहित था कि इसने 1962 के संसदीय संकल्प की भाषा का प्रयोग नहीं किया था, जिसमें सरकार को भारत की 'पवित्र भूमि' के प्रत्येक इंच को वापस लेने के लिए बाध्य किया गया था। संयोगवश एक गोपनीय निजी चैनल के माध्यम से प्राप्त एक संदेश के उत्तर में अमेरिका के तत्कालीन निर्वाचित राष्ट्रपति जॉर्ज एच.डब्ल्यू. बुश ने राजीव गांधी को अपना निजी आकलन संप्रेषित किया कि चीनी नेतृत्व उनकी इस दृढ़ पहल के प्रति सकारात्मक प्रतिक्रिया व्यक्त करेगा।[8]

अपनी इस यात्रा के दौरान राजीव गांधी ने देंग शियाओ पिंग, चीन के केंद्रीय सैन्य आयोग के अध्यक्ष, चीनी राष्ट्रपति यांग शांगकुन तथा प्रधानमंत्री ली पेंग के साथ द्विपक्षीय संबंधों और अंतरराष्ट्रीय मुद्दों पर विचारों का व्यापक आदान-प्रदान किया। देंग शियाओ पिंग के साथ चर्चाएँ इस दौरे की मुख्य विशेषता थी। असाधारण रूप से लंबे समय तक और गरमजोशी के साथ राजीव गांधी और देंग शियाओ पिंग द्वारा हाथ मिलाए जाने से इस यात्रा की वस्तुत: ऐतिहासिक प्रकृति को प्रदर्शित किया और संबंधों में एक निर्णायक मोड़ को चिह्नांकित किया। देंग ने राजीव गांधी से कहा, 'आइए, दोनों ही पक्ष हमारे पूर्व संबंधों में आई दु:खद अवधि को भूल जाएँ और हम हर एक कदम भविष्य को ध्यान में रखते हुए उठाएँ।' देंग की इन टिप्पणियों की भावना को ध्यान में रखते हुए, दोनों पक्षों ने 'शांतिपूर्ण सह-अस्तित्व के पाँच सिद्धांतों' के आधार पर चीन और भारत के बीच बेहतर पड़ोसी देशों के संबंधों को बहाल करने, उनमें और सुधार लाने तथा उन्हें विकसित करने के लिए सहमति व्यक्त की। ली पेंग ने सीमा मुद्दे पर चीन की स्थिति का वर्णन किया और इस बात

पर बल प्रदान किया कि इस मुद्दे का समाधान करने के लिए 'पारस्परिक समझ और पारस्परिक समायोजन' ही एकमात्र रास्ता है। दोनों पक्षों ने शांतिपूर्ण और मैत्रीपूर्ण वार्ताओं के माध्यम से भी मुद्दे का हल प्राप्त करने पर सहमति व्यक्त की। यह सहमति हुई कि सीमा मुद्दे का समाधान ढूँढ़ते हुए, दोनों देश अन्य क्षेत्रों में द्विपक्षीय संबंध विकसित करने में सक्रियता दिखाएँगे और ऐसा परिवेश एवं परिस्थितियों का सृजन करेंगे, जो सीमा मुद्दे के 'उचित और तर्कसंगत' निपटान के लिए अनुकूल हों। दोनों पक्षों ने इस दिशा में ठोस कदम उठाने का निर्णय लिया तथा कार्यकारी समूहों का गठन करने का भी निर्णय लिया (क) सीमा मुद्दे पर संयुक्त कार्यकारी ग्रुप और (ख) आर्थिक, व्यापार तथा विज्ञान और प्रौद्योगिकी पर मंत्रालय स्तर पर संयुक्त ग्रुप।

सर्वप्रथम सीमा मुद्दे को निपटाए बगैर संबंधों का विकास करने और सामान्य स्थिति बहाल करने का निर्णय पिछली नीति की तुलना में एक महत्त्वपूर्ण उपलब्धि थी। इस मुद्दे पर भारत ने हमेशा से ही यह जोर दिया था कि सामान्य स्थिति बहाल करने से पूर्व सीमा मुद्दे का पहले समाधान किया जाना होगा। इस निर्णय ने इस मान्यता को प्रदर्शित किया कि सीमा मुद्दे का निपटान तत्काल नहीं हो सकता है, यह एक लंबी अवधि में ही संभव होगा तथा उस समय विद्यमान अंतरराष्ट्रीय स्थिति की परिस्थितियों में चीन के साथ संबंधों को सामान्य बनाने में और विलंब करना भारत के हित में नहीं होगा। इसने यह भी प्रदर्शित किया कि दोनों पक्षों ने वैमनस्यता और विरोध से अलग होते हुए युद्ध-विराम और वार्ता की नीति अपनाने का आधारभूत निर्णय लिया है। यह आशा की गई थी कि विभिन्न क्षेत्रों में भारत-चीन संबंधों का विकास अंततः ऐसा परिवेश सृजित करेगा, जो इस मुद्दे के निपटान के लिए अनुकूल होगा तथा इस दौरान दोनों पक्ष सीमाओं पर शांति और सौहार्द बनाए रखने के लिए कार्य करना जारी रखेंगे। सीमा पर 'संयुक्त' कार्यकारी ग्रुप का अधिदेश और अवधारणा पूर्व की सीमा वार्ताओं की तुलना में भिन्न थी। इस बार यह आशा की गई थी कि दोनों पक्ष सीमा मुद्दे को हल करने के लिए मिलकर कार्य करेंगे। राजीव गांधी की चीन यात्रा ने परिणामों के बारे में सभी आशंकाओं को समाप्त कर दिया और वस्तुतः अनुकूल परिवेश के निर्माण के संबंध में आशाओं में वृद्धि की। राजीव गांधी की यात्रा वैमनस्य से वार्तालाप अथवा तनाव में कमी की ओर सामान्य संचलन का प्रतीक है। यहाँ तक कि सोवियत प्रेस ने भी, जो इस समय तक किसी भी भारत-चीन वार्तालाप के खिलाफ थी, इस यात्रा की सराहना की थी और इसे 'असाधारण महत्त्व' की घटना बताया था और यह कहा था कि यह न केवल भारत और चीन, दोनों ही के लिए लाभदायक होगी, बल्कि यह 'समस्त एशिया में शांति स्थापित करने में योगदान देगी।'[9] अतः चीन के साथ संबंध सामान्य करने के निर्णय ने विकसित होती अंतरराष्ट्रीय स्थिति का सही अनुमान लगाया था। कुछ वर्ष बाद सोवियत संघ के विघटन ने इस बात को रेखांकित किया कि राजीव गांधी द्वारा नीति में प्रारंभ किए गए परिवर्तन एकदम सही थे। भारतीय नेतृत्व ने उभरती हुई अंतरराष्ट्रीय स्थिति का सही आकलन लगाया था तथा यह आधारभूत निर्णय लिया था कि चीन के साथ संबंधों को सामान्य करना अब और अधिक विलंबित नहीं किया जा सकता है। इस बात का भी सटीक निष्कर्ष निकाला गया कि सीमा के मुद्दे का समाधान बहुत शीघ्र या जल्द नहीं हो पाएगा, अतः किसी भी टकराव से बचने के लिए स्थिति को स्थिर बनाना ही बेहतर है। सुमदोरोंग घटना से यही सबक प्राप्त हुआ था।

चीनियों का मानना यह था कि राजीव गांधी ने चीन की यात्रा का निर्णय इसीलिए किया है कि सोवियत संघ और चीन के बीच तालमेल बढ़ रहा है। चीनियों ने यह निष्कर्ष भी निकाला कि भारत अब अपने मामले को केवल ऐतिहासिक दस्तावेजों/विधिक कागजातों/परंपराओं पर निर्धारित न करते हुए एक ऐसी स्थिति की ओर ले जाएगा, जो 'राजनीतिक' मापदंडों और वर्तमान दिवस के सुरक्षा हितों पर अधिक आधारित हो। दूसरे शब्दों में, भारत अब चीनी स्थिति के निकट पहुँच गया था। अपने आकलन में चीनी भारतीय दृष्टिकोण के विकास के सटीक पूर्वानुमान से अधिक दूर नहीं थे।

संदर्भ :

1. राज्य मंत्री, खुर्शीद आलम खान, दि टेलीग्राफ, 2 अप्रैल, 1985।
2. इंडियन एक्सप्रेस, नवंबर 1985।
3. टाइम्स ऑफ इंडिया, 11 जून, 1986।
4. लियु जुएचेंग, लुकिंग बियॉन्ड दि सिनो-इंडियन बॉर्डर डिस्प्यूट (बीजिंग : चाइनीज इंस्टिट्यूट फॉर इंटरनेशनल स्टडीज, 11 अगस्त, 2017)।
5. सोवियत रिव्यू, खंड III, संख्या 35 (3 सितंबर, 1986), पृष्ठ 20-21।
6. फॉरेन ब्रॉडकास्ट इंफार्मेशन सर्विस (एफ.बी.आई.एस.), 2 दिसंबर, 1986, पृष्ठ डी. 2-डी. 29।
7. तदेव, 19 दिसंबर, 1986, यह भी देखें, लियाओवांग 15 दिसंबर, 1986।
8. रोनेन सेन, दि टेलीग्राफ, 31 जनवरी, 2012।
9. एफ.बी.आई.एस 23 दिसंबर, 1988।

□

9

सीबीएम/संयुक्त कार्यकारी समूह/विशेष प्रतिनिधि (1990 से अब तक)

राजीव गांधी की चीन की सफल यात्रा की समाप्ति के तुरंत बाद, इसके फलस्वरूप उत्पन्न हुई सुखानुभूति की स्थिति भारत और चीन दोनों ही के भीतर आंतरिक घटनाक्रमों के कारण शीघ्र ही समाप्त हो गई। राजीव गांधी और कांग्रेस पार्टी को 1989 के आम चुनावों में पराजय झेलनी पड़ी तथा उनका स्थान एक अस्थिर गठबंधन द्वारा ले लिया गया। चीन में आंतरिक असंतोष के कारण बड़े पैमाने पर हुए विरोध प्रदर्शनों का चरमोत्कर्ष थियानमेन त्रासदी के साथ हुआ, जहाँ पी.एल.ए. द्वारा निहत्थे नागरिक प्रदर्शनकारियों पर किए गए घातक हमले के फलस्वरूप सैकड़ों लोग मारे गए। इस कार्रवाई ने एक बड़े समय तक चीन की सरकार की निर्णय लेने की शक्ति को पूर्णतः बाधित कर दिया था। इस क्रूर घटना को ध्यान में रखते हुए, चीन को अंतरराष्ट्रीय समुदाय से काफी निंदा झेलनी पड़ी, परंतु भारत ने थियानमेन घटना पर कोई निंदा वक्तव्य जारी नहीं किया। यह ऐसा समय था, जब कश्मीर घाटी में बड़ी मात्रा में अशांति फैली हुई थी। भारत और चीन दोनों ही ने पर्याप्त संयम का परिचय दिया जो ऐसा तथ्य था जिस पर दोनों ही देशों के नीति-निर्माताओं द्वारा पर्याप्त ध्यान दिया गया था। अतः लगभग दो वर्षों तक सीमा मुद्दे पर अत्यंत कम प्रगति हो पाई, क्योंकि दोनों ही पक्ष अपने-अपने घरेलू मुद्दों में उलझे हुए थे।

यही वह समय भी था, जब शीतयुद्ध समाप्त हुआ और भारत को विशेष रूप से सोवियत संघ के विघटन के पश्चात् अपनी सुरक्षा नीतियों पर पुनर्विचार करना पड़ा। यह स्पष्ट होने के साथ कि अंतरराष्ट्रीय परिदृश्य में शक्तियों का एक बड़ा पुनः संयोजन हो रहा था, यह पुनर्विचार राजीव गांधी के कार्यकाल के दौरान ही प्रारंभ हो चुका था। 28 जुलाई, 1986 को ब्लादिवोस्तोक में गोर्बाचोव के भाषण के साथ चीन-सोवियत संबंधों का धीरे-धीरे बेहतर होना, जो अब सार्वजनिक रूप से ज्ञात था, एक ऐसा प्रमुख रणनीतिक घटनाक्रम था जिसे भारत अब नजरअंदाज नहीं कर सकता था। इसके तुरंत बाद, सोवियत संघ के विघटन के उपरांत सोवियत कारक अदृश्य हो गया, जो भारत-चीन संबंधों पर पर्याप्त रूप से हावी था। अमेरिका एकमात्र महाशक्ति के रूप में उभरा जिसकी राजनीतिक, आर्थिक और सैन्य शक्ति अपने चरम पर थी। इस पहलू को भी अधिक समय तक नजरअंदाज नहीं किया जा सका।

पाकिस्तान को हथियारों की आपूर्ति प्रारंभ करने के अमेरिकी निर्णय कश्मीर मुद्दे पर उसकी

अवसरवादिता तथा भारत को उच्च प्रौद्योगिकी अंतरित करने को सीमित करने के निर्णय ने भारत में अमेरिका के दृष्टिकोण के प्रभाव के प्रति गंभीर सवाल पैदा कर दिए। भारत को यह पुनः आकलन करना पड़ा कि क्या अमेरिका एक मित्र के रूप में अपनी भूमिका का निर्वहन करना जारी रखेगा। शीतयुद्ध की समाप्ति के उपरांत अंतरराष्ट्रीय स्थिति में बदली हुई परिस्थितियों को ध्यान में रखते हुए भारत के पास अमेरिका के साथ अपनी प्राथमिकताओं में परिवर्तन करने और बेहतर संबंधों की आशा करने के अलावा और कोई अन्य विकल्प मौजूद नहीं था। इसके अलावा, भारत ने निःशस्त्रीकरण और कश्मीर में मानवाधिकारों के कथित उल्लंघन के मुद्दों पर बढ़ते हुए अंतरराष्ट्रीय दबाव का भी सामना किया। नब्बे के दशक के मध्य में परमाणु निःशस्त्रीकरण संधि (एन.पी.टी.) के अनिश्चितकालीन विस्तार, व्यापक परमाणु परीक्षण प्रतिबंध संधि (सी.टी.बी.टी.) पर वार्ताओं के प्रारंभ होने से यह स्पष्ट हुआ कि अंतरराष्ट्रीय समुदाय के बढ़ते हुए दबाव का सामना करना होगा तथा भारत को अन्य विकल्पों की भी गंभीरतापूर्वक तलाश करनी होगी, अन्यथा भारत के हाशिए पर चले जाने का भय था।

1962 के विवाद के बाद भारत ने निरंतर यह पक्ष कायम रखा था कि चीन के साथ संबंधों को सामान्य बनाने के लिए सीमा विवाद का समाधान एक पूर्व-शर्त होगी। इस संबंध में भारत द्वारा अपनाया गया दृढ़ रुख उन कारकों में से एक था जिसने भारत-चीन संबंधों को सामान्य होने में बाधा उत्पन्न की थी, हालाँकि यही इसके लिए एकमात्र कारण नहीं था। जबकि दोनों देशों ने 1976 में राजदूत-स्तर पर राजनयिक संबध पुनः प्रारंभ कर दिए थे और 1980 में श्रीमती गांधी की सत्ता में वापसी के साथ वे सीमा मुद्दों पर वार्ताएँ पुनः प्रारंभ करने के लिए सहमत हो गए थे, भारत के प्रमुख पक्ष में कोई परिवर्तन नहीं आया। वाजपेयी के साथ 1979 में हुई अपनी बैठक में चीनी नेता देंग शियाओ पिंग ने 'पैकेज समाधान' की अवधारणा पर आधारित भारत-चीन सीमा विवाद निपटान प्रस्तावित किया। विकल्प के तौर पर देंग ने यह प्रस्ताव भी किया कि यदि सीमा मुद्दे को जल्द सुलझा पाना संभव नहीं है, तो दोनों देश उसे फिलहाल अलग रख सकते हैं और अन्य क्षेत्रों में सहयोग पर विचार कर सकते हैं, परंतु ऐसा 1988 में राजीव गांधी की चीन यात्रा के पश्चात ही हो पाया, जब भारत ने चीन के पक्ष को औपचारिक रूप से स्वीकार कर लिया। अतः राजीव गांधी ने ही द्विपक्षीय संबंधों को सामान्य बनाने की प्रक्रिया प्रारंभ की थी जिसे बाद की क्रमिक सरकारों द्वारा शीतयुद्ध की समाप्ति के उपरांत आगे बढ़ाया और उसे क्रियान्वित किया गया, जिसमें इस बात पर जोर नहीं दिया गया कि पहले सीमा विवाद का समाधान किया जाएगा।

चीनी नेतृत्व में कुछ तत्त्वों ने यह महसूस किया था कि भारत द्वारा 1988 से पहले इस बात पर अड़े रहना कि भारत-चीन संबंधों को तब तक सामान्य नहीं बनाया जाएगा, जब तक सीमा के मुद्दे का समाधान नहीं हो जाता है, एक सुनियोजित चाल थी तथा एक ऐसा 'मोल-भाव करने का दाँव' था जिसका प्रयोग भारत द्वारा सीमा मुद्दे पर रियायतें देने के लिए चीन को प्रेरित करने की आशा में किया गया था। अतः राजीव गांधी की यात्रा के उपरांत, जब सीमा के प्रश्न पर वार्ता प्रारंभ हुई, तब यह स्पष्ट हो चुका था कि अन्य क्षेत्रों में सामान्य स्थिति बहाल करने की गति बहुत तेज हो गई है, जिसमें दोनों ही देशों ने उच्चस्तरीय दौरों का आदान-प्रदान किया तथा विभिन्न क्षेत्रों जैसे

व्यापार, प्रौद्योगिकी, शिक्षा और संस्कृति में करारों पर हस्ताक्षर किए। यह उल्लेखनीय है कि दोनों देशों के बीच व्यापार में आगामी कुछ वर्षों में असाधारण वृद्धि हो गई, जो 1988 में लगभग 200 मिलियन यू.एस. डॉलर से बढ़कर 1993 में 670 मिलियन यू.एस. डॉलर तक पहुँच गया। यह वह अवधि भी थी, जब भारत गंभीर बाह्य विदेशी मुद्रा के दबाव में आया था और उसे अपनी आंतरिक आर्थिक समस्याओं का निपटान करने के लिए समय की आवश्यकता थी।

जहाँ भारत को एक शांतिपूर्ण, स्थिर परिवेश की आवश्यकता थी, जिसमें वह अपने आर्थिक सुधार पर ध्यान केंद्रित कर सके, वहीं समस्त भारत–चीन सीमा पर शांति और स्थायित्व सुनिश्चित करना भी नब्बे के दशक के प्रारंभ में इसका प्राथमिक लक्ष्य बन गया था। सोवियत संघ के विघटन ने निष्कर्ष के रूप में यह दिखाया था कि केवल सैन्य ताकत ही सुरक्षा और आंतरिक सामंजस्य सुनिश्चित करने में समर्थ नहीं रहती है। दूसरी ओर भारत ने चीन के शांतिपूर्ण उदय, उसकी उच्च होती आर्थिक वृद्धि और अंतरराष्ट्रीय आर्थिक प्रणाली के साथ उसके सुचारु एकीकरण को भी अत्यंत सावधानी से देखा। इससे चीन अपनी स्थिरता को किसी भी विदेशी चुनौती से प्रभावशाली रूप में सुरक्षित करने में समर्थ रहा और शीघ्र ही उसने, उन भयावह घटनाक्रमों के बावजूद, जिनका चरमोत्कर्ष थियानमेन नरसंहार था, पश्चिमी देशों के साथ सामान्य संबंध पुनः बहाल कर दिए थे। भारत के नीति निर्माताओं ने इन सभी घटनाक्रमों को नजरअंदाज नहीं किया। उस समय प्रधान आवश्यकता एक ऐसे शांतिपूर्ण परिवेश का सृजन करने की थी, जिसमें आर्थिक विकास बिना किसी रुकावट के आगे बढ़ सके।

चीन भी भारत के साथ अपनी दक्षिण–पश्चिमी सीमा को स्थायित्व प्रदान करने का इच्छुक था, क्योंकि इससे उसे तिब्बत में हो रहे आंतरिक असंतोष को सामान्य करने, जिनजियांग (सिनकियांग) में इस्लामिक उग्रवाद को काबू में रखने और स्वयं को उस लक्ष्य के प्रति ध्यान केंद्रित करने में सहायता मिलती जिसके संबंध में देंग शियाओ पिंग ने दावा किया था कि वह चीन का 'शांतिपूर्ण उदय' होगा। इस संदर्भ में चीन के लिए यह महत्त्वपूर्ण था कि वह अंतरराष्ट्रीय समुदाय को एक ऐसी छवि प्रस्तुत करे कि वह एक युद्धक शक्ति नहीं है। एक प्रकार से भारत और चीन के बीच यदि हितों की एकरूपता नहीं प्रतीत होती थी, तो नीति की कतिपय समांतरता स्पष्टतः दिखाई देती थी। इसी के फलस्वरूप, दोनों देशों ने अब अपनी ऊर्जा सीमावर्ती क्षेत्रों में स्थायित्व हासिल करने पर ध्यान केंद्रित करने का निर्णय लिया।

फिर भी कुछ परीक्षा के क्षण भी आए। राष्ट्रपति वेंकटरामन की चीन की यात्रा (17–22 मई, 1992) के दौरान चीनियों ने परमाणु परीक्षण किए जिनसे राष्ट्रपति के लिए असमंजस की स्थिति हो गई। यात्रा के दौरान परीक्षण के कारण उन्हें ही मालूम होंगे। दूसरी ओर, जब भारत ने 1993 में चीन से मुंबई के निकट तारापुर परमाणु विद्युत केंद्र के लिए परमाणु ईंधन की आपूर्ति के लिए संपर्क किया, तो चीनी उसके लिए आश्चर्यजनक रूप से सहमत हो गए। इसके साथ ही अमेरिका की अनिच्छा और फ्रांस के टालमटोल के बावजूद, जबकि दोनों ही देश ईंधन की आपूर्ति करने के लिए सहमति प्रदान कर चुके थे, तारापुर संयंत्र ने काम करना जारी रखा।

भारत और चीन दोनों ने ही यह महसूस किया कि अगला महत्त्वपूर्ण कदम वास्तविक नियंत्रण रेखा (एल.ए.सी.) को स्थिर बनाना तथा उसके संरेखण पर सभी संभव असहमतियों को दूर करना

है। इसके अतिरिक्त वास्तविक नियंत्रण रेखा के पास शांति और स्थायित्व बनाए रखने के लिए किसी सहमति पर पहुँचने के लिए समस्त प्रयास किए जाने चाहिए और अंत में दोनों पक्षों को वास्तविक नियंत्रण रेखा के आसपास 'पारस्परिक भरोसा' और 'विश्वास' स्थापित करने के लिए समस्त उपाय करने चाहिए जिनमें मुख्य रूप से दोनों सेनाओं के बीच समझ विद्यमान हो। इस अनंतिम योजना ने भारत और चीन दोनों को उद्देश्य की साझी भावना के साथ इस मुद्दे पर कार्य करने में समर्थ बनाया, जिसके द्वारा दोनों पक्षों ने भारत-चीन सीमा क्षेत्रों को स्थायित्व प्रदान करने के लिए मिलकर कार्य करने तथा युक्तिसंगतता और शांति का एक ऐसा माहौल सृजित करने में समर्थ बनाया जिसका प्रयोग दोनों ही देश बाद में सीमा के मुद्दे का समाधान ढूँढ़ने और अंततः किसी सौहार्दपूर्ण समाधान पर पहुँचने के लिए कर सकते हों।

नवगठित संयुक्त कार्यकारी ग्रुप (जे.डब्ल्यू.जी.) की अनेक बैठकों में की गई चर्चाओं में चीनियों ने तीन बातें रखीं। पहले तो वे यह चाहते थे कि सुमदोरोंग टकराव (1986) के परिणामस्वरूप भारत द्वारा स्थापित की गई 'अग्रस्थ' चौकियों को हटा लिया जाए। दूसरे वे चाहते थे कि सिक्किम-तिब्बत सीमा को एक पृथक् संदर्भ प्रदान किया जाए ताकि वे सिक्किम पर अपनी स्थिति कायम रख सकें। तीसरे उनका यह दृष्टिकोण था कि वास्तविक नियंत्रण रेखा पर शांति और स्थायित्व के अनुरक्षण को स्वतः ही वास्तविक नियंत्रण रेखा के संरेखण के लिए भारत और चीन के बीच करार नहीं मान लिया जाना चाहिए।

भारत की प्रतिक्रिया यह थी कि कोई भी वापसी एकपक्षीय नहीं होगी और यदि वापसी होनी ही है, तो वह पारस्परिक समझ से होगी और एक-दूसरे की ओर से की गई कार्रवाई के आधार पर उसके लिए शर्तों पर काम किया जाएगा, जहाँ तक सिक्किम-तिब्बत सीमा का प्रश्न है, भारत उसके लिए किसी पृथक् संदर्भ पर विचार नहीं कर सकता है, क्योंकि सिक्किम भारत का हिस्सा है। तीसरे बिंदु पर, भारत ने कहा कि एक वस्तुनिष्ठ तथा जमीनी हकीकतों के आधार पर वास्तविक नियंत्रण रेखा का चिह्नांकन किया जाना है, न कि क्षेत्रीय दावों के आधार पर। वास्तविक नियंत्रण रेखा के करार को सीमा समाधान का विकल्प नहीं माना जा सकता है, क्योंकि यह किसी भी पक्ष के दावों को नहीं छुएगा।

चर्चाओं के अनेक चक्रों के उपरांत यह सहमति बनी कि अग्रस्थ चौकियों की वापसी पारस्परिक कार्रवाई के आधार पर होगी तथा उसके विवरण विशेषज्ञों द्वारा आकलित किए जाएँगे। इस बात को बाद में अप्रैल 1995 को हुई जे.डब्ल्यू.जी. की बैठक में स्वीकार कर लिया गया, जब दोनों पक्षों ने चार सीमा चौकियों से साथ-साथ वापसी किए जाने पर सहमति व्यक्त की। इन नई चौकियों को अब कम-से-कम एक किलोमीटर की दूरी पर पुनः स्थापित किया जाना था। जहाँ तक सिक्किम-तिब्बत सीमा के संदर्भ का प्रश्न था, इसे भारत-चीन सीमा के 'सभी' सेक्टरों के सामान्य संदर्भ में माना गया, जहाँ तक तीसरे प्रश्न का संबंध था, यह सहमति हुई कि यह करार भारत-चीन सीमा मुद्दे पर दोनों ही पक्षों के दावे के प्रति 'कोई पूर्वग्रह' नहीं रखता है, तथापि मार्गदर्शी सिद्धांत स्पष्ट था। इसका प्राथमिक उद्देश्य वास्तविक नियंत्रण रेखा पर तनाव को समाप्त करना, सैन्य टकराव की संभावनाओं को कम करना तथा सीमा मुद्दे के निपटान को सहायता प्रदान करने के लिए एक अनुकूल परिवेश का सृजन करना था।

दो सरकारों के बीच 'चीन-भारत सीमा क्षेत्रों में वास्तविक नियंत्रण रेखा के पास शांति और स्थायित्व कायम रखने संबंधी करार' (7 सितंबर, 1993) तथा 'भारत-चीन सीमा क्षेत्रों में वास्तविक नियंत्रण रेखा के साथ लगे सैन्य क्षेत्रों में आत्मविश्वास-निर्माण के उपायों पर करार' (दिसंबर 1996) पर हस्ताक्षर किए जाने को इस संदर्भ में देखा जाना चाहिए। (अनुबंध II और III देखिए)। भारत का मानना था कि इन दो करारों से एक ओर यह सुनिश्चित किया जा सकता था कि हिंसा का मार्ग अपनाए बिना सीमा मुद्दे का समाधान करने के लिए दोनों देश साथ मिलकर कार्य कर सकते हैं और दूसरी ओर यह भावना थी कि भारत-चीन सीमा विवाद का समाधान न होने की दशा में भी दोनों देशों के बीच द्विपक्षीय संबंधों के विकास पर कोई प्रभाव नहीं पड़ेगा। महत्त्वपूर्ण बात यह थी कि यह समस्त भारत-चीन सीमावर्ती क्षेत्रों में स्थिरता लाने तथा संघर्ष के सभी बिंदुओं को समाप्त करने की दिशा में उठाया गया कदम था।

अत: चर्चाओं की एक व्यापक श्रृंखला के उपरांत, जो बात अनिवार्यत: आकलित की गई वह सामान्य तौर पर 'विश्वास निर्माण', 'सैन्य पारदर्शिता' और 'सत्यापन' के प्रति दोनों देशों की अभिवृत्ति में प्रतिबिंबित हुई। इसके मुख्य बिंदुओं को निम्नानुसार सूचीबद्ध किया जा सकता है—

(क) कोई भी पक्ष एक-दूसरे के विरुद्ध बल का प्रयोग नहीं करेगा अथवा न ही उसकी धमकी देगा और कड़ाई से वास्तविक नियंत्रण रेखा का पालन और सम्मान करेगा।

(ख) दोनों पक्ष वास्तविक नियंत्रण रेखा के आसपास की सीमाओं में अपने सैन्य बल को न्यूनतम स्तर तक ही रखेंगे।

(ग) सैन्य कमांडरों के बीच संपर्क स्थापित किया जाएगा, जिसमें किसी स्थानीय मुद्दे के समाधान के लिए अभिहित स्थानों पर आवधिक बैठकें भी शामिल हैं। इसके अलावा, क्रियान्वयन उपायों और साथ ही वास्तविक नियंत्रण रेखा परिसीमन पर चर्चा करने के लिए 'विशेषज्ञ ग्रुप' की बैठक भी होगी।

(घ) वास्तविक नियंत्रण रेखा के समीपवर्ती सहमत अंचलों में सैन्य बल के आकार को सीमित करना, जिसमें प्रमुख युद्धक टैंकों, पैदल सेना, युद्धक वाहनों, मिसाइलों आदि की संख्या भी शामिल है। इसके अलावा, व्यापक डिवीजन स्तर के अभ्यासों को रोकने के लिए एक से अधिक डिवीजन के शामिल होनेवाले अभ्यासों की पूर्व अधिसूचना दी जाएगी तथा वास्तविक नियंत्रण रेखा की 10 कि.मी. की परिधि के भीतर युद्धक विमानों को नहीं आने दिया जाएगा।

1998 के प्रारंभ में वाजपेयी के नेतृत्ववाली एन.डी.ए. सरकार के आने से चीन के विरुद्ध नीति में कुछ परिवर्तन किए गए। अपनी 'राष्ट्रवादी' साख को पुन: प्रतिष्ठित करने की इच्छुक तथा अधिक सुदृढ़ भारत के दृष्टिकोणवाली विदेश नीति पर आधारित वाजपेयी सरकार ने यह निर्णय लिया कि भारत को खुले तौर पर एक परमाणु हथियारों वाली शक्ति बनना चाहिए। 11 और 13 मई, 1998 को पोखरण में सफलतापूर्वक परमाणु परीक्षण करने के साथ ही भारत परमाणु हथियार रखनेवाली शक्ति के रूप में उभरा जिससे इसे व्यापक परिणाम भी भुगतने पड़े, जिसमें विशेष रूप से चीन के साथ इसके संबंधों में आई खटास भी शामिल थी।

11 मई, 1998 को प्रथम परमाणु परीक्षण के बाद चीन की ओर से कोई प्रतिक्रिया नहीं आई

थी क्योंकि उसे इस बात की जानकारी ही नहीं मिल सकी थी। परमाणु परीक्षण के औचित्य को स्पष्ट करने तथा अमेरिका की ओर से 'सहमति' हासिल करने के लिए वाजपेयी ने 11 मई, 1998 को राष्ट्रपति क्लिंटन को एक पत्र लिखा, जिसमें हालाँकि चीन का सीधे नाम नहीं लिया गया था, उन्होंने परीक्षण का यह कहते हुए वर्णन किया कि इसका परीक्षण करना आवश्यक हो गया था, क्योंकि भारत 'की सीमाओं पर एक स्पष्ट परमाणु शक्तिवाला देश है जिसने भारत के विरुद्ध 1962 में सशस्त्र हमला किया था और यह कि हालाँकि उसके साथ संबंधों में कुछ सुधार आया है, फिर भी मुख्य रूप से सुलझाई न जा सकी सीमा समस्या के कारण अविश्वास का परिवेश बना हुआ है। इसमें इशारा स्पष्ट रूप से चीन की ओर था। व्हाइट हाउस ने अज्ञात कारणों से इस पत्र को तत्काल ही सार्वजनिक कर दिया, जो 13 मई, 1998 को 'न्यूयॉर्क टाइम्स' में प्रकाशित हुआ। इसके प्रकाशन से चीन अत्यंत क्रोधित हुआ और उसकी प्रतिक्रिया अत्यंत आक्रामक थी।

13 मई, 1998 को दूसरे परमाणु परीक्षण के पश्चात् चीन, जो अब तक पूरी तरह से तैयार हो गया था, ने एक वक्तव्य जारी किया, जो काफी आलोचना भरा था। वक्तव्य में कहा गया कि 'चीनी सरकार अत्यंत स्तब्ध है' तथा इसकी कड़ी निंदा करती है···भारत सरकार जिसने स्वयं परमाणु परीक्षणों को प्रतिबंधित करने के लिए अंतरराष्ट्रीय प्रयासों का समर्थन किया है ताकि दक्षिण एशिया में सौहार्द कायम रह सके, वही विश्व की राय के खिलाफ जाकर चीन पर दुर्भावनापूर्वक आरोप लगा रही है कि वह भारत के लिए परमाणु धमकी उत्पन्न कर रहा है। यह बात पूर्णत: निराधार है··· चीन के विरुद्ध भारत द्वारा लगाया गया यह गंभीर आरोप उसके परमाणु हथियारों के विकास के लिए बहाने ढूँढ़ने के प्रयोजन से ही लगाया गया है।

इस कड़ी प्रतिक्रिया के कारण ढूँढ़ना अधिक कठिन नहीं था। चीनियों को यह आशंका और संदेह था कि भारत राजनीतिक और सैन्य दृष्टि से अमेरिका के और विशेष रूप से अमेरिकी सत्ता प्रतिष्ठान में उन तत्त्वों के निकट आने के लिए परमाणु परीक्षणों का प्रयोग कर रहा है, जो 'चीन-विरोधी' भावनाएँ रखते थे। 1990 के दशक में अमेरिका-चीन के संबंधों में खटास आने के बाद, चीन ने यह महसूस किया कि चीन को दी जानेवाली विभिन्न 'धमकियों' के बारे में सूचना का प्रचार-प्रसार और कुछ नहीं, बल्कि हितबद्ध पक्षकारों द्वारा चीन को 'नियंत्रित करने' के नए प्रयास के लिए सार्वजनिक राय जुटाने की ही एक कोशिश है। एक अन्य स्तर पर चीनियों को यह आशंका भी थी कि परमाणु परीक्षण तथाकथित चीनी 'धमकी' के आधार पर भारत-अमेरिका 'समझ' को मजबूत बनाने के लिए वाजपेयी सरकार द्वारा किया गया एक प्रयास है।

चीन ने अब भारत के साथ द्वि-आयामी नीति अपनाना प्रारंभ कर दिया। पहले, तो चीन ने अन्य समान विचारवाले देशों के साथ मिलकर भारत के विरुद्ध अंतरराष्ट्रीय समर्थन जुटाने तथा संयुक्त राष्ट्र के माध्यम से कार्रवाई प्रारंभ करने का निर्णय लिया। दूसरे उसने यह निर्णय लिया कि यदि भारत के साथ संबंधों को आगे बढ़ाना है तो भारत को ही 'मामले को सुलझाना' होगा। जैसा कि राष्ट्रपति च्यांग त्सेमिन ने 3 जून, 1998 को ए.एफ.पी. से कहा था कि 'भारत ने ही क्षेत्र में तनावपूर्ण स्थिति पैदा की है।'[1] दूसरे शब्दों में, भारत ने ही यह मामला आरंभ किया है और अब उसे ही सार्वजनिक रूप से कहना होगा कि वह चीन से किसी भी खतरे की 'आशंका' नहीं रखता है। इस दौरान, चीन ने सीमा मामले को हल करने के प्रति उठाए जा रहे समस्त कदमों को रोक

दिया तथा संयुक्त कार्यकारी ग्रुप (जे.डब्ल्यू.जी.) के कामकाज को भी निलंबित कर दिया। अपने नए रुख के अनुरूप, चीनियों ने जे.डब्ल्यू.जी. के ग्यारहवें चक्र के लिए तारीखें देने से इनकार कर दिया। पूर्व की ही भाँति, चीन ने एक बार पुन: सीमा मुद्दे को अपने लिए लाभ के रूप में प्रयोग करने का निर्णय लिया।

इसी दौरान चीनियों ने अमेरिका के साथ मिलकर कार्य करते हुए पी5 विदेश मंत्रियों की बैठक का आयोजन करने के लिए सक्रियता के साथ कदम उठाए। चीन ने अमेरिका के साथ संयुक्त राष्ट्र सुरक्षा परिषद् संकल्प 1172 को प्रायोजित किया, जिसमें भारतीय और पाकिस्तानी, दोनों परमाणु परीक्षणों की निंदा की गई थी। संयुक्त राष्ट्र सुरक्षा परिषद् संकल्प 1172 में 'माँग' की गई थी कि भारत और पाकिस्तान, दोनों अन्य परमाणु परीक्षणों से दूर रहें, तत्काल ही परमाणु विकास कार्यक्रमों को रोक दें और हथियार जुटाने से बाज आएँ। जब 9 जुलाई, 1998 को भारत ने चीन को 'परमाणु हथियारों का प्रथमत: प्रयोग नहीं' के लिए करार को निष्पादित करने का प्रस्ताव दिया तो चीन ने बेरुखी के साथ उसे खारिज कर दिया। चीन ने माँग की कि भारत पहले एन.पी.टी. और सी.बी.टी.डी. पर हस्ताक्षर करे। दक्षिण एशिया में चीन-अमेरिकी सहयोग उस समय अपने चरम तक पहुँचा, जब राष्ट्रपति क्लिंटन के चीन के दौरे की समाप्ति पर दोनों देशों ने 27 जून, 1998 को दक्षिण एशिया पर चीनी-अमेरिकी राष्ट्रपति संयुक्त वक्तव्य जारी किया गया। इसमें दोनों देशों ने 'शांतिपूर्ण और स्थिर दक्षिण एशिया' में 'साझे हितों' को व्यक्त किया था तथा एक ऐसी 'सुदृढ़ गैर-शस्त्रीकरण व्यवस्था' की कल्पना की थी जिसे 'इन परीक्षणों' द्वारा खतरे में डाला जा रहा है तथा 'साथ मिलकर घनिष्ठता से' कार्य करने की सहमति व्यक्त की थी। जैसा कि समझा गया था, इसमें साझा लक्ष्य भारत को एन.पी.टी. पर हस्ताक्षर करने के लिए विवश करना था। अत: चीन को आशा थी कि अमेरिका के साथ नीतियों के सहयोग और समन्वय के माध्यम से वह दक्षिण एशिया में और भी बड़ी भूमिका का निर्वहन करेगा तथा उसने भारत को पाकिस्तान के साथ सीमित करते हुए दक्षिण एशिया में भारत की भूमिका को सीमित करने का प्रयास किया। यह प्रतीत हुआ कि अमेरिका दक्षिण एशिया के मामलों को 'निर्धारित' करने के लिए चीन की एक सक्रिय भूमिका को समर्थन दे रहा है और वह चीन के साथ 'सहस्वामित्व' स्थापित करने की इच्छा रखता है। प्रसंगवश, जब चीनी राष्ट्रपति च्यांग त्सेमिन ने नवंबर, 1998 में मास्को की अपनी यात्रा के दौरान रूस के साथ भी ऐसा ही संयुक्त वक्तव्य जारी करने का प्रयास किया, तो रूस ने इससे इनकार कर दिया, क्योंकि वह भारत को नाराज नहीं करना चाहता था।[2]

इस दौरान भारत ने अपनी परमाणु नीति के बारे में अमेरिका के साथ समझ बनाने के लिए कड़े प्रयास किए। अंतत: स्ट्रोब टॉलबट और जसवंत सिंह को वार्ताकारों के रूप में नामित किया गया। स्ट्रोब टॉलबट और जसवंत सिंह ने अमेरिका और भारत के अधिकारियों के बीच पहली बार हुए 'सर्वाधिक गहन और दीर्घ अवधि तक चली वार्तओं को संचालित करने के लिए' तीन महाद्वीपों के सात देशों में दस स्थानों पर चौदह बार बैठकें कीं, जिनका उद्देश्य 'अमेरिका के चीन-प्रिय रुझान से उसकी नीति को वापस लेना, भारत के प्रति उसकी अभिवृत्ति को पुन: समायोजित करना तथा उनमें वास्तविकता की भावना को उत्प्रेरित करना था'। ये वार्ताएँ महत्त्वपूर्ण थीं तथा इन्होंने अमेरिका और भारत के बीच नई समझ की शुरुआत का संकेत दिया। अमेरिकी नीति में हुए इन

महत्त्वपूर्ण परिवर्तनों का श्रेय इन चर्चाओं की प्रभावकारिता को दिया जा सकता है। इस गतिविधि पर बीजिंग की चिंताओं के बावजूद, अमेरिका भारत की स्थिति के प्रति कुछ समझ प्रदर्शित करने लगा और उसने यू.एन.एस.सी. संकल्प 1172 के पूर्ण क्रियान्वयन पर जोर देने की अपनी बात वापस ले ली। भारत के प्रति अमेरिकी नीति में भी परिवर्तन होने आरंभ हो गए। अमेरिका ने भारत-अमेरिकी द्विपक्षीय सहयोग पर भी बल देना प्रारंभ कर दिया और इस परिवर्तन का महत्त्वपूर्ण पहलू यह था कि वह चीन के निर्बाध उदय पर भी चिंता जताने लगा था जिसने निरंतर अपने परमाणु शस्त्रीकरण एजेंडे में बढ़ोतरी की थी। भारत के प्रति अमेरिकी विदेश नीति के दृष्टिकोण में ऐसे नाटकीय परिवर्तन को उत्प्रेरित करना वस्तुतः वाजपेयी/जसवंत सिंह टीम की विदेश नीति की विशिष्ट सफलता थी। इसने उन आशाओं को भी समाप्त कर दिया कि चीन दक्षिण एशिया के मामलों में अमेरिका के साथ मिलकर एक 'सह-भागीदार' की भूमिका का निर्वहन करेगा।

भारतीय नेतृत्व ने चतुराई से आगे कदम बढ़ाया जिससे चीन का क्रोध तब शांत हो गया, जब प्रधानमंत्री वाजपेयी ने अक्तूबर 1998 के अंत में सार्वजनिक रूप से कहा कि भारत चीन को एक 'शत्रु' के रूप में नहीं देखता है और न ही वह चीन के साथ हथियारों की दौड़ में शामिल होने का इच्छुक है। जब राष्ट्रपति नारायणन ने भारत में चीन के राजदूत को यही बातें कहीं तो चीन संतुष्ट होता प्रतीत हुआ और उसने सीमा मुद्दे पर जे.डब्ल्यू.जी. की बैठक संचालित करने की अनुमति दे दी। कुछ दिन बाद चीनी विदेश मंत्री थांग च्याशुयान ने घोषणा की कि जे.डब्ल्यू.जी. को अपना कार्य प्रारंभ करना चाहिए और परमाणु परीक्षण के बाद पहली बैठक 15-17 अप्रैल, 1999 को आयोजित की गई। चीनियों ने यह भाँप लिया था कि, जब अमेरिका भारत को हाशिए पर धकेलने का इच्छुक नहीं रह गया है तो यह उनके हित में है कि वे भारत के साथ कार्यकारी संबंध पुनः प्रारंभ करें, विशेष रूप से तब, जब भारत ने सार्वजनिक रूप से यह कहते हुए आवश्यक संशोधन कर दिए हैं कि वह चीन को 'शत्रु' नहीं मानता है।

भारत-अमेरिका के बीच 'समझ' स्थापित होने के परिणाम चीनियों को दिखाई देने लगे थे, जब अमेरिका ने भारत के इस कथन को स्वीकार कर लिया कि यह पाकिस्तान का 'अति उत्साह' था जिसकी वजह से कारगिल विवाद उत्पन्न हुआ था। चीन भारत और अमेरिका के बीच विकसित होती 'समझ' से काफी खिन्न था, विशेष रूप से उस स्थिति में यदि भारत-पाकिस्तान के संबंध खराब होते हैं, तो चीन ही एकमात्र ऐसी शक्ति होगी जिसे पाकिस्तान की सहायता के लिए वास्तव में हस्तक्षेप करना पड़ सकता है। चीन एक ओर भारत-पाकिस्तान सैन्य विवाद में नहीं उलझना चाहता था, क्योंकि उसके सामने उपलब्ध दोनों ही विकल्प उसके लिए उपयुक्त प्रतीत नहीं होते थे। यदि चीन को पाकिस्तान द्वारा पर्याप्त सहायता उपलब्ध कराते हुए नहीं देखा जाता, तो पाकिस्तान में उसकी स्थिति गंभीर रूप से प्रभावित होती। दूसरी ओर चीन उभरते हुए अमेरिका-भारत संबंधों को और भी मजबूत होते हुए देखने का इच्छुक नहीं था। अतः चीन ने निर्णय लिया कि विवाद को शांत करना ही श्रेष्ठ रहेगा और उसने भारत-पाक वार्ता को पुनः प्रारंभ करने का आग्रह किया तथा साथ-ही-साथ भारत के साथ अपने संबंधों में सुधार लाने का प्रयास भी किया। चीनी विदेश मंत्री थांग ने 'कश्मीर मुद्दे को राजनीतिक दृष्टि से सुलझाने के लिए एक प्रभावी उपाय की तलाश करने हेतु वार्ताओं और परामर्शों को संचालित करने का आह्वान किया।' इस वक्तव्य में, जो बात स्पष्ट

थी, वह भारत के प्रति ऐसे दृष्टिकोण अपनाए जाने से संबंधित थी, जिसमें 'संयुक्त राष्ट्र संकल्प' का कोई उल्लेख नहीं था और पाकिस्तान द्वारा की गई नवीनतम कार्रवाई के लिए उसे समर्थन देने का भी अवयव शामिल नहीं था। यह स्पष्ट था कि चीन पाकिस्तान का पक्ष लेने का इच्छुक नहीं था, हालाँकि कुछ चीनी प्रकाशनों, विशेष रूप से पी.एल.ए. से संबंधित प्रकाशनों ने अपनी तरफदारी जारी रखी और वे निश्चित रूप से पाकिस्तान के पक्षधर बने रहे। संभवतः 1962 के विवाद के बाद से पहली बार चीन पाकिस्तान के भारत के साथ हुए नवीनतम टकराव के उपरांत सीमा पर होनेवाले विवादों में उसके समर्थन में शामिल नहीं हुआ।

भारत और चीन के बीच संबंधों के और भी सामान्य होने का प्रमाण इस बात में स्पष्टतः दिखाई दिया कि चीनियों ने विदेश मंत्री जसवंत सिंह, जिन्होंने 15–17 जून, 1999 तक चीन की यात्रा की थी, का स्वागत करने की सहमति प्रदान कर दी थी जबकि कारगिल विवाद अभी भी चल रहा था। चीनी विदेश मंत्री ने स्वीकार किया कि भारत-चीन संबंध 'सुधार' की अवधि में प्रवेश कर गए हैं तथा जसवंत सिंह की यात्रा इस प्रक्रिया में एक महत्त्वपूर्ण कदम है, परंतु इस बात पर बल दिया कि इसमें पूर्व-शर्त यही है कि दोनों देश एक-दूसरे को 'खतरा' न समझें। जसंवत सिंह ने उनका आभार व्यक्त किया और यह पुष्टि की कि भारत सरकार यह नहीं समझती है कि चीन एक खतरा है। यह सुनिश्चित करने के बाद कि उसकी 'न्यूनतम' शर्त स्वीकार कर ली गई है, चीन संबंधों में सुधार लाने के लिए उपायों की श्रृंखला अपनाने के लिए सहमत हो गया। इन उपायों में सर्वाधिक महत्त्वपूर्ण सुधार था भारत-चीन सीमा पर वास्तविक नियंत्रण रेखा के सटीक संरेखण पर जे.डब्ल्यू.जी. में स्पष्टीकरण देने का चीन का निर्णय। चीन भारत के साथ राजनीतिक सुरक्षा वार्ता पर भी सहमत हुआ, हालाँकि इसकी घोषणा जोर-शोर से नहीं की गई थी ताकि पाकिस्तान के संदेह में वृद्धि न होने पाए।

जसवंत सिंह को यह आश्वासन देने के बाद कि वे सीमा के सभी सेक्टरों में वास्तविक नियंत्रण रेखा के स्पष्टीकरण और निर्धारण के लिए प्रक्रिया प्रारंभ करेंगे, मार्च 2000 में एक बैठक प्रारंभ हुई जिसमें मध्य सेक्टर के मानचित्रों का आदान-प्रदान किया गया। 17 जून, 2002 को दोनों पक्षों ने पुनः बैठक की और पश्चिमी सेक्टर के मानचित्रों को दोनों पक्षों द्वारा लगभग 20 मिनट तक देखा गया। जल्द ही वे मानचित्र दोनों ही पक्षों द्वारा वापस लौटा दिए गए, क्योंकि इन मानचित्रों में अपनी-अपनी ओर से अधिकतम स्थिति को दर्शाया गया था, जो उन्हें स्वीकार्य नहीं थी। पश्चिमी सेक्टर में वास्तविक नियंत्रण रेखा के संरेखण को निर्धारित करने में प्रमुख अंतर बारह क्षेत्रों में थे। ये थे—समर लुंगपा, ट्रिग हाइट्स, देपसांग, कोंगका ला (दर्रा), पैंगोंग त्सो, स्पानगुर, गैप, माउंट सजुन, दमचेले, दमचौक और चुमार।[3] चूँकि कोई भी पक्ष पश्चिमी सेक्टर में वास्तविक नियंत्रण रेखा के इतने व्यापक और भिन्न संस्करणों पर समझौता करने की स्थिति में नहीं था, वास्तविक नियंत्रण रेखा पर मानचित्रों के आदान-प्रदान की प्रक्रिया रोक दी गई तथा 2005 तक यह पूर्णतः बंद ही हो गई। पूर्वी सेक्टर के मानचित्रों का कभी आदान-प्रदान नहीं हुआ, यहाँ तक कि उन्हें देखा तक नहीं गया। इस प्रकार भारत को कभी भी पता ही नहीं चला कि उन 'रियायतों' की मात्रा क्या है जिनकी चीनियों ने 1985 में माँग की थी।

सीमा समाधान के लिए किए गए प्रयास में आगामी कदम वाजपेयी की जून 2003 में की गई यात्रा के दौरान उठाया गया। दोनों पक्षों ने 'चीन और भारत के बीच संबंधों और व्यापक सहयोग

के लिए सिद्धांतों की घोषणा' पर हस्ताक्षर किए। इस घोषणा में दोनों पक्षों ने पुन: पुष्टि की कि वे एक दीर्घकालिक निर्माणात्मक और सहयोगी भागीदारी को प्रोत्साहित करेंगे तथा इस बात पर बल दिया कि उनके साझे हित उनके मतभेदों पर हावी होंगे। सुरक्षा के मुद्दे पर, दोनों पक्षों ने प्रतिबद्धता व्यक्त की कि वे 'एक-दूसरे के लिए खतरा नहीं हैं' और यह कि दोनों ही पक्ष 'एक-दूसरे के विरुद्ध बल का प्रयोग नहीं करेंगे अथवा इसके प्रयोग की धमकी नहीं देंगे।' यह बात वस्तुत: 1996 के करार की ही पुनरावृत्ति थी।

चीन के प्रति पर्याप्त संवेदनशीलता व्यक्त करने के मुद्दे पर भारत ने यह माना (मान्यता दी) कि तिब्बत स्वायत्त क्षेत्र (टी.ए.आर.) चीन जनवादी गणराज्य के भू-भाग का ही हिस्सा है और यह कि भारत तिब्बतियों को भारत में चीन-विरोधी क्रियाकलापों में संलिप्त होने की अनुमति नहीं देगा। भारत और तिब्बत/चीन के बीच संबंध का वर्णन करने के लिए ऐसी शब्दावली के प्रयोग पर भारत में पर्याप्त आलोचना के स्वर उभरे थे। इससे पूर्व भारत द्वारा व्यक्त किया गया सूत्र यह था कि भारत तिब्बत को 'चीन का एक स्वायत्त क्षेत्र' मानता है। अब यह कहते हुए भारत ने तिब्बत स्वायत्त क्षेत्र (टीएआर) को चीन जनवादी गणराज्य (पी.आर.सी.) का एक भाग बता दिया था, जिसकी विशिष्ट राजनीतिक व्याख्याएँ थीं (देखिए अनुबंध-IV)। सबसे पहले, इससे यह समझा जा सकता था कि चीन द्वारा 1950 में तिब्बत पर 'आक्रमण' नहीं किया गया था, जो 1949 में पहले ही स्थापित हो चुका था। दूसरे, चीन ने तिब्बती भू-भाग के अनेक भागों को छीन लिया था तथा उन्हें अन्य प्रांतों में मिला लिया था। अत: पूर्व में तिब्बत के विपरीत टी.ए.आर. को मान्यता देकर भारत उसकी नई प्रादेशिक सीमाओं तथा तिब्बती भू-भाग को अन्य चीनी प्रांतों में शामिल करने की कार्रवाई को भी मान्यता प्रदान कर रहा था, जो दलाई लामा के पक्ष के विपरीत था। तीसरे टी.ए.आर. के चीनी मानचित्र अरुणाचल प्रदेश को भी टी.ए.आर. का भाग दिखते थे, जिसे अब तक चीनियों ने 'दक्षिणी तिब्बत' कहना प्रारंभ कर दिया था। अत: क्या वाजपेयी ने अनजाने में अरुणाचल प्रदेश पर चीन के दावों को स्वीकृति दे दी थी?

दूसरी ओर चीन इस पाठ में दो अतिरिक्त शब्दों 'अभिन्न' (इनएलीनेबल) और 'स्वीकार करता है' को शामिल करने के लिए इच्छुक थे। प्रस्तावित चीनी वाक्य तब इस प्रकार होता : 'भारत टी.ए.आर. को चीन जनवादी गणराज्य (पी.आर.सी.) के भू-भाग के एक अभिन्न (नए शब्द) अंग के रूप में स्वीकार करता है।' भारत ने इस शब्दावली को स्वीकार करने से इनकार कर दिया। अंतरराष्ट्रीय विधिक शब्दावली में 'मान्यता देना' शब्द 'स्वीकार करना' शब्द की तुलना में अधिक सौम्य है, जबकि दोनों ही के लिए चीनी शब्द एक ही है (छंगरेन)। इन शब्दों को इसके इस स्वरूप में स्वीकार करने पर चीनी स्वयं को एक विधिक प्रतिबद्धता में बाँध लेते। कल यदि पी.आर.सी. का विघटन हो जाता है, तो फिर क्या होता? और 'अभिन्न' शब्द जोड़ने से इनकार करने पर भारत ने तिब्बत की मान्यता को चीन में पी.आर.सी. के अस्तित्व में रहने तक ही सीमित कर लिया। चीनियों के लिए कहीं बेहतर होता कि वे इस बात पर जोर देते कि भारत यह स्वीकार करता है कि तिब्बत एक स्वायत्त प्रांत के रूप में चीन का सदैव ही भाग रहा है न कि पी.आर.सी. अंतत: केवल सरकार अथवा राजनीतिक प्रणाली को ही निर्दिष्ट करता है, परंतु निश्चित तौर पर किसी देश को नहीं।

भारत में इस संबंध में व्यापक आलोचनाएँ की गईं कि इस शब्दावली को स्वीकार करते हुए वाजपेयी ने मैकमोहन रेखा पर भारत की स्थिति को भुला दिया है और इस प्रकार अरुणाचल प्रदेश पर अपने दावों को खो दिया है। यह आलोचना इस धारणा पर आधारित थी कि मैकमोहन रेखा शिमला कन्वेंशन में स्थापित की गई थी, जहाँ तिब्बत ने समान हैसियत में और अपने स्वयं के अधिकारों पर चीन से स्वतंत्र रूप में प्रतिभागिता की थी। इस बात पर ध्यान दिया जाना चाहिए कि टी.ए.आर. को चीन जनवादी गणराज्य के भाग के रूप में मान्यता दी गई थी, जो 1949 में ही अस्तित्व में आया था और इस प्रकार तिब्बत की विधिक स्थिति, जो इसने 1914 में प्राप्त की थी, जब शिमला कन्वेंशन पर हस्ताक्षर किए गए थे, अपरिवर्तनीय बनी रही थी। तिब्बत की स्थिति पर भारत के इस नए सूत्रीकरण को भारत द्वारा 11 अप्रैल, 2005 के संयुक्त वक्तव्य में और 21 नवंबर, 2006 के संयुक्त वक्तव्य में भी दोहराया गया था। उसके बाद, 15 जनवरी, 2008 के इक्कीसवीं शताब्दी के 'साझा दृष्टिकोण' वक्तव्य में तथा 16 दिसंबर, 2010 के संयुक्त वक्तव्य में तिब्बत की स्थिति का कोई उल्लेख नहीं था।

यह अनुमान लगाया गया था कि इसके बदले चीन सिक्किम को भारत के भाग के रूप में मान्यता देगा। अब तक चीन की स्थिति यह रही थी कि भारत ने सिक्किम पर 'जबरन' कब्जा किया है और वे सिक्किम को एक स्वतंत्र देश मानते थे। वाजपेयी की यात्रा के दौरान चीनी जिस बात के लिए तैयार थे, वह भारत और चीन के बीच सीमा व्यापार में विस्तार करने के लिए 23 जून, 2003 को हस्ताक्षर किया जानेवाला एक ज्ञापन था जिसके अनुच्छेद 1 के अंतर्गत यह कहा गया था, 'भारतीय पक्ष सिक्किम राज्य के छांगगू को तथा चीनी पक्ष टी.ए.आर. के रनछिंगगांग को सीमा व्यापार बाजारों के लिए स्थानों के रूप में अभिहित करता है।' इस सूत्रीकरण का भारत में जमकर विरोध और आलोचना की गई तथा प्रधानमंत्री वाजपेयी को एक वक्तव्य जारी करना पड़ा, जिसमें इस तथ्य को रेखांकित किया गया था कि यह 'प्रक्रिया' प्रारंभ हो गई है कि सिक्किम भारत-चीन संबधों में मुद्दा नहीं है। दूसरी ओर चीनी विदेश कार्यालय के प्रवक्ता ने इस बात से इनकार किया कि चीन की स्थिति में कोई परिवर्तन हुआ है और दावा किया कि यह एक ऐसा मुद्दा है जिसे 'इतिहास द्वारा छोड़ दिया गया है।' निजी तौर पर वाजपेयी ने कहा कि चीन को सिक्किम पर अपने पक्ष में परिवर्तन लाने से पूर्व कुछ समय की आवश्यकता है।

सीमा के प्रश्न पर प्रधानमंत्री वाजपेयी और प्रधानमंत्री वेन ने समान हैसियत में (चीनी प्रधानमंत्री द्वारा दिया गया वाक्यांश) परामर्शों के माध्यम से 'एक उचित तर्कसंगत और पारस्परिक रूप से स्वीकार्य' समाधान ढूँढ़ने की अपनी प्रतिबद्धता को दोहराया। उन्होंने सहमति व्यक्त की कि किसी अंतिम समाधान के आने तक उन्हें सीमावर्ती क्षेत्रों में शांति और स्थिरता कायम करने तथा इस प्रयोजनार्थ हस्ताक्षरित करारों का क्रियान्वयन जारी रखने के लिए साथ मिलकर कार्य करना चाहिए, जिसमें वास्तविक नियंत्रण रेखा (एल.ए.सी.) के सरेखण पर स्पष्टीकरण प्राप्त करने के लिए करार भी शामिल है। दोनों सरकारों ने सहमति व्यक्त की कि सीमा मुद्दे के शीघ्र निपटान के लिए किए जानेवाले प्रयास के अंतर्गत विशेष प्रतिनिधि नियुक्त किए जाएँगे तथा वे 'समग्र संबंधों के राजनीतिक परिप्रेक्ष्य में' सीमा समाधान के लिए किसी समुचित ढाँचे की तलाश करेंगे।

यह एक अत्यंत महत्त्वपूर्ण तथा नया सूत्रीकरण था। दूसरे शब्दों में, पिछले भारतीय दृष्टिकोण कि भारत-चीन सीमा संधि प्रथा और प्रयोग द्वारा स्थापित की गई थी, अलग रख दी गई तथा

भारतीय वार्ताकार अब इस चीनी दृष्टिकोण के निकट आ गए कि भारत–चीन सीमा पर राजनीतिक मापदंडों के आधार पर नए सिरे से वार्तालाप किए जाएँ। चीनी हमेशा से यही मानते थे। यह भाँपते हुए कि अब उनके लिए अवसर विद्यमान है, चीन ने भारत को निरंतर उच्चस्तरीय दौरों, वार्ताओं, रणनीतिक भागीदारी के प्रस्तावों और बकाया मुद्दों पर बेहतर रियायतों से व्यस्त रखना प्रारंभ कर दिया।[4] ये सभी केवल दिखावटी कार्रवाइयाँ ही थीं, क्योंकि सीमा का समाधान करने पर कोई ठोस प्रस्ताव सामने नहीं आ पाया था।

वाजपेयी सरकार के पतन तथा कांग्रेस के नेतृत्व में नई सरकार की स्थापना ने भारत द्वारा अपनाई गई वार्तालाप की मुद्रा में कोई विशिष्ट परिवर्तन उत्पन्न नहीं हो पाया। चूँकि सीमा वार्तालाप अब 'राजनीतिक मापदंडों' के अनुसार संचालित किए जाने थे, अत: यह अधिक महत्त्वपूर्ण हो गया था कि इस बात पर सहमति बने और परिभाषित किया जाए कि ये मापदंड आखिर क्या हैं तथा उनके संबंध में किसी पारस्परिक सहमति पर पहुँचा जाए। प्रधानमंत्री वेन च्यापाओ के अप्रैल 2005 के भारत के दौरे ने सीमा वार्ताओं में एक विशिष्ट अग्रगामी संचलन के लिए उत्प्रेरक का कार्य किया और यह अग्रगामी संचलन शीघ्र ही दिखाई देने लगा।

चीन के लिए पहला कदम औपचारिक रूप से यह मान्यता प्रदान करना था कि सिक्किम भारत का भाग है जैसा कि उसने वाजपेयी की 2003 की यात्रा के दौरान वायदा किया था। अब यह कदम चीन द्वारा 11 अप्रैल, 2005 को जारी संयुक्त वक्तव्य में उठाया गया; संयुक्त वक्तव्य के अनुच्छेद 13 में यह कहा गया था—

> *दोनों पक्षों ने संतोषजनक तरीके से चीन जनवादी गणतंत्र के तिब्बत स्वायत्त क्षेत्र तथा भारत गणराज्य के सिक्किम राज्य के बीच नाथुला दर्रे के माध्यम से सीमा व्यापार पर ज्ञापन के क्रियान्वयन की समीक्षा की।*

अत: पहली बार चीन ने यह माना कि सिक्किम भारत का भाग है।

12 अप्रैल, 2005 को प्रधानमंत्री वेन ने प्रधानमंत्री मनमोहन सिंह को एक संशोधित आधिकारिक मानचित्र सौंपा, जिसमें सिक्किम को भारत का भाग दिखाया गया था, जो उपयुक्त वक्तव्य की पूर्णत: पुष्टि करता था। भारत में चीन के राजदूत सुन यूशी ने वेन की यात्रा के समय आयोजित एक प्रेस कॉन्फ्रेंस में बताया कि सिक्किम पर संप्रभुता का प्रश्न 'पूरी तरह से हल हो गया है।'[5] इसके साथ ही, भारत के भाग के रूप में सिक्किम को चीन की आधिकारिक मान्यता मिलने से इस मुद्दे का अंतत: पटाक्षेप हो गया। वाजपेयी की यात्रा के दौरान विद्यमान अस्पष्टता समाप्त हो गई थी और इस प्रकार चीनी नेतृत्व द्वारा दिए गए मौखिक आश्वासन को उनके द्वारा पूरा किया गया।

तथापि 11 अप्रैल, 2005 को हस्ताक्षरित सबसे महत्त्वपूर्ण दस्तावेज वह करार था, जिसमें सीमा मुद्दे के निपटान के लिए 'राजनीतिक मापदंड और मार्गदर्शी सिद्धांत' निर्धारित किए गए थे (अनुबंध V)। इस करार का महत्त्व इस तथ्य में निहित है कि भारत ने अंतत: सीमा के संबंध में नेहरू की अवधारणा को त्याग दिया, जो 'परंपरा पर आधारित थी, संधि, प्रथा और प्रयोग द्वारा परिसीमित की गई थी तथा यह एक स्थापित सत्य था, जिसमें केवल कुछेक संशोधन किए जाने अपेक्षित थे'। यह स्वीकार करते हुए कि सीमा का समाधान अब 'एक पैकेज के तरीके' से किया

जाएगा, ऐसा था जिसे चीनी चोऊ के प्रथम प्रस्तावों के समय से ही हमेशा चाहते थे तथा बाद में नेहरू के साथ अप्रैल 1960 की उनकी अधूरी रह गई वार्ताओं में भी इसकी पेशकश की गई थी। चीनियों को यह श्रेय है कि, उन्होंने समूची प्रक्रिया के दौरान हमेशा से यही पक्ष बरकरार रखा था। भारत ने ही अपने पक्ष में बदलाव किया था। फिर भी, यह भारत द्वारा दिया गया स्पष्ट संकेत था कि वह अब 'पैकेज डील' के लिए तैयार है।

मानचित्र 8 : तवांग की स्थिति

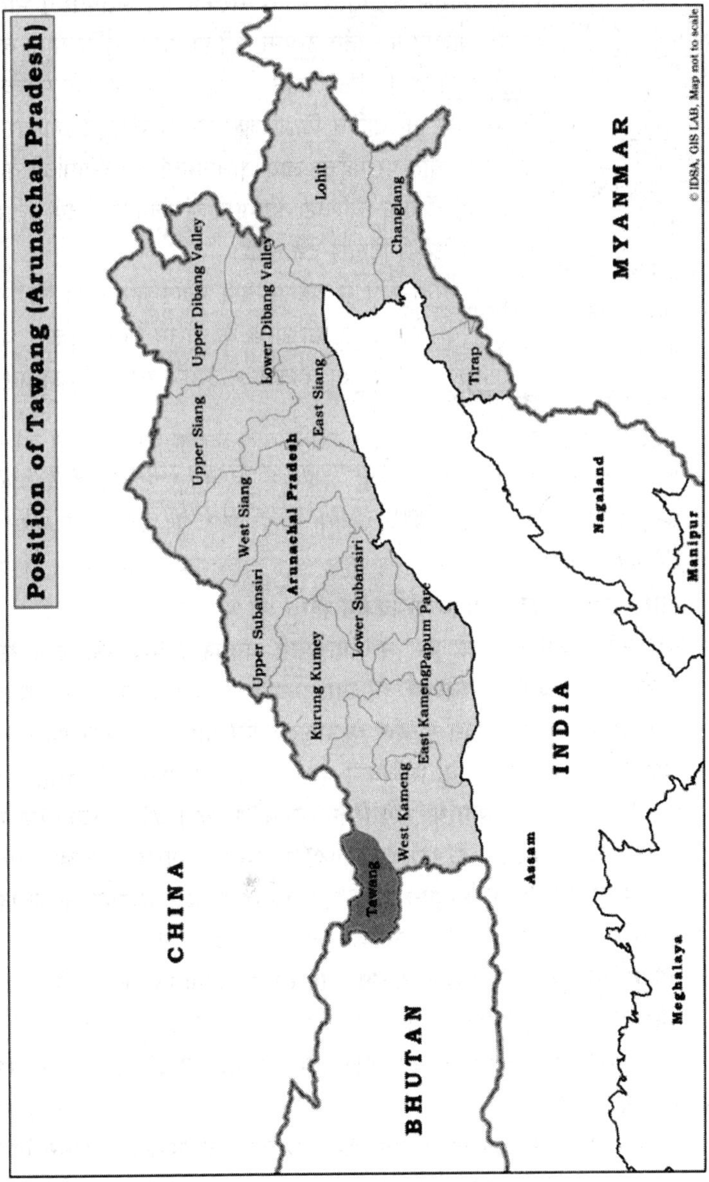

तथापि भारत के दृष्टिकोण से सर्वाधिक महत्त्वपूर्ण अनुच्छेद VII था, जिसमें कहा गया था—

एक व्यापक समाधान तक पहुँचने के लिए, दोनों पक्ष सीमावर्ती क्षेत्रों में अपनी स्थापित जनसंख्या के सम्यक् हितों की रक्षा करेंगे।

अत: अनुच्छेद VII चीन के निरंतर किए जानेवाले दावों, विशेष रूप से उन दावों, जो तवांग पर केंद्रित थे, को ध्यान में रखते हुए पर्याप्त महत्त्व रखता था।

भारतीय वार्ताकारों द्वारा यह निष्कर्ष निकाला गया कि यह चीन द्वारा दी गई उल्लेखनीय रियायत है, क्योंकि उन्होंने पश्चिमी सेक्टर में 'रियायतों' के बदले में पूर्वी सेक्टर में 'रियायतें' प्राप्त करने की अपनी पूर्व की माँग को छोड़ दिया था, जैसा कि चीन द्वारा प्रथमत: नवंबर 1985 में आयोजित वार्ताओं के छठे दौर में घोषित किया गया था। यह धारणा पुन: बन रही थी कि चीनियों ने तवांग पर अपने दावों को छोड़ दिया है और इस प्रकार वे पूर्वी सेक्टर में अर्थात् मैकमोहन सरेखण पर यथास्थिति बहाल करने पर सहमत हो गए हैं।

अनुच्छेद VII के अनुसार सहमति होने के बावजूद चीन के विभिन्न समाचार-पत्रों के लेखों में लेखकों ने इस बारे में दावे करना जारी रखा—

(क) भारत तिब्बत और हिमालय के 90,000 वर्ग कि.मी. 'समृद्ध भाग' को नियंत्रित करता है; जो ताईवान अथवा जियान्सू प्रांत से ढाई गुना के बराबर है। चीनी सरकार आसानी से इस भू-भाग को नहीं छोड़ सकती है।

(ख) चीन ने 1962 के विवाद के उपरांत उसके द्वारा कब्जा की गई भूमि को वापस देते हुए 'महानता' दर्शाई थी तथा उससे अब पुन: 'महानता' दर्शाने की अपेक्षा नहीं की जा सकती है। जब माओ, चोऊ अथवा देंग जीवित थे। उस समय भारत ने इसका 'निपटान' करने का अवसर गंवा दिया था। हू चिंथाओ (तत्कालीन चीनी राष्ट्रपति और पार्टी के नेता) माओ या देंग नहीं हैं।

(ग) यह मुद्दा चीन की संप्रभुता और प्रादेशिक अखंडता के साथ जुड़ा है तथा यह वैश्विक पदानुक्रम में चीन की सापेक्षी स्थिति को दर्शाता है, अत: चीन को कोई जल्दबाजी भरा कदम नहीं उठाना चाहिए और सिद्धांतों के साथ समझौता नहीं करना चाहिए।

(घ) एक 'उचित और युक्तिसंगत' निपटान यह इंगित करता है कि भारत को 'कुछ पाने के लिए कुछ छोड़ना पड़ेगा।' आदर्श रूप में, चीन को अतिरिक्त क्षेत्र मिलना चाहिए, तथापि उसे 50:50 के अनुपात में बाँटा जा सकता है जैसे हेईशियात्सी द्वीप (बोल्शोय उसुरियस्की) को चीन और रूस के बीच विभाजित किया गया था।

(ङ) अंतिम उपाय के रूप में, बीजिंग को कम-से-कम तवांग लोहित घाटी में वालोंग क्षेत्र और ताक्पा सिरी वापस लेना चाहिए।

परंतु तवांग चीनियों के लिए इतना महत्त्वपूर्ण क्यों था और इसे वापस लेने के लिए निरंतर दबाव क्यों डाला जा रहा था?

तवांग एक महत्त्वपूर्ण मठ का गृह है। पाँचवें दलाई लामा से प्रेरणा पाकर मेराग लामा लोड्रे ग्यात्सो ने 1681 में इस मठ की स्थापना की थी तथा चीन द्वारा तिब्बत पर कब्जा जमाने तक ल्हासा

में स्थित महान् द्रेपुंग मठ के साथ इसके धार्मिक संबंध स्थापित थे। वर्तमान में, यह ऐसा एकमात्र महत्त्वपूर्ण तिब्बती मठ है, जो ल्हासा के नियंत्रण से बाहर है (अत: चीन के भी नियंत्रण से बाहर है)। छठे दलाई लामा (त्सांगयांग ग्यात्सो) का जन्म यही पर हुआ और उनके पैरों के निशान आज भी अत्यंत आदर के साथ यहाँ श्रद्धालुओं को दिखाए जाते हैं।[6] चीनियों को भय था कि भविष्य में यह एक बार पुन: तिब्बत के धार्मिक मामलों में एक महत्त्वपूर्ण भूमिका निभा सकता है, विशेष रूप से तब, जब आगामी दलाई लामा को चुनने का समय आएगा। चीनियों को डर है कि छठे दलाई लामा का जन्म यहाँ हुआ था और उन्हें इसी रूप में तिब्बतियों ने मान्यता प्रदान की थी तथा, जब वर्तमान दलाई लामा के निधन पर आगामी दलाई लामा को चुनने का समय आएगा, तो क्या तवांग मठ उसी के समान भूमिका नहीं निभाएगा?

तवांग एक अत्यंत सामरिक महत्त्व के स्थान पर भी स्थित है। 1910 में सर चार्ल्स बेल ने तवांग के महत्त्व के बारे में लिखा था। उन्होंने चेतावनी दी थी कि—

यदि चीनी तिब्बत पर नियंत्रण हासिल कर लेते हैं, तो बाद में उन्हें वर्तमान में कम आबादीवाले, परंतु तिब्बत के दक्षिण-पश्चिम में स्थित उष्ण और उर्वर जिलों के विकास और समेकन पर विशेष ध्यान देना होगा, जो कि असम से दूर नहीं हैं, जब वे विकसित होंगे, एक बड़ी सेना के लिए रसद की आपूर्ति हो सकेगी।[7]

बेल ने आगे वर्णन किया। उनकी समझ अत्यंत प्रशंसनीय है कि—

तिब्बत में चीनी शक्ति में वृद्धि के परिणामस्वरूप… चीन के पास बहुत कम शक्ति थी और भारतीय सीमावर्ती क्षेत्रों में उसके आक्रामक होने के कोई संकेत नहीं थे… अब स्थिति पूर्णत: बदल गई है… चीन प्रत्येक वर्ष सैन्य शक्ति में अधिकाधिक शक्तिशाली होता जा रहा है। उसने तिब्बत में ताकत हासिल की है और वह वहाँ अपनी सैन्य क्षमता में अधिकाधिक वृद्धि कर रहा है। केवल भू-भाग का एक संकीर्ण हिस्सा उसकी विजयों और भारत के मैदानों के बीच हस्तक्षेप करता है और यही स्थिति 1100 मील के सीमावर्ती क्षेत्र के लिए लागू होती है अर्थात् नेपाल के उत्तर-पश्चिम कोने से लेकर असम के उत्तर-पूर्व कोने तक। चीन तथा अन्य सभी विदेशी शक्तियों को भूभाग के इस संकीर्ण हिस्से से बाहर रखना अत्यंत महत्त्वपूर्ण है।[8]

जो कुछ चार्ल्स बेल ने तब लिखा था, वह भले ही और भी अधिक प्रासंगिक न हो किंतु आज भी उतना ही सटीक है!

1910-12 के प्रारंभ में ब्रिटिश जनरल स्टाफ ने भी भारत की सुरक्षा के लिए तवांग के महत्त्व को देखा था, जब उन्होंने 1 जून, 1912 को एक ज्ञापन में राय दी थी कि—

तवांग के बारे में सीमावर्ती रेखा की दिशा पर सावधानीपूर्वक विचार किए जाने की आवश्यकता है। वर्तमान सीमा तवांग के दक्षिण में है तथा यह उदालगिरि के समीप पर्वतों के साथ-साथ पश्चिम की ओर चलते हुए भूटान सीमा के दक्षिण तक पहुँचती है, अत: मिरी कंट्री और भूटान के बीच एक खतरनाक भू-भाग विद्यमान है। तुलनात्मक रूप से आसान और अधिक प्रयोग में लाया जानेवाला व्यापार मार्ग इस भाग से होकर गुजरता है,

जिसका प्रयोग करके चीनी भूटान पर दबाव डाल पाने में समर्थ होता है, जबकि हमारे पास किसी स्थान से इस विशिष्ट भाग तक की कोई पहुँच नहीं है, जैसी कि हमारे पास चुम्बी के मामले में उपलब्ध है। अत: इस स्थान पर सीमा में सुधार किया जाना अनिवार्य है।[9] (अर्थात् तवांग भारत में होना चाहिए)

सर हेनरी मैकमोहन ने भी तवांग के महत्त्व को पहचाना था। 8 जून, 1914 को लंदन में ब्रिटिश सरकार को लिखते हुए उन्होंने तवांग को भारतीय भू-भाग के भीतर शामिल करने के अपने निर्णय का इस प्रकार वर्णन किया—

यह एक प्राकृतिक जलविभाजक सीमावर्ती क्षेत्र प्रतीत होता है, जो तिब्बत में सबसे छोटे व्यापार मार्ग के लिए पहुँच और तवांग मठ का नियंत्रण प्रदान करता है जिसने पूर्व में अनुचित आक्रामकता और दमन के माध्यम से इस मार्ग द्वारा व्यापार रोक दिया था।

तवांग के लिए चीनी दावे वस्तुत: तिब्बत के दावों के आधार पर हैं तथा तिब्बत ने कभी भी भारत-तिब्बत सीमा को गंभीरता से चुनौती नहीं दी, जो उनके बीच 1914 में तय हुई थी। यह सत्य है कि तवांग मठ वहाँ रहनेवालों से कर वसूलता था, परंतु ये धार्मिक कर थे और इस तथ्य ने तिब्बती सरकार को कोई प्रादेशिक संप्रभुता प्रदान नहीं की थी। शिमला कन्वेंशन में चीनी प्रतिनिधि इवान छन ने इस दृष्टिकोण का समर्थन किया था।[10] तत्कालीन चीनी विदेश मंत्री सुन पाओछी ने 13 जून, 1914 को पेकिंग में ब्रिटिश मंत्री से कहा था कि 'तिब्बती यह सोचते हैं कि उनका उन सभी स्थानों पर अधिकार है, जिन्हें लामाओं ने बसाया है, परंतु ऐसा नहीं है। लामाओं के पास धार्मिक अधिकार हो सकता है, परंतु इसका अनिवार्य रूप से यह अर्थ नहीं है कि ये स्थान तिब्बत से संबंधित हैं'[11] अधिकतम यही कहा जा सकता है कि तवांग तिब्बती धार्मिक परिधि के भीतर था तथा इससे अधिक इसमें कुछ नहीं था।

यह स्थिति आज भी वैसी ही बनी हुई है। तवांग की रणनीतिक प्रकृति और महत्त्व अभी भी बना हुआ है और यही कारण है कि चीनी इस बात पर अड़े हैं कि तवांग तिब्बत को लौटा दिया जाना चाहिए। उन्होंने इसके धार्मिक, रणनीतिक और सैन्य महत्त्व को स्पष्टत: समझ और पहचान लिया है। यदि वे सीमा समाधान में बहला-फुसलाकर तवांग को खाली करने के लिए भारत को राजी करने में सफल हो जाएँगे, तो उत्तर-पूर्व में भारत की सैन्य स्थिति स्पष्टत: अत्यंत कमजोर हो जाएगी।[†]*

वेन की यात्रा के दौरान हस्ताक्षरित किया गया एक अन्य महत्त्वपूर्ण 'चीन-भारत सीमावर्ती क्षेत्रों में वास्तविक नियंत्रण रेखा के पास, सैन्य क्षेत्र में विश्वास निर्माण उपायों के क्रियान्वयन' पर प्रोटोकॉल था। यह प्रोटोकॉल भारत-चीन सीमाक्षेत्रों में एल.ए.सी. पर सैन्य सी.बी.एम. पर 1996 के करार में अंतर्विष्ट अनेक उपायों के क्रियान्वयन के लिए कार्यरीतियाँ निर्धारित करता था। इस प्रोटोकॉल की मुख्य विशेषताओं में शामिल था—

- 1996 के करार के अनुसार एल.ए.सी. के निकटवर्ती क्षेत्रों में बड़े पैमाने पर सैन्य अभ्यास आयोजित करने के निवारण पर विवरण तथा यदि अभ्यास संचालित किया जा रहा हो, तो दूसरे पक्ष को प्रासंगिक जानकारी प्रदान करना;

---

* तवांग के मुद्दे पर अध्याय 3 में भी चर्चा की गई है।

- 1996 के करार के उपबंधों के अनुसार हवाई घुसपैठ से निपटना;
- दोनों पक्षों द्वारा एल.ए.सी. के सर्वेक्षण में अथवा किसी अन्य कारण से उनके सीमा कार्मिकों के एक-दूसरे के आमने-सामने संपर्क में आने की स्थिति में अपनाई जानेवाली प्रक्रिया;
- विद्यमान तीन सीमा कार्मिक बैठक स्थलों अर्थात् स्पान्गुर, नाथुला और बुम्ला में अतिरिक्त बैठकों का आयोजन ताकि दोनों पक्षों के राष्ट्रीय दिवस अथवा सेवा दिवसों का आयोजन किया जा सके;
- सीमा बैठक स्थलों के तंत्र का पूर्वी सेक्टर में किबिचु-दमई तथा मध्य सेक्टर में लिपुलेख दर्रे तक विस्तार;
- चीन के प्रासंगिक सेना क्षेत्रों तथा भारत के सेना कमानों के बीच आदान-प्रदान;
- दोनों सशस्त्र बलों की प्रशिक्षण, खेल और संस्कृति की संस्थाओं के बीच आदान-प्रदान।

यह आशा की गई थी कि इस अतिरिक्त प्रोटोकॉल को शामिल करने से परस्पर वैमनस्य उत्पन्न होने के अवसर दूर हो जाएँगे तथा सीमा क्षेत्र पर्याप्त रूप से सुरक्षित और संरक्षित रहेंगे। अत: वेन की यात्रा की समाप्ति पर एक त्रि-स्तरीय व्यवस्था की गई। उसके शीर्ष पर 'सहमत मापदंडों और मार्गदर्शी सिद्धांतों' पर आधारित 'विशेष प्रतिनिधि' स्तर की वार्ताएँ संचालित की जानी थीं। द्वितीय स्तर पर संयुक्त कार्यकारी समूह के अंतर्गत विस्तृत और व्यापक वार्तालाप संचालित किए जाने थे जिनमें अधिकारी, विशेषज्ञ और तकनीकी कार्मिक शामिल थे। तीसरे स्तर पर दोनों सशस्त्र सेनाओं के बीच आवधिक संपर्क स्थापित किया जाना था, विशेष रूप से वास्तविक नियंत्रण रेखा के आसपास, जहाँ स्थानीय मुद्दों का समाधान स्थानीय स्तर पर स्थानीय कमांडरों द्वारा किया जाना था।

एल.ए.सी. के आसपास व्यवस्थाओं को और अधिक सुदृढ़ बनाने के लिए दोनों पक्षों ने महसूस किया कि दोनों देशों के सशस्त्र बलों के बीच अधिकाधिक संपर्कों को प्रोत्साहन प्रदान किया जाना चाहिए। तत्कालीन रक्षा मंत्री मुखर्जी ने चीन की यात्रा के दौरान इन्हें ठोस स्वरूप प्रदान किया गया, जब 29 मई, 2006 को रक्षा पर उनके बीच पहले समझौता-ज्ञापन पर हस्ताक्षर किए गए। इस समझौता-ज्ञापन में स्पष्टत: उल्लेख था कि वार्षिक रक्षा वार्तालाप, संयुक्त सैन्य अभ्यासों को संस्थापित करते हुए 'निरंतर आदान-प्रदान' किया जाएगा तथा 'रक्षा और बचाव' में आतंकवाद-विरोधी तथा समुद्री डकैतों के विरुद्ध अभियानों में सहयोग प्रदान किया जाएगा। ऐसे आदान-प्रदानों को सर्वप्रथम ली पेंग द्वारा 2001 में अपनी यात्रा के दौरान प्रस्तावित किया गया था। यह आशा की गई थी कि सैन्य क्षेत्र में ऐसे आदान-प्रदान सीमा-क्षेत्रों को स्थायित्व प्रदान करने में सहायक होंगे। पी.एल.ए. डेली के टीकाकार का मानना था कि चीनियों को ऐसे आदान-प्रदानों के माध्यम से यह लाभ होगा कि 'उन्हें विदेशी सेनाओं से सीखने को मिलेगा तथा वे उनके उन्नत सैन्य सिद्धांतों और उपकरणों के बारे में जानेंगे तथा अपनी स्वयं की कमजोरियों और त्रुटियों का पता लगाकर उन्हें दूर करने का प्रयास करेंगे'।[12] विशेष रूप से चीनी पी.एल.ए. भारत से कश्मीर में उग्रवाद-विरोधी अभियानों में प्रयुक्त की जानेवाली भारतीय सेना की रणनीतियों को जानने तथा उसकी युद्ध की

तैयारियों का आकलन करने के इच्छुक थी।

चीनी प्रधानमंत्री वेन के प्रस्थान के तत्काल उपरांत, मनमोहन सिंह जुलाई 2005 में वाशिंगटन गए, जो उनकी एक ऐतिहासिक यात्रा थी। 18 जुलाई, 2005 को जारी एक संयुक्त वक्तव्य में यह कहा गया कि—

राष्ट्रपति बुश ने डब्ल्यू.एम.डी. के प्रसार का निवारण करने में भारत की दृढ़ प्रतिबद्धता के लिए प्रधानमंत्री को सराहना संप्रेषित की है तथा यह कहा है कि उन्नत परमाणु प्रौद्योगिकी के साथ एक जिम्मेदार राज्य के रूप में भारत को अन्य राष्ट्रों की भाँति ही समान लाभ और फायदे अर्जित करने चाहिए। राष्ट्रपति ने प्रधानमंत्री से कहा है कि भारत के साथ पूर्ण असैनिक परमाणु ऊर्जा सहयोग प्राप्त करने के लिए कार्य करेंगे, क्योंकि यह परमाणु ऊर्जा को प्रोत्साहित करने और ऊर्जा सुरक्षा हासिल करने के इसके लक्ष्यों की पूर्ति करता है। राष्ट्रपति कांग्रेस से अमेरिकी कानूनों और नीतियों में समायोजन करने की अनुमति भी प्राप्त करेंगे तथा अमेरिका पूर्ण असैनिक परमाणु ऊर्जा सहयोग को समर्थ बनाने और भारत के साथ व्यापार करने के लिए अंतरराष्ट्रीय प्रणालियों को समायोजित करने के प्रयोजनार्थ अपने मित्रों और सहयोगियों के साथ कार्य करेगा।

अलग से अमेरिकी विदेश विभाग द्वारा यह सूचित किया गया कि अमेरिका इक्कीसवीं शताब्दी में भारत को एक प्रमुख 'विश्व शक्ति' बनने में सहायता प्रदान करेगा।

यह ऐतिहासिक रणनीतिक करार भारत–अमेरिकी संबंधों में एक निर्णायक क्षण था जिसके दूरगामी रणनीतिक परिणाम थे। इस करार के दो महत्त्वपूर्ण आयाम थे। पहला भारत को एक 'उन्नत परमाणु प्रौद्योगिकीवाले जिम्मेदार देश' के रूप में खुले तौर पर स्वीकार किया जाना, जिसके फलस्वरूप भारत को एन.पी.टी. से बाहर एक वास्तविक परमाणु हथियारोंवाली शक्ति के रूप में मौन स्वीकृति प्राप्त हुई और दूसरा अमेरिका द्वारा यह वचन दिया गया कि वह 'अंतरराष्ट्रीय प्रणालियों को समायोजित' करने के लिए अपने मित्रों और सहयोगियों के साथ कार्य करेगा जिससे भारत की परमाणु नीति के संचालन में उसके द्वारा महसूस किए जा रहे भेदभाव को मिटाया जा सकेगा। अमेरिका की इस उल्लेखनीय सहायता के साथ भारत ने परमाणु पार्थक्य से मुक्त होने में एक बड़ी सफलता हासिल कर ली जिसे इस पर थोप दिया गया था। यह करार न केवल साझे मूल्यों पर, बल्कि साझे हितों पर भी आधारित था तथा इनमें संयुक्त कार्रवाई के लिए एक व्यावहारिक कार्यक्रम भी शामिल था। दोनों देशों ने उनकी 'रणनीतिक भागीदारी' को 'व्यापक रणनीतिक भागीदारी' में उन्नयित करने के लिए भी सहमति व्यक्त की।

इस प्रमुख पहल के उपरांत, राष्ट्रपति बुश ने अपनी भारत की यात्रा के दौरान प्रधानमंत्री मनमोहन सिंह के साथ 2 मार्च, 2006 को दोनों देशों के बीच 'असैनिक परमाणु ऊर्जा सहयोग करार' पर भी हस्ताक्षर किए। दिसंबर 2006 में अमेरिकी कांग्रेस ने 'भारत–अमेरिका शांतिपूर्ण परमाणु सहयोग अधिनियम' पारित किया जिसने तीस वर्षों में पहली बार नागरिक परमाणु वाणिज्य को अनुमति प्रदान की। अप्रैल 2007 में अमेरिका, भारत और जापान की नौसेनाओं ने अपना पहला त्रिपक्षीय संयुक्त नौसेना अभ्यास संचालित किया। जापान के साथ भी भारत ने 'व्यापक रणनीतिक भागीदारी' पर हस्ताक्षर किए तथा यह परिकल्पना की गई थी कि इसकी बैठकें हर दूसरे वर्ष

प्रधानमंत्री स्तर पर आयोजित की जाएँगी। जापान के साथ 2007 में उपमंत्री/सचिव स्तर पर वार्षिक रणनीतिक वार्ता भी प्रारंभ की गई।

ये सभी प्रमुख घटनाएँ बीजिंग में चीन के नीति-निर्माताओं की नजरों से नहीं बच पाईं। उन्होंने यह देखा कि मई 2002 में अमेरिकी विशेष सेना की एक टुकड़ी आगरा आई थी तथा उसने दो सप्ताह तक भारतीय टुकड़ियों के साथ अभ्यास में भाग लिया, जो 39 वर्षों में पहली बार हुआ था तथा भारत अमेरिकी मिसाइल रक्षा योजना का स्वागत करनेवाले प्रथम देशों में से एक था। इससे यह संकेत मिला कि दोनों देशों के बीच सैन्य सहयोग पहले ही उच्च स्तर पर पहुँच चुका है। 'पीपल्स डेली' ने भारत, अमेरिका और जापान के बीच इन त्रिपक्षीय अभ्यासों का यह प्रश्न करते हुए मजाक उड़ाया, 'एक संयुक्त सद्भावना नौसैनिक अभ्यास'? कि सैनिक सहयोग में वृद्धि हुई और कि भारत के लिए अमेरिकी हथियारों की ब्रिकी की गुणवत्ता में अब उल्लेखनीय सुधार आ गया था। चीनी विश्लेषकों के अनुसार, अमेरिका तीन मुख्य क्षेत्रों में ध्यान केंद्रित करते हुए अमेरिका-भारत संबंधों को सुदृढ़ बनाने का प्रयास कर रहा था। ये थे—रक्षा, ऊर्जा और आर्थिक संबंध। इस सोच के आधार पर अमेरिका भारत के साथ एक मजबूत राजनीतिक-रणनीतिक भागीदारी स्थापित करने की इच्छा रखता था, जिसमें साझे लोकतांत्रिक मूल्यों, वैश्विक आतंकवाद से लड़ने के साझे हितों, ऊर्जा सुरक्षा हासिल करने, द्विपक्षीय व्यापार को विस्तारित करने और क्षेत्रीय स्थायित्व बनाए रखने पर विशेष बल दिया गया था। दोनों देशों की पहले से ही सॉफ्टवेयर विकास, सेवाओं की आउटसोर्सिंग तथा अवसंरचना और विनिर्माण निवेश में व्यापक परस्पर निर्भरता थी।[14]

परंतु संभवतः परमाणु सौदे के अलावा, इस निरंतर विकसित होते सहयोग के सर्वाधिक उल्लेखनीय पहलू संवर्धित रक्षा और अंतरिक्ष सहयोग तथा उभरते हुए अमेरिका-भारत सैन्य संबंध थे, जो हथियारों की बिक्री से लेकर संयुक्त सैन्य अभ्यासों तक विस्तारित थे। इस संदर्भ में चीनी स्रोतों ने विशेष रूप से अक्तूबर 2002 की भारत-अमेरिका संबंधों पर पेंटागन की रिपोर्ट को निर्दिष्ट किया, जिसमें भारत के प्रति अमेरिकी नीति में एक व्यापक परिवर्तन का संकेत किया गया था तथा उसे एक प्रमुख उभरती हुई शक्ति के रूप में परिभाषित किया गया था और मान्यता प्रदान गई थी और उस मुकाम को हासिल करने में भारत की सहायता करने की बात की गई थी। रक्षा मंत्री मुखर्जी की जून 2005 में की गई अमेरिकी यात्रा के दौरान, दोनों देशों ने दस-वर्षीय रक्षा सहयोग करार पर हस्ताक्षर किए जिसके अंतर्गत अमेरिका को लड़ाकू विमानों के अलावा भारत को व्यापक प्रकृति की रक्षा प्रौद्योगिकी तथा सैन्य सहायता उपलब्ध कराई जानी थी।[15] चीनी विश्लेषकों ने यह सुझाव दिया कि भारत के लिए अमेरिकी नीति में 'प्रतिबंध और नियंत्रण' के स्थान पर 'छूट और प्राथमिकतावाले व्यवहार' में हुए बदलाव का कारण मुख्य रूप से चीन की बढ़ती हुई शक्ति को संतुलित करने की इच्छा द्वारा प्रेरित है। इसके साथ-साथ भारत के बढ़ते हुए रक्षा बजट तथा हथियारों की खरीद ने भी उसे अमेरिकी हथियार निर्यात के लिए एक आकर्षक ग्राहक बना दिया है।[16]

बीजिंग में कुछ रणनीतिक विशेषज्ञ यह मानने के लिए तैयार थे कि अमेरिका-भारत रणनीतिक गठबंधन चीन पर प्रतिकूल प्रभाव नहीं डालेगा और यह ऐसे परिणाम उत्पन्न नहीं करेगा, जो चीन के लिए हानिकारक होंगे। चीनियों का मानना था कि यह तथ्य कि अमेरिका भारत को इक्कीसवीं शताब्दी में प्रमुख विश्व शक्ति बनने में सहायता करेगा और यदि ऐसा हो भी जाता है तो यह उनकी

अपनी कीमत पर होगा। इस संभावना को लेकर चीन में स्पष्ट असहजता व्याप्त थी कि भारत चीन को 'घेरने' के लिए अमेरिका के लिए 'सहायक' हो सकता है। चीनी विशेष रूप से एशिया-प्रशांत क्षेत्र में किसी ऐसी अमेरिकी पहल के बारे में चिंतित थे, जिसमें भारत को तो शामिल किया गया हो, परंतु चीन को छोड़ दिया गया हो।

अमेरिका और भारत के बीच सहयोग के बारे में चीन की गंभीर चिंता का प्रथम संकेत मई 2007 में सामने आया। चीन के विदेश मंत्री यांग जिएची ने हैंबर्ग में हुई बैठक में भारतीय विदेश मंत्री मुखर्जी से कहा कि बसी हुई आवादी (अरुणाचल प्रदेश में) के होने मात्र से सीमा पर चीनी दावे प्रभावित नहीं होंगे।[17] जब मनमोहन सिंह जून 2007 में जी-8 शिखर-सम्मेलन के दौरान चीनी राष्ट्रपति चिंथाओ से हैंबर्ग में मिले, तो सिंह ने उन्हें बताया कि 'मार्गदर्शी सिद्धांतों' के अनुच्छेद VII में पहले ही सहमति बन गई है तथा उस सहमति को अब बदला नहीं जा सकता है। इसके उत्तर में हु जिंताओ ने अपनी बात को केवल शांति, मित्रता, समानता, पारस्परिक लाभ और परस्पर समझ की भावना तक ही सीमित किया तथा उनके विदेश मंत्री द्वारा लिये गए पक्ष को खारिज नहीं किया।[18]

अत: यह प्रतीत हो गया था कि चीन ने एक बार पुन:, जैसा कि उसने पूर्व में भी अनेकानेक बार किया था, समाधान न किए गए सीमा के मुद्दे का प्रयोग भारत पर 'दबाव' बनाने के लिए प्रतिरोधी नीति के रूप में करने का निर्णय ले लिया था। उन्होंने भारतीय वार्ताकारों की परिकल्पना में यह भ्रम दूर करने का निर्णय लिया था कि पूर्वी सेक्टर में 'रियायतों' की चीनियों की माँग अब अतीत की बात बन गई थी, जब वे 'मार्गदर्शी सिद्धांतों' के अनुच्छेद VII से सहमत हुए थे, जिसमें बल दिया गया था कि 'बसी हुई आबादी' को विस्थापित नहीं किया जाएगा। चीनी अब 'मार्गदर्शी सिद्धांतों' के अनुच्छेद V पर बल देने लगे थे, जिसमें 'राष्ट्रीय संवेदनाओं' को निर्दिष्ट किया गया था और उन्होंने इस बात पर बल दिया कि वे इन संवेदनाओं के आधार पर पूर्वी क्षेत्र में अपनी स्थिति को त्याग नहीं सकते हैं। ठीक उसी प्रकार जैसे चोऊ ने 1959 में नेहरू को लिखा था कि चीन 90,000 किलोमीटर के अपने भू-भाग को गँवाते हुए स्वयं के लिए अपमान हासिल नहीं कर सकता है, जो यह चचियांग प्रांत के आकार के बराबर भू-भाग है।[19] किस प्रकार चीनी वार्ताकार पूर्वी सेक्टर में इतनी विशाल भूमि को प्रत्यक्षत: 'उपहार में देते हुए' अपनी 'राष्ट्रीय भावनाओं' को आहत कर सकते हैं?

इस प्रकार 'मार्गदर्शी सिद्धांतों' के अनुच्छेद VII का संपूर्ण निष्कर्ष, जो भारतीय वार्ताकारों के मस्तिष्क में बना हुआ था, शून्य कर दिया गया। ऐसा प्रतीत हुआ कि चीन ने यह निर्णय ले लिया था कि चीन को भयभीत करते हुए भारत द्वारा अमेरिका के साथ रणनीतिक सहयोग करने की प्रक्रिया में भारत को रोकने अथवा डराने का श्रेष्ठ तरीका स्पष्ट रूप से यह संकेत देना था कि इस कदम के 'गभीर' परिणाम भी हो सकते हैं और यह कि भारत को उनसे अवगत रहना चाहिए। यह स्वाभाविक ही था कि चीन ने यह सोचा कि ऐसा करने का श्रेष्ठ तरीका भारत को भारत-चीन सीमावर्ती क्षेत्रों में उसकी कमजोरियों का स्मरण दिलाना था। अत: चीनियों ने एक बार फिर भारत को एक विशिष्ट विदेश नीति की राह अपनाने के लिए 'धमकाने' के उद्देश्य से सीमा के मुद्दे पर कठोर रुख अपनाया।

अत: इस बात से कोई आश्चर्य नहीं हुआ, जब मई 2007 में अरुणाचल प्रदेश के एक

आई.ए.एस. अधिकारी को चीन की यात्रा करने के लिए इस दलील के साथ वीजा देने से इनकार कर दिया गया कि उसे अपने ही देश में यात्रा करने के लिए वीजा की आवश्यकता नहीं है। ऐसा भारत को चिढ़ाने के लिए किया गया था, तथापि चीन अरुणाचल प्रदेश के अन्य यात्रियों के लिए 'संलग्न' वीजा जारी करने के लिए तैयार था। चीन द्वारा जम्मू-कश्मीर के भारतीय नागरिकों के लिए भी इसी के समान मुद्दा उठाया गया। चीन ने 1994 के करार की भावना का उल्लंघन करते हुए एल.ए.सी. पर आक्रामक गश्त भी प्रारंभ कर दी गई थी जिसके परिणामस्वरूप अनेक उल्लंघन किए गए। भारत में चीनी राजदूत सुन यूशी ने चीनी कम्युनिस्ट पार्टी (सी.सी.पी.) के नेता और राष्ट्रपति हु चिंथाओ की नवंबर 2006 में भारत की यात्रा से ठीक पहले सार्वजनिक रूप से अरुणाचल प्रदेश पर अपना दावा किया जिसे बाद में राजनयिक भूल का नाम दिया गया, परंतु वास्तव में यह देखभालकर जान-बूझकर उठाया गया एक सुनियोजित कदम था जिसका उद्देश्य भारत को अधिकतम परेशान करना था। राजदूत सुन के अनुसार 'हमारा यह पक्ष है कि संपूर्ण अरुणाचल प्रदेश राज्य चीनी भू-भाग है और तवांग उसमें केवल एक स्थान-भर है। हम उस संपूर्ण भाग पर ही दावा कर रहे हैं।' राजदूत सुन की टिप्पणियों को चीन के विदेश मंत्रालय द्वारा कभी खारिज नहीं किया गया, बल्कि दूसरी ओर उन्हें चीनी ब्लॉगरों द्वारा व्यापक तौर पर उद्धृत किया गया। इसी दौरान चीनियों ने उनके पाकिस्तान के साथ पहले से ही अपने गहरे संबंधों को परमाणु व्यापार को विस्तारित कर और भी बढ़ाया। चीन ने दो नए परमाणु रिएक्टरों की आपूर्ति के लिए भी स्वीकृति दी। ये कदम स्पष्ट रूप से ऊर्जा के सृजन के प्रयोजन के लिए थे, परंतु ये स्पष्टतः परमाणु आपूर्ति समूह (एन.एस.जी.) प्रणाली से बाहर थे। चीन द्वारा पाकिस्तान को परमाणु और मिसाइल प्रौद्योगिकी की आपूर्ति भारत की सुरक्षा प्रणाली के मर्म पर चोट करने के लिए थी। यहाँ तक कि मुंबई में हुए आतंकवादी हमलों (26.11.2008) में पाकिस्तान के हाथ होने का संबंध था, चीन ने इस पर चुप्पी साध ली थी।

भारत-अमेरिका के विकसित होते संबंधों का सूक्ष्म विश्लेषण और उनकी आलोचना करते हुए चीनियों ने यह ध्यान रखा कि वे अमेरिका के साथ अपने स्वयं के व्यापक संबंधों को अस्थिर न होने दें। भारतीय आकलन यह था कि चीन के साथ अमेरिका के संबंध अत्यंत व्यापक हैं तथा अमेरिका अथवा चीन किसी के लिए भी उन संबंधों को गंभीर संकट में डालना अत्यंत कठिन होगा। एक उच्च-स्तरीय 'रणनीतिक और आर्थिक' वार्तालाप के अलावा, वहाँ वाणिज्य और व्यापार पर संयुक्त आयोग भी विद्यमान था, जिसमें वार्षिक आधार पर बैठकें आयोजित की जाती थीं। सांस्थानिक रूप से उसमें 93 ऐसे द्विपक्षीय तंत्र थे, जहाँ मंत्रिमंडल स्तर के अधिकारियों द्वारा वार्षिक आधार पर परामर्श संचालित किए जाते थे, जिसमें दक्षिण एशिया पर एक द्विपक्षीय अमेरिका-चीन वार्तालाप भी शामिल था। यह चीन के प्रमुख राजनयिक लक्ष्यों में से एक था कि वह अमेरिका को ऐसी प्रणाली की स्थापना के लिए सहमत करे जिसके द्वारा दोनों देश दक्षिण एशिया में होनेवाले घटनाक्रमों पर 'संयुक्त रूप से 'प्रभाव डाल सकें और भारत-चीन सीमावर्ती क्षेत्रों में 'अनिश्चितताओं' का सृजन करना जारी रखे ताकि वह भारत को 'स्मरण' करा सके कि यदि उसने स्वयं को अमेरिकी रणनीतिक नीतियों से अधिक घनिष्ठता से जोड़ने का प्रयास किया तो उसे 'समस्या' का सामना करना होगा।

वर्तमान में 'विशेष प्रतिनिधियों' के स्तर पर पंद्रह चक्रों की वार्ता के पश्चात् भी सीमा के मुद्दे के समाधान के संबंध में आगे कोई प्रगति नहीं हो सकी। अंतरराष्ट्रीय स्थिति की प्रगति और जटिलताओं को ध्यान में रखते हुए इसकी आशा की जा सकती थी। यह तथ्य कि इसमें अत्यंत कम प्रगति हुई थी, इस बात से परिलक्षित होता है कि सीमा मुद्दे पर चर्चा करने के लिए 'विशेष प्रतिनिधि' रखने की अवधारणा पर्याप्त रूप से कमजोर कर दी गई है। ऐसा उनकी चर्चाओं में 'रणनीतिक मामलों' पर चर्चाओं को शामिल करते हुए किया गया। इससे यह इंगित होता है कि संभवतः सीमा मुद्दे पर चर्चा करने के लिए अत्यंत कम समय समर्पित किया गया है, क्योंकि उसमें बहुत ही कम प्रगति दिखाई देती है। वर्तमान में यह सूचित किया गया कि चीनियों ने तिब्बत के साथ तवांग सहित पूर्वी सेक्टर में लगभग 60,000 किलोमीटर भू-भाग को समाविष्ट करने की अपनी दलील को रखने के लिए 'राजनीतिक' मापदंडों के तंत्र का सहारा लिया है,[20], जिसमें यह तर्क दिया गया है कि यह समावेशन 'राजनीतिक' प्रयोजनों के लिए अपेक्षित है, चूँकि छठे दलाई लामा का वहाँ जन्म हुआ था और तवांग में तिब्बती मठों में से सर्वाधिक महत्त्वपूर्ण मठों में से एक मठ स्थित है। इसमें कोई आश्चर्य नहीं कि जबकि दलाई लामा की इस संस्था को चीनियों द्वारा लगभग रोज ही गालियाँ दी जाती हैं, फिर भी इसी संस्था के नाम पर तवांग की भारत से माँग की जा रही है। चीनियों ने 'मार्गदर्शी सिद्धांतों' के अनुच्छेद-III का चतुराई से प्रयोग किया है, जो यह कहता है कि दोनों पक्ष 'सीमा पर अपनी-अपनी संबंधित स्थितियों के प्रति अर्थपूर्ण और पारस्परिक रूप से स्वीकार्य समायोजन करेंगे, ताकि सीमा के मुद्दे पर किसी पैकेज निपटान पर पहुँचा जा सके' जिससे भारत को और अधिक रियायतें देने के लिए बहलाया जा सके ताकि वह कम-से-कम तवांग भाग को वापस लौटा दे।

जैसे-जैसे चीनी अभिवृत्ति सख्त होती गई और अपनी प्राचीन कठोर स्थिति पर वापस लौटते हुए अधिक हठी बन गई, भारत में यह भावना बढ़ती गई कि इस मुद्दे का कोई भी आसान समाधान उपलब्ध नहीं है तथा इस मुद्दे का हल जल्द ही होने की संभावना भी नहीं है। अतः भारत ने अब कोई भी मौका गँवाना नहीं चाहा। अपनी सुरक्षा को मजबूत बनाना उसके लिए अनिवार्य बन गया था, विशेष रूप से पूर्वी सेक्टर में। यह प्रस्ताव किया गया कि अरुणाचल प्रदेश के लिए दो नई अतिरिक्त सेना डिवीजनें खड़ी की जाएँ। उन्नत सुखोई लड़ाकू जेट अब तेजपुर में तैनात हैं। 26 नई रणनीतिक सीमा सड़कों का निर्माण प्रस्तावित है। लद्दाख में पुराने और वर्तमान अप्रयुक्त हवाई-पट्टियों को भी पुनः सक्रिय बनाया गया है। प्रधानमंत्री और विदेश मंत्री दोनों ही ने चीनी मीडिया द्वारा की गई कड़ी आलोचना के बावजूद अरुणाचल प्रदेश का दौरा करने पर जोर दिया। दलाई लामा ने तवांग का दौरा किया और चीन की स्थिति को असहज बनाते हुए घोषणा की कि यह भारत का जुड़ा है!

अतः वर्तमान परिदृश्य लगभग वैसा ही बना हुआ है, जैसा पहले था। दोनों देश विशेष प्रतिनिधि स्तर की 15 दौर की वार्ताओं के बावजूद सीमा मुद्दे के समाधान के नजदीक भी नहीं पहुँच सके। फिर भी वार्तालाप जारी है, क्योंकि ऐसा करना दोनों देशों के लिए राजनीतिक दृष्टि से उपयुक्त है और यह संप्रेषण का महत्त्वपूर्ण माध्यम भी बनता है।

बहुत पहले 1959 में नेहरू ने यह पहचान लिया था कि 'भारत-चीन सीमा अपनी श्रेष्ठतम

परिस्थितियों में भी खतरनाक आशंकाओं का क्षेत्र बनी रहेगी'।[21] नेहरू ने यह भी सही-सही निष्कर्ष निकाला था कि सीमा का विवाद 'हल करना अपेक्षाकृत आसान है', परंतु यह महसूस किया था कि चीन ने इस विवाद को जीवित रखा है और यह कि भारत पर हमला (1962) भारत को अपमानित करने की उसकी वृहद् योजना का ही एक भाग था।[22] अत: नेहरू का आकलन यह था कि चीन के साथ बातचीत करना 'एक दीर्घकालिक कार्य' है तथा यह कि 'हमें इसके लिए तैयार रहना चाहिए और उन परेशानियों का सामना करना चाहिए, जो यह अनिवार्य रूप से हमारे ऊपर थोपता है।[23] संभवत: यहाँ तक कि नेहरू भी यह अनुमान नहीं लगा पाए थे कि लगभग छह दशकों के बाद, विभिन्न स्तरों पर वार्ताओं के अनेक चक्रों के उपरांत भी दोनों देश किसी भी समाधान के निकट नहीं पहुँच पाएँगे और वे अपनी पूर्व की अवस्था में ही बने रहेंगे। शायद उन्होंने यह अनुमान भी नहीं था कि उनकी बात कितनी ज्यादा सही सिद्ध होगी।

जहाँ तक चीनियों का संबंध है, वे भी अत्यंत स्पष्टवादी बने रहे, जब पूर्व प्रधानमंत्री वेन च्यापाओ ने 2011 के अंत में यह बात स्वीकार की कि 'यह संभव नहीं है कि सीमा के प्रश्न को कभी पूर्ण रूप से हल कर लिया जाएगा'। यह संभवत: एक उचित आकलन तथा संभवत: अब तक का सर्वाधिक सटीक वक्तव्य है। साथ ही यह एक अत्यंत निर्णायक वक्तव्य भी है।

संदर्भ :

1. एफ.बी.आई.एस.-चीन, संख्या 98-154।
2. सुसन शिर्क, 'वन साइडेड लाइबिलिटी : चाइनाज पर्सेप्शंस एंड पॉलिसीज टुवड्र्स इंडिया', फ्रैंकेल एंड हार्डिंग (संपा.) में, पृष्ठ 93।
3. सिसिर गुप्ता, दि हिंदुस्तान टाइम्स, 14 जून, 2013।
4. ग्रेवर, वांग फेलिंग, चाइनाज एंटी-एसर्किलमेंट स्ट्रेटेजी (एशियन सिक्यूरिटी ऑनलाइन पब्लिकेशंस), 29 सितंबर, 2011।
5. न्यूज इंडिया टाइम्स, 8 अप्रैल, 2005, पृष्ठ 15।
6. लैंब, दि मैकमोहन लाइन, खंड 2 (लंदन : रूटलेज एंड केगन पॉल, 1966), पृष्ठ 294।
7. वुडमैन, हिमालयन फ्रंटियर्स (लंदन : दि क्रेस्ट प्रेस, 1969), पृष्ठ 123 (बेल पेपर्स, आई.ओ.एल. ई.यू.आर., एम.एस.एस.एफ. 80)।
8. तदेव (बेल भारत सरकार के विदेश विभाग को, दिनांक 6 अगस्त, 1910)।
9. लैम्ब, दि मैकमोहन लाइन, खंड 2 (लंदन : रूटलेज एंड केगन पॉल, 1966), पृष्ठ 305, चीफ ऑफ जनरल स्टाफ द्वारा नोट का पाठ परिशिष्ट-9 पर रखा गया है, वुडमैन, ओ.पी.-सी.आई.टी.. पृष्ठ 370।
10. डब्ल्यू.पी. III, पृष्ठ 93।
11. डब्ल्यू.पी. III, पृष्ठ 93।
12. सन हेयांग, पी.एल.ए. डेली, 2 जुलाई, 2007।
13. दि पीपल्स डेली, 21 अप्रैल, 2007।
14. तदेव, 6 मार्च, 2006।
15. जिनहुआ ऑनलाइन (जिनहुआ वांग)।
16. होऊ होंग्यू, एन. एनालाइसिस ऑफ चेंजेज इन यू.एस. आर्म्स एक्सपोर्ट पॉलिसी टुवड्र्थ इंडिया (बीजिंग : जियानडई गौजी गुआनजी/समकालीन अंतरराष्ट्रीय संबंध)।
17. ब्रह्मा चेलेनी, चाइनाज अनप्रिंसिपल्ड प्रिंसिपल्स', एशियन एज, 16 जून, 2007।
18. जिनहुआ, 7 जून, 2007।

19. श्वेत पत्र II, पृष्ठ 30।
20. इंडियन एक्सप्रेस, 2 दिसंबर, 2012।
21. नेहरू, मुख्यमंत्रियों को पत्र, दिनांक 15 दिसंबर, 1959, खंड-V, पृष्ठ 337।
22. नेहरू, मुख्यमंत्रियों को पत्र, दिनांक 22 दिसंबर, 1962, खंड-V, पृष्ठ 553।
23. नेहरू, मुख्यमंत्रियों को पत्र, दिनांक 21 मई, 1965, खंड-V, पृष्ठ 594।

□

10

अब तक कोई समाधान क्यों नहीं हो पाया?

जब कभी ऐसी स्थिति उत्पन्न हुई, जहाँ आधारभूत नीतिगत निर्णय लेने पड़े हों, इन मामलों के विशेषज्ञ और जानकार रणनीतिक विश्लेषकों और नीति-निर्माताओं ने अनिवार्यत: उनके संबंधित राजनीतिक नेतृत्व की नीति में परिवर्तन की सिफारिश किए जाने से पूर्व विशेष रूप से आंतरिक और बाह्य वास्तविकताओं पर एक अत्यंत प्रगाढ़ और कड़ी दृष्टि डाली होगी। यह बात विशेष ध्यान देने योग्य है कि क्या नीति में किए गए ऐसे परिवर्तन, चाहे वे लघु हों या अन्यथा, के फलस्वरूप पर्याप्त लाभ प्राप्त किए गए थे अथवा क्या ऐसा परिवर्तन कोई प्रमुख हानि दे पाया था। कार्रवाई का समय भी अत्यंत महत्त्वपूर्ण है। कोई भी नीतिगत निर्णय अकेले में नहीं लिया जा सकता है, क्योंकि उसके अनिवार्यत: व्यापक नतीजे भी होते हैं और न ही उन्हें निर्वात में लिया जा सकता है। यह बात भारत-चीन सीमा प्रश्न पर समान रूप से लागू होती है, अत: पिछले अनेक वर्षों में यह बात अत्यंत स्पष्ट बनी हुई है कि कोई समाधान केवल तकनीकी मामला ही नहीं होता है, बल्कि एक राजनीतिक और रणनीतिक मुद्दा भी होता है, जिसके परिणाम द्विपक्षीय क्षेत्र से बाहर भी जा सकते हैं। यदि चीन-भारतीय सीमा का प्रश्न केवल एक तकनीकी मामला ही होता, तो उसे कई वर्ष पूर्व ही सुलझा लिया गया होता।

यह कहना अप्रासंगिक न होगा कि भारत और चीन, दोनों ही देशों में ऐसे राजनीतिक कारक विद्यमान हैं, जो किसी समाधान का पक्ष लेते हैं, परंतु केवल कतिपय परिस्थितियों में ही। वे परिस्थितियाँ क्या हैं तथा क्या वे वर्तमान में भी विद्यमान हैं? दूसरे शब्दों में, किसी समाधान का आकलन एक विशिष्ट समग्र लाभ के रूप में किया जाना चाहिए। यह कहा जा सकता है कि यह लाभ पारस्परिक होना चाहिए, अन्यथा पीड़ित पक्ष निपटान प्रक्रिया को आगे ले जाने में कम रुचि लेगा। भारत-चीन के संदर्भ में यह प्रतीत होता है कि नीति-निर्माता, विशेष रूप से चीनी पक्ष की ओर वाले नीति-निर्माताओं ने ऐसा निर्णय लिया होता कि वर्तमान की यथास्थिति संभवत: किसी समाधान का विकल्प चुनने से बेहतर है। कोई भी समाधान राजनीतिक अथवा रणनीतिक दृष्टि से उचित नहीं होगा अथवा उसके लिए चुकाया जानेवाला मूल्य संभवत: अत्यंत उच्च होगा। अत: यह आकलन करना महत्त्वपूर्ण है कि किसी समाधान में क्या समाहित है और क्या ऐसा करना, दोनों देशों के राष्ट्रीय हित में है। अन्यथा विकल्प के तौर पर क्या वर्तमान गतिरोध ही एक स्वीकार्य परिणाम और पसंदीदा विकल्प बना रहेगा। ऐसे में वर्तमान यथास्थिति का विकल्प चुनने के लिए क्या कारण हैं?

एक प्रश्न, जो प्रायः पूछा जाता है, वह यह है कि यदि द्विपक्षीय वार्तालाप अपेक्षित प्रगति नहीं दिखा पा रहा हो, तो क्या दोनों देशों को किसी तीसरे पक्षकार को शामिल करने का विकल्प नहीं चुनना चाहिए? संभवतः एक तीसरा पक्षकार किसी समाधान पर पहुँचाने के लिए दोनों पक्षों को प्रेरित कर सकता है। अंतरराष्ट्रीय समुदाय में (जिसमें संयुक्त राष्ट्र चार्टर भी शामिल है) और अंतरराष्ट्रीय विधि पर प्राधिकृत पाठ्यपुस्तकों में अंतरराष्ट्रीय विवादों के शांतिपूर्वक समाधान के लिए पाँच विशिष्ट पद्धतियों को मान्यता दी गई है। ये हैं : द्विपक्षीय वार्ताएँ, सद्भावपूर्ण प्रभाव, मध्यस्थता, माध्यस्थम और अंतरराष्ट्रीय न्यायालय के क्षेत्राधिकार के अंतर्गत न्यायिक समाधान, द्विपक्षीय वार्ताओं का पहला तरीका भारत और चीन दोनों के द्वारा अपनाया गया वर्तमान पसंदीदा तरीका है।

दूसरा तरीका विवाद का निपटान करने के लिए किसी अन्य शक्ति के 'सद्भावपूर्ण प्रभावों' का प्रयोग करना है। इस मामले में ऐसी पेशकश करनेवाली शक्ति समाधान प्रदान किए बिना उनके मध्य अनिवार्यतः एक सेतु के रूप में कार्य करती है। इस तरीके को सफल बनाने के लिए ऐसी पेशकश करनेवाले देश का विवाद के निपटान में पर्याप्त हित अवश्य ही निहित होना चाहिए। उनके अपने स्वयं के आकलन में उसकी भागीदारी के परिणामस्वरूप प्रतिष्ठा या शक्ति बढ़नी चाहिए अथवा अपने संभावित आर्थिक/वाणिज्यिक लाभ में उल्लेखनीय वृद्धि होनी चाहिए। यह बात होनी लगभग असंभव है कि कोई भी देश ऐसा जोखिम उठाएगा, यदि उसके लिए वहाँ कोई लाभ विद्यमान नहीं है। इसके अलावा, उस पर दोनों पक्षों द्वारा निश्चित तौर पर भरोसा भी किया जाता हो।

तीसरा तरीका मध्यस्थता है। मध्यस्थता 'सद्भावनापूर्ण प्रयासों' से भिन्न है, जिसमें मध्यस्थ वार्तालापों के दौरान समाधान की पेशकश करता है, परंतु विवादग्रस्त पक्षों की कोई प्रतिबद्धता नहीं होती कि वे मध्यस्थ के प्रस्तावों को स्वीकार ही करें। मध्यस्थता दोनों विवादग्रस्त पक्षों द्वारा विवाद का समाधान तलाशने के लिए उन्हें सहायता करने के अनुरोध के फलस्वरूप भी उत्पन्न होती है। इसमें विवादग्रस्त पक्षकारों के लिए किसी भी प्रकार की कोई अग्रिम प्रतिबद्धता भी निहित नहीं होती है।

चौथा तरीका माध्यस्थम (आर्बिट्रेशन) है। इसमें दोनों पक्षकार किसी निष्पक्ष माध्यस्थम अथवा माध्यस्थमों के निकाय को निवेदन करते हैं। कभी-कभी दोनों पक्षकार एक-एक मध्यस्थ चुनते हैं और तीसरा एक संयुक्त चयन होता है अथवा उसके लिए दोनों की सहमति होती है। इसमें विवाद को अंतरराष्ट्रीय कानून के उपबंधों के अनुसार निपटाया जाता है। यह तरीका न्यायिक समाधान से भिन्न है, जिसमें दोनों विवादग्रस्त पक्षों को माध्यस्थमों के चयन में किसी हद तक अपना पक्ष रखने का अधिकार होता है।

पाँचवाँ तरीका विवादग्रस्त पक्षों के लिए अपने-अपने मामले को अंतरराष्ट्रीय न्यायालय (आई.सी.जे.) के समक्ष प्रस्तुत कर सीधे न्यायिक समाधान हासिल करना है, जहाँ विवाद का निपटान अंतरराष्ट्रीय विधि के सिद्धांतों के आधार पर न्यायिक निर्णय द्वारा किया जाता है। अंतरराष्ट्रीय न्यायालय का निर्णय एकपक्षीय होना आवश्यक नहीं है और अधिकांश मामलों में इसे बहुमत के आधार पर निर्णीत किया जाता है। अनेक देशों ने निपटान के इस तरीके को अपनाया है, परंतु चीन और भारत, दोनों ही ने इस पर आपत्तियाँ व्यक्त की हैं। चीन में अभी तक अंतरराष्ट्रीय

न्यायालय परिनियम के अनुच्छेद 36(2) के अंतर्गत इष्टतम प्रणाली को स्वीकार नहीं किया है। भारत ने इसे स्वीकार तो किया है, परंतु यह आपत्ति लगाई है कि इसके भू-भाग की स्थिति तथा इसकी सीमाओं के परिसीमन से संबंधित विवाद अंतरराष्ट्रीय न्यायालय के अधिकार क्षेत्र से बाहर रहेंगे। फिर भी कोई भी बात भारत और चीन दोनों को अपने विवाद का निपटान करने के लिए अंतरराष्ट्रीय न्यायालय की विधि को अपनाने से नहीं रोकती है[1] अथवा संयुक्त रूप से अथवा अकेले ही अंतरराष्ट्रीय न्यायालय के पास जाने की पहल करने से निवारित नहीं करती है। नेहरू ने 1963 में चोऊ को मामले को अंतरराष्ट्रीय न्यायालय ले जाने का प्रस्ताव किया था।

इस बात पर बल दिया जाना चाहिए कि प्रत्येक विवाद विशिष्ट प्रकृति का होता है। हर विवाद के लिए कोई एक ही तरीका निर्दिष्ट नहीं किया जा सकता है। भारत-चीन सीमा का मामला भी विशिष्ट है तथा इसका समाधान भी दोनों देशों के बीच संबंधों की परिधि में ही ढूँढ़ा जाना चाहिए। अब तक न तो भारत ने और न ही चीन ने, विवाद के निपटान के लिए द्विपक्षीय तरीके के अलावा किसी अन्य पद्धति का विकल्प अपनाया है, क्योंकि यह माना गया है कि यह मामला इतना महत्त्वपूर्ण है कि इसमें किसी तीसरे पक्षकार को शामिल नहीं किया जा सकता है। समाधान तक पहुँचने के लिए किसी भी अन्य देश को मदद के लिए आधिकारिक रूप से शामिल नहीं किया गया है। अतः इसका समाधान, जब भी कभी होगा, अनिवार्यतः द्विपक्षीय वार्तालापों के परिणामस्वरूप ही हासिल होगा।

वर्तमान समय के चीनी रणनीतिज्ञ, सीमा विवाद को निर्दिष्ट करते हुए इस बिंदु पर भी बल प्रदान करते हैं कि चीन-पाकिस्तान संबंध, तिब्बत और दलाई लामा तथा अमेरिका की एशिया को 'पुनर्संतुलन' करने की नीति के तत्त्वावधान में पूर्वी एशियाई देशों के साथ रणनीतिक और सुरक्षा संबंधों में वृद्धि करने की भारत की रुचि ऐसे महत्त्वपूर्ण कारक हैं, जिन्हें चीन को अपनी नीति का निर्धारण करते समय ध्यान में रखना होगा।, जो बात उन्हें चिंतित करती है, वह यह है कि भारत अपनी रणनीतिक स्वायत्तता को त्याग सकता है और चीन को 'नियंत्रित' करने के लिए अमेरिका के साथ संधि कर सकता है। उनका यह मानना रहा है कि अनेक भारतीय नीतिकार तथा प्रभावशाली भारतीय मीडिया का एक बड़ा वर्ग अमेरिका के प्रति झुकाव को प्रोत्साहित कर रहे हैं।[3] चीन के नजरिए में सीमा विवाद के निपटान तथा इन रणनीतिक कारकों के बीच संबंध अच्छी तरह से स्थापित हो चुका था। इनमें से प्रत्येक मुद्दे पर, चीन पहले पूरी तरह संतुष्ट होना चाहता था।

विश्व में ऐसा कोई अन्य देश नहीं है जिसके चीन से लंबे निकटस्थ भू-सीमावर्ती क्षेत्र हों, जो कुल लगभग 22,000 किलोमीटर तक फैले हों जिनमें से लगभग 19,000 किलोमीटर चीन के अल्पसंख्यक क्षेत्रों से संबंधित हैं।[4], जब चीन जनवादी गणराज्य की 1949 में स्थापना हुई थी, चीन की सीमाएँ तीन प्रकार की रेखाओं द्वारा परिसीमित की गई थीं तथा उसके लगभग हर पड़ोसी देश के साथ भू-सीमा विवाद था। ये पूर्व की चीनी सरकारों द्वारा अनुसमर्थित पुराने दस्तावेजों में विद्यमान सीमा रेखाएँ, पारंपरिक सीमाएँ और वास्तविक नियंत्रण रेखाएँ थीं। वर्तमान में चीन की 14 देशों के साथ भू-सीमा है, हालाँकि भारत चीन-पाक अधिकृत कश्मीर सीमा को अवैध मानता है, क्योंकि संपूर्ण जम्मू-कश्मीर भारत का भाग है और इस प्रकार पाकिस्तान की चीन के साथ कोई साझी सीमा नहीं है। भारत के अनुसार चीन की भू-सीमा इस प्रकार तेरह देशों के साथ ही होनी

चाहिए। चीन जनवादी गणराज्य ने अपना पहला भू-सीमा करार 4 जनवरी, 1961 को बर्मा (अब म्याँमार) के साथ किया। इसके बाद चीन ने अपनी भू-सीमाओं का निपटान नेपाल (1961), मंगोलिया (1962), उत्तरी कोरिया (1962), पाकिस्तान (1963) और अफगानिस्तान (1969) के साथ किया। इन निपटानों में चीन की कुल सीमा में से लगभग आधी सीमा समाहित थी। करीब दो दशकों की खामोशी के बाद चीन ने लाओस (1991), रूस (1991, 1994 और 2004), कजाखस्तान (1994), किर्गिस्तान (1996), वियतनाम (1999) और ताजिकिस्तान (1999) के साथ भू-सीमा करारों पर हस्ताक्षर किए। अत: 14 देशों में से, जिनकी चीन के साथ भू-सीमाएँ हैं, 12 राज्यों ने अंतत: जनवादी गणराज्य के साथ सीमा विवाद पूरी तरह से निपटा लिये थे।[5] हालाँकि इस बात में निरंतर संदेह बना रहा कि क्या उत्तर कोरिया के साथ भू-सीमा का वास्तव में पूरी तरह से निपटान कर लिया गया था, क्योंकि दोनों ही पक्ष बैतोशान/पीक्तु-सैन (व्हाइट हैड पर्वत) क्षेत्र पर संप्रभुता का दावा करते रहे हैं। जबकि चीन की भू-सीमाओं के निपटान की प्रक्रिया ने प्रगति दर्शाई थी, चीन की सामुद्रिक सीमाएँ, मुख्य रूप से पूर्व और दक्षिण चीन, सामुद्रिक क्षेत्रों में विवाद का कारण बनना जारी थीं।

हाल के समय में, चीन ने तत्कालीन सोवियत संघ, वियतनाम और भारत के साथ सीमा के विवाद को लेकर झड़पें की हैं। पूर्वी सोवियत संघ और वियतनाम के साथ सीमा विवाद का समाधान होने के साथ ही भारत और भूटान ही केवल ऐसे देश रह गए हैं जिनके चीन के साथ भू-सीमा विवाद निरंतर जारी हैं, जहाँ तक भूटान का संबंध है, चीन का आरोप है कि यह अभी भी 'भारत के दृढ़ नियंत्रण' के अधीन है और यह कि भारत इसे चीन के साथ राजनयिक संबंधों में स्वतंत्र रूप से संलिप्त होने और सीमा के मुद्दे को हल करने की अनुमति नहीं देगा।[6] विवाद में उत्तरी भूटान के समीप, दूरवर्ती और जंगली उत्तरी क्षेत्रों में 495 वर्ग किलोमीटर भूमि, जिसे चीन छोड़ने के लिए इच्छुक था, के बदले रणनीतिक चुंबी घाटी से जुड़ी उत्तर-पश्चिमी भूटान में अतिरिक्त 269 वर्ग किलोमीटर की माँग शामिल थी। इस प्रकार, भारत-चीन सीमा प्रश्न संभवत: सबसे महत्त्वपूर्ण और एकमात्र ऐसा विवाद है, जो दो देशों द्वारा संचालित वार्तालापों की दशकों लंबी अवधि के बावजूद हल नहीं हो सका है (मानचित्र 9)।

यह निस्संदेह ही एक विसंगति है कि क्यों भारत के साथ कोई समाधान नहीं हो सका है जबकि अन्य देशों के साथ सभी सीमा विवाद हल किए जा चुके हैं। ऐसा नहीं है कि इसका कोई समाधान संभव नहीं है, परंतु इसके लिए इच्छाशक्ति होनी चाहिए, कारण होना चाहिए तथा समाधान के लिए अभिरुचि होनी चाहिए। तकनीकी कारण ही निपटान को रोकने के लिए उत्तरदायी नहीं हैं। भारत-चीन सीमा की वर्तमान स्थिति का आकलन करते हुए तीन कारकों को ध्यान में रखा जाना चाहिए। पहला, पश्चिमी सेक्टर में चीनी उनके बताए गए दावे की रेखा तक भू-भाग पर कब्जा किए हुए थे। दूसरा, भारत सैन्य बल का प्रयोग करते हुए उन्हें इस क्षेत्र से हटा पाने की स्थिति में नहीं था। तीसरा, हालाँकि भारत मध्य और पूर्वी सेक्टरों में भू-भाग पर कब्जा किए था, फिर भी चीनी भारतीय नियंत्रणवाले भू-भाग, विशेष रूप से पूर्वी सेक्टर में से और भी बड़े हिस्सों को कब्जे में लेना चाहते थे। संभवत: ये बातचीत के लिए एक चाल है, परंतु इसे हल्के में नहीं लिया जा सकता कि रणनीतिक चीनी उद्देश्य बने हुए हैं, क्योंकि चीनियों ने पूर्वी सेक्टर में संपूर्ण

अरुणाचल प्रदेश पर अथवा इस उद्देश्य से मध्य सेक्टर में छोटे स्थानों को कब्जाने के अपने दावों को अभी छोड़ा नहीं है। चीनी जानते थे कि बल का प्रयोग किए बिना उसके समस्त परिणामों को समझते हुए, भारत मध्य और पूर्वी सेक्टरों में अपनी स्थिति से पीछे नहीं हटेगा।

मानचित्र 9 : भूटान और चीन के बीच विवादित क्षेत्र

Disputed areas between Bhutan and China

यहाँ तक कि चीन तो चीन-भारतीय सीमा पर सैन्य मुठभेड़ों सहित अन्य अप्रिय घटनाओं से बचने के लिए आवश्यक 'वास्तविक नियंत्रण रेखा' का पारस्परिक निर्धारण और चिन्हांकन करने से इनकार भी कर देता है। अत: चीनियों के मन में भारत के साथ सीमा मुद्दे के समाधान को उसके समक्ष विद्यमान क्षेत्रीय, राजनीतिक और वृहद् रणनीतिक मुद्दों से विच्छेदित नहीं किया जा सकता। वस्तुत: यदि भारत के साथ क्षेत्रीय, राजनीतिक और वृहद् रणनीतिक मुद्दों का शांतिपूर्वक समाधान कर दिया जाता तो अनिवार्य रूप से सीमा विवाद का समाधान भी हो जाता। जबसे सीमा के मुद्दे को उठाया गया था और आज के दिन तक भी इस विवाद का उपयोग चीन ने भारत को विदेश नीतियों में परिवर्तन करने के लिए विवश किए जाने हेतु ही किया जिसका प्राय: विवाद से कुछ लेना-देना ही नहीं था। चीन ने उत्पीड़क राजनयिकता के रूप में एल.ए.सी. पर घुसपैठ करने की धमकियों का प्रयोग किया था ताकि निर्णयों को उनकी सुविधानुसार प्रभावित किया जा सके। यही प्रधान कारक भी है कि क्यों चीन ने इसके शीघ्र समाधान की इच्छा नहीं रखी, सिवाय इस बात के कि ऐसा उसकी अपनी शर्तों पर किया जाए। यह एक अत्यंत मूल्यवान प्रपीड़क कूटनीतिक तरीका था जैसा कि हांगकांग के समाचार-पत्र वेन वी पो में छपे लेख में कहा गया है, 'जबकि नई दिल्ली ने सदैव ही यह आशा रखी थी कि दोनों पक्ष को उनके सीमा विवाद को हल करने

के लिए अधिक तेजी से कार्य करना चाहिए···चीन ने एक अच्छे पड़ोस की नीति को क्रियान्वित किया और भारत की और मित्रता का अपना हाथ निरंतर बढ़ाया। भारत ने एक ओर अमेरिका की सहायता से चीन का प्रतिरोध करने तथा दूसरी ओर आर्थिक और व्यापार प्रतिबंध अधिरोपित करने की एक वृहद् रणनीति अपनाई। इस परिस्थिति में, चीन को उसके सीमा विवाद का भारत के साथ त्वरित समाधान पाने के लिए जल्दबाजी करने की आवश्यकता नहीं थी। दूसरे शब्दों में, सीमा का निपटान केवल तभी संभव था, जब भारत, चीन द्वारा खींची गई 'लक्ष्मण रेखाओं' के भीतर ही सिमटा रहता।

चीन के दृष्टिकोण से भारत-चीन संबंधों में सर्वाधिक उल्लेखनीय कारक तिब्बत का मुद्दा है, जो अभी तक सुलझ नहीं पाया है। हालाँकि पिछले अनेक वर्षों में भारत ने यह आधिकारिक रूप से स्वीकार किया है कि तिब्बत चीन का एक स्वायत्तशासी क्षेत्र है और ऐसा बार-बार कहा है, फिर भी चीन के मस्तिष्क में भारत की मंशा के बारे में संदेह निरंतर बना रहा है। यहाँ तक कि चीनी सेना की 1962 की कार्रवाई मैकमोहन रेखा की वैधता अथवा अन्यथा को लेकर नहीं थी। बल्कि जैसा 1964 में माओ त्से-तुंग ने नेपाल के शिष्टमंडल को कहा था, इस तथ्य को ध्यान में रखते हुए की गई थी कि 'भारत सरकार की राय में तिब्बत उनका है।' इसके अलावा चीन ने 1962 की सैन्य कार्रवाई को यह टिप्पणी करते हुए औचित्यपूर्ण ठहराया कि 'भारत के शासक वर्ग ने ब्रिटिश साम्राज्यवाद का चोला ओढ़ लिया है' और चीन के तिब्बत को भारत के प्रभाव के क्षेत्र के रूप में मानना शुरू कर दिया है।[7] तिब्बत के प्रति भारत की मंशा के बारे में चीन की यह धारणा वर्तमान समय तक भी बनी हुई है, क्योंकि, जब कभी भारत-चीन संयुक्त वक्तव्य के लिए कहा गया, चीन ने इस बात पर जोर दिया कि उसमें यह वर्णन करनेवाला वाक्य जोड़ा जाए कि 'तिब्बत चीन का भाग है।' पूर्व में चीन का शब्दाडंबर सदैव ही तिब्बत में असंतोष के लिए उसकी अपनी दमनकारी नीतियों के स्थान पर तिब्बत के प्रति भारत के 'षड्यंत्र' को जिम्मेवार ठहराता रहा है। वर्तमान में वे दलाई लामा को भी दोष देते हैं। भारतीय सेना के उत्तर दिशा में प्रचालनों के लिए एक नई स्ट्राइक कोर खड़ा करने के निर्णय ने भारत की मंशाओं के बारे में चीनी शंका को कम नहीं होने दिया। इसके अलावा, चीनियों ने भारत द्वारा अपनी सैन्य क्षमता में वृद्धि करने के कदम को भी 'चीन को नियंत्रित करने के लिए पश्चिम द्वारा उपलब्ध कराई गई व्यापक योजना' के रूप में माना।

पिछले अनेक वर्षों में किए गए अनेकानेक प्रयासों के बावजूद चीन अभी तक तिब्बत की पूर्ण स्वायत्तता अथवा स्वतंत्रता की आकांक्षाओं की पूर्ति नहीं कर पाया है। चीन ने निर्दयतापूर्वक किए गए आक्रमणों से लेकर आर्थिक उपायों तक हर प्रयास आजमाकर देख लिया है और फिर भी तिब्बती अपनी स्वतंत्रता की अभिलाषा कर रहे हैं तथा उन्होंने अपनी इस प्राचीन माँग को मरने नहीं दिया है। चीन लगभग पचास वर्ष तक चलनेवाले तथाकथित 'लोकतांत्रिक सुधारों' के बावजूद तिब्बत के प्रति विश्वास की भावना नहीं रख पाया है।[8] यहाँ तक कि कभी-कभी चीनी अधिकारी हल्के-फुल्के क्षणों में स्वीकार करते हैं कि हालाँकि उनकी आर्थिक रणनीतियाँ सफल रही हैं, फिर भी स्वामित्व सुनिश्चित करने की उनकी राजनीतिक रणनीति पूर्णतः असफल हुई है। चीनियों ने 2008 में बीजिंग ओलंपिक खेलों में काफी परेशानी झेली, जब तिब्बत में व्यापक अशांति फैल

गई। 2008 में तिब्बत में हुआ तिब्बती विरोध 1959 में दलाई लामा के निर्वासन के बाद सर्वाधिक विशाल और व्यापक था। वर्ष 2009 के बाद से लगभग 126 तिब्बतियों ने चीनी शासन के विरोध में आत्मदाह किया है। जिन लोगों ने तिब्बत की स्वतंत्रता के बारे में अपनी मंशा और अधीनस्थ लोगों के रूप में अपनी व्यथा के अभिलेख छोड़े थे, उन्होंने दलाई लामा की तिब्बत वापसी का आह्वान किया।[10] चीनियों ने अपने उन्माद में, इसमें भी भारतीय 'हाथ' होने का संदेह किया। जिनजियांग (सिनकियांग) में उइघुर जनसंख्या के मध्य फैले हाल के असंतोष, जिनके दंगों ने चीनी शासन का विरोध किया था, को लेकर भी चीन की 'तथाकथित' बाहरी हस्तक्षेप की रट कम नहीं हुई। जुलाई, 2009 के दंगों में लगभग 200 लोग मारे गए थे।[11] कभी-कभी छिटपुट तिब्बती प्रदर्शन भी हो जाया करते थे जैसे प्रार्थना कक्ष में दलाई लामा की तसवीरें दिखाना, विरोध में कविता लिखना अथवा संगीत बजाना[12] अथवा चीनी अधिकारियों की उपस्थिति में दक्षिण की ओर मुड़ जाना (धर्मशाला की ओर, जहाँ दलाई लामा रहते हैं) और मौन प्रार्थना करते हुए अपने सिरों को झुकाना—इन सभी हरकतों ने चीनियों को अत्यंत चिढ़ाया।

चीन ने यह महसूस किया कि भारत-चीन सीमा वस्तुत: तिब्बत-भारत सीमा के समान ही बड़ी है, सिवाय उन छोटे स्थानों के, जो जिनजियांग से सटे हैं। ऐसे पुराने तिब्बती मानचित्र उपलब्ध नहीं हैं, जो भारत के साथ तिब्बत की दक्षिणी सीमा को दर्शाते हैं, तथापि चीन जितना भी आज इस मुद्दे को उछालता है, 1911 से 1951 की अवधि तक चीन पूर्णत: परिदृश्य से गायब था तथा तिब्बत पूर्णत: स्वतंत्र था। तिब्बत में कोई भी चीनी सैनिक अथवा प्रशासक विद्यमान नहीं था तथा तिब्बत-भारत सीमा के समीप कहीं भी कोई प्रभावी चीनी नियंत्रण नहीं था। चीन इस बात से अवगत था कि अधिकांश तिब्बती अभी भी ऐसी ही अवधि की वापसी होने की अभिलाषा रखते हैं। यहाँ तक कि माओ त्से-तुंग ने 6 अप्रैल, 1952 को सी.सी.पी. के निर्देश में स्वीकार किया था कि 'जबकि सैकड़ों-हजारों हान लोग सिनकियांग में रहते हैं, तिब्बत में बिल्कुल भी नहीं रहते हैं और वहाँ हमारी सेना स्वयं को एक पूर्णत: अल्पसंख्यक क्षेत्र में पाती है' और यह कि 'तिब्बत की साम्यवादी स्वाधीनता के लिए कोई सामाजिक अधिकार अथवा लोकप्रिय समर्थन नहीं है।'

इतिहास यह बताता है कि आंतरिक एशिया, जिसमें तिब्बत रणनीतिक केंद्र में स्थित था, समय-समय पर राजनीतिक उतार-चढ़ावों से ग्रसित था। अतीत में मध्य एशिया में तिब्बती सांस्कृतिक और धार्मिक प्रभाव अत्यंत उल्लेखनीय था। यही कारण था कि चीन, मध्य एशिया में सोवियत संघ के उत्तरवर्ती राज्यों के साथ सीमा करार निष्पादित करने की इतनी जल्दी में था। चीन के जिनजियांग प्रांत के समुदाय मध्य एशिया के राज्यों के समुदायों से परस्पर व्याप्त हैं तथा उनकी सीमा के पार अपने भाइयों के साथ सांस्कृतिक, धार्मिक और नृजातीय आस्था अत्यंत सुदृढ़ थी। इन समुदायों की चीन की केंद्रीय सरकार के प्रति निष्ठा अपेक्षाकृत कम थी। अत: जिनजियांग में प्रशासनिक और राजनीतिक नियंत्रण अत्यंत समस्याजनक हो गया और उसे मध्य एशियाई गणराज्यों में होनेवाली घटनाओं से पूर्णत: अलग नहीं रखा जा सका। यही कारण था कि चीनियों ने यह महसूस किया कि चीन के पश्चिमी और दक्षिण-पश्चिमी दोनों ही क्षेत्रों में मजबूत चीनी सेना की उपस्थिति आवश्यक है। जब तक सुदृढ़ चीनी सेना तिब्बती परिदृश्य पर रहेगी तथा भारत-तिब्बत सीमा के आसपास बड़ी मात्रा में तैनात रहेगी, भारत सदैव ही चिंतित और भयभीत रहेगा। इसी प्रकार निकटस्थ सीमा

पर मजबूत भारतीय सेना इकाइयों की उपस्थिति सदैव ही चीनियों के लिए चिंता का कारण बनी है कि कहीं ऐसा न हो कि भारतीय तिब्बत और उसके आगे के क्षेत्रों के आंतरिक मामलों में हस्तक्षेप करने के लिए प्रेरित हो जाएँ। चीन सदैव ही विशेष रूप से प्रशिक्षित भारतीय सेना इकाइयों के बारे में जानता रहा है, जिनमें मुख्यत: तिब्बती भी शामिल थे, जो सीमा पर भारत की ओर तैनात की गई थीं।

दलाई लामा धर्मशाला (भारत) में अपने हजारों अनुयायियों के साथ निर्वासन में रह रहे हैं। वे तिब्बती समुदाय का मर्म हैं, एक ऐसे व्यक्ति जिनकी ओर तिब्बती हर बात के लिए मार्गदर्शन के लिए देखते हैं। वे उन्हें आस्था, विश्वास तथा ऐसा भरोसा प्रदान करते हैं, जो अन्य किसी भी संबंध की तुलना में अतुलनीय है।[13] चीनी दलाई लामा के हर कदम को आशंका के साथ देखते हैं। दलाई लामा अभी भी तिब्बत में पर्याप्त उथल-पुथल आरंभ कर सकते हैं जिससे चीनियों को विकट स्थिति का सामना करना पड़ सकता है। चीनी इस बात से अवगत हैं कि दलाई लामा द्वारा अंतरराष्ट्रीय स्तर पर निरंतर हासिल किया जा रहा अत्यंत उच्च स्थान तिब्बतियों के मन से उनकी स्वाधीनता की भावना को पूर्णत: समाप्त नहीं होने देगा। बौद्ध समुदाय में तथा अन्यत्र भी दलाई लामा की प्रतिष्ठा अत्यंत उच्च है तथा चीनियों द्वारा उनके व्यक्तित्व पर किए गए घृणित हमलों को तिब्बतियों द्वारा उनकी जीवन-शैली और मर्यादा की अवमानना के रूप में देखा जाता है। चीनी वर्तमान दलाई लामा द्वारा प्रयोग में लाई जा रही शालीनता से भी परिचित हैं, हालाँकि उन्होंने इसे कभी भी स्वीकार नहीं किया है, परंतु वे उग्रवादी तिब्बती युवा कांग्रेस (टी.वी.ई.सी.) के उदय से भी परेशान हैं, जिसे वे अल-कायदा के समान ही मानते हैं।[14] चीनियों को इस बात से भी खीझ थी कि 2011 में भारत ने दलाई लामा द्वारा अपनी राजनीतिक भूमि भूमिका त्यागने की घोषणा के उपरांत तिब्बती 'निर्वासित सरकार' के लिए हुए चुनावों को आयोजित करने से रोकने के लिए कुछ नहीं किया। इसकी तुलना में, ऐसे चुनाव चीन द्वारा नियंत्रित तिब्बत स्वायत्त क्षेत्र (टी.ए.आर.) में पहले कभी आयोजित नहीं किए गए थे।

इस प्रकार, इंटरनेट और संचार प्रौद्योगिकी (आई.सी.टी.) क्रांति तथा सोशल मीडिया के माध्यम से प्राप्त की गई त्वरित जानकारी जिनमें प्राय: दलाई लामा के संदेश होते हैं, यहाँ तक कि वे तिब्बत के भीतर प्रसारित होते हैं, ने चीन को और भी चिढ़ा दिया है। तिब्बत के इस आंदोलन ने इन नए माध्यमों से व्यापक प्रचार-प्रसार प्राप्त कर लिया है तथा चीनी राजनीतिज्ञों, सिविल सोसाइटी और अन्य प्रभावी संस्थाओं, विशेष रूप से पश्चिमी देशों को प्रभावित करने की इसकी क्षमता से काफी परेशान हैं। मानव अधिकारों का मुद्दा निरंतर विदेश नीति का एक महत्त्वपूर्ण उपकरण बन रहा है। चीनी इस तथ्य से सतर्क हैं कि दलाई लामा के वृद्ध होने से, उनके उत्तराधिकारी के पास भी तिब्बत के भीतर पर्याप्त असंतोष उत्पन्न करने की संभावना है जिससे उन्हें अत्यंत चिंता हो रही है। यदि नए दलाई लामा भारत में 'मिलते' हैं और वे निरंतर भारत में रहते हैं, तो वह वर्तमान दलाई लामा की तुलना में और अधिक मजबूत और लोकप्रिय हो सकते हैं। अत: पूर्व की भाँति चीन को भारत के सहयोग की आवश्यकता बनी रहेगी। भारत को यह स्मरण दिलाने कि वह 'तिब्बत के मामले' का लाभ न उठाए, के स्थान पर बेहतर यही है कि सीमा मुद्दे को निरंतर जीवंत रखा जाए तथा पूर्वी क्षेत्रों में भारतीय सुरक्षा को नुकसान पहुँचाने के लिए चीन की क्षमता का उस मामले में लाभ उठाया जाए, ताकि आवश्यक होने पर भारत के 'सहयोग' को बलपूर्वक हासिल किया जा सके।

चीनियों के पास सदैव ही रणनीतिक विचारों की उत्कृष्ट ओर गूढ़ परंपरा रही है। पाँचवीं शताब्दी में एक चीनी रणनीतिज्ञ वांग जिंगजे ने कथित रूप से 36 दाँव-पेचों की सूची का संकलन किया तथा उनमें से एक सूचीबद्ध दाँव-पेच (संख्या 3) 'उधार के चाकू से हत्या' करना था, जैसा कि यह सदैव से ही चीन का महत्त्वपूर्ण रणनीतिक उद्‍देश्य रहा था कि वह भारतीय प्रभाव को दक्षिण एशिया क्षेत्र तक ही सीमित रखे, पाकिस्तान जैसे इच्छुक साझीदार की सेवाएँ लेने से अच्छा तरीका और क्या हो सकता था? अत: यह बात अकारण ही नहीं है कि चीन ने पाकिस्तान के साथ 'बारहमासी' संबंधों को हमेशा ही बनाए रखा है, जो भारत के हितों के विरुद्ध है। दक्षिण एशिया में पाकिस्तान के अलावा कोई ऐसा अन्य देश नहीं है जिसने चीन का अधिक ध्यान आकर्षित किया हो। चीन संभवत: यह उम्मीद करता है कि पाकिस्तान भारत के साथ अपने विरोध के चलते 'अपनी चाल' पर ही चलेगा। इस संबंध के दो महत्त्वपूर्ण पहलू हैं, जिन्होंने भारत को चिंतित किया है। ये हैं—परमाणु मुद्‍दा और चीन की ओर से पाकिस्तान को व्यापक हथियारों की आपूर्ति। इन कारकों के चलते पाकिस्तान भारत के विरुद्ध आक्रामक और विरोधी रवैया अपनाने के लिए प्रोत्साहित होता है और इस तरह भारत दक्षिण एशिया के घटनाक्रमों में ही 'उलझकर' रह गया है, जिससे चीन को पर्याप्त रणनीतिक लाभ हासिल हुए हैं।

चीन ने पाकिस्तान को परमाणु हथियार रखनेवाला देश बनाने में मदद दिए जाने के लिए केंद्रीय भूमिका निभाई। अपनी इस भूमिका को जारी रखते हुए, चीन पाकिस्तान को उसकी परमाणु ऊर्जा क्षमता को 770 मेगावाट से बढ़ाकर 2030 तक 8000 मेगावाट करने के लिए मदद दे रहा है। चीन पाकिस्तान को विश्व में सबसे तेजी से विकसित परमाणु हथियार जमा करनेवाला देश बनाने में भी मदद कर रहा है।[15] अमेरिका की ओर से वह मदद मिल पाने में असफल रहने, जो उसने भारत को प्रदान की थी, के बाद अब पाकिस्तान ने उस कमी की पूर्ति करने के लिए चीन पर नजरें टिका दी हैं तथा इसके प्रत्युत्तर में चीन ने पर्याप्त संकेत दिए हैं कि वह ऐसा करने के लिए तैयार है। चीन इस सिद्धांत को नहीं मानता है कि परमाणु सहयोग उस आधार पर पाकिस्तान को नहीं प्रदान किया जा सकता है, जिस पर उसे भारत को दिया जाता है, क्योंकि भारत और पाकिस्तान 'भिन्न राष्ट्र हैं जिनके भिन्न-भिन्न इतिहास हैं, अत: उनकी आवश्यकता भी भिन्न है।' चीन भारत और पाकिस्तान के बीच समतुल्यता दर्शाने का पक्षधर है और उसने भारत की दी गई एन.एस.जी. छूट की 'भेदभावकारी' प्रवृत्ति की आलोचना की है और यह माँग की है कि यह छूट पाकिस्तान को भी दी जानी चाहिए। पाकिस्तान के परमाणु हथियार कार्यक्रम का 'पिता' था ही, अब वह एन.एस.जी. दिशा-निर्देशों की अवमानना करके पाकिस्तान के सिविल परमाणु हथियार कार्यक्रम का 'पितामह' बनने की भी मंशा रखता है। उसने कथित रूप से उसे 6 नए परमाणु रिएक्टरों की आपूर्ति करने की सहमति दी है। चीनी इस बात से पूरी तरह अवगत हैं कि पाकिस्तान की परमाणु हथियार प्रणालियाँ भारत-केंद्रित हैं और इसके बावजूद उसने पाकिस्तान को मुख्य वितरण प्रणालियों की आपूर्ति की है, जिसमें 1992 में 34 कम दूरीवाली एम-11 युद्धक मिसाइलों की आपूर्ति भी शामिल है।[16] इसमें कोई संदेह नहीं है कि चीन पाकिस्तान के परमाणु हथियारों के विकास को गति देने के लिए निर्णायक सहयोगकर्ता बना रहेगा।

चीन पाकिस्तान की सेना को मुख्य सैन्य हथियारों का आपूर्तिकर्ता भी है। एस.आई.पी.आर.

आई. के अनुसार चीन के हथियारों के कुल निर्यात का लगभग 55 प्रतिशत पाकिस्तान को जाता है। चीन के विश्वव्यापी हथियार निर्यात में 2008–2012 की अवधि के दौरान 162 प्रतिशत की अभूतपूर्व वृद्धि हुई है। चीन ने हथियार निर्यात में ब्रिटेन को पाँचवे स्थान से हटा कर यह स्थान प्राप्त कर लिया है।[17] चीनी लड़ाकू विमानों से लेकर मिसाइलों और जलयानों तक की आपूर्ति पाकिस्तान को करते हैं। इसका उद्देश्य यह सुनिश्चित करना है कि भारत सदैव दो मोर्चों से चुनौती का सामना करता रहे। अत: चीन यह नहीं चाहता कि भारत के लिए खतरा समाप्त हो जाए, वह या तो पाकिस्तान की ओर से आता रहना चाहिए था अथवा चीन-भारतीय सीमा की ओर से। चूँकि पाकिस्तान एकमात्र ऐसा दक्षिण एशियाई देश है, जो भारत का सैन्य प्रतिरोध कर सकता है और चीन यह नहीं चाहता है कि वह पाकिस्तान में अपनी रणनीतिक दृष्टि से महत्त्वपूर्ण स्थिति को खो दे। इसलिए चीन सीमा के मुद्दे का द्विपक्षीय आधार पर समाधान करने के लिए राजी ही नहीं हो सकता, क्योंकि उस स्थिति में पाकिस्तान की स्थिति कमजोर हो जाएगी और उसे भारत की ओर से अत्यधिक सेना के दबाव का सामना करना होगा। इन वर्तमान परिस्थितियों में पाकिस्तान एक अत्यंत मूल्यवान सहयोगी है और चीन पाकिस्तान के साथ अपनी मित्रता छोड़ना नहीं चाहता है, जो उसने अत्यंत कड़े प्रयासों से स्थापित की थी। दूसरी ओर, एक स्पष्ट हालिया प्रवृत्ति, चीन और पाकिस्तान के बीच संबंधों को सुदृढ़ बनाने की है, विशेष रूप से पाकिस्तान के महत्त्वपूर्ण उत्तरी क्षेत्रों में, जहाँ पी.एल.ए. इकाइयों की उपस्थिति की रिपोर्टें प्राप्त हुई हैं। चीन और पाकिस्तान, दोनों ही के रणनीतिक हित दक्षिण एशिया में निहित थे, जैसा कि पूर्व चीनी प्रधानमंत्री वेन जियाबाओ ने तत्कालीन पाकिस्तानी प्रधानमंत्री जिलानी को बताया था कि चीन निरंतर रणनीतिक भागीदारों के रूप में अपने साझे हितों की रक्षा करने के लिए पाकिस्तान के साथ सहयोग करने के लिए इच्छुक है।[18] स्पष्टत: 'साझे हितों' का अर्थ केवल भारत को मिल-जुलकर 'शांत' रखने के लिए ही था। चीन वर्तमान में न तो भारत को कोई भी रणनीतिक दर्जा देने का इच्छुक है और न ही वह यह चाहता है कि भारत दक्षिण एशिया में एक अग्रणी और निर्विवादित सैन्य शक्ति बने, क्योंकि इसका अर्थ होगा, दक्षिण एशिया से चीन के प्रभाव की समाप्ति। चीन के पास दक्षिण एशिया में कोई रणनीतिक स्थान नहीं बचेगा।

बीजिंग में मौजूद कोई भी रणनीतिक विश्लेषक यह महसूस कर सकता है कि किसी भी चीन-भारत टकराव की स्थिति में अमेरिका की भूमिका महत्त्वपूर्ण होगी। अमेरिका अभी भी एकमात्र ऐसी महाशक्ति है, जो विश्व के किसी भी भाग में शक्ति का प्रदर्शन करने में समर्थ है और जिसके पास पर्याप्त आर्थिक और सैन्य ताकत है। भारत और चीन दोनों ही अमेरिका के साथ अपने-अपने द्विपक्षीय संबंधों को किसी अन्य संबंध की तुलना में सर्वाधिक महत्त्वपूर्ण मानते हैं। चीन ने भारत-प्रशांत क्षेत्र में भारत द्वारा बड़ी भूमिका निभाने के लिए अमेरिका के आह्वान को कुछ चिंता के साथ देखा है। जैसा कि अमेरिका के डिप्टी सेक्रेटरी ऑफ स्टेट्स विलियम बर्न्स का कहना है, 'हिंद महासागर और प्रशांत महासागर में भारत की मजबूत उपस्थिति आरामदेह स्थिति का स्रोत है तथा यह सामुद्रिक क्षेत्र में संपूर्ण सुरक्षा प्रदाता के रूप में इसकी क्षमता की पुष्टि करती है।'[19] अत: भविष्य में भारत-अमेरिका संबंधों के विकसित होने की संभावना चीन के लिए अत्यंत रणनीतिक महत्त्व की है। चीनी विश्लेषकों ने तीन ऐसे क्षेत्रों को चिह्नित किया है जिनसे

अमेरिका भारत के साथ अपने संबंधों को मजबूत बनाने के प्रयास कर रहा है। ये हैं—रक्षा, ऊर्जा और आर्थिक संबंध। उन्होंने यह महसूस किया था कि अमेरिका और भारत दोनों ही सामंजस्य से कार्य कर रहे हैं और उनके पास चीन की शक्ति के समीकरण को प्रभावित करने की क्षमता है, विशेष रूप से हिंद-प्रशांत क्षेत्र में। भविष्य में, एशियाई रणनीतिक परिदृश्य पर तीन शक्तियों द्वारा प्रधानता किए जाने की संभावना है—अमेरिका, चीन और भारत। यह स्वाभाविक है कि इनमें से किसी दो का संयोजन आसानी से तीसरे पर हावी हो सकता है। चीन इस बात से अवगत है कि एशिया में भारत ही ऐसा एकमात्र प्रमुख महाद्वीपीय प्रतिद्वंद्वी बच गया है, जो चीन को 'नियंत्रित' करने में सक्षम है।

चीन के लिए चिंता की मुख्य बात भारत-अमेरिका सैन्य सहयोग में वृद्धि है। 2002 के बाद से अमेरिका और भारत ने 50 से अधिक सैन्य अभ्यास संचालित किए हैं, जिसमें संयुक्त नौसेना अभ्यास, उच्च तुंगता अभियान, हवाई युद्धक अभ्यास और युद्ध कौशल तथा छद्म युद्ध और अन्य अभ्यास भी शामिल हैं जिनसे पता चलता है कि इतनी अल्प अवधि में दोनों देशों के बीच संबंध किस हद तक विकसित हो चुके हैं।[20] मिसाइल रक्षा में सहयोग पर नीतिगत रक्षा समूह में चर्चा की गई तथा उस पर सहमति व्यक्त की गई। 2008 में भारत ने यह घोषणा की कि अमेरिका की सहायता से एकीकृत मिसाइल रक्षा प्रणाली के लिए योजनाएँ तैयार की जाएँगी, जो 2011 तक प्रचालन में आ जाएँगी।

अक्तूबर 2002 में पेंटागन की एक रिपोर्ट ने भारत के प्रति अमेरिका की नीतिगत अभिरुचि में एक मुख्य बदलाव प्रदर्शित किया तथा भारत को एक उभरती हुई शक्ति के रूप में मान्यता दी और यह आश्वासन दिया कि वह भारत की उस हैसियत को प्राप्त करने में मदद करेगा। वर्ष 2005 में हस्ताक्षरित 10 वर्षीय रक्षा फ्रेमवर्क सहयोग करार में विस्तारित संयुक्त सैन्य अभ्यास, संवर्धित रक्षा संबंधी व्यापार का आह्वान किया गया था और यह भी कि अमेरिका भारत को व्यापक स्तर पर रक्षा प्रौद्योगिकी एवं सहायता उपलब्ध कराएगा, जिसमें अंतरिक्ष और अन्य उच्च प्रौद्योगिकी के क्षेत्र भी शामिल हैं। हाल ही में, वाशिंगटन में राष्ट्रीय सुरक्षा सलाहकारों के साथ बैठक के उपरांत यह निर्णय लिया गया कि भारत और अमेरिका ने क्रेता-विक्रेता की स्थिति से आगे बढ़ते हुए पूर्व की तुलना में कहीं उच्च स्तरों पर प्रौद्योगिकी के अंतरण सहित विभिन्न रक्षा उपकरणों के विकास और सह-उत्पादन तक पहुँचने का निर्णय लिया है।[21]

चीनी विश्लेषकों का मानना है कि वर्ष 2005, जब भारत-अमेरिकी परमाणु करार के लिए वार्ताएँ प्रारंभ हुई थी, एक अहम् वर्ष था। प्रतिबंध और नियंत्रण से लेकर भारत के लिए 'छूट' और 'वरीयता प्राप्त व्यवहार' के रूप में अमेरिकी नीति में परिवर्तन एक औचित्यसम्मत निष्कर्ष था तथा यह मुख्य रूप से चीन की बढ़ती हुई शक्ति को संतुलित करने तथा भारत को चीन के विरुद्ध एक रणनीतिक प्रतिद्वंद्वी बनाने की अमेरिका की इच्छा से जुड़ा था।[22] चीनियों ने यह महसूस किया कि अपनी सैन्य शक्ति में वृद्धि करने का भारत का कदम 'चीन को नियंत्रित रखने के लिए पश्चिम की एक वृहद् योजना का परिणाम था।' जैसा कि 'पीपल्स डेली' ने लिखा—

हालाँकि, दोनों पक्षों ने यह कहा है कि इस करार का चीन के साथ कुछ भी लेना-देना नहीं है···चीनी कारण भी अत्यंत स्वाभाविक है। दोनों (अमेरिका और भारत) चीन के विकास

से असहजता महसूस करते थे, हालाँकि उनमें से किसी ने उसका उल्लेख नहीं किया था। अमेरिकी नियोकॅन (नव-रूढ़िवादी) लंबे समय से इस बात पर जोर दे रहे हैं कि दीर्घकालिक खतरा चीन से है, जबकि भारत स्पष्टत: यह महसूस कर रहा है कि चीन एक ऐसा पड़ोसी है, जो आर्थिक और सैन्य शक्ति में उससे काफी मजबूत है।

शायद ही कोई चीन का रणनीतिक विश्लेषक यह मानने के लिए तैयार हो कि भारत-अमेरिका संबंधों का यह उन्नयन चीन के हितों को प्रतिकूल रूप से प्रभावित नहीं करेगा तथा इसके परिणाम चीन-विरोधी नहीं होंगे। चीन का आकलन यह है कि भारत को एक प्रमुख भारत-प्रशांत शक्ति बनाने में उसकी सहायता करने के अमेरिका का निर्णय केवल चीन की कीमत पर ही किया जाएगा। ऐसी किसी भी संभावना को लेकर चीन के भीतर स्पष्ट असहजता और परेशानी की स्थिति थी। कुछ ने तो भारत-अमेरिका सैन्य संबंधों के विकास को एशिया के पुन: केंद्र-बिंदु बनाने की वृहद् अमेरिकी नीति के भाग के तथा ऐसे प्रयास के रूप में देखा था, जो चीन को 'नियंत्रित' करने के लिए एशियाई देशों को साथ आने के लिए 'प्रोत्साहित' और 'उत्प्रेरित' करने से संबंधित था। जैसा कि 'पीपल्स लिबरेशन आर्मी डेली' ने लिखा था, 'अमेरिका चीन के उदय को नियंत्रित करने के लिए अग्रिम रूप से एशिया-प्रशांत क्षेत्र में अपनी शक्ति झोंक रहा है।'[23] समस्त दोष अमेरिका पर ही नहीं मढ़ा जा सकता है, क्योंकि भारत को भी उसके लिए एक इच्छुक सहयोगी के रूप में देखा जा रहा है। यह महसूस किया गया कि भारत को 'प्रतिरोध करने और चीन को नियंत्रित रखने के लिए अमेरिकी योजनाओं के प्रति उसके द्वारा प्रदान किए जा रहे महत्त्व को बताना जरूरी है' ताकि वह अमेरिकी सैन्य सहायता हासिल कर सके और (इस प्रकार) अपनी अंतरराष्ट्रीय हैसियत को ऊँचा कर सके। भारत और चीन के बीच सीमा पर भारतीय सेना में वृद्धि अमेरिका की अपेक्षाओं को पूरा करने और फिर अमेरिका से सहायता हासिल करने के लक्ष्य पर आधारित है।

अत: चीन के सम्मुख दो मुख्य नीतिगत विकल्प थे। पहला, भारत-चीन सीमा क्षेत्रों में वास्तविक नियंत्रण रेखा पर घुसपैठ जारी रखते हुए भारत को 'धमकाने' की उत्पीड़क राजनयिकता को जारी रखे ताकि भारत को यह स्मरण कराया जा सके कि यदि वह स्वयं को अमेरिका के हितों के साथ घनिष्ठ रूप से सहयोजित करता है, तो युद्ध की अवस्था में चीन के सामने अत्यंत असहाय साबित होगा। जैसा कि 2005 में प्रकाशित 'पीपल्स डेली' के लेख में लिखा गया था—

चीन को भारत को यह स्पष्ट करना होगा कि उसे अमेरिका के प्रस्ताव को स्वीकार करने का क्या मूल्य चुकाना पड़ सकता है।

और यह कि—

नई दिल्ली को चीन के महत्त्वपूर्ण सुरक्षा हितों को प्रभावित करने से जुड़ी 'कीमत' बतानी होगी।

ऐसे परिदृश्य में चीन सीमा के मुद्दे को निपटाने की बात नहीं कर सकता था, क्योंकि तब वह भारत पर अपनी मर्जी थोपने के लिए दबाव डाल पाने में कैसे सफल होगा? वास्तविक नियंत्रण रेखा के सरेखण के बारे में जितनी अधिक अस्पष्टता की स्थिति होगी, भारत को धमकाने के लिए इस मुद्दे का उपयोग करने के लिए चीन को उतने ही अधिक अवसर प्राप्त होंगे।

दूसरा दृष्टिकोण यह है कि भारत एक विशाल देश है तथा उसे अपनी स्वतंत्रता और सामरिक स्वायत्तता पर भी पर्याप्त गर्व है। उसका पश्चिम का अनुयायी बनना मुश्किल है। अतः इस दृष्टिकोण का यह आकलन है कि भारत पश्चिम की 'कठपुतली' नहीं बन सकता है और चीन के विरुद्ध नहीं जा सकता है, तथापि यह एक अल्प-समर्थित दृष्टिकोण प्रतीत होता है, जिसमें एक उम्मीद जताई गई है, क्योंकि इसमें यह बात बार-बार दोहराई गई है कि इसका तात्पर्य यह नहीं है कि भारत की ऐसी कोई नीति है, जो 'चीन के प्रति मैत्री और निर्माणात्मक प्रकृति की है' और यह कि 'भारत के पास चीन को नियंत्रित करने की यह नीति अपनाने के पर्याप्त कारण हैं।'[24] भारत नियंत्रण की यह नीति क्यों अपनाएगा इसका उत्तर चीनी टीकाकारों द्वारा स्वयं ही दिया गया है। उनका मानना है कि भारत और चीन के बीच 'पर्याप्त विवाद' मौजूद हैं, जिनमें भू-भाग से जुड़ा विवाद, तिब्बत का मुद्दा, पाकिस्तान और हिंद महासागर के मुद्दे भी शामिल हैं,[25] अतः भारत पश्चिमी शक्तियों, विशेष रूप से अमेरिका द्वारा अपनाई गई नियंत्रण की नीति, में शामिल होने को उत्सुक हो सकता है। हिंद महासागर का संदर्भ वस्तुतः उल्लेखनीय है, क्योंकि यह भारत-अमेरिका नौसेना सहयोग को लेकर चीन की असहजता की और संकेत करता है तथा चीन के मलक्का मुद्दे से भी चीन को असहजता का अनुभव होता है।

वर्ष 2010 में पेंटागन द्वारा जारी चतुर्वार्षिक रक्षा समीक्षा (क्यू.डी.आर.) में यह आकलन निहित है कि जैसे-जैसे भारत की सैन्य क्षमताएँ बढ़ती जाएँगी, वह 'हिंद महासागर और उसके परे सुरक्षा के पूर्ण प्रदाता के रूप में एशिया को योगदान प्रदान करेगा'।[26] राष्ट्रपति ओबामा ने भी जनवरी 2012 में 'सस्टेनिंग यू.एस. ग्लोबल लीडरशिप : प्रायोरिटी फॉर ट्वेंटी फर्स्ट सेंचुरी डिफेंस' नामक दस्तावेज में इसी विषय पर जोर दिया था कि अमेरिका भारत को एक क्षेत्रीय आर्थिक आधार तथा व्यापक हिंद महासागर क्षेत्र में सुरक्षा प्रदाता के रूप में उसकी योग्यता को अल प्रदान करने के लिए उसके साथ एक दीर्घकालिक रणनीतिक भागीदारी में निवेश कर रहा है। भारत इस भूमिका को स्वीकार करता प्रतीत हुआ, जब मनमोहन सिंह ने यह स्पष्ट किया कि भारत एशिया के दोराहे पर स्थित है और विश्व के व्यस्ततम समुद्र-मार्गों में से एक है। मनमोहन सिंह ने कहा, 'हमें हिंद महासागर क्षेत्र में अपनी जिम्मेदारी को ग्रहण करना होगा और हम हमारे सन्निकट क्षेत्र और उससे परे सुरक्षा का पूर्ण प्रदाता बनने के लिए बेहतर स्थिति में हैं'।[27] अमेरिका और भारत दोनों ही का यह साझा रणनीतिक विचार है, जो चीनियों को चिंतित करता है, क्योंकि यह भविष्य में आसानी से किसी अधिक वृहद् और मजबूत भागीदारी में बदल सकता है, विशेष रूप से हिंद महासागर क्षेत्र में।

हिंद महासागर विश्व की सतह का लगभग 20 प्रतिशत हिस्सा है। यह विश्व के पाँच विशालतम महासागरों में तीसरे स्थान पर है। हिंद महासागर रिम देशों की कुल जनसंख्या लगभग 2.6 बिलियन (विश्व की जनसंख्या का 39 प्रतिशत) है। हिंद महसागर विश्व के कंटेनर यातायात के 50 प्रतिशत भाग का संचालन करता है। हिंद महासागर क्षेत्र के बंदरगाह लगभग 30 प्रतिशत वैश्विक व्यापार को संचालित करते हैं। तेल में विश्व की सामुद्रिक आवाजाही का लगभग 66 प्रतिशत हिंद महासागर से होकर गुजरता है। मोटे तौर पर ज्ञात तेल रिजर्व का 55 प्रतिशत तथा गैस रिजर्व का लगभग 40 प्रतिशत हिंद महासागर में स्थित है।[28] अमेरिका को विश्वास है कि विश्व में

विशालतम लोकतंत्र के रूप में और उपयुक्त सामुद्रिक सक्षमताओं के साथ भारत वैश्विक आर्थिक इंजन की इन धमनियों की सुरक्षा में एक महत्त्वपूर्ण भूमिका निभा सकता है। अमेरिका और भारत दोनों ही के लिए हिंद महासागर क्षेत्र में संप्रेषण की समुद्री लाइनों (एस.एल.ओ.सी.) की स्थिरता और व्यवहार्यता भी एक महत्त्वपूर्ण रणनीतिक उद्‌देश्य है।

चीनी नेता हु चिंथाओ ने पहली बार नवंबर 2003 में आर्थिक मुद्दों पर आयोजित एक बैठक में भाग लेनेवाले उच्चस्तरीय प्रतिनिधियों को अपने भाषण के बारे में चीन के 'मलक्का असमंजस' (मा लियु जिया कुजिंग) का उल्लेख किया था। हु का मानना था कि चीन के व्यापार का 80 प्रतिशत भाग, जिसमें तेल आयात भी शामिल है, मलक्का जलडमरूमध्य से होकर गुजरता है जिसका 'कतिपय शक्तियों ने अतिक्रमण कर लिया है और जलडमरूमध्य के माध्यम से नौवहन को नियंत्रण करने का प्रयास किया है।'[29]

मलक्का जलडमरूमध्य छिछला और संकीर्ण जलमार्ग है, जो हिंद महासागर को दक्षिण चीन सागर से जोड़ता है। कुछ स्थानों पर यह केवल 23 मीटर गहरा है। इसके संकीर्णतम स्थल पर नौवहन चैनल लगभग 1.5 से 2 किलोमीटर चौड़ा है और फिर भी यह विश्व के व्यस्ततम जलमार्गों में से एक है।[30] लगभग 60,000 पोत, जिनमें पश्चिम एशिया से चीन, जापान और दक्षिण कोरिया के प्रमुख तेल उपभोगकर्ता राष्ट्रों को तेल ले जानेवाले विशाल तेल टैंकर भी हैं, प्रतिवर्ष इस जलडमरूमध्य से गुजरते हैं। वर्तमान रुझानों के अनुसार चीन का लगभग 80 प्रतिशत तेल आयात इस मार्ग से गुजरने का अनुमान है। चीन अपनी विकसित होती अर्थव्यवस्था के लिए आयातित तेल, गैस और अन्य प्राकृतिक संसाधन वस्तुओं पर अत्यधिक निर्भर है तथा इनका मुख्य रूप से परिवहन समुद्र द्वारा किया जाता है। अनुमान था कि वर्ष 2013 तक चीन का कच्चे तेलों का आयात बढ़कर 300 मि. टन से अधिक हो गया और 2030 तक इसके तेल उपभोग का लगभग 75 प्रतिशत आयातित तेल पर आधारित होगा। आज चीन अमेरिका के बाद विश्व में दूसरे स्थान पर तेल का आयातकर्ता बन गया है तथा इसने जापान को पीछे छोड़ दिया है। चीन के कुल ऊर्जा उपभोग का लगभग 10 प्रतिशत आयातित तेल पर आधारित है। आगामी 17 वर्षों में वैश्विक जी.डी.पी. जब दोगुनी हो जाएगा, उस समय विश्व के वाणिज्यिक बेड़े का चौथाई भाग चीन के पास होगा।

2004 में एक चीनी समाचार-पत्र ने कहा था कि 'यह कहना कोई अतिशयोक्ति नहीं होगी कि, जो भी मलक्का जलडमरूमध्य को नियंत्रित करेगा, वह चीन के ऊर्जा मार्ग पर एक मजबूत पकड़ बना लेगा।[31] चीनी चिंतकों ने अपनी चर्चाओं में भारत द्वारा हिंद महासागर पर 'नियंत्रण' बनाने के शब्द का उपयोग किया तथा भारतीय चुनौती को विभिन्न आयामों में देखा, जिसमें अमेरिकी नौसेना के साथ, भारत की अकेले में अथवा संयुक्त रूप से सामुद्रिक सक्षमताएँ भी शामिल हैं। जैसा कि एक चीनी टीकाकार ने टिप्पणी की है—

> *अमेरिकी भू-रणनीतिक आकांक्षाओं के अनुसार, चीन को नियंत्रित करने के उद्‌देश्य से भारत को अपनी प्रणाली में एकीकृत करने के प्रयोजनार्थ उसे प्रेरित करने के लिए, अमेरिका भारत को न केवल पूरब की ओर कदम बढ़ाने के लिए प्रोत्साहित कर रहा है, बल्कि वह एशिया-प्रशांत क्षेत्र में भारत के दखल का औचित्य साबित करने के लिए हिंद-प्रशांत क्षेत्र की धारणा को आगे बढ़ा रहा है।*[32]

यदि मलक्का जलडमरूमध्य को रोक दिया जाता है तो इसका अर्थ होगा कि पोतों को कम-से-कम तीन से चार दिनों तक अतिरिक्त यात्रा करनी होगी और वह भी अधिक सुरक्षित जल में नहीं होगी। अमेरिका और भारत दोनों ही, चाहे जो भी कहें, चीनी उनकी अभिवृत्ति को लेकर संशय में रहेंगे, क्योंकि दोनों देशों के पास, कभी आवश्यकता होने पर, चीन जानेवाले पोतों के लिए अत्यंत विषम परिस्थिति उत्पन्न करने के लिए पर्याप्त नौसेना युद्ध शक्ति उपलब्ध है। यही कारण है कि चीन अमेरिका और भारत की नौसेनाओं के बीच संचालित किए जानेवाले सभी अभ्यासों को अत्यंत शंका के साथ देखता है और यदि जापान अथवा वियतनाम की नौसेनाएँ भी इसमें शामिल हो जाती हैं, तो चीन की यह आशंका और भी विषम हो जाएगी। ऐसा हाल ही में प्रदर्शित भी हुआ है, जब चीनी नौसेना पोत ने वियतनाम पत्तन के सद्भावना दौरे पर जानेवाले भारतीय नौसेना पोत आई.एन.एस. ऐरावत को बीच में रोक दिया था।

अपनी कमजोरी के बारे में पूरी तरह से जानते हुए चीन ने ऐसी आवश्यकता का निराकरण करने के लिए पहले से ही प्रभावी उपाय प्रारंभ कर दिए हैं। सर्वप्रथम चीन ने अपने रणनीतिक तेल रिजर्वों की क्षमता को बढ़ा लिया है, जिसमें उनके स्थान और उन रणनीतिक रिजर्वों में भंडारित सटीक मात्रा को आधिकारिक रूप से गुप्त रखा गया है। परंतु सबसे महत्त्वपूर्ण बात तो यह है कि चीन मध्य यूरोपीय-एशियाई क्षेत्र से और साथ ही म्याँमार से दक्षिण चीन तक एक नई तेल और गैस पाइपलाइन का निर्माण कर रहा है। यूरोपीय-एशियाई क्षेत्र और म्याँमार से इन तेल और गैस पाइपलाइनों का महत्त्व इस तथ्य में निहित है कि इनमें से यदि सभी नहीं तो भी अधिकांश, आक्रामक सैन्य कार्रवाई से सुरक्षित रहेंगी।

मध्य एशियाई तेल और गैस संसाधनों तक पहुँच प्राप्त करने के महत्त्व को महसूस करते हुए चीनियों ने प्रथम कदम के तौर पर किर्गिस्तान, ताजिकिस्तान और कजाखस्तान के पूर्व सोवियत गणराज्यों के साथ सोवियत युग से चले आ रहे सीमा विवादों को समाप्त करने के लिए तेजी से कार्रवाई की। सबसे पहले वार्ताएँ कजाखस्तान के साथ प्रारंभ हुईं तथा 2004 में लगभग 700 मिलियन यू.एस. डॉलर की लागत के साथ 900 कि.मी. लंबी तेल पाइपलाइन का निर्माण कार्य प्रारंभ हुआ, जो कजाखस्तान में अतिराऊ को जिनजियांग (सिनकियांग) में अलाशानकोऊ से जोड़ेगी। इसका निर्माण कार्य दिसंबर 2005 में पूर्ण हुआ। यह पाइपलाइन 240,000 बी.बी.एल./डी. (बैरल प्रति दिन) कच्चा तेल लेकर जाएगी और यह आशा की जाती है कि वर्ष 2014 तक इसकी क्षमता को लगभग दुगना कर दिया जाएगा। चीन ने 2009 के अंत में तुर्कमेन गैस का आयात आरंभ किया तथा यह आशा की कि पाइपलाइन की क्षमता और उत्पादन स्तरों में वृद्धि होने के साथ ही आपूर्ति में भी वृद्धि होगी। जुलाई 2017 में चीन ने 1,100 बी.सी.एफ./वाई. (अरब घन फुट प्रति वर्ष) प्राप्त करने के लिए तुर्कमेनिस्तान के साथ 30 वर्षीय गैस क्रय करार पर हस्ताक्षर किए। चीन और तुर्कमेनिस्तान ने 2011 के अंत में एक अन्य करार पर भी हस्ताक्षर किए, जिसके अंतर्गत चीन को 1,200 बी.सी.एफ./वाई. गैस निर्यात की जाएगी जिससे चीन को किए जानेवाले गैस निर्यात की कुल संभावित मात्रा बढ़कर 2,300 बी.सी.एफ./वाई. हो जाएगी।[33] यहाँ से इसे चीन की विद्यमान पाइपलाइन प्रणाली के साथ जोड़ दिया जाएगा। इस प्रकार मध्य एशिया से कच्चा तेल और गैस दोनों ही चीन की अर्थव्यवस्था की गाड़ी को और इसके प्रशांत

तटों पर स्थित विकास केंद्रों को पर्याप्त ईंधन देना प्रारंभ कर देंगे।

परंतु अब तक सर्वाधिक महत्त्वपूर्ण घटनाक्रम रूसी पूर्वी साइबेरियाई-प्रशांत (ई.एस.पी.ओ.) पाइपलाइन का निर्माण रहा है, जो 27 अप्रैल, 2009 को प्रारंभ हुआ था। ऐसा रूस और चीन के बीच एक करार के फलस्वरूप संभव हो पाया जिसके तहत चीन रूसी फर्मों को 25 बिलियन यू.एस. डॉलर का दीर्घकालिक ऋण उपलब्ध कराएगा और इसके बदले रूस अपनी पाइपलाइन के माध्यम से 2011 से 2030 तक की अवधि तक 300 मी. टन तेल की आपूर्ति करेगा। रूस पूर्वी साइबेरियाई-प्रशांत महासागर पाइपलाइन का निर्माण दो चरणों में कर रहा है, जिसमें पहला चरण (2757 किलोमीटर, 600,000 बी.बी.एल./डी.) सितंबर 2010 में पूर्ण हुआ। इसके पूर्ण हो जाने पर यह पाइपलाइन पूर्वी साइबेरिया से रूस के प्रशांत तट को कच्चे तेल की आपूर्ति करेगी जिससे रूस के कच्चे तेल को एशिया-प्रशांत बाजारों में आसान पहुँच उपलब्ध होगी। इसके 2018 में पूर्ण होने की आशा है तथा यह 1.6 मिलियन बी.बी.एल./डी. कच्चे तेल का परिवहन करेगी। रूसियों ने प्रशांत समुद्र तट पर कोजमिनो खाड़ी में एक नए तेल टर्मिनल पत्तन का निर्माण किया है।[34] रूसी सुदूरवर्ती पूरब के भीतर स्कोवोरोडिनो के समीप एक स्थान पर यह पाइपलाइन चीन की सीमा से मात्र 40 किलोमीटर की दूरी पर है तथा चीन को सीधे कच्चे तेल की आपूर्ति करने के लिए इसकी एक शाखा का निर्माण किया जा रहा है और नवीनतम संकेत यह है कि पाइपलाइन का यह खंड चालू किए जाने के लिए तैयार है। इस प्रकार रूस साइबेरियाई कच्चे तेल की आपूर्ति बिना किसी राजनीतिक उलझन के स्वतंत्र रूप से चीन को और साथ ही जापान और दक्षिण कोरिया को कर सकता है। इसके अलावा रूस और चीन वर्तमान में दो गैस पाइपलाइनों के निर्माण के लिए वार्ताएँ कर रहे हैं, जिसका निर्माण पूरा हो जाने के बाद रूस से चीन को 69 बी./सी.एम. गैस भेजी जाएगी। ये घटनाक्रम रूस और चीन के बीच बढ़ती राजनीतिक, सैन्य और आर्थिक सहयोग के प्रतीक हैं। चीन आज रूसी सैन्य हार्डवेयर का अत्यंत उल्लेखनीय और विशालतम खरीददार है तथा इन खरीदों में अति आधुनिक सैन्य प्रणालियाँ भी शामिल हैं।

म्याँमार के साथ भी चीन ने अपना सामंजस्य स्थापित करने में तेजी दिखाई है। चीन राष्ट्रीय पेट्रोलियम कंपनी (सी.एन.पी.सी.) की एक अनुषंगी साउथ-ईस्ट एशिया पाइपलाइन कंपनी ने म्याँमार के पश्चिमी तट पर स्थित क्योकप्यू बंदरगाह से चीन के युन्नान प्रांत में रुइली तक दो पाइपलाइनों (तेल और गैस) का निर्माण करने के लिए म्याँमार राष्ट्रीय तेल और गैस कंपनी के साथ एक सौदे पर हस्ताक्षर किए हैं। वहाँ से इन पाइपलाइनों को युन्नान के अलावा दक्षिण चीन के गुआंगडंग, गुआंगजी और हुनान प्रांतों की आवश्यकता की पूर्ति के लिए विस्तारित किया जाएगा। ये दो पाइपलाइन 2520 कि.मी. लंबी हैं और इनके माध्यम से वार्षिक आधार पर 200,000 बी.बी. एल./डी. कच्चे तेल तथा 420 बी.सी.एफ./वाई. गैस का वहन किए जाने की आशा है तथा इन्हें हाल ही में पूरा किया गया है।[35] तेल और गैस पाइपलाइनों के साथ-साथ चीन ने म्याँमार के पश्चिमी तट से एक रेल संपर्क का निर्माण भी प्रारंभ किया है, जो चीन के युन्नान प्रांत तक जाएगा। यह कहा जाता है कि यह रेल लाइन तेल पाइपलाइन के साथ-साथ चलेगी। चीन को आशा है कि इन उपायों से वह उन बाधाओं के आर्थिक प्रभावों को न्यूनतम कर सकेगा, जो इसके समुद्र-आधारित ऊर्जा प्रवाहों के लिए उत्पन्न हो सकती है।

वर्तमान समय में महसूस की जा रही समस्याओं से स्वयं को काफी हद तक मुक्त करने के उपायों को क्रियान्वित करने के अलावा, चीन ने अपनी नौसैनिक क्षमताओं को सुदृढ़ करने के लिए भी एक कार्यक्रम संचालित किया है। चीनी नौसेना तेजी के साथ सामुद्रिक क्षमताओं में वृद्धि कर रही है ताकि वह दक्षिण चीन सागर तथा साथ ही मलक्का जलडमरूमध्य के पूर्वी मुहाने में शक्ति का प्रदर्शन कर सके। एक विमान वाहक (सोवियत मूल का वरयाग) प्राप्त करने के साथ चीनी नौसेना अब केवल एक तटीय सेना नहीं रह गई है, जो केवल चीनी तट की ही रक्षा करने में समर्थ थी। चीन के नौसेना आधुनिकीकरण प्रयासों में हथियार अर्जित करने का व्यापक दायरा शामिल है, जिसमें पोत-रोधी बैलिस्टिक मिसाइलें (ए.एस.बी.एम.), पोत-रोधी क्रूज मिसाइलें (ए.एस.सी.एम.), भूमि आक्रमण क्रूज मिसाइलें (एल.ए.सी.एम.), सतह से हवा में मार करनेवाली मिसाइलें, विमान, पनडुब्बियाँ, ध्वंसक, युद्धपोत, गश्ती विमान और जल-थलचर पोत भी सम्मिलित हैं। इसके अलावा प्रेक्षक यह विश्वास करते हैं कि चीन शीघ्र ही स्वदेशी विमान वाहकों का निर्माण प्रारंभ कर देगा (अथवा उसने प्रारंभ कर भी दिया होगा)। चीन के नौसेना आधुनिकीकरण प्रयासों में अनुरक्षण और संभार-तंत्र में सुधार एवं आशोधन भी शामिल हैं।

रिपोर्टें यह संकेत देती हैं कि पी.एल.ए. की नौसेना के पास 75 प्रधान भू-युद्धक जलयान, 60 से अधिक पनडुब्बियाँ, 55 मध्यम और विशाल भू-थलचल पोत तथा लगभग 85 मिसाइल-सज्जित छोटे जलयान हैं। नौसेना ने अभी हेनान द्वीप के दक्षिणी सिरे पर एक प्रमुख नौसेना बेस का निर्माण पूरा किया है। यह बेस एक साथ कई तरह के हमले करने तथा बैलिस्टक मिसाइल पनडुब्बियों को समायोजित करने की क्षमता रखता है। चीन ने परमाणु-चालित बैलिस्टिक मिसाइल पनडुब्बियों (एस.एस.बी.एन.) की नई श्रेणी के उत्पादन को जारी रखा है। जे.आई.एन. क्लास (टाइप 094) एस.एस.बी.एन. जे.एल.-2 पनडुब्बियों से प्रक्षेपित बैलिस्टक मिसाइल को लगभग 7400 कि.मी. की अनुमानित परिधि तक फेंक सकेगी। जे.आई.एन. और जे.एल.-2 पी.एल.ए. नौसेना को अपनी प्रथम विश्वसनीय समुद्र-आधारित परमाणु क्षमता प्रदान करेगी।[36]

एक हालिया अध्ययन में निष्कर्ष निकाला गया है कि तेल आपूर्ति में 25 प्रतिशत संकुचन का अर्थ है कि चीन अपनी आर्थिक विकास दर में 1.2 प्रतिशत से 1.4 प्रतिशत की वार्षिक कटौती का सामना करेगा। अत: ऊर्जा में कमी चीन के लिए एक अत्यंत घातक आर्थिक धक्का होगी तथा इससे अधिकतम क्षति होने की आशंका है।[37]

एक अन्य कारक जिसने भारत के साथ सीमा विवाद के निपटान के लिए उत्साह को क्षीण किया, चीन में राष्ट्रवाद का उदय है। चीन ने सी.सी.पी. के शासन के विरुद्ध आंतरिक असंतोष अथवा चुनौती के किसी भी प्रयास को क्षीण करने के प्रयास में राष्ट्रवाद की अवधारणा का प्रयोग किया है और उसे प्रोत्साहित किया है। राष्ट्रवाद की भावना जान-बूझकर प्रोत्साहित की गई है तथा उसका मूल आधुनिक काल में 4 मई, 1919 के आंदोलन में निहित है। चीनी राष्ट्रवाद तथा भारत के साथ सीमा के समाधान के प्रश्न के बीच संबंध पहली बार 1959 में उठाया गया था, जब चोऊ ने नेहरू को 8 सितंबर, 1959 को भेजे गए अपने पत्र में इसका संकेत दिया था। चोऊ ने इस पहलू का उल्लेख तब किया, जब उन्होंने यह कहा था कि मैकमोहन रेखा के दक्षिण का भू-भाग, जिस पर चीन दावा कर रहा था, ऐसा भू-भाग है'', जो 90,000 वर्ग कि.मी. का है। प्रधानमंत्री महोदय,

चीन दबाव में आकर ऐसी किसी अवैध रेखा को स्वीकार करने के लिए किस प्रकार राजी हो जाएगा जिसके कारण इसे अपने अधिकारों को त्यागना होगा और अपनी ही भूमि को बेचने का अपमान सहना होगा, जो कि इतना विशाल भू-भाग है?[38] माओ-चोऊ नेतृत्व सुदृढ़ तथा इतना प्रभावशाली था कि चीन में राष्ट्रवाद को एक सूत्र में बाँधे रखता, जिसका प्रयोग वह अपेक्षित होने पर कर सकता था, परंतु साथ ही वह पर्याप्त प्राधिकृत भी था, जिससे जहाँ कहीं अपेक्षित होने पर कोई समझौता भी किया जा सकता था।

जब देंग शियाओ पिंग ने 1978 में पहली बार सुधार आंदोलन आरंभ किया था, उसके विरुद्ध सी.सी.पी. के कट्टरपंथियों तथा सामान्य चीनी जनता के भीतर संशयवादियों की तरफ से बहुत विरोध था। चीनी लोगों ने संदेह जताया कि क्या उन पर 'सांस्कृतिक क्रांति' जैसी एक और आपदा थोपी जा रही है। देंग ने अपने आर्थिक सुधारों से लोगों का ध्यान भटकाने के लिए द्वितीय विश्वयुद्ध के दौरान जापानी 'अत्याचारों' को लक्ष्य बनाने की रणनीति तैयार की थी। 1989 में नेतृत्व द्वारा सतर्क निर्णय लिया गया कि व्यावहारिक राष्ट्रवाद चीनी विचारधारा को सहायता प्रदान करेगा जिससे लोगों को सी.सी.पी. और चीनी राज्य के साथ जोड़े रखने में मदद मिलेगी।[39] इस प्रकार राष्ट्रवाद के साथ सी.सी.पी. की पहचान सी.सी.पी. की आलोचना को 'गैर-राष्ट्रवादी' बना देती, विशेष रूप से 1989 में भयानक तिएनानमेन नरसंहार के बाद। चीनी नेतृत्व ने जान-बूझकर इस भावना को प्रोत्साहित किया कि चीन कभी भी उस 'बेइज्जती और अपमान' का विषय नहीं बनाया जाएगा, जो उसने पहले महसूस की है। दूसरे शब्दों में, चीन पूर्व में साम्राज्यिक शक्तियों द्वारा थोपी गई 'असमान संधियों' को स्वीकार नहीं करेगा। अत: किस प्रकार चीन किसी भू-भाग जैसे 'दक्षिणी तिब्बत/अरुणाचल प्रदेश' को छोड़ देता, जिस पर उसने चीन का होने का अत्यंत दृढ़ दावा किया था! अरुणाचल प्रदेश का 'दक्षिण तिब्बत' के रूप में उल्लेख करके अपनी स्वयं की स्थिति को मजबूत करने के उपरांत तत्कालीन चीनी नेतृत्व, जिनके पास किसी भी तरह से माओ त्से-तुंग का चमत्कार मौजूद नहीं था, चीनी भू-भाग को किस प्रकार जाने दे सकता था? वे ऐसा केवल उनकी राजनीतिक प्रतिष्ठा और अपने स्वयं के जोखिम पर कर सकते थे। चीनी नेतृत्व अस्थिर होती आंतरिक स्थिति के बारे में जानता था जिसे सतत विकास के लिए आर्थिक सुधारों की आवश्यकता ने और भी विषम बना दिया था। अत: यह स्वाभाविक ही था कि उनके लिए कोई ऐसा कदम उठाने के साथ कड़ी आलोचना जुड़ी हुई थी जिससे उनके राजनीतिक विरोधी उन पर चीन के भू-भाग को 'बेचने' का आरोप लगा देते।

1980 के दशक के प्रारंभ में, जब चीनी नेता देंग शियाओ पिंग ने 'पैकेज डील' के माध्यम से सीमा के मुद्दे को हल करने की पेशकश की थी और जब चीनी वार्ताकारों ने सीमा वार्ताओं के प्रथम दो चक्रों के दौरान (1980-81) 'पैकेज समाधान' के लिए दबाव डाला था, यह कदाचित् संभव था कि सीमा के समाधान पर बातचीत की जा सकती थी। लेकिन यदि हम स्पष्ट कहें तो चीनियों ने कभी भी आधिकारिक रूप से दृढ़ता से नहीं कहा कि उनका 'पैकेज डील' से आखिर क्या तात्पर्य है तथा ऐसे सौदे के भू-भाग से जुड़े आयाम क्या हैं। इसका निश्चित रूप से यह अर्थ था कि भारत अक्साई चिन क्षेत्र के अपने समस्त दावों को त्याग दे तथा इसमें मैकमोहन रेखा के पास कतिपय रियायतें भी शामिल थीं, परंतु इनके संबंध में चीन द्वारा कभी भी कोई स्पष्टता व्यक्त

नहीं की गई, परंतु आंतरिक और बाहरी, दोनों बाधाओं को देखते हुए, भारतीय नेतृत्व पश्चिमी सेक्टर में अपनी स्थिति से पीछे हटने के लिए तैयार नहीं था और न ही उसने पूर्वी सेक्टर में कोई रियायतें प्रदान कीं। तत्कालीन विदेश मंत्री नरसिम्हा राव द्वारा संसद में यह स्पष्ट कर दिया गया था। ऐसी स्थिति के पीछे कारण संभवत: काफी सुदृढ़ थे और भारत के लिए उनको गहन रणनीतिक परिणाम हो सकते थे।

भारत का यह मानना था कि इस मामले के केंद्र में यह निहित है कि भारत इस बात को लेकर पूरी तरह से आश्वस्त नहीं है कि चीन के साथ सीमा का समाधान उसके सीमा क्षेत्रों में शांति और स्थायित्व लेकर आएगा और यह कि चीन अपनी इच्छानुसार आवश्यकता होने पर उसका उल्लंघन नहीं करेगा। यहाँ तक कि सीमा विवाद का निपटान होने पर भी चीन भारत के पूर्वोत्तर क्षेत्रों में उग्रवाद को सहायता देने के लिए नई सीमा रेखा पर असामाजिक तत्त्वों को सक्रिय करने के अपने विकल्प को भी नहीं छोड़ेगा। इसके अलावा चीन नई रेखा से अथवा म्याँमार के रास्ते से भारतीय भू-भाग में उग्रवादियों को हथियारों की आपूर्ति को जारी रखने से भी बाज नहीं आएगा। ये भय वास्तविक थे तथा इनका समुचित आधार भी था, क्योंकि भारत ने यह देखा था कि चीन का 'बारहमासी मित्र' पाकिस्तान ठीक यही कार्रवाई जम्मू-कश्मीर में नियंत्रण रेखा पर जमीन पर सुपरिभाषित, परस्पर सहमत और चिह्नांकित रेखा के आसपास कर रहा था। इस बात की निरंतर रिपोर्टें प्राप्त हो रही थीं कि चीन की गुप्तचर एजेंसियों द्वारा भारत के पूर्वोत्तर में उग्रवादी संगठनों जैसे उल्फा, एन.एस.सी.एन., यू.एन.एल.एफ. और मणिपुर के पी.एल.ए. को घातक हथियारों की आपूर्ति निर्बाध रूप से जारी थी। हथियारों की आपूर्ति की बात की राज्य मंत्री रामाचंद्रन ने संसद (लोकसभा) को दिए गए लिखित उत्तर में भी पुष्टि की थी।[40] इससे पूर्व उग्रवादियों को हथियारों की आपूर्ति का मुद्दा 'विशेष प्रतिनिधियों' की 16-17 जनवरी, 2012 को हुई वार्ता के दौरान भी चीन के ध्यान में लाया गया था। अपनी बात को ठोस साक्ष्यों के साथ दर्शाने के लिए भारतीय पक्ष ने उल्फा प्रमुख परेश बरुआ की युन्नान यात्रा की हवाई टिकटें, वहाँ प्रवास की अवधि आदि के बारे में प्रतियाँ भी चीनी पक्ष को सौंपी थीं।[41]

भारत सैन्य कार्रवाई करने तथा उसे सबक सिखाने की संज्ञा देने की चीन की प्रवृत्ति से भी अवगत है। चीनी इस नए सैन्य सिद्धांत के जनक हैं और जैसा कि उन्होंने स्वयं ही दावा किया है, उन्होंने 1962 में भारत के विरुद्ध तथा 1979 में वियतनाम के विरुद्ध इसे क्रियान्वित भी किया है। यदि चीनियों के इस दावे को मान्यता दे भी दी जाए कि भारत के विरुद्ध 1962 में उसकी सैन्य कार्रवाई अनिर्धारित सीमाओं पर संचालित की गई थीं, तो चीनी सेना को चीन-वियतनाम सीमा पार सैन्य कार्रवाई करने के लिए किस बात ने विवश किया था? 1272 किलोमीटर वाली चीन-वियतनाम सीमा को मुख्य रूप से 1887 के चीन-फ्रांस करार द्वारा निर्धारित किया गया था तथा भूमि पर 1895 को चिह्नांकित किया गया था। इसमें शेष मतभेद छोटे-छोटे हैं, जो करार की भाषा समझने में हुए भ्रमों उत्पन्न हुए हैं और किसी भी स्थिति में 60 वर्ग कि.मी. और मैत्री दर्रे के समीप लगभग 30 मीटर से अधिक नहीं हैं। चीन ने ऐसा कोई दावा भी नहीं किया है कि उसने वियतनाम के हाथों भू-भाग 'खोया' है।[42] अत: यदि चीन ने वियतनाम के मामले में अंतरराष्ट्रीय रूप से मान्यता प्राप्त सीमाओं पर सैन्य अभियान संचालित किया तो उसे भारत के विरुद्ध ऐसी ही कार्रवाई करने के

लिए किसने रोका है, जबकि भारत-चीन सीमाओं का निर्धारण अभी होना है तथा उसे अंतरराष्ट्रीय मान्यता प्रदान की जानी है ? भारत अपनी सुरक्षा में कमी नहीं कर सकता है, अतः उसे समूची सीमा पर पर्याप्त मात्रा में सैन्य टुकड़ियाँ रखनी ही पड़ेंगी और जवाबी कार्रवाई के लिए तैयार रहना होगा। भारतीय नीति-निर्माताओं के लिए तब यह प्रश्न उठता है : समझौते के समाधान पर सहमत होने के पश्चात् 'शांति का लाभ' क्या है ? क्या कोई समाधान की गई सीमा ऐसी अतिरिक्त अथवा संवर्धित सुरक्षा लाएगी जिसे भारत वर्तमान यथास्थिति से अधिक चाह रहा है ? यदि इसका उत्तर समस्याप्रद है अथवा सीधा, सपाट उत्तर नहीं दिया जा सकता, तो वर्तमान स्थिति को बनाए रखना ही बेहतर था।

चीन-भारत सीमा का समाधान भारत के लिए दो प्रमुख विधिक समस्याएँ उत्पन्न करता है। पहली जम्मू-कश्मीर के मुद्दे से संबंधित है। भारत संपूर्ण जम्मू-कश्मीर पर संप्रभुता का दावा करता है, अतः वह पाक-अधिकृत कश्मीर (पी.ओ.के.) और चीन के बीच सरहद (बाउंड्री) अलग रखे जाने पर सहमत नहीं हो सकता है। चीनी भारत के साथ काराकोरम दर्रे के पश्चिम (पी.ओ.के.-चीन) में किसी भी क्षेत्रीय सुलह पर चर्चा करने से इनकार करते हैं। वर्तमान में, भारत को परेशान करने के लिए कभी-कभी चीन यह भी कहता है कि भारत-चीन सीमा में वे भाग शामिल नहीं हैं, जो जम्मू-कश्मीर में आते हैं, क्योंकि जम्मू-कश्मीर की विधिक स्थिति 'विवादास्पद' है।

दूसरे, अगर मान भी लिया जाए कि यह विधिक उलझन अस्पष्ट भाषा का प्रयोग करते हुए सुलझाई जा सकती है, भारत के उच्चतम न्यायालय ने बेरूबारी मामले में निर्णय दिया है कि संविधान में संशोधन किए बिना भारतीय भू-भाग की एक इंच भूमि भी संघ से अलग नहीं की जाएगी। इस बात पर विचार करते हुए कि किसी भी समाधान में समझौता भी शामिल होगा तथा भारतीय राजनीति में एक राय न होने की प्रकृति को ध्यान में रखते हुए क्या कोई सरकार इस बात पर आश्वस्त रहेगी कि चाहे कितना भी हो-हल्ला क्यों न हो जाए, वह संविधान संशोधन के लिए आवश्यक मत जुटा लेगी ?

जब भारतीय नीति-निर्माता चीन की आंतरिक स्थिति पर नजर दौड़ाते हैं, तो वे अभी भी पूरी तरह आश्वस्त नहीं हो पाते हैं कि इस स्थिति में भारत के साथ सीमा के मुद्दे को हल करने हेतु कोई प्रमुख पहल संचालित करने के लिए सी.सी.पी. और इसके नेतृत्व के लिए पर्याप्त स्थिर स्थिति विद्यमान है। आंतरिक रूप से चीन अभी भी काफी अशांत स्थिति में है, कुछ विद्वानों ने तो इसे अत्यंत 'नाजुक' कहा है।[43] अप्रैल 2013 में सी.सी.पी. के केंद्रीय समिति ने पार्टी के उच्चस्तरीय कैडरों को 'दस्तावेज संख्या 9' जारी किया था, जिसमें पार्टी तथा सरकार के समक्ष विद्यमान 'खतरों' का वर्णन किया गया था।[44] इन 'खतरों' के अंतर्गत जोखिमों को सूचीबद्ध किया गया था तथा वे पूरी तरह से चीन में व्याप्त आंतरिक, राजनीतिक और आर्थिक स्थिति से संबंधित थे। इनमें से सबसे महत्त्वपूर्ण आर्थिक विकास धीमा होने, भ्रष्टाचार, असमानता, मानवाधिकार तथा पश्चिमी शैली के लोकतंत्र की आकांक्षा से संबंधित थे। दस्तावेज संख्या 9 में अभिव्यक्त किया गया भय यह था कि चीनी लोग एक साम्यवादी राज्य के स्थान पर एक उदारवादी लोकतांत्रिक राज्य के लिए आंदोलन प्रारंभ कर सकते हैं।

आर्थिक शक्ति के रूप में चीन का हालिया व्यापक उदय मुख्यतः उसी मॉडल पर आधारित था जिसे जापान द्वारा पहले अपनाया गया था, हालाँकि उनके काल अलग-अलग हैं। चीन का शानदार विकास निर्यात-चालित था, जिसमें विनिर्माण को समृद्ध बनाने के लिए निम्न लागत के

श्रम का उपयोग किया गया था। चीन ने चीनी निर्यातकों को एक उत्कृष्ट प्रतिस्पर्धी लाभ प्रदान करने के लिए अपनी मुद्रा का अल्प-मूल्यन करने का विकल्प चुना। घरेलू आय और उपभोग की कीमत पर निर्यात को प्रोत्साहित किया तथा इन बचतों का प्रयोग निवेश के लिए धन जुटाने के लिए किया। चीन ने लगातार व्यापक व्यापार अधिशेष सृजित किया जिसे विदेशों में निवेश किया गया, मुख्यतः अमेरिकी सरकार की प्रतिभूतियों में, जिसका उद्देश्य उसकी मुद्रा पर किसी भी ऊर्ध्व दबाव को समाप्त करना था। प्रतिस्पर्धी बने रहने के लिए चीन ने आयातित सामग्री का प्रयोग करते हुए निर्यात के लिए उत्पादों को संयोजित अथवा विनिर्मित करने के लिए निम्न लागतवाले श्रम पर ही भरोसा जताया। अभिनवता और उच्च प्रौद्योगिकी विनिर्माण में चीन के प्रयास अभी भी शुरुआती दौर में हैं। अब समस्या यह है कि अमेरिका की अर्थव्यवस्था बहुत धीमी गति से विकास कर रही है तथा यूरोपीय संघ और जापान की अर्थव्यवस्थाएँ मुख्यतः स्थिर हो गई हैं। चीन के मुख्य निर्यात बाजार इसकी अर्थव्यवस्था के लिए अनुकूल परिणाम हासिल करने के लिए संघर्ष कर रहे हैं। चीन के निर्यात की माँग में कमी आने के साथ यह अनुमान लगाया गया है कि इसके फलस्वरूप चीन की अर्थव्यवस्था इस वर्ष (2013) के उत्तरार्ध में केवल 5 प्रतिशत की वार्षिक दर पर विकास करेगी।[45] चीन ने ऋण चालित निवेश रणनीतिक प्रयोग करते हुए अपनी अर्थव्यवस्था पर इन प्रभावों को न्यूनतम करने का प्रयास किया है, परंतु प्राधिकारी यह स्वीकार भी करते हैं कि इसने घरेलू असंतुलन को भी बढ़ाया है और इसके परिणामस्वरूप राज्य के स्वामित्ववाले बैंकों में अनुत्पादक निवेश और ऋण घाटे भी हुए हैं। सच्चाई यह है कि 2007-08 के बाद से चीन के विकास का एक बड़ा भाग अब एक भ्रम बनकर रह गया है। उसके बाद से इसकी विकास की 8-10 प्रतिशत दर नए ऋणों द्वारा चालित हो रही है जिसकी औसत जी.डी.पी. में 30-40 प्रतिशत है। इन ऋणों में से 20-25 प्रतिशत ऋणों के गैर-निष्पादनकारी होने की संभावना है जिसके कारण डी.डी.पी. को 6-10 प्रतिशत का घाटा होगा। यदि इन घाटों को हटाया जाता है, तो चीन का विकास काफी कम है।[46] समृद्ध चीनी चीन से बाहर निकलते हुए इस संकट का समाधान पा रहे हैं। यह अनुमान है कि लगभग 14 प्रतिशत लोग, जिनकी निवल संपत्ति 10 मिलियन अमेरिकी डॉलर से अधिक है, पहले ही वहाँ से जा चुके हैं। चीनी बैंक द्वारा पूँजीगत मुद्रा संचलन पर अधिरोपित प्रतिबंधों के बावजूद लगभग 3.77 ट्रिलियन यू.एस. डॉलर पिछले दशक में चीन से बाहर जा चुके हैं।[47]

आर्थिक विकास में मंदी आने के साथ ही आज चीन के सामने सबसे बड़ी समस्या आंतरिक सुरक्षा की है। मुख्यतः ग्रामीण क्षेत्रों में हर वर्ष हजारों दंगे होते हैं, जो भ्रष्ट अधिकारियों द्वारा भूमि हथियाने के कारण भड़कते हैं। ऐसे लगभग 200 मिलियन आंतरिक श्रमिक हैं, जिन्हें द्वितीय दरजे का नागरिक माना जाता है, क्योंकि उन्हें स्थानीय निवासियों की तुलना में स्वास्थ्य देख-रेख सुविधाओं से वंचित रखा जाता है और उनके बच्चे भी प्रायः घटिया विद्यालयों में पढ़ते हैं। इस दोमुँहे दृष्टिकोण के फलस्वरूप व्यापक 'असमानता' फैल गई है। चीन की गिनी गुणांक, जो किसी देश के भीतर असमानता का मापन करने के लिए अंतरराष्ट्रीय दृष्टि से स्वीकार्य है, 2007 में 0.46 और 0.49 के बीच था, जो किसी भी एशियाई देश के लिए उच्चतम था[48] और यह 0.61 तक जा सकता है।[49] संयुक्त राष्ट्र के अनुसार यदि गिनी गुणांक 0.44 को छूता है, तो आंतरिक अस्थिरता के खतरे के संकेत चमकने लगते हैं। यह असमानता इस तथ्य द्वारा भी दिखाई देती है कि चीन

में सर्वाधिक समृद्ध 10 प्रतिशत व्यक्तियों ने देश की संपत्ति का 45 प्रतिशत हासिल कर लिया था, जबकि सर्वाधिक 10 प्रतिशत गरीबों के पास केवल 1.4 प्रतिशत ही था।[50] इसी दौरान शहरी और ग्रामीण निवासियों के बीच तथा विभिन्न क्षेत्रों और अल्पसंख्यक इलाकों के बीच व्यापक आय असमानता विद्यमान है। आय की असमानता असंतोष और सामाजिक विरोध का स्रोत होती है।[51] अतः इस बात में कोई आश्चर्य नहीं है कि चीन का आंतरिक सुरक्षा के लिए बजट (124 बिलियन अमेरिकी डॉलर) उसके रक्षा बजट (119 बिलियन अमेरिकी डॉलर) की तुलना में अधिक था।[52] इस बात में कोई संदेह नहीं था कि जन असंतोष, जो निरंतर बढ़ रहा है, ने चीनी साम्यवादी पार्टी (सी.सी.पी.) के लिए जन समर्थन को कमजोर किया है।

एक अन्य कारक, जो आंतरिक सुरक्षा को चुनौती देता है, वह चीन में व्याप्त भ्रष्टाचार था। पारदर्शिता अंतरराष्ट्रीय सूचकांक (टी.एन.आई.) के अनुसार विश्व के सबसे भ्रष्ट 176 देशों में से चीन 80वें स्थान पर था। वह फिर भी भारत की तुलना में बेहतर था, जो 94वें स्थान पर था।[53] चीन ने व्यापक भ्रष्टाचार के होते हुए भी एक उच्च विकास दर बनाए रखने में सफलता पाई थी, इस बात का यह अर्थ नहीं था कि भविष्य में यह भ्रष्टाचार पर्याप्त आर्थिक क्षति नहीं करेगा। हालाँकि वर्तमान नेतृत्व ने भ्रष्टाचार से लड़ने का मुद्दा बनाया था, उसके अपने संगठन के भीतर ही ऐसे अनेक लोग थे जिनका मानना था कि भ्रष्टाचार के विरुद्ध कड़ी कार्रवाई सी.सी.पी. की प्रतिष्ठा को चोटिल करेगी। पार्टी के पदाधिकारी पद और उससे मिलनेवाले विशेषाधिकार छोड़ने के लिए इच्छुक नहीं थे जिसके फलस्वरूप उन्होंने व्यापक व्यक्तिगत संपत्तियाँ खड़ी कर ली थीं तथा अपने परिवार और बच्चों के लिए पर्याप्त आर्थिक लाभ हासिल कर लिये थे।[54]

चीन का जनसंख्या लाभ भी तेजी से कम होता जा रहा है, हालाँकि वर्तमान में 60 वर्ष और उससे ऊपर की आयु के लोग कुल जनसंख्या का मात्र 15.5 प्रतिशत ही हैं, फिर भी 2050 तक वृद्ध लोग कुल जनसंख्या का लगभग 40 प्रतिशत हो जाएँगे।[55] अतः यह एक वृद्ध समाज बनता जा रहा है, जबकि इसकी समग्र जनसंख्या मोटे तौर पर स्थिर बनी रहेगी। इसकी कार्यशील जनसंख्या में प्रतिवर्ष 1.5 प्रतिशत की गिरावट होने की संभावना है, इस प्रकार 2025 तक चीन की कार्यशील जनसंख्या इसकी समग्र जनसंख्या का 56-58 प्रतिशत ही होगी जिससे यह विश्व की वृद्धतम जनसंख्याओं में से एक बन जाएगी।[56] यह बात लगभग अवश्यंभावी है कि इससे इसके आर्थिक विकास पर नकारात्मक प्रभाव पड़ेगा, जिसके साथ-साथ पी.एल.ए. के लिए नए सैनिकों को तलाश करने की समस्या भी उत्पन्न हो जाएगी।

एक आर्थिक शक्ति के रूप में चीन के अभूतपूर्व उदय के अपने प्रतिकूल प्रभाव भी हैं। चीन असाधारण पर्यावरणीय क्षय का सामना कर रहा है। आज विश्व के सर्वाधिक प्रदूषित शहरों में 16 चीन में हैं तथा चीन के अनुमानित 560 मिलियन शहरी जनसंख्या में से केवल 1 प्रतिशत लोग ही अंतरराष्ट्रीय मानदंडों के अनुसार स्वच्छ हवा में साँस लेते हैं। चीन के लगभग दो-तिहाई शहर स्वयं चीन की सरकार द्वारा निर्धारित वायु गुणवत्ता मानकों की पूर्ति कर पाने में असफल हैं, जिसके कारण इसके नागरिकों के लिए अनेक रोगों से ग्रसित होने का खतरा मँडरा रहा है। चीन की दो प्रमुख नदियों यांगत्जे और हुआंग हे, का लगभग 70 प्रतिशत जल अवैध मल-जल निपटान प्रक्रियाओं के परिणामस्वरूप प्रदूषित हो चुका है।[57] वर्ष 2007 में चीन ने ग्रीन हाउस गैसों के विशालतम उत्सर्जकों

के रूप में अमेरिका को पीछे छोड़ दिया तथा यह विश्व में कार्बन-डाइऑक्साइड के सबसे बड़े उत्सर्जक के रूप में भी अपनी छवि खराब कर चुका है। यह अनुमान लगाया गया है कि चीन के कुल भू-भाग में से लगभग 25 प्रतिशत अब मरुस्थल बन गया है।

चीन के नीति-निर्माता इस बात को मानते हैं कि एकमात्र बाहरी शक्ति, जो भारत-चीन संदर्भ में घटनाक्रमों को निर्णायक रूप से प्रभावित कर पाने में समर्थ है, वह अमेरिका ही है तथा भारतीय नीति-निर्माता भी ऐसा ही समझते हैं, जबकि चीन अमेरिका के नजरिए से सदैव परेशान ही रहा है। भारतीय नेतृत्व भी इस बात से पूरी तरह से आश्वस्त नहीं है कि क्या भारत-चीन विवाद निरंतर जारी रहने की स्थिति में अमेरिका इसकी मदद के लिए आएगा। चीन-अमेरिका के संबंध की गतिशीलता के विभिन्न पहलुओं पर सूक्ष्म दृष्टि डालने से इस पहेली का हल दिखाई पड़ता है, जहाँ तक भारत-चीन सीमा का संबंध है, अमेरिका मैकमोहन रेखा को पूर्वी सेक्टर में अंतरराष्ट्रीय सीमा के रूप में मानता है, परंतु, जहाँ तक पश्चिमी सेक्टर का संबंध है, इस पर उसका कोई पक्ष नहीं है।

चीन-अमेरिका संबंध वस्तुत: व्यापक और विविधता लिये हुए हैं। मंत्रिमंडल स्तर पर प्रत्येक वर्ष होनेवाले उच्चस्तरीय 'राजनीतिक और आर्थिक' वार्तालाप के अलावा 91 अन्य द्विपक्षीय सांस्थानिक व्यवस्थाएँ हैं, जिनके अंतर्गत दोनों देशों के मध्य विचार-विमर्श होता है। दक्षिण एशिया पर द्विपक्षीय वार्तालाप होता है, जहाँ सेना और रणनीति के साथ-साथ लगभग समस्त विषयों पर चर्चा की जाती है। किन्हीं दो देशों के बीच इसके जैसी व्यवस्था मौजूद नहीं है। अमेरिका के साथ आपसी व्यापार में 2009 के 375 बिलियन अमेरिकी डॉलर की तुलना में 2012 में 600 बिलियन अमेरिकी डॉलर तक वृद्धि हो गई है। पिछले दो वर्षों में चीनी निवेश भी अमेरिका में दोगुना हो गया है। वर्तमान में लगभग 19,400 चीनी छात्र अमेरिका में पढ़ाई कर रहे हैं, जब 2008 में इनकी संख्या 67,000 थी। इसके विपरीत, 20,000 अमेरिकी छात्र चीन में शिक्षा ग्रहण कर रहे हैं। वहाँ चीनियों का व्यापार तथा पर्यटक आगमन 2008 में 400,000 से बढ़कर वर्तमान में 1.5 मिलियन से अधिक हो गया है। यह आशा की जाती है कि 2017 तक इस संख्या के 4 मिलियन तक बढ़ जाने की संभावना है जिसका अर्थ है, लगभग 10,000 आगमन प्रतिवर्ष।[59] चीनी राष्ट्रपति तथा सी.सी.पी. नेता जी जिनपिंग तीन आधारभूत सिद्धांतों को रेखांकित करते हुए अमेरिका के साथ एक 'नए' रिश्ते की हिमायत कर रहे हैं। ये हैं—(क) कोई विवाद अथवा कोई टकराव नहीं (ख) पारस्परिक सम्मान और (ग) लाभ-ही-लाभ वाला सहयोग जिसका अर्थ है कि दोनों ही पक्ष नकारात्मक मानसिकता को त्याग देंगे तथा एक-दूसरे के हितों को समायोजित करेंगे और साथ ही साझे हितों को गहन बनाएँगे।[60] दूसरे शब्दों में, चीन अमेरिका के साथ 'समान' भागीदारी स्थापित करना चाहता है। उसे भारत सहित एशिया के किसी अन्य देश के साथ ऐसी भागीदारी स्थापित करने की कोई इच्छा नहीं है।

भारतीय नीति-निर्माताओं का यह मानना है कि चीन और अमेरिका दोनों ही एक-दूसरे के साथ अत्यंत घनिष्ठता से जुड़े हुए हैं, जिससे अलग होने से दोनों ही को पर्याप्त नुकसान उठाना होगा। अत: क्या चीन के साथ टकराव होने पर अमेरिका भारत की सहायता के लिए आएगा, यह विचारणीय मुद्दा है। उस स्थिति में क्या इस निष्कर्ष के आधार पर कोई गंभीर योजना बनाई जा सकती है?

अतः भारत-चीन संबंध एक अत्यंत जटिल मुद्दा है। इसमें विरोधाभास के क्षेत्र हैं तथा सहयोग के क्षेत्र भी हैं। सीमा की समस्या ही एकमात्र मुद्दा नहीं है, यह न तो एक पृथक् मुद्दा है और न ही मात्र एक तकनीकी समस्या है, इसका समाधान पाने के लिए भारत और चीन दोनों को ही सर्वप्रथम अपने विश्व दृष्टिकोण, विशेष रूप एशिया से संबंधित है, की प्रवृत्ति को परिभाषित करना होगा और यह भी सुनिश्चित करना होगा कि क्या वहाँ कोई मिलन बिंदु विद्यमान है। अनेक अवसरों पर भारत के पूर्व-प्रधानमंत्री मनमोहन सिंह ने यह दोहराया कि दोनों ही के लिए विकास की पर्याप्त गुंजाइश विद्यमान है, परंतु क्या चीन एशिया में भारत के साथ कोई 'समान भागीदारी' स्वीकार करने के लिए तैयार है ? चीनी स्टेट काउंसलर यांग जिएची ने अपने 'इनोवेशन इन चाइनाज डिप्लोमेटिक थ्योरी एवं प्रैक्टिस अंडर न्यू कंडीशंस' नामक निष्कर्ष में यह कहा था कि चीनी नेतृत्व स्वयं को अमेरिका के समकक्ष मानता है तथा इसकी नीति उस आधार पर अमेरिका के साथ समायोजन हासिल करने की है। भारत का तो इस लेख में उल्लेख भी नहीं किया गया था। अतः इससे केवल एक यही निष्कर्ष निकाला जा सकता है कि चीन यह स्वीकार करने के लिए तैयार नहीं है कि भारत एशिया के मामलों में समान भूमिका का निर्वहन कर सकता है।

तथ्य यही है कि दोनों देशों के बीच रणनीतिक अविश्वास निरंतर बना हुआ है, जिसमें किसी भी समाधान तक पहुँच पाने का कोई संकेत नहीं है। अतः चीन पाकिस्तान की सक्रिय सहायता से दक्षिण एशिया में भारत को रणनीतिक रूप से सीमित रखने तथा सीमा पर वास्तविक नियंत्रण रेखा के आसपास निरंतर घुसपैठ करते हुए उसे रणनीतिक रूप से असंतुलित बनाने की अपनी नीति को जारी रखेगा। ऐसी स्थिति में इस बात की संभावना अत्यंत क्षीण है कि भारत और चीन के बीच सीमा विवाद के हल की दिशा में कोई भी अर्थपूर्ण प्रगति हो पाएगी। ऐसा नहीं है कि 'उचित और युक्तियुक्त' समाधान उपलब्ध नहीं है, परंतु चीन के लिए उत्पीड़क राजनयिकता अत्यंत महत्त्वपूर्ण है जिसे छोड़ पाना उसके लिए अत्यंत कठिन है। भारत द्वारा 'पैकेज के माध्यम' से सीमा के मुद्दे को हल करने पर सहमति व्यक्त करने के बावजूद इस बात के संकेत अत्यंत कम हैं कि चीन सीमा के मुद्दे को तब तक हल करने का इच्छुक नहीं है, जब तक भारत चीन के वैश्विक दृष्टिकोण को पूर्णतः मान्यता नहीं दे देता है और चीन द्वारा खींची गई 'लक्ष्मण रेखाओं' के भीतर ही रहने की सहमति नहीं देता है। चूँकि ऐसा होना संभव प्रतीत नहीं होता है, अतः इस विवाद के निरंतर आगे चलते रहने की संभावना है।

संदर्भ :

1. जुनवू पैन, टुवड्‌र्स ए न्यू फ्रेमवर्क फॉर पीसफुल सेटलमेंट ऑफ चाइनाज टेरीटोरियल एंड बाउंड्री डिस्प्यूट्स (दि नीदरलैंड्स, मार्टिनस निजहोफ पब्लिशर्स, 2009), अध्याय 7, पृष्ठ 214।
2. श्वेत-पत्र VIII, पृष्ठ 51।
3. लियु झोंग्यी, विजिटिंग फेलो, सेंटर फॉर स्ट्रेटेजिक एंड इंटरनेशनल स्टडीज (सी.आई.आई.एस.), 'सिनो 5 इंडियन बॉर्डर डिस्प्यूट एंड देयर कंपेटीटिव सिम्बायोटिक रिलेशनशिप, 'फ्यूचर डायरेक्शंस इंटरनेशनल', 28 मई, 2013।
4. न्यायाधीश ज्यूई हैन्किन (अंतरराष्ट्रीय न्यायालय) 'चाइना एंड इंटरनेशनल लॉ : 60 ईयर्स इन रिव्यू', चैट्हैम हाउस, 8 मार्च, 2013।
5. तदेव।

6. लियु झोंग्यी, दि ग्लोबल टाइम्स, 4 अगस्त, 2013।
7. 'मोर ऑन नेहरूज फिलोस्फी इन दि लाइट ऑफ दि सिनो इंडियन बॉर्डर क्वेश्चन', पीपल्स डेली, 27 अक्तूबर, 1962।
8. डॉ. दिव्येश आनंद, जी टेलीविजन को साक्षात्कार (दिल्ली : जी. कॉम) 19 नवंबर, 2011।
9. एंड्रयू एम. फिशर, 'दि जियोपॉलीटिक्स ऑफ पॉलिटिको-रिलीजियस प्रोटेस्ट इन ईस्टर्न तिब्बत' फील्ड-स्पोट्स, कल्चरल एंथ्रोपोलोजी-ऑनलाइन, 8 अप्रैल, 2012।
10. कैरोल मैकग्रेनहन, 'ओपीनियम', दि आउटलुक (दिल्ली) 22 अक्तूबर, 2012।
11. हिंदुस्तान टाइम्स, 15 सितंबर, 2013, पृष्ठ 19।
12. कैरोल, मैकग्रेनहन, ओ.पी.-सी.आई.टी.।
13. तदेव।
14. बीजिंग रिव्यू, 3 मई, 2008।
15. ब्रूस रीडेल, 'जे.एफ.के. ओवर शेडोड', नेशनल इंटरेस्ट आर्ग. ब्रूस रीडेल भी देखें 'डिवाइडेड द स्टैंड', इंडियन एक्सप्रेस, 28 अक्तूबर, 2013, पृष्ठ 10।
16. अहमद फारूकी, दि कॉम्प्लेक्स डायनेमिक्स ऑफ पाकिस्तान रिलेशनशिप विद चाइना (इस्लामाबाद : पॉलीटिकल रिसर्च इंस्टिट्यूट, समर 2001), 27 अक्तूबर, 2008।
17. एस.आई.पी.आर.आई. अनुमान, हिंदुस्तान टाइम्स में उद्धृत, 19 मार्च, 2013।
18. जिनजुआ, 18 मई, 2011।
19. विलियम बर्न्स, यू.एस. डिप्टी सेक्रेटरी ऑफ स्टेट का 19 दिसंबर, 2011 को पुणे विश्वविद्यालय के छात्रों को संबोधन (रैडिफ. कॉम)।
20. लिजा क्यूर्टिस, यू.एस.-इंडिया रिलेशंस : दि चाइना फैक्टर (दि हैरिटेज फाउंडेशन), डब्ल्यू.डब्ल्यू. डब्ल्यू. हैरिटेज आर्ग/रिसर्च/रिपोर्ट्स/2008।
21. बिजनेस स्टैंडर्ड, 21 अगस्त, 2013, राष्ट्रीय सुरक्षा सलाहकार एवं मेनन को उद्धृत करते हुए।
22. माओ सिवे, दि ग्लोबल टाइम्स, 25 फरवरी, 2013।
23. मेजर जनरल युओ युआन, पीपल्स लिबरेशन आर्मी डेली, 11 जनवरी, 2011, रायटर्स/क्रिस बक्ले द्वारा उद्धृत।
24. चाइना यूथ डेली, 16 नवंबर, 2011। 'इंडिया ट्राइंग टू कंटेन चाइना बाई इग्नोरिंग इटसेल्फ।
25. पीपल्स डेली ऑनलाइन, 22 जनवरी, 2013 'विल इंडिया ज्वाइन इन स्ट्रेटेजिक कंटेनमेंट ऑफ चाइना?'
26. रॉबर्ट गेट्स, चतुवार्षिक रक्षा समीक्षा, प्रेस ट्रस्ट ऑफ इंडिया 2 फरवरी, 2010 के टाइम्स ऑफ इंडिया में उद्धृत।
27. प्रधानमंत्री मनमोहन सिंह, 23 मई, 2013 के 'दि हिंदू' में उद्धृत।
28. सलमान खुर्शीद, जूली विशप, 'पुटिंग आउट टू सी ए-यू विजन' दि हिंदू, 2 नवंबर, 2013।
29. मार्क लेंटेंग्ने, 'चाइनाज मैरीटाइम सिक्यूरिटी एंड दि मलाका डिलेमा', एशियन सिक्यूरिटी, खंड IV, संख्या II, पृष्ठ 143-161।
30. इंटरनेशनल हेराल्ड ट्रिब्यूट, 28 दिसंबर, 2000।
31. ब्रह्मा चेलानी, 'ग्लोबल मैरीन ट्रेंड्स 2030 रिपोर्ट, दि हिंदू, 5 नवंबर, 2013।
32. फू जियाओक्वियांग, 'यू.एस.-इंडिया एलाइंस एवीडेंस ऑफ विशफुल थिंकिंग ड्यू टू डिफरेंट कैलकुलेशंस', ग्लोबल टाइम्स, 12 अगस्त, 2013।
33. यू.एस. एनर्जी इंफॉर्मेशन एडमिनिस्ट्रेशन (कंट्री रिपोर्ट : तुर्कमेनिस्तान, 2013)।
34. यू.एस. एनर्जी इंफॉर्मेशन एडमिनिस्ट्रेशन (कंट्री रिपोर्ट : रूस, 2013)।
35. चाइना डेली, 20 अक्तूबर, 2013।
36. अमेरिकी रक्षा विभाग रिपोर्ट, 2011, 'मिलिट्री एंड सिक्यूरिटी डेवलपमेंट ऑफ पी.आर.सी.'।

37. रैंड स्टडी (सैन्टा मोनिका, 2003), पृष्ठ 105-116, 'लाइंस फाल्ट इन चाइनाज इकोनॉमिक टेरेन।'
38. श्वेत-पत्र II, पृष्ठ 30।
39. झाओ सुईशेंग, 'चाइनीज नेशंनलिज्म एंड इट्स बिटर ओरिएंटेशंस' पार्टिकल साइंस क्वार्टरली, खंड 115, संख्या 1 (स्प्रिंग 2000), पृष्ठ 1-33।
40. टाइम्स ऑफ इंडिया, 13 मार्च, 2013।
41. संजीव बरुआ, हिंदुस्तान टाइम्स, 13 फरवरी, 2012।
42. स्टीवन हुड, ड्रैंग्स एंटैग्ल्ड' इंडो-चाइना एंड दि चाइना-वियतनाम बार (न्यूयॉर्क : ईस्ट गेट), पृष्ठ 116।
43. सुसान शिर्क, चाइना : दि फ्रेजाइल सुपर-पावर (यू.एस. : ऑक्सफोर्ड यूनिवर्सिटी प्रेस, 2007)।
44. क्रिस वक्ले, न्यूयॉर्क टाइम्स, 19 अगस्त, 2013।
45. हिल्डा वांग, लोम्बार्ड स्ट्रीट रिसर्च, न्यूयॉर्क टाइम्स, 11 सितंबर, 2013।
46. सत्यजीत दास, दि इंडिपेंडेंट, 11 जून, 2013।
47. यांगहोंग हुआंग, 'चाइना : दि डार्क साइड ऑफ ग्रोथ', येल ग्लोबल, 6 जून, 2013।
48. एशियाई विकास बैंक रिपोर्ट 2007।
49. दि इकोनॉमिस्ट, 15 दिसंबर, 2012।
50. दि चाइना डेली, 19 जून, 2005।
51. जॉन नाइट, वर्ल्ड बैंक पॉलिसी रिसर्च वर्किंग पेपर नं. डब्ल्यू.पी.एस. 6482, 13 जून, 2013।
52. रायटर्स, 5 मई 2013।
53. कैरोलिन विन्हम, दि फिनैशियल टाइम्स, 5 दिसंबर, 2012।
54. एंड्रयू वेडमैन, 'ग्रोथ एंड करप्शन इन चाइना', चाइना रिसर्च सेंटर, खंड II, संख्या 2 (30 दिसंबर, 2012)।
55. रोबिन मार्क, राइटर्स, 11 अगस्त, 2013।
56. माइकल पेटिस, कार्नेजी यूरोप, 5 जुलाई 2013।
57. के.एस. किम, रेनपिंग हाओ, एंड्रयू चैम्पियू, पत्र का शीर्षक' ग्रोथ, संवायर्नमेंट एंड पॉलीटिक्स : दि केस ऑफ चाइना', यूनिवर्सिटी ऑफ वाशिंगटन, सीटेल में 16-18 मार्च, 2012 को 'चीन एवं विश्व अर्थव्यवस्था' पर आयोजित अंतरराष्ट्रीय सम्मेलन में प्रस्तुत।
58. एलास्डेयर मैकबीन चाइनाज एन्वायरमेंट : प्रॉब्लम्स एंड पॉलीटिक्स (ऑक्सफोर्ड यूनिवर्सिटी प्रेस), पृष्ठ 298।
59. एडवर्ड ग्रेसेर, 'लोप साइडेड चाइनीज' यू.एस. रिलेशंस, येल ग्लोबल, 9 मई, 2013।
60. यांग जिएची (चीन के पूर्व विदेश मंत्री और वर्तमान में राज्य काउंसलर) 'इनोवेशंस इन चाइनाज डिप्लोमेटिक थ्योरी एंड प्रैक्टिस अंडर यू कंडीशंस' सी.सी.पी. पत्रिका स्वीशिर में हस्ताक्षरित लेख (तथ्य का पता लगाते हुए), 16 अगस्त, 2013 को प्रकाशित।

□

अनुबंध

अनुबंध–I

जी.ई. मॉरीसन के पत्र-व्यवहार से हुई मिन्लो/गूगल बुक्स द्वारा प्रकाशित पत्रों का पाठ

663, छन आई–फान की ओर से — शिमला, 10 नवंबर, 1913

प्रिय डॉ. मॉरीसन,

मैं आपको काफी समय पूर्व ही पत्र लिख देता, यदि मैं सम्मेलन के कार्यों में व्यस्त न होता। मैं यहाँ पर सभी कार्यों को खुद ही निपटा रहा हूँ तथा मुझे बाहर से कोई सहायता प्राप्त नहीं हुई है। पेकिंग छोड़ते समय वर्तमान विदेश मंत्री ने शिमला में मेरे साथ कार्य करने के लिए श्री बी.डी. ब्रूस की अनुशंसा की थी, परंतु यहाँ पहुँचने पर मेरे स्टाफ में उन्हें शामिल करने के विरुद्ध कुछ समस्याएँ खड़ी हो गई और उन्हें आई.जी. के सीधे आदेशों द्वारा शीघ्र ही दार्जिलिंग लौटने का आदेश दिया गया।

सम्मेलन की पहली बैठक 13 को आयोजित हुई और उसके बाद तिब्बत के दावों को लिया गया। उनमें पाँच निम्नलिखित मदें शामिल थीं—

1. तिब्बत की स्वतंत्रता।
2. तिब्बती भू-भाग का विस्तार, जिसमें कोकोनोर और लितांग भी शामिल थे।
3. चीन के बिना इंग्लैंड के साथ 1893 और 1908 के व्यापार विनियमों का संशोधन।
4. तिब्बत के साथ चीन में लामाओं के बीच पारस्परिक संपर्क की स्वतंत्रता।
5. चीनी सैनिकों द्वारा तिब्बत में की गई क्षति के लिए तिब्बत को प्रतिपूर्ति।

इनके संबंध में मैंने अपनी सरकार के साथ विचार-विमर्श करके अपना प्रति-प्रस्ताव प्रस्तुत किया, जिसमें 7 मदें थीं—

1. चीनी तिब्बत को प्रांत में परिवर्तित न करने का वचन लेते हैं।
2. चीनियों का एक अम्बान होगा जिसके साथ 2600 सैनिक होंगे।
3. चीन तिब्बत तथा किसी विदेशी शक्ति के बीच होनेवाली बातचीत के लिए एकमात्र मध्यस्थ होगा।

4. ज्ञान सहानुभूति के कारण जेल में डाले गए लोगों को क्षमा दी जाएगी (यह दावा अप्रासंगिक प्रतीत होता था, परंतु यदि इसे लागू किया जाता तो यह चीन के लिए एक अच्छा सौदा साबित होता, क्योंकि तिब्बत में अभी भी चीन के अनेक समर्थक थे)।
5. तिब्बती दावों के खंड 5 पर चर्चा की जा सकती है (मैं इसका प्रयोग अन्य मामलों में मेरे द्वारा अपेक्षित बातों के लिए एक सहायक के रूप में करना चाहता हूँ)।
6. व्यापार विनियमों का संशोधन चीन के साथ 27 मई, 1903 के एडहेशन कन्वेंशन के अनुच्छेद-IV के आधार पर किया जाना चाहिए।
7. सीमावर्ती क्षेत्रों के मोटे तौर पर किए जानेवाले परिसीमन में गियाम्डु और नार्गुचुकला शामिल हैं।

जैसा कि आप देखेंगे, दोनों ही पक्षों की ओर से अनेक खोखले दाँव लगाए जाएँगे, लेकिन हमें गियाम्डु पर दावा करना है, हालाँकि मेरे पास यह सोचने का कोई कारण नहीं है कि ऐसी कोई माँग इस समय स्वीकार की जाएगी। मैंने तिब्बत पर संप्रभुता के लिए कोई माँग नहीं रखी, इसका कारण यह है कि ऐसा करके कुछ हासिल करने के स्थान पर भारत सरकार द्वारा यह सोचा गया था कि मेरे मन में समस्या का हल करने की कोई मंशा नहीं थी। उसे आशा है कि आप मेरे द्वारा इस मामले में की गई कार्रवाई को अपना अनुमोदन प्रदान करेंगे। मैं यहाँ पर अकेला हूँ, लेकिन मैं उन अनेक प्रतिद्वंद्वियों से संघर्ष कर रहा हूँ, जिन्हें मैं पत्र में उल्लेखित नहीं कर सकता हूँ, जब तक कि मैं आपसे रू-ब-रू भेंट न कर लूँ।

यहाँ संलग्न सभी पत्र सुविख्यात कुओमिंतांग के विपक्षी दल के संबंध में हमारे अध्यक्ष द्वारा की गई सुदृढ़ कार्रवाई को अनुमोदित करते हैं।

आपका विश्वासपात्र

भवदीय

इवान छन

यदि आप तिब्बती दावों को और हमारे प्रति-प्रस्ताव को देखना चाहते हैं, तो आप उनके लिए वई चिआओ को कह सकते हैं।

आई.सी.

□

अनुबंध–II

भारत-चीन सीमा क्षेत्रों में वास्तविक नियंत्रण रेखा के पास शांति और स्थिरता अनुरक्षित करने पर करार

7 सितंबर, 1993

भारत गणराज्य की सरकार तथा जनवादी चीन गणतंत्र की सरकार (जिन्हें इसके पश्चात् दोनों पक्षों के रूप में निर्दिष्ट किया गया है, संप्रभुता और प्रादेशिक अखंडता के लिए पारस्परिक सम्मान, पारस्परिक आक्रमण न करने, एक-दूसरे के मामलों में हस्तक्षेप न करने, समानता और पारस्परिक लाभ तथा शांतिपूर्वक सह-अस्तित्व के पाँच सिद्धांतों के अनुसार तथा भारत-चीन सीमा क्षेत्रों पर वास्तविक नियंत्रण रेखा के पास के क्षेत्रों में शांति और स्थिरता अनुरक्षित करने के उद्देश्य से वर्तमान करार करती हैं।

1. दोनों पक्षों का यह दृष्टिकोण है कि भारत-चीन सीमा का प्रश्न शांतिपूर्ण और मैत्रीपूर्ण परामर्शों के माध्यम से हल किया जाएगा। कोई भी पक्ष किसी भी तरीके से एक-दूसरे के विरुद्ध बल का प्रयोग नहीं करेगा और न उसकी धमकी देगा। दोनों देशों के बीच सीमा के प्रश्न के अंतिम रूप से समाधान होने तक, दोनों पक्ष के बीच वास्तविक नियंत्रण रेखा का कड़ाई से सम्मान और पालन करेंगे। किसी भी पक्ष का कोई भी क्रियाकलाप वास्तविक नियंत्रण रेखा को पार नहीं करना चाहिए। यदि एक पक्ष के सैनिक वास्तविक नियंत्रण रेखा को पार करते हैं, तो दूसरे पक्ष द्वारा उन्हें चेतावनी दिए जाने के बाद, उन्हें वास्तविक नियंत्रण रेखा की अपनी ओर तत्काल लौट जाना चाहिए। जहाँ आवश्यक होगा, वहाँ दोनों पक्ष वास्तविक नियंत्रण रेखा के उन खंडों की संयुक्त रूप से जाँच करेंगे और उनका निर्धारण करेंगे, जहाँ उसके संरेखण को लेकर उनके भिन्न-भिन्न दृष्टिकोण हैं।
2. दोनों पक्ष वास्तविक नियंत्रण रेखा के पासवाले क्षेत्रों में अपने सैन्य बलों को दोनों देशों के बीच मैत्रीपूर्ण और बेहतर पड़ोसी संबंधों के अनुरूप न्यूनतम स्तर पर तैनात करेंगे। दोनों पक्ष पारस्परिक रूप से सहमत सीमा के अनुसार परस्पर और समान सुरक्षा के सिद्धांतों की अपेक्षाओं के अनुरूप वास्तविक नियंत्रण

रेखा पर अपने सैन्य बलों में कमी करने पर भी सहमत। वास्तविक नियंत्रण रेखा के पास सैन्य बलों की कटौती का परिमाण, गहनता, समय और प्रकृति दोनों देशों के बीच पारस्परिक परामर्शों के माध्यम से निर्धारित किए जाएँगे।

3. दोनों पक्ष परामर्शों के माध्यम से वास्तविक नियंत्रण रेखा के आसपास के क्षेत्रों में प्रभावी आपसी विश्वास निर्माण के लिए कार्य करेंगे। कोई भी पक्ष पारस्परिक रूप से पहचाने गए अंचलों में सैन्य अभ्यासों का निर्दिष्ट स्तरों से अधिक संचालन नहीं करेगा। प्रत्येक पक्ष वास्तविक नियंत्रण रेखा के समीप इस करार के अंतर्गत अनुमत किए गए निर्दिष्ट स्तरों पर सैन्य अभ्यासों की दूसरे पक्ष को पूर्व-सूचना देगा।
4. वास्तविक नियंत्रण रेखा के समीप क्षेत्रों में आकास्मिक घटनाएँ अथवा अन्य समस्याएँ उत्पन्न होने के मामले में दोनों पक्ष उसका निपटान दोनों देशों के सीमा कार्मिकों के बीच बैठकों और मैत्रीपूर्ण परामर्शों के माध्यम से ही करेंगे। सीमा कार्मिकों के बीच ऐसी बैठकों का स्वरूप तथा संचार चैनलों की रूपरेखा का दोनों पक्षों द्वारा पारस्परिक सहमति से निर्धारण किया जाएगा।
5. दोनों पक्ष यह सुनिश्चित करने के लिए पर्याप्त उपाय करेंगे कि वास्तविक नियंत्रण रेखा के पार हवाई घुसपैठ न की जाए और यदि ऐसी कोई घुसपैठ यदि हो भी जाती है, तो उसके संबंध में परस्पर चर्चा करेंगे। दोनों पक्ष वास्तविक नियंत्रण रेखा के समीपवर्ती क्षेत्रों में किए जानेवाले संभावित हवाई अभ्यासों के बारे में पारस्परिक सहमति बनाएँगे।
6. दोनों पक्ष सहमत हैं कि इस करार में वास्तविक नियंत्रण रेखा के संदर्भ में सीमा के मुद्दे पर उनके संबंधित पक्षों के प्रति पूर्वग्रह नहीं रखते हैं।
7. दोनों पक्ष इस करार के अंतर्गत वास्तविक नियंत्रण रेखा के समीपवर्ती क्षेत्रों में सैन्य बलों की कटौती करने तथा वहाँ शांति और स्थायित्व बनाए रखने के लिए अपेक्षित प्रभावी सत्यापन उपायों और पर्यवेक्षण की रीति, पद्धति, परिमाण और विषय-वस्तु को परामर्श के माध्यम से निर्दिष्ट करेंगे।
8. सीमा के मुद्दे पर भारत-चीन संयुक्त कार्यकारी समूह के दोनों पक्ष वर्तमान करार के लिए पारस्परिक चर्चाओं के माध्यम से क्रियान्वयन उपायों को तैयार करने के लिए राजनयिक और सैन्य विशेषज्ञ नियुक्त करेंगे। विशेषज्ञ वास्तविक नियंत्रण रेखा के संरेखण पर दोनों पक्षों के बीच उत्पन्न विभेदों के समाधान के लिए संयुक्त कार्यकारी दल को परामर्श देंगे और वास्तविक नियंत्रण रेखा के आसपास के क्षेत्रों में सैन्य बलों में कमी करने के उद्देश्य से उनकी पुनः तैनाती से जुड़े मुद्दों का समाधान करेंगे। ये विशेषज्ञ सद्भावना और परस्पर विश्वास के सिद्धांत के आधार पर करार के क्रियान्वयन के पर्यवेक्षण तथा उस प्रक्रिया में संयुक्त कार्यकारी समूह की सहायता भी करेंगे।

9. वर्तमान करार इसको हस्ताक्षरित किए जाने की तारीख से प्रवृत्त होगा तथा यह दोनों पक्षों की सहमति द्वारा संशोधन और परिवर्धन किए जाने के अधीन है।

17 सितंबर, 1993 को बीजिंग में दो प्रतियों में हिंदी, चीनी और अंग्रेजी भाषा में हस्ताक्षर किए गए, जिसके सभी तीनों पाठों की समान वैधता है।

[हस्ताक्षरित]

□

अनुबंध–III

भारत-चीन सीमावर्ती क्षेत्रों में वास्तविक नियंत्रण रेखा पर स्थित सैन्य क्षेत्र में विश्वास-निर्माण उपायों पर भारत गणराज्य की सरकार तथा चीन जनवादी गणराज्य की सरकार के बीच करार

29 नवंबर, 1996

भारत गणराज्य की सरकार तथा चीन जनवादी गणराज्य की सरकार (जिन्हें इसमें इसके पश्चात् दोनों पक्ष के रूप में निर्दिष्ट किया गया है), विश्वास करती है कि संप्रभुता और प्रादेशिक एकता के लिए पारस्परिक सम्मान, परस्पर रूप से सहमत, आक्रमण न करने, एक-दूसरे के आंतरिक मामलों में हस्तक्षेप न करने, समानता और पारस्परिक हित तथा शांतिपूर्ण सह-अस्तित्व से संबंधित पाँच सिद्धांतों के अनुरूप दीर्घकालिक बेहतर पड़ोसी संबंध संपोषित करना भारत और चीन के लोगों के आधारभूत हितों का संवर्धन करता है। इस बात के प्रति आश्वस्त हैं कि भारत-चीन सीमावर्ती क्षेत्रों में वास्तविक नियंत्रण रेखा पर शांति और स्थायित्व अनुरक्षित करना दोनों देशों के लोगों के मौलिक हितों के अनुरूप है और यह सीमा के प्रश्न के अंतिम रूप से समाधान के लिए भी योगदान देगा। यह पुनः पुष्टि करती है कि किसी भी साधन द्वारा एक-दूसरे के विरुद्ध बल का प्रयोग नहीं करेंगी अथवा बल के प्रयोग की धमकी नहीं देंगी अथवा एकपक्षीय सैन्य प्रधानता कायम करने का आशय नहीं रखेंगी, भारत-चीन सीमावर्ती क्षेत्रों में वास्तविक नियंत्रण रेखा के आसपास शांति और स्थायित्व के लिए भारत गणराज्य की सरकार और चीन जनवादी गणराज्य की सरकार के बीच 7 सितंबर, 1993 को हस्ताक्षरित किए गए करार के अनुसरण में दोनों पक्षों के बीच सीमावर्ती क्षेत्रों में वास्तविक नियंत्रण रेखा के आसपास सैन्य क्षेत्र में प्रभावी आत्मविश्वास निर्माण क्षेत्रों की आवश्यकता को पहचानते हुए भारत-चीन सीमावर्ती क्षेत्रों में वास्तविक नियंत्रण रेखा के आसपास के स्थानों में पहले से क्रियान्वित किए गए आत्मविश्वास-निर्माण उपायों की उपयोगिता को नोट करते हुए, सैन्य क्षेत्र में पारस्परिक आत्मविश्वास रखते हुए निम्नलिखित पर सहमत हुई है—

अनुच्छेद-I

कोई भी पक्ष दूसरे पक्ष के विरुद्ध अपनी सैन्य सक्षमता का प्रयोग नहीं करेगा। दोनों पक्षों द्वारा वास्तविक नियंत्रण रेखा के आसपास के सीमावर्ती क्षेत्रों में उनकी संबंधित सैन्य क्षमता के रूप में तैनात किए गए सशस्त्र बलों का प्रयोग दूसरे पक्ष पर आक्रमण के लिए अथवा ऐसी सैन्य कार्रवाइयों में संलिप्त होने के लिए नहीं किया जाएगा, जिसमें दूसरे पक्ष के लिए संकट उत्पन्न होता हो अथवा भारत–चीन सीमावर्ती क्षेत्रों में शांति, स्थायित्व और स्थिरता खतरे में आती हो।

अनुच्छेद-II

दोनों पक्ष सीमा के मुद्दे का समुचित, युक्तियुक्त और पारस्परिक दृष्टि से स्वीकार्य समाधान प्राप्त करने के लिए अपनी प्रतिबद्धता को दोहराते हैं। सीमा के मुद्दे का कोई अंतिम समाधान आने तक दोनों पक्ष भारत–चीन सीमावर्ती क्षेत्रों में वास्तविक नियंत्रण रेखा का कड़ाई से सम्मान और पालन करने की अपनी प्रतिबद्धता की पुनः पुष्टि करते हैं। किसी भी पक्ष का कोई भी क्रियान्वयन वास्तविक नियंत्रण रेखा को पार नहीं करेगा।

अनुच्छेद-III

दोनों पक्ष भारत–चीन सीमावर्ती क्षेत्रों में वास्तविक नियंत्रण रेखा के आसपास अपने–अपने सैन्य बलों को कम करने अथवा पारस्परिक रूप से सहमत भौगोलिक अंचलों तक ही सीमित करने के लिए निम्नलिखित उपाय अपनाने के लिए भी सहमत हैं—

(1) दोनों पक्ष पुनः पुष्टि करते हैं कि वे भारत–चीन सीमावर्ती क्षेत्रों में वास्तविक नियंत्रण रेखा के आसपास अपने संबंधित सैन्य बलों में कमी करेंगे अथवा उन्हें पारस्परिक रूप से सहमत भौगोलिक अंचलों के भीतर ही ऐसे न्यूनतम स्तरों तक सीमित रखेंगे, जो दोनों देशों के बीच मैत्रीपूर्ण और बेहतर पड़ोसी संबंधों के अनुकूल हो और पारस्परिक एवं समान सुरक्षा के सिद्धांतों से संगत हो।

(2) दोनों पक्ष वास्तविक नियंत्रण रेखा के आसपास परस्पर सहमत भौगोलिक अंचलों में क्षेत्रीय सेना, सीमा सुरक्षा बलों, अर्धसैनिक बलों और सशस्त्र सेना की कोई अन्य पारस्परिक रूप से सहमत श्रेणी में कमी करेंगे अथवा उनकी संख्या को परस्पर सहमत सीमा तक सीमित करेंगे। कम की जाने अथवा सीमित की जानेवाली हथियारों की प्रमुख श्रेणियाँ इस प्रकार हैं : युद्धक टैंक, इन्फैंट्री युद्धक वाहन, 75 मिमी. अथवा अधिक कैलीबर की बंदूकें (जिनमें होविटजर भी शामिल है), 120 मिमी. अथवा अधिक कैलीबर के मोर्टार, सतह से सतह पर मार करनेवाली मिसाइलें, सतह से हवा पर मार करनेवाली मिसाइलें तथा पारस्परिक दृष्टि से सहमत कोई अन्य हथियार प्रणालियाँ।

(3) दोनों पक्ष कम किए जाने अथवा सीमित किए जानेवाले सैन्य बलों और हथियारों पर आँकड़ों का आदान–प्रदान करेंगे तथा भारत–चीन सीमावर्ती क्षेत्रों में वास्तविक नियंत्रण रेखा के आसपास रखे जानेवाले सैन्य बल और हथियारों पर सीमा का

निर्णय लेंगे। इस सीमा का निर्धारण पारस्परिक और समान सुरक्षा के सिद्धांत की अपेक्षा के अनुसार किया जाएगा, जिसमें विभिन्न मापदंडों पर सम्यक् रूप से विचार किया जाएगा जैसे भू-भाग की प्रकृति, सड़क संचार और अन्य अवसंरचना तथा सैन्य टुकड़ियाँ और हथियारों को शामिल/पुनः शामिल करने के लिए लिया जानेवाला समय।

अनुच्छेद-IV

भारत-चीन सीमावर्ती क्षेत्रों में वास्तविक नियंत्रण रेखा के आसपास शांति और स्थिरता अनुरक्षित करने के उद्देश्य से तथा एक पक्ष द्वारा दूसरे पक्ष के आशयों को गलत समझ लेने के कारण सीमावर्ती क्षेत्रों में किसी तनाव का निवारण करने के लिए—

(1) दोनों पक्ष ऐसे बड़े पैमाने पर संचालित किए जानेवाले सैन्य अभ्यासों का आयोजन नहीं करेंगे जिनमें भारत-चीन सीमावर्ती क्षेत्रों में वास्तविक नियंत्रण रेखा के बिल्कुल निकट एक से अधिक डिवीजन (लगभग 15,000 सैनिक) शामिल हों तथापि यदि ऐसा अभ्यास संचालित किया भी जाना है, तो उसमें शामिल मुख्य बल की रणनीतिक दिशा अन्य पक्ष की ओर नहीं होगी।

(2) यदि कोई भी पक्ष भारत-चीन सीमावर्ती क्षेत्रों में वास्तविक नियंत्रण रेखा के बिल्कुल निकट ऐसा सैन्य अभ्यास संचालित करता है, जिसमें एक अधिक ब्रिगेड समूह (लगभग 5,000 सैनिक) शामिल होते हों, तो वह उस अभ्यास के प्रकार, स्तर, योजनाबद्ध अवधि और अभ्यास के क्षेत्र के संबंध में तथा उस अभ्यास में प्रतिभागिता करनेवाली इकाइयों अथवा टुकड़ियों की संख्या और प्रकार के बारे में दूसरे पक्ष को पूर्व-सूचना देगा।

(3) अभ्यास के पूर्ण होने की तारीख तथा अभ्यास के क्षेत्र से टुकड़ियों की वापसी के बारे में विवरण ऐसी पूर्णता अथवा वापसी से पाँच दिन के भीतर दूसरे पक्ष को सूचित किए जाएँगे।

(4) प्रत्येक पक्ष वर्तमान अनुच्छेद के पैराग्राफ 2 में निर्दिष्ट आँकड़ों के संबंध में अभ्यास संचालित करनेवाले पक्ष से समय पर स्पष्टीकरण करने का हकदार होगा।

अनुच्छेद-V

भारत-चीन सीमावर्ती क्षेत्रों में वास्तविक नियंत्रण रेखा के आसपास हवाई घुसपैठ को निवारित करने तथा सैन्य विमानों द्वारा उड़ानों और लैंडिंगों को सुविधा प्रदान करने के उद्देश्य से—

(1) दोनों पक्ष यह सुनिश्चित करने के लिए पर्याप्त कदम उठाएँगे कि वास्तविक नियंत्रण रेखा पर हवाई घुसपैठ न होने पाए, तथापि यदि कोई घुसपैठ होती भी है, तो उसका पता लगते ही उसे समाप्त कर दिया जाएगा तथा विमान प्रचालन करनेवाले पक्ष द्वारा उस घटना की तत्काल ही जाँच कराई जाएगी। इस जाँच के

परिणाम दूसरे पक्ष को राजनयिक माध्यमों से अथवा सीमाकार्मिकों की बैठकों में तत्काल संप्रेषित किए जाएँगे।

(2) इस अनुच्छेद के पैरा 3 और 5 के अध्यधीन, युद्धक विमान (जिनमें लड़ाकू, बमवर्षक, सर्वेक्षण, सेना प्रशिक्षण, सशस्त्र हैलीकॉप्टर और अन्य सशस्त्र विमान शामिल हैं) वास्तविक नियंत्रण रेखा से दस किलोमीटर के भीतर उड़ान नहीं भरेंगे।

(3) यदि किसी पक्ष द्वारा वास्तविक नियंत्रण रेखा से दस किलोमीटर के भीतर किसी युद्धक विमान की उड़ान संचालित की जानी अपेक्षित हो, तो वह राजनयिक चैनलों से दूसरे पक्ष को अग्रिम तौर पर निम्नलिखित जानकारी प्रदान करेगा—

(क) युद्धक विमान का प्रकार और संख्या

(ख) प्रस्तावित विमान की ऊँचाई (मीटर में)

(ग) उड़ानों की प्रस्तावित अवधि (सामान्यत: दस दिवसों से अधिक नहीं)

(घ) उड़ानों का प्रस्तावित समय और

(ङ) प्रचालन का क्षेत्र, देशांतर और अक्षांश में परिभाषित

(4) मानवरहित परिवहन विमानों, सर्वेक्षण विमानों और हैलीकॉप्टरों को वास्तविक नियंत्रण रेखा तक उड़ान भरने की अनुमति होगी।

(5) किसी भी पक्ष का कोई सैन्य वायुयान पूर्व अनुमति प्राप्त किए बिना वास्तविक नियंत्रण रेखा के पास उड़ान नहीं भरेगा। दोनों पक्षों के सैन्य विमान दूसरे पक्ष को इस संबंध में अंतरराष्ट्रीय प्रक्रिया के अनुसार केवल उड़ान संबंधी विस्तृत जानकारी उपलब्ध कराने के उपरांत उस पक्ष की पूर्व-अनुमति प्राप्त करने के बाद ही वास्तविक नियंत्रण रेखा के आसपास उड़ सकते हैं अथवा दूसरे पक्ष के वायु क्षेत्र अथवा भूमि में उड़ान भर सकते हैं। उक्त शर्त के होते हुए भी प्रत्येक पक्ष के पास अतिरिक्त शर्तों को निर्दिष्ट करने का संप्रभु अधिकार है, जिसमें एक-दूसरे की वास्तविक नियंत्रण रेखा पर उसकी ओर अथवा उनके वायु क्षेत्र के माध्यम से दूसरे पक्ष के सैन्य विमानों की उड़ानों अथवा उनके उतरने के लिए अल्प सूचना भी शामिल है।

(6) आपातकालीन स्थितियों में उड़ान सुरक्षा सुनिश्चित करने के लिए दोनों पक्षों द्वारा अभिहित प्राधिकारी संचार के उपलब्ध त्वरित माध्यम से एक-दूसरे के साथ संपर्क करेंगे।

अनुच्छेद-VI

भारत-चीन सीमा क्षेत्रों में वास्तविक नियंत्रण रेखा के पास खतरनाक सैन्य क्रियाकलापों का निवारण करने के उद्देश्य से दोनों पक्ष निम्नलिखित के लिए सहमत हुए हैं—

(1) कोई भी पक्षकार वास्तविक नियंत्रण रेखा से दो किलोमीटर के भीतर खुली गोलीबारी नहीं करेगा, जैव-अपक्षय नहीं करेगा, हानिकारक रसायनों का प्रयोग नहीं करेगा, विस्फोट अभियान का संचालन अथवा बंदूकों द्वारा हमला नहीं करेगा।

यह प्रतिषेध छोटी अस्त्र गोलीबारी रेंजों में नेमी गोलीबारी क्रियाकलापों पर लागू नहीं होगा।

(2) यदि विकासात्मक क्रियाकलापों के रूप में वास्तविक नियंत्रण रेखा के दो किलोमीटर के भीतर विस्फोट अभियान संचालित करने की आवश्यकता हो, तो इसके बारे में दूसरे पक्ष को अधिमानतः पाँच दिन अग्रिम तौर पर राजनयिक चैनलों के माध्यम से अथवा सीमा कार्मिकों की बैठक का आयोजन करते हुए सूचित किया जाएगा।

(3) वास्तविक नियंत्रण रेखा के समीप क्षेत्रों में जीवंत गोला-बारूद के साथ अभ्यास संचालित करते हुए यह सुनिश्चित करने के लिए सावधानी बरती जानी चाहिए कि कोई गोली अथवा मिसाइल वास्तविक नियंत्रण रेखा के दूसरी ओर दुर्घटनावश न गिर जाए और दूसरे पक्ष के कार्मिकों अथवा वहाँ संपत्ति को नुकसान न पहुँचाए।

(4) यदि दोनों पक्षों के कार्मिक वास्तविक नियंत्रण रेखा के संरेखण में मतभेद होने के कारण अथवा किन्हीं अन्य कारणों से आमने-सामने की स्थिति में आ जाते हैं, तो उन्हें आत्मसंयम बरतना होगा और स्थिति को विस्फोटक बनने से रोकने के लिए सभी आवश्यक कदम उठाने होंगे। दोनों पक्ष स्थिति की समीक्षा करने तथा तनाव में वृद्धि को रोकने के लिए राजनयिक और/अथवा अन्य उपलब्ध चैनलों के माध्यम से तत्काल परामर्श करने पर भी सहमति देते हैं।

अनुच्छेद-VII

सीमा क्षेत्रों में वास्तविक नियंत्रण रेखा के पास सैन्य कार्मिकों तथा स्थापनाओं के बीच वार्ताओं के आदान-प्रदान तथा सहयोग को सुदृढ़ बनाने के उद्देश्य से दोनों पक्ष सहमत हुए हैं कि—

(1) वास्तविक नियंत्रण रेखा के पास अभिहित स्थानों पर उनके सीमा प्रतिनिधियों के मध्य निर्धारित और फ्लैग बैठकों की व्यवस्था अनुरक्षित की जाए और उसे व्यापक बनाया जाए;

(2) वास्तविक नियंत्रण रेखा में अभिहित स्थानों पर सीमा बैठक बिंदुओं के बीच दूरसंचार संपर्कों को अनुरक्षित और विस्तारित किया जाए;

(3) दोनों पक्षों के सीमा प्राधिकारियों के बीच चरण-दर-चरण मध्यम और उच्च-स्तरीय संपर्क स्थापित किए जाएँ।

अनुच्छेद-VIII

(1) यदि किसी पक्ष के कार्मिक अपरिहार्य परिस्थितियों जैसे प्राकृतिक आपदा आदि के कारण वास्तविक नियंत्रण रेखा पार कर लेते हैं तथा दूसरी ओर प्रवेश कर लेते हैं, तो उस पक्ष को उन्हें सभी संभव सुविधाएँ प्रदान करनी चाहिए और उनके पक्ष को यथासंभव शीघ्र वास्तविक नियंत्रण रेखा को जबरन अथवा अनजाने में पार करते

हुए उनके क्षेत्र में प्रवेश करने के बारे में सूचित किया जाएगा। उनकी अपनी ओर घुस आए संबंधित कार्मिकों को लौटाने की कार्यरीतियाँ पारस्परिक परामर्शों द्वारा निर्धारित की जा सकती हैं।

(2) दोनों पक्ष एक-दूसरे को यथाशीघ्र सीमावर्ती क्षेत्रों के निकटस्थ इलाकों में प्राकृतिक आपदाओं और महामारी, जो अन्य पक्ष को भी प्रभावित कर सकती हैं, से संबंधित जानकारी उपलब्ध कराएँगे। सूचना का आदान-प्रदान राजनयिक चैनलों के माध्यम से अथवा सीमा कार्मिक बैठकों में किया जाएगा।

अनुच्छेद-IX

सीमा क्षेत्र में किसी भ्रांतिपूर्ण स्थिति के उत्पन्न होने के मामले में अथवा किसी पक्ष के दूसरे पक्ष द्वारा इस करार का पालन करने के संबंध में उत्पन्न होनेवाले प्रश्नों और शंकाओं की स्थिति में दोनों में से किसी भी पक्ष को अन्य पक्ष से स्पष्टीकरण प्राप्त करने का अधिकार होगा। माँगे गए स्पष्टीकरण तथा उनके दिए गए उत्तर राजनयिक चैनलों के माध्यम से संप्रेषित किए जाएँगे।

अनुच्छेद-X

(1) इस बात को मान्यता देते हुए कि वर्तमान करार के कुछ उपबंधों को पूर्ण क्रियान्वयन इस बात पर निर्भर करता है कि दोनों पक्ष भारत-चीन सीमावर्ती क्षेत्रों में वास्तविक नियंत्रण रेखा के संरेखण के बारे में साझी समझ विकसित करते हों, दोनों पक्ष वास्तविक नियंत्रण रेखा के स्पष्टीकरण और पुष्टि की प्रक्रिया में तेजी लाने के लिए सहमत हैं। इस प्रक्रिया में एक प्रारंभिक कदम के रूप में, वे ऐसे खंडों में, जहाँ उनके दृष्टिकोण भिन्न-भिन्न हैं, वास्तविक नियंत्रण रेखा के संपूर्ण संरेखण के बारे में उनके संबंधित दृष्टिकोण को प्रदर्शित करनेवाले मानचित्रों का यथाशीघ्र आदान-प्रदान करने के लिए भी सहमत हैं।

(2) स्पष्टीकरण की प्रक्रिया के पूर्ण होने तथा वास्तविक नियंत्रण रेखा की पुष्टि किए जाने तक दोनों पक्ष अनंतिम आधार पर इस करार के अंतर्गत परिकल्पित आत्मविश्वास निर्माण, उपायों को क्रियान्वित करने के लिए कार्यरीतियों को तैयार करेंगे, जिसमें वास्तविक नियंत्रण रेखा के संरेखण तथा साथ ही सीमा के प्रश्न पर उनके संबंधित दृष्टिकोणों के प्रति पूर्वग्रह नहीं रखा जाएगा।

अनुच्छेद-XI

इस करार के अनुच्छेद-I से अनुच्छेद-X के अंतर्गत अपेक्षित क्रियान्वयन उपायों का निर्णय सीमा मुद्दों पर भारत-चीन संयुक्त कार्यकारी समूह में पारस्परिक परामर्शों के माध्यम से किया जाएगा। भारत-चीन राजनयिक और सैन्य विशेषज्ञ समूह भारत-चीन संयुक्त कार्यकारी समूह की सहायता करेगा।

अनुच्छेद-XII

यह करार अनुसमर्थन के अधीन है तथा यह अनुसमर्थन के लिखित आदान-प्रदान की तारीख को प्रवृत्त होगा। यह तब तक प्रवृत्त बना रहेगा, जब तक दोनों में से कोई एक पक्ष लिखित में छह माह का नोटिस देते हुए इसे समाप्त करने का निर्णय नहीं ले लेता है।

यह करार दोनों पक्षों के बीच लिखित में पारस्परिक करार द्वारा संशोधित और परिवर्धित किए जाने के अध्यधीन है।

29 नवंबर, 1996 को नई दिल्ली में हिंदी, चीनी और अंग्रेजी भाषाओं में हस्ताक्षरित किया गया। किसी भी विसंगति की स्थिति में अंग्रेजी पाठ ही मान्य होगा।

□

अनुबंध-IV

भारत द्वारा तिब्बत की स्थिति पर सूत्रीकरण/वक्तव्य

29 अप्रैल, 1954	भारत और चीन के बीच चीन के तिब्बत क्षेत्र और भारत के मध्य व्यापार और पारस्परिक संबंधों पर करार *'चीन के तिब्बत क्षेत्र और भारत के बीच व्यापार और सांस्कृतिक संबंधों को प्रोत्साहित करने के लिए… '*
23 दिसंबर, 1988	भारत-चीन संयुक्त प्रेस वक्तव्य *'भारतीय पक्ष भारत सरकार की इस दीर्घकालिक और सतत नीति को दोहराता है कि तिब्बत चीन का एक स्वायत्त क्षेत्र है… '*
16 दिसंबर, 1991	भारत-चीन संयुक्त वक्तव्य (ऊपर के समान सूत्रीकरण)
23 जून, 2003	भारत और चीन के बीच संबंधों और व्यापक सहयोग के लिए सिद्धांतों पर घोषणा *'भारतीय पक्ष यह मान्यता देता है कि तिब्बत स्वायत्त क्षेत्र चीन जनवादी गणराज्य के भू-भाग का एक भाग है।'*
11 अप्रैल, 2005	भारत-चीन संयुक्त वक्तव्य (ऊपर के समान सूत्रीकरण)
21 नवंबर, 2006	भारत-चीन संयुक्त घोषणा (ऊपर के समान सूत्रीकरण)
15 जनवरी, 2008	21वीं शताब्दी के लिए साइना दृष्टिकोण-भारत और चीन तिब्बत का कोई उल्लेख नहीं
16 दिसंबर, 2010	भारत-चीन संयुक्त वक्तव्य (तिब्बत का कोई उल्लेख नहीं)

□

अनुबंध-V

राजनीतिक मापदंडों के संबंध में भारत गणराज्य की सरकार तथा चीन जनवादी गणराज्य की सरकार के बीच करार तथा भारत-चीन सीमा प्रश्न के निपटान के लिए मार्गदर्शी सिद्धांत

11 अप्रैल, 2005

भारत गणराज्य की सरकार तथा चीन जनवादी गणराज्य की सरकार (जिन्हें इसमें इसके पश्चात् दो पक्षों के रूप में निर्दिष्ट किया गया है) ने यह विश्वास करते हुए शांतिपूर्ण सह-अस्तित्व के पाँच सिद्धांतों—पारस्परिक सम्मान और एक-दूसरे की चिंताओं और आकांक्षाओं के लिए पारस्परिक सम्मान और संवेदनशीलता तथा समानता के आधार पर दीर्घकालिक निर्माणात्मक और सहयोगी भागीदारी संपोषित करना भारत और चीन के लोगों के आधारभूत हितों की पूर्ति करता है, एक उचित, युक्तियुक्त और पारस्परिक दृष्टि से, सहमत रीति से, शांतिप्रिय साधनों के माध्यम से, मतभेदों का निवारण करते हुए सभी स्तरों पर और सभी क्षेत्रों में द्विपक्षीय संबंधों को गुणवत्ता की दृष्टि से उन्नयित करने की आकांक्षा रखते हुए, भारत-चीन सीमा क्षेत्रों में वास्तविक नियंत्रण रेखा के पास शांति और स्थायित्व अनुरक्षित करने संबंधी करार का पालन करने और उसे क्रियान्वित करने के प्रति अपनी प्रतिबद्धता को दोहराते हुए, जिसे 7 सितंबर, 1993 को हस्ताक्षरित किया गया था तथा 29 नवंबर, 1996 को हस्ताक्षरित भारत-चीन सीमावर्ती क्षेत्रों पर वास्तविक नियंत्रण रेखा के साथ सैन्य क्षेत्रों में आत्मविश्वास निर्माण उपायों पर करार तथा 23 जून, 2003 को हस्ताक्षरित भारत और चीन के बीच संबंधों और व्यापक सहयोग के लिए सिद्धांतों पर घोषणा की पुनः पुष्टि करते हुए, यह स्मरण करते हुए कि दोनों पक्षों ने भारत-चीन सीमा प्रश्न के निवारण के आधारभूत ढाँचे का अन्वेषण करने के लिए विशेष प्रतिनिधियों को नियुक्त किया है और एक मैत्रीपूर्ण, सहयोगी और निर्माणात्मक परिवेश में परामर्शों के लिए दो विशेष प्रतिनिधियों को रखा गया है, यह नोट करते हुए कि दोनों पक्ष अपने समग्र और दीर्घकालिक हितों के संदर्भ में सीमा मुद्दे के राजनीतिक समाधान का प्रयास कर रहे हैं, इस बात से आश्वस्त होते हुए कि सीमा मुद्दे का शीघ्र समाधान दोनों देशों के मूल हितों का संवर्धन करेगा, अतः उसे एक रणनीतिक उद्देश्य के रूप में क्रियान्वित

किया जाना चाहिए, सीमा के समाधान के लिए निम्नलिखित राजनीतिक मापदंडों और मार्गदर्शी सिद्धांतों से सहमत हुए हैं—

अनुच्छेद-I

सीमा मुद्दे पर विभेदों को द्विपक्षीय संबंधों के समग्र विकास को बाधित करने की अनुमति नहीं दी जानी चाहिए। दोनों पक्ष सीमा मुद्दे का समाधान शांतिपूर्ण और मित्रवत् परामर्शों के माध्यम से करेंगे। दोनों में से कोई भी पक्ष किसी भी साधन से दूसरे पक्ष के विरुद्ध बल का प्रयोग नहीं करेगा अथवा ऐसा करने की धमकी नहीं देगा। सीमा विवाद का अंतिम समाधान भारत और चीन के बीच बेहतर पड़ोसी और मैत्रीपूर्ण संबंधों को उल्लेखनीय रूप से प्रोत्साहित करेगा।

अनुच्छेद-II

दोनों पक्ष शांतिपूर्ण सह-अस्तित्व के पाँच सिद्धांतों के अनुसार समान मंच पर परामर्श के माध्यम से सीमा के मुद्दे का कोई उचित, युक्तियुक्त और पारस्परिक दृष्टि से स्वीकार्य समाधान ढूँढ़ेगा, जिसकी शुरुआत समग्र द्विपक्षीय संबंधों के राजनीतिक परिप्रेक्ष्य से की जाएगी।

अनुच्छेद-III

दोनों पक्षों को परस्पर सम्मान और पारस्परिक समझ की भावना से सीमा के मुद्दे पर उनकी संबंधित स्थितियों के संदर्भ में अर्थपूर्ण और एक-दूसरे को स्वीकार्य समायोजनों पर कार्य करना चाहिए ताकि सीमा मुद्दे के किसी पैकेज समाधान पर पहुँचा जा सके। सीमा का निपटान अंतिम रूप से होना चाहिए, जिसमें भारत-चीन सीमा के सभी सेक्टर शामिल हों।

अनुच्छेद-IV

दोनों पक्ष एक-दूसरे के रणनीतिक और युक्तियुक्त हितों को तथा पारस्परिक और समान सुरक्षा के सिद्धांत को पर्याप्त महत्त्व देंगे।

अनुच्छेद-V

दोनों पक्ष अन्य बातों के साथ-साथ दोनों पक्षों के ऐतिहासिक साक्ष्य, राष्ट्रीय संवेदनाओं, व्यावहारिक कठिनाइयों और युक्तियुक्त चिंताओं तथा संवेदनाओं और सीमावर्ती क्षेत्रों की वास्तविक स्थिति को ध्यान में रखेंगे।

अनुच्छेद-VI

सीमा को सुपरिभाषित होना चाहिए तथा उसमें आसानी से पहचान की जा सकनेवाली प्राकृतिक, भौगोलिक विशेषताएँ होनी चाहिए, जो दोनों पक्षों के बीच पारस्परिक रूप से सहमत हों।

अनुच्छेद-VII

सीमा के समाधान पर पहुँचने के लिए दोनों पक्ष सीमावर्ती क्षेत्रों में उनकी बसी हुई जनसंख्या के सम्यक हितों की रक्षा करेंगे।

अनुच्छेद-VIII

सीमा के अंतिम निपटान के सहमत ढाँचे के भीतर, सीमा का संरेखण विभिन्न साधनों का उपयोग करते हुए संचालित किया जाएगा—जैसे आधुनिक मानचित्रकारी और सर्वेक्षण पद्धतियाँ तथा संयुक्त सर्वेक्षण।

अनुच्छेद-IX

सीमा मुद्दे का अंतिम रूप से समाधान होने तक दोनों पक्षों को वास्तविक नियंत्रण रेखा का कड़ाई से सम्मान और अनुपालन करना चाहिए तथा सीमावर्ती क्षेत्रों में शांति और स्थायित्व कायम करने के लिए साथ मिलकर काम करना चाहिए। भारत-चीन संयुक्त कार्यकारी समूह तथा भारत-चीन राजनयिक और सैन्य विशेषज्ञ समूह 7 सितंबर, 1993 और 29 नवंबर, 1996 के करारों के अंतर्गत कार्य करना जारी रखेंगे, जिसमें वास्तविक नियंत्रण रेखा पर स्पष्टीकरण तथा आत्मविश्वास निर्माण उपायों का क्रियान्वयन भी शामिल है।

अनुच्छेद-X

सीमा मुद्दे पर विशेष प्रतिनिधि सीमा समाधान के लिए किसी सहमत ढाँचे पर पहुँचने के लिए अपने परामर्शों को जारी रखेंगे, जो भारत-चीन सीमा के संरेखण और चिह्नांकन के लिए आधार उपलब्ध कराएगा, जिस कार्य को तत्पश्चात् दोनों पक्षों के सिविल और सैन्य अधिकारियों तथा सर्वेक्षकों द्वारा संचालित किया जाएगा।

अनुच्छेद-XI

यह करार इसे हस्ताक्षर किए जाने की तारीख से प्रवृत्त होगा तथा यह दोनों देशों के बीच पारस्परिक करार द्वारा संशोधन और परिवर्धन के अधीन है।

11 अप्रैल, 2005 को नई दिल्ली में हिंदी, चीनी और अंग्रेजी भाषाओं में हस्ताक्षरित किया गया, जिसमें सभी तीनों पाठ समान रूप से प्रामाणिक हैं।

भिन्नता होने पर अंग्रेजी पाठ मान्य होगा।
भारत गणराज्य की सरकार के लिए
चीन जनवादी गणराज्य की सरकार के लिए
नई दिल्ली, 11 अप्रैल, 2005

□

ग्रंथ-सूची

- ए टॉम ग्रीनफील्ड, दि मेकिंग ऑफ मॉडर्न तिब्बत (न्यूयॉर्क ईस्ट गेट/एम.ई. शार्पे इंक, 1996)।
- एलास्टेर लैंब, ब्रिटेन एंड सेंट्रल एशिया : दि रोड टू ल्हासा 1967–1905 (लंदन : रूटलेज एंड केगन पॉल, 1960)।
- ...., दि मैकमोहन लाइन/ए स्टडी इन दि रिलेशन बिटवीन इंडिया, चाइना एंड तिब्बत, 1904–1914, खंड–I एवं II (लंदन, रूटलेज एंड केगन पॉल, 1966)।
- एलेक्स मैकके, तिब्बत एंड दि ब्रिटिश राज : द फ्रंटियर कैडर 1904–47 (लंदन : कर्जन प्रेस, 1997)।
- अमिया राव, बी.जी. राव, जवाहरलाल नेहरू पीएम (नई दिल्ली : स्टर्लिंग पब्लिशर्स, 1974)।
- ए मो चुकवाराह, दि सेटलमेंट ऑफ बाउंड्री डिस्प्यूट्स इन इंटरनेशनल अफेयर्स (लंदन : मैनचेस्टर यूनिवर्सिटी प्रेस, 1967)।
- अयूब खान, फ्रेंड्स नॉट मास्टर्स : ए पॉलीटिकल बायोग्राफी (कराची : ऑक्सफोर्ड यूनिवर्सिटी प्रेस, 1967)।
- सी वोन फुरेर-हेमेन्ड्रोफ, हिमालयन बाउंड्री (लंदन मुर्रे, 1955)
- चक्रवर्ती, दि एवोलूशन ऑफ इंडियाज नॉर्दन बॉर्डर्स (दिल्ली : एशिया पब्लिशिंग हाउस, 1971)।
- चाणक्य सेन, तिब्बत डिसएपीयर्स (बॉम्बे, एशिया पब्लिशिंग हाउस, 196)।
- चार्ल्स हेमसेथ, सुरजीत मानसिंह, ए डिप्लोमैटिक हिस्ट्री ऑफ मॉडर्न इंडिया, (बॉम्बे : एलाइट पब्लिशर्स प्रा.लि. 1971)।
- चेस्टर बाउल्स, प्रॉमिस टू कीप : मॉडर्न इयर्स इन पब्लिक लाइफ 1941–1969 (दिल्ली : बी.आई. प्रकाशन, 1972)।
- सी.आई.ए. दस्तावेज (फ्रीडम ऑफ इंफॉर्मेशन एट–इलेक्ट्रॉनिक रीडिंग–हिस्टोरिकल कलेक्शंस)।

- क्लाउस आर्पी दि फेट ऑफ तिब्बत : व्हेन बिग इंसेक्ट्स इट स्माल इंसेक्ट्स (दिल्ली : हरआनंद पब्लिकेशंस प्रा.लि. 1999)।
- क्लाइव क्रिटी, ग्रेट ब्रिटेन, चाइना एंड दि स्टेट्स ऑफ तिब्बत 1914-21 (मॉडर्न एशिया स्टडीज, खंड-X, अंक IV, अक्तूबर 1973)।
- सी.पी. फिट्जगेराल्ड, दि सदरन सक्सपैंशन ऑफ दि चाइनीज पीपल (कैनवर : ऑस्ट्रेलियन यूनिवर्सिटी प्रेस, 1972)।
- कनिंघम, लद्दाख : फिजिकल स्टैटिकल एंड हिस्फोरिकल (लंदन : डब्ल्यू.एच., एलेन, 1854)।
- कर्जन, फ्रंटियर्स (ऑक्सफोर्ड : ऑक्सफोर्ड यूनिवर्सिटी प्रेस, 1908)।
- दि दलाई लामा—फ्रीडम इन एक्जाइल : दि ऑटोबायोग्राफी ऑफ दि दलाई लामा (न्यूयॉर्क, हार्पर कोलिंस, 1990)।
- ...., माई लैंड एंड माई पीपल (लंदन : वेडन फील्ड एवं निकोल्सन, 1962)।
- डेविड सैमबॉग, चाइना गोज ग्लोबल (ऑक्सफोर्ड, 2013)।
- दावा नोर्बू, चाइनाज तिब्बत पॉलिसी (चिमंड, सरे : कर्जन प्रेस, 2001)
- कक्स. एस्ट्रैंग्ड डेमोक्रेसीज इंडिया एंड दि यू.एस. 1941-1991 (दिल्ली : सेज) पब्लिकेशंस, 1993।
- डोनाल्ड जगोरिया, दि सिनो-सोवियत कंफ्लिक्ट 1956-61 'प्रिंसटन : प्रिंसटन यूनिवर्सिटी प्रेस, 1961।
- डोरोथी वुडमैन : हिमालयन फ्रंटियर्स : ए पॉलीटिकल रिव्यू ऑफ ब्रिटिश, चाइनीज, इंडियन एंड रशियन राइबल्रीज (लंदन : दि क्रीसेंट प्रेस, 1959) ।
- एडगर स्नो, रेड स्टार ओवर चाइना (लंदन विक्टर गोलेंज लिमिटेड, 1968)।
- ...., दि अदर साइड ऑफ दि रिवर (लंदन : रैंडम हाउस, 1961)।
- फॉरेन रिलेशंस ऑफ दि यूनाइटेड स्टेट्स (एफ.आर.यू.एस.)।
- फ्रांसिस वाटसन दि फ्रंटियर्स ऑफ चाइना (लंदन : चाटो एंड विंड्स, 1966)।
- फ्रैंक डिकोटर—माओज ग्रेट कैमीन : दि हिस्ट्री ऑफ चाइनाज मोस्ट डिवास्टेटिंग कैटसट्रांफे 1958-62 (न्यूयॉर्क : ब्लूम्सबरी पब्लिशिंग, 2010)।
- ...., दि ट्रैजेडी ऑफ लिबरेशन : ए हिस्ट्री ऑफ दि चाइनीज रेवोलूशन 1945-1957।
- फ्रेडेरिक ड्यू दि जम्मू एंड कश्मीर टेरीटरीज (लंदन : एडवर्ड स्टेनफोर्ड, 1875)।
- एफ.एस. एजाजुद्दीन, दि व्हाइट हाउस एंड पाकिस्तान सीक्रेट डीम्लासिफाइड डॉकुमेंट्स 1979-74 (लंदन : ओ.यू.पी., 2002)।
- जी. नारायण राव, दि इंडिया-चाइना बॉर्डर : ए रीप्रेजल (दिल्ली : एशिया पब्लिशिंग हाउस, 1967)।
- जॉर्ज पैटर्नसन, तिब्बत इन रिवोल्ट (लंदन : फेवर एंड कोबर, 1961)।

- गिरिलाल जैन, पंचशील एंड आफ्टर (लंदन : एशिया पब्लिशिंग हाउस 1959)।
- जी.जे. एल्डेर, ब्रिटिश इंडियाज नॉर्दन फ्रंटियर (लंदन : लांग मैन, ग्रीन एंड कंपनी, 1963)।
- जी.एस. बाजपेई। चाइना' ज शैडो ओवर सिक्किम : दी पॉलीटिक्स ऑफ़ इंटिमीडेशन (दिल्ली : लांसर पब्लिशर्स, 1999)।
- हेमान राय, सिनो, सोवियत कंफिलक्ट्स ओवर इंडिया।
- जी. योक्वान : बेक्जू, जीफांग जिजांग जिशी/व्हाइट स्नो : ए फैक्चुअल रिकॉर्ड ऑफ दि लिबरेशन ऑफ दि तिब्बत (बीजिंग झोंगगस वुजी, 1993)।
- जे.के. गालब्रेथ, एम्बैसडर्स जर्नल : ए पर्सनल अकाउंट ऑफ दि कैनेडी ईयर्स (लंदन : हमीश हैमिल्टन, 1969)।
- जॉन दल्वी, हिमालयन ब्लंडर (बॉम्बे : ठाकरे एंड कं. लिमिटेड, 1969)।
- जॉन ग्रेवर प्रोट्राक्टेड कंटेस्ट : सिनो इंडियन राइवल्टी इन दि ट्वंटीएथ सेंचुरी (सीटेल : यूनिवर्सिटी ऑफ वाशिंगटन प्रेस, 2001)।
- जॉन गिट्टिंग्स—सर्वे ऑफ दी सिनो-सोवियत डिस्प्यूट 1963-67 (लंदन : ऑक्सफोर्ड यूनिवर्सिटी प्रेस, 1968)।
- जुदिथ ब्राउन, नेहरू : ए पॉलीटिकल लाइफ, (दिल्ली : ऑक्सफोर्ड यूनिवर्सिटी प्रेस, 2003)।
- केनेथ लाइबेर्थल : गवर्निंग चाइना (नोर्टन, 1995)।
- ख्रुश्चेव रिमेंबर्स, दि लास्ट टेस्टामेंट (बोस्टन : लिटिल ब्राउन, 1974)।
- के.एम. पाणिक्कर, इन टू चाइनाज : मेमोइर्स ऑफ ए डिप्लोमेट (लंदन : एलन एंड अनविन, 1955)।
- के.पी.एस. मेनन, मेमोरीज एंड म्यूजिंग्स (दिल्ली : एलाइड पब्लिशर्स प्रा.लि. 1979)।
- लॉरेंस एम. लुथी, दि सिनो-सोवियत स्प्लिट : दि कोल्ड बार इन दि कम्युनिस्ट वर्ल्ड (प्रिंसटन : प्रिंसटन यूनिवर्सिटी प्रेस, 2008)।
- लोर्न केविस, इंडियाज क्वेस्ट फॉर सिक्यूरिटी : डिफेंस पॉलिसीज 1957-65 (बर्कले : यूनिवर्सिटी ऑफ कैलिफोर्निया प्रेस, 1967)।
- ले. जनरल एस.पी.पी. थोरार। फ्रॉम रेविले टू रीट्रीज (दिल्ली : एलाइड पब्लिशर्स प्रा.लि. 1986)।
- माग्रेट फिशर, लियो रोज एवं रॉबर्ट अटेन बैक, हिमालयन बैटलग्राउंड : सिनो - इंडियन राइबल्री इन लद्दाख (लंदन : पॉल मॉल प्रेस, 1963)।
- मेल्विन गोल्डस्मिथ ए हिस्ट्री ऑफ मॉडर्न तिब्बत 1913-51 (बर्कले यूनिवर्सिटी ऑफ कैलिफोर्निया प्रेस, 1989)।
- माइकल ब्रेचर, नेहरू : ए पॉलीटिकल बायोग्राफी (लंदन : ऑक्सफोर्ड यूनिवर्सिटी प्रेस, 1959)।

- ...., इंडिया एंड वर्ल्ड पॉलीटिक्स : कृष्ण मेनन्स व्यू ऑफ दि वर्ल्ड (लंदन : ऑक्सफोर्ड यूनिवर्सिटी प्रेस, 1968)।
- माइकल सी. वान वाल्ड वान प्राग। दि स्टेट्स ऑफ तिब्बत (बोल्डर, कोलाराडो : वेस्ट व्यू प्रेस, 1987)।
- एम.जे. अकबर, नेहरू : दि मेकिंग ऑफ इंडिया (लंदन : विकिंग, 1988)।
- मोरिस रोसाबी, चाइना एंड इन एशिया : फ्रॉम 1368 टू दि प्रेजेंट डे (लंदन : थेम्स एंड हडसन, 1975)।
- नाथन एंड स्कोबेल, चाइनाज सर्च फॉर सिक्यूरिटी (कोलंबिया, 2012)।
- नेशनल सिक्यूरिटी आर्काइव्स, दि जॉर्ज वाशिगटन यूनिवर्सिटी।
- नेविले मैक्सवेल. इंडिया'ज चाइना वॉर (लंदन : जोनाथन केप, 1970)।
- ऑफिस ऑफ दि हिस्टोरियन, यूनाइटेड स्टेट्स डिपार्टमेंट ऑफ स्टेट (प्रेजीडेंट्स कैनेडी, जॉनसन एंड निक्सन)।
- ओर्विले शैल एंड जॉन डेलुसरी। वेल्थ एंड पावर : चाइनाज लॉन्ग मार्च टू दि ट्वेंटी फर्स्ट सेंचुरी (लिटिल ब्राउन, 2013)।
- ओवेन लैटीमोर, इनर एशियन फ्रंटियर्स ऑफ चाइना (बोस्टन : बीकन प्रेस, 1951)।
- पॉल मैक्गार, दि कोल्ड वार इन साउथ एशिया : ब्रिटेन, दि यू.एस. एंड दि इंडियन सब कॉन्टिनेंट 1945-65 (कैंब्रिज : कैंब्रिज यूनिवर्सिटी प्रेस, 2013)।
- प्रीमेन एडी। तिब्बत ऑन दि इम्पीरियल चेसबोर्ड : दि मेकिंग ऑफ ब्रिटिश पॉलिसी टुवड्र्स ल्हासा 1899-1925 (दिल्ली : एकेडमिक पब्लिशर्स, 1984)।
- राजेश्वर दयाल, ए लाइफ ऑफ अवर टाइम्स (दिल्ली : ओरिएंट लांगमैंस, 1998)।
- रिपोर्ट ऑफ दि ऑफीशियल्स ऑफ दि गवर्मेंट्स ऑफ इंडिया एंड दि पीपल्स रिपब्लिक ऑफ चाइना ऑन दि बाउंड्री क्वेशन (विदेश मंत्रालय, भारत सरकार, फरवरी 1961)।
- रिचर्डसन, तिब्बत एंड इट्स हिस्ट्री (लंदन : ऑक्सफोर्ड यूनिवर्सिटी प्रेस, 1962)।
- रॉबर्ट मैकमोहन : दि कोल्ड वार ऑन दि पेरीफेरी : दि यू.एस. इंडिया एंड पाकिस्तान (न्यूयॉर्क : कोलंबिया यूनिवर्सिटी प्रेस, 1994)।
- रॉबर्ट सटर, चाइनीज फॉरेन रिलेशंस : पावर एंड पॉलिसी सिंस दि कोल्ड वार (रोमैन एंड लिटल फील्ड, 2008)।
- रोहदाद खान, दि ब्रिटिश पेपर्स : सीक्रेट एंड कॉन्फिडेंशियल, इंडिया-पाकिस्तान एंड बाँग्लादेश 1958-69 (लंदन : ओ.यू.पी., 2002)।
- सर बासिल गोल्ड, दि वेल इन दि लोटस (लंदन : चाटो एंड विंड्स, 1957), सर चार्ल्स बेल, तिब्बत : पास्ट एंड प्रेजेंट (ऑक्सफोर्ड : क्लारेंडन प्रेस, 1924)।
- ...., दि पीपल ऑफ तिब्बत (ऑक्सफोर्ड : क्लारेंडन प्रेस, 1968)।
- ...., पोट्रेट ऑफ दि दलाई लामा (लंदन : कोलिंस, 1942)।
- एस.एम. ब्रूक, पाकिस्तान'ज फॉरेन पॉलिसी : एन हिस्टोरिकल एनालाइसिस (लंदन

: ऑक्सफोर्ड यूनिवर्सिटी प्रेस, 1973)।

- एस.एम. खेड़ा, इंडियाज डिफेंस प्रॉब्लम्स (बॉम्बे : ओरिएंट लांगमैंस, 1968)।
- स्टीफन कोहेन, इंडिया : एमर्जिंग पावर (वाशिंगटन : ब्रेकिंग्स इंस्टीट्यूशन प्रेस, 2001)।
- स्टीवन होफमैन, इंडिया एंड दि चाइना क्राइसेस (बर्कले : यूनिवर्सिटी ऑफ कैलिफोर्निया प्रेस, 1990)।
- सुधीर घोष : गांधीज इमिसरी (कलकत्ता : रूप एंड कं. 1967)
- सुसन शिर्क, चाइना : दी फ्रिजाइल सुपरपावर (ऑक्सफोर्ड , 2007)
- ...., चेंजिंग चाइना (ऑक्सफोर्ड, 2011)।
- सुजेन ओगेन, चाइनाज अनरिजोल्व्ड इशूज (पेंटाइस हॉल, 1995)।
- थांट माइंट यू, व्हेयर चाइना मीट्स इंडिया : बर्मा एंड दि न्यू कासरोड्स ऑफ एशिया।
- थॉमस रॉबिंसन एंड डेविड शैमबॉग, संपा. चाइनीज फॉरेन पॉलिसी : थ्योरी एंड प्रैक्टिस (ऑक्सफोर्ड : क्लारेंडन प्रेस, 1994)।
- टी.एन. कॉल, ए. डिप्लोमैट्स डायरी : 1947-1999। (दिल्ली : मैकमिलन इंडिया लि 2000)।
- ...., डिप्लोमैसी इन पीस एंड दि वार (दिल्ली : एलाइड पब्लिशर्स प्रा.लि. 1980)।
- इंडिया, चाइना एंड इंडो-चाइना (दिल्ली : अलाइड पब्लिशर्स प्राइवेट लिमिटेड, 1980)।
- ...., माई चाअर्स थ्रू राज टू स्वराज (दिल्ली विकास पब्लिशर्स, 1993)।
- टॉम ग्रन फेल्ड : दि मेकिंग ऑफ मॉडर्न तिब्बत (दिल्ली : ऑक्सफोर्ड यूनिवर्सिटी प्रेस, 1987)।
- त्सेपन डब्ल्यू.डी. शाकाप्पा, तिब्बत : ए पालिटिकल हिस्ट्री (न्यू हेवेन/लंदन : येल यूनिवर्सिटी प्रेस, 1967)।
- त्सेरिंग शाक्या, दि ड्रैगन इन दि लैंड ऑफ स्नोज : ए हिस्ट्री ऑफ मॉडर्न तिब्बत सिंस 1947 (लंदन : थिम्लिको; 1999)।
- तैयबजी, मेमोरीज ऑफ एन ईगोइस्ट (दिल्ली : एलेन अनविन, 1966)।
- वॉटर क्रॉकर. नेहरू : ए कंटेम्परारी'ज एस्टीमेट (लंदन : एलन एंड अनविन, 1966)
- वारेन स्मिथ, तिब्बत नेशन : ए हिस्ट्री ऑफ तिब्बतन नेशनलिज्म एंड सिनो तिब्बतन रिलेशंस (कोलोराडो : वेस्टव्यू प्रेस, 1996)।
- डब्ल्यू.एफ. वान ईकेलेन, इंडियन फॉरेन पालिसी एंड दि बॉर्डर डिस्प्यूट विद चाइना (दि हेग : मार्टिन्स निजहाफ, 1964)।
- व्हाइट पेपर्स I-XIV (विदेश मंत्रालय, भारत सरकार, नई दिल्ली)।
- जियाओयुवान लियु, रिकास्ट ऑल अंडर हैवन : रेवोलूशन वार डिप्लोमैसी एंड

फ्रंटियर चाइना इन दि ट्वेंटी सेंचुरी (न्यूयॉर्क दि कांटिनस पब्लिशिंग ग्रुप, 2011)।

- जू जेहाओ, वांग जियाजियांग नियांयु 1906–74/क्रोनोलॉजी ऑफ लाइफ ऑफ वांग जिनजियांग 1906–74 (बीजिंग : झोंगयांग वेनजियान छुबानशी, 2001)।
- वाई.डी. गुडेविया, आउटसाइट दि आर्काइव्स (हैदराबाद : संगम बुक्स इंडिया प्रो. लि. 1984)।
- झेग वांग, नेवर फॉर्गेट नेशनल ह्यूमिलेशन—अंडरस्टैंडिंग चाइनीज नेशनलिज्म।

□□□